근대세계체제 III

자본주의 세계경제의 거대한 팽창의
두 번째 시대 1730-1840년대

이매뉴얼 월러스틴

김인중, 이동기 옮김

THE MODERN WORLD-SYSTEM III :
The Second Era of Great Expansion of the Capitalist World-Economy, 1730−1840s

by Immanuel Wallerstein

Copyright © 1989, 2011 by Immanuel Wallerstein
Korean translation copyright © 1999, 2013 by Kachi Publishing Co., Ltd.
All rights reserved.

이 책의 한국어 판권은 이매뉴얼 월러스틴과의 독점 계약에 의해서 (주)까치글방에 있습니다. 저작권법에 의하여 한국 내에서 보호를 받는 저작물이므로 무단전재 및 무단복제를 금합니다.

근대세계체제 III : 자본주의 세계경제의 거대한 팽창의 두 번째 시대 1730-1840년대

저자／이매뉴얼 월러스틴
역자／김인중 외
발행처／까치글방
발행인／박후영
주소／서울시 용산구 서빙고로 67, 파크타워 103동 1003호
전화／02・735・8998, 736・7768
팩시밀리／02・723・4591
홈페이지／www.kachibooks.co.kr
전자우편／kachibooks@gmail.com
등록번호／1-528
등록일／1977. 8. 5
초판 1쇄 발행일／1999. 10. 5
제2판 1쇄 발행일／2013. 5. 30
　　　2쇄 발행일／2020. 9. 25

값／뒤표지에 쓰여 있음

ISBN 978-89-7291-546-1　94900
　　　978-89-7291-543-0　94900 (세트)

이 도서의 국립중앙도서관 출판시도서목록(CIP)은 서지정보유통지원시스템 홈페이지(http://seoji.nl.go.kr)와 국가자료공동목록시스템(http://www.nl.go.kr/kolisnet)에서 이용하실 수 있습니다. (CIP 제어번호: CIP2013006667)

근대세계체제 III

ENCYCLOPÉDIE,

OU

DICTIONNAIRE RAISONNÉ
DES SCIENCES,
DES ARTS ET DES MÉTIERS,

PAR UNE SOCIÉTÉ DE GENS DE LETTRES.

Mis en ordre & publié par M. *DIDEROT*, de l'Académie Royale des Sciences & des Belles-Lettres de Prusse ; & quant à la PARTIE MATHÉMATIQUE, par M. *D'ALEMBERT*, de l'Académie Royale des Sciences de Paris, de celle de Prusse, & de la Société Royale de Londres.

Tantùm series juncturaque pollet,
Tantùm de medio sumptis accedit honoris ! HORAT.

TOME PREMIER.

A PARIS,

Chez { BRIASSON, *rue Saint Jacques, à la Science.*
DAVID l'aîné, *rue Saint Jacques, à la Plume d'or.*
LE BRETON, *Imprimeur ordinaire du Roy, rue de la Harpe.*
DURAND, *rue Saint Jacques, à Saint Landry, & au Griffon.*

M. DCC. LI.
AVEC APPROBATION ET PRIVILEGE DU ROY.

디드로의 「백과전서」 초판본(1751)의 표지. 이 저작은 계몽주의의 지적 표현의 진수로 간주되며 많은 사람들에게 오랫동안 근대세계체제의 지배 이데올로기로서의 과학적 합리주의의 승리를 상징하는 것으로 여겨져왔다. 수학 부분을 맡은 장 르 롱 달랑베르의 도움을 받아서 드니 디드로가 쓴 「백과전서」는 원래 1751년부터 1780년에 걸쳐 2절판 35권으로 출판되었는데, 그중 21권은 텍스트이고, 12권은 그림, 2권은 P. 무숑이 작성한 표를 실었다. 파리 : 국립도서관.

베아트리스에게

차례

감사의 말
제2판 서문 i

1. 공업과 부르주아지 11
2. 핵심부에서의 투쟁 — 국면 III : 1763-1815년 87
3. 새로운 거대 지역권들의 세계경제로의 병합 : 1750-1850년 195
4. 이주민에 의한 아메리카 대륙의 탈식민화 : 1763-1833년 289

참고 문헌 389
역자 후기 485
인명 색인 489

감사의 말

많은 동료들이 이 책의 한 장(章) 또는 여러 장들을 비판적으로 읽어주는 것에 동의했다. 그 가운데 많은 이들이 몇 가지 중요한 명제에 대해서 이의를 제기하기도 했으나, 저마다 잘못된 것을 지적해주거나 강조점을 둘러싸고 토론을 벌이는 등의 수고를 아끼지 않았다. 나는 귀중한 도움을 준 그들 모두에게 감사하며 그들의 좋은 충고를 거절한 모든 문제들에 관해서 그들에게는 아무런 책임이 없음을 밝힌다 : 페리 앤더슨, 샤뱌사치 바타차랴, 론도 카메론, 페랑 페에르, 월터 골드프랑크, 파트리스 히고넷, 키스 히친스, 에릭 J. 홉스봄, 테런스 K. 홉킨스, 찰스 이사위, 르자 카사바, 한스-하인리히 놀테, 패트릭 K. 오브라이언, 매데이번 K. 팔라, 도널드 쿼테트, 조르주 뤼데 그리고 찰스 틸리.

제2장은 *Thesis XI*(1986)에 실렸고, 제3장의 이전 판본은 *Studies in History*(1988)에 실렸다.

제2판 서문

1730년부터 1840년대에 이르는 시기를 다룰 때 세 개의 논쟁점이 있다. 많은 분석가들, 아마도 대다수에게, 그 시기는 근대의 대전환점, 즉 체제로서의 자본주의 또는 존재양식으로서의 근대성이 출현했던 때를 의미한다. 그러나 앞서 나온 나의 책 세 권을 읽은 독자라면, 내가 그것에 동의하지 않는다는 것을 알 것이다. 왜냐하면 나는 그 대전환이 "장기의 16세기"에 일어났다고 생각하기 때문이다.

두 번째 논쟁점은 애초 내가 "외부지역"라고 이름 붙인 지역의 일부가 자본주의 세계경제로 "병합되었다"는 생각과 관련된 것이다. 그것은 (자본주의 세계경제인) 근대세계체제와 지구의 여타 지역들과의 구분이, 특히 1500년에서 1750년 사이의 시기에는 가능하다는 것을 전제한다. 게다가 그것은 자본주의 세계경제의 외부 지역권이 되는 것과 자본주의 세계경제 안에서 주변부 지역이 되는 것 사이에는 현격한 차이가 있다는 것도 전제한다.

세 번째 쟁점은 장기 지속(longue durée) 내에서 주기적 과정의 개념과 역사적 과정의 설명에서 그것의 역할이다. 그런 주기적 과정들은 프랑스어로 콩종크튀르(conjoncture)라고 부르는 것이다(그리고 이것은 다른 로망스어뿐만 아니라 게르만어나 슬라브어들로도 같은 계열의 단어이다; 이 용법의 주요한 예외는 영어이다. 영어의 conjuncture는 conjoncture와는 다르다). 주요한 경제 주기는 종종 콘드라티예프 장기 파동이라고 불리는 것이다. 그 개념은 이 책에서 사용되었는데, 바로 그것의 존재에 이의를 제기하는 이들이 더러 있다.

아마도 이 모든 세 쟁점들의 기본 주장들, 즉 그 시기 내의 전환점의 부재, 근대세계체제로의 병합 과정, 콘드라티예프 장기 파동의 성격 등을 재론하는 것이 유용할 것이다. 내가 밝히려고 했던 논지들에 대한 심각한 오해가 있다고 생각하기 때문에 이는 특히 중요하다.

1. 대전환점

사회과학자라면 누구나 전환점을 정하고 싶어한다. 그것은 그들이 전달하려는 이야기를 아주 명료하게 해주는 장치이다. 그것은 그들이 연구하는 당면 현상의 분석을 위한 기본 골조가 된다. 전환점이 선택되면 그것으로 우리 모두가 움직일 근간이 만들어지는 셈이다. 그러나 전환점을 달리 선택하면 분석 논리가 완전히 바뀔 가능성이 있다. 어떤 것을 "전환점"으로 삼느냐에 따라서 그것은 현상 분석을 명확히 하는 것만큼이나 쉽게 오도할 수도 있다.

지난 2세기 동안 나온 역사적 사회과학의 주요 연구들을 읽어본 사람이라면 누구나 지난 500년(혹은 5,000년) 사이의 주요한 전환점이 무엇인지에 대한 연구들이 대체로 바로 그 1730년에서 1840년대에 이르는 시기를 택하는 경향이 강하다는 것을 쉽게 확인할 수 있다. "근대성", "자본주의", "산업주의" 또는 "서구의 세계 지배" 중 어떤 것을 근간으로 삼든지 간에, 대부분의 사람들은 그 진정한 출발을 그때로 잡아왔다 — 적어도 그때를 "대전환점"으로 보는 데에 의문이 증대하기 시작한 지난 40년 이전까지는 대부분의 사람들이 그랬다. 이 저술 작업 전체는 "장기의 16세기"를 "자본주의 세계경제"로서 "근대세계체제"가 형성된 시점으로 보는 관점에 서 있기 때문에 1730년부터 1840년대까지의 시기를 전환점으로 간주하지 않는 논의를 주로 담고 있다.

어떤 의미에서는 앞서 나온 세 권의 책들 전부가 그 사실을 논증하는 것이었다. 그러나 그 주장을 응축된 형식으로 반복하는 것을 이해해달라. 우리의 주장은 체제로서의 자본주의의 필수 요소가 흔히 말하듯이 프롤레타리아 임금노동자나 시장을 위한 생산, 혹은 공장제 생산이라고 볼 수 없다는 것이다. 우선, 그 현상들은 모두 장기적인 역사적 뿌리를 가지고 있으며 여타 많은 다른 체제들에서도 발견할 수 있다. 내가 보기에 자본주의 체제를 규정하는 핵심 요소는 그것이 **끝없는** 자본 축적의 추진력에 의거해서 만들어졌다는 것이다. 그것은 단순히 문화적 가치가 아니라 일종의 구조적 필요조건이다. 이 말은, 그 논리에 따라서 움직이는 이들에게는 중기적 차원에서 보상을 해주지만 그것과는 다른 논리들에 따라서 움직이기를 고집하는 이들에게는 (물질적으로) 징벌을 가하는 메커니즘들이 체제 내에 존재한다는 것을 의미한다.

우리는 그와 같은 체제가 유지되려면 몇 가지가 필수적이라고 주장했다. 우선, 기축적 노동 분업이 존재해야 한다. 즉 이윤은 낮은데 경쟁은 매우 치열한 (즉 주변부의) 필수품들과 이윤이 높고 준독점화된 (즉 중심부의) 상품들 간의 지속적인 교환 같은 것이다. 기업가들로 하여금 그 체제 내에서 성공적으로 일하도록 하기 위해서는 효력(힘)의 정도가 서로 다른 의사주권 국가들로 구성된 국가간체제가 추가적으로 존재할 필요가 있다. 그리고 새로운 준독점적 이윤 창출 기업들의 항구적인 창조를 가능하게 하는 주기적 메커니즘들이 또한 필요하다. 그 결과로 그 체제의 특권적 중심들의 매우 느리지만 끊임없는 지리적 재배치가 생겨난다.

이 모든 것이 근대세계체제에서 발생했다. 근대세계체제는 처음에 유럽 대부분(전부는 아니지만)과 아메리카 대륙의 일부 지역에서 자리를 잡았다. 그것은 브로델의 표현을 빌리면, **유일한** 세계(the world)가 아니라 **하나의** 세계(a world)였다. 그러나 자본주의 세계경제는 자신의 내적 논리에 따라서 하나의 체제로서 그 경계를 팽창해갔다. 그 팽창은 이 책이 다루는 기간 동안 가장 장대하게 이루어졌다. 따라서 우리는 어떤 새로운 지역들이 그 체제에 연루되었으며 왜 그들이 이 팽창에 복종하게 되었는지에 관해서 서술하면서 그것에 대해서 이야기하고자 했다.

이 입장을 반박하는 주장의 형태는 두 가지가 있다. 하나는 (무역, 커뮤니케이션, 문화, 정복 같은) 다양한 종류의 교류가 이루어지는 지구에서의 점진적 팽창의 한 과정이라고 주장하는 것이다. 이것은 다천년 과정으로 간주되었다. 그 경우에는 장기의 16세기도 19세기의 전환도 그에 걸맞은 전환점이라고 할 정도의 극적 순간이 될 수가 없다. 유라시아 대륙의 무역 유형들에서 중국 중심성의 오랜 지속에 대한 최근 주장들은 이 주장의 한 변이다. 문제가 이런 방식으로 다루어지면 자본주의 개념은 대부분 논의에서 빠져나가버린다.

또는 어떤 이는, 계급투쟁으로 서로 연루된 산업 부르주아지와 토지를 가지지 못한 산업 노동자들의 출현이 결정적인 규정적 특징이며, 이것은 단지 이 시기의 일부 국가들(아마도 오직 영국)에서만 나타난 현상이라고 주장한다. 그것이 이 시기를 "전환점"으로 만들었다는 것이다. 여기에서는 국가간체제와 중심-주변부의 교환의 존재가 논의에서 빠져나가버린다. 이런 주장은 "마르크스주의적" 언어로도 "베버적" 언어로도 모두 공식화될 수 있다. 그러나 그중 어떤 것도 본질적으로는 세계체제와 그것의 구속적 행위 양식에 대한 관념을 기각해버린다.

2. 세계체제로의 병합

제I권에서 우리는 근대세계체제의 외부지역과 주변부 지역권들을 구분했다. 비록 외부지역 일부가 자본주의 세계경제와 무역이나 여타 형태의 교류에 참여했다고 하더라도 그 대상은 대부분 "사치" 품목이었고, 따라서 양쪽 모두의 기능에 필수적이지는 않았다. 그 결과, 양쪽에서 낮은 가치를 가진 것으로 간주한 물품들을 높은 가치를 가진 것으로 간주한 물품들로 교환했다는 점에서 그 무역은 비교적 평등했다. 이것은 윈윈(win-win) 상황이라고 부를 수 있을 것이다.

우리는 주변부와 중심부 상품들 사이의 무역은 불평등 교환의 형식으로 이루어지며 그 과정에서 복잡하기는 하지만 실제로 주변부 지역권에서 중심부

지역권으로 잉여가치가 이전된다고 보았다. 그 교환 대상은 필수품이었고 자활을 위해서 서로가 상대에게 필요로 하는 것이었다. 이 무역은 어느 한쪽 혹은 양쪽 모두에게 부정적인 결과가 발생하지 않는 한 중단될 가능성이 없었다. 그러나 짧은 기간 동안 상품의 자유로운 이동에 대한 봉쇄 조치가 취해질 수 있었고, 우리는 이러한 "보호정책"이 실행된 정치 상황들을 살펴보았다.

자본주의 세계경제 내부의 주기적 과정들은, 주변부 상품의 낮은 생산 가격을 유지하기 위해서 새 지역들을 세계경제 안으로 끌어들이는 것, 다시 말해서 그 지역들을 노동 분업에 "병합시키는" 것이 필수적인 상황을 반복적으로 만들어냈다.

물론, 병합 과정은 저항을 받았을 것이다. 그러나 그 자체가 체제 내적 과정이기도 했던 자본주의 세계경제의 과학기술 발전은 외부지역의 군사력과 비교하여 세계경제 열강들의 군사력을 강화시켜온 지 오래이다. 그러므로 예를 들면, 16세기 범유럽의 군사력은 아마 인도를 "정복하기에" 불충분했던 반면, 18세기 후반에는 전혀 그렇지 않았다.

마지막으로, 특정 시기에 얼마나 많은 팽창이 일어나는가는 자본주의 세계경제가 특정 시점에서 얼마나 많은 새 지역들을 통합할 수 있느냐 하는 것과 함수관계였다. 그것은 또 얼마나 떨어져 있는지 그래서 특정 지역들을 군사적 힘으로 병합하기가 얼마나 어려운지와 함수관계이기도 했다. 그것을 통해서 이 책에서 우리가 주장한 것은, 요즘 우리가 인도라고 부르는 지역은 그 시기 동안 병합되었던 반면 중국은 그렇지 않고, 나중에야 병합되기에 이른다는 사실이다.

그리고 우리는 병합이 과정이라고 주장했다. 그것은 하루아침 또는 심지어 10년도 아닌 그 이상의 상당한 기간에 걸쳐서 발생했다. 그렇지만 우리는 서로 다른 지역들—즉 러시아, 인도, 오스만 제국, 서아프리카—을 비교함으로써 "주변부화"가 어떻게 하나의 동질화 과정이었는지 보여주려고 노력했다. 다시 말해서, 비록 이 네 지역권들이 그 과정의 초기에는 서로 매우 달랐지만, 세계체제의 압력으로 네 지역들은 보다 유사한 특성들을 가지게 되었다. 예를 들면, 이 압력은 일부 지역권들에서는 국가 구조들을 약화시켰으며 다른 곳에서는 국가 구조들을 강화시켰는데, 그것을 통해서 각 지역들은 근대세계체제의 양식의 관점에서 가장 적절히 잘 작동할 수 있었다.

이 구분과 관련해서는 두 가지 형태의 주장이 있어왔다. 하나는 병합이 다층적 단계를 가진 매우 점진적인 과정이라는 주장이었다. 나는 그 문제를 더 경험적으로 연구한 결과인 이런 수정을 전부 기꺼이 받아들일 것이다.

두 번째 주장은 사치품과 필수품의 구분에 의문을 던지는 것이었다. 간혹 사치품으로 여겨진 것들이, 최소한 위신용 물품으로서 필수품일 수 있다는 주장이 제기되었다. 게다가 사치품에 대한 관점은 문화적인 기반을 가지고 있는 것이며, 사람에 따라서 그것을 서로 다르게 정의한다는 주장도 등장했다.

나는 그것이 힘든 구분이라는 데에 동의한다. 그러나 사치품에 대한 관념이 문화적인 기반을 가지고 있다는 것은 내 주장의 일부이기도 하다. 그리고 공작 깃털이 일부 집단에게는 필수적일 수도 있겠지만, 그것이 인간의 소비에서 곡물의 필요와 같은 그런 종류의 필수품이라는 사실은 받아들이기가 어렵다. 더욱이 곡물은 대량 산적 물품이고, 다이아몬드는 수송할 때 차지하는 공간이 매우 작다. 나에게는 이런 것이 실제적인 차이를 크게 만드는 것으로 보인다.

그래서 나는 서로에게 외부인 두 지역들의 "평등" 교환과 자본주의 세계경제 내에서의 "불평등" 교환이 결정적인 이론적 차이를 만든다는 느낌을 지울 수 없다. 바로 그와 같은 작동 양식 때문에 자본주의 세계경제는 고도의 양극화체제이다. 그것이 이 체제의 가장 부정적인 특징이며, 장기적으로는 이 체제의 치명적 결함들 중의 하나이다. 체제로서의 자본주의는 장기의 16세기 이전에 존재했던 종류의 체제들과도 매우 다르다. 이 기본적인 현실을 놓치는 것은 분석에 도움이 되지 않는다.

3. 콘드라티예프 주기

콘드라티예프 주기(Kondratiev cycles)는 1920년대에 그 현상을 묘사한 러시아의 경제학자 니콜라이 콘드라티예프(Nikolai Kondratiev)의 이름에서 유래했다. 사실 그는 그 주기를 처음 묘사한 학자가 아니었다. 아울러 그 주기가 어떻게 작동하며, 언제 처음 발생하는지에 관한 그의 설명들은 더 이상 폭넓게 수용되지 않는다. 그러나 그 주기를 지칭하기 위해서 널리 사용되는 명칭은 계속 그의 이름으로 유지되고 있다. 그 주기들이 작동하는 방법에 대한 내 나름의 견해는 자본주의 체제에서 어떻게 생산자들이 자신들의 기업에서 이윤을 창출하고 자본을 축적할 수 있는지에 대한 이해에서 연유한다.

자본주의는 끝없는 자본 축적이 존재 이유인 체제이다. 자본을 축적하기 위해서 생산자는 그들의 활동으로부터 이윤을 얻어야 한다. 그러나 진정 상당한 이윤은 생산자가 오직 생산비용보다 훨씬 더 비싼 값에 생산물을 팔 때에만 획득이 가능하다. 완전경쟁 상황에서 상당한 이윤을 만드는 것은 절대적으로 불가능하다. 완전경쟁은 전통적으로 세 가지 특징적 요건—다수의 판매자, 다수의 구매자, 가격에 대한 보편적인 정보 입수 가능성—을 갖춘 것으로 규정된다. (드물기는 하지만) 만약 이 세 가지 요건이 전부 잘 갖추어지면, 사고력을 갖춘 구매자라면 생산비용보다 아주 조금만 더 높은 가격으로—만약 정말로 생산비용보다 더 낮지 않다면—팔고자 하는 판매자를 찾아서 계속 돌아다닐 것이다.

상당한 이윤을 획득하려면 세계경제 권력의 독점 또는 적어도 유사 독점이 필요하다. 독점이 있는 곳에서 판매자는 수요로 인한 탄력성을 넘어서지 않는 한 어떤 가격이든 요구할 수 있다. 세계경제가 현저하게 확장하는 때는 언제나 일부 "주도" 상품들을 발견할 수 있는데, 그 상품들은 다른 것들에 비해서 독점되어 있다. 막대한 이윤이 생겨나고 엄청난 양의 자본이 축적될 수 있는 것은 바로 이런 상품들로부터이다. 이러한 주도 상품들의 전후 연쇄들이 세계경제의 전반적 팽창의 기초가 된다. 우리는 바로 그것을 콘드라티예프 주기의

A국면이라고 부른다.

자본가들에게 문제는 그 모든 독점이 자기정산적이라는 사실이다. 그 이유는 기존의 독점이 정치적으로 잘 보호된다고 해도 새로운 생산자가 진입할 수 있는 세계 시장이 존재하기 때문이다. 물론, 진입은 쉽지 않고 시간이 걸린다. 그러나 조만간 장애물을 극복하고 시장으로 들어올 수 있는 사람들이 있다. 그 결과 경쟁의 강도는 증대한다. 그리고 경쟁이 증대하는 순간, 자본주의의 전령들이 우리에게 항상 말해왔던 대로, 가격은 하락한다. 그러나 동시에 이윤도 하락한다. 주도 상품의 이윤이 충분히 하락하면 세계경제는 팽창을 멈추고 불황의 시기로 접어든다. 우리는 그것을 콘드라티예프 주기의 B국면으로 부른다. 경험적으로 보면, A국면과 B국면은 모두 50-60년의 기간을 가지는 경향을 보이지만 그 정확한 기한은 천차만별이었다. 물론 B국면의 일정 기간이 지나면 새로운 독점들이 생겨나고 새로운 A국면이 시작될 수 있다.

그렇기 때문에 콘드라티예프 주기의 A국면과 B국면은 자본주의 과정의 필수불가결한 일부처럼 보인다. 또한 그 국면들이 논리적으로 자본주의 세계경제가 존재하기 시작한 때부터 그 작동의 일부가 될 수밖에 없는 것도 당연하다. 이 저작의 주장에 따르면, 그것은 장기의 16세기 때부터 계속 그와 같은 국면들이 발견된다는 것을 의미한다. 그리고 사실 경제사가들은 모든 그 기간 동안의 그런 콩종크튀르들을 정기적으로 묘사해왔는데, 그것들은 이 책과 여타 책들에 나온 그 묘사와 관련된 참고 문헌들을 통해서 확인할 수 있다. 물론 그 경제사가들은 이 현상을 콘드라티예프 주기라고 부르지 않았다. 그러나 그 국면들은, 우리가 이 시기 동안 자본주의 세계경제의 그것으로 존재했다고 주장한 그 지리적 경계 내의 전체로서의 체제에서 규칙적 현상으로 발견될 수 있을 것이다.

비록 더 논란이 있을 수 있는 주장이기는 하지만, 몇몇 경제사가들은 유럽 중세 말기를 보고 그와 같은 주기들을 묘사했다. 그것이 입증된다면 장기의 16세기보다 더 이른 시기에다가 근대세계체제의 출발점을 정하고자 하는 사람들에게는 조금 도움이 될 수도 있을 것이다.

1

공업과 부르주아지

그림 1 : 조지프 라이트 오브 더비(1734-97)는 인물화가로서 경력을 시작했으나, 과학과 기술에 대한 관심을 표현한 그림들로 더 유명하다. 컴컴한 시골길을 가기에 충분할 만큼 달빛이 비칠 때 개최된 계몽된 기업가와 과학자들의 모임인 '달 연구회'에 참석한 것이 달빛 또는 인공의 빛으로 조명된 이러한 실내 광경을 그리게끔 그에게 영감을 주었다. "공기 펌프 실험"(1768)의 가족 배치는 과학적 개념과 발견들이 여자와 어린이들과 같은 실험실 밖의 사람들에게 줄 수 있는 평등주의적 태도를 강조한다. 런던 : 국립미술관.

공업과 부르주아지   13

> 소문은 이야기되면서 커진다
> ―― 에릭 케리지[1]

우리는 우리의 지식을, 자명한 기본 사실의 형태를 취하고 있는 핵심 개념들을 중심으로 조직화하는 데에 익숙하다. 공업의 발달과 부르주아지 또는 중간계급의 성장이 바로 그러한 개념들인데, 이 두 개념은 19세기 역사학과 사회과학이 근대세계를 설명하기 위하여 만들어서 우리에게 전해준 것이다. 지배적인 견해는 질적인 역사적 변화가 18세기 말에서 19세기 초에 일어났다는 것이다. 이 시기는 영국에서 "최초의"[2] 산업혁명이 일어나고 프랑스에서 "전형적인"[3] 부르주아 혁명이 일어난 혁명의 시대였다는 것이다. 물론 이러한 합의된 견해에 도전하는 목소리들이 있었고 세부사항에 대해서 끊임없는 이의제기가 있었다. 그럼에도 불구하고 이 두 혁명의 이미지는 대중 문화와 학자들의 사상에 아직도 깊숙이 닻을 내리고 있다.[4] 사실 이러한 개념들은 근대의 역사적 현실이라는, 안개가 자욱하고 격랑이 심한 바다를 항해할 때에 우리가 습관적으로 의지하는 북극성들이다. 아니, 내가 앞으로 설명하겠지만, 사실 이 두 북극성들은 하나의 같은 별이다.

"혁명"이라는 용어는 우리에게 급격하고 드라마틱하면서도 광범위한 변화를 생각하게 한다. 그것은 불연속성을 강조하며, 이러한 불연속성이 "산업혁명"이라는 개념을 사용하는 대부분의 사람들이 말하고자 하는 의미라는 것은 의심의 여지가 없다.[5] 콜먼은 "공업사회를 출범시킨 비교적 급격하고 격렬한

---

1) Kerridge(1969, 468).
2) 아주 많은 사람들 중에서 예컨대 Mathias(1969)와 Deane(1979) 참조.
3) Poulantzas(1971, I, 187).
4) Charles Tilly & Richard Tilly(1971, 186)가 이 점을 잘 지적하고 있다 : "산업혁명에 대한 믿음은 우리가 그것을 유럽 경제사의 제1의 도그마이자 기득권이라고 할 수 있을 정도로 우리에게 매우 광범위하고 끈질기게 남아 있다."
5) Bezanson(1922, 345-346)에 따르면, 산업혁명이라는 용어는 1798년에 프랑스 혁명과 비교되면서 처음으로 사용되었으며, 이러한 비교는 그후부터 지금까지 은연중에 남아 있다. 이 용어가 단순한 기술적 변화가 아니라 새로운 사회질서의 제도화라는 의미로 사용된 것은 1830년대의 라마르틴에게로 소급된다고 Williams(1976, 138)는 말한다. 그후 이 용어는

변화"⁶⁾라고 말하고, 랜디스는 "바퀴의 발명 이후 다른 어떤 것보다도 더 심한 과거와의 단절"⁷⁾이라고 말한다. 홉스봄도 비슷하게 주장한다 : "1780년대에 일어났던 갑작스럽고 질적이면서도 근본적인 변화가 혁명이 아니라면, 혁명이라는 용어는 상식적인 의미를 가지지 못할 것이다."⁸⁾

이 혁명은 무엇으로 구성되어 있다고 생각되고 있을까? 토인비(산업혁명 자체에 관한 고전적 분석은 그의 덕이다)는 1884년에 쓴 글에서 산업혁명의 "본질"을 "중세적 규제를 경쟁으로 대체한 것"⁹⁾으로 본다. 80년 후에 하트웰은 그것의 "본질적 성격"을 "그 이전과 비교할 때 혁명적일 정도로 전체 및 일인당 생산의 성장률의 지속적인 증가"¹⁰⁾라고 좀 다르게 규정한다.

아돌프 블랑키, 프리드리히 엥겔스, 존 스튜어트 밀, 카를 마르크스에 의해서 계속 그와 같은 의미로 사용되었다. Mantoux(1928, 25, 주 1). Heaton(1932, 3)은 아놀드 토인비가 이 용어를 마르크스로부터 빌려다가 "학문세계에" 유포시켰다고 말한다.

우리는 당대인들이 산업혁명이라는 현상을 거의 의식하지 못했던 것 같다는 점도 지적해야만 한다. M. S. Anderson(1979, 192)은 1812년 에든버러에서 출판되었으며 "당대 최고의 책"이었던 George Chalmer, *An Historical View of the Domestic Economy of Great Britain and Ireland from the Earlist to the Present Times*에는 무역, 인구, 공공수입에 관해서는 많은 논의가 있지만, "공업은 거의 주목을 받지 않았다"고 말한다.

6) Coleman(1956, 20). 그가 너무 느슨하다고 생각하는 "산업혁명"이라는 용어의 사용에 대해서 Plumb(1950, 77)은 단호하게 대답한다 : "1760년에서 1790년 사이의 [영국에] 낡은 것과 새로운 것의 두 세계가 공존하고 있었다는 것은 너무나도 분명했다.······변화의 과정은 점진적인 것이 결코 아니었다.······지나간 세기들과 비교할 때 18세기 후반의 공업, 농업 그리고 사회생활의 변화는 격렬하고 혁명적이었다."
7) Landes(1969, 42).
8) Hobsbawm(1962, 46).
9) Toynbee(1956, 58). "혁명"의 핵심으로서의 사회적 또는 사회학적 변화에 대한 이러한 강조는 이미 1844년에 프리드리히 엥겔스에 의해서 개진되었다 : "표면적으로는 혁명의 세기가 잉글랜드를 건너뛴 것으로 보일 수도 있다.······그러나 [18]세기 중엽 이후 잉글랜드는 다른 어느 나라보다도 더 큰 변혁을 겪었고, 이 변혁은 조용히 실현되었기 때문에 훨씬 더 광범위한 영향력을 미쳤으며, 따라서 그것은 프랑스의 정치혁명이나 독일의 철학혁명보다도 그것의 목표를 실제로 더 잘 달성한 것 같다.······사회혁명은 유일하게 진정한 혁명이며, 정치혁명과 철학혁명은 사회혁명으로 나아가게 되어 있다." Engels(1971, 9).
10) Hartwell(1967a, 8). Cannadine(1984)은 산업혁명에 대한 다음과 같은 네 개의 서로 다른 연속적인 해석들을 식별한다 : 부정적인 사회적 결과들로서의 산업혁명(1880-1920), 주기적인 변동으로서의 산업혁명(1920-50), 경제성장으로서의 산업혁명(1950-70), 성장의 한

강조되고 있는 두 가지 사항 —— "중세적" 규제로부터의 자유(또는 사회혁명)와 성장률(또는 경제혁명) —— 은 확실히 양립 불가능한 것은 아니다. 사실, 전통적 주장의 핵심은 전자가 후자를 초래한다는 것이다. 그러나 근자에는 성장률이 관심의 초점이 되었고, 그것을 설명하기 위해서 여러 요인들이 차례로 언급되었다. 이것은 놀라운 일이 아니다. 자본주의 세계경제의 지속적인 발전은 으뜸가는 집단적 과제로서의 국가의 경제발전 이데올로기의 끊임없는 대두, 그와 같은 발전을 국가의 경제성장으로 규정하는 것 그리고 그에 따른 "풍요로의 길은 산업혁명을 거치는 데에 있다"[11]는 사실상의 "공리"를 필요로 했다.

두 개의 "본질적" 요소 —— 성장과 자유 —— 는 너무 모호하며, 그래서 각 요소는 보다 구체적인 개념들로 번역되어야만 한다. 성장은 "제조업에……기계적인 원리들을 적용하는 것",[12] 즉 프랑스인들이 "기계사용(machinisme)"[13]이라고 부르는 것과 개념적으로 밀접히 연관되어 있는 것 같고, 기계화의 "혁명"은 보통 "슘페터적인 의미의 일련의 혁신들"[14] 덕분으로 여겨져왔다.

계로서의 산업혁명(1970-).

11) Deane(1979, 1).
12) Hughes(1968, 253); Dobb(1946, 258)와 Landes(1969, 41)도 참조. 랜디스는 이것을 세 가지의 향상으로 정교화한다 : 인간의 솜씨를 기계로 대체하는 것, 동물의 힘을 기계의 힘으로 대체하는 것, 원료를 동식물에서 광물로 대체하는 것. Cipolla(1961, 529)는 이것을 에너지의 생물학적 "변환장치"를 기계적인 것으로 대체하는 것이라고 부른다.
13) Ballot(1923) 참조. "machinisme"을 "mechanism"으로 번역하는 것은 하나의 개념으로서의 그것의 용법을 잃어버리는 것이다.
14) Deane(1979, 106). 영국의 공업화가 "유일무이한" 것이었다는 그의 주장을 정당화하기 위해서 Mathi!s(1979a, 19)는 "저렴한 석탄, 저렴한 철강, 기계 제작, 동력과 광물연료 기술, 공학기술이라는 공업화의 기반에서의 단일 국가경제의 탁월성에서" 그것은 유일무이했다고 주장한다. 그리고 그는 바로 그런 의미에서도 그것은 "최초였고 따라서 유일무이했다"고 첨언한다 ; 이와 유사한 다요인중첩론(多要因重疊論)은 Rostow(1971, 33) 참조.
　　다요인중첩론은 리글리에 의해서 논리적인 극단에 이르고 있다. "근대화"(혹은 "합리성")는 "불가피하게" "공업화"(혹은 "지속적인 경제성장")로 이어진다는 생각을 반박하기 위해서, 만약 그렇다면 18세기에 잉글랜드보다 더 "근대적"이었던 홀란트가 최초의 공업국가가 되었어야 한다고 하면서, 리글리는 일련의 기술혁신은 그가 "행복한 우연의 일치"라고 명명한 "특정한 지역적 상황의 산물"이었다고 주장한다. 따라서 "설명되어야

기계화에 대한 분석은 생산력의 발전을 가장 중요하게 여긴다. 반면, "자유"의 증가(혹은 사회혁명)는 주로 누가 무엇을 생산하며, 누구를 위해서 어떤 조건으로 일하는가 따위의 생산관계를 초든다. 이 부분의 논의에서 핵심이 되는 두 가지 현상은 공장(기계 집중의 장소)과 프롤레타리아 또는 임금노동자(공장의 피고용인)이다. 근대의 공장은 "18세기의 3/3분기에 잉글랜드에서 시작되었다"[15]고 한다. 여러 저자들에게 공장이 의미하는 것은 무엇보다도 노동력의 조직이고, 공장은 임금노동자를 요구하는 노동의 조직에 결정적인 혁신으로 간주된다. 홉스봄은 산업혁명은 "단순히 경제성장의 가속화가 아니라 경제적, 사회적 변화에 의한 그리고 그것을 통한 성장의 가속화"[16]라고 주장한다. 이 변화는 무엇보다도 도시 프롤레타리아트의 성장을 말하며, 그것은 "농업사회 구조의 전면적인 변화"[17]의 결과이다.

그러나 산업혁명에 대한 대부분의 논의는 기계화의 과정과 "해방"/프롤레타리아화의 두 과정을 당연시하면서, 그것의 사실 여부를 확인하는 대신에 다음과 같은 물음에 관심을 집중시킨다 : 그러한 과정들이 영국에서 "최초로" 일어난 까닭은 무엇인가? 영국의 "이륙"을 가능하게 만든 것은 무엇인가? 사

할 것은 단순히 산업혁명이 왜 다른 나라보다 잉글랜드에서 먼저 일어났는가가 아니라 그 것이 왜 일어났는가?"이다. 그는 "어떤 사람이 가령 장땡을 잡을 가능성이 50분의 1에 지나지 않더라도 그 일은 일어날 수도 있다"는 생각에 입각하여 결론을 내린다. Wrigley (1972, 247, 259). 이것은 산업혁명은 "자본주의 발달의 정해진 결과라기보다는 차라리 그 자체로서 하나의 단절로" 보아야 한다는 Hartwell(1970b, 10)의 주장과 논리적으로 비슷하다.

15) Mantoux(1928, 25)는 "공장제의 독특한 성격은 기계의 사용"(p. 38)이라고 첨언한다. Toynbee(1956, 63)도 참조.

16) Hobsbawm(1968, 34). 더욱이 이러한 변화는 처음부터 하나의 "위기"로 간주되었다. 생-시몽은 1821년에 출판된 「산업체계」라는 책에서 왕에게 바치는 가상 진언으로서 "전하, 사태의 진전은 프랑스에서뿐만 아니라 서유럽의 국민들이 형성한 모든 대규모 국가에서 사회가 겪고 있는 위기를 계속 악화시키고 있습니다"라고 썼다. Febvre(1962, 514)에 재인용.

17) Saville(1969, 251). 영국이 유일무이했다는 주장이 여기서도 다시 반복된다 : "영국을 제외한 어느 곳에서도 산업자본주의의 발달과 연관되어 있는 경제성장의 가속화 이전에 농민이 사실상 제거된 곳이 없었으며, 영국의 초기 공업화의 여러 특징 가운데 농촌에서 급속히 성장한 프롤레타리아트의 존재보다 더 인상적인 것은 없다."(p. 250)

실상, 이류은 로스토의 세부적인 작업가설이나 시대 구분이 격렬한 논쟁의 대상이 되어왔음에도 불구하고 산업혁명의 기본 모델을 곧바로 반영하는 하나의 이미지이다. 그리고 방금 제기한 질문에 대하여 결코 상호 배타적이지 않은 일련의 대답들이 주어져왔다. 비록 몇몇 저자들은 특정 요인의 중심성을 강조하고, 그것에 대해서 다른 저자들은 적절히 이의를 제기해왔지만 말이다. 지금까지 논의된 요인들을 주장된 순서에 따라서 연대순으로 나열해보면, 수요의 증가(기계화와 프롤레타리아화가 이익이 되도록 만든 것이 바로 이것이라고 한다), 자본의 이용 가능성(이것이 기계화를 가능케 했다), 인구 증가(프롤레타리아화를 가능케 했다), 농업 "혁명"(인구 증가를 가능케 했다) 그리고 산업혁명 이전에 발달한 토지보유 패턴(인구 증가를 가능케 했다) 순이다. 가장 깊은 배후에 놓여 있으며 파헤쳐내기가 가장 어려운 것은 그럴 것이라고 미리 상정된 하나의 심적 태도(이것이 이러한 혁명적 과정이 그 과정의 여러 국면에서 제공하는 모든 기회들을 이용하려는 기업가들이 있게 마련임을 보증한다)이다. 요인들의 이러한 연대순이 다소 작위적이고, 몇몇 저자들이 다른 순서를 주장해왔다는 것은 분명하다.

　혁신에 대한 설명으로 수요를 초드는 것("필요는 발명의 어머니이다")은 낡은 이론이지만 랜디스는 그것을 자신의 분석의 핵심으로 삼는다 : "영국에서 새로운 기술을 낳았던 것은 대체로 생산양식에 대한 수요의 압력이었다."[18] 그러나 무슨 수요인가? 여기에는 해외무역과 국내시장이라는 두 후보가 있다. 수출을 중요시하는 주장은 수출의 증가와 가속화가 18세기 후반에

---

18) Landes(1969, 77). Plumb(1982, 284)도 참조 : "결국 새로운 공업의 방법들은 소비재 공업 —— 직물, 도자기, 단추, 볼턴과 와트가 발명한 버클과 핀과 같은 —— 에서 시작되었다." Deane(1979, 131)은 이와 비슷한 맥락의 주장을 한다 : "일반 기업가들이 전통적인 기술과 결별했던 것은 잠재적인 시장과 수요가 생산량의 실질적인 증가를 정당화하기에 충분할 정도로 컸을 때에 이르러서이다.……다수의 생산자들이 1750년보다 1815년에 더욱 혁신을 할 준비가 되어 있었음을……보여주는 증거는 없다." 그러나 Deane & Cole (1967, xv)은 수요의 원천에 대해서 생각이 왔다갔다 한다. 1962년의 초판에서는 수요의 원천을 해외무역에 두었으나, 재판의 서문에서는 다음과 같이 썼다 : "이 책을 지금 다시 쓰면서, 우리는 다소 다른 근거에 입각하여 우리의 입장을 취할 것인데, 예컨대 특히 18세기의 해외무역의 역할에 대해서 그러하다."

이루어진 국내산업의 성장 및 가속화보다 "훨씬 더 컸다"[19]는 사실을 강조한다. 이에 대해서, 에버슬리는 1770-79년이라는 "중요한 시기에" 수출부문이 쇠퇴했으나 그럼에도 불구하고 공업화에 "괄목할 만한 가속화"가 있었다는 것은 "논박의 여지가 없으며", 이것은 "대량 생산된 소비재를 위한 대규모 국내시장"이 공업화의 핵심이라는 명제의 타당성을 강화시켜준다고 반박한다.[20] 홉스봄은 어쩔 수 없이 타협을 시도한다 —— 해외무역과 대규모 국내시장 모두가 필요했으며, 거기에다가 "흔히 무시되고 있는 제3의 요소인 정부"[21]

---

19) Whitehead(1964, 74). Crouzet(1964, 568)는 혁명 전의 프랑스에서 아메리카와의 무역은 "경제 전체에서 가장 역동적인 분야"였다고 주장하면서, 18세기를 "유럽 경제발전의 대서양 단계"라고 부른다. Boulle(1975, 312)은 흔히 포함시키지 않는 수요의 장소를 추가한다. 그는 노예무역에서 노예의 값을 지불하는 데에 사용된 잡다한 상품들이 매우 표준화되었다는 사실을 지적한다. "그리하여 산업혁명 초기에 일반적으로 확인되고 있는 모든 수요 요인들 —— 시장의 크기, 상품의 표준화, 예정된 스케줄에 맞춘 수공업 생산에 대한 상여금 —— 은 모두 아프리카에서 발견될 수 있었다."

20) Eversley(1967, 248, 211) ; Bairoch(1973b, 571)도 참조. 에버슬리는 국내시장의 형편이 좋았다고 이야기되는 1770-80년의 시기가 "지속적인 성장으로 이어지는 [1780년대의] 매우 중요한 이륙 바로 직전의 '준비운동(warming-up)' 시기였다"고 주장함으로써, 로스토의 전통 안에 머무르고 있다(p. 209). 그러나 로스토는 프랑스의 해외무역이 이륙을 허용하기에는 불충분했다는 이유에서 18세기 프랑스의 경제성장에 관한 마르체우스키의 주장을 반박한다 : "마르체우스키 교수와 그[로스토]와의 차이는 단순한 것이다. 프랑스의 발전을 평가하면서 로스토 교수는 국내시장만을 위한 근대적 직물공업의 발달은 지속적인 성장의 기반으로 작용하기에는 충분한 규모의 효과를 보이지 못한다……는 결론에 도달했다고 말했다. 직물업이 그와 같은 기능을 하려면, 해외무역이 가져다주는 상승작용이 또한 필요했다. 이것은 그로 하여금 19세기 초의 프랑스와 독일의 면직물 공업이 이륙의 주도 부문으로 작용할 수 있었다는 사실을 부정하게 만든 독단적인 판단이었다." Hague (1963, 359).

마르체우스키의 동료인 Markovitch(1976a, 645)는 1770년에 면은 영국 직물 생산의 겨우 5퍼센트였고, 직물 전체는 국민소득의 10퍼센트에 지나지 않았던 반면, 모는 영국 공업생산의 3분의 1을 차지했고 프랑스에서도 마찬가지로 중요했기 때문에, 그가 "예외적"이었다고 인정한 18세기 후반의 잉글랜드 면직물 공업의 성장이 "영국의 공업기계를 산업혁명의 길로 이끌었던 중심축"일 수 있다는 사실을 의심하면서 논점을 뒤집는다. Cameron(1985, 4)은 이 똑같은 백분율의 숫자들을 사용하여, "누가 말하든 산업혁명은 면"이라는 Hobsbawm(1968, 40)의 주장에 맞서면서 이렇게 반박한다 : "그러한 진술이 정확한 만큼, 그것은 또한 그 용어[산업혁명]의 부적절성과 허세를 드러낸다."

21) Hobsbawm(1968, 42).

가 첨가되어야 한다.

수요가 크게 증가했다는 사실을 의심하는 사람들이 있다. 그들은 "수요가 아니라 공급에 관련된 과정들"[22]을 오히려 강조한다. 그들 중 일부에게, 자본의 공급 문제는 중요하게 여겨져왔다. 1942년에 해밀턴은 산업혁명의 "혁명적" 성격을 임금 지체, 즉 물가 상승과 임금 상승 간의 갭에서 생긴 18세기 후반의 "이윤 인플레이션"[23]으로 설명했는데, 이 낡은 수법을 해밀턴은 16세기의 경제적 팽창을 설명하기 위해서 이전에 사용했던 적이 있다.[24] 애슈턴은 이자율의 하락으로 말미암은 "비교적 저렴한 자본"[25]에서 산업혁명에 대한 자신의 설명의 핵심을 찾았다. 한 세대 후에 크루제는 자본 형성을 주제로 한 문헌들을 검토한 후에, 자본의 "상대적 풍요"는 필수적이거나 불가피한 것이 아니라 18세기 잉글랜드에 역사적으로 해당되는 "선택할 수 있는 요소"였다는 보다 신중한 입장을 취했다.[26]

그렇다면 고정자본도 중요했을까? "자본에 대한 초기 공업화의 요구는 그리 크지 않았다"[27]고 주장하는 회의적인 논평가들의 수가 점차 늘어나고 있다. 이러한 주장들에 직면하자, 자본의 중요성을 강조하는 사람들은 입증 가능성이 적기 때문에 그만큼 더 안전한 지대로 후퇴했다. "궁극적으로 중요한

---

22) Mokyr(1977, 1005). 모커에 대한 비판과, 수요 확대의 기반으로서의 취향의 변화를 주장하는 엘리자베스 길보이의 주장에 대한 옹호로는 Ben-Schachar(1984) 참조. 또다른 공급 중심의 이론가는 데이비스인데 그는 정확히 "면직물 제조의 기술적 변화"에서 변화의 힘을 찾는다. Davis(1979, 10). 산업혁명에 대한 단일하고 충분한 설명으로서 기술혁신을 주장하는 것으로는 Gaski(1982) ; 이에 대한 격렬한 비판으로는 Geary(1984) 참조.
23) Hamilton(1953, 336). Landes(1969, 74)는 이윤 인플레이션은 이 시기의 유럽 대륙에서도 높았으나 오직 영국만이 산업혁명을 겪었다는 근거에 기초해서 해밀턴을 공격한다. Felix(1956)도 참조.
24) Wallerstein(1974, 77-84) 참조.
25) Ashton(1948, 11).
26) Crouzet(1972a, 68). "18세기의 영국의 부에 관한 증거는 압도적으로 많다."(p. 40) 크루제는 또한 이 시기에 "극도로 높은 순이익"이 있었다는 사실도 인정한다(1972b, 195 ; 비교 Pollard, 1972a, 127-129).
27) Hartwell(1976b, 67). Chapman(1970, 252)도 "그리 크지 않았다"는 용어를 사용한다. Pollard(1972a, 143)는 고정자본의 성장속도가 "흔히 과장되어왔다"고 말한다. 낮은 자본비용에 관해서는 Bairoch(1974, 54-65) 참조.

것은 자본의 축적이라기보다는……자본의 유통이었다."[28] 이 주제에 관한 하나의 변형은 중요한 것은 자본금의 "상대적 규모"(즉 "국민소득에 비례하는" 규모)의 변화가 아니라 "자본금의 내용"의 변화, 즉 "전통적인 자본축적 형태로부터 근대적인 자본축적 형태로의" 투자의 전환이었다는 제안이다.[29] 자본의 유통에 대한 강조는 즉각적으로 신용기관에 대한 관심으로 이어진다. 표준적인 견해는 영국이 다른 국가들과 달랐던 것은 바로 공업에 이용할 수 있는 신용기관의 양이라는 것이다.[30] 이러한 견해는 물론 자본 투자가 국경선의 제약을 받고 있었다고 상정한다. 그러나 뤼티는 이미 18세기 중엽에 서부 및 동부 유럽은 "은행 거래와 자본 유통의 용이함"으로 특징지어지는 "환전권"을 형성하고 있었다고 믿으며, 이러한 유통에 장애물이 될 만한 것은 사실상 존재하지 않았다고 말한다.[31]

다른 그룹의 저자들은 인구 변동에 역점을 둔다. 인구 증가는 공산품에 대한 수요와 공산품을 생산하는 노동력 모두를 제공했다고 추정되었다. 영국의

---

28) Landes(1969, 78). 그는 이러한 공격이 주로 마르크스주의자들에게 타격을 주리라고 생각하는 것 같다. "원시적 축적에 몰두해 있는 사람에게는 매우 그러하다"고 그는 첨언한다.
29) Deane(1973b, 358-359). 이것이 토지 투자로부터 공업 투자로의 변화를 의미하는 한, 다음과 같은 Crouzet(1972a, 56)의 경고는 유익하다 : "토지를 담보로 해서 자본을 차용할 수 있는 지주들의 힘은 운송의 발달에 달려 있었다. 그러나 공업에 관해서는, 잉글랜드 농촌의 부의 '놀라울 정도로 적은' 부분이 '새로운 기업체 속으로 들어갔다'는 포스턴의 견해를 따르고 싶어진다." "상인과 재정가들로 구성된 권력의 측근 그룹과는 달리, 투자습관은 19세기에 가서야 비로소 커졌다"는 Postan(1972, 75)의 주장은 시사하는 바가 크다.

　Crouzet(1972b, 163)도 "18세기와 19세기 초까지도 [농업, 운송, 건축은] 영국의 공업에 투자된 것보다 훨씬 더 많은 자본을 흡수했다"고 지적한다.
30) Gille(1973, 260) 참조 : "[신용기관은] 아마 큰 은행들이……정부의 재정에서 그들의 이익의 막대한 부분을 얻고 있었기 때문에 유럽 대륙에서 훨씬 저조했다." 그러나 Chapman(1979, 66)은 잉글랜드의 면직물 공업에서 자본이 그렇게까지 은행들로부터 이용 가능했다고는 믿지 않는다. "모든 지표는 [1830년대에] 주식은행과 그와 동시에 생긴 증권업체들(acceptance houses)이 등장하기 전까지는 북부 제조업자들에 대한 제도적 지원이 미약했음을 보여준다."
31) Lüthy(1961, 25). Morineau(1965, 233)는 18세기 유럽의 투자 패턴에 관해서 비슷한 주장을 한다 : "자본주의는 국경선을 개의치 않았다."

공업과 부르주아지   21

"전대미문의 인구 증가"[32]는 그것이 지속적이고, 장기적이며, 또 생산의 증가와 나란히 진행되었기 때문에 특히 주목할 만한 것이라고 말해진다.[33] 플럼은 핵심 요인은 "중간 및 하위 중간계급" 부모의 아이들의 보다 높은 생존이었다고 변화를 주는데, 왜냐하면 "충분한 교육과 기술적인 배경을 갖춘 하위 중간계급의 급격한 팽창이 없었더라면, 산업혁명은 불가능했을 것"[34]이기 때문이다.

그러나 여기에는 두 가지 물음이 제기될 수 있다: 인구혁명은 정말로 존재했는가? 그리고 실제로 무엇이 인구 증가를 가져왔는가?(이것은 물론, 경제적 변화의 원인인가 혹은 결과인가 하는 문제와 관련된다.) 인구혁명의 사실성에 관한 물음은 차례로 다음과 같은 두 가지 물음이 된다: 인구 변화는 그 이전이나 이후에 비해서 "혁명적"이었는가? 그리고 잉글랜드(혹은 영국)의 패턴은 프랑스나 기타 다른 지역과 크게 달랐는가? 인구 증가를 나타내는 대수곡선에 대해서, 일부 저자들은 18세기 후반을 특별한 시기라고 지적할 이유가 없다고 생각한다.[35] 확실히, 18세기 후반의 인구 증가율은 전반보다 높았다. 그러나 예외적인 것은 전반기였지 후반기가 아니었다는 주장이 있다. 예를 들면 터커는 잉글랜드의 경우, "전체적으로 18세기의 인구 증가는 우리가 이전의 장기적인 추세로 미루어 추정할 수 있는 것을 훨씬 뛰어넘는 것은 아

---

32) Deane & Cole(1967, 5).
33) Deane(1979, 21) 참조. Habakkuk(1971, 26)은 이렇게 말한다: "1740년대에 시작된 [잉글랜드 인구의] 증가는 반전되지 않았다. 그것은 반전되지 않았을 뿐만 아니라 가속되었다."
34) Plumb(1950, 78). Krause(1969, 108)는 재생산율이 가장 높은 오늘날의 주변부 국가들의 상황과는 달리 "보다 가난한 집단들"은 재생산율이 가장 낮을 가능성이 있다는 가설을 제시함으로써 이를 뒷받침한다. 그는 이러한 주장이 "믿기 어려운 근거"에 입각해 있음을 인정하지만, 서구의 빈민들이 맬서스 목사의 훌륭한 충고를 충실히 따라서 가족 규모를 제한하지 않았다면, "오늘날의 인도에서 볼 수 있는 가난을 서구가 어떻게 피할 수 있었을지 알기 어렵다"고 주장한다. 이렇듯, 이론으로부터 우리는 경험적 데이터를 추론한다.
35) McKeown(1976, 6) 참조: "[17세기 말 18세기 초 이래 인구의] 근대적 증가는 [그 규모와 연속성과 지속성에서] 독특하기 때문에, 그것의 초기 국면을 별도로 설명하려고 시도하는 것은 그리 적절해 보이지 않는다." Garden(1978d, 151, 154)에게 18세기 말 19세기 초의 인구 패턴은 "매우 느린 진화이지 혁명이 아니었으며", 진정한 혁명은 "20세기 후반"에 일어났다.

니었다"[36]고 주장한다. 모리노는 프랑스에 대해서 이와 완전히 똑같은 이야기를 한다. 18세기 말의 인구 증가는 혁명적이었던 것이 아니라 보다 온건하게 "일종의 회복, 일종의 만회, 일종의 복구"[37]로 간주되어야 한다. 또 밀워드와 솔은 프랑스에 유리하도록 주장을 완전히 뒤집어버린다. 프랑스의 인구 패턴은 특이했다(왜냐하면 프랑스의 출생률은 사망률의 저하와 동시에 혹은 그 이전에 낮아졌기 때문이다). "그러나 19세기의 발전 여건 속에서 보다 서서히 진행된 인구 증가는 일인당 국민소득의 증가를 쉽게 달성하도록 만들었고, 프랑스에게 마케팅상으로 불리함보다는 유리함을 가져다주었다."[38]

그러나 (명백한) 인구 증가가 혁명적인 것이 아니었고 반드시 잉글랜드에 특유한 것이 아니었다고 해도, 인구 증가가 경제적 사회적 변화의 결과였는지 아니면 그 반대였는지라는 "문제의 핵심"[39]은 남는다. 허배컥이 말하듯이 "산업혁명은 그 자체의 노동력을 스스로 창출했는가?"[40] 이 문제에 답변하기 위해서, 우리는 인구 증가의 원인이 저하하는 사망률이었는지 아니면 증가하는 다산율이었는지에 관한 논쟁을 살펴보아야만 한다. 대다수의 분석가들에게 저하하는 사망률이 일차적인 설명이라는 것에는 의심의 여지가 거의 없는 것 같은데, 왜냐하면 "양자의 비율이 모두 높을 때 출생률의 증가에 의해서보다는 사망률의 감소에 의해서 인구가 증가하는 것이 훨씬 용이하며",[41] 사망률과 출생률이 모두 낮을 때는 그 반대가 된다는 지극히 단순한 이유 때문이다.

그렇다면 왜 사망률이 낮아졌는가? 높은 사망률은 "주로 높은 전염병 때문"[42]이므로 사망률 저하에 대해서 논리적으로 가능한 설명은 세 가지가 된

---

36) Tucker(1963, 215).
37) Morineau(1971, 323).
38) Milward & Saul(1973, 314).
39) Drake(1969, 2).
40) Habakkuk(1958, 500). 허배컥 자신의 대답은 "18세기 말의 농업생산의 증가에 대한 가장 합리적인 해석은 인구 증가를 일으켰다기보다는 인구 증가에 대한 대응이었다는 것이다."(1971, 33)
41) McKeown & Brown(1969, 53).
42) McKeown & Brown(1969, 53).

다 : 향상된 의술(면역 혹은 치료), 전염병에 대한 증가된 저항력(환경의 개선), 혹은 박테리아나 바이러스의 유독성의 저하. 사망률의 감소가 여러 가지 질병에서 동시에 나타난다면(실제로 그랬던 것 같다) 마지막 설명은 배제되어도 좋은데, 왜냐하면 이 모든 것이 "[질병을 일으키는] 유기체의 성질의 우연한 변화"[43] 때문에 일어날 수 있었다고 하기는 어렵기 때문이다. 따라서 우리에게 남겨진 진짜 논쟁은 보다 나아진 의술 때문이냐 아니면 보다 나아진 사회경제적 환경 때문이냐이다. 전자는 오랫동안 선호되어온 설명이었다. 그것은 아직도 강력한 옹호자들을 가지고 있는데, 이들은 사망률 저하의 가장 그럴듯한 설명으로 "18세기 중에 이루어진 천연두에 대한 예방접종의 도입과 이용"[44]을 제시한다. 이 명제는 사망률에 대한 의술의 영향은 20세기까지 보잘것이 없었고 따라서 18세기의 변화에 대한 설명이 되기 어렵다는 면밀하고 설득력 있는 반증에 부딪혔다.[45] 연역적으로 이것은 인구 팽창을 가져온 것은 "사회적, 경제적 조건의 개선"이지 그 반대일 수는 없다는 결론을 우리에게 내리게 한다.[46]

다산(多産)의 역할은 리글리와 스코필드에 의한 기념비적인 잉글랜드 인구사에서 큰 지지를 받았다. 그들은 미혼자의 비율이 낮아지는 것에서 다산율의

---

43) McKeown(1976, 16).
44) Razzel(1969, 134). 핵심적인 주장은 잉글랜드의 중간층 및 상층 역시 기대수명의 증가를 보이므로 "증가된 식량 공급에 의한 설명은 부적절하다"는 것이다. 나중에 쓴 논문(1974, 13)에서 그는 자기의 주장을 보다 일반화한다 : "1801-41년의 사망률 감소의 원인이었던 것은 공중위생의 변화라기보다는 개인위생의 향상이었다."
    Armengaud(1973, 38-43)도 참조. 그러나 그는 이러한 요인이 보다 높은 농업생산성과 결합되어 있어서 이것이 보다 더 잘 먹고 질병에 저항력을 지닌 인구를 가능케 했다고 믿는다.
45) 질병 단위의 분석은 McKeown(1976, 91-109)에서 볼 수 있다. 그는 믿을 만한 데이터는 1838년 이후에야 이용 가능함을 인정하지만, 이 데이터가 "면역 및 치료가 [영국에서 1838년] 이후의 100년간의 사망률 추세에 거의 영향력을 미치지 못했음을 보여준다면, 그 이전 세기에 크게 기여했을 가능성은 아주 적다고 할 수 있을 것 같다"(p. 104)고 주장한다.
46) McLeown & Record(1962, 122). Bairoch(1974, 30) ; Le Roy Ladurie(1975, 386-390) ; Post(1976, 35)도 참조.

증가를 본다. 이것은 가용식량의 증가가 한 가구를 만들 가능성을 낳는 과정의 핵심 요소라는 모델과 연결되어 있다. 그들의 데이터는 아주 오랜 기간 (1539-1873)에 걸쳐 있고, 그 데이터에서 그들은 짧은 기간(1640-1709)을 제외할 때, 출생, 사망, 결혼은 모두 증가했으나 시종일관 출생이 사망보다 많았다는 사실을 발견한다. 그리하여 그들은 잉글랜드 인구사의 장기적 패턴을 주장하고 있는 것처럼 보인다. 그러나 그들은 또한 18세기 초에서 19세기 말 사이의 어느 시점에서 잉글랜드는 "예방적인 인구억제 사이클"과 결별했고 그리하여 인구규모와 식량가격 간의 연관관계도 깨어졌다고 주장하려고 한다.[47]

---

47) 시대 구분에 대해서는 Wrigley & Schofield(1981, 162)를, 인구 패턴의 변화에 대해서는 p. 478 참조. p. 245에서 그들은 변화의 순간을 보다 정확하게 1751으로 잡는 듯하며, 그후부터 "변화하는 자연증가율에서 다산의 우세"가 명백했다고 말한다.

Goldstone(1986, 28)은 16세기에 다산의 증가를 설명하는 것은 기혼자 수의 증가였던 데에 반해서 1700-1850년에는 주로 결혼연령의 하락이었다고 주장함으로써 이 테제를 다소 수정하려고 한다. "결정적이었던 것은 잉글랜드에서 공업화와 식량시장의 증가가 농업부문의 프롤레타리아화가 이미 상당 정도 진행되었고 더우더 진행되고 있던 정황 아래서 일어났다는 것이다."

증가된 다산을 강조하는 또다른 주장은 농촌 젊은이들의 보다 이른 그리고 광범위한 "정착"과 그에 따른 목축에서 농경으로의 전환으로 인해서 1780년대에 조혼현상이 나타났다고 추정되는 아일랜드의 예로부터 도출된다. Connell(1969, 32-33) 참조. 물론 농경으로의 전환은, 코넬 자신이 인정하듯이, 그 자체가 세계경제의 팽창의 결과이다 : "[1780년대에] 이르면, 잉글랜드 자체의 인구 증가 때문에 잉글랜드는 더 이상 곡물 수출국이 아니었고 그래서 아일랜드의 곡물 생산을 덜 시기하면서 바라볼 수 있었다."

그러나 Drake(1963, 313)는 아일랜드의 경우에서의 결혼연령에 대한 주장에 전반적으로 회의적인데, 왜냐하면 결혼시의 남자와 여자의 연령관계가 역전될 가능성이 있기 때문이다. 그는 감자 재배의 전파를 보다 신뢰한다. Connell(1969, 38)도 이러한 설명을 배제하지는 않는다 : 우리의 "불안정한 통계"가 잘못된 것이고 인구 증가가 실제로 1750년대 또는 1760년대에 시작되었다면, "그것은 감자를 먹는 식습관이 일반화됨에 따른 결과였을 가능성이 높다."

비록 아일랜드가 18세기 초에 실제로 높은 사망률과 낮은 출생률로 특징지어진다고 해도, McKeown & Brown(1969, 62)은 인구 증가가 낮아진 결혼연령으로 설명될 수 있다는 점을 의심한다. 그들은 만혼시대에 나이든 남편이 젊은 아내를 맞았다면, (남자에게) 조혼의 영향은 적었을 것이라고 지적한다. 더욱이 그들은 단언할 수 있는 가장 큰 차이는 가족당 자녀의 수에 있는데, 높은 사망률은 가족의 규모와 더불어 증가하고, 따라서 반대리글리와 스코필드에게는 논리의 모순(설명으로서의 장기적 패턴과 설명으로서의 패턴의 단절 사이의 모순) 외에도, 경제적 "이륙"에 대한 설명으로서의 결혼율의 증가(그리고/또는 저하)에 대한 그들의 강조와 해즈널에 의한 정반대의 주장을 조정해야 하는 또다른 문제가 있다. 해즈널은 18세기 전반기의 서유럽(잉글랜드만이 아니었다는 사실에 주목하라)에는 만혼(晚婚)과 독신자의 높은 비율로 이루어진 독특한 결혼 패턴이 존재한다고 주장했다. 해즈널은 "최소한의 생계 이외의 목적에 자원을 유용(流用)하도록 자극함으로써" 경제발전을 가져온 것은 바로 (20세기까지 지속되었던) 바로 이와 같은 **비교적 낮은 다산율의 패턴**이라고 본다.[48]

비교적 덜 논의되지만 아마도 가장 중요한 마지막 인구요인은 유럽의 농촌적인 주변부 지역에서 도시의 공업화된 지역으로의 인구 이전의 증가이다. 그런데 이것은 물론 고용기회의 증대와 향상된 운송시설, 양자의 결과이다.[49]

근자에는 점차, 공업부문의 변화의 선행조건과 결정요인으로서의 농업부문의 변화에 사람들의 관심이 쏠렸다(그와 같은 강조가 오늘날의 주변부 국가들에 대한 암묵적인 정책명령의 성격을 띤다는 것은 농업부문에 대한 증가된 관심과 연관이 없지 않으며 이 점은 종종 명시적으로 언급되기도 한다). 산업혁명 및 인구혁명에 덧붙여서 우리는 이제 농업혁명을 설명하고 그것의 위치를 찾아내라는 요구를 받는다. 이것은 이제 큰 주제가 되었다. 먼저 우리는 영국에서조차 그리고 심지어 19세기 전반기 내내 "농업이 제1의……산업"[50]이었음을 기억해야 한다. 그러므로 경제혁명이 일어났다는 관념이 의미를 가지려면 그리고 특히 농업혁명이 있었다는 관념이 의미를 가지려면 어느 곳에선가 그리고 어떤 경제단위 전체에서 생산량의 증가가 있었어야만 한다. 우리

로 작용했을 것이라고 지적한다. 한편 Krause(1969, 108)는 "만혼조차도 매우 높은 출생률을 가져올 수 있다"고 첨언한다.
48) Hajnal(1965, 132).
49) Le Roy Ladurie(1975, 407)는 18세기에 오베르뉴와 피레네 산맥에서 파리와 다른 북부 도시들로의 주민 이주로 이 점을 강조한다. 그리고 Connell(1950, 66)은 아일랜드인이 잉글랜드로 이주한 것에 대해서 똑같은 주장을 편다.
50) Deane(1972, 246).

는 중요한 것이 경작된 헥타르당 생산량(이것은 투입된 종자당 생산량을 의미할 수도 있고, 투입된 노동단위당 생산량을 의미할 수도 있으며, 일인당 생산량을 의미할 수도 있다)인지 아니면 전체 생산량인지의 문제에 즉시 부딪히게 된다. 18-19세기에 걸친 100년 동안 유럽 세계경제에서 전반적으로 전체 농업생산이 증가했다는 것에는 의심의 여지가 없어 보인다.[51] 그러나 농업생산으로부터 다른 종류의 생산(특히 공업)으로 노동력의 일부가 전환되었다면, 투입된 종자당 생산량의 증가나 (경작지 면적의 팽창과 더불어) 투입된 노동단위당 생산량의 증가가 있었어야 한다고 주장된다. 더욱이 전반적으로 생활수준이 향상되었다면, 일인당 생산량의 증가가 있었어야만 한다고 주장된다.[52] 그러나 일인당 생산량의 증가가 투입된 종자당 생산량이나 투입된 노동단위당 생산량의 증가를 수반해야만 하는 필연적인 이유는 없으며, 후자의 두 가지가 세계경제의 팽창기를 특징짓는다.

생산량의 증가가 농기구의 기계화에 의해서 일어났다고 할 수 있을까? 철제 쟁기(그리고 말의 편자)의 사용이 다소 증가했던 것 같지만,[53] 19세기 이전에 농업에 주목할 만한 기계화가 있었다고 주장하기는 어렵다.[54] 발전은

---

[51] 예를 들면 Slicher van Bath(1963, 22)는 이 시기 전체는 (1817년 이후의 상대적인 하락에도 불구하고) 전반적인 가격수준에서, 경작면적의 팽창에서 그리고 새로운 경작방법에서 "농업의 붐의 시기"를 이루었다고 말한다.

[52] 예컨대 농업생산성의 증가를 단순한 "공업화의 초입에서의 결정적인 요인"이 아니라 반대로 이러한 과정들의 시작을 요구하는 어떤 것으로 보는 Bairoch(1974, 83) 참조. 그러나 Wyczánski & Topolski(1974, 22)는 특히 농촌에 "노동력의 상당한 잠재적 비축"이 있을 경우 공업에 필요한 노동을 해방시키기 위해서 증가된 농업생산성이 필요하다는 것을 부정한다.

[53] 가장 강력한 주장은 Bairoch(1973a, 490-491)에 의해서 행해졌는데, 그는 (개간지의 팽창과 휴한지의 감소로부터 초래된) 이러한 철제쟁기의 사용과 사용된 쟁기의 증가된 숫자가 철에 대한 전반적인 수요의 커다란 증가를 설명해준다고 주장한다.

[54] O'Brien(1977, 171)은 일반적으로 "농업 공정이 공업 과정들보다 시간적, 공간적으로 더 분리되어 있기 때문에 경작의 기계화가 공업의 기계화보다 더 느리게 진행되었다"고 주장한다. Deane(1972, 103)은 잉글랜드에 대해서조차 "우리는 18세기 말까지 농업자본의 축적이나 농업자본율의 실질적인 증가가 있었다고 암시하는 어떤 것도 발견할 수 없으며 ; 팽창은 18세기 말에도 이 시기의 농업소득의 증가와 비교할 때 소규모였던 것 같다"고 말한다. 사실 딘은 19세기 중반까지 대부분의 새로운 기술은 "가벼운 모래땅에만 적합

주로 사료작물을 이용한 토지에 대한 보다 집약적인 경작에 의해서 이루어 졌다.[55] 두 개의 주요 시스템이 있었는데, 하나는 (당시에 "노퍽 시스템[Norfolk system]"이라고 부르던) 교체농법(alternate husbandry)이고 다른 하나는 교대농법(convertible husbandry 혹은 ley farming : 즉 곡물과 목초를 번갈아 재배하는 곡초식 윤작농법/옮긴이)이었다. 두 가지 시스템은 근채류(무, 감자)를 이용하여 잡초를 제거하고 포아풀(클로버, 콩과식물, 독보리)을 이용하여 지력을 회복시킴으로써 휴한의 필요성을 제거했다.[56] 그 결과로 나타난 지속적인 경작은 겨울철에 가축에게 먹일 것을 제공했으며 그 가축의 분뇨는 토지에 추가 영양분의 역할을 했다.

두 가지 시스템은 모두 새로운 것이 아니었지만, 18세기 후반은 그것들의 사용이 상당히 확대된 때였다. 잉글랜드에서 이러한 시스템들이 크게 진척된 것은 의심의 여지가 없지만, 이것이 예외적인 것이라고 이야기될 수 있을지는 의문이다. 슬리허 반 바트는 밀 가격의 상승에 대응하여 1750년 이후에 서유

했으며", "진흙땅과 늪지를 개간하기"에는 아직 역부족이었다는 사실에서 농업의 기계화 기술의 한계를 본다(1974, 41). Chambers & Mingay(1966, 2)도 기계적 혁신의 역할을 최소화하면서, 끊임없는 경작을 가능케 한 제스로 툴의 유명한 파종기는 "1733년에……기록되었고 그 이전에도 오랜 역사를 가지고 있었지만, 19세기가 한참 진행되기 전까지는 곡물을 파종하는 데에 일반적으로 사용되지 않았다"고 지적한다.

55) Timmer(1969, 382-383) 참조 : "콩과식물은 토지의 비옥도를 직접적으로 증가시켰을 뿐만 아니라 보다 많은 가축을 사육시킬 수 있게 하고 이는 보다 풍부하고 비옥한 비료를 생산했다."

그러나 Slicher van Bath(1963, 245)는 "보다 집약적인 경작이 반드시 보다 많은 생산량을 의미하지는 않는다"는 사실을 우리에게 환기시키는데, 여기서 그가 의미하는 생산량은 투입된 종자당 생산량이다. 휴한지의 감소로, 경작된 헥타르당 보다 많은 생산량을 얻는 것이 여전히 가능하다. 투입된 종자당 생산량의 측면에서 보면, 비료를 많이 줌으로써 보다 많은 생산을 얻는 것도 역시 가능했지만, 그 이전 시기에 비료는 주로 밖으로부터 가져왔고 그래서 전체적으로 경비가 너무 많이 들었다.

56) 두 시스템 간의 차이는 교체농법은 모래를 많이 함유한 무른 땅에서만 사용될 수 있었다는 것이다. 딱딱한 (그러나 배수가 잘 되는) 땅에서는 뿌리를 다치지 않게 하고 수년 동안 목초를 (목초지에) 국한시키는 것이 필요했다. 습기 차고 차가운 진흙땅에서는 19세기 중엽에 값싼 암거배수(땅속 관로나 구조물 밑으로 낸 도랑으로 배수하는 방법/옮긴이)가 발달하기까지 두 시스템이 이용될 수 없었다. Chambers & Mingay(1966, 54-62)와 Deane(1979, 38-42) 참조.

럽에서 "삼포제로부터……교대농법으로의 전반적인 전환"이 있었다고 말한다.[57] 그럼에도 불구하고 사료작물 이용의 이와 같은 확산에서 새로웠던 점은 그것이 이전처럼 목축을 희생시키지 않고 농업생산의 증가라는 변화를 가져왔다는 사실이다.[58]

이러한 발전조차도, 일인당 생산으로 분석을 한 모리노로부터 도전을 받았다. 그는 생산량의 주목할 만한 증가는 19세기 중엽에 가서야 일어났다고 주장한다.[59] 그는 18세기 후반의 농업의 "진보"가 이전과 다름없이 "빈곤의 논리"를 따르는 것으로 본다. 농작물의 혁신은 생활수준의 주기변동적 하락과 일치하는 경향이 있었다고 그는 주장한다. 이러한 하락국면에는 식량 부족이 수반되었고, 농작물의 혁신은 "식량 부족을 지속시키는 데에 기여했다."[60] 모리노는 프랑스의 데이터에 분석의 비중을 두고 있고 잉글랜드가 프랑스에 비해서 일정한 이점이 있었다는 주장을 받아들이지만, 1835년 이전에 잉글랜드

---

57) Slicher van Bath(1963, 249-250). "여러 가지 형태의 노퍽 시스템이 18세기 말과 19세기 초에 여러 유럽 국가들에서 계몽된 지주들에 의하여 도입되었다."(p. 251)
58) Chambers & Mingay(1966, 6)는 새로운 농법은 중세적인 경작의 "사료 부족으로 토질이 저하되는 악순환"을 깨뜨렸다고 말한다.
59) Morineau(1971, 68-87) 참조. 그는 투입된 종자당 생산량의 결정적인 선행조건은 화학비료의 발달이었다는 뤼웨의 견해를 지지한다(p. 69, 주 129). 그러나 모리노는 일인당 생산량은 (아마 주로 휴경지의 감소로 가능해진) 파종량의 증가로 17세기 중엽부터 증가했다는 뤼웨의 견해를 여전히 의심하고 있다. 노퍽 시스템의 투입된 노동당 생산량의 증가에 대한 이와 비슷한 의심은 Timmer(1969, 392)에게서도 발견되는데, 그러나 그는 투입된 종자당 생산량에서 약간의 증가는 인정한다.
60) Morineau(1971, 70-71 ; 1974b, 355도 참조). Le Roy Ladurie(1975, 402)는 루르마르쟁에서의 농업생산의 다양화(더 이상 밀만이 아니라, 프랑스 혁명 직전에 토지의 절반은 포도밭, 과수원, 뽕나무, 화원, 관개시설이 된 목초지로 쓰이고 있었다)에 대해서 기술할 때 이렇게 설명한다 : "프랑스 중부(Midi)의 조건에 적합한 참된 농업혁명이 바로 거기에 있다." Morineau(1978, 383)는 불안정한 양적인 근거를 가지고 "해석하고, 추측하고, 무심결에 순환론에 빠진 매혹적인 추론"이라고 르 루아 라뒤리를 비난하면서, 이러한 특별한 감탄을 비판한다. Le Roy Ladurie(1978, 32)는 같은 방법으로 응수한다. 그는 모리노의 저작은 "역설적이면서 뛰어나지만" 여전히 잘못된 것이라고 말한다 : "나는 사실 18세기의 농업의 진보를 부정할 수 있다고 생각하지 않는다." 우리가 앞으로 보게 되듯이, 모든 것은 진보라는 말의 의미를 둘러싸고 공전한다. 르 루아 라뒤리는 불평등이 줄어들었다고 보는 경향이 있는 반면, 모리노는 그것이 증가하고 있었다고 본다.

에서 "생산성의 상당한 증가"가 있었다는 사실을 의심한다.

> 서양 경제의 이륙은 '농업혁명'에 뿌리를 두고 있지 않았다. 농업혁명의 개념은, 잉글랜드의 경우에서조차, 그와 같이 활기차지 않은 진보를 가리키기에는 부적합한 것이 아닐까? 이를테면 첫서리에 놀래 자빠지는 격이 아닐까?[61]

비록 농법의 변화가 일인당 생산량의 급격한 증가를 즉각적으로 초래했다고 말할 수는 없어도, 토지생산의 사회적 관계의 변화는 그것이 (부문간의 노동 이동을 가능케 하는, 투입된 노동당 보다 높은 생산량에 의해서이건 아니면 인구 팽창을 가능케 하는 보다 많은 총생산량에 의해서이건 간에) 공업노동에 이용 가능한 노동력을 창출했기 때문에, 혹은 그것이 투입된 종자당 보다 높은 생산량을 궁극적으로 가져다줄 기술혁신의 선행조건이었기 때문에, 혹은 물론 이 양자 모두 때문이건 간에, 공업화 과정의 본질적인 요소라고 할 수 있지 않을까? 한마디로 인클로저가 전체 과정의 핵심적 요소가 아니었을까?

인클로저라는 이름 아래 논의되고 있는, 필연적으로 연결되지는 않는 세 개의 개별적인 과정들이 있다. 첫번째는, 추수기와 파종기 사이에 농업생산의 개별 단위들을 공동의 목초지로 변화시켰던 시스템인 "개방경지(open fields)"의 제거이다. 두번째는, 장원의 영주가 수확물을 거두어들인 토지나 "황무지"(황무지라고 함은 농업생산의 관점에서 개간되지 않고 있다는 의미이다)에 대해서는 개방경지와 동일하게 취급했던 "공동권(common rights)"의 폐지이다. 이 두 가지 변화들은 모두 가축을 사육하기 위한 소유지를 전혀 혹은 거의 가지고 있지 않았던 사람들의 능력을 감소 또는 제거시켰다. 세번째 변화는, 개방경지와 공동권의 종식으로 가능해진 '규모의 경제'를 실현하는 데에 불가결한 분산된 소유지의 겸병(consolidation)이었다.

추측컨대 인클로저는 단위토지 면적의 크기를 증가시키고 사료작물을 심던 사람들을 가축을 자유롭게 놓아 먹이던 사람들로부터 보호함으로써, 혼합농

---

61) Morineau(1971, 76, 85).

법(mixed husbandry)이 보다 이익이 많이 남게끔 해주었다.[62] 지주의 일차적인 목적은 "인클로저와 토지겸병에 의해서 촉진되었던 기술 향상의 결과로 나타난 지대의 상승"[63]이었다. 그러나 인클로저가 실제로 생산량의 증가를 달성했는지의 여부는 불분명하다. 체임버스와 밍게이는 인클로저가 생산량 증가에 "없어서는 안 될 도구"였다고 주장하면서도, 18세기 잉글랜드에 대한 증거는 기껏해야 "정황적"임을 인정한다.[64] 오브라이언은 좀더 회의적이다. 1750년에서 1815년 사이의 대규모 인클로저가 "생산량에 참으로 어떤 주목할 만한 영향을 끼쳤다"는 것은 "더 이상 쉽게 당연시될 수 없다."[65]

인클로저는 물론 1750년 훨씬 이전부터 시작되었다. 그것의 속도와 가시도를 급격히 높인 것은 그 과정에서 행한 영국 의회의 새로운 역할이었다.[66] 전개과정의 "엄청난 규모"를 설명해주는 것이 바로 이와 같은 정치적 개입이다. 그러나 영국만 인클로저를 하고 있었다고 믿는다면 잘못일 것이다. 블로크의 세밀한 분석은 이런저런 형태의 상당 규모의 인클로저가 프랑스에서도 있었으며, 거기에서도 1730년 이후로 인클로저가 가속화되었다는 사실을 보

---

62) 단위토지 면적의 크기의 증가에 대해서는 Chambers & Mingay(1966, 61) 참조. 그러나 Yelling(1977, 97)은 "대규모 농업에 유리하거나 불리한 환경은 인클로저의 지역적 분포와 일치하지 않는다"고 말한다. 자유롭게 방목하던 사람들에 대한 문제에 관해서는 Fussel(1968, 17) 참조.
63) Dovring(1966, 628).
64) Chambers & Mingay(1966, 34, 37).
65) O'Brien(1977, 170). 이것은 "영국 농업에서 일인당 생산은 18세기에 약 25퍼센트 증가한 것 같으며, 이러한 발전은 모두 1750년 이전에 달성되었다"는 Deane & Cole(1967, 75)의 추산치로 어느 정도 확인된다. 그들은 주(註)에서 "농업생산성은 18세기 3/4분기에 실제로 낮아졌으며 그후에 회복되었던 것 같다"고 첨언하기까지 한다.
66) Mantoux(1928, 170-172) 참조. E. L. Jones(1974b, 94)는 인클로저의 역사는 합의에 의한 인클로저를 고려대상에서 제외시켰기 때문에 일반적으로 인정되고 있는 것보다 더 점진적이었다고 말한다. "18세기 후반의 의회 인클로저로 대표되는 명백하게 급격한 상승은 다른 증거를 포함시킴으로써 그 존재가 완전히 깔아뭉개버려질 수는 없겠지만, 정도는 다소 완화되어야 한다." 이와 비슷하게 Yelling(1977, 111)은 공동지의 독점의 상당 부분은 17세기 말과 18세기 초에 일어났다고 말한다. 그는 "중세적인 과거와 결별했던 결정적이고 혁명적인 시대"로서 1760년 이후의 시기가 그 이전 시기로 대체되기를 바라는 것은 아니다. 오히려 그는 "그와 같은 묵시록적인 사건이 일어났던 것 같지 않다"고 주장한다.

공업과 부르주아지 31

여준다.[67] 실제로, 블로크가 "농업 개인주의"라고 부른 것의 상대적인 팽창은 18세기에 전 유럽적 현상이었다.[68] 이러한 운동이 대륙에서보다 영국에서 더 성공적이었다면, 명백히 그 차이는 국가기구의 힘에 있었다. 영국에서는 국가기구가 제도적 무기들을 제공했으나, 프랑스 혁명을 전후한 시기의 프랑스에서는 그 무기들의 유용성이 떨어졌던 것이다.[69]

보유지의 분산이 역사적 유산이었으므로, 토지에 대한 단순한 인클로징(울타리치기)만으로는 충분치 않았다. 인클로징과 마찬가지로, 보유지의 겸병과 그에 따른 소농(토지소유자이건 차지인이건 간에)의 몰락은 장기적 과정이었고, 아마도 그러한 과정은 18세기에 영국과 프랑스 모두에서 가속화되었다.[70] 그러

---

67) "많은 수의 지방────샹파뉴, 피카르디, 로렌과 세 주교령, 부르고뉴와 브레스, 프랑슈-콩테, 베리, 오베르뉴, 툴루쟁, 베아른────에서 16세기와 17세기에 들어서면서 특히 1730년경 이래로 일련의 일시적인 조치들이 취해져서, 가뭄, 서리, 또는 홍수가 있을 때마다 새로운 목초가 자라기 전까지 개방경지에 접근하는 것이, 항상 금지된 것은 아니지만, 적어도 이듬해까지는 제한되었다." Bloch(1930, 341). 또 여러 지역에서 점진적으로 확립된 인클로저의 다양한 종류에 관한 논의는 p. 332 참조.
68) "그 운동은 일반적이었는데, 왜냐하면 그것은 모든 곳에서 언명된 하나의 교리와 토지를 경작하는 사람들 중에서 가장 힘있는 사람들이 다소의 차이는 있지만 분명히 느끼고 있던 필요성에 부합했기 때문이다." Bloch(1930, 511).
69) "인클로저에 직면한 [영국의] 마을은 선택의 여지가 없었다 ; 의회가 결정했기 때문에 마을은 그저 복종해야 했다. 프랑스의 강력한 농민보유권의 관행은 그와 같은 엄격함과 양립할 수 없었던 것 같다." Bloch(1930, 534).
70) 잉글랜드의 요먼(yeoman) 계층의 소멸에 대해서는 Wordie(1974, 604)와 다음과 같이 말하는 Chambers & Mingay(1966) 참조 : "[토지겸병의] 이와 같은 경향은 인클로저에 의해서 조장되었지만 결코 그것에 종속되지 않았다."(p. 92) 프랑스에 대해서는 Laurent (1976a, 660)과 샤르트르에서 "중간 범주의" 토지보유자들의 뚜렷한 몰락을 측정한 Vovelle(1980, 60~61) 참조. 즉 분명히 하자면, 우리는 여기서 자신들의 단위토지면적이 가족을 부양하는 데에는 충분하지만 그보다 더 크지는 않았던 범주의 토지보유자들의 소멸에 관해서 말하고 있다. 그러나 프랑스에 대한 유보조건들에 관해서는 Meuvret(1971d, 196) 참조:
　　Dovring(1966, 627)은 토지겸병에 대한 압력에 대해서 다음과 같이 설명한다 : "황소가 끄는 무거운 쟁기를 사용하는 제도 아래서 지조(地條) 단위로 농사를 짓는 것은 지조의 길이가 경작지의 통합보다 더 본질적이었기 때문에 다소의 기술적인 이점을 가지고 있었을지 모른다(이 점은 지조가 사실상 황소가 끄는 쟁기가 요구했던 것만큼 언제나 길지는 않았기 때문에 강조되어서는 안 되며, 바퀴가 달린 무거운 쟁기는 지배적인 농경지역에서

나 토지의 통합이 실제로 생산량을 크게 증가시켰는지의 여부는 입증되었다기보다는 오히려 당연한 것으로 가정되었다.[71]

끝으로, 농업에서의 사회적 재편이 사람들에게서 토지에서의 일자리를 박탈하고 그 결과로 도시의 공업노동력이 생겨났다는 견해가 있다. 농업혁명이 산업혁명의 전제조건이라고 말해져온 것 또한 바로 이런 의미에서이다. 예를 들면 도브는 18세기 후반의 잉글랜드의 인클로저가 "빈농들(cottagers)을 공동지 주변의 그들의 얼마 안 되는 마지막 보유지로부터……축출했는데……이것은 공업 팽창의 새로운 시대와 일치했다"[72]고 주장한다. 이러한 표준적인 마르크스주의적 테제는 이러한 과정이 얼마만큼 격렬하고 억압적인 것

조차 관례가 아니었다). 그러나 한두 마리의 말이 끄는 새로운 철제 쟁기는 낡은 개방경지제도의 지조들보다 폭이 더 넓고 길이가 더 짧은 겸병된 땅에서 더 잘 작동한다고 믿어졌다 ; 그리고 새로운 윤작도 겸병된 보유지에 더 쉽게 적용되었다고 가정된다.……이러한 기술적인 이점들 못지 않게 중요한 것은 18세기가 점점 더 커지는 인구 증가의 물결을 경험했으며 그것과 함께 토지의 점점 더 극심한 세분화가 불가피하게 이루어졌다는 사실이다."

71) 영국의 인클로저의 역사에 관한 가장 세밀한 연구 가운데 하나에서 Yelling(1977, 144)은 이렇게 결론짓는다 : "농지의 통합과 편의성의 변화는 인클로저의 핵심적인 이점의 하나였고, 그것은 인클로저의 주창자에 의해서 가장 자신있게 주장되고 그 비판자에 의해서 가장 적게 공격받은 이점이었다. 그럼에도 불구하고 성취된 결과들을 입증하기는 쉽지 않다.……[문제는] 어떤 이점이 생산성의 향상과 같은 종류의 구체적인 경제적 용어로 어떻게 번역되었는지를 알 수 있는 방법이 없다는 것이다." 이렇게 말한 다음, 옐링은 향상의 가설적인 잠재 가능성을 열거하고 "[가설적인 이점들의] 결과를 확인할 수 있는 충분한 증거를 발견하기 어렵기 때문에"(p. 145) 그것을 과소평가하지는 말아줄 것을 우리에게 요구한다.

O'Brien(1977, 168)은 다른 방침을 취한다. 영국이 오랜 시간에 걸쳐 많은 대륙국가들과는 다른 토지보유 형태 즉 그 배열상 덜 "봉건적인" 토지보유 형태를 발전시켰다는 점에서, 그 나라는 투자와 혁신을 조장함으로써 생산성을 촉진했다고들 주장해왔다. "그러나 선험적으로, 영국의 지주와 차지인의 관계의 패턴이 반드시 농민소유권, 프로이센식의 봉건제도나 심지어 어떤 형태의 분절소작제보다 현저하게 더 높은 투자율을 낳는다고 기대할 이유는 없다." 만약 영국이 이점을 가졌다면 그것은 "농업자본의 축적에 대한 약간의 첨가가……생산의 아주 현저한 증가를 낳을 수 있을"(p. 169) 정도로 외연적인 성장의 지리적 한계에 남보다 일찍 도달했기 때문이라고 그는 주장한다. 그는 경작된 에이커당 가축의 보다 높은 비율을 가장 크게 강조한다.

72) Dobb(1946, 239).

이었는지[73] 그리고 양적으로 도대체 얼마만큼의 축출이 있었는지[74]라는 두 가지 물음 모두에 관해서 많은 반론의 대상이 되어왔다. 후자의 주장은 이중적이다. 한편으로는 새로운 농법이 "보다 적은 노동이 아니라 보다 많은 노동"[75]을 필요로 했다는 것이고, 다른 한편으로는 농업에 종사하는 가족의 백분율이 의심의 여지 없이 감소하고 공업에 종사하는 가족의 수가 증가했던 것 같으므로,[76] 도시의 증가된 노동인구의 원천을 설명해주는 것은 인구 증가라고 주장한다.[77] 물론 이 두 테제 —— 강제 축출과 인구 증가 —— 는 결코 양립이 불가능하지 않다. 그러나 이 두 가설이 영국이 예외적이었다는 주장과 상충된다는 점이 주목을 받은 적도 거의 없다. 도시 노동력의 팽창을 가져온 것이 인구 증가라면, 18세기 영국의 특별한 이점은 어디에 있었는가? 그리고 강제 축

---

73) 예를 들면 Tate(1945, 137)는 "18세기 인클로저 운동의 주목할 만한 특징은 그것이 수행되면서 불러일으킨 관심과 그것이 야기시켰던 조직화된 저항의 비교적 적은 크기"라고 주장한다. 테이트가 자신의 주장을 나중에 책의 형태로 출판했을 때, 논평자인 Richardson(1969, 187)은 그를 "L.L. & B. 해먼드의 「농촌 노동자」를 읽다가 화가 나서 거의 질식해버린 역사가"라고 적절히 기술했다.

74) 고전적인 주장은 Clapham(1923, 95)에게서 발견되는데, 그는 1685년에서 1831년 사이에 노동자 가족 대 기업가 가족의 비율은 1.74 : 1에서 2.5 : 1로 증가했다고 주장한다. "그 증가는 적어 보이고 이 [논문은] 그것을 증명하고 있지 않다 ; 그러나 보다 더 큰 증가에 대해서는 증거가 전혀 없다." Lazonick(1974, 37-38)은 클래펌의 계산방법이 변화를 과소평가했다고 말한다.

클래펌의 노선을 따라가면 Chambers(1953, 335)를 만나게 된다 : "인클로저 운동은 남아 있던 잉글랜드 농민을 파괴한 것이 아니라 더욱 격하시키는 결과를 낳았다.……오두막에 사는 인구[즉 빈농/옮긴이]는 인클로저 이후에 실제로 증가했던 것으로 보인다."

75) Deane(1979, 45). Chambers(1957, 37) 참조 : "손이 많이 가고 시간이 많이 드는 순무 농사 과정 —— 토양의 세심한 준비, 씨뿌리기, 솎아내기, 구멍파기, 수확하기, 얇게 자르기, 가축에게 먹이기 —— 을 잘 아는 사람이라면, 그것이 일종의 노동절약형으로 인식될 수 있었다는 생각은 놀라운 일일 것이다." Mingay(1977, 50)도 참조.

이러한 주장은 Samuel(1977, 23)에 의해서 마르크스주의적적인 혼합을 낳았다 : "농업에서는 발명보다 값싼 노동이 경제성장의 받침대였으며, 농업혁명에 의해서 시작된 변화들은 노동자들의 노역의 강화와 마찬가지로 노동력의 엄청난 증가를 수반했다."

76) 머사이어스는 1688년에 킹, 1760년에 매시, 1803년에 콜크하운에 의해서 수집된 데이터를 비교함으로써 이것을 보여준다. 1760년부터 1803년 사이의 분명한 변화를 보여주는 Mathias(1979d, 189, 도표 9.3) 참조.

77) Chambers(1953, 여러 곳) 참조.

출이 영국의 이점을 설명한다면, 대륙의 공업에서 노동력이 부족했다는 증거가 없다는 사실을 어떻게 설명할 것인가?[78] 프랑스인들이 즐겨 말하듯이, 둘 중 하나이다. 즉 영국에서는 대륙에서와는 다른 결과가 나타났으므로 이것("최초의 산업혁명")은 영국에 특수한 하나 혹은 일련의 요소들로 설명되든지, 아니면 이 과정은 보다 전반적인 과정이므로 우리는 그 결과가 [지역에 따라서/옮긴이] 얼마나 달랐는지를 보다 면밀하게 살펴보아야만 하든지의 둘 중 하나이다. 논의를 한걸음 되돌려보면, 산업혁명에 선행하는 농업혁명이라는 문제에서도 사정은 똑같다. 우리가 이미 암시했듯이, 우리는 두 가지 물음에 부딪힌다:그런 현상이 일어난 것은 어느 정도였으며, 그 현상이 일어났던 정도에서 영국은 얼마나 달랐는가?

우리는 18세기 프랑스의 농업혁명이라는 테마에 관해서 모리노가 보여준 아주 회의적인 태도를 언급한 바 있다. 잉글랜드의 농업에 관해서 일반적으로 인정된 지식을 케리지도 마찬가지로 강력하게 비난했는데, 그는 농업혁명이 훨씬 이전인 16-17세기에 일어났으며, "그것의 온건성에 비추어볼 때 18-19세기의 농업의 발전은 공업과 운송에서의 혁명에 비하여 그 중요성에서 부차적인 것이라고 해야 앞뒤가 딱 들어맞는다"[79]고 말한다. 그러나 기이하게도 밍게이(그는 케리지의 주요 공격대상의 하나이다)는 이에 대한 반박에서

---

78) 예컨대 북부 프랑스에 관한 Lefebvre(1972, 547)의 설명을 보라 : "북부의 대규모 공업은 농촌의 막노동자들(manoeuvriers)을 모집했으며 그 결과 농업문제를 해결했다." 사실, Hufton(1980, 30)의 추론은 우리로 하여금 유리한 점은 프랑스에 있었다고 생각하게 이끈다. 서유럽의 사회적 양극화에 대하여 말하면서 그는 영국은 "견고한 중간층 농민집단"의 존재 때문에 농촌지역에서 최상의 "전반적인 사회적 균형"을 이루고 있었다고 말한다. 프랑스는 반대의 극단을 대표하고 있었다고 한다. 농촌 인구의 60퍼센트(그리고 일부 지역에서는 90퍼센트)가 "먹고살 것이 넉넉치 않았다." 이것이 사실이라면, 이들 농촌의 빈민들이 왜 도시 프롤레타리아의 명백한 후보자가 되지 않았을까?
79) Keridge(1969, 474). 16-17세기의 잉글랜드의 "유례 없는 성취"에 대해서는 Kerridge(1967, 348 및 여러 곳) 참조. 또한 O'Brien(1977, 173)도 참조 : "1700년에서 1850년의 영국 농업에서의 성취는 특별한 것이 없었던 것 같다." 케리지는 그저 모리노를 연상케 하는 어조로 이렇게 말한다 : "오늘날......[1750년에서 1850년 사이의 잉글랜드의 농업혁명이라는] 신화는 잘못되었음이 입증되었다. 그러나 신화가 잘못되었다고 입증하는 것이 그것을 죽이는 것은 아니다."(p. 469)

18세기 후반을, 17세기 말에서 19세기에 이르는 "점진적인 기술적, 제도적 변화의 장기적 과정"이었던 농업혁명의 한 부분에 포함시킴으로써 농업혁명의 시기로서의 18세기 후반의 의미를 지키고 있는데,[80] 이러한 주장은 시간적으로 보다 국한되어야 하는 "혁명"으로서의 18세기 후반의 가치를 크게 감소시키는 것이라고 할 수 있다.

도브링은 18세기 서유럽 전체에 대해서 비슷한 회의론을 제시한다. 그 역시 농업의 변화에서 "산업혁명의 규모와 속도에 버금가는 그 어떤 것도" 보지 못한다. 그러나 그는 우리가 왜 영국에서 농업혁명이 있었다고 믿는지에 대해서 간단하게 설명한다. 그는 영국에서 일어났던 변화가 대륙의 변화보다 "더 잘 선전되었고", "이것이 산업혁명과 농업혁명이라는 그럴듯한 유추와 합쳐져서 우리로 하여금 일어났던 일의 참신성에 못지 않게 중대성을 강조하게 만들었다"[81]고 말한다.

영국의 인구와 영국 농업의 특수성이 산업혁명에 대한 설명으로서 의심이 간다면, 개진될 수 있는 무게 있는 설명은 하나가 남는다 : 즉 영국의 문화 혹은 그 안의 어떤 요소가 보다 탁월한 기업정신의 존재를 설명해준다는 것. 국민성이라는 다소 애매한 영역을 대상으로 순환논법으로 이런 주장을 하는 대신에, 상정되고 있는 그것의 제도적 표현인 (역사로부터 나오고 문화적 추동력의 결과물로 간주되는) 보다 자유주의적인 국가구조의 존재라는 측면에서 이 문제를 살펴보자.

이렇게 부르는 것이 허용된다면, 정통파의 견해는 영국의 산업혁명이 "정부의 지원 없이 자생적으로"[82] 혹은 보다 단호하게 "어떠한 도움도 없이 일어났다"[83]는 것이다. 덜 단정적인 사람들이 있는바, 이들은 정치적 안정, 행정적 통합, 보통법, 사업가들에 대한 호의적인 태도와 같은 선행조건들의 창출을 통해서 "시장환경"을 조성하는 데에 끼친 정부의 역할을 기꺼이 인정한

---

80) Mingay(1969, 4810).
81) Dovring(1969, 182).
82) Deane(1979, 2).
83) Crouzet(1972b, 162).

다. 예를 들면 서플은 "개척자적인 산업혁명에서 국가는 간접적이지만 중요한 역할을 했다"고 결론짓는다. 그러나 그는 "하지만 그 역할은 여전히 간접적이었다"[84]고 첨언한다.

다른 국가들(특히 프랑스)에 비해서 의당 그랬다고 상정되는 18세기 영국 국가의 자유주의를 보다 세밀히 살펴보면, 그것은 영국의 국가는 규제가 덜했고 과세도 덜했다는 두 개의 테마로 귀착된다. 그러나 토지의 인클로저에서 의회가 행한 커다란 역할은 경제에 대한 국가개입의 부재의 경우라고 보기 어렵다. 사실, 농업 분야에서 영국은 생산의 사회적 관계를 규제하는 면에서 다른 국가들보다 탁월했다는 것이 분명하다. 이러한 규제가 관습적인 제약들이라는 속박의 제거를 목적으로 한 것이었다고 이야기될 수도 있지만, 시장거래의 법적 용인이라는 단순한 행동 이상의 것이 포함되어 있었다는 것은 분명하다. 이것은 시장을 제약하는 길드의 역할을 제거한 사실에도 마찬가지로 적용된다. 여기에서도 또다시 국가의 개입은 불가결한 것이었다. 사실, 밀워드와 솔은 "1750년 이후에 중앙정부가 가장 강력했던 곳에서 길드와 직능단체들은 가장 약했다"[85]는 유럽 전체에 대한 대안적인 일반적 가설을 우리에게 제시한다. 그러나 또다시 이것은 시장을 자유롭게 만들 것을 목적으로 한 규제로 상정된다.

그러나 국내시장에서보다는 세계시장에서 보다 직접적인 간섭이 있었다. 보호주의는 보다 새롭고 보다 자유로운 공업의 화신이었던 영국의 면직물 생산에서도 적지 않은 역할을 담당했다.[86] 이 주제에 대해서 망투는 매우 단정적이다. 더욱이 정부의 규제가 생산에만 국한되었다고 생각하면 이는 잘못이다. 왜냐하면 보호가 덜 필요해짐에 따라서 생산과정에 대한 국내에서의 개입은 점차 현실이 되었기 때문이다. 브레브너는 영국에서 참된 자유방임의 순간이 존재한 적이 있는지에 대해서조차 의심한다 : "국가는 19세기 전반기에 무

---

[84] Supple(1973, 316).
[85] Milward & Saul(1973, 36).
[86] Mantoux(1928, 262-263) 참조. 반세기 후 Cain & Hopkins(1980, 473)도 똑같은 점을 지적한다.

역에서 손을 뗌과 동시에 공업과 그것의 부수사업에 손을 댔다."[87]

끝으로, 영국에서 국가가 기업체에 대한 재정지원의 원천이 아니었다는 것은 사실이 아니다. 의심할 바 없이 돈은 국가은행으로부터 직접 나오지는 않았지만, 프레스넬이 지적했듯이 실제로 "상당한 양의 공공자금이 사설은행의 기금을 불렸으며 이와 같은 간접적인 방식으로 사기업을 기름지게 만드는 데에 일조했다."[88]

영국의 국가가 흔히 주장되거나 상정되는 것과는 달리 불간섭의 모델이 아니라면, 또다시 특별히 프랑스에 비하여 관료제의 상대적인 미발달과 그에 따른 낮은 세금부담이 영국의 이점을 설명해준다는 견해[89]에 대해서 우리는 무슨 말을 할 수 있을까? 한때 모든 교과서가 인정한 이러한 사실은 최근에 영국과 프랑스 양측 —— 영국의 머사이어스와 오브라이언 그리고 프랑스의 모리노 —— 으로부터 집중적인 일제사격을 받고 있다. 이들은 각자 18세기 양국의 재정 및 국가예산 자료를 면밀히 검토함으로써 전통적 가설을 뒤엎었다. 머사이어스와 오브라이언은 영국의 세금부담은 18세기 전체에 걸쳐 "프랑스보다 더 급속히 증가했지만" 1790년대까지는 "그렇게까지 급격하지 않았다"는 사실을 발견한다. 그러나 1790년대 이후로 영국의 세금부담은 프랑스를 훨씬 앞질렀다.

---

87) Brebner(1966a, 252). Ashton(1924, 185)도 참조 : "진실은 언제나 공업과 무역에 어느 정도의 경쟁이 있었다는 것이다 ; 그리고 언제나 사람들은 경쟁의 대상을 길들이고 통제하려고 했다."
　사실 산업혁명의 "자생성"에 관한 글을 쓴 Deane(1979, 231-232)은 그럼에도 불구하고 이렇게 언급한다 : "사실은 공업화가 진행되면서 국가는 이전에 그랬던 것보다 더 깊이 그리고 더 효과적으로 경제에 개입하고 있었다는 것이다.……철학적 급진파의 실제 목표는……정부로부터의 자유가 아니라 비효율적인 정부로부터의 자유임이 판명되었다 ; 그리고 효율성은 비효율과 목표 없는 간섭과는 반대로 경제체제에 대한 효율적이고 목적이 있는 간섭을 의미했다."
88) Pressnell(1953, 378)은 "세금징수업자가 자신들의 사적 이익을 위해서 사용하는 전통적인 세금징수 방법의 유지"는 "시골(즉 지방) 은행의 성장을 돕는" 요인의 하나였다고 지적한다. 기업가들에 대한 정부 간섭의 부재에 기반한 (프랑스와 대조되는) 영국의 성장에 관한 일반적인 설명은 Hoselitz(1955a)와 Gerschenkron(1955)의 냉소적인 응답 참조.
89) 이러한 견해를 지지하는 모든 주장들을 모아놓은 최근의 논문이 Hartmann(1978)이다.

그리하여 영국에서 1775년 이후의 공업성장의 증가속도, 도시화 및 인구 증가는……
실질적 과세부담의 급속한 증가라는 맥락 속에서 일어난 과정들이었다. 그리고 이러
한 부담의 증가율은 프랑스보다 훨씬 빨랐다.[90]

머사이어스와 오브라이언과는 다소 다른 프랑스 자료를 이용한 모리노의 비
교는 영국과 프랑스의 차이가 1790년 이전부터 존재했음을 보여준다. 1725년
에서 1790년 사이의 양국을 비교함으로써 그는 영국의 세금수입이 다음과 같
이 절대적, 상대적으로 훨씬 빨리 증가했음을 발견한다.

영국의 신민은 18세기 1/4분기부터 프랑스 왕의 신민보다 높은 세금을 냈다 : 투르에
서 제조된 경화(硬貨)인 리브르로 환산해보면, 17.6 : 8.1(2.17 : 1)이었고, 게다가 19세
기 직전에는 46 : 17(2.7 : 1)이었다.[91]

일반적으로 인정된 사실에 대한 이와 같은 드라마틱한 반전은 이에 그치지
않는다. 전통적으로 18세기에는 영국민의 세금부담이 프랑스 국민보다 덜 과
중했을 뿐만 아니라 보다 공평했다고 사람들은 생각했다. 그 논거는 프랑스의
재정정책이 직접세에 큰 비중을 두었고, 직접세는 덜 누진적이기 때문에 본질
적으로 덜 공평하기 때문이라는 것이었다. 귀족과 성직자 및 일부 부르주아까
지도 면제되었던 타유 세(taille) 때문에 프랑스의 경우 아주 불공평했다고 생
각되었다. 그러나 모리노가 지적하듯이, 타유 세의 재정적 역할은 그렇게 핵
심적인 것이 아니었다. 실제로 타유 세는 18세기에 감소되었으며 1788년에는
전체 세입의 겨우 15퍼센트를 차지했다.[92] 반면, 영국의 간접세는 "저축과 투

---

90) Mathias & O'Brien(1976, 606-607). 1660년에서 1815년의 잉글랜드 과세수준에 대한
그 이상의 증거에 관해서는 O'Brien(1976, 606-607) 참조. Riley(1987, 211, 236)는 프랑
스 재정의 허약함은 "경제에서 증가하는 다량의 부에 과세하는 데에……실패했기 때문인
지도 모른다"고 주장하면서, 머사이어스/오브라이언의 주장을 확대시킨다. 그는 심지어
한걸음 더 나아가 1735년에서 1780년 사이 평화시의 프랑스 과세부담은 "생산과 비교할
때" 증가되지 않았을 뿐만 아니라 심지어는 하락했다고 주장한다.

91) Morineau(1980b, 320). 또 영국의 세금이 프랑스보다 1.5배나 높았음을 보여주는 1785년
도에 관한 Palmer(1959, I, 155)의 비슷한 수치들도 참조.

92) Morineau(1980b, 321) 참조. 그는 또 이렇게 주장한다 : "잉글랜드에서는 어느 누구도 토

자보다는" 주로 "소비와 수요"에 과세되었기 때문에 거의 누진적이지 않았다.[93]

이것으로부터 어떤 결론이 도출되는가? 모리노에게는 과세의 평등이란 영국에도 프랑스에도 존재하지 않았으며, 더욱 중요한 것은 두 가지의 과세양식(이것을 그는 주로 역사적 가능성으로 설명한다)이 "필요한 수정을 가하여 계산해보면 과세대상이 되는 소득과 비교할 때 거의 똑같은 수준의 효력"을 띠고 있었다는 점이다.[94] 머사이어스와 오브라이언은 한걸음 더 나아가 직접세와 간접세 모두에서 프랑스의 과세가 영국보다 "덜 누감적인 것으로〔즉 과세표준액의 증가에 비례하여 세금액이 더 많아진 것으로/옮긴이〕조사결과가 나올 수 있는 가능성을 제기한다."[95]

그렇다면 어디에서 인식이 잘못되었는가라는 한 가지 문제가 남는다. 이러한 물음에 대한 주된 답변은 영국에는 공식적인 세금면제가 없어서 "분노가 덜했으며", 직접세는 지대의 한 요소로 부과되어서 "눈에 띄지 않았다"는 사실에서 찾을 수 있다.[96] 이것은 잘못된 인식의 기원이 역사적이라고 분석하는

지세가 궁극적으로 실질 생산자들, 즉 농장 경영자나 차지인들이 아니라 실제로 지주들에 의해서 지불되었다고 감히 생각하려고 하지 않을 것이다."(p. 322)
　　Mathias & O'Brien(1976, 614)은 약간 다르게 주장하고 있다. 그러나 "영국의 직접세가 일반적으로 '누진적'이었다는 것에는 의심의 여지가 없으며, 그래서 이것이 전체 공공수입 가운데서 그것이 그렇게 적은 부분을 차지한 이유임에 틀림없다"는 동일한 결론에 도달한다.
93) Mathias & O'Brien(1976, 616). 이들은 이렇게 지적한다 : "18세기 잉글랜드에서 공업의 보다 빠른 성장을 조장하는 수요구조에 관한 논의들(특히 이 과정에서 '중간 수입'의 중요성을 강조하는 테제들)은 간접세에 포함되어 있는 이러한 중요한 이전을 고려에 넣어야 할 필요가 있다."(p. 621) Mathias(1969, 40)는 보다 일찍 출판된 책에서 간접세로부터 얻어지는 소득의 3분의 2가 대량 수요 상품들로부터 나왔다는 사실 때문에 영국의 과세를 "매우 누감적"이라고 요약한다.
94) Morineau(1980b, 322-323).
95) Mathias & O'Brien(1976, 633).
96) Mathias & O'Brien(1976, 636). Goubert(1973, 139)는 18세기 말 프랑스의 자기인식에 대해서 비슷한 설명을 한다 : "왕과 왕의 품위유지 경비는 과장되어왔다 : 그것은 루이 14세하에서보다 앙리 4세하에서 그리고 루이 16세하에서보다 루이 14세하에서 훨씬 더 컸다 ; 그러나 이들 후자의 경비는 덜 우호적인 언론으로부터 지탄을 받았다."

것이다. 그러나 우리가 특히 농업에서 이와 비슷한 잘못된 인식이 있었다는 도브링의 제안을 주목한다면, 잘못된 인식의 기원은 아마도 역사서술적인 것일 것이다.

우리는 설명되어야 할 것에 관심을 기울이지 않고 "최초의 산업혁명"의 "원인들"을 두루 살피는 긴 우회로를 돌아왔다. 우리는 이제 괴물 그 자체의 성격을 살펴보아야 한다. 산업혁명이란 무엇인가? 그 대답은 물론 주로 잉글랜드에서 일련의 혁신이 새로운 면직물 공업의 번성을 가져왔다는 것이다. 이 공업은 새로운 그리고/또는 개량된 기계에 기반을 두고 있었으며 공장에서 조직되었다. 동시에 또는 그후 즉시 철강 공업에서 면직물 공업과 비슷한 팽창과 기계화가 있었다. 이 과정이 생산에서 그 이전에 있었던 어떠한 일련의 혁신들과 연관된 과정과도 달랐다고 이야기되는 것은 그것이 "점증적이고 연쇄적인 변화의 과정을 촉발시켰다"는 점이다.[97] 이 후자의 개념에는 그것을 실제로 사용하기가 어려울 뿐만 아니라 그 시점을 정하는 것에도 논쟁의 여지가 많다는 문제가 있다. 반면, 이 책의 중심 테제는 예컨대 축적에 대한 끊임없는 추구라는 형태의 점증적이고 연쇄적인 변화가 자본주의 세계경제가 탄생한 16세기 이후로 줄곧 자본주의 세계경제의 중심 모티브였다는 것이다. 그리고 우리는 17세기의 장기적 침체가 이러한 점증적 과정의 중단이기는커녕 그것의 빼놓을 수 없는 부분이었다고 분명하게 주장해왔다.

이제 생산에서의 일련의 혁신들 때문에 발생했다고 할 수 있는 사회적 재편을 보다 면밀히 살펴보기로 하자. 이 시기에 일어난 혁신들은 그 이전의 오랜 시간 동안 존재해온 자본-노동의 비율에 근본적으로 영향을 미쳤던 것 같지 않다. 일부 혁신들은 노동절약적이었지만 대부분의 혁신은 자본절약적이었다. 이 시기의 마지막 부분에 있었던 철도조차도 자본집중적이기는 하지만,

---

97) Landes(1969, 81). 그는 이렇게 주장한다 : "왜냐하면 그것이 합쳐져서 산업혁명을 만들어냈기 때문이다. 한편으로 그것은 수작업 노동을 대체했을 뿐만 아니라 공장에서 생산의 집중을 추진했던 기계를 요구했고……다른 한편으로 (1) 그 어느 제조과정의 기계화도 다른 제조과정에 심각한 긴장을 일으키고 (2) 이 공업에서의 진보의 영향이 경제 전반에 걸쳐 느껴질 정도로 광범위하고 탄력적인 수요를 지닌 상품[즉 면직물]을 생산하는 거대 산업을 요구했다."

공업과 부르주아지 41

개량된 운송이 제조업자들로 하여금 재고를 줄이고 그것에 의해서 자본-생산의 비율을 "엄청나게" 하락시켰기 때문에 경제 전체에 대해서는 자본절약적이었다.[98] 1750-1850년의 시기에 생산에서 "자본의 심화(capital deepening)"와는 전혀 다른 "자본의 확산(capital widening)"이 있었다고 주장할 때의 딘이 말하고자 하는 바가 바로 이것인 것 같다.[99]

이러한 자본의 확산, 즉 "총생산의 증대"를 가능하게 만든 것은 무엇인가? 랜디스는 "투입된 것의 질", 즉 "새로운 기술의 높은 생산성 그리고 기업가와 노동자 양자의 보다 높은 숙련성과 지식"[100]이라고 대답한다. 의심의 여지없이 이것은 사실이다. 그러나 보다 높은 생산성이 보다 낮은 비용으로 전이되기 때문에 선도 공업이 고이윤 공업이라는 것은 세계경제의 팽창기에나 일어날 수 있는 사실이며, 그것은 "숙련성과 지식"의 일시적인 시장독점에 의해서만 가능하다. 그러므로 이 시기에 무언가 매우 특별한 것이 있었는가의 여부만이 문제로 남는다.

그러면 과학 또는 기술에서 획기적인 진전이 있었는가? 과학사가들은 이러한 특정 시기를 어떤 전환점 같은 것으로 거의 여기지 않는다. 이런 점에서는 1750-1850년의 시기보다는 17세기나 20세기가 더 나은 후보자일 것이다. 더욱이 산업혁명에서의 과학과 기술의 상대적인 역할에 대한 역사서술상의 논쟁은 과학보다는 기술이 훨씬 더 중요한 역할을 했다는 쪽으로 결론이 내려진 것 같다.[101]

---

98) Milward & Saul(1973, 173).
99) 그녀는 "적어도……철도시대까지는"이라고 첨언한다. Deane(1973b, 364)은 자본의 확산을 "자본의 심화, 즉 보다 자본집중적인 생산기술의 채택"과 대조되는 "인구의 증가, 시장의 확대, 또는 새롭고 잠재적인 천연자원의 조사"를 가능케 하는 자원의 공급이라고 규정한다."
100) Landes(1969, 80).
101) Mathias 참조 : "[결정적인 기술적 장애는] 과학보다는 엔지니어링에 있었다."(1979b, 33) 또한 "시도보다는 사후의 결과로 과학의 공헌의 효율성을 판단할 때 그것의 중요성은 크게 감소한다."(1979c, 58) ; Gillespie(1972)도 참조. 과학에 대한 후방 방어는 Musson(1972, 59)에 의해서 행해졌는데, 그는 "응용과학은 일반적으로 인식되어온 것보다 더 중요한 역할을 수행했다"고 주장한다. Landes(1969, 104)는 기술적 변화의 보다 큰 중요성을 프랑스인을 질타하는 매로 사용한다. 열역학에서 기업가적인 잉글랜드인이

그렇다면 기술에서의 획기적인 진전이 있었어야만 한다. 실제로 있었던 발명의 명세서는 잘 알려져 있다 : 1731년 제스로 툴의 파종기에서 1786년 탈곡기로 ; 1733년 케이의 비션(fly shuttle : 재봉틀의 밑실이 들어 있는 북의 일종/옮긴이)에서 1765년 하그리브스의 제니 방적기, 1769년 아크라이트의 수력방적기, 1779년 크롬프턴의 뮬 방적기를 거쳐 절정에 이른 1825년 로버츠의 완전자동 뮬 방적기로 ; 1709년 코크스를 연료로 사용하여 선철을 만드는 다비의 용광로에서 1784년 선철을 단철로 바꾸는 코트의 교반법(攪拌法)으로 ; 그리고 아마도 무엇보다도 1775년 와트의 증기기관.[102] 이러한 일련의 발명은 영국의 특수성이라는 문제의 핵심을 이룬다. 이러한 기계들은 프랑스나 그밖의 다른 곳이 아닌 잉글랜드에서 발명되었다.[103] 그것들은 면과 철강의 세계시장에서 영국의 승리를 설명해주는 것들이다.

면직물에 대한 이야기가 맨 처음 나온다. 18세기 말까지 직물업은 무엇보다도 모직을 의미했고 두번째가 아마포였다. 면직물도 제조는 되었으나 총생산에서 그것이 차지하는 백분율은 비교적 낮았고, 더욱이 유럽 시장에 공급되는 것의 대부분은 인도에서 제조되었다. 실제로, 이 마지막 사실이 면직기술 혁신에 상당한 자극제가 되었다 : "기계 —— 이것만이 인도의 직물 노동자와

"엔지니어링의 실천과 혁신 쪽에서 세계를 계속 주도해나갔던"데에 반해서 프랑스인들은 "기술을 수학적인 일반화로 축소시키는"데에 노력한 것은 "우연이 아니다."

102) 제시된 연대에 대해서 독자들은 당황해하지 않기를 바란다. 나는 여러 권의 기술사와 기본 텍스트를 비교하는 가운데 이러저러한 발명 연대에 많은 차이가 있음을 발견했다. 문제는 발명된 연도와 처음으로 사용된 연도 그리고 특허를 받은 연도가 종종 차이가 난다는 사실에 있다. 이 논의의 의도로 보아서 다소 다른 연대가 기록되었다고 하여 문제될 것은 없겠다.

103) 발명의 건수와 중요성의 문제에 대해서조차 약간의 이의가 있다. McCloy(1952, 4) 참조 : "프랑스가 영국보다 뒤쳐졌을지라도 —— 나는 프랑스가 뒤쳐졌다고 생각하기를 꺼린다 —— 확실히 많이 뒤쳐지지는 않았다." 이 책은 직물과 증기기관을 포함한 모든 분야에서 이 점을 주장한다. 저자는 프랑스 혁명으로 야기된 혼란이 어떻게 이 과정을 방해했는지를 종종 지적한다. 때로는 발명자가 망명을 했고 ; 때로는 정부의 관심과 배려가 흐뜨러졌다. 물리적 과정에서의 영국의 우월성에 대한 프랑스의 반응에 대해서는 Briavoinne(1839, 194) 참조 : 그들은 "즉각 이러한 우월성을 따라잡기 위하여 그들에게 남겨진 것을 장악했다 ; 그들은 화학으로 눈을 돌렸다."

효과적으로 경쟁할 수 있었다"[104]고 브로델은 말한다. 왜냐하면 새로운 면직 기술은 무엇보다도 노동절약적이었기 때문이다.[105]

18세기 초 서유럽의 주요 공업은 면직이 아니라 모직이었기 때문에 그리고 1770년대 이전까지의 18세기는 모직물 공업의 주목할 만한 **팽창**의 시기였기 때문에,[106] 왜 기술혁신이 모직에서 처음으로 일어나지 않았는지가 물음의 대

---

104) Braudel(1984, 572). 1839년에 집필된 놀라운 책에서 벨기에의 분석자 Briavoinne(1839, 202-203)은 인도에 대한 유럽의 이러한 면질물 시장 정복을, 그가 사용한 관용어구인 산업혁명의 중요한 "정치적" 결과로 본다 : "유럽은 수세기 동안 가장 귀중한 생산품과 가장 광범위한 소비품을 인도에 의존하고 있었다 : 모슬린, 날염 옥양목(indiennes), 무명, 캐시미어. 매년 유럽은 상당수의 제품을 수입하고 그 대금을 정금(正金)으로 지불할 수 밖에 없었으며, 이 돈은 우리에게로 되돌아올 기회가 없었던 지역에 영원히 묻혔다.

"인도는 덜 비싸면서 더 숙련된 노동력이라는 이점을 안고 있었다. 제조방법에서 일어난 변화로, 사정은 더 이상 과거와 같지 않다 ; 무역수지는 이제부터 우리에게 유리하다. 인도의 노동자들은 우리의 증기기관이나 직조기와 경쟁할 수 없다.……그리하여 유럽은 대부분의 직물에서, 세계시장에서 수세기 동안 독점적인 시장을 가지고 있었던 인도의 제조업자들(fabricants)을 대체했다. 잉글랜드는 인도에서 면과 모를 사서 제조된 옷감으로 되팔 수 있다. 인도가 계속 정체되면, 인도는 유럽으로부터 받았던 모든 돈을 유럽에 되돌려줄 것이다. 이 명백한 결과는 우리 대륙의 부의 증가를 약속한다." 그가 얼마나 옳았는가!

브리아부안은 자신의 통찰력(그가 1839년에 글을 썼다는 사실을 기억하라)을 계속 밀고 나가면서 이러한 정치적 동전의 이면에 대해서 경고한다 : "그러나 정치적 결과 가운데는 두려워할 만한 것 그리고 정치가가 이제 예견해야만 하는 것이 있다. 새로운 토대 위에서 조직된 노동은 육체를 노예로 만들지 않고 지성에 더 많은 자유를 허락한다. 그들에게 지침이 되는 탄탄한 교육을 서둘러 제공하지 않으면, 거기에 영구적인 반란의 원천이 생기고, 그로 인해서 언젠가는 새로운 정치적 폭동이 나타날지 모른다. 경험은 우리를 가르친다 : 집결된 노동자들은 폭동의 요인이 될 수 있으며, 대부분의 공업위기는 사회적 성격을 띠게 될 것이다. 이러한 관점은 진지하게 주목받을 가치가 있다."

105) 새로운 기계가 향상된 질의 측면에서 무엇을 의미하는지에 관해서는 Mann(1958, 279) 참조 ; 그것이 얼마나 노동을 절약했는지에 관해서는 Deane(1979, 88-90) 참조.

106) Deane(1957, 220)은 잉글랜드에서 모직물의 실질 생산이 1700년에서 1770년 사이에 2.5배로 증가했으며, 처음 40년 동안에는 10년마다 85퍼센트의 비율로, 그후 1741-70년에는 13-14퍼센트 증가했다고 지적한다. Markovitch(1976a, 647-648)는 18세기 프랑스 모직물 산업의 "전체 성장"을 145퍼센트로 기술하면서 이것은 동일 시기에 대한 딘과 콜의 연구(1967)에서 발견되는 150퍼센트의 가설적인 성장률과 가깝다고 말한다. "그러므로 18세기 프랑스의 모직물 공업은 잉글랜드의 공업에 크게 뒤떨어진 것이 아니었다. 두 경우 모두, 모직물 공업은 전체적으로 연평균 1퍼센트의 (기하학적) 성장률을

상이 되어야 한다 —— 그리고 그것은 종종 물음의 대상이 되었다.

이 난제에 대해서 갖가지 설명이 주어졌다. 하나의 전통적인 설명은 (모직이나 아마와는 대조적으로) 면직물 공업이 길드의 감시로부터 더 자유로웠다는 것이다.[107] 그러나 랜디스가 말하듯이 "이러한 주장은 정밀검사에 견디지 못한다."[108] 왜냐하면 잉글랜드에서 모는 자유로웠고 또 면도 그렇게까지 새로운 것은 아니었기 때문이다. 랜디스는 그 대신 면이 기계화하기에 쉬웠고,[109] 면제품에 대한 시장이 보다 탄력성이 컸다는 두 가지의 다른 설명을 제시한다. 그러나 기계화의 용이함은 기술의 획기적 진전이라는 가설과 아구가 맞지 않으며,[110] 18세기 초에 몇 가지 진보는 사실상 모직기술에서 그리고 그것도 프랑스에서 이루어졌다는 사실을 묵살하는 셈이다.[111]

시장의 탄력성이라는 주장은, 특히 우리가 16세기에 잉글랜드의 새로운 (모)직물 업체들이 성공한 이유의 하나도 시장의 탄력성이었다는 사실을 기

달성했던 것 같다." (이러한 통계들이 전체적으로 일관되지 않더라도 그것은 내 탓이 아니다.)
107) Hoffmann(1958, 43) 참조.
108) Landes(1969, 82).
109) "[면은] 그 성격상 질기고 비교적 동질적인 식물섬유이고, 모는 유기적이고 불안정하며 그 성질이 대단히 다양하다." Landes(1969, 83).
110) Lilley(1973, 194) 참조 : "요약컨대 롤러로 실을 뽑아낸다고 하는 하나의 참으로 새로운 아이디어를 제외할 때, 1800년경까지의 면 방적의 발명들은 본질적으로 수세기 동안 잘 알려져 있었던 얼레(spinning wheel)의 부분들을 새로운 조합방법에 따라서 연결시키는 문제였다. 이것들은 특별한 재능이나 훈련을 필요로 하지 않는다는 점에서 '손쉬운' 발명들이었다. 이것들은 충분한 열정과 상업적 비전을 가진 사람이라면 누구라도 이룰 수 있는 것이었다." 릴리는 그것들은 기술적인 장애물을 돌파하지도 않았고 팽창의 조건이었던 것도 아니며, 다면 보다 급속한 팽창이 창출했던 새로운 인센티브와 기회의 결과"(p. 195)였다고 주장한다. 또한 Chapman(1970, 253) 참조 : "현미경으로 초기의 면직물 공업을 오래 들여다보면 볼수록 그것의 라이프 사이클의 초기 국면은 보다 덜 혁명적으로 보인다."
111) Patterson(1957, 165-166) 참조. 더욱이 혁신은 경쟁을 증가시키는 유일한 방법이 아니다. 생산지의 이전이 두번째 방법이고, 매우 표준적인 방법이다. 더욱이 Davis(1973, 307)는 바로 이것이 "저임금지역인 스코틀랜드, 아일랜드, 잉글랜드 북부로의 이주로 당분간 비용을 낮출 수 있었던" 잉글랜드의 모직 및 아마포 공업의 경우에서 행해졌던 것이라고 지적한다.

억한다면, 왜 시장의 탄력성이 있어야 하는가라는 물음을 제기한다.[112] 시장의 탄력성은 흔히 상대적으로 낮은 가격으로 인해서 형성된 새로운 고객의 잠재적 시장을 가리킨다. 그러나 시장의 탄력성이라는 개념이 경쟁자들을 정치적으로 제거함으로써 새로운 시장을 획득할 수 있는 능력에까지 확대되면, 영국뿐만 아니라 서유럽의 모든 생산자들의 관점에서 볼 때 모직물보다는 면직물이 더 "탄력적"이었다고 할 수 있다. 왜냐하면 모직물 공업에서는 그들이 서로 경쟁했고 기술혁신도 급속히 모방되거나 모방될 수 있었던 것이 꽤 분명하기 때문이다. 그러나 면직물 공업에서는 서유럽이 (집단적으로) 인도와 경쟁했고,[113] 궁극적으로 서유럽에는 기술혁신이 인도에 전파되지 않도록 할 수 있는 정치적 능력이 있었다.

혁신의 다른 대(大)투쟁무대는 철이었다. 철은 물론 직물과 마찬가지로 유럽 세계경제의 전통적 산업의 하나였다. 그때까지 철의 중요한 효용성은 가정이나 군대의 철제품에 있었다. 18세기 말 19세기 초에 철 소비의 그밖의 두 출구가 중요해졌는데 그것은 바로 기계류와 운송이었다. 세 출구는 모두가 영국의 경제적 팽창에서 번갈아가며 일정한 역할을 했다고 말해진다. 데이비스는 규모의 경제를 추구하도록 만든 압력은 1700-75년에 철제품에 대한 북아메리카 식민지의 증가하던 수요 때문이며, 규모의 경제가 일단 달성되자 가격이 낮아졌고, 그리하여 이번에는 "더 많은 수요를 자극했다"[114]고 말한다. 베로크는 처음에는 농업에서 그 다음에는 직물기계류에서 증가된 철의 사용이 바로 이 더 많은 수요라고 구체적으로 설명한다.[115] 그리고 철 및 강철 공업의 진정한 팽창의 기반을 제공하고 그것을 19세기 세계경제의 주도산업으로 변화

---

112) Wallerstein(1974, 279-280) 참조.
113) Hoffman(1958, 43)은 인도의 옥양목에 대한 영국 의회의 결의를 혁신을 설명해주는 두 가지 환경 가운데 두번째 것이라고 말하는데, 나머지 하나는 (앞에서 지적했듯이) 길드의 통제로부터의 자유이다.
114) Davis(1973, 303).
115) Bairoch(1974, 85-97) 참조. Mantoux(1928, 316)는 철과 기계류 사이의 일반적인 관계를 주장한다. 초기의 대부분의 목재기계는 "비규칙적으로 움직이고 급속히 마모되었다." 그래서 와트의 엔진은 "완벽하게 정확한 형태"를 지닌 윌킨슨의 금속 실린더를 필요로 했다.

시킨 것은 물론 1830년대의 철로였다. 철로의 발달은 이번에는 석탄 및 철광 공업의 대규모 팽창과 연계되고, 이것은 처음에는 운하[116] 그 다음에는 철도와 같이 투자할 가치가 있는 운송업에 대한 대량의 자본투자로 이끌었다.[117]

그리하여 에너지 생산의 기본 연료로서의 석탄의 등장은 철강 공업의 팽창 및 그것의 기술적인 발전과 서로 뒤얽힌다. 석탄 역시 새로운 것은 아니었다. 그러나 석탄이 연료로서 나무의 주된 대체물이 된 것은 18세기였다. 그 이유는 아주 간단하다. 유럽의 삼림은 이전 세기의 공업생산(그리고 가정의 난방)으로 점차 고갈되었다. 1750년에 이르러 나무의 부족은 "공업의 발달에 중요한 장애요인"[118]이 되었다. 잉글랜드의 목재 기근은 오랫동안 심각했기에 석탄기술에 대한 장기적 관심과 더불어 이미 16세기에 석탄의 사용을 자극해왔다.[119] 고비용 공업을 저비용 공업으로 변화시킬 새로운 기술이 필요했다. 에너지를 전환시킬 증기기관과 더불어 석탄의 "효율적" 사용이 해결책이었다.[120]

랜디스는 아주 정확하게 "대체 가능한 수력의 사용이 아니라 [석탄과 증기의] 사용이 이루어진 것은 비용과 편의에 대한 고려에서였다"고 말한다.[121] 1709년에 발명된 코크스를 연료로 사용하는 다비의 용광로가 반세기 동안 잉글랜드에서 다른 사람들에게 채택되지 않았던 이유를 설명하려고 시도하는

---

116) 1758년에서 1802년 사이에 영국에서 건설된 대다수의 운하의 경우, "1차적인 목적은 석탄을 운반하는 것이었다." Deane(1979, 79). Gayer 외(1975, 417) 참조 : "워슬리와 맨체스터를 잇는, 브리지워터 공작의 초기 운하는 맨체스터의 석탄 가격을 절반으로 낮추었다."
117) Wrigley(1967, 101)는 그 이유를 명쾌하게 요약한다 : "[천연 광석 원료의] 생산이 점과 같은 모습이라면, [천연 동식물 원료의 생산은] 지역적이다.······전자는 엄청난 양이 몇 안 되는 운송로를 따라간다면, 후자는 그 반대를 의미한다."
118) Chaunu(1966, 600).
119) Nef(1957, 78-81) 참조.
120) Forbes(1958, 16) 참조 : "목탄의 부족과 수력의 한계는 18세기 철강공업에 대한 경제적 위협이었다. 목재와 물의 이와 같은 전제를 깨기 위해서 많은 시도가 행해졌다." 기술적인 문제와 그것의 역사적 해결책에 관한 아주 분명한 설명은 Landes(1969, 88-100)에서 발견된다. 또한 Lilley(1973, 197-202) 참조.
121) Landes(1969, 99).

공업과 부르주아지 47

가운데, 하이드는 그것이 순전히 그리고 단순히 "비용" 때문이라는 설명을 제시한다.[122] 이것은 왜 석탄기술이 18세기 프랑스에서 비슷하게 개발되지 않았는가 하는 물음을 어느 정도 해명해준다. 랜디스는 프랑스가 "값싼 연료로 전환할 강한 금전적 인센티브가 있었음에도 불구하고 —— 완고하게 석탄을 거부했던"데 반해서 영국의 선택은 "보다 깊은 합리성을 나타냈다"고 생각하는 것 같다.[123] 그러나 밀워드와 솔은 그것을 프랑스가 영국이 부딪혔던 심각한 목재 기근에 직면해 있지 않았던 한 아무런 의미가 없었던 "질 나쁜 철을 생산하는, 비용이 많이 드는 과정"에 대한 "적절한 반응"으로 본다.[124]

면과 철이라는 이 거대한 두 공업 팽창에 관한 설명에서 부수적이지만 중요한 논쟁의 하나는 이 둘 중에서 어느 것이 "결정적인" 것이었는가 하는 논쟁이다. 두 공업과 그것들의 기술 사이에는 몇 가지의 중요한 구조적 차이가 있다. 면직물에서의 발명은 성격상 물리적이었고 본질적으로 노동절약적이었다. 철강공업에서의 발명은 주로 화학적이었고 또 노동의 사용을 즉각적으로 줄이지 않으면서 생산의 양과 질을 모두 향상시켰다.[125] 직물기술의 변화는 선대제를 종식시키면서 공장의 사용을 불러왔지만, 공장은 16세기 이후 철강

---

122) "세기 중엽 무렵까지 제련과정에 코크스보다는 목탄을 사용하는 것이 더 쌌다. 그래서 철물상이 코크스를 사용하는 제련방법을 피하고 계속해서 낡은 기술을 사용한 것은 합리적이었다. 코크스로 선철을 만드는 비용은 세기 전반에 크게 하락했던 반면, 목탄으로 선철을 만드는 비용은 1750년대에 크게 상승해서 코크스를 이용한 제련방법이 분명한 가격상의 이점을 누리게 되었다. Hyde(1973, 398). 그렇다면 다비 가문의 사람들이 그것을 왜 사용했는가가 의아해지는데, 하이드는 "코크스를 사용하여 만든 선철의 새로운 부산물 —— 얇은 벽의 주물 —— 이 평균보다 높은 수입을 가져다주었기 때문에 새로운 과정의 보다 높은 비용에도 **불구하고**" 그들은 그것을 사용했다고 주장한다. 그리고 이러한 주물기술은 "잘 지켜진 산업비밀"이었다(pp. 406-407).
123) Landes(1969, 54). 1786년에 랜도프 주교인 리처드 왓슨은 이든 조약에 대한 상원에서의 토론에서 프랑스인들에게 덜 가혹했다. 그는 이렇게 말했다 : "어떤 국가도 그들의 목재가 사라지기 전까지는 지하의 연료를 찾기 시작했던 적이 없다." (*Parliamentary History of England*, XXVI, 1816, 545).
124) Milward & Saul(1973, 173). 기묘하게도 자신의 책의 뒷 부분에서 Landes(1969, 126)는 사실상 똑같은 이야기를 한다 : "목재의 **상대적인** 풍요가 전통적인 기술의 보존을 조장했던 것 같으므로, 자연의 은혜도 해가 된다."
125) Mantoux(1928, 304) 참조.

공업에서 이미 사용되던 양식이었다.[126]

이러한 차이점들은 "최초의 산업혁명"에서 우리가 무엇을 "혁명적"이라고 생각하는가와 연결된다. 영국의 면직물 공업의 성장은 본질적으로 두 가지 변화와 관련되어 있었다. 첫째, 그것은 당시 세계에서 가장 중요한 공업에서의 노동조직(생산관계)의 커다란 변화를 의미했다. 둘째, 그것은 세계시장의 구조와 완전히 그리고 눈에 보이게 연결되어 있었다. 천연원료들은 전적으로 수입되었고 생산품은 "압도적으로 해외로 팔려나갔다." 그래서 홉스봄은 세계시장에 대한 통제가 결정적이었으므로 단지 하나의 "선구적인 국가의 공업화", 즉 영국의 공업화의 여지만이 있었다고 결론짓는다.[127] 면직은 정확히 그것이 이러한 세계경제를 재편했기 때문에 결정적이었다. 그러나 릴리는 면에 주어진 이러한 중요성에 대해서 회의적이다. 그 이후의 상황을 보면서, 그는 면직이 없는 지속적인 성장을 "상상할" 수는 있어도, "철의 팽창이 없이는 그것을 생각할 수 없을 것이다"[128]라고 주장한다. 이러한 논의는 산업혁명의 개념이 사용되어온 방식의 가변성(또는 혼란스러움)을 드러낸다.

하나의 중요한 예가 18세기 말 19세기 초 영국의 산업혁명은 그것이 공업에서의 노동조직의 기본 틀로서의 공장의 창출을 기록했다는 점에서 혁명적이라는 진부한 주장이다. 그러나 우리는 한편으로는 이미 이 시기 이전에 (한 사용주로부터 임금을 받는 다수의 노동자가 한 지붕 아래서 일을 같이한다는 의미에서의) 공장이 있었다는 사실을 알고 있다.[129] 다른 한편으로는, 이 시기

---

126) Deane(1979, 103) 참조.
127) Hobsbawm(1968, 48-49).
128) Lilley(1973, 203). Landes(1969, 88-89)는 이것, 즉 철강공업에 "주어져야 하는 것보다 더 많은 관심"을 기울이는 것은 18세기 말의 분석에서는 아마 시대착오적일 것이라고 옳게 말한다.……고용된 인원의 수나, 투자된 자본이나, 생산가치나, 성장률에서 철강은 이 시기의 면과 비교될 수 없었다."
129) 그러한 예들은 많다. 공장이 일찍부터 광범위하게 이용되었다는 예 가운데서 가장 유명한 것은 이탈리아의 견직공업이다. 카를로 포니는 이 주제에 관해서 많은 연구를 해오고 있다.

    Freudenberg & Redlich(1964, 394)는 이러한 (생산)구조들을 생산의 통제가 증가되었으나 반드시 분업이 증가되지는 않은 "원(原)공장(protofactories)" 또는 "중앙통제된

의 공장제 도입의 정도가 영국에서조차 과장되기 일쑤였다.[130]

물론, 직물업에서는 농촌에서 도시로의 생산장소의 이전이 있었다(똑같은 이전이 16세기에도 있었지만 17세기에 원상복귀되었다는 사실을 기억하자). 이 시기에 노동력 할당에 정말로 변화가 있었는지의 여부는 더욱 의심스럽다. 이전에는 농촌의 노동자가 시간의 일부를 농업에 쓰고 일부를 직물 생산에 썼다면, 이제는 그것이 보다 더 전문화되었다. 그러나 영국의 노동자들이 농업과 공업에 들인 "총시간"은 처음에는 대체로 동일했다.[131] 게다가 이 초기의 공장들은 "반드시 그렇게까지 훨씬 효율적인 것은 아니었으므로",[132] 우리는 도대체 왜 이런 변화가 일어났는지를 물어야만 한다. 왜냐하면 특히 기업가들은 선대제의 저 커다란 이점, 즉 노동자들이 "저렴했을" 뿐만 아니라 "그다지 중요하지도 않았던" 현실을 놓치는 것이었으니까 말이다.[133] 랜디스 스스로가 우리에게 중요한 설명을 제시한다. "시장이 오랜 세월에 걸쳐 팽창하는" 시기에, 기업가의 주요 관심사는 노동자를 불필요한 존재로 만드는 일이 아니라 생산량을 적어도 외연적으로 확대하는 것이었으며, 특히 가격 상승

집중화 작업장"이라고 부르기를 좋아한다. 그러나 18세기 말의 면 공장이 이전의 공장과 얼마나 달랐는지에 대해서는 연구가 아직 불충분하다.

130) "공장생산으로의 이동은 흔히 그렇다고 주장되는 것보다 덜 보편적이었다." Bergier (1973, 421). 또한 Crouzet(1958, 74) 참조 : "19세기 초에 대규모 영국 공업에 가장 널리 퍼진 조직형태는 선대제 노동(outwork), 즉 상업자본주의와 가내노동의 결합이었다 ; 자본주의적 집중화가 발달한 것은 바로 이런 형태에서이다."

또한 영국의 면직물 공업에 관해서는 Samuel(1977, 8) 참조 : "새로운 생산양식과 공장제를 동일시하는 것은 이제 가능해진다.……자본주의적 성장은 소규모 기업이라는 심토(心土)에 뿌리를 내리고 있었다." "기계화는 느리게 진보했다"(p. 47)고 믿는다는 것을 강조하면서, 새뮤얼은 이렇게 논평한다 : "농업과 광업에서처럼 제조업에서 [19세기 초 영국의] 대부분의 자본주의적 기업은 증기를 동력원으로 하는 기술보다는 손을 기반으로 하여 조직되어 있었다."(p. 45)

131) Bairoch(1974, 108) 참조.
132) O'Brien & Keyder(1978, 168).
133) Landes(1969, 119). 랜디스는 이것이 이론적으로 왜 그래야 했는지에 대한 설명으로 히르슈만을 언급한다. 히르슈만은 20세기 세계경제의 주변부 지역에 관한 글을 쓰고 있는데, 우리는 그것에 의해서 선대제가 아직도 자본주의 세계경제에서의 노동조직의 주된 특징임을 깨닫게 된다.

때문에 "절도로 얻는 것이 커질"때 "횡령하려는 노동자의 성향"에 반격을 가하는 일이었다.[134]

이제 우리는 "최초의 산업혁명"에 대한 핵심적 주장, 즉 그것은 영국에만 있었지 프랑스(또는 다른 곳)에는 없었다는 주장에 맞서야만 한다. 19세기 중엽에서 20세기 중엽에 이르기까지 이것은 세계의 학자들로부터 자명한 기본적 사실로 널리 받아들여졌다. 폴 망투는 영국의 산업혁명을 애도하는 책을 출판했으며, 앙리 세는 앙시앵 레짐 말의 프랑스의 "기계사용"이 "산발적"이었고 "시작단계"였으며 단지 "몇개의 공업들만이……변화되기 [시작했다]"[135]고 썼으며, 이 모든 것들을 영국과 비교했다.

우월한 영국의 경제성장은 전통적으로 입증의 대상이 아니라 설명의 대상이 되어왔다. 켐프의 설명은 원형적(原形的)이다. 다방면에 걸친 경제성장은 "대부분 적성에 의해서 조건지어지는데" 그것을 영국인들은 가지고 있었던 반면, 프랑스인들은 19세기에도 그들을 "억제했던" 사회경제적 구조라는 "역사적 유산"때문에 여전히 고통을 겪고 있었다는 것이다.[136] 그러나 최근 상당수의 학자들은 영국의 우월성이라는 의심받지 않던 자명한 진리에 의문을 던지기 시작했다. 그들은 "17-18세기의 프랑스는 세계 제1의 공업국가였다"[137]는 대안적인 자명한 사실을 가지고 출발한다. 더욱이 공업생산물

---

134) Landes(1969, 57).
135) Sée(1923a, 191, 198). 그러나 같은 해에 "기계사용"에 관한 발로의 책이 유저(遺著)로 출판되었다. 그 서문에서 앙리 오제는 1789년 이전의 프랑스에서 "기계는 흔히 생각하는 것보다 더 광범위하게 퍼져 있었다"고 썼다. Ballot(1923, viii)
136) Kemp(1962, 328-329 ; 비교 Cameron, 1958, 11 ; Kranzberg, 1969, 211 ; Henderson, 1972, 75).
137) Markovitch(1976b, 475). 마르코비치는 프랑스는 "구체제하에서 잉글랜드보다 산업력이 더 우월했음" 뿐만 아니라 "19세기 초에도" 여전히 그러했다고 주장한다(1966c, 317). 그러나 공식화가 좀더 신중한 Léon(1960, 173 ; 비교 Garden, 1978c, 36)을 보라 : "[프랑스에서 1730-1830년의 시기는] 기술의 지속적인 저열함에도 불구하고, 대규모였던 것은 아니지만 적어도 실질적이고 아주 컸던 공업화와 성장의 물결에 점점 지배되고 있었음을 모든 것에도 불구하고 보여준다."
끝으로 1500-1800년의 전 시기를 다음과 같이 요약하는 Wilson(1977, 151) 참조 : "잉글랜드는 한때 생각되었던 것만큼 그렇게 통상적인 유럽적 패턴에서 벗어나지 않았다."

이 농업생산물을 능가한 것은 영국보다 프랑스에서 먼저 일어났다고 주장된다.[138] "이륙"과 같은 개념을 사용해도 좋다면, 그것은 프랑스에서 "18세기 중엽쯤에" 또는 "가장 늦게 잡더라도 1799년경"에 일어났는데, 18세기 중엽에 일어났을 가능성이 더 높다는 주장이 이어진다.[139] 이러한 계열의 주장 모두는 논의되고 있는 핵심적 시기에 직접적으로 관계되는 상당한 양의 자료의 축적에 의해서 뒷받침된다.[140] 이러한 자료들로부터 오브라이언과 케이더는 프랑스의 "상대적 후진성"의 개념 전체를 부정하고 "프랑스의 공업화는 단순히 다른 법적, 정치적, 문화적 전통 안에서 일어났을 뿐"[141]이라는 결론에 이른다.

영국의 "최초의 산업혁명"이라는 개념에 도전하는 방식은 두 가지이다. 하나는 우리가 방금 살펴보았듯이 그 당시의 영국과 프랑스의 차이는 적었거나,

---

138) Marczewski(1965, xiv)는 이것이 프랑스에서는 "1789년 이전에" 그리고 영국에서는 1811년에서 1821년 사이에야 일어난다고 말한다. 그러나 그는 영국이 19세기의 물질적인 생산의 성장에서, "특히 농업생산에서" 우월하다는 것을 인정한다(p. cxxxv).

139) Marczewski(1961a, 93-94). Markovitch(1966c, 119)는 18세기 중엽으로부터 오늘날까지 프랑스 공업의 역사는 "거의 중단되지 않은 장기적인 경제성장"의 역사였기 때문에, "이륙"을 이야기하기가 어렵다고 말한다. Milward & Saul(1973, 254-255)은 이륙이라는 범주를 사용할 경우 이륙은 19세기 중엽에 가서야 일어났다고 말하면서도, 프랑스의 "산업혁명"을 1770년에서 1815년 사이에 일어난 것으로 잡는다.

140) 예컨대 Marczewski(1961b) 참조. 거기에서 도표들은 (짧은 기간을 제외하고) 1701년에서 1844년까지 프랑스에는 농업과 공업 모두를 특징짓는 꾸준한 성장률이 있었고 이러한 성장의 지배적인 요소는 면직물 공업의 엄청난 발달에 지배되는 광범위한 공업화였다는 사실을 입증한다.

141) O'Brien & Keyder(1978, 21). 또다른 방식의 서술은 잉글랜드가 18세기에 "자명하게 우월했는가"의 여부에 대해서 그 답변은 "단연코 '아니오.'"일 수밖에 없으므로 잉글랜드의 우월성에 대한 물음은 "잘못된 것"이고 "답변될 수 없는 것"이라고 말하는 것이다. 우월성에 대한 추론은 단지 잉글랜드의 "궁극적인 우월성"으로부터 도출되었다. Crafts (1977, 434, 438-439). 크래프츠는 "'잉글랜드가 왜 첫번째였는가?'의 물음은 '왜 18세기에 산업혁명이 일어났는가?'라는 별개의 물음과 구분되어야 한다"(p. 431)고 논평한다. Milward & Saul(1973, 30-38)은 마찬가지로 "왜 영국인가?"의 물음으로부터 "범유럽적 시각"으로의 이전을 요청한다 ; 또 대륙에서 "잉글랜드 모델과 다소 가까운 예들"을 발견할 수 있다고 말하면서 농업과 공업의 혁명 모두를 "하나의 유럽적 현상"으로 보고자 하는 Braudel(1982, 282)도 참조.

적어도 그러한 개념이 요구하는 것보다는 적었다는 사실을 제시하는 것이다. 한편, 두번째는 도대체 산업혁명이 있었는가라는 질문을 제기하는 것이다. 그 이전 —— 13세기[142] 또는 16세기[143] —— 에 산업혁명들이 있었다는 제안이 있다. 반대로 진정한 혁명적 변화는 나중에, 즉 19세기 중엽이나 심지어 20세기에 일어났다는 제안도 있다.[144] 이러한 제안들 중에 가장 극단적인 것은 기술혁명들은 1550-1750년과 1850년 이후에 일어났지 1750-1850년의 시기는 분명히 아니었다는 주장이다.[145]

그 이전에 혹은 그 이후에 산업혁명이 있었다는 제안은 보다 긴 산업혁명이 있었다는 제안과 쉽게 뒤섞인다. 이미 1929년에 빌스는 문헌을 검토하면서, 앞뒤로 산업혁명을 확장시키면 산업혁명에 귀속된 "격변적인 성격"은 제

---

[142] Carus-Wilson(1954) 참조. Abel(1973, 51, n. 1)은 13세기와 14세기 초를 유럽 최초의 산업화 시기로 기술하는 것은 슈몰러가 1909년에 「독일 최초의 공업화(*Die erste Industrialisierung Deutschlands*)」를 출판한 F. 필리피에 의해서 처음으로 행해졌다고 쓰고 있다.

[143] Nef(1954) 참조. 캐러스-윌슨은 13세기에 산업혁명[즉 축융공장]이 있었다고 주장하면서도, 중요성 면에서 18세기 말의 산업혁명과의 어떠한 비교도 생략한다. 네프는 대조적으로 영국에서의 1540-1640년의 시기를 자랑하면서 그것의 "변화의 정도는" 18세기 말보다 "덜하지 않았다"(p. 88)고 말한다. 그러나 그럼에도 불구하고 두 시기 사이에는 "공업발달의 순수한 규모"에서 그리고 그것의 "조직적이고 기술적인 변화"의 "광범위한" 영향에서 차이가 있었다는 Deane(1973a, 166)의 답변 참조.

[144] 예컨대 Garden(1978a, 14)은 "우리는 18세기와 산업혁명을 성급하게 혼동해서는……안 된다 : 영국의 진실은 그 자체가 뒤늦은 것이고 제한된 것이었다 ; 모든 곳에서 18세기 내내 전통적 형태의 존속 —— 그리고 심지어는 발전 —— 이 있었다"라고 경고한다. 또한 1820년대 이전에 영국의 성장은 "기껏해야 소규모"였다고 말하는 Williamson(1984, 688) 참조.

[145] Daumas(1965, v)는 1550-1750년의 시기를 기술의 "근본적인 이행" 시기라고 부른다. 그는 1750년에서 1850년 사이에 기술혁명이 있었다는 생각을 기술사에 대한 우리의 이해의 "가장 큰 오류의 하나"라고 부른다(1963, 291). 그런 다음 그는 자기 전공 밖, 즉 경제의 사회적 조직에 대한 연구성과들을 인정함으로써 1750-1850년의 시기를 구제하려고 한다. Daumas(1965, xii)와 Daumas & Garanger(1965, 251) 참조.

마찬가지로 Lilley(1973, 190)는 이렇게 주장한다 : "산업혁명의 초기 단계들 —— 대략 1800년까지 —— 은 주로 중세적인 기술들의 사용과 그것들을 한도 끝까지 확장하는 것에 기반을 두고 있었다." 또한 Braudel(1984, 566) 참조 : "산업혁명에 대한 핵심적인 설명으로서 근거를 상실한 요소가 있다면 그것은 바로 기술이다."

공업과 부르주아지 53

거된다고 주장했다.[146] 그에 따른 히튼의 예리한 논평이 적절해 보인다 : "150년간이나 계속되었고 그 준비기간이 적어도 또 150년이 걸렸던 혁명에는 새로운 이름이 필요한 것인지도 모른다."[147]

"원(原)산업화(protoindustrialization)"의 개념은 실제로 히튼의 호소에 대한 뒤늦은 응답의 역할을 한다. "근대 공업화 그 자체보다 시기적으로 앞서고 또 그것을 예비했던 첫번째 단계"―― 즉 "시장지향적인 주로 농촌공업"의 단계 ―― 에 대한 새로운 명칭을 창조함으로써, 멘델스는 그 과정의 점진성에 대한 강조를 받아들이면서 이와 동시에 보다 좁게 한정지어지고 시간적으로도 좁게 규정된 산업혁명의 특수성을 보지하려고 노력했다.[148] 그는 이 개념(원산업화)을 사용하면 이 시기의 프랑스 공업에 대한 영국의 우월성에 대한 논의가 하나의 어의론적 논쟁으로 환원되기 때문에 그러한 논의를 해결할 수 있다고 주장할 수도 있다.[149] 그러나 원산업화의 개념으로 그가 답변할

---

146) "통상적인 서술은……대발명의 도래를 지나치게 강조한다." Beales(1929, 127-128)는 발명가를 "시대적 염원의 발원자라기보다는 시대적 염원의 대변자"로 "보다 조용하게 해석하면", 산업혁명이라는 개념은 "드라마틱한 성격"을 상실하고……"깊이와 인간적인 의미를 획득한다"고 말하고 있다. 또한 Hartwell(1967b, 78)을 참조하면, 그에게 산업혁명은 "그리 극적이지 않은 과정의 절정이고, 느린 경제성장의 긴 시기의 결과"이므로 "설명"이 불필요하다 ; Deane & Habakkuk(1963, 82 비교 ; Hartwell, 1970b)에게 "최초의 이륙의 가장 놀라운 특징은 그것의 점진성이었다."
147) Heaton(1932, 5).
148) Mendels(1972, 241). 그는 "근대 공장산업화 또는 기계산업화"라는 두번째 단계로의 이행을 원산업화가 공장산업화에 필요한 기술을 지닌 상인 기업가들의 수중에 자본이 축적되는 결과를 초래했으며, 또한 원산업화가 증가하는 지리적 전문화를 낳은 농업상품의 시장을 창출하는 결과를 초래했다는 사실로 설명한다.
   Bergeron(1978a, 8)은 원산업화 개념의 "재통합적" 성격에 주목하는데, 이 개념은 "기술혁명의 '전'과 '후' 시기 사이의 생산과 노동조직의 파열보다는 연속성을 강조한다."
149) Mendels(1972, 259)는 18세기 말과 19세기 초 프랑스 공업의 상대적 후진성에 대한 표준적 신념에 대한 마르코비치의 수정이 공업(industry)과 공예(crafts)라는 그의 범주에 "가내소비를 위한 가정의 공업노동조차도 포함시키는, 가능한 한 넓은 의미의 수공업"을 계산에 포함시키는 데에 의존한다는 점을 지적한다. 그는 이렇게 결론짓는다 : "이리하여 프랑스의 경제적 발달에 대한 우리의 해석은 '전(前)공업적 공업(pre-industrial industry)'에 주어지는 자리에 따라서 엄청나게 변화될 수 있었다."

수 없는 것은 "변화의 힘은 18세기 공업부문의 강함의 결과인가, 아니면 반대로 그 구조적인 허약함의 결과인가?"[150]라는 가든의 질문이다.

산업혁명은 점진적인 것이었다는 주장에 응답하는 또다른 방식들이 있다. 하나는 랜디스의 응답인데, 그는 그러한 주장은 피상적 기술(記述)과 변하지 않는 명명법의 인위적 산물이라고 말한다.[151] 두번째는 홉스봄의 응답인데, 그는 보다 장기적이고 점진적인 과정 내부에서의 "승리"의 시기를 집어낸다.[152] 세번째는 슘페터의 응답인데, 그는 (언제나 그렇듯이) 이 경우 혁명이라는 테제와 진화라는 테제는 모두 옳은데, 왜냐하면 그것은 단지 거시적 관점 대 미시적 관점의 문제이기 때문이라고 말한다.[153]

Jeannin(1980, 64)은 비교적 최근에 나온, 원산업화에 관한 Kriedte 외(1977)의 논지를 비판적으로 검토하면서, 원산업화의 개념은 "불분명한 요소들을 포함시킴으로써 다소 과장된 동시에, 빈약한 공업들에 대해서는 지나치게 분명하다는 점에서 너무 협소하다"고 주장한다.

150) Garden(1978a, 14)은 이것을 "본질적인 의문"이라고 부른다.
151) "우리는 겉모양을 현실로 오해해서는 안 된다.……직업별 데이터로 기술된 1851년의 영국 경제는 1800년과 차이가 없는 것처럼 보일지도 모른다. 그러나 이러한 숫자들은 단지 사회의 외양을 기술할 뿐이며, 그것조차도 변하지 않는 명명법의 범주들을 사용함으로써 변화를 외면하는 정의방법을 따른다. 이러한 외양의 아래에서, 중요한 기관들이 변화되었다 ; 그리고 그것들의 비중이 전체 가운데서 부분에 불과했을지라도 —— 사람을 단위로 측정하거나 부를 단위로 측정하는 것에 관계없이 —— 전체 체제의 신진대사를 결정했던 것은 바로 그것들이었다." Landes(1969, 122). 그러나 이러한 지적은 "중요한 기관들"과 "신진대사"를 우리가 어떻게 확인할 것인가가 불확실하며, 더욱 중요하게는 1800-50년 사이의 차이가 그 이전의 어떤 50년보다 훨씬 더 컸는지의 여부도 불확실하다.
152) 1789-1848년은 "'공업' 그 자체의 승리가 아니라 **자본주의적** 공업의 승리 ; 자유와 평등 일반의 승리가 아니라 중간계급 혹은 '**부르주아**' 자유주의 사회의 승리를 기록한다.…… 그 시기는 새로운 경제와 사회의 이러한 요소들의 존재를 기록하는 것이 아니라 그들의 승리를 기록하며……이전 세기에 이러한 요소들이 조금씩 침투해서 저변을 무너뜨리는 진행과정이 아니라 그 요새들에 대한 그들의 결정적인 정복"을 기록한다. Hobsbawm (1962, 17, 19). 홉스봄의 시기 구분은 마르크스의 시대 구분과 맞아떨어지지 않는다. Marx(1967, 327, 주)는 영국에서조차도 결정적인 승리의 계기가 보다 이후라고 쓴다 : "공업자본의 완전한 지배는 [1846년에] 곡물세가 폐지된 이후까지도 잉글랜드의 상인자본과 재계에게 인정되지 않았다."
153) "혁명이란 그 자체로부터, 즉 혁명에 이르게 한 발전과정을 언급하지 않고서는 결코 이

그렇지만 이 모든 것은 산업혁명이라는 개념의 학문적 가치를 더욱 의심케 하는 것이 아닐까 싶다. 네프는 강경하게 부정적인 입장을 취한다 :

1760년에서 1832년 사이에 잉글랜드에서 발생한 것으로 기술되는 경제적 변화에다 우리의 근대 문명의 모든 중요한 문제들을 연결시키는 [산업혁명이라는/옮긴이] 개념보다 더 잘못된 경제사의 개념은 거의 없다. 근대 공업세계에 대한 이해의 열쇠를 잉글랜드 경제사의 이 72년간에서 찾는 [산업혁명이라는/옮긴이] 개념보다 그 토대가 더 취약한 개념도 거의 없다.[154]

나는 "산업혁명"의 개념과 그것에 거의 불가피한 상관개념인 영국의 "최초의 산업혁명"이라는 개념이 근본적으로 잘못된 것이라는 네프와 견해를 같이한다. 산업혁명이라는 개념은 그것을 시간적으로 연장하거나, 두 단계의 과정으로 나누거나, 점진적인 양적 증가와 질적인 획기적 진전을 구분하는 따위

해될 수 없다 ; 그것은 시작하기보다는 요약한다.……[이것이] 미시적 관점과 거시적 관점 간의 차이이다 : 삼림의 윤곽선이 이런 목적을 기준으로 할 때는 불연속적이지만 저런 목적을 기준으로 하면 매끄럽게 연결된다고 할 수 있는 것처럼 두 관점 사이에는 모순이 거의 없다." Schumpeter(1938, 227).

154) Nef(1943, 1). McEvedy(1972, 5-6)는 한걸음 더 나아가, 산업혁명의 개념은 "사실상 —— 역사이론에는 가치가 없지 않은 업적이지만 —— 실질적으로 많은 해를 끼쳤다"고 말한다. Cameron(1982 ; 1985)은 마찬가지로 "산업혁명"이라는 용어는 "잘못된 명칭"이라는 주장을 계속 밀고 나간다.
　Schumpeter(1939, 253)는 본질적으로 똑같은 비난을 한다 : "저자는 산업혁명이라는 용어에 눈살을 찌푸리는 근대 경제사가들과 의견을 같이한다. 그것이 가리키는 것이 새로운 경제적 또는 사회적 질서를 창출했던 독특한 사건이나 일련의 사건들이라는 생각, 또는 이전의 발전과정들과 무관하게 18세기 마지막 20-30년에 갑자기 세상에 불쑥 나타났다는 생각을 전달하려는 의도를 지니고 있다면, 그것은 낡은 것일 뿐만 아니라 잘못된 것이고, 원칙적으로는 틀린 것이기도 하다.……우리는 저 특정한 산업혁명을 그것에 선행하는 적어도 두 개의 비슷한 사건들 그리고 그 다음에 일어난 적어도 두 개의 사건들과 동등한 것으로 본다." 그는 1787-1842년을 하나의 콘드라티예프 사이클이라고 부르면서 이렇게 말한다 : "우리는 이 장기적 파동이 첫번째 파동이 아니었다고 믿을 만한 근거를 가지고 있다."(p. 252) Coleman(1966, 350)은 산업혁명이라는 용어는 "멀리까지 그 영향을 미친 역사의 초점에서, 공업화된 사회를 출범시킨 비교적 갑작스럽고 급격한 변화였던" 18세기 말 영국의 변화를 가리키는 것으로 남겨두어야 한다고 반복함으로써 슈페터에 응답한다.

의 미봉책으로는 결코 구제해낼 수 없는데, 왜냐하면 우리가 찾아내야 할 필요가 있는 것은 세계경제의 틀 내부에서의 상대적인 위치의 배열인데도 불구하고, 산업혁명이라는 개념은 영국의 "이점"을 설명해주는 것은 절대적인 특징들의 배열이라는 〔잘못된/옮긴이〕 전제에서 출발하고 있기 때문이다. 시간의 경과에 따라 발전하는 것은 세계경제이지 그 내부의 하위단위들이 아니다.

문제는 왜 영국이 프랑스나 기타 다른 나라들보다 (그만큼) 앞서나갔는가가 (그리고 그 '앞섬'을 측정하는 것이) 아니라, 왜 전체로서의 세계경제가 특정한 시간(여기서 우리가 잡은 시기는 1730-1840년이다)과 장소에서 그와 같은 방식으로 발전했으며, 왜 이 시기에 다른 국가들이 아닌 특정한 국가에서 가장 이윤이 높은 경제적 행위들이 더 집중되는 (그리고 왜 보다 많은 자본이 이곳에서 축적되는) 결과가 나타났는가이다.

브리아부안은 1839년에 당시에 진행되던 것을 지금의 우리보다 더 단순하게 언급했다:

> 노동의 영역은 점점 커졌다; 생산(제작) 수단은 매일 조금씩 늘어나고 단순해지는 과정에 있었다. 인구는 사망률의 감소를 통해서 결과적으로 증가했다. 지구에서 발견된 보물들은 더 잘 그리고 더 풍부하게 개발되었다; 사람들은 더 생산하고 소비했으며 더 부유해졌다. 이 모든 변화들이 산업혁명을 구성한다.[155]

우리가 브리아부안에게 그럼 이 혁명을 무엇으로 설명하느냐고 물으면, 그는 그것을 대포, 나침반, 인쇄기라는 세 개의 핵심적인 발명품으로 설명한다.[156] 그리하여 우리는 그 이전 시기, 즉 자본주의 세계경제가 탄생한 수세기 전의 그 순간으로 주의를 되돌리게 된다.

"최초의 산업혁명"과 프랑스 혁명은 대충 시간적으로 겹치는 사건시기(event-period)를 나타낸다. 이 시기는 자주 주목을 받아왔고, "혁명들의 시대"라는 표현이 이 시기를 지칭하기 위해서 때때로 사용되었다. 시간적인 연

---

155) Briavoinne(1839, 185-186).
156) Briavoinne(1839, 188).

관관계는 개념적인 연관관계에 의해서 사실상 강화되었는데, 개념적인 연관관계는 시간적인 연관관계보다 덜 자주 논의되었다. 확실히, 많은 저자들은 "산업혁명"이라는 표현이 프랑스 혁명의 정치적 변화와 급격한 공업적 변화의 "매우 자연스러운 연상작용"[157]으로부터 나왔다고 말해왔다. 그러나 그 역도 또한 사실이다. 프랑스 혁명에 대한 우리의 관념은 산업혁명에 대한 우리의 관념을 중심으로 하여 만들어지게 되었다.

프랑스 혁명은 근대 세계의 모든 정치적 열망을 구현하고 있으며, 하나의 상징적인 사건으로서 그것의 유일한 실질적 경쟁자인 러시아 혁명보다도 아마 더 그러할 것이다. 그것은 아마도 그것에 관한 역사서술의 역사를 써야 할 만큼 너무나도 많은 역사서술이 이루어진 근대사의 유일한 테마일 것이다. 우리는 여기서 제2차 세계대전 이후에 모든 논의의 핵심이 되어왔던 것으로 보이는 문제, 즉 프랑스 혁명은 부르주아 혁명이었는가라는 문제에 집중할 것이다.[158]

프랑스 혁명의 고전적 해석이라고 스스로 명명한, 프랑스 혁명에 대한 사회적 해석의 주요 대변자가 되었던 소불은 그가 이 학파의 창시자로 간주하는 조레스 편에 서서 "프랑스 혁명은 부르주아지를 권력과 경제의 지배자로 만든 오랜 경제적, 사회적 변화의 결과일 뿐이었다"고 주장한다. 조레스 이후에 마티에와 르페브르가 나왔고 그 다음에 자신과 뤼데가 나왔다고 소불은 말한다.

> 그리하여 프랑스 혁명의 사회적 해석은 1세기 이상의 진전으로 점차 완성되었다. 학문적 연구에 대한 끊임없는 호소에 의해서……비판정신에 의해서, 이론적 반성을 하려는 노력에 의해서, 프랑스 혁명에 대한 지구적(地球的) 관점에 의해서, 그것만이 진정 과학적인 것이라고 간주될 만하다.

---

157) Bezanson(1922, 343).
158) Schmitt(1976)는 프랑스 혁명에 관한 1945년 이후의 문헌에 대한 그의 역사서술에서 이 문제를 여섯 문제 가운데 하나로 꼽지만, 나머지 다섯은 내가 보기에 모두 이 하나의 문제를 구체화한 것들로 생각된다. 나머지 문제는 이렇다 : 프랑스 혁명 —— 신화인가 사실인가? ; "대서양 혁명"의 문제 ; "봉건적 반동"이 있었는가? ; 1789년에 하나의 혁명이 있었는가 아니면 세 개의 혁명이 있었는가? ; 자코뱅 독재 —— 프랑스 혁명의 절정?

프랑스 혁명에 대한 이와 같은 지구적 관점 그 자체가 근대사에 대한 지구적 관점의 일부인데 거기서,

> 프랑스 혁명은 네덜란드 혁명, 영국 혁명, 미국 혁명에 이어서 부르주아지를 권좌에 오르게 하는 데에 (또는 부르주아지를 권력에 가담시키는 데에) 기여하고, 자본주의 경제의 발달을 해방시켰던 역사의 일반적 진행과정에서 일어난 하나의 에피소드에 불과하다.[159]

프랑스 혁명에 대한 사회적 해석이 근본적으로 역사에 대한 휘그적 해석, 즉 영국에서의 "최초의 산업혁명"이라는 개념을 만든 것과 동일한 역사에 대한 휘그적 해석을 감추고 있다는 사실은 1789년 150주기를 기념하기 위해서 쓴 자신의 사상의 종합편에서 르페브르가 도달한 다음과 같은 결론에서 발견될 수 있다:

> 인권선언은……혁명 전체의 구현이다.……그 이전의 영국과 마찬가지로 미국과 프랑스는 비슷한 방식으로 하나의 사조에 공헌하고 있는데, 그러한 사조의 성공은 부르주아지의 성장을 반영하며, 또 그 사조는 서양문명의 발전이 그 안에 요약되어 있는 하나의 공유된 이상을 이루고 있었다. 수세기가 경과하면서, 기독교에 의해서 형성되고 고전고대 사상의 후계자이기도 한 우리 서양은 수많은 흥망성쇠를 극복하면서 인간 해방의 실현에 자신의 노력을 집중시켜왔다.[160]

그러므로 사회적 해석의 주장들을 좀더 자세히 설명하는 것으로 시작하는 것이 아마 가장 유익할 것이다.[161] 이러한 관점에는 세 개의 기본 주장이 있

---

159) Soboul(1974, 41-42, 44).
160) Lefebvre(1939, 239-240).
161) 우리는 이 사회적 해석의 소불(혹은 보다 일반적으로 마르크스주의적 해석) 판에 너무 무거운 비중을 두고 있지만, (마티에는 말할 것도 없고) 르페브르의 견해는 여러 가지 점에서 소불과 달랐다는 이의 제기가 있을 수 있다. 그러나 Ferro(1981, 32)가 지적했듯이 "[프랑스에서 역사는] (프랑스사와 마찬가지로) 시민전쟁의 가장 중요한 장의 하나"이기 때문에, Grenon & Robin(1976, 6)에 의한 다음과 같은 그럴듯한 평가를 전제할 때, 이것이 정당화될는지도 모른다 : "기묘하게도 1789년은 아직까지도 프랑스에서 좌파

다. 프랑스 혁명은 봉건질서와 그것의 통제자인 귀족에 대한 혁명이었다. 프랑스 혁명은 그것을 통제할 사람들인 부르주아지를 위하여 새로운 자본주의 사회질서로 이행하는 데에 하나의 필수불가결한 단계였다. 부르주아지는 민중계급에게 지원을 호소함으로써 비로소 혁명에 성공할 수 있었는데, 민중계급들은 가장 유리하게 해석하면 혁명의 두번째 수혜자였고 가장 불리하게 해석하면 혁명의 희생자였다. 더군다나, 이 세 진술은 단지 (프랑스의) 역사현실을 요약하고 있을 뿐 아니라 1789년에 시작되어서 1799년에 끝나는 특정한 사건시기에 관한 진술이기도 하다고 주장된다.[162] 이 사건시기는 수백 년 계속되어온 사회발전 과정의 단순한 한 부분이 아니라 급격하고 질적인 사회적 변화를 기록했다는 점에서 "혁명적"이다.

"18세기 말 프랑스의 사회구조는 본질적으로 여전히 귀족적이었다"고 이야기된다. 프랑스 혁명은 "봉건사회의 특권신분들과 영주제의 붕괴"를 달성했다는 점에서 "부르주아 자본주의 사회의 등장"을 나타낸다.[163] 프랑스 사회에 대한 소불의 평가는 랜디스의 평가와 기묘할 정도로 유사한데, 다만 두 사람 모두가 인정하고 있는 18세기 영국과 프랑스 간의 차이가 랜디스에게는 19세

와 우파의 근본적인 분계선이다 ; 하나의 신화로서의 프랑스 혁명은 아직도 감정을 불러일으킬 수 있다. 이것은 역사서술에서 프랑스 혁명에 대한 고전적 해석과 마르크스주의적 해석이라는 두 개념이 언제나 이따금씩 서로 겹쳐왔기 때문이다. 고전적 해석은 프랑스 혁명에 대한 진보적인 독법(讀法)에 다름 아니다."

162) 1799년은 Soboul(1977a)이 그의 역사책에서 사용한 종결시점이다. 확실히 우리는 다른 종결시점, 즉 1793년, 1792년, 혹은 1815년을 선택할 수 있다. 또한 우리는 다른 출발시점, 즉 1787년, 혹은 1763년을 선택할 수 있다. 그렇게 하는 것은 해석을 변화시키는 것이다. 그러나 1789-99년의 시기를 선택하는 것이 반드시 모든 점에서 소불과 뜻을 같이하는 것은 아니다. Aguhlon(1980, 15)은 1830년이 그가 "자유주의"의 혁명이라고 주장하는 "혁명"의 회복을 기록한다고 주장하기 위해서 바로 이 시기를 선택한다. 반면 1800-30년은 "연속적인 두 가지 형태의" 반혁명 —— 나폴레옹 독재와 권위주의적인 교권 왕조라는 반혁명 —— 을 대변한다.

163) Soboul(1977a, 1, 3). 구질서는 "더 좋은 명칭이 없으므로 봉건제도"(1976a, 3)라고 불려야 한다. 사실, 두 측면 가운데서 혁명의 이러한 부정적 측면이 그것의 긍정적 측면보다도 더 중요하다고 할 수 있다. 18세기의 "귀족의 반동"에 관하여 말하면서, 소불은 이렇게 말한다 : "이런 시각에서, 혁명은 아마 부르주아적이지 않고 확실히 반귀족적이고 반봉건적이었다."(1970b, 250)

기(그리고 심지어는 20세기 전반까지)에도 계속 존재했다는 점이 다르다:

> 이러한 힘들[귀족의 속물근성, 부르주아적 열망, 문학적 예술적 사고방식의 압력]의 결과가 반자본주의적이라고 표현하는 것이 가장 적절하다고 할 수 있는 [프랑스의] 전반적인 분위기였다. 이윤이 아니라 사용을 위한 생산, 동태적 사회와 대비되는 정태적 사회라는 중세적 개념이 결코 그 효력을 잃지 않았다.[164]

18세기 프랑스는 단순히 "봉건적"일 뿐만 아니라 "귀족의 반동"을 겪고 있었던 프랑스였고, 부르주아지는 "고용의 자유, 생산의 자유, 사고 파는 자유라는 기본적인 자본주의적 자유들"에 가해진 제약들로 인해서 특히 제조업에 대한 투자에서 깊은 좌절을 맛보고 있었다고 이야기된다. 이러한 자유들이 영국민들에게는 널리 이용 가능했고, 그들은 이러한 자유들을 이용해서 산업혁명을 시작했다고 추정되고 있다는 점은 부언할 필요조차 없다. 그리하여 부르주아지가 "혁명적 단계에 들어서는"[165] 과정이 시작되었다고 주장된다.

프랑스 부르주아지는 (봉건제에서 자본주의로의 두 개의 가능한 길 중에서) 마르크스가 "진정으로 혁명적인 길"[166]이라고 명명했던 길을 택함으로써 1789년에 자신의 운명을 개척했다. 부르주아지가 왜 이런 길을 택했느냐고 물으면, 소불은 그것이 (양보를 거부했던) "귀족의 완고함"과 "농민대중의 가치없음"(1789-93년의 반봉건적 농민반란[jacquerie]) 때문이지 결코 부르주아지 때문은 아니며 부르주아지는 "귀족의 몰락을 추구하지 않았다"[167]고 답한다. 소불은 이러한 것들이 잉글랜드의 부르주아지가 동일하게 "진정으로

---

164) Landes(1949, 57).
165) Rudé(1967, 33).
166) Marx(1967, I, 334). 이것은 "상인이 생산에 대한 직접적 통제권을 확립하는" 길과 대비되는 "생산자가 상인과 자본가가 되는" 길이다.
167) Soboul(1976d, 16 ; 1977b, 38). 명백히 왕조는 귀족보다 더 선견지명이 있었다. 왕조는 "장사를 하는 귀족"을 창출하고 "상인에게 귀족작위를 줌"으로써 구체제 아래서 귀족과 부르주아지 사이의 차이를 해소하려고 했다. 그러나 그러한 경험은 "실패"였고, "구체제의 조건 아래서" 두 사회집단의 "실질적 융합의 불가능성"을 입증했다(1970b, 279, 282).

혁명적인 길"을 밟은 동일한 이유들인지의 여부에 대해서는 아무런 언급이 없다. 또한 그는 다른 길인 "프로이센의 길"을 밟았던 여타 나라들이 덜 완고한 귀족들과 덜 가차없는 농민들을 가지는 행운을 누렸는지에 대해서도 아무런 언급이 없다.

이야기 전개가 다소 급해지는 것은 바로 이 지점에서이다. 소불은 매우 인습적으로 잉글랜드 혁명은 프랑스 혁명보다 "훨씬 덜 급진적"이었으며, 프랑스 혁명은 모든 부르주아 혁명 중에서 "가장 드라마틱한", 참으로 "고전적인 부르주아 혁명"이었다고 주장한다.[168] 이렇게 되면, 우리는 다음과 같은 홉스봄의 "거대한 모순"에 부딪친다. 즉 "이론적으로"(다시 말해서 이 설명 모델에 따르면) 프랑스는 "자본주의 발전에 이상적으로 적합했고" 따라서 그 경쟁자들을 훨씬 앞질렀어야 했다. 그러나 실제로 프랑스의 경제발전은 다른 나라들, 무엇보다도 특히 영국에 비해서 "더 느렸다." 홉스봄은 이렇게 설명한다 : "프랑스 혁명은……그것이 국민의회의 손으로 이루어낸 것들의 대부분을 로베스피에르의 손으로 없애버렸다."[169] 그러나 부르주아 혁명의 탁월한 대변자인 자코뱅이 그들의 행동으로 중소 토지소유 농민, 소규모 수공업기술자(craftsmen) 및 소매상인들로 이루어진 [경제적으로 퇴행적인] 난공불락의

---

168) Soboul(1977a, 160-161, 168).
169) Hobsbawm(1962, 212-213). 그는 자신의 경구를 이렇게 설명한다 : "프랑스 경제의 자본주의적 부분은 농민과 프티 부르주아지라는 부동의 토대 위에 세워진 하나의 상부구조였다. 자유로운 무토지 노동자들은 단지 도시로 조금씩 흘러들어갔다 ; 다른 곳에서 진보적인 기업가들의 재산을 형성시킨 표준화된 값싼 상품은 충분히 크고 확장하는 시장을 가지고 있지 못했다. 많은 자본이 모아졌다. 그러나 그것이 왜 국내산업에 투자되어야만 하는가?" 홉스봄은 우리에게 이러한 주장의 "전거가 되는 구절"인 1932년의 르페브르의 논문을 언급한다(p. 381, 주 19). Lefebvre(1963) 참조.
  Soboul(1977b, 42-43)은 농민혁명이 "불완전했다"고 주장함으로써 홉스봄의 모순에 응답한다. 급진적인 농민세력이 승리했다면, 훗날 "토지 집중"으로 귀결될 "소생산자들에게 유리한 토지재산의 재편성"이 있었을 것이고 그리하여 모순을 낳지 않았을 것이다. Poulantzas(1973, 176)는 홉스봄의 모순에 다른 방식으로 대답한다. "모순"은 혁명기의 국가가 "이 순간에 그리고 이 국면에서 정치적으로 성공한 부르주아 혁명의 국가가 아니라 정치적으로 저지된 부르주아 혁명의 국가임을 입증한다. 바로 이 순간에 그것은 사실상 헤게모니를 쥔 부르주아지의 국가가 아니라 토크빌이 올바로 보았듯이 농민과 프티 부르주아지의 국가이다. 이러한 국가는 어쨌든 지속되지 못했다."

요새를 만들어 그 요새가 "[농업과 소기업의 자본주의적 변화를] 기어가도록 늦추었다면",[170] 이것이 참으로 부르주아 혁명이었다는 것이 도대체 어떤 의미에서이며, 설령 부르주아적이라고 해도 어떤 의미에서 이것이 혁명이란 말인가?[171]

이리하여 우리는 프랑스 혁명의 사회적 해석에서 가장 예민한 부분인 민중세력에게 부여된 역할에 도달하게 된다. "귀족이 혁명을 시작했고 평민이 그것을 완성시켰다"[172]는 샤토브리앙의 금언은 이제 사실로 인정되고 있다. 그렇다면 부르주아지는 어디에서 개입했는가? 추측컨대, 귀족과 평민 모두를 좌절시킴으로써일 것이다 : 즉 민중세력의 (요청된) 지원으로 1789년에 귀족으로부터 리더십을 빼앗고[173] 테르미도르, 혁명력 3년의 민중봉기의 패배, 평등파의 음모의 진압 그리고 최종적으로는 (아마도 마찬가지로) 브뤼메르 18일에 의해서 민중세력을 제거함으로써였을 것이다.[174]

계급세력에 대한 묘사는 부르주아지가 언제나 정치적 통제권을 쥐고 있는

---

170) Hobsbawm(1962, 93).
171) 우리는 물론 그것이 좁은 의미의 경제적 영역에서의 혁명이었다기보다는 차라리 가치영역에서의 혁명이었다고 응답할 수 있다. "프랑스에서 혁명의 주된 결과는 귀족사회를 종식시킨 것이었다.……혁명 후의 프랑스 사회는 그 구조와 가치 면에서 부르주아적이었다. 그것은 벼락 출세자들, 즉 자수성가한 사람들의 사회였다." Hobsbawm(1962, 218, 220).
　　그렇더라도 이것은 의도하지 않은 결과였다고 Taylor(1972, 501)는 말한다. "인권선언과 1789-91년의 법령들에 표현된 혁명적인 심성은 1787년에 시작된 위기의 산물 —— 원인이 아니라 —— 이었다." 테일러의 주장은 그가 읽은 「진정서(cahiers de doléance)」에 근거를 두고 있다.
172) Lefebvre(1932, 40)에 재인용.
173) "1789년에는 세 개의 혁명이 아니라, 민중(특히 농민)의 지지를 받는 부르주아적이고 자유주의적인 단 하나의 혁명이 있었다. 1792년에 혁명의 일탈이 있었던 것이 아니라 다수 민중의 제휴 덕택으로 제3신분의 결속을 유지하려는 혁명적 부르주아지의 결단이 있었는데, 민중의 지지가 없었다면 1789의 성취물들은 영원히 위태로워졌을 것이다." Soboul(1974, 56).
174) Soboul(1977a, 168)은 프랑스 혁명이 —— 혁명력 2년과 평등주의자들의 음모(Conspiracy of the Equals) 때 —— "농민과 민중"의 혁명에서 두 차례 "부르주아적 한계를 넘어섰다"고 주장한다.

모습으로 묘사된다. 지롱드, 자코뱅(당통파 또는 "관용파", 로베스피에르파, 에베르파), 상-퀼로트는 모두 "부르주아"세력(상-퀼로트의 경우에는 프티 부르주아 소매상과 수공업자들이 주도한 세력들의 연합)이었다. 이러한 정치적 파당들의 혁명적 투쟁성의 정도는 밑으로 갈수록 커지고, 제한된 범위 내에서 부르주아 내 서열의 정도는 점점 낮아진다.[175]

그토록 적극적인 역할을 담당했던 민중은 (프티) 부르주아 리더십 아래서 그런 역할을 했다 ; 이것은 상-퀼로트에게만 적용되는 것이 아니라, 프티 부르주아 리더십이라는 말이 부농의 리더십을 의미하는 한, 농민에게도 적용되었다.[176] 한편으로 (도시와 농촌의) 이 소생산자들은 혁명의 전위대요 (필자가 추정하건대, 쉽게 타협했던 다른 부르주아와는 달리) "단호하게 반봉건적"[177] 이었다고 말해진다. 다른 한편, 홉스봄의 모순 —— 19세기 프랑스 공업발전의 느린 속도와 그로 인한 프랑스 부르주아지의 전반적 실패 —— 을 설명하기 위해서 사용되는 것은 바로 이 프티 부르주아 그룹에게 주어진 양보이고 그 양보는 매우 지속적인 것이었다고 주장된다.

이러한 고전적 설명 모델은 부분적으로는 그것의 정치적 함의와 용도 때문에, 단도직입적인 설명의 외관 뒤에 있는 이론적인 엄밀성의 결여 때문에, 몇 가지 경험적 사실들과 맞아떨어지지 않는다고 생각되기 때문에, 여러 사람들에게 불만을 품게 했다. 어쨌든 그것은 1950년대 이후 대대적인 전면 공격을 받아왔다 : 대서양 혁명론의 주창자들(고드쇼, 파머), 혁명에서 부르주아지가 맡은 역할에 대한 회의론자들(코반, 퓌레) 그리고 18세기 프랑스에 대한, 특

---

175) "혁명의 전위대는 상업 부르주아지가 아니었다.……혁명 배후의 진정한 세력은 직접 소생산자 대중이었다." Soboul(1977a, 154-155). 또한 Kaplow(1972, 163) 참조 : "혁명에 시동을 건 부르주아지 없는 혁명을 생각하기 어렵듯이 장인 신분의 수공업자의 참여 없는 상-퀼로트의 형성도 불가능하다. 하나의 실체로서의 상-퀼로트는 구체제의 노동빈민과 동의어가 아니었다. 그들은 차라리 하나의 임시적인 형태, 이 경우는 혁명에 의해서 수행된 그 체제의 붕괴로부터 생겨난 주로 정치적 형태였다."
176) "부르주아 혁명은 1793년 7월 17일법에 의해서 모든 봉건적 권리들을 마침내 폐지함으로써 직접생산자, 즉 그때부터 독립한 소상인 생산자를 해방시켰다." Soboul(1976d, 15).
177) Soboul(1977a, 168).

히 경제적 역할분담에서 귀족이 맡은 역할에 대한 전통적 기술(記述)을 재평가해온 사람들이 주된 공격자들이었다.

대서양 혁명론은 본질적으로 프랑스 혁명이 보다 큰 전체, 즉 "전 서양세계에 영향을 준 거대한 혁명운동"의 한 부분이었다고 본다. 이보다 큰 전체는 특히 미국 혁명뿐만 아니라 아이티 혁명과 같은 여러 라틴 아메리카 혁명들과 18세기 후반의 거의 모든 유럽 국가들의 혁명을 포함한다. 프랑스 혁명은 이러한 그밖의 혁명들과 "동일한 성격의" 혁명이며 다만 "훨씬 더 강렬했다"고 말해진다.[178] 이러한 주장을 함으로써 대서양 혁명론의 주창자들은 흔히 생각되는 것보다 고전적 해석에 대해서 덜 수정적이다.[179] 이 단일한 서양의 혁명은 대서양 혁명론자들에 의해서 "'자유주의적' 또는 '부르주아적'" 혁명,[180] 즉 "민주주의자들"이 "귀족정치론자들"에 대항하여 싸웠던 일종의 "민주주의" 혁명으로 규정된다.[181] 더욱이 대서양 혁명론자들은 인습적으로 자코뱅 단계를 "혁명의 혁명화",[182] 즉 "시작할 때부터 급진적"이었던 일종의 혁명으로 해석한다.[183] 자코뱅 급진주의는 적어도 부분적으로는 "계급투쟁"으로 설명된다.[184]

---

178) Godechot(1965, 114).
179) 이것은 대서양 혁명론의 첫째가는 주창자인 자크 고드쇼가 마티에와 르페브르의 제자이고, 내가 아는 한 이 유산을 거부한 적이 결코 없었다는 점을 기억할 때, 놀라울 것이 없다. 르페브르에 대해서 고드쇼는 "그의 저작들은 프랑스 혁명의 역사서술에서 가장 중요한 자리를 차지한다"고 말한다. Godechot(1965, 257). 마티에와 고드쇼의 밀접한 관계에 대해서는 Godechot(1959) 참조. 다른 중요한 대서양 혁명론자인 R. R. 팔머는 르페브르의 저작을 영어로 번역했다.
180) Godechot(1965, 2).
181) Palmer(1964, 여러 곳, 특히 13-20).
182) Palmer(1964, 35-65)는 이러한 혁명화를 "민중의 개입과 국제적 혁명주의"(p. 44) 탓으로 돌린다.
183) Palmer(1959, 446). 미국 혁명이 프랑스 혁명보다 덜 혁명적이었다면, 그것은 "[미국이] 봉건제를 겪지 않았기 때문이었다.……프랑스와 유럽에서……동일한 혁명적 이상에 도달하려는 노력은 재산을 박탈당하거나 그렇게 되도록 위협당한 계급들의 화해하기 어려운 반대에 부딪혔다." Godechot & Palmer(1955, 227, 229).
184) Godechot & Palmer(1955, 229). 계급들의 제휴라는 개념도 거기에 있다 : "'부르주아' 혹은 제3신분의 상층과 마찬가지로 농민들은 귀족을 그들의 적으로 보았다. 이러한 이해

공업과 부르주아지 65

　　대서양 혁명론이 사회적 해석의 핵심 전제들 —— 즉 혁명은 귀족에 대한 부르주아지의 혁명이었고, 그것은 자본주의로의 이행의 필요불가결한 양식이었으며, 자코뱅은 혁명의 가장 급진적 형태를 구현한다 —— 을 활용하고 있는데, 왜 소불은 특히 대서양 혁명론자들이 프랑스 혁명에 대해서 동정적인 묘사를 한 이후부터 거기에 저주를 퍼부으면서, 그것은 "(프랑스 혁명으로부터) 모든 특별한 내용을 없애버렸다"[185]고 비난하는 것일까? 그 대답은 매우 분명해 보인다 : 대서양 혁명론은, 프랑스 혁명은 자생적이고 러시아 혁명은 ("후진성"에 대한) 반동이라고 봄으로써, 즉 프랑스 혁명은 18세기 "서양 혁명"의 일부인 데 반해서 러시아 혁명은 20세기 "비서양 혁명"의 일부였다고 봄으로써, 프랑스 혁명과 러시아 혁명을 "분리시켰기" 때문이다.[186] 그러므로 대서양 혁명론은 프랑스 혁명보다 오히려 러시아 혁명을 은연중에 재해석하는 것으로 끝을 맺는다.

　　러시아 혁명에 대한 이러한 관심은 "부르주아 혁명"의 개념에 도전하는 사람들에게도 물론 없지는 않지만, 그들은 상대방의 약점을 더 깊이 파고든다. "모든 것은 코반으로부터 비롯된다"[187]고 이야기되어왔다. 그러나 모든 것은 "프랑스 혁명은 뒤집어엎었던 것이 아니라 가속화시켰다"[188]는 토크빌

　　　관계의 수렴은……1789년의 프랑스 혁명을 가능하게 만든 것이었다." Palmer(1971, 60).
185) Soboul(1974, 44).
186) Palmer(1959, 13). Soboul(1974, 43)은 대서양 혁명론이 1950년대 중반에 등장했음을 지적하면서, 그것이 "냉전"의 결과라고 분명하게 비난한다. 이러한 주장은 정당성이 없지 않다. 1955년 국제역사학대회에서의 Godechot & Palmer(1955, 239)의 긴 대담은 대서양 문명이라고 부를 만한 어떤 것이 있는가라는 문제를 둘러싼 것이다. 저자들의 공감대는 분명히 긍정적인 대답 쪽으로 기우는 듯하다. 그들은 다음과 같은 하소연조로 끝을 맺는다 : "한때 식민지였던 아메리카는 유럽보다도 더 '대서양 문명'의 가능성이나 현실성을 믿는 것 같다."
187) Majauric(1975, 167, 주 53). 또한 Schmitt(1976, 50) 참조 : "'코반'이라는 이름은 그 논쟁에서 사실상 암호명이 되었다."
188) 이것은 토크빌로부터의 인용이 아니라 그의 입장에 대한 Tilly(1968, 160)의 매우 적절한 요약이다. Tocqueville(1955, 20) 자신이 말했던 바는 : "일거에, 경고도 이행도 거리낌도 없이, 혁명은 비록 느린 정도로이긴 하지만 어쨌든 일어나게 되어 있었던 것을 수행했다." 이와 비슷한 경향의 Le Roy Ladurie(1975, 591) 참조 : "프랑스 혁명과 같은 사건이 독특하다는 사실이 그것을 필연적인 사건으로 만드는 것은 아니다. 아니, 적어도

의 기본 사상으로부터 비롯된다고 주장하는 것이 더 타당하다. 이들의 핵심적인 방법은 프랑스 혁명 그 자체의 사건시기를 넘어서 "수세기에 걸친" 자본주의의 발달에서 기인한 "더디지만 혁명적인 변화"를 내포하고 있는, 16세기에서 19세기에 이르는 전후로 확대된 보다 긴 시간대 위에서 보아야 한다고 주장하는 것이다.[189] 퓌레는 사회적 해석의 주창자들의 전제들을 감안할 때 사회적 해석의 주창자들은 이와 같은 시간적 관점의 재(再)오리엔테이션에 저항하기보다는 오히려 그것을 환영해야 한다는 설득력 있는 주장을 편다. "'생산양식'에 의한 개념화를 강조하려면, 프랑스 혁명 그 자체의 시간보다 훨씬 긴 시기를 연구대상으로 삼아야 한다."[190]

프랑스 혁명을 부르주아 혁명으로 간주하는 것에 반대하는 주된 이유는 18세기에 이르러 프랑스는 어떤 의미에서건 더 이상 봉건적인 나라가 아니었다는 것이다. 코반은 영주권은 단지 "색다른 형태의 소유권"이었다고 주장하기 위해서 당시의 법전을 인용한다. 그런 다음 봉건적 또는 귀족적 "반동"의 가장 큰 부분을 구성하고 있었던 영주 부과조의 증대 압력은 "봉건적이라기보다는 상업적 성격이 짙었다"[191]고 말한다.

그의 주장은 두 부분으로 구성된다. 첫째는 많은 영주들, 아니 대부분의 영주들은 경제계에서 부르주아로 기능하고 있었고, 따라서 귀족을 "성공한 부르주아"로 규정하는 것이 결코 "용어의 확대 해석이 아니"라는 주장이다.[192]

그것이 필연적이었음을 입증하기는 어렵다.……그것은 분노하게 되었던 한 사회의 행동의 표현이다.……농촌지역에서 프랑스 혁명은 심지어 그리고 특히 1780년대의 경제적 어려움으로 위태로움에 처했던 그 세기의 확장의 직접적인 결과이다. 그것은 파열과 동시에 연속을 뜻한다."

189) Furet(1978, 158).
190) Furet(1978, 158).
191) Cobban(1963, 155-156). 또한 Roberts(1978, 28) 참조 : "[1789년] 8월의 법령들로 폐지된 대부분의 '봉건적' 형태들은 현금거래라는 있는 그대로의 현실을 은폐하는 가짜 제도였다."
192) Chaussinand-Nogaret(1975, 265)는 계속해서 말한다 : "상업자본주의는 그것의 가장 근대적인 면에서 부르주아지보다는 더 귀족의 수중에 있다."(p. 274) 동전의 다른 측면은 Bien(1974, 531)처럼 "대부르주아지의 대다수는 1789년에 귀족이었다"고 지적하는 것이다.

프랑스의 지방귀족을 "나태하고 무기력하고 가난하다"고 해온 "잘못된" 전통적 묘사와는 달리 프랑스의 지방귀족은 흔히 "활동적이고 기민하며 전망이 밝은 지주"로서,[193] 농업에서 이들이 행한 전향적인 역할은 "다소 과장된" 영국 귀족의 역할과는 대조적으로 "너무나도 자주 평가절하되었다."[194] 이렇듯 "자본가였던 귀족들"이 있었으며 귀족의 "최상층"에서도 이런 사람들이 발견된다.[195] 영주의 대차대조표를 자세히 분석해보면, 자본주의적 이윤과 대비되는 봉건적 부과조는 전체 수입 가운데 "엄밀한 의미에서 흔히 적은 부분이거나 심지어는 아주 적은 부분(만)을 차지했다."[196] 블로크가 일찍이 주장했듯

---

193) Forster(1961, 33).
194) Forster(1957, 241). 더욱이 "개인적인 대토지 경영은 시골 귀족(gentilhomme compagnard)에게 많은 소득을 확보해주는 최선의 방법이었을 뿐만 아니라, 그의 직업으로 그리고 소매업과 순수한 상업투자와는 대조가 되는 완벽하게 존경받는 귀족의 사업으로 인정되기도 했다."(p. 224)
195) Taylor(1967, 489). 그는 따라서 부르주아라는 용어가 "생산관계에서 자본가의 역할을 담당하는 비귀족 집단"을 의미한다면, 그것은 "부적절하고 잘못된 것"(p. 490)이라고 주장한다. 이것으로부터 그는 프랑스 혁명에 대한 다음과 같은 결론들을 도출한다 : "우리는 이른바 '부르주아 혁명', 즉 절대주의와 귀족정에 대한 상층 제3신분의 공격에 대한 경제적 설명을 가지고 있지 않으며" 그래서 혁명은 "본질적으로 사회적 결과를 지닌 정치혁명이지 정치적 결과를 지닌 사회혁명이 아니다."(pp. 490-491) 테일러는 잉글랜드의 산업혁명을 재해석하려는 Cain & Hopkins(1986, 503-504)의 최근의 시도로부터 이러한 노선의 주장에 대한 간접적인 지원을 얻고 있는데, 이들은 "토지재산"에 기반을 둔 "귀족적 자본주의(gentlemanly capitalism)"의 개념을 도입하고 이 시기에 대해서 이렇게 주장한다 : "우리의 목적은 논박할 수 없는 것, 즉 공업화된 영국을 부정하는 것이 아니라 차라리 자본주의적이지만 비공업적인 활동이 산업혁명 이전과 그 기간과 그 이후에, 대영제국의 경제사에 대한 표준적 해석이 허용하고 있는 것보다 훨씬 더 중요했음을 지적하는 것이다."
　그러나 Vovelle(1980, 136-137)은 프랑스 혁명에 대한 테일러의 추론들이 "비자본주의적 부(富)"에 관한 그의 "유익한 언급"이 허용하는 바를 넘어서고 있다는 점을 발견한다. "구체제 말의 이러한 낡은 스타일의 부르주아지를 완전히 격을 갖춘 엘리트 층에 넣는 것은 풀을 자라게 하기 위해서 가지째 뽑아올리는 것과 같다."
196) Le Roy Ladurie(1975, 430). 그는 모든 정치권력과 마찬가지로 봉건적 특권을 "화폐이윤을 간접적으로 발생시키는 것"으로 본다. "자본주의적 성향"의 대토지를 위해서 프랑스 국가는 콜베르주의적 제조업자들에게 했던 것과 똑같은 식의 "젊은 여자와 교제하는 중년 부자"(p. 431)의 역할을 했다.

이, "봉건적" 특권을 경제적으로 재확인한 것은 바로 17-18세기의 자본주의의 팽창이었다 :

> 형태상으로 자본주의적이었던 경제에 점점 지배되는 세계에서, 퇴축(退縮)해버린 소수의 작은 촌락 공동체들의 우두머리들에게 애당초 부여된 특권들은 이전에는 생각지도 않았던 가치를 조금씩 가지게 되었다.[197]

이와 같은 귀족의 자본주의적 활동은 농업에 국한되지 않았다. 구베르는 귀족의 "대부분"이 18세기에 제조업에 상당한 관심을 두게 되었고, 그래서 "일찍부터 미래의 경제에 자기 자리를 잡았으며 경제의 '도약'을 준비했다"[198]고 주장한다.

그 주장의 두번째 부분은 "귀족의 반동"이 잘못 붙여진 명칭이라고 주장한다. 관찰자들이 "반동"이라고 명명한 것은 주로 "임차인(preneurs)에 대한 임대인(bailleurs)"[199]의 시장지위의 향상을 보여준다. 게다가 그것은 후진성의 결과가 아니라 기술적 진보의 결과였다. 개선된 측량법 및 지도제작법은 영주들에게 "일종의 경영기술의 완성"[200]에서 나온 이득을 가져다주었다. 귀족의 "폐쇄"이기는커녕 문제는 "귀족신분이 결속하기에는 너무 큰 (그러나) 18세기의 번영에 비추어서는 너무도 적은 귀족의 개방"[201]이었다. 그래서 이 시기

---

197) Bloch(1930, 517). 블로크가 지적하듯이, 그것은 때로는 봉건적 특권을 재해석하는 문제였고 때로는 단지 봉건적 특권의 행사의 문제였다. Moore(1966, 63)는 이것을 "봉건적 방법에 의한 상업적이고 자본주의적인 관행의 침투"라고 부른다.
198) Goubert(1969, 234 ; 181-182도 참조). 이것은 잉글랜드 지주들에 대한 Jones(1967, 48)의 기술과 사실상 비슷한데, 그는 "[18세기에] 그들 지역의 공업적 가능성에 현찰을 집어넣었다"고 말한다.
199) Le Roy Ladurie(1975, 435). 그는 계속해서 이렇게 말한다 : "시장이 재산소유자들에게 유리하게 변화되었다는 사실을 임대인이 깨닫는 데에 때로는 시간이 걸렸다는 것은 사실이다 —— 그리고 여기에는 주관적인 요소가 개입한다 ; 이런 종류의 경우에서, 이점에 대한 자각이 일단 이루어지면, 임대인은 두 배로 빨리 움직인다 ; 그는 더욱더 많은 에너지로 주기변동을 거들고, 그가 그때까지 태만하게 내버려두었던 임차인(마름[fermiers])에게 압력을 가한다."
200) Goubert(1974, 381).
201) Furet(1978, 145). 퓌레는 나아가 장애는 평민에서 귀족으로 상승하는 데에 있었던 것이

는 프랑스 부르주아지의 엄청난 좌절의 시기가 아니다. 18세기 프랑스 역사의 주요 테마는 "제3신분의 성장"[202]이었다.

사람들은 사회적 해석의 주창자들의 응답을 들을 수 있다. 앙시앵 레짐에서 "성장했던" 이 부르주아들은 가능한 한 빨리 "귀족이 되려고" 했다. 그들의 꿈은 귀족처럼 사는 것(vivre noblement)이었다. 언제까지나 부르주아로 살려고 했던 새로운 종류의 부르주아지가 등장한 것은 1789년 이후에나 가서였다는 것이다(사람들은 대부분, 여기서 프로테스탄트 윤리가 주입되었다는 후렴을 첨가하고 싶어한다).

이러한 반박에 세 가지 종류의 대답이 주어진다. 첫째, 귀족처럼 사는 것은 이윤을 추구하는 상업활동의 계속과 반드시 양립 불가능한 것이 아니었다.[203] 둘째, 암묵적인 비교대상인 영국의 부르주아(영국의 산업가들조차)도 귀족처럼 살려는 꿈을 공유하고 있었다.[204] 셋째, 이 패턴은 혁명 후의 프랑스에서도

아니라 "소"대검귀족과 지배계급을 구성했던 벼락 출세한 "대"대검귀족 사이에 있었다고 지적한다. 1781년 칙령인 세귀르 법(loi Ségur) 배후에 있었던 것은 "소"귀족이라고 그는 주장한다(p. 140). 여기서도 고전적 해석의 분석과 가까운 Godechot(1965, 115)는 "1730년 이래 가격의 끊임없는 증가 때문에 그들의 수입으로 살아나가기가" 어렵다는 것을 귀족이 알게 되었다는 사실로 18세기에 정부의 고위직을 독점하려는 귀족의 추정되는 노력을 설명한다.

한편, Doyle(1972, 121)은 그와 같은 어떤 직책의 독점이 있었는지를 의심한다 : "사회적으로, 프랑스의 대부분의 제도는 그[18]세기가 진행되면서 그것의 충원에 더가 아니라 덜 배타적이 되었다." 국왕의 앵탕당(지사)에 관한 Gruder(1968)의 연구는 이러한 주장을 확인하는 경향이 있다. 루이 14세 치하의 앵탕당의 사회적 출신을 루이 15세와 16세 치하의 그들과 비교함으로써 그뤼더는 귀족의 독점의 증가가 있기는커녕, 굳이 말하면 "그 역이 진실"(p. 206)임을 발견한다. 물론 18세기에 귀족이 된 평민들은 "가난으로부터 부로 나아간 것이 아니었다 ; 정상에의 길은 밑바닥에서 시작되지 않았다."(p. 173) 그뤼더에게 이 지배계급의 고유한 성격은 "일종의 금권정치를 구현한 귀족정"(p. 180)이었다.

202) Cobban(1963, 262).
203) 이것은 상업을 계속했던 낭트의 귀족화된 노예무역업자에 대한 Boulle(1972, 89)의 주장이다.
204) Crouzet(1972b, 189) 참조 : "우리는……이 초기의 영국 기업가들의 검약을 지나치게 강조해서는 안 된다. 일단 사업체를 세우고 재산을 확보하고 나면, 그들은 거의 언제나 다소 해이해져서 돈을 거두어들이고 보다 편안한 생활방식을 채택했다. 그들 중 일부는 대농

바뀌지 않았다.[205)]

진정 "이 시기의 부르주아지와 귀족 사이에서 근본적 차이를 발견하는 것이 불가능"하다면,[206)] 1789년에 분명히 무엇인가가 일어났던 프랑스 혁명을 뭐라고 설명할 것인가? 이와 같은 주장은 귀족과 부르주아라는 사회적 범주들의 경제적 역할이 거의 일치했다고 여겨진 까닭에, 하나의 설명으로서의 계급대립을 제거했다.[207)] 토크빌은 하나의 설명으로서의 정치적 권리들의 차이도 제거한다 —— "어느 누구도 [귀족도 부르주아도] 정치적 권력을 쥐고 있지 않았다." 그리고 특권의 차이도 제거한다 —— "[앙시앵 레짐에서] 부르주아지의 특권도 [또한] 막대했다." 이것은 귀족과 부르주아지가 "별개의 [사회적] 생활"을 영위했다는 차이만 남긴다.[208)] 그럼에도 불구하고 토크빌은 프랑스 혁명은 앙시앵 레짐의 여러 가지 독특한 측면들의 "자연스럽고 참으로 불가피한 결과", 즉 "매우 불가피했지만 완전히 예측 불가능한" 결과였다고 결론지었다. 프랑스 혁명은 18세기 프랑스의 두 개의 "지배적인 열정", 즉 "꺾이지 않는 증오"와 "자유인으로서……살려는 욕구"의 결합을 통해서 일어났다.[209)]

장을 사들이고 스스로 대저택을 지었다" 또한 Jones(1967, 48) 참조 : 18세기 잉글랜드 도시의 기업가들은 "대농장의 구입과 장식에서 그들의 최종적인 안전책을 추구했다."
205) Cobban(1963, 251, 264-265)은 "벼락 부자들"이 "구체제의 교양을 지닌 상층 부르주아"를 대체했다고 생각한다. 그는 경멸조로 말한다 : "우리는 부르주아지라는 용어를, 매직(賣職)이 더 이상 불가능해지자 자신들의 돈을 대부분 토지나 국채(rentes)에 투자했던 소수의 재정가 및 상인과 함께 매직관리, 법률가, 전문직 종사자, 토지소유자들이라고 상정한다면, 그것을 부르주아지의 승리라고 부를 수 있다.……생활방식에서 그들은 구식 귀족의 후예들이었으며, 그들이 부르주아였다면 그들의 목표는 귀족처럼 사는 부르주아가 되려는 것이었다." 물론 이와 같은 사회적 해석의 파기는 이제 랜디스류의 주장에 도움을 주는 역할을 한다. 그러나 그것이 코반을 열받게 하지 않는 것임은 의심의 여지가 없다.
206) Lucas(1973, 91) : "구체제 말의 중간계급은 귀족과 기능상 커다란 차이가 없었고, 받아들인 가치에서도 차이가 없었으며, 무엇보다도 그들의 경제적, 사회적 특징이 귀족과 대립되는 하나의 계급에 속해 있다는 의식도 없었다."
207) Palmer(1959, 457)가 말하듯이, "귀족과 비귀족 사이의 적대나 대립이 1787년에는 매우 적다가 1788년에는 많아졌다는 것은 혁명의 수수께끼 중 하나이다."
208) Tocqueville(1953, 361-362).
209) Tocqueville(1955, I, 203, 207-208).

최근 프랑스의 토크빌주의자들은 개별적인 사실들에 관한 잡다한 논문들[210]과 가치의 변화에 대한 강조[211]를 결합시키면서 이러한 설명 모델을 이어나갔다. 그러나 그들은 토크빌의 주장에 하나의 중요한 변경을 가했다. 프랑스 혁명은 더 이상 "불가피한" 것으로 여겨지지 않는다. 그것은 이제 하나의 "우발적인 사건", 즉 세 혁명들(의회의 혁명, 파리와 도시들의 혁명 그리고 농촌의 혁명)이 같은 시기에 겹쳐서 일어난 우연한 결과가 되었다; "혁명의 리듬을 변화시킨 것은 민중의 개입"[212]이었다. 토크빌은 보수주의 세력에게 프랑스 혁명을 받아들이라고 설득하면서, 요컨대 혁명은 그들이 생각했던 것처럼 나쁜 것이 아니라고 말했지만, 그의 후계자들은 자유주의 지식인들에게 혁명

---

210) Furet & Richet(1973, 19-27). 알튀세르가 작성한 러시아 혁명에 관한 비슷한 논문들에 대해서 P. Anderson(1980, 77)이 말하듯이, 그와 같은 논문들은 여러 가지 여건과 흐름들을 상기시키지만 "그것들의 물질적 위계질서와 상호관계"를 확립하는 데에는 실패한 "단순한 경험적 다원주의"이다.

211) Richet(1969, 23) 참조 : "1789년의 혁명은 오랜 여정을 거쳐 달성된 엘리트의 이중적 자각으로부터 초래되었다. 무엇보다도 정치질서에 대한 그들의 자율성, 즉 정치권력을 제한시키고자 하는 그들의 필연적 요구에 대한 자각. 그리고 귀족이 교도자와 교육자의 역할을 담당하지만 그것은 부와 재산과 재능에까지 확대되어야 한다는, 모든 사람들에 의해서 공유된 자각. 그것이 계몽사상이었다. 그러나 이러한 공동의지는 지배계급의 동질성의 지대 위에서 순간적으로 유산되었다." 여기서부터 토크빌의 최종 설명이 되풀이된다.

여기에서 혁명 **전반**에 대하여 보다 적대적인 Cobban(1968a, 25)과의 차이가 지적되어야 한다 : "18세기 말은 사회에 대한 개인주의적 관점에서 집단주의적 관점으로의 부분적 이행을 목격했다고 참으로 말해질 수 있다.……혁명은 개인주의의 시대를 끝내고 내셔널리즘의 시대를 연다.……한마디로 이것은 계몽사상의 실현이 아니라 좌절이라고 볼 수 있다."

212) Furet & Richet(1973, 102 ; 비교 Furet, 1963, 472). 장기적인 구조적 변화의 측면에서 민중혁명들의 역할을 "우발적"이라고 부르는 것이 그것들이 중요하지 않다는 것을 의미하지는 않는데 왜냐하면 우리도 또한 "혁명적 사실 그 자체, **사건**, 그것이 가지고 있는 역사적 불연속의 창조적 역할을 회복하라"는 요청을 받고 있기 때문이다. Furet & Richet(1973, 8).

그럼에도 불구하고 Furet(1978, 36)가 "사건의 필연성"을 부르주아 혁명론의 중요한 두 개의 받아들이기 어려운 전제들 가운데 하나 —— 다른 하나는 "시간의 파열"이다 —— 라고 말할 정도로 오늘날 우리는 "불가피하다"는 토크빌의 말로부터 멀리 떨어져 있다.

의 모든 것이 덕(德)이었던 것은 아니라고(지롱드 당은 괜찮지만, 로베스피에르는 안 된다) 설득하고 있다. 퓌레 자신이 말하듯이, "거의 200년간 프랑스 혁명의 역사는 인과에 대한 설명, 그러니까 정체성에 대한 담론 이상의 것이 결코 아니었다."[213]

부르주아 혁명의 개념을 부정함으로써, 퓌레와 리셰는 그것을 일종의 "자유주의 혁명", 즉 1789년 이전에 시작했다고 그들이 말하는 혁명으로 대체하려고 한다. 그들은 자신들에게 프랑스 혁명에 관한 가장 의미 있는 지적인 질문이 무엇인지에 대해서 매우 솔직하다 :

감히 질문을 해보자 : 우발적인 사건들의 결과로 자유주의 혁명, 즉 18세기에 태어났고 수십 년 후 프랑스 부르주아지에 의해서 마침내 달성된 혁명이 단기적으로 실패했던 것이 아닐까?[214]

그들에게 1792년 8월 10일은 공포정치기에 절정에 달했던 자유주의의 길로부터의 커다란 "일탈"[215] —— 1750년에서 1850년의 시기에 걸쳐 있는 "자유주의의 거대한 추동력"에서 "짧은 막간극이자 역류"—— 이 시작되었던 시점을 나타낸다.

대중의 애국적 열정이 자유주의를 파멸로 이끌었던 것으로 여겨진다.[216] 퓌

---

213) Furet(1978, 18-19).
214) Furet & Richet(1973, 126).
215) Furet & Richet(1973, 10). 퓌레와 리셰의 저작의 영역본에서 "혁명의 일탈(Le dérapage de la révolution)"이라는 제목의 장은 "코스를 흘러나간 혁명(The revolution blown off course)"이라고 명명되었다. 이것은 (아마 지나친 항해용어일지언정) 타당한 번역이지만, 명사를 동사로 바꾸는 불편함이 있어서 "일탈"의 개념을 나중에 영어로 언급하는 것을 어렵게 만든다. 예컨대 Higonnet(1981, 4-5)은 그것을 연속되는 두 페이지에서 "이탈(deviation)"과 "산사태(slide)"로 각기 다르게 번역한다. 그러므로 나는 그 프랑스어를 그대로 영어로 표현하는 것을 좋아하는데, 왜냐하면 내가 보기에 그것은 퓌레와 리셰의 전 분석의 핵심용어이기 때문이다.
216) "배반의 혐의가 있었던 왕, 전투를 거부했던 장군들, 권력과 반대파 사이에서 주저했던 브리소파에 반대하여 적어도 그 이름을 애국주의에서 발견했던, 통제에서 벗어난 단호한 민중의 반작용이 있었다.……그것은 제2의 혁명이다.……

"혁명적 애국주의는 [1792년 8월 10일에] 하나의 종교가 되었다. 그것은 이미 순교자를 가지고 있었다. 그것은 군사적인 패배 이후에 종교재판과 화형을 시행할 것이었다."

레와 리셰는 혁명력 2년을 1871년 또는 1917년의 "예고편"으로 분석했다고 소불을 비난한다.[217] 그러나 그들의 분석 또한 20세기의 역사에 대한 특정한 방식의 독법이 아닌가? 어쨌든 그들은 이 시기에 대한 완벽하게 소불적인 그들의 분석으로부터, 혁명력 2년 이후에 부르주아지는 자신들의 참된 목표——"경제적 자유, 소유권의 개인주의, 제한선거제도"——를 발견했다는 결론을 도출한다.[218] 그러나 그것이 사실이라면, 부르주아 혁명의 개념에 대한 비판은 그 힘의 일부를 상실한다. 확실히 퓌레의 "자유주의" 혁명의 시기는 소불의 "부르주아" 혁명의 시기와는 다소 다르고 길다. 그것은 덜 정치적이고, 아마 더 "문화적"이다. 그리고 두 분석은 혁명력 2년에 대한 해석에서 근본적으로 불일치한다. 뿐만 아니라 러시아 혁명의 연구에 대한 함의도 다르다. 그러나 이 역사적 전환점이 프랑스에서 지니는 의미가 무엇인지에 대해서 수정주의적 해석과 사회적 해석은 온갖 선전으로 인해서 우리가 믿게 된 것보다 덜 대립적이다.

양자가 덜 대립적이라는 사실은 두 분석을 화해시킬 수 있는 방법을 찾으려는 수많은 시도로 알 수 있다. 이러한 시도들은 하나의 공통점을 가지는데, 그것들은 부르주아 혁명의 개념에 대한 비판에서 옳다고 보이는 것들을 이러한 비판에서 도출되어온 정치적 함의와 통합시키지 않고 [양자를 적당히/옮긴이] 통합하려고 한다.

로뱅은 생산양식의 변화를 분석하려면 그 분석은 반드시 장기간에 대한 것이어야 한다는 퓌레의 비판을 받아들인다. 하나의 사회혁명이 "생산력의 리듬"을 변화시킬 수는 없다 ; "그것은 그와 같은 변화를 단지 가능하게 만들 수 있다." 노동의 형식적 포섭에서 실질적 포섭으로의 이행을 가능케 한 것은 사회혁명이 아니라 산업혁명이었고, 이러한 산업혁명은 "분명히 사회혁명 다음에 일어났다."[219]

    Furet & Richet(1973, 129, 157).
217) Furet & Richet(1973, 204).
218) Furet & Richet(1973, 258).
219) Robin(1970, 52).

더욱이 18세기에 경제적인 역할에서 귀족과 부르주아지 간의 차이가 상대적으로 보다 적어졌다는 것은 사실이다. 양자는 모두 "혼합 계급들"[220]이었고, 대부분의 영주들은 스스로를 자본주의적 지주로 변형시키고 있었다. 프랑스는 영국의 길이나 "프로이센의 길"을 밟은 것이 아니라 양자의 중간노선을 대표했고, 그래서 프랑스가 프랑스 혁명 **전후의** 수세기에 걸쳐 진행된 봉건제에서 자본주의로의 전형적인 "이행"의 단계에 있었다고 일단 주장하고 나면,[221] 장기적 관점과 마르크스주의적 분석을 화해시키는 것은 더 이상 어렵지 않게 된다.[222]

---

220) Grenon & Robin(1976, 28).
221) Robin(1973, 41-43). 로뱅에 대한 전면적인 반박은 소불이 편집한 책에서 발견할 수 있다. Guibert-Sledziewski(1977, 48-50)는 로뱅이 문제를 두 개의 양자택일적인 이행양식의 존재 —— 봉건세력들의 붕괴를 통해서든지 아니면 그것들의 자본주의로의 통합을 통해서든지 —— 로서 제기한다고 주장하고 이러한 공식화는 "문제의 본질적 측면, 즉 프랑스 혁명의 필연성의 문제"를 제거한다고 말한다. 진정한 선택지는 차라리 봉건제에 의한 "자본주의적 경향들에 대한 반동적인 회복"이든지 아니면 "혁명기의 프랑스에서 자본주의적 생산관계의 등장"이다. 후자가 혁명을 통해서 일어났고, 그리하여 프로이센의 길을 밟는 것으로부터 프랑스를 구원해주었다(pp. 66-75). [이런 주장은 Moore(1966, 여러 곳)의 주장과 비슷하다.]

끝으로 Guibert-Sledziewski(1977, 68)는 로뱅이 리셰의 입장과 다르지 않은 입장으로 미끄러져들어갔다고 비난한다: "[봉건제에서 자본주의로의] '이러한 이행론'을 제기하려는 [로뱅의] 욕구는 그녀로 하여금 이행을 부르주아 혁명의 특정 단계 —— 즉 89-94년의 열기를 가지지는 않았을지 모르지만 그러한 격렬한 단계와 마찬가지로 경쟁적인 생산양식 간의 결정적 대결의 필연성을 나타내는 단계 —— 로 만들도록 유도한다. 그리하여 혁명적 '현상'은 그 명칭이 가리키듯이 이러한 거대한 대결의 단순한 현시(顯示) 또는 변전(變轉)일 것이다 : 그리고 얼마나 많은 변전이 있었던가! 드니 리셰가 초기 자본주의의 '느리지만 혁명적 변화'라고 부른 것의 실현……그러나 이것은 온갖 이행론을 필연적으로 혁명론으로 귀결시키는 것처럼 우리에게는 보인다."
222) 이것은 두 정통 마르크스주의 역사가인 만프레드와 도브의 분석에서 확인된다.

Manfred(1961, 5): "자본주의는 16세기경에 프랑스에서 처음으로 출현했다. 봉건사회의 내부에서 서서히 그리고 점차적으로 나아가다가 18세기 마지막 3/3분기에 완전한 발달과 성숙에 도달했다. 새로운 생산력과 지배적인 봉건질서 사이의 모순은 점점 더 첨예한 갈등의 시기로 나아갔다. 이러한 모순들은 그때 전면적으로 폭발했다."

Dobb(1961, 458-460): "산업혁명……과 부르주아적 생산관계의 등장은 시기적으로 일치하지 않는다.……이것은 설명이 필요하며 그 설명은 부르주아적 생산관계의 최초의 등장으로부터……산업혁명에 이르는 장기적 시대(잉글랜드에서는 수세기의 간격)를 망라할 양자를 화해시키는 두번째 방식이 있다. 자페리는 제3신분과 귀족 간의 싸움은 단지 경쟁하고 있는 엘리트 간의 싸움에 지나지 않았다고 말하는 것이 옳다고 주장하는데, 자페리에게 이 양자는 모두 전(前)자본주의 엘리트였다. 프랑스는 아직 전자본주의적인 역사 단계에 있었으므로 프랑스 혁명은 부르주아 혁명이 아니었다. 도시 상인층과 토지귀족 간의 "세속적인 논쟁"을 계급투쟁으로 보는 것은 "독하게 조제된 상상력이라는 약"을 필요로 한다. 부르주아지는 "혁명적인 길"을 택한 공로로 상을 받을 자격이 없다 ; 그들은 시민사회에서 그들의 역할을 확대함으로써 "오랜 세기에 걸쳐" 그들의 목적을 달성했다. 프랑스 혁명을 사회혁명이라고 부르는 것은 노동계급이 자신의 노동력을 팔아 그것만으로 생활하는 상황을 아직 부르주아지가 만들지 않았는데도 불구하고, 유추를 통해서 프롤레타리아 혁명을 과거에 투영한 것이다. 소불의 시나리오가 자페리에게는 역시 하나의 신화가 되어버리지만, 그 신화화는 마르크스보다는 아베 시에예스가 저지른 것이다. 비록 마르크스도 "중상주의적 편견"의 함정에 빠지고 말았지만 말이다.[223]

부르주아 혁명의 개념을 반드시 자유주의를 지지하지 않으면서 비판하는 제3의 방식이 있다. 그것은 그들의 행동이 보다 중요했다고 간주되는 그리고 그들이야말로 이 사건시기의 진정한 역사적 의미를 규정한다고 할 수 있는 그러한 다른 집단들을 위해서 부르주아지를 그 근저로부터 제거하는 것이다. 게랭은 이미 1946년에 이러한 주장을 강하게 피력했다. 프랑스 혁명은 "이중적 성격"을 띠었다. 그것은 부르주아 혁명이자 **동시에** "그 내부 메커니즘에서 일종의 영구 혁명"이었고, "프롤레타리아 혁명", 즉 반(反)자본주의 혁명을 "배태하고 있었다."[224]

　　수 있다.……
　　"산업혁명은 전체 상황의 성숙을 필요로 한다.……그것은 복잡하고 오래 계속되는 긴 발전과정을 필요로 하며 종국에 가서는 예견할 수 있는 결과를 낳는다.……그러나 일정한 수의 요인들의 공존에 관해서 말하는 것은 그것이 우연한 '독특한 사건', 즉 '우발적인' 사건이라는 것을 의미하지 않는다."

223) Zapperi(1974, 13-15, 83-86, 91-92).
224) Guérin(1968, I, 17, 23, 27 및 여러 곳).

게랭은 어떻게든 소불과 퓌레가 서로 연합해서 그에게 대적하게 만든다. 이들 양자는 상-퀼로트의 역할에 대한 이러한 인식, 즉 20세기 역사에 대한 이런 식의 독법을 거부한다. 소불은 게랭이 주로 "전통적인 경제 안에서의 그들의 지위를 지키려고 했던 후위대"를 프롤레타리아 전위대로 잘못 인식하고 있다고 본다. 더욱이 상-퀼로트는 "본질적인 문제, 즉 귀족에 대한 증오와 승리에 대한 의지에서" 부르주아지와 연대를 맺고 있었다고 소불은 말한다.[225]

퓌레와 리셰에게도 상-퀼로트는 대체로 과거의 황금기라는 "반동적인" 유토피아를 추구하는 "루소적" 회상에 빠진 후위대였다. 혁명력 2년 동안 상-퀼로트가 정부와 싸웠다면, 그것은 그들의 간부들, 즉 혁명기에 높은 지위를 차지했던 사람들을 시기했던 "작업장과 상점 출신의 일종의 하위-인텔리겐치아[프티 부르주아지]"의 소행이었다는 것이다. 이것은, 맹아이건 아니건 간에, 계급투쟁이기는커녕 단순한 권력투쟁, "경쟁 팀 사이의 라이벌 문제"였다는 것이다.[226]

게랭의 비판이 로뱅과 자페리의 비판과는 정반대로 소불과 퓌레의 논쟁을 어떻게 우회해버리는지는 이제 분명하다. 로뱅과 자페리는 완전한 사회혁명은 프랑스 혁명 **이후**에 일어났거나 수행되었기 때문에, 프랑스 혁명이 소불이 생각하는 것과 같은 부르주아 혁명이 아니었다는 점에서 퓌레와 의견이 일치한다. 그러나 게랭은 자코뱅이 지롱드와 사실상 다르지 않았기 때문에, 혁명

---

225) Soboul(1958a, 10, 1025). Kaplow(1972, 170)는 다음과 같은 주장으로 소불의 반박에 공명(共鳴)한다 : "[근로]빈민들은 그들의 분노를 보다 큰 맥락 안에 집어넣지 않았기 ── 못했기 ── 때문에 그것을 유지할 능력이 없었다. 내 말은……그들의 모든 무능력이……그들로 하여금 가난의 문화라는 막다른 골목으로 몰아갔기 때문에……그들이 장기적으로 생각할 수 없었다는 것이다. 혁명적 부르주아지는 [기존질서에 도전하는 것을/옮긴이] 합법화했다고까지는 말 못해도 기존질서에 도전하는 것이 가능하다는 사상을 개진함으로써 가난의 문화의 심리적, 사회적 핵심을 파괴하기 시작했다." 이는 마르크스주의자가 피력한 묘한 주장이라고 할 수 있다 ; 그것은 프롤레타리아는 오직 (혁명적) 부르주아지의 원조와 전례를 통해서만 허위의식으로부터 벗어날 수 있다는 것을 의미하는 듯이 보인다.

226) Furet & Richet(1973, 206, 212-213).

공업과 부르주아지 77

력 2년이 "일탈(dérapage)"이 아니었다는 점에서는 소불과 의견이 일치한다. 그러나 이것은 자코뱅이 부르주아 급진주의의 절정이었기 때문이 아니라 그들이 민중에 대한 부르주아의 정치적 기만의 절정이었기 때문이다.[227] 게랭에게 로베스피에르는 "일탈"의 화신도 아니고 영웅도 아니다. 그리하여 상-퀼로트와 바뵈프주의(Babouvism : 평등주의적 공산주의를 지향하는 바뵈프의 교리/옮긴이)가 소불(그리고 코브, 뤼데)보다 더욱더 그의 이야기의 중심이 된다.[228]

게랭의 입장은 맹아적인 프롤레타리아트의 역할을 강조하고 그럼으로써 프랑스 혁명이 주로 부르주아 혁명으로 정의될 수 있는 정도를 낮추어버린다. 비슷한 방식으로 다른 사람들은 농민의 역할을 단순히 부르주아 혁명과 병행되었던 부수적인 혁명의 주체로서가 아니라 "최초의 성공적인 근대 농민혁

---

227) Guérin(1968, I, 411) 참조 : "혁명의 모든 인물들 중에서 로베스피에르는 가장 민중적이었다. 그는 그때까지 그의 진정한 모습을 드러내지 않았다. 무산자들(bras nus)은 그를 그때도 '온건주의'의 현행범으로 체포하지 않았다." Higonnet(1980, 46-48)은 비슷한 지적을 한다. 자코뱅 이데올로기가 "서너 계급들" 그리고 무엇보다도 먼저 "혁명적 부르주아지를 통합시킨 진정한 물질적 목표의 순수하고 즉각적인 표현"을 나타낸다는 "전통적인 마르크스적 해석"에 대해서, 그는 "자코뱅 이데올로기의 기원과 기능에 관한 더 나은 설명은 자코뱅의 세계관이 그런 것이 아니라 이를테면 '허위의식'의 진보적인 형태였다고 생각한다고 말한다.……봉건영주제의 '완전한' 파괴가 이루어진 지 일주일 만에, 제헌의원들은 부르주아적 소유라는 이름 아래 많은 봉건적 부과조를 구제하려는 노력을 가능한 한 경주했다. 상-퀼로트와 중간층 사람들(honnêtes gens)은 갈라서기 시작했다. 이것을 완전히 받아들일 수 없었던 혁명적 부르주아지와 특히 자코뱅은 막다른 골목으로 밀려들어갔다."
228) 1968년에 Guérin(1968, II, 524)은 소불과 뤼데가 "그들의 로베스피에르적 도그마를 크게 수정하고 파리 코뮌의 참살, 즉 기저에서의 민주주의의 파괴가 혁명에 치명타를 가했다는 것을 좀더 기꺼이 수용할 준비가 되어 있음을 인정했다." 코브에 대해서는, 그는 "로베스피에르와 로베스피에리즘에 대한 나의 비판"의 대부분을 받아들였으나 "논리적 추론을 자기 자신과 거의 일치시키지 않는다"(p. 534)고 말하고 있다. 어쨌든, 소불과 코브는 "내 저작에 대한 그들의 비판에서 그들이 아무리 서로 다를지언정, 암묵적으로 그것[로베스피에르적 도그마/옮긴이]을 확인하고 완결시켰다."(p. 536)
바뵈프주의의 역할에 대해서는 Higonnet(1970, 780) 참조 : "분명히, 바뵈프주의의 중요성은 세계사에서 사회주의와 계급전쟁에 부여하는 자리에 좌우된다. 프랑스 혁명을 사물 그 자체로 본다면, 바뵈프는 크게 중요하지 않다. 그것을 민중 대 자본주의의 첫번째 행위로 본다면, 바뵈프주의는 대단히 중요하다."

명"²²⁹⁾으로 정의할 수 있는, 프랑스 혁명에 가장 뚜렷한 족적을 남긴 주체였다고 강조한다. 농민들은 그들이 얻어낸 것을 1815년의 왕정복고기에 빼앗기지 않은 유일한 집단이었다는 것이다.

이러한 강조는 소불을 비판하고²³⁰⁾ 퓌레를 비판하는²³¹⁾ 데에 사용되어왔다. 그러나 가장 중요한 점은 그것이 프랑스 혁명을 반자본주의 혁명으로 보는 관점으로 귀결된다는 것이다. 르 루아 라뒤리는 농민들이 반발한 것은 인클로저를 하려는 사람들, 관개사업을 하려는 사람들, 근대화론자들에 대해서였으며, 그래서 브르타뉴같이 개혁적인 지주들이 부재했고 자본주의의 "깊숙한 침투"가 없었던 곳에서는 농민들이 수동적이었다는 사실을 토대로, 구체제 말기의 "혁명적 반(反)영주주의"를 "반자본주의적 반발"로 명명하는 것이 좋지 않겠느냐고 묻는다.²³²⁾ 비슷한 방식으로 후네케는 자유무역과 시장법칙에 반대하는 "방어적 반발"의 형태를 취했던 "민중의 혁명적 심성"에 대한 설명을 정확히 자유방임의 등장과 빵 가격에 대한 통제의 종식에서 찾아낸다.²³³⁾

---

229) Milward & Saul(1973, 252); 보다 제한적인 해석인 Moore(1966, 77)와 비교해보라 : "그러므로 농민이 혁명의 수행자였다고 주장하는 것이 옳다. 비록 그것의 주된 추동력은 아니라도 말이다."
230) Mackrell(1973, 174) 참조 : "혁명이 프랑스에 봉건제의 붕괴와 자본주의의 도래를 가져왔다는 마르크스적 관점은, 다른 사실들 가운데서도, 농민이 '봉건제'를 전복시키는 데 담당한 중요한 역할과 맞아떨어지지 않는다."
231) 농민혁명은 "그것이 과거를 회상하기보다는 미래를 예고했다"는 사실을 근거로 '수정주의적' 역사가들(코반, 퓌레와 리셰)을 공격하는 Hunecke(1978, 315) 참조. Gauthier(1977, 128)는 농민이 자본주의의 발전에서 "진보적" 역할을 담당한 것으로 보고자 한다. "농민은 자본주의 일반에 반대하지 않고 영주들에게 유리한 자본주의 형태에 반대했다."
232) Le Roy Ladurie(1975, 568, 575). 농민이 다소 "과거지향적"이었고 그들의 반부르주아적 역할을 강조하는 견해를 공격하는 최근의 문헌들에 관한 평가에 대해서는 David Hunt(1984) 참조.
233) Hunecke(1978, 319). "가난한 농민들의 혁명의 핵심에는 결코 반봉건적이지 않은 두 개의 요구가 있었다 : 그들은 경작할 토지를 원했고 공동지에 대한 권리(usi collectivi)의 회복을 원했다." 농민은 "[봉건적] 특권을 지닌 사람들에 대해서뿐만 아니라 (아마 주로) '혁명적 부르주아지'에 대해서도 반란을 일으켰다."(pp. 313-315) 마찬가지로 Moore(1966, 69) 참조 : "상-퀼로트와 일부 농민에 토대를 둔 혁명의 배후의 급진적 충동은 명백히 그리고 강력하게 반자본주의적이었다."

영주-농민 투쟁의 중요성은 (배링턴 무어의 전통에 따라서) 마침내 스코치폴로 하여금 프랑스 혁명은 "부르주아 혁명"이 아니었고 영국 혁명에 비교될 만한 것도 아니었다고 주장하게 만들었다. 프랑스 혁명은 차라리 "구체제의 국가구조에 집중되어 있던 모순"의 표현이었다. 그것은 "(어쨌든) 부르주아 혁명이라기보다는 민중을 관료적으로 통합하고 국가를 강화하는 혁명"이었다. 이런 점에서 적절한 비교대상은 20세기의 러시아 혁명과 중국 혁명이다. 그러나 그 어느 혁명도 자유주의 혁명의 일부가 아니었는데 왜냐하면 프랑스 혁명에서 농민반란의 정치적 결과는 "보다 중앙집권적이고 관료적인 국가였지, 자유주의적 의회제도가 아니었기" 때문이다.[234]

그렇다면 이 모든 주장이 뜻하는 바는 무엇인가? 프랑스 혁명은 일어났고 프랑스와 세계에 미친 그것의 다양하고 지속적인 영향이라는 견지에서 분명히 기념비적인 "사건"이었다. 그것은 또한 소렐적 의미에서 하나의 "신화"임에 틀림없다 ; 이러한 신화를 획득하고 또한 이용하는 것은 오늘날까지도 정치적으로 여전히 중요하고 또 프랑스에서만 그런 것이 아니다.

"프랑스 혁명은 하나의 블럭이다"라고 1897년에 클레망소는 말했다. 코반에게 이것은 프랑스 혁명에 관한 모든 특별한 신화들 뒤에 존재하는 "정말 잘못된 믿음"―― 즉 그것에 대해서 "당신이 찬성할 수도 있고 반대할 수도 있는" 무언가가 있다는 생각 ―― 이다.[235] 이에 대해서 르페브르가 다음과 같

Cobban(1964, 172)도 또한 프랑스 혁명을 "자본주의를 위한 것이 아니라 반대하는 혁명"으로 본다. 그러나 이런 관점에서 승리는 농민에게만 있었던 것이 아니라 "크고 작은 보수적 유산(有産) 토지소유 계급들"(p. 170)에게도 있었다. 이것은 사실 "잉글랜드 사회의 경제적 발전을……프랑스보다 훨씬 앞서게"(p. 146) 만든 특징 가운데 하나라고 말해진다.

234) Skocpol(1979, 29, 41, 181). "사회혁명들은……그것들이 계급관계, 사회적 가치, 사회제도를 변화시킨 것 못지 않게 국가구조를 변화시켰다."(p. 29) 이상한 점은 "**사회혁명**이 주로 **사회적** 변화로써 규정되지 않고 주로 근대의 **정치적** 제도인 국가의 변화로써 규정된다는 것이다. 그렇다면 **정치혁명**은 무엇인가? 그리고 계급관계, 사회적 가치, 사회제도를 변화시키는 것이 사회혁명이 아니라면, 이는 후자들이 결코 "혁명적인" 방식이 아니라 오직 점진적으로 변화되기 때문인가? 아마도 그렇다면 재검토될 필요가 있는 것은 바로 "사회혁명"의 개념이다.

235) Cobban(1968d, 108).

이 반박한 것은 정말이지 옳다 :

> 삼부회의 소집은 "희소식"이었다 ; 그것은 정의에 따른 새로운 사회의 탄생을 알렸고, 그 안에서의 삶은 개선될 것이었다 ; 혁명력 2년에 똑같은 신화가 상-퀼로트를 고취시켰다 ; 그것은 우리의 전통에 살아 있다. 그리고 1789년과 1793년 때와 같이 그것은 혁명적이다.[236]

코반이 19세기의 반대자들이 했던 방식대로 프랑스 혁명을 악이라고 비난하는 대신에 그것의 신뢰도를 공격함으로써 이 신화를 무너뜨리려고 했던 것은 이 신화가 그만큼 강력하기 때문인데, 코반의 공격은 비도토와 같은 부르주아 혁명이라는 고전적 모델의 신봉자도 인정하듯이 비교적 "설득력이 있다." 그러나 비도토가 말하듯이, 부르주아 혁명 개념의 일부 옹호자들처럼 이 개념의 내용을 확대시킴으로써 이러한 비판에 응수하는 것은 "용어의 불확정성"에 도달하고, 그리하여 전체 설명을 이해할 수 없는 것으로 만들어버린다. 그러므로 그는 고전적 형태의 부르주아 혁명의 개념은 "마르크스주의의 궤도로 들어선 자들이 포기할 수 없는 유산이며, 단지 그들에게만 그런 것은 아니다"[237]라고 주장한다.

그러나 그것이 과연 "희소식"을 환호하여 맞이하려고 하는 사람들이 포기할 수 없는 유산일까? 우리가 보아왔듯이, 프랑스 혁명에 대한 해석들은 계속해서 20세기에 대한 논평의 기능을 하고 있다. 그러나 20세기에 대한 우리의 혼란의 상당 부분이 18세기에 대한 우리의 잘못된 해석에서 기인할 가능성은 없는 것일까? 만약 그렇다면, 그것이 "포기할 수 없는 유산"이기 때문에 그것을 영구적인 모델로 삼는 것은 한때 집단적 결속에 유익했던 (그러나 지금은 그렇지 않은) 감정의 형태를 유지하기 위해서 과거에 저질렀던 전략상의

---

[236] Lefebvre(1956, 345). Furet(1978, 22)는 그것이 신념에 고취된 것이기 때문이라고 보면서 이러한 분석에 비난을 퍼붓는다 : "[르페브르, 한 위대한 역사가가] 그의 종합적 관점으로……좌파 카르텔이나 인민전선의 신념에 불과한 것을 가지고 있었음을 입증하는 것은 어렵지 않을 것이다." 내가 보기에 이것은 그리 타당한 주장 같지는 않다.

[237] Vidotto(1979, 51).

오류를 인정하는 것이 되고 만다. 나는 우리가 프롤레타리아 혁명으로서의 러시아 혁명의 이미지를 지키기 위해서 부르주아 혁명으로서의 프랑스 혁명의 이미지를 보존해야 한다고 믿지는 않는다. 하지만 나는 또한 우리가 전체주의 혁명으로서의 러시아 혁명의 이미지를 더럽히기 위해서 자유주의 혁명으로서의 프랑스 혁명의 이미지를 창조해야 한다고도 믿지 않는다. 부르주아와 자유주의라는 두 개의 범주는 모두 실제로 있었던 일들을 제대로 분류하지 못한다.

"프랑스 혁명은 **정치라는 환상**을 구현하고 있다 ; 그것은 객관적 현실을 주관적 의식으로 변화시킨다"고 퓌레는 말한다. 그는 테르미도르가 "현실 사회의 복수"를 의미한다고 마르크스가 생각했다는 사실을 우리에게 상기시킨다.[238] 그는 여기에서 반주의주의적(反主意主義的) 결론들을 도출한다. 그러나 프랑스 혁명을 (부르주아지라는 개념 자체의 변화를 수반하는) 장기적인 사회적 변동과 지배적인 정치 이데올로기의 파열이라는 두 맥락에서 재분석할 것을 주장함으로써, 자신이 그가 믿는 것보다 더 사적 유물론의 정신에 근접해간다. 이따금 나는, 혁명력 2년을 예찬하고 부르주아지나 귀족과 같은 개념들을 사회학적 범주들로 물화(物化)하는 소불의 정체를 방어적인 부르주아 자유주의의 이중간첩으로, 퓌레를 탁상공론에 빠진 마르크스주의 혁명가로 분류하고 싶어진다. 고전적 해석의 "수정주의자들"은 범주들 자체의 유동성을 토대로 부르주아 혁명의 개념을 거부함으로써, 계급분화의 과정이 —— 프랑스 혁명이 그 나름의 역할을 하지만 **결정적인 전환점**(북소리가 울린다!)은 아닌 길고 꾸불꾸불하며 지속적인 재편과정을 통해서 —— 실제로 어떻게 움직여나가는지를 볼 수 있게 해준다.

마르크스에게는 하나의 중대한 결점이 있었다. 그는 다소 지나친 스미스주의자였고(경쟁이 자본주의의 규범이고 독점은 하나의 왜곡이다), 또한 다소

---

238) Furet(1978, 43, 84). 그러나 "현실 사회"는 누구인가? Barber(1955, 143)는 "가장 고통을 겪었던 부르주아지는……법적, 정치적, 군사적, 혹은 성직자로서의 경력을 목표로 했던 중간 부르주아지에 속한 사람들이었으며……대(大)재정가나 주도적인 지식인들을 없애기 위해서 법을 제정하기는 매우 어려웠다"고 지적한다.

지나친 슘페터주의자였다(기업가는 진보의 담지자이다). 20세기의 여러 마르크스주의자들은 더 이상 이러한 편견을 공유하지 않으며, 그것은 단지 자본주의가 변모되었기 때문이라고 생각한다. 그러나 우리가 이런 가정들을 거꾸로 뒤집어보면, 변증법적이고 유물론적인 분석 틀의 사용은 우리로 하여금 16세기로부터 18세기, 심지어는 19세기의 역사를 대부분 마르크스 자신이 읽었던 것과는 아주 다르게 읽으라고 몰아세운다.

그러나 프랑스 혁명은 분명히 반봉건주의의 언어로 이야기했다는 이의가 내 귀에 들린다. 농노제가 마침내 폐지되었고, 길드도 마침내 금지되었으며, 귀족과 성직자들도 마침내 특권신분을 상실했다. 그렇다. 이 모든 것은 얼마간 사실이다. "신분" 이데올로기가 지배적이었던 시절인 앙시앵 레짐에서 가장 부유한 상층 부르주아일지라도 귀족이 되지 못한 이상, 사회적 경멸과 세속적인 차별로 고통을 받았다는 것은 엄연한 사실이다. 귀족작위를 매입하는 것만으로 충분하지도 않았다. 1781년 세귀르 법은 군대의 장교가 되기 위해서는 4대째 귀족이어야 함을 필수조건으로 삼았다. 이것이 곧 취소되거나 무시될 대검귀족의 일시적인 귀족숭배주의에 불과한 것이었는지 그렇지 않은지의 여부를 우리는 결코 알 수 없을 것이다. 그렇지만 그것은 근자에 법복귀족으로 올라선 자들과 제3신분의 상층부에게 심한 분노를 느끼게 했다.

그리고 나서 프랑스 혁명이 일어났다. 수년 동안 거리에서 사람들은 실제로 검문을 당하면서 호전적으로 "당신은 제3신분에 속하는가?"라고 질문을 받았고 그렇다고 답변하는 것이 신상에 유리했다. 이러한 어려운 순간 이후에 테르미도르와 나폴레옹과 왕정복고가 뒤따랐고, 사태는 어느 정도 정상으로 되돌아갔다. 상층 부르주아(haut-bourgeois)는 적어도 1870년까지 귀족 타이틀을 얻으려고 또다시 애썼다. 그리고 그 이후에도 그들은 세계체제로서의 자본주의의 출현 이후에 성공한 부르주아가 지녀온 것과 같은 형식적인 사회적 지위의 표시들을 계속 추구해왔다.

이처럼 반봉건주의가 프랑스 혁명이 문제삼았던 것이 아니라면, 왜 반봉건주의의 언어가 사용된 것일까? 브로델은 하나의 탁월한 대답을 제시한다:

이것은, 적어도 부분적으로는, 새롭고도 놀라운 상황에 처한 프랑스 농민들이 반자본주의적인 새로운 용어들을 아직 찾지 못해서 이미 낡아빠진 반봉건주의라는 낡은 언어로 되돌아갔기 때문이라고 생각할 수 없을까?[239]

그러나 이것이 농민에게 해당되는 대답이라면, 제3신분의 명사들도 농민들과 동일한 언어를 사용하게 되었다는 사실을 우리는 어떻게 설명할 수 있는가? 하나의 대답은 "부르주아지"와 "귀족"의 요란한 싸움은 기분전환(diversion)이라는 단어의 두 가지 의미 —— 재미와 놀이 —— 에서 거대한 기분전환이었고, 다른 사람들 즉 이 경우에는 농민과 상-퀼로트의 관심을 딴 데로 돌리기 위해서라는 것이다.[240]

하지만 물론, 무엇인가가 1789년에 변화했고 1791-93년에는 더욱이나 그러했다. 앤더슨이 말하듯이, "서양의 전 이데올로기적 세계가 변화되었다."[241] 봉건제에서 자본주의로의 이행은 오래 전부터 일어나고 있었다. 이것이 이 책의 모든 주장이다. 국가기구의 변화는 200년 동안 계속되어온 과정의 연속에 지나지 않았다. 이런 점에서 토크빌이 옳다. 그러므로 프랑스 혁명은 근본적인 경제적 변화도 아니었고, 근본적인 정치적 변화도 아니었다. 차라리 프랑스 혁명은, 자본주의 세계경제의 측면에서 볼 때, 이데올로기적 상부구조가

---

239) Braudel(1982, 297).
240) Chaussinand-Nogaret(1975, 277) 참조 : "귀족과 부르주아지 사이의 간격을 마침내 넓혀놓을 결함이 나타난 것은 오직 민중세력이 명사들이 요구한 혁명과 무관한 이유로 무대에 등장한 순간에 이르러서였다. 왜냐하면 이제 사태로부터 무사히 빠져나가는 것이 문제가 되었고, 그 목적을 위해서는 어떠한 방책도 정당한 것이기 때문이다. 귀족과 마찬가지로 크게 위협을 당한 부르주아지는 중요한 카드 게임, 즉 도덕적으로 타격을 받은 덕(德)이라는 연극을 상연했다 ; 그들은 민중과 더불어 외쳤고, 그들을 쓸어버리려고 위협했던 폭풍을 '귀족'에게 전가시켰다.……그리고 혁명 이후의 사회에서 그들 사이의 차이를 조정했던 두 신분은 다시 한번 권력을 공유했다."
241) Anderson(1980, 36). 그는 실제로 이러한 변화를 두 혁명 —— 프랑스 혁명과 미국 혁명 —— 의 결과라고 말한다. 또한 프랑스 혁명의 "가장 결정적인 결과들"의 하나는 "이데올로기의 발명"이었으며, 그것은 "새로운 정치문화"를 가리킨다고 말하는 Lynn Hunt(1984, 12, 15) 참조. 마찬가지로 Sewell(1985, 81)은 프랑스 혁명의 "예견되지 않았던" 결과의 하나였던 "혁명사상 자체"에 관해서 말한다.

마침내 경제적 토대를 따라잡은 순간이었다. 그것은 이행의 원인이나 이행이 일어난 순간이 아니라 이행의 결과였다.

  자본주의 세계에서 귀족의 자리를 차지한 대(大)부르주아지는 자유주의 이데올로기를 신봉한 것이 아니라 이윤을 신봉했다. 재능 있는 자에게 열려 있는 성공의 기회, 보편적인 진리, 도덕적인 지상 명령은 무엇보다도 좁은 의미의 이데올로기적 테마들이다. 그것들은 자본의 최대한의 축적과 상충될 경우에는 언제나 진지하게 고려되지 않고 포기되는, 도구적이며 주의를 딴 데로 쏠리게 만드는 신조들이다. 그럼에도 불구하고 이러한 이데올로기는 **또한** 자본주의적 과정의 구조적인 종착점, 즉 모든 이익이 **과거의** 지위에서보다는 경제구조 안에서의 **현재의** 지위에서 도출될, 상층계급들의 최종적인 부르주아화를 반영한다. 그리고 도구적인 이데올로기의 선포 그 자체가 이러한 과정의 구조적 전개에서 하나의 중요한 구성요인이다. 눈가림으로 사용하기 위해서 만든 것이 시간이 경과함에 따라서 스스로를 구속하는 하나의 제약이 되었던 것이다.

  게다가 프랑스 혁명은 또 하나의 의미를 가지고 있었는데, 그것은 이 혁명이 미래를 예고했다는 점이다. 프랑스 혁명은 자본주의 세계경제에 대한 최초의 반체제혁명 —— 부분적으로는 성공했지만 대부분은 실패했던 —— 이었다. 그래서 그것이 만들어낸 "신화"는 부르주아 신화가 아니라 반부르주아 신화이다.

  부르주아 혁명은 궁극적으로 산업혁명의 개념과 똑같은 기능을 수행한다. 산업혁명은 이런 특정한 시기에, 특히 영국의 주요 라이벌이었던 프랑스에 비해서 세계 잉여의 엄청나게 많은 부분을 왜 영국이 획득했는지에 대한 설명을 목표로 한다. 부르주아 혁명은 영국의 자료보다는 프랑스의 자료를 사용해서 동일한 현상을 설명한다. 그것은 왜 프랑스가 패배해버렸는지를 우리에게 말해준다. 프랑스는 영국보다 한 세기 이상 뒤에 "부르주아 혁명"을 겪었으며, "부르주아 혁명"은 "산업혁명"의 선결조건이라고 상정된다.

  1730-1840년의 시기에 영국(아니 보다 정확하게는 영국에 그들의 지역적 기반을 지녔던 부르주아지)이 프랑스에 대해서 경쟁에서 크게 우세했다는 사

실을 우리가 완전히 부정할 수는 없다. 우리는 산업혁명과 부르주아 혁명이라는 서로 연결된 두 개의 잘못된 개념의 어느 것에도 의거하지 않으면서 이와 같은 일이 어떻게 일어났는지를 이제부터 설명해보고자 한다.

2

핵심부에서의 투쟁 —
국면 III : 1763-1815년

그림 2 : 잉글랜드의 삽화가 제임스 질레이(1757-1815)는 당대의 정치 쟁점들에 관한 약 1,500점의 풍자 인쇄물들을 내놓았는데 피트와 나폴레옹은 그가 즐겨 다루던 두 주제였다. 판화로 된 이 풍자화는 1805년 2월 26일 H. 험프리에 의해서 출판된 "위험에 빠진 플럼 푸딩 : 또는 조출한 저녁식사를 하는 국가 식도락가들"(여기서는 일반적인 '플럼' 푸딩의 철자인 plum pudding을 쓰지 않고 plumb-pudding[측연(測鉛) 푸딩]을 써서 작가의 재치를 돋보이게 하고 있음/옮긴이)로, 대서양에 포크를 쑤셔넣은 피트는 서인도를 획득하면서 영국 서쪽의 지구를 북극에서 적도까지 짤라내고 있다. 나폴레옹은 자신의 칼을 나이프로 사용해서 프랑스, 에스파냐, 스위스, 이탈리아와 지중해를 유럽에서 짤라내고 있지만 스웨덴과 러시아는 놓치고 있다. 부제는 다음과 같다 : "'거대한 지구 그 자체와 그것이 상속한 모든 것'(「템페스트」, 4막 1장)은 그처럼 만족할 줄 모르는 식욕을 채우기에는 너무나 작다.……" 런던 : 대영박물관, 인쇄물 및 판화실(대영박물관 문화재관리실의 허가로 전재).

1763년의 파리 조약은 영국으로 하여금 그 나라가 이미 한 세기 동안 추구해온 목표 —— 모든 측면에서, 즉 경제적, 정치적, 군사적으로 프랑스를 완전히 압도한다 —— 를 달성할 수 있는 유리한 입장에 놓이게 만들었다.[1] 그러나 이러한 목표가 달성된 것은 1815년에 가서였고, 그 과정은 그리 쉽지 않았다.

헤게모니를 장악하려는 두 나라 사이의 지속적이고 공개적인 싸움의 이 세번째이자 마지막 단계는 그 자체가 17세기의 오랜 정체기 동안의 이 세계경제의 재편성의 결과(이것을 나는 제II권에서 분석했다)인 자본주의 세계경제의 새로운 팽창이라는 여건 아래서 일어났다. 이 새로운 팽창은 라브루스가 "1730년대부터 1820년 직전까지의……위대한 번영의 세기"[2]라고 불렀던 것을 만들었다. 라브루스는 주로 프랑스에 관해서 말했지만 이러한 기술은 영국에도 적용되며 우리가 앞으로 보게 되듯이 세계경제 전체에도 그대로 적용된다. 확실히, 우리는 언제나 누구를 위한 번영이었는가라고 물어야 한다. 게다가 장기적인 상승의 개념은 이러한 장기적 상승 내부에 있는, 과거에도 존재했던 바와 같은 주기적 국면들의 존재를 배제하지 않는다. 그럼에도 불구하고 이 긴 시기 동안 우리는 "증가하는 생산, 가격, 소득의 지속적인 운동"[3]에 관

---

1) "1762년에 파리 조약은 1659년에 피레네 조약이 펠리페 2세의 패배를 서명날인했듯이 루이 14세의 패배를 서명날인했다." Dehio(1962, 117).

2) Labrousse(1954, vii). 이전의 저작에서 라브루스는 보다 정확하게 "1733년에서 1817년 사이의 프랑스에서 관찰되는 번영의 긴 파도"(1944, xi)에 관해서 말했다. Léon(1966, 20)은 섭정시대의 끝(1723년)에서 7월왕조의 초기(1830년대) 사이의 "결정적인" 100년에 대해서 이와 비슷하게 말한다.

3) Soboul(1976a, 4). P. K. O'Brien은 이렇게 말한다 : "우리는 증가하는 생산에 대한 진정한 데이터를 가지고 있지 않다 ; 오직 가격 데이터만을 가지고 있다."(개인 대담) Labrousse (1933, 143-144)는 가격에 관한 그의 고전적 연구에서 프랑스 —— 1733년 : 100, 1789년 : 192, 1816년 : 254 —— 와 유럽 —— 100, 177, 269 —— 에 대해서 유사한 가격지수를 제시한다. 그는 이러한 가격 상승을 그 이전 300년간의 동향 이래로 "그 크기에서……유일하다"고 한다. Sée(1933, viii)는 그것을 "유명한 16세기의 가격 상승의 복사판"이라고 부른다. 또한 Lüthy(1961, 12) 참조. Abel(1973, 269-270)은 1740년에서 1810년까지 프랑스의 밀 가격이 163퍼센트로 증가했고 잉글랜드는 250퍼센트로 그리고 유럽 전체는 적어도 두 배로 증가했다고 계산함으로써 프랑스를 인플레이션이 덜 심했던 나라로 만든다. Deane & Cole

해서 말할 수 있다.

모리노는 이러한 가격 상승에 관해서 유행하고 있는, 그의 생각으로는 "매우 가공적인" 설명을 부정한다. 그는 이것을 하나의 장기적인 현상이 아니라 차라리 흉작으로 인한 단기적인 가격 상승들의 연속, 즉 가격이 확 상승한 다음에 나타나기 마련인 가격의 하락을 어떤 "관성"이 저지시킴으로써 단기적인 가격 상승들이 서로 연결되어버린, "그리하여 누적효과를 발휘했던"[4] 것으로 본다. 그러나 이러한 소견이 가격 상승의 추세를 부정하는 것은 아니다 ; 그것은 차라리 가격 상승의 추세를 설명하는 하나의 특이한 방식이다.

이와 같은 설명을 보다 명확히 이해하려면 이른바 **구체제의 위기(crises d'Ancien Régime)**에서부터 논의를 시작해야 하는데, 이 시기는 ── 유럽과 아마도 전 자본주의 세계경제에서 ── 그것의 "마지막" 역사적 순간이라고 이야기되어왔다. 라브루스가 고전적으로 기술한 구체제의 위기는 단기적으로는 수확에 관한 현상이었다. 그것의 작동방식은 주식으로서의 곡물의 중요성과 지역적 공급의 변화에 대한 시장가격의 신속한 반응에 좌우되고 있었는데, 이는 빵이 일반 대중의 생존에 가장 중요했고 운송이 느리고 비쌌기 때문이다. 대규모 생산자들에게 식량난은, 비록 그들의 재고가 줄어들지라도, 가격의 급격한 상승과 그로 인한 이윤의 급격한 상승을 의미했다. 그러나 동일한 상황은 소규모 생산자 대중에게 이윤이 아니라 재앙을 가져왔는데, 이것은 얼핏 모순처럼 보인다. 소생산자의 수확이 (물론 불균등한) 여러 부분으로 나뉘어 있었다는 것이 바로 그 이유였다: 즉 일부는 다음해에 쓸 종자, 일부는 십일세, 일부는 (때때로 바치는) 현물지대, 일부는 생계 그리고 일부는 시장에 내다 팔 부분이었다. 수확이 나쁠 때마다 거의 또는 완전히 없어지는 것은 맨 마지막 부분이었다(생계를 위한 부분의 일부도 없어졌다). 이리하여 흉작이 들어서 판매가격이 높아져도 소 생산자들은 흔히 시장에 내다 팔 것이 없었다. 그리고 흉작이 심하면, 소생산자 자신도 경우에 따라 먹기 위해서 곡물을

(1967, 14)은 영국의 "가격수준의 상승 추세는 세기 중엽 조금 전에" 시작되었다고 말하면서도 1790년대에 대해서는 별도로 "급격한 인플레이션의 혼란"이라고 기술한다.
4) Morineau(1978, 386).

사야 했고, 곡물을 살 필요가 있었을 때는 곡가가 높았을 때였다.[5]

물론, 다른 소규모 소비자에게도 높은 가격은 마찬가지로 재앙이었다. 임금노동의 대부분은 실제로 시간제 농업노동이었고, 시간제 농업노동에 대한 필요성은 바로 동일한 흉작으로 인해서 감소했기 때문에, 그들의 지출은 실업이 증가했던 바로 그 시점에서 갑자기 늘어났다. 더욱이 직물 생산자들은 흉작으로 인한 단기적인 수요 감소로 생산을 일제히 줄이는 경향이 있었고, 이것은 실업의 정도를 더욱 심화시켰다.[6]

이것은 번영이라고 할 수 없으며, 모리노가 말하려는 요점이 바로 그것이다. 그러나 이것 역시 18세기에 새롭게 나타난 것이 아니었다. 단기적인 수확의 위기들은 농업부문이 (토지소유자이건 차지인이건 간에) 상당히 많은 수의 소농에 의해서 운영되고, 민중의 주식이 곡물이고, 주식의 운송비가 높을 경우에는, 언제나 이런 방식으로 움직여왔다. 그러므로 평상시와 달랐던 것은 수확이 좋았던 해에 가격이 하락하지 않았다는 사실이다. 흉작시의 대지주(그리고 상인)의 이점은 정상적이라면 풍작시의 소농의 이점으로 상쇄되어야 했다. 그러나 실제로는 1730년 이후 농산물 가격이 상승하면서 "지대"도 상승했고, 이런저런 형태의 지대가 소생산자들에 의해서 대지주들에게 지불되었다.[7]

이것을 무엇으로 설명할 수 있을까? 악천후가 몇해 동안 계속되었기 때문일까?[8] 우리는 빌라르가 명명한 것과 같은, 이런 종류의 "유혹적인" 설명으로 흔히 후퇴하는 경향이 있다. 그러나 그가 우리에게 다짐하듯이, 진짜 문제는 "출발점인 기후에 있는 것이 아니라" "도착점인 사회적 투쟁무대"(즉 소

---

5) Danière(1958a, 318-319). 그러나 Landes(1958a, 335)는 기업활동에 대한 수확의 이러한 효과는 "극단적인" (즉 기근) 상황에 국한된다고 주장한다.
6) 이러한 현상에 관해서는 라브루스의 저작들과 기타 다른 저작들에서 여러 번 기술되었다. 아마 가장 명료하고 간략한 진술은 Labrousse(1945, iv-v)에 있다.
7) 이것은 물론 라브루스의 저작의 핵심적인 경험적 발견이다. 특히 Labrousse(1933, II, 379, 399, 444) 참조.
8) "루이 15세의 치세 말과 루이 16세의 전 치세기에 걸쳐 이따금씩 일어난 프랑스 농업의 실질적인 위기는 기후조건의 악화로 야기된 위기[였다]." Morineau(1971, 67 ; 또한 1969a, 419도 참조). 그러나 "좋은 날씨"의 문제에 관해서는 이하 본문을 참조.

득과 보수의 분배점)에 위치하고 있다.[9] 이러한 지적은 물론 절대적으로 옳지만, "사회적 투쟁무대"가 이전 세기와는 크게 달라졌고 그래서 그것이 이전 시대와 다른 경제적인 모습을 창출했던 것이 아닐까?

구체제의 위기에 관한 이러한 논의에서 사라져버린 쟁점들 가운데 하나에 라브루스 자신은 일찍부터 관심을 기울였다. 단기적 가격 상승이 폭발적인 효력을 나타냈고 특히 감소된 생산과 연관되어 있었던 반면, 장기적 가격 상승은 정반대의 의미, 즉 "오늘날과 동일한 의미"[10]를 지니고 있었는데, 왜냐하면 그것이 생산에서의 장기적인 증가를 도출했기 때문이다. 그리고 이것은 한쪽 편의 지역(local) 시장(소생산자에 국한되지는 않지만 특히 소생산자의 영역)의 작동양식과 다른 한쪽의 지방(regional) 또는 세계경제 규모의 시장(주로 대규모 생산자의 영역)의 작동양식의 차이와 관계가 있었다. 구체제의 위기는 **지역시장**의 현상이었다. 보다 크고 보다 멀리 떨어진 시장을 위한 생산은 "정통의" 자본주의적 현상으로, 이것은 보다 높은 가격은 세계경제에서 실현되지 못한 일부 유효수요를 반영하며 따라서 생산을 확대할 채비를 갖추었던 사람들에게는 잠재적인 장기적 이윤이 된다고 하는 단순한 원칙에 따라서 작동했다. 이러한 보다 큰 투쟁무대와 비교할 때 기후는 농업에서조차 2차적인 역할을 수행했다. 오히려 핵심적이었던 것은 전반적인 자본축적률이었다.

우리가 전에 주장했듯이,[11] 17세기의 장기적 정체기에 핵심부 국가들은 자본주의적 이윤의 중요한 모든 원천을 그들의 국경선 안에 집중시키려고 노력하는 반응을 보였고, 그래서 세계시장은 곡물 생산, 새로운 야금과 직물부문, 새로운 운송수단의 기간시설 그리고 대서양 중계무역의 방향으로 나아갔다. 그들은 다소 이에 성공했다. 더욱이 핵심부의 내부투쟁에서 그때까지 최선을 다하던 네덜란드는 잉글랜드와 프랑스와의 경쟁에서 마침내 밀려났다. 잉글랜드와 프랑스 사이에서 투쟁은 보다 비등했고, 18세기로 접어들 무렵에는

---

9) Vilar(1974, 40).
10) Labrousse(1944, xvi).
11) Wallerstein(1980, 특히 259-275) 참조.

세계경제 내에서 어느 한 쪽이 다른 쪽에 비하여 훨씬 더 강하다고 말하기가 어려웠다. 핵심부 내에서의 생산과정의 느린 재편은, 우리가 "국내" 수요의 약간의 증가와 세계경제의 경계선의 또 한번의 팽창의 불확실한 시작에 관해서 이야기할 수 있을 정도로, 각 국가 내부에서의 소득의 약간의 재분배를 가져왔다. 요컨대 1750년 이후의 시기와 연관되어 있는 대부분의 과정(농업과 공업의 기술적 변화, 지리적 팽창, 핵심부 내의 수요 증가)은, 비록 1750년 이후보다 느린 속도이기는 하지만,[12] 그 이전 시기에 이미 일어나고 있었다. 그러나 세계경제의 경제적 팽창과 더불어 재개된 생산의 지리적 분화(전문화 또는 특화)와 핵심부에서의 증가된 기계화("산업혁명")가 일어났다.

핵심부 국가들의 견지에서 볼 때, 장기 17세기의 주요 성취는 이러한 국가들의 자본가들이 얻을 수 있을 만큼의 이윤을 독점할 수 있게 되었다는 점이다. 주요 장애물은 전반적인 수요의 제한이었으며, 그 징후의 하나가 인구 증가의 정체였다. 세계경제 전역에 걸친 주변 생산자들의 제거와 (일차적으로 핵심부에서) 제한된 범위 내에서의 소득의 재분배는 새로운 팽창기의 토대를 이루었는데, 이것은 18세기 전반기의 어느 시점부터 시작되어 순이익을 남긴 혼란의 시기인 1792-1815년의 프랑스와 영국의 전쟁기에 절정에 달했다.

경제적 팽창의 전통적인 동반자(즉 그것의 증거이자 결과)는 인구의 급증이며, 인구의 급증이 1740년에서 10여 년을 전후한 시기에 시작되었다는 것은 일반적으로 인정되고 있는 것 같다.[13] 제1장에서 우리는 인구 증가 ─ (이 시기

---
12) "18세기 중엽 이전의 기술혁신을 평가절하하고 반대로 그 세기 후반의 기술혁신의 새로움을 과장하는 이러한 습관은 그 역사가 길다." Jones(1970, 49).
13) Deane(1979, 214)은 잉글랜드에 대해서 흔히 언급되는 연대는 1740년대이고, 1780년대 이전에는 인구 급증이 "대단한 것이 아닐지라도" "1740년대부터 나타나는 인구 증가는 반전되지 않은" 것이 사실이라고 말한다. Chambers(1972, 122)는 잉글랜드에서 흔히 언급되는 "인구혁명"의 연대는 1750-1800년이며, 이것이 1720-40년의 "낮은 (증가)율"의 보상이라는 터커의 주장(1963)이 옳더라도 "그 이후의 인구와 경제적 상황에 미친 그것의 부수효과는 아주 컸다"고 말한다. 마찬가지로, Wrigley & Schofield(1981, 207)는 1750년(그러나 p. 210-211에서는 1740년으로 연대를 잡는다)부터의 급격한 상승을 보여주는 도표를 제시한다. 프랑스에 대한 Le Roy Ladurie(1975, 364-365)의 종합적인 검토는 이렇다: "1717년 이후 상승(reprise)이 시작되고, 곧이어 급상승(essor)된다!" 그는 1737-45년을 "일종의 정지, 순간적인 정체"라고 말하면서, 그후 증가는 "1745-50년에

에 보다 나아진 의술보다는 보다 나아진 위생과 보다 풍부한 식량에 의한) 사망률의 감소에 의해서이건, 아니면 증가된 다산율에 의해서이건 간에── 를 사회경제적 변화로 설명하는 것이 어째서 타당성이 높아 보이는지를 간단히 설명했다. 현재 다수의 학자들이 중요하게 여기는 것은 다산율에 대한 설명이다. 사망률은 "신의 영역"이지만, 중요한 변수는 여성의 결혼연령이므로 다산율은 "전적으로 남자[원문 그대로!]의 영역"[14]이라고 주장하는 플린이 대표적인 인물이다.[15] 일부 분석자들은 결혼연령의 저하에 관한 증거에다가, 어려운 시절에 대한 농민들의 반작용으로 17세기 잉글랜드와 프랑스에서 나타났다고 여겨지는 (질외 사정에 의한) 피임률의 (추정되는) 저하에 관한 연역적이고 고식적인 증거를 보탠다.[16]

실제로 이전 세기의 인구 감소로 인해서 생존자들은 "실질임금" 수준이 서서

시작되어" 곧바로 "최고 한도를 돌파한다"고 말한다. Toutain(1963, 17)은 "이미 1720년 경에 [프랑스의] 인구는 증가하고 있었다"고 말한다.

확실히 Helleiner(1965, 86)가 우리에게 일깨우듯이, 이것은 "유일무이한" 것이 아니라 이전의 인구 팽창에 비견되는 것이었다. Wrigley & Schofield(1981, 211)는 모리노와 똑같은 지적을 하는데, Morineau(1971, 85)는 "지금까지 수립된 정도로, 18세기의 인구의 발전"에 대해서 회의적인 지적을 첨가한다. Flinn(1981, 6)은 16세기에서 18세기에 이르는 전 시기를 "대부분의 유럽 국가들에서 증가율이 상당히 더 커졌던" 19세기와의 비교를 강조하면서 이와 비슷한 회의를 표명한다.

14) Flinn(1981, 18).
15) Flinn(1981, 21)과 Lee & Schofield(1981, 27) 참조. 그러나 Wrigley & Schofield(1981, 247-248)는 잉글랜드의 경우에는 이것이 사실이지만, 스웨덴 같은 다른 나라들에서는 사망률의 하락이 중요한 역할을 했다고 말한다. 프랑스는 이 양자의 중간으로 인용된다. Habakkuk(1953, 133)도 "전산업사회에서" 가장 큰 차이는 결혼연령과 그에 따른 출생률에 대한 영향으로부터 비롯될 것이라고 말한다.
16) 콜리턴(잉글랜드의 지명/옮긴이)에 토대를 둔 주장에 대해서는 Wrigley(1969, 181), 노르망디에 관한 주장에 대해서는 Chaunu(1972a, 295-296) 참조. 쇠뉘는 신(新)아우구스트적인 도덕신학이 질외 사정을 "상대적으로 덜 나쁜 죄악"으로 봄으로써 금욕주의적 맬서스주의에 어떻게 유리하게 작용했는지에 관한 논의를 포함시키고 있다.

Le Roy Ladurie(1969, 1600)는 심각한 기근(17세기에는 많은 기근이 있었다)과 일시적인 불임 사이에 생물학적 연관관계가 있다는 사실을 우리에게 추가로 환기시켜준다. "그것은 마치 유기체가 스스로의 재생산 기능을 억제하는 것과 같고, 그래서 가격이 생명 기능을 희생시킬 경우 이것은 쾌락이 된다."

히 높아지면서 더 잘 먹었다. 궁극적으로, 이 내핍생활의 "심리"는 그 자체를 반전시키는 결과를 낳았다. 그리고 나서 "풍작이 연속되었을"[17] 때 —— 이것은 1715-50년의 시기에 일어났던 것 같다(연속된 풍작은 향상된 기술의 부분적 결과?) —— 이러한 연속된 풍작이 왜 다산율의 증가에 불을 붙일 수 있었는지는 쉽게 알 수 있다.

18세기가 시작되었을 무렵의 잉글랜드가 아마 [이전보다/옮긴이] 좀더 생산적이었다면, 잉글랜드에 관한 문헌들은 또한 18세기 2/4분기의 어디쯤에서 바로 이러한 이점으로부터 생겨난 역전현상을 강조한다 : 그 역전현상은 이른바 "농업불황"으로서, 이는 풍작으로 야기된 가격 하락의 고전적인 사례였다.[18] 그러나 두 가지 중요한 점들이 지적되어야만 한다. 첫째는 이 시기의 가격변화가 노동생산성이나 일인당 생산 면에서 농업생산의 성장을 중단시키지는 않았던 것 같다는 점이다.[19] 둘째는 의심의 여지 없이 부분적으로는 첫번째 점에 대한 설명인데 —— 그것은 1730년대와 1740년대에는 이 시기가 "농업노동자에게 황금기"[20]로 간주될 수 있을 정도로 지대가 하락하고(또한 지대 지불의 연체가 아주 빈번하고) "차지인들에게 지주가 여러 가지 양보를 하는"[21] 경향이 있었다는 합의된 견해이다.

---

17) Deane(1979, 49). 프랑스에 관한 문헌은 이것을 직접적으로 인정하지는 않지만, 기근의 종식을 말해준다. Meuvret(1971e, 275) 참조.
18) 관례적인 연대 설정은 많은 논쟁의 대상이 된다. Mingay(1956, 324)는 그것을 1730-50년, 특히 1745년으로 잡는다. Chambers(1972, 143)는 1720-50년이라고 하며, Little(1976, 5)은 "2/4분기"와 또한 1730년대와 1740년대라고 한다. 그러나 P. K. O'Brien은 이렇게 말한다 : "농산물 가격의 하락은 없고, 단지 1740년대까지 안정이 있을 뿐이다. 일반적 견해는 데이터의 뒷받침이 없다."(개인 대담)
19) Crafts(1981, 3)는 다음과 같이 주장한다 : "농업은……쇠퇴하는 사업이 결단코 아니었다 —— 사실 그 세기의 2/4분기에 농업의 제한된 공급에 대한 수요의 훨씬 더 큰 압력은 공산물 가격에 비해서 농산물 가격을 상승시켰다." Cole(1981, 48)도 비슷하게 주장한다 : "새로운 추산치가 증가하는 농업생산성이 18세기 초반부에 전반적으로 경제성장의 주요 요인이었다는……일반적인 견해에 강력한 계량적 증거를 제공한다는 것은 의심의 여지가 없다." 그러나 이 시기가 "다가오는 산업혁명"에 기여한 공헌의 "크기"에 대한 Ippolito(1975, 311)의 유보사항들을 보라.
20) Little(1976, 18-19).
21) Mingay(1956, 324).

1620년경에서부터 1750년경까지 계속된 전 유럽적 현상인 낮은 곡물 가격은 이 시기 말에 그리고 특히 당시에 가장 큰 곡물 수출국이었던 잉글랜드에서 아주 심하게 나타났다. 그러나 이러한 장기적인 가격의 하락 그 자체는 (소득의 보다 나은 분배에 따라서) 새로운 수요의 원천을 창출하는 데에 기여했으며, 그것은 인구 증가의 재개를 자극했다. 그것은 또한 핵심부의 농업 자본가들로 하여금 이윤의 새로운 원천을 찾도록 조장했다. 첫째, 그들은 환금작물 생산을 그들의 수중에 집중시키고 직접생산자의 몫을 낮추려는 노력을 강화했다. 둘째, 그들은 산업에서의 혁신을 통해서 이윤의 새로운 원천을 장악하려고 했으며, 이것은 이제 세계시장을 둘러싼 투쟁을 강화시켰다. 각각의 이야기는 순서대로 이야기될 필요가 있다.

18세기 농업에 관한 이야기는 영국과 프랑스의 경우 서로 아주 다른 언어로 이야기되는 것이 보통이다. 프랑스에서 루이 15세와 16세의 치세는 "영주적 반동"으로 특징지어지며, 이것은 이어서 프랑스 혁명의 발발을 설명하는 요인 가운데 하나(핵심적 요인?)였다고 말해진다. 영국에서는 1750년경에 대규모 인클로저의 (새로운) 물결이 일어났으며, 그것은 이어서 "최초의" 산업혁명을 설명하는 요인 가운데 하나(핵심적 요인?)였다고 말해진다. 하지만 "영주적 반동"과 "인클로저의 물결"이 그렇게 다른 것이었을까? 나는 그렇지 않다고 생각한다.

내 생각에, 핵심부 국가들에서 지대수입을 증가시키고 토지와 생산에 대한 통제를 확대하려는 18세기의 노력은 이윤의 하락에 대한 대규모 농업 지주들의 (17세기 초에 동유럽 영주들의 대응과 비슷한) 온건한 대응으로 시작되었다. 인구의 급증과 더불어 그것은 그 자체로 그리고 저절로 상당한 이윤의 원천이 되었다. 말하자면 한 시점에서 과도했던 공급이 그후에는 부족하게 되었고, 그래서 곡물 가격이 처음에는 서서히, 그 다음에는 급격히 유럽 세계경제의 모든 곳에서, 특히 1750년경 이후부터 상승했다.[22]

---

22) Slicher van Bath(1969, 173-174)는 1755년을 "가격비율의 전환점"이라고 부른다. 그는 1760-90년의 유럽의 평균 밀 가격은 1721-45년보다 30-40퍼센트 높았으며, "1660년경 이래로 (에스파냐 왕위계승 전쟁 시기를 제외하고는) 유난히 장기적이었던 불변가격의 시

공급 부족에 대한 하나의 자연스러운 반응은 보통, 기술향상을 통해서 생산을 증가시키려는 노력이다. 그리고 아벨이 지적하듯이, 실제로 1750년 이후 "농업은 당대인들조차도 놀랄 정도로 돌연히 교양계층의 관심의 중심이 되었다."[23] 그러나 사실은, 새로운 생산기술 —— 연속적인 경작, 새로운 윤작, 혼합농법[24] —— 의 발달에도 불구하고, 그 결과는 "농업혁명"이라는 "매우 잘못된"[25] 용어가 의미하는 것보다 훨씬 덜 드라마틱했다. 생산 또는 생산성의 증가가 없었던 것은 분명히 아니다. 그러나 인구 증가가 전통적인 "맬서스적" 억제가 개입할 만큼은 아니지만 상당한 이윤의 기반을 마련하기에 충분할 정도로 식량 공급의 증가를 능가해버렸다는 것도 또한 사실이다. 이것이 노동계층의 실질수입의 감소를 가져온 것은 확실하며, 이에 대한 증거는 상당히 많이 있다.

프랑스에서의 이른바 영주적 반동은 무엇이었는가? 그것은 흔히 두 개의 중심 요소들로 정의되어왔다 : 폐지되거나 줄어든 영주적 부과조 및 특권의 새로운 강화 그리고 이 동일한 영주들 그리고/또는 지역의 다른 대지주들에 의한 공동지의 전유가 그것이다. 법적으로 첫번째 움직임은 중세 봉건사회에서 비롯된 사법권에 호소했고(그래서 "재봉건화"라는 분석적인 명칭이 정당

기 이후에 두드러지게 상승했다"고 지적한다. O'Brien(1977)은 상승의 시기를 1745년으로 잡는다.
23) Abel(1973, 281). Bourde(1967, III, 1571)는 프랑스에서 농업경영에 관한 소책자의 "생산량"이 최초로 많아진 시기를 1750-70년으로 잡는다.
24) 여러 저자들 중에서도 특히 Deane(1979, 38) 참조.
25) Hufton(1980, 23). 이 주제에 관한 가장 중요한 논쟁은 앞에서 인용된 바 있는 Kerridge(1967)와 Morineau(1971)이다. Goy & Head-König(1969, 263)는 18세기 프랑스 농업 생산성의 증가에 대한 투탱의 추산치를 하향 조정한다 ; 또한 Le Roy Ladurie(1975, 395) 참조. O'Brien(1977, 175)은 1745-1820년 시기의 영국의 "변화의 능력"을 "그렇게까지 인상적"이라고 보지 않는다. 그는 이 시기가 바로 고전경제학자들이 이윤감소의 법칙을 발명했던 시기임을 우리에게 환기시킨다.
 마찬가지로 Turner(1982, 506)도 발생했던 그와 같은 생산성의 변화는 대개 1770년 이전에 일어났으며, 따라서 그것은 인구 증가에 대한 반응이라기보다는 인구 증가를 가능케 했다고 주장한다. 그는 [잉글랜드의] 생산성은, 생산량의 증가를 기준으로 측정할 때, 1770년경이나 그 이전부터 1830년 이후까지 변화가 없었으며, 이때가 바로 인구혁명의 시기였다고 주장한다.

화될 수 있었는지 모르겠다), 두번째 움직임은 이 동일한 사법권에 대해서 정 반대로 나아갔다.[26] 그러므로 영주적 반동은 봉건제가 죽기 직전의 마지막 숨 이었다는 주장은 표면상으로도 기본적인 모순에 부딪힌다. 더욱이 포스터가 말했듯이, "반동"은 실제로 "너무 좁게 이해되어"[27] 왔다. 그것은 팽창하는 세계시장의 맥락 안에서 일어났으며, 세계시장에 대한 "포괄적인" 반응으로 서, 거기에는 근대적인 토지경영(예컨대 회계, 조사, 개선된 감독), 장래에 대 비한 재고품 비축, 투기, 저당물의 반환권 박탈 소송, 가격에 대한 중농주의 이론의 지지 —— 한마디로 기업가들에게 기대할 수 있는 것들이 포함되어 있 었다.

이러한 "반동"의 핵심은 지대에 있었다. 지대가 영주적 부과조와 혼동되어 서는 안 되는데, 영주적 부과조도 이 시기에 늘어났지만 전체 소득의 증가에 서 차지하는 백분율은 아주 적었다. 프랑스의 지역별 분석에 대한 르 루아 라 뒤리의 요약은 1730년대와 1780년대와의 비교에서 가장 큰 실질적 증가분이 지대 —— 모든 농산품의 가격에 대해서 가중치를 부여한 지수를 사용할 때, 수축된 통화가치로 51퍼센트 —— 였다는 사실을 보여준다. 이에 가장 가까운 다른 증가분은 화폐로 지불된 십일세(35퍼센트)였다. 이자율이 많이 하락했음 에도 불구하고, 대부금에 대한 이자소득도 상당히 증가했다. 증가된 농업소득 가운데서 가장 비중이 낮은 소득원이, 각각 조금씩 증가하긴 했지만, 세금, 현물로 지불되는 십일세 그리고 영주적 부과조였다.[28]

60년간에 걸친 농업수입의 이와 같은 급격한 증가로부터 득을 본 사람은

---

26) 봉건적 권리들에 대한 모든 재확인이 합법적이었다고 추론되어서는 안 된다. Henri Sée (1908, 181-184)는 오래 전에 이와 같은 재확인이 법적인 남용을 얼마나 많이 포함하고 있었는지를 상세히 설명했다.

27) Forster(1963, 684).

28) Le Roy Ladurie(1975, 434-437) 참조. Meyer(1966, II, 1248)는 브르타뉴와 같은 봉건 적 특권의 요새에서도 동일한 것을 발견한다. "실제로, 본래의 영주권은 아무리 대단했더 라도 귀족의 수입 가운데서 오히려 적은 비율을 차지했다. '봉건'제도의 중요성은 비규칙 적인 '부과조'(임시수입: 영내 재산취득세, 재매입권)와 봉토에 첨가된 십일조의 높은 비 용 그리고 무엇보다도 귀족이건 평민이건 간에 그러한 권리의 소지자에게 부여된 자의적 인 사회적 권력에 훨씬 더 있었다.

누구였을까? 상승하는 가격수준의 측면에서 볼 때,[29] 대답은 간단하다. 승자는 "시장에 내다 팔 수 있는 잉여분을 지닌" 자들이었고, 패자는 "그해에 농사 지은 부분에 대해서조차 구매자가 되지 않을 수 없었던"[30] 자들이었다. 그러나 상승된 가격으로부터 나온 이익의 80퍼센트에 덧붙여 "추가적 잉여가치의 강탈"로부터 나온 이익의 20퍼센트가 있었다.[31] 바로 이 20퍼센트가 내부적인 사회구조의 변화과정을 반영한다.

계서제의 맨 꼭대기에 대지주들이 있었다. 그들은 대부분 귀족이었다. 하지만 실제로 프랑스에서 17-18세기 동안 대지주가 되기에 충분할 만큼 부유한 자들은 평민신분에서 귀족신분으로 비교적 "쉽게 이행할"[32] 수 있었다고 기록되었다. 그리고 특히 이 시기에 실질소득 면에서 가장 높다고 평가되었던 것이 바로 대지주의 신분이었다.[33]

직접 부과되던 봉건적 부과조는 적었지만, 봉건적 부과조는 농지임대의 간접적 메커니즘(임대차[affermage])을 통해서 자본주의적 이윤으로 전환될 수 있었다. 세금징수 청부인을 두고 있었던 것은 중앙정부만이 아니었다 ; 영주들 또한 그들의 봉건적 부과조를 "하도급"하고 있었기 때문이다. 다시 말해서 영주들은 미리 정해진 금액을 매년 지불하도록 개개의 마름들(fermiers)과 계약을 했고, 마름들은 이어서 그것을 직접생산자들로부터 현물로 거둬들였다.

---

29) Labrousse(1933, II, 361-362)의 요약 참조.
30) Hufton(1980, 26, 28).
31) 이러한 표현과 백분율의 추산치는 Le Roy Ladurie(1975, 434)의 것이다.
32) Goodwin(1965a, 358). 또한 Gruder(1968, 226, 228) 참조: "[18]세기의 마지막 몇십 년에 부르주아지, 특히 부유한 상층 부르주아지는 그들보다 위에 있었던 사람들과의 관계를 끊긴 것도 아니고, 직업적 사회적 상승으로부터 밀려난 것도 아니었던……것 같다.…… 신분은 변화될 수 없는 것이 아니었다 ; 출생은 더 이상 경력을 미리 결정하지 않았다. [부르주아는] 성공에 필요한 수단, 즉 능력과 돈을 가지고 있으면 정해진 길을 따라서 상승할 수 있었다. 더욱이 그 역시 귀족이 되기를 원했다."
  이것은 18세기 잉글랜드와 크게 달랐는가? 부유한 평민은 국회의원이 되었고, 거기에서부터 그는 귀족화될 희망을 품을 수 있었다. "1784년에 이르러 하원은 보편적으로 상원에 이르는 직선도로로 간주되었다." Namier(1957, 14).
33) "[지주계급은] 영주귀족 그 자체(영주권)보다, 교회 그 자체(십일세)보다, 국가 그 자체(세금)보다 더 힘이 커진다." Le Roy Ladurie(1975, 584).

이렇게 해서 거둬들인 생산물을 실제로 시장에 내다 파는 것은 이들 마름들이었고, 이것은 가격상승의 시기에는 어떠한 가격의 상승도 "마름에게 득이 됨"을 의미했다.[34]

지주들이 직간접적으로 획득한 증가된 지대와 나란히, 지주가 자신의 영지의 규모를 증가시키려는 노력이 있었다.[35] 주된 노력은 첫째가 빈농의 공동방목권(vaine pâture)과 그것의 인근 토지로의 확대인 인근토지방목권(droit de parcours)을 제거하려는 시도였는데, 이러한 권리들은 휴한지와 황무지뿐만 아니라 추수 이후의 그루터기만 남은 밭에서도 가축들을 공동 방목할 수 있게 해주었다.[36] 그리고 둘째가 공동지(communaux)를 분할하고 인클로저를 허용하려는 시도였다.

프랑스에서 적어도 잉글랜드와 마찬가지로 오랜 역사를 지닌 이러한 시도에서,[37] 1750년 이후 시기의 프랑스의 대지주들은 잉글랜드의 대지주들보다 현저하게 덜 성공적이었다. 프랑스의 상대적으로 약한 국가기구와 정치적으로 약한 잉글랜드의 농민들은 양국에서 매우 다른 정치적 결과들을 도출했다. 그러나 그 역도 또한 사실이다. 1750년 이후 시기에 잉글랜드의 지주들은 지대를 올리는 정도에서 프랑스의 지주들보다 덜 성공적이었다. 잉글랜드의 차

---

34) Aberdam(1975, 75). 더욱이 마름들은 누군가에게 하도급할 수 있고 그 사람은 다시 다른 사람에게 하도급할 수 있었기 때문에, "마름"이라는 범주는 넓은 범주였다.
35) 이것이 그의 토지의 질에 보태어진다. Léon(1966, 18)이 남동부 프랑스에 대해서 지적하듯이, 대지주들은 "가장 좋은 곡물 재배 토지와 특히 가장 좋은 포도밭과 경지, 즉 아주 큰 이윤을 남기는 장소"를 차지하고 있었다.

　물론 우리는 영주계급의 의도에 관한 Marc Bloch(1930, 513)의 경고를 언제나 명심해야 한다 : "하나의 블럭으로 간주된 영주계급의 농업정책에 관해서……말하는 것은 매우 작위적인 일일 것이다 ; 이것은 그들의 행동에, 그들이 그런 정도로는 전혀 가지고 있지 않았던……자신들의 이익에 대한 인식의 일치, 판단의 확실성……즉 하나의 계급의식을 부여하는 것이 될 것이다. 그러나 우리는 전반적으로 그와 같은 경향을 적어도 식별해낼 수 있다."
36) Bourde(1967, I, 538, 주 1)는 가축들을 인근 교구에 보내 풀을 뜯게 할 수 있는 상호 권리를 포함하는 인근토지방목권의 핵심적인 특징은 "[두 교구민들의] **상호 협동적인 동의에 의한 공동방목권 지역의 확장**"이었다고 지적한다. Sée(1913, 265)에 인용된 판례집에 나오는 법적 규정 참조.
37) Bloch(1930) 참조.

지인들이 지닌, 임대계약을 갱신할 수 있는 탄탄한 "권리들"이 프랑스에서는 "민간전승"의 관행인 차지인의 빈번한 교체를 막아주었던 것이다.[38]

왜 그러했는가라고 묻는다면 하나의 설명은, 표준적인 설명과는 정반대로, 한편으로는 프랑스에서 자본주의적 가치들(기업가의 재산처분권의 불가침성)이 더 많이 전파된 데 반해서 잉글랜드에서는 전통적인 가치들(현직 차지인의 기득권)이 더 지속되었고, 다른 한편으로는 (영국과 비교해서) 변화를 강요하는 프랑스 국가의 능력이 더 약했기 때문이라는 것이다. 포스터가 지적하듯이, 토지보유의 안정성, 보다 긴 임대기간, 만약의 경우에 대비하여 환불을 확보하려는 곡물 생산에 종사하는 프랑스의 대규모 차지인들의 노력은 [프랑스에서/옮긴이] "계약의 자유에 대한 부당한 간섭"[39]으로 여겨졌다.

잉글랜드의 인클로저에 관한 전반적인 상황은 어느 정도 분명하다. 1750년 이후 인클로저의 속도는 상당히 가속화되었으며, 사적인 계약에 의해서가 아니라 주로 의회의 법령을 통해서 (즉 국가를 통해서) 달성되었다. 확실히 오늘날 우리는 이것이 3세기에 걸친 장기적 추세의 절정에 불과하다는 것을 알고 있다.[40] 그리고 오늘날 우리는 오래 존속되었던 이전의 개방경지와 토지의 분산제도가 단순히 비합리적인 우매함의 존속에 기반을 두고 있었던 것이 아

---

38) Forster(1970, 1610). "덜 성공적이었다"는 것은 지대가 상승하지 않았다는 것을 의미하지는 않는다. 그러나 잉글랜드의 지주들은 보다 빈번하게 인클로저를 그들의 지대를 올리는 방식으로 사용했다. Mingay(1960, 377) 참조. 또한 지대 상승의 점진성과 그것이 흔히 주장되는 것보다 그 정도 면에서 덜 격변적인 현상이었음을 주장하려고 하는 Parker(1955) 참조.

물론 프랑스 관료의 힘은 증대하고 있었지만, 영국만큼 컸던 것은 아니었다. 프랑스에서 국가는 (영국 국가와는 달리) 대규모의 인클로저를 달성할 수 있는 위치에 놓여 있던 것은 아니지만, 이전에 영주의 부과조 징수를 정당화했던 많은 기능들을 인계받을 만큼은 충분히 강력했다. 이와 같이 봉건적 부과조의 징수자로서의 영주의 기능을 "약화시킴"으로써 그것은 영주권을 일종의 "사업"으로 전환시키는 데에 기여했다. Root(1985, 680-681).

39) Forster(1970, 1614).

40) Kerridge(1967, 24)는 한걸음 더 나아가 그것의 새로움의 정체를 폭로하려고 한다. "모든 것을 감안할 때, 1700년에 동부와 서부의 인클로저의 약 4분의 1은 아직 수행되지 않았던 것으로 대략 추정된다. 의회 인클로저가 최고로 중요하다는 고색창연한 우화는 중간단계의 우화로 그 급이 낮춰져야만 한다."

니라는 것을 알고 있다.[41] 그럼에도 불구하고 18세기 후반에는 그전에 인클로즈된 토지보다는 일차적으로 인클로저 과정에 덜 노출되었던 토지에서 인클로저의 가외의 분출이 있었다.[42] 우리가 설명해야 하는 것은 바로 이러한 분출이다. 거기에는 또 하나의 문제가 있다. 달만이 주장하듯이 인클로저가 주로 기술적 변화의 결과였다면, 그 이전에는 인클로저가 실제로 일어났던 것보다 더 적게 일어났어야만 한다. 따라서 우리에게는 "점진적으로 발전하는 변화요인"에 의한 설명이 필요하다. 그가 우리에게 제시한 하나의 설명은 "시장의 크기와 상대가격의 영향"이며, 이것은 개방경지제도와 조화될 수 없는 어느 정도의 "전문화"를 요구한다.[43] 그리고 왜 의회의 간섭이 필요했는가라고 물을 경우에, 딘은 가장 그럴듯한 답변을 한다 : "식량가격이 높을 때는 [토지]강탈에 저항하려는 인센티브가 강했기 때문에, 사적인 인클로저는 1760년 이전 시기보다 더 서서히 진행되었다고 가정하는 것이 합리적이다."[44]

---

41) 이 제도는 원래 생각했던 것보다 더 "융통성이 있고", 더 "향상"을 허용하며, 더 "증대하는 분화와 몰두"의 대상이 되기 쉬웠다. Yelling(1977, 146) 참조. Dahlman(1980, 178)은 생산이 주로 인근 시장을 위한 것인 한에서, 이 제도의 경제적 합리성에 대한 모든 논의를 개진한다. 그는 우리에게 바퀴는 위대한 발명이지만 눈길 수송(snow transport)을 위한 것은 아니라는 사실을 환기시킨다. "개방경지제도는 외부의 변화가 거의 없고 따라서 보다 큰 안정성이라는 조건 아래서, 동일한 자원을 가지고 [경작과 목축의] 서로 다른 두 종류의 생산물을 생산하는 문제에 대처하기 위한 적응의 산물이었다."
42) 초기의 인클로저는 "경작농업에 가장 불리한 지역에서" 일어났다. Yelling(1977, 58). 그러므로 그것은 일정 수준의 생산을 위한 더 큰 기술적, 조직적 노력을 요구했다.
43) Dahlman(1980, 154). "인클로저된 농장들은 일단 전문화가 이윤을 남기게 되고 생산의 더 큰 융통성이 바람직할 때 채택되었다."(p. 178) Cohen & Weizman(1975, 321)은 달만에게 비판을 받았지만, 기본적으로 유사한 설명을 한다 : "인클로저 운동 배후의 주된 힘은 토지로부터의 이윤을 극대화하려는 충동이었다." 그들은 이것을, 추측컨대 이 시기에 일어났으되, 그보다 더 일찍이 인클로저가 있었다는 강력한 증거에 위배되는 "중세적 가치들로부터의 결별"(p. 304)로 본다. E. L. Jones(1981, 84)의 설명도 또한 같은 방향으로 나간다 : "인클로저의 주된 인센티브는 아마도 외부적인 것 —— [18]세기 중반 이후의 농장 생산가격의 상당히 급속한 상승 —— 이었다.……효율 증대는 쉽게 과장된다." 끝으로 Abel(1973, 283-284)은 다음과 같이 지적함으로써 이러한 견해에 동의한다 : "당대인들의 일치된 견해에 따르면, 인클로저의 엄청난 증가의 직접적 원인은 곡가의 상승이었다.……프랑스는 동일한 광경을 제공한다."
44) Deane(1979, 44) ; 또한 Hill(1967, 269) 참조.

비록 인구 증가율만큼은 아마 아닐지라도, 높은 가격에 자극을 받아서 농업생산은 정말 증가되었다. 하지만 그럼에도 불구하고 농업생산은 18세기에 "활기가 없고 더딘" 부문으로 간주될 수 있다. 최후에 "질주했던"[45] 부문은 오히려 공업과 상업이었다. 18세기 초에 잉글랜드와 프랑스(노스이스트와 랑그도크), 오스트리아령 네덜란드(벨기에) 그리고 스위스의 공업은 농업과 공업의 국내 비율(약 2:1) 면에서 볼 때 "대충 비슷한" 발전수준에 있었다.[46] 그들은 모두 수출국이었으나 그들의 공업생산의 대부분은 여전히 그들의 국경선 내에서 팔렸다. 그러므로 이러한 공업들은 모두 보호무역 정책을 주장하는 경향이 있었다.[47] 공업생산이 곡물의 생산과 맞먹을 정도로 증가하기 시작했던 것은 잉글랜드 —— 잉글랜드에서는 보통 1740년으로 잡는다[48] —— 보다는 프랑스에서 더 빨랐으며, 그 시기는 대략 1715년경이었다.[49] 어쨌든 지구적 팽창이, 예상대로, 누적적 과정이었다는 것은 분명하다. 하트웰은 이렇게 주장한다:

풍작이 촉진했던 것을, 1750년 이후의 전반적인 경제적 팽창은 계속했다.……그리하여 1750년 이후 다방면 —— 농업, 공업, 무역과 커뮤니케이션 —— 에 걸친 투자가 1770년대와 1780년대의 기술의 획기적 진전을 위한 무대를 마련했고, 이러한 기술의 획기적 진전은 아주 큰 이윤기회를 창출했으며, 기업들은 생산을 아주 빠르게 증가

---

45) Labrousse(1970, 698).
46) Hufton(1980, 31).
47) 예컨대 18세기 초 잉글랜드의 철강공업에 관해서는 Ashton(1924, 104) 참조: "그리하여 잉글랜드의 철강은 외국 생산물과의 경쟁상태로 국내시장에서 팔렸다. 경쟁은 철강에 대한 수요가……매우 비탄력적이었다는 점에서 더욱 첨예하게 느껴졌다.……그러므로 초조해진 잉글랜드의 철강제조업자들이 매우 보호주의적이었다는 것은 별로 놀랄 일이 아니다." 철강의 비탄력성은 세계시장의 팽창과 더불어 변화될 것이었다.
48) Marczewski(1963, 12)는 1715년 이후의 증가에 관해서 이야기한다. Léon(1954, 200)은 도피네 지방에 대해서 1732년이라고 말하는데, 이는 프랑스의 재개된 경제적 팽창 시점을 전반적으로 1733년이라고 잡는 라브루스와 가깝다.
49) Deane & Cole(1967, 58; 또한 Deane, 1973a, 170)은 잉글랜드의 "산업혁명" 시기를 1740년대 이후로 잡는 주도적인 주창자가 되었다. 그들은 1740-80년의 공업발달을 비교적 작은 범위의 것으로 간주하면서, 로스토처럼 "이륙"의 시기로서의 1780년대의 중요성을 강조하는 사람들에게 비판의 대상이 되었다. Whitehead(1964, 73) 참조.

시킴으로써 이에 재빨리 호응했다.[50]

그러나 여러 사람들과 마찬가지로 하트웰에게 이것은 오직 잉글랜드에만 해당되는 기술(記述)이다. 우리는 이러한 "경로"가 어느 정도로 오직 잉글랜드적인 현상이었는지 그리고 어떤 과정을 거쳐서 그런 정도로 그렇게 되었는지를 보다 면밀히 살펴보아야 한다. 다시 말해서 1790년 이후 왜 잉글랜드의 생산비용이 잉글랜드의 생산자들이 "대규모 유럽 시장을 성공적으로 점령할" 수 있었을 정도로 그렇게 빨리 낮아졌는지를 면밀히 살펴보아야 한다. 허배컥과 다른 사람들이 주장하듯이, 당시의 대부분의 발명이 우연한 기회나 공장가격의 변화나 슘페터적인 혁신자들 덕택이라기보다는 "증가하는 수요의 압력 덕택일 가능성이 더 많다"[51]면, 프랑스에서는 왜 수요가 똑같은 결과를 낳지 않았는가? 그리고 그것은 과연 그러했는가?

게다가 경제적 팽창은 증가된 생산뿐만 아니라 증가된 무역도 의미했다. 잉글랜드와 프랑스는 모두 1715년 이후에 그들의 해외무역을 확대했으나 모든 시장에서 똑같은 정도는 아니었다. 영국인들은 "보호관세와 프랑스와의 경쟁에 직면했던 유럽 시장에서는 전반적으로 성공하지 못했다"[52]고 크루제는 지적한다. 이러한 상황은 이(유럽) 시장에 대한 영국인들의 침투수단이었음이 입증된 새로운 혁신들과 더불어 1785년경이 되어서야 겨우 변화될 것이었다. 그러나 반대로 18세기 내내 영국인들은 프랑스인들보다 훨씬 큰 식민

---

50) Hartwell(1968, 11-12).
51) Hartell(1955, 150).
52) Crouzet(1967b, 147). Davis(1979, 21, 도표 10)의 데이터는 1699-1701년에서 1784-86년 사이에 북부와 북서부 유럽에 대한 잉글랜드의 목재상품 수출액의 점진적인 감소를 보여주며 그후 수출은 다시 상향되기 시작하는데, 이 모든 것은 전반적인 목재 수출의 증가의 맥락 안에서 일어난다. 또한 프랑스 해외무역의 "무게중심"으로서의 독일과 북유럽에 관해서는 Butel(1978c, 112-113) 참조. Deane & Cole(1967, 86)은 영국의 해외무역이 18세기에 드라마틱하게 변화되었음을 지적한다. 초기에는 5분의 4가 유럽과의 무역이었으나 말기에는 5분의 1이었다. 그 이유는 간단했다 —— "[영국의] 유럽 경쟁자들의 시장이 보호되었기 때문이었다." 반대로 북아메리카, 서인도, 아일랜드와 영국 간의 무역은 "경쟁자들이 엄격히 배제된 사실상 폐쇄된 체계를 형성했다."

지 시장을 가지고 있었으며, 프랑스인들과는 달리 다른 식민국가들의 시장에 광범위하게 침투할 수 있었다.[53]

이러한 식민지 무역에서의 영국의 우세는 세계경제에서 아메리카 무역의 역할이 점차 증대됨으로써 더욱더 큰 중요성을 부여받았다.[54] 더욱이 1750년대 이후의 팽창기(그리고 1785년 이후의 면제품의 혁신 이전)에 영국이 유럽과 무역을 확대할 수 있도록 해주었던 수입탄력적인 생산품들을 공급했던 것이 바로 이러한 식민지 무역이었다.[55] 그러나 전반적으로 잉글랜드의 수출 증가는 1780년대 이전에는 "현저하게 빠른 것"[56]은 아니었다. 그러므로 설명이 필요한 것은 이 마지막 분출이다.

마찬가지로, 그 유명한 "국내시장"도 보다 자세히 살펴보면 그것의 주창자들이 흔히 주장하는 것보다는 잉글랜드와 프랑스 간의 차이가 적었던 것으로 나타난다. 여기에는 두 가지 문제가 있다. 첫째는 잉글랜드의 생산자들이 그들의 국경선 ── 정치적 국경선, 무관세의 국경선, 낮은 운송비의 국경선 ── 내에서 프랑스보다 훨씬 더 큰 "총 유효수요"를 가지고 있었는가? 둘째는, 어떻게 정의되든, 국내시장은 양국 중 어느 한 나라 또는 양국 모두에서 "해외" 시장(즉 "국경선"을 통과하는 시장)보다 훨씬 더 다이내믹한 자극제였는가?

우리가 제국들을 계산에 포함시키면 영국의 "내부" 시장(internal market)

---

53) Davis(1973, 306) 참조. 영국의 북아메리카 시장은 1700년에서 미국 혁명이 시작된 1775년 사이에 인구가 10배로 증가되고 이들 식민지에서 유행하던 고임금 때문에 특별히 중요했다. Butel(1978a, 64) 참조. 아일랜드는 영국령 북아메리카와 마찬가지로 영국에 매우 중요한 또다른 시장이었다. Davis(1969, 107) 참조.
54) Milward & Saul(1973, 104)은 이렇게 주장한다 : "[1713년의 위트레흐트 조약] 이후 유럽과 다른 대륙들 사이의 무역의 팽창은 점점 더 중요해졌고, 이러한 무역은 유럽 내부에서의 무역보다 훨씬 더 빠르게 증가했다."
55) Deane(1979, 55) 참조.
56) Crouzet(1980, 50). 불확실성의 한 요인은 밀수가 수출액에 얼마만큼 첨가되어야 하는가이다. Cole(1969, 141-142)은 "잉글랜드의 수입[및 수출?] 무역의 합법적, 비합법적 분야는 18세기에 반대방향으로 움직이는 경향이 있었다"고 주장하면서, 따라서 기록으로 나타난 변동을 밀수가 무색하게 만들 가능성을 인정해야 한다고 주장한다. 그는 밀수된 상품을 전체액의 4분의 1 또는 5분의 1로 추산한다. Mui & Mui(1975)는 콜의 데이터를 비판한다. 우리는 프랑스와의 비교치를 가지고 있지 않다.

에 대한 프랑스의 내부시장의 비율이 낮아지기는 하지만, 국가정책의 즉각적인 영향의 한계선을 의미한다고 볼 수 있는 정치적인 국경선 면에서 프랑스가 잉글랜드나 심지어는 그레이트 브리튼(통합법 이후의 유효한 정치적 실체)보다도 훨씬 컸다는 것을 우리는 안다. 무관세의 국경선────이것이 내부적으로는 가격의 중요한 고려대상이었던 만큼(이 점은 의심스럽다)────이라는 측면에서 보면,[57] 잉글랜드는 프랑스의 5대 징세구 정도의 크기였다. 낮은 운송비의 국경선이라는 측면에서 보면 18세기는 양국에서, 프랑스보다 의심의 여지 없이 잉글랜드에서 더 그랬지만(그러나 얼마만큼이나 더 그랬을까?), 내부적인 개선의 시기였다.[58] 어쨌든 내부 운송시설의 개선은 항구와 항구 간의 업무시간을 훨씬 단축함으로써 "해외" 무역에도 기여했다.

그러므로 문제는 한 쪽이 다른 쪽보다 더 큰 구매력을 가지고 있었는가이

---

57) Braudel(1984, 347)은 그가 작성한 지도(mapping)로부터, "17세기 말에 이르러 프랑스는 전국시장이라고 불러도 좋을 만큼 꽤 긴밀한 연쇄망이 구성되기 시작했다"고 결론짓는다. 이와 비슷하게, Louis Tilly(1971, 43)는 "일찍이 17세기 말에 [프랑스 곡물의] 전국시장을 향한……추세"를 발견한다. Le Roy Ladurie(1978, 389)는 18세기에 농업 팽창의 중요한 요소로서의 프랑스의 "국제시장의 발달"(1975, 398)에 관해서 말한다. 그러나 Morineau(1978, 379)는 가격의 단일화는 ("어렵고 비용이 많이 드는 장거리 운송"을 감안할 때) 통합된 시장을 나타내기보다는 "거래의 봉쇄, 즉 그들의 주민들에 의해서 지역적 공급원의 경제적 방어지역이 창출된 것"을 나타낸다고 경고한다. 또한 Bosher(1965, 577-578) 참조.

58) 운하를 놓고 볼 때, 잉글랜드는 더 많이 건설하여 결과적으로 일인당이나 킬로미터당 항해 가능한 수역에서 프랑스를 훨씬 앞질렀다. 그러나 프랑스의 운하들은 더 높은 토목공사 수준을 나타내는데, 특히 랑그도크 운하는 "연속되는 공업발전의 시기에 생겨난 유럽의 운하제도의 광대한 팽창……의 기술적 기반"을 마련했다. Skempton(1957, 468). 잉글랜드에 관한 문헌들은 운송시간의 감소 등으로 인한 저장비용의 절약, 도둑질의 감소라는 측면에서 운송 "혁명"을 강조한다. Deane(1979, 85-86) 참조 ; 또한 Girard(1966, 216-217)와 Bagwell(1974, 25, 43, 55) 참조. Letaconnoux(1909, 282-283)는 프랑스의 해상운송을 성찰하면서, 절약이 과장되었고 운송 중의 손실과 도둑질이 분석자들의 계산에서 간과되었다고 말한다.

운하와 강은 도로보다 사정이 좋았다 ; Girard(1966, 223)는 수송비용이 2분의 1에서 4분의 3 정도 감소했다고 주장한다. 그러나 Arbellot(1973)는 18세기 프랑스 도로의 커다란 발전을 지적한다. 프랑스의 모든 곳에서의 운송혁명에 관해서는 Le Roy Ladurie (1975, 397) 참조.

다. 이 점에서 우리는 중간계층의 규모 및 번영과 개인적으로는 보잘것이 없어도 인구 가운데서 그들이 차지하는 숫자를 감안할 때 큰 효과를 지닐 수 있는 하위계층의 구매를 위한 현금 가동의 정도를 구별해야 한다.

1650-1750년이라는 시기의 발전에 관한 이전의 논의에서,[59] 우리는 대규모 지주들과 번영한 (중간 규모의) 생산자들 그리고 번영하지 못한 (소규모의) 생산자들과 무토지 노동자들을 구분했다. 두 중간 범주들(우리는 이들이 보유권이라는 측면에서 서로 구분될 수 없었음을 지적했다) 중에서 우리는 번영한 (중간 규모의) 계층이 잉글랜드와 프랑스 모두에서 번영하지 못한 (소규모) 계층의 희생을 대가로 이 시기에 번영했음을 보았다. 번영한 계층의 증가된 수입이 번영하지 못한 계층의 감소된 수입에 의해서 넘칠 정도로 상쇄되었으므로, 이것은 아마 전반적인 구매력을 사실상 **감소시켰을** 것이다. 이러한 변화는 번영하지 못한 계층의 다수를 가내공업(cottage industry)과 농촌의 임금노동에 종사하도록 만들었으며, 이러한 현상은 최근에 원산업화라는 이름 아래 부분적으로 분석되었다.[60]

소규모 생산자들은 장기간의 정체기에 붕괴되었기 때문에, 1730-1740-1750년 이후의 토지의 집중, 강탈, 높은 지대로 이제 가장 큰 타격을 받은 것은 그 이전 시기에 상대적으로 보다 번영했던 자들이었다. 체임버스는 18세기 후반 잉글랜드의 인클로저에 관해서 "잡아먹힌 사람들은 가장 작은 규모의 토지소유자들이 아니라 4실링 이상 10파운드 이하를 지불하던 중간 규모의 토지소유자들이었다"[61]고 결론짓는다. 이 시기의 프랑스에서 지대가 생산과 생산성이 증가한 것 이상으로 상승한 것은 전에는 그러지 않았던 다수의 농민들로 하여금 "오로지 그들의 토지 때문에 매년 지불해야 할 돈을 갚기

---

59) Wallerstein(1980, 85-90).
60) Tilly(1983, 126-128)의 논문에 들어 있는, 서유럽 전체에 걸친 1650년 이후 농촌에서 비농업노동의 증가에 관한 증거의 다음과 같은 요약을 보라. "18세기 유럽 농촌의 중요한 부분에는 비농민이 많았고 수공업 공장(manufacture)의 소음으로 가득 차 있었다."
61) Chambers(1940, 119). 그는 "가장 작은 규모의 토지소유자들"의 증가가 실제로 있었으며, 그것을 "토지세의 과세대상으로 인정받지 못했던 무권리 거주자들(squatters)과 빈농들(cottagers)이 이제 처음으로 과세대상이 되었다는 사실"로 설명한다.

위해서 제2의 직업(métier : 이 단어에는 '직업'이라는 의미와 더불어 '베틀' 또는 '방적기'의 의미도 있음/옮긴이)을 찾도록" 만들었다. "……이 경우 가외노동은 의심의 여지 없이 이전의 생활수준을 간신히 유지하고 생활수준이 더 이상 하락하지 않게 하는"⁶²⁾ 역할을 했다.

국내수요가 증가했다는 것과 반대되는 것처럼 보이는 이러한 음울한 그림에다 농촌과 도시지역 모두에 영향을 미친 임금소득에 관한 그림이 첨가되어야만 한다. 그것이 어느 정도였는가가 논쟁거리이긴 하지만, 1750-1815년의 시기에 실질임금이 하락했다는 것은 의심의 여지가 없어 보인다.⁶³⁾ 산업혁명이 노동자들의 실질임금을 증가시켰는가 하락시켰는가에 관한 홉스봄 대 하트웰 및 그밖의 사람들과의 유명한 논쟁(나중에 논할 예정이다)은 주로 1815년 이후 시기에 집중된다. 1750-1815년 시기에 국내수요가 팽창했다면, 이것은 증가된 1인당 소득의 함수였던 것 못지 않게 증가된 인구의 함수였을 가능성이 높아 보인다.⁶⁴⁾

똑같은 것이 세계경제의 수준에서도 적용될 수 있을 것이다. 그래서 콜은 18세기 후반 영국 무역의 "전대미문의 팽창"은 해외무역의 조건 "때문이 아니라 차라리 그러한 조건에도 불구하고" 일어난 것이기는 하지만, 해외무역의 성장의 대부분은 "북아메리카 시장에서의 판매의 급속한 증가" 때문이었다고 덧붙이면서, 이 시기에 나머지 유럽의 "비교적 부진한 시장"을 침범한 잉글랜드의 능력에 관해서 말한다.⁶⁵⁾

---

62) Morineau(1978, 385) ; 또한 Le Roy Ladurie(1975, 584) 참조.
63) Gilboy(1930, 612-613 ; 1975, 7, 16-17), Tucker(1975, 32), Deane(1979, 31), Labrousse(1933, II, 491, 600, 610), Morineau(1978, 377) 참조.
64) 사실 Labrousse(1944, xviii)는 바로 이 점을 지적한다 : "[18세기에] 실질임금이 낮아졌음에도 불구하고, 임금노동자의 수는 증가했고 이용 가능한 고용의 양은 생산자본의 양〔의 팽창〕과 더불어 증가했다."
65) Cole(1973, 341-342 ; 비교 Minchinton, 1969, 16-17). "균형 잡힌" 견해 —— 그것은 국내수요와 해외수요 모두였다 —— 가 매우 일반화되었다. Landes(1969, 54), Cole(1981, 45) 그리고 Crafts(1981, 14) 참조. 그러나 문제는 주변부 지역에 대한 프랑스와 영국의 비교에 있지 않고 양국 상호간의 비교에 있다. 양국 간의 차이를 가져온 것은 무엇이었는가?

그러므로 파리 조약이 7년전쟁을 종식시켰을 때, 잉글랜드가 경제적으로 프랑스와 크게 다른 수준에 있었는지는 결코 분명하지 않았다. 분명해 보이는 것은 각국이 상업에서 서로 다른 이점을 가지고 있었다는 점이다. 영국은 유럽 대륙에서의 프랑스와의 경쟁에서 점차 약세였고, 이러한 침체를 "해외"에서의 영국의 상대적 지위 향상으로 보충하고 있었다. 이것은 통찰력 있는 네덜란드인 저자 아카리아 드 세리온에게는 매우 분명했는데, 그는 1778년에 쓴 글에서 영국의 어려움은 국내가격과 임금의 상승으로 영국의 생산품이 유럽 대륙에서 프랑스(그리고 홀란트)와 경쟁하기에는 너무 비싼 데에 그 원인이 있다고 분석했다. 영국의 어려움은 세계의 다른 곳에서의 영국의 "승리"와 물론 유럽 안에서 영국에 경쟁적 지위를 즉시 재부여한 혁신들을 추진하도록 영국을 몰아세웠다. 그러나 세계의 나머지 지역에서의 이러한 "승리"는, 브로델이 주장하듯이, 주의 깊게 분석되어야만 한다 :

> 영국이 이러한 바깥의 변두리 지역에까지 자신의 무역을 대체로 어떻게 밀고 나갔는지를 알기는 쉽다. 대부분의 경우, 성공은 무력으로 성취되었다 : 1757년에는 인도에서, 1762년에는 캐나다와 아프리카 해안에서 영국은 자신의 경쟁자들을 분쇄했다. ……영국의 높은 국내가격은……영국으로 하여금 가격이 낮은 지역에서……원자재를 구매하도록 만들었다.[66]

7년전쟁에서 슈아죌이 추구했던 것은 바로 이것을 막는 것, 즉 잉글랜드가 "공해상에서 전제적인 권력"[67]을 창출하지 못하도록 하는 것이었다.

영국은 전쟁에서 승리했음에도 불구하고, 완전한 승리에는 이르지 못했다.[68]

---

66) Braudel(1984, 575-578)은 아카리아 드 세리온을 인용한다 ; 또한 Frank(1978, 214-218) 참조. Deane(1979, 10)은 1770년대의 잉글랜드인과 프랑스인의 생활수준을 비교함으로써 간접적으로 아카리아 드 세리온의 분석을 확인한다. "평균적인 잉글랜드인이 상대편인 프랑스인보다 상당히 더 잘살았다는 것에는 의심의 여지가 없는 것 같다." 이러한 대륙측의 경쟁 불능은 영국이 누렸던 것과 같은 국내시장의 이점의 부정적 측면이다.
67) Meyer(1979a, 211)에서 인용. 메예르는 프랑스의 정책은 전쟁기간 동안 공해의 중립을 주장하는 것이었다. 그러나 중립이라는 목표 그 자체가 군사적인 약세의 척도이다.
68) "파리 조약은 에스파냐를 예외로 할 때 영국을 세계에서 가장 위대한 식민세력으로 자리

슈아죌과 마찬가지로 세계무역을 둘러싼 이 싸움이 당시 결정적임을 분명히 알고 있었던 피트는 조지 2세의 사망 직후인 1760년에 관직에서 쫓겨났다. 평화가 도래했으나 피트와 그의 동료들에게는 너무 이른 것으로 보였는데, 그들은 뉴펀들랜드 앞바다의 대(大)어장에 대한 조업권과 과들루프 섬과 마르티니크 섬을 프랑스에 반환한 것을 개탄했다. 파리 조약에 관한 토론에서 시티(City : 런던의 상업 및 금융 중심지/옮긴이) 상인들의 지지를 받던 피트는 이렇게 호통쳤다 :

> 장관들은 프랑스가 오로지 그것 때문만은 아니지만 주로 제해권과 상업권 때문에 우리를 두려워한다는 근본적인 대원칙을 망각하고 있었던 것 같다.[69]

자본주의 세계경제 내부의 경쟁적 투쟁에서 국가의 적절한 역할에 관심을 집중시키고 있었던 사람들은, 프랑스에서 얼마 안 있어 좌절한 것으로 판명되었듯이, 이 시점의 영국에서도 좌절했던 것 같다 :

> 모든 것은 그들이 장악한 것같이 보였으나 그들은 실패했는데, 이는 그들에게 정치권력이 없었기 때문이다. 패배한 상태에서 그들은 정부의 제도와 방법에 그들의 관심을 기울였다. 부르주아 급진파의 시대가 밝아오고 있었다.[70]

그러나 피트와 그의 동료들이 바랐던 것만큼 프랑스의 해외의 경제적 토대가 아직 파괴되지는 않았지만, 적어도 영국은 핵심적인 전략상의 요충지 —— 캐나

잡게 만들었다.……[그러나] 프랑스에 대한 영국의 식민과 항해의 우월성은……아직 도전을 훨씬 뛰어넘을 정도는 [아니었다]." Anderson(1965, 252).
69) Plumb(1956, 104)에 재인용 ; 또한 Barr(1049, 195) 참조. 어째서 피트의 견해와 시티 상인들의 견해가 우세할 수 없었던가에 대해서 의아심이 든다면, 다른 이해관계가 작용하고 있었음을 기억해야 한다. J. R. Jones(1980, 222)는 이렇게 논평한다 : "영국의 상인들과 서인도의 지주들은 그 결과가 보호받고 있는 해외시장에서의 경쟁을 증가시키리라는 이유에서 카리브 해의 정복지를 병합하는 데 열의를 보이지 않았다 ; 마르티니크 섬과 과들루프 섬은 영국의 플랜테이션들에 의해서 부과된 가격을 하락시킬 수 있고, 그래서 쿠바가 보다 더 효율적인 대규모 생산지가 될 가능성이 있었다."
70) Plumb(1950, 115).

다, 도미니카, 세인트 빈센트, 미노르카, 세네갈 해안의 일부 그리고 물론 벵골 —— 를 확보했다. 프랑스는 즉각 유럽 외교의 세력균형의 메커니즘에 호소함으로써 그 효과를 감소시키려고 노력했다.[71] 1768년 코르시카의 병합은 지중해에서 상황을 만회하는 데에 일조했다.[72] 그러나 이것은 두 가지 결정적인 면에서 프랑스 경제의 붕괴를 역전시키기에는 불충분했는데, 이러한 붕괴가 프랑스 경제를 파멸시킬 것이었다.

첫째, 7년전쟁은 삼각 무역 즉 노예무역과 영국에서 잘 작동하고 있었다고 우리가 알고 있는 면직물 제조업자들을 서로 연결시켜주던 프랑스 대서양 연안에 위치한 상업-공업 단지의 상승세를 꺾어버렸다. 파리 조약이 체결되기 전의 20년 동안 "근대적인 경제발전의 최전선"[73]에 위치해 있었던 것이 바로 낭트와 같은 프랑스의 항구도시들이었다. 그러나 7년전쟁은 "재앙을 불러왔고", 해상봉쇄는 "가장 빠르게 성장하는 부문"에 타격을 주었으며, 전쟁의 종식은 "[기업정신이 사그러들고 기업가들이/옮긴이] 더욱 몸을 사리는 풍조"의 출현을 가져왔다. 그리하여 이 전쟁은 경제에 하나의 "전환점"을 찍었다.[74]

---

71) McNeil(1982, 157) 참조 ; 또한 Anderson(1965, 254 이하) 참조. 그러나 프랑스의 외교적 지위는 1763년의 패배로 크게 약화되었다. "유럽의 궁정들에서 의식이 거행될 때, 영국의 외교사절들은 7년전쟁의 결과로 프랑스에 대한 우월권을 요구했고 인정받았는데, 이는 때로는 아주 치욕적인 과시에 이를 정도의 관행이었다." Bemis(1935, 9).
72) Ramsey(1939, 183) 참조. 그러나 슈아죌은 포클랜드(생-말로) 제도가 마젤란 해협과 혼곶에 대한 접근을 좌우했기 때문에 이 섬들을 영국에 양보하기보다는 차라리 새로운 전쟁을 감행하려고 했던 1770년에 관직에서 쫓겨났다. Guillerm(1981, II, 451) 참조.
73) Boulle(1972, 109). 그는 이렇게 주장한다(p. 93) : "노예무역 덕분에 근대산업의 두 모터인 저렴한 값(cheapness)과 양(quantity)이 낭트에서 이용 가능해졌다. 그리고 몇몇 사람이 독점하는 노예무역에 의해서 축적된 자본도 그러했다."
74) Boulle(1972, 103, 106, 108, 111). Dardel(1963, 52)은 루앙에 대해서 똑같은 종류의 경제적 역전을 보고하지만, 그 역전의 시점을 1769년으로 잡는다. Bergeron(1978e, 349)은 프랑스의 해양경제는 수공업자와 농민들에 기반을 둔 진정한 프랑스에서 주변적인 것이었다는 생각은 "지나치게 단순한" 것이라고 말하면서, 18세기 말 양자 사이의 "복합적이고도 아주 중요한 유기체적인 연관성"을 주장한다. 그러나 대서양 연안의 프랑스에 가해진 손실이 보다 큰 규모로 다른 지역들에서 심각한 반향을 불러일으킨 것은 그후에 가서였다.

둘째, 이 전쟁은 경상수입과 정규적인 지출 간의 균형을 영원히 깨버림으로써 국가의 재정을 근본적으로 "혼란에 빠뜨렸다." 그리하여 국가는 채권자들에게 더 많은 양보를 해야만 비로소 얻을 수 있었던 미래의 수입에 의존해서 국가재정을 꾸려나가는 위험한 길로 접어들었다.[75] 비슷한 상황에 있었던 다른 나라들과 마찬가지로, 이것은 프랑스의 국가를 악순환에 빠뜨렸다.

7년전쟁 이후의 시기는 세계무역의 전반적인 침체기로, 일종의 콘드라티예프-B 시기였으며, 세계경제는 1792년경에 가서야 그것으로부터 완전히 벗어났다.[76] 그러나 경제의 호전에서 유리한 입장을 차지할 수 있는 최상의 위치에 있었던 것은 프랑스라기보다는 영국이었고, 이러한 사실은 1780년대에 이르러서는 분명해졌다. 우리는 이러한 유리한 입장을 차지함으로써 비로소 가능해진 농업과 공업의 발달을 이제 살펴보게 될 것이다. 그러나 영국이 증대하는 해외시장을 놓고 벌인 프랑스와의 오랜 투쟁에서 확보한 정치적-전략적 이점이 영국의 부상(浮上)에 얼마나 근본적이었는지를 명심하는 것이 좋은데, 이 점의 중요성을 허배컥은 잘 표현하고 있다:

> 1780년대의 잉글랜드의 수출의 가속화는 물론 어느 정도로는 기술향상의 결과이다. 그러나 적어도 면직물에서 이러한 향상은, 상당한 정도로는, 영국이 수십 년 전부터 급속히 증대하고 있었던⋯⋯시장과 연결되어 있었다는 사실의 결과였다. 대륙의 직물공업은⋯⋯수요의 증가가 훨씬 느린 시장을 대상으로 했고, 이러한 이유로 인해서

---

75) Morineau(1980b, 298). 뤼티는 프랑스 재정에 대한 7년전쟁의 영향을 "18세기의 1914년"이라고 불렀다. Bergeron(1978b, 121)에서 인용. 또한 7년전쟁을 "18세기 프랑스 재정사의 전환점"으로 보는 Price(1973, I, 365) 참조.

76) 7년전쟁 그 자체는 해외의 군복무 자체가 증가된 수출의 커다란 원인이 되었기 때문에 기왕의 세계무역의 팽창의 원동력의 하나였다. 이러한 효과의 일부는 평화시에까지 전달되었다. Davis(1969, 114)는 "[1763년 이후] 시기에 [영국의] 증가된 대 아메리카 수출 가운데 어느 만큼이 식민지들에서 전쟁 이전보다 훨씬 더 큰 규모로 유지되었던 주둔군의 수요에서 비롯된 것인지"에 대해서 의아해한다.

어쨌든 이런 이월효과는 불충분했다. 이것이 1760년대에 시작되었는지(Cole, 1981, 39-43; Crafts, 1981, 16; Crouzet, 1980, 50-51; Fisher, 1969, 1601; Frank, 1978, 170-171) 아니면 단지 1770년의 일인지(Labrousse, 1944, xxiii; Davis, 1979, 31-32)의 여부에 대해서는 다소의 논의가 있지만, 상업상의 하강은 있었다.

대륙의 직물공업은 기술과 조직화의 방법을 향상시킬 동일한 필요성에 직면해 있지 않았다.[77]

프랑스의 엘리트들 —— 지식인, 관료, 농업경제학자, 생산업자, 정치가 —— 이 영국보다 다소 "뒤처졌다"는 느낌을 표현하기 시작하고, "따라잡는" 방법을 모색하기 시작했던 것이 바로 이 시점, 즉 1760년대인 것 같다. 현재 우리가 알고 있는 바에 비춰볼 때 그와 같은 느낌은 십중팔구 과장되었지만, 그렇다고 해서 그것이 당시의 사회적, 정치적 행동에 미친 영향을 완전히 지워버리는 것은 아니다. 농업에서, 이것은 세 개의 중요한 사회정치적 노력 —— 농지의 개간, 곡물 가격의 "자유화", 농업개량 —— 을 뜻했다.

농지의 개간은 공동지의 분할과 공동사용권(특히 의무적인 공동방목권)의 폐지라는 두 가지 형태를 취했다. 프랑스 국가의 법적 취약성 때문에 이러한 개혁의 노력은 지방 단위로 진행되어야 했다. 그로 인한 혼란에도 불구하고 지방단위의 칙령에 의해서 1766년에서 1777년 사이에는 공동방목권의 종식 그리고 1769년에서 1781년 사이에는 공동지의 분할에 관한 잇따른 법적 공인(公認)이 있었다. 절대왕정은 여러 가지 방법으로 그것을 지원했다. 황무지를 개간하는 것에는 재정적 동기가 작용했고 황무지의 개간은 토지의 강탈을 한층 더 조장했다. 블로크는 이러한 노력이 부분적으로 영국의 의회 인클로저를 모방하려는 의도적인 노력이었음을 지적하면서 그러한 노력을 "웅대하다"고 불렀다. 그러나 그가 관찰했던 대로, 개혁가들은 "예상치 못했던 어려움"에 부딪혔고, 그래서 "소심함과 의기소침의 물결"이 그것에 때이른 종말을 가져왔다.[78] 이러한 개혁의 실패는 의문의 여지가 없다.[79] 그러나 그 실패를 단

---

77) Habakkuk(1965, 44). 또한 잉글랜드가 폐쇄경제였다면 어떠했을지에 대해서 추측하고 있는 Cole(1981, 41) 참조 : "[1800년에] 산업국가가 되어가는 도상에 놓이는 대신에, 아직 여행을 시작하지도 못했을 것이다."
78) Bloch(1952, I, 226). 그의 이전 논문(1930, 381)에서, 블로크는 동일한 주제를 강조했다 : "구체제 말년의 농업정책의 주조는 결정적으로 소심함이었다." "어려움"의 하나인 농민의 저항에 대해서는 Gauthier(1977, 59-60) 참조.
79) Sutton(1977, 256) 참조 : "황무지의 전체 면적과 프랑스 농업생산 전체에 대해서 30만-

순히 전통에 대한 숭배 탓으로 돌려야 하는가? 의심의 여지 없이 개혁은 (사냥지역과 같은) 일정한 "봉건적" 특권을 유지하려는 욕심 때문에 생긴 두려움을 낳았으나 개혁에 대한 반대의 주요 원인은 명백히 물질적 이익에 대한 위협에 있었다.

공유지의 분할은 토지분할법(droit de triage)을 통해서 토지의 3분의 1을 획득할 수 있었던 대토지 소유자들의 전반적인 지지를 받았다. 무토지 노동자들이나 거의 토지를 가지지 못했던 자들 역시 토지 분할에서 다소 이익을 볼 수 있었으나, 단 분할의 몫이 기존의 토지소유 규모에 비례하지 않는 경우에만 그러했다. 토지 분할에 가장 강력하게 반대하는 경향을 보였던 것은 일반적으로 중농들(laboureurs)이었는데, 왜냐하면 그들이 늘릴 수 있었던 토지는 그들이 잃는 방목권에 비하면 아무것도 아닌데다가, 가장 가난한 사람들에게 분배되었던 토지는 아무리 적다고는 해도 중농의 노동시장에서 이들 가장 가난한 사람들을 제거할 위험성이 충분히 있었기 때문이다. 프랑스의 중농은 그리하여 영국의 요먼과 똑같이 프롤레타리아화의 방향으로 나아가게 되어 있었다. 실상, 르 루아 라뒤리는 18세기 영국이 아닌 프랑스에 대해서 이야기하면서, "[18세기의/옮긴이] 프롤레타리아화가 [17세기의/옮긴이] 공동묘지를 대체했다"[80]고 말한다.

그러나 쟁점이 공동사용권(공동방목권과 인근토지방목권)의 폐지였을 때에는, 정치적 이해관계가 [공동지의 분할 때와/옮긴이] 달랐다. 무토지 노동자 또는 소규모 토지소유자들은 공동사용권의 폐지로부터 얻을 수 있는 이익이 하나도 없었다.[81] 그와 같은 권리들의 제거는 그가 가지고 있는 아주 적은 수

35만 헥타르의 추가는 토지개간의 정부정책에 매우 제한된 성공을 의미할 수 있을 뿐이다." 또한 잉글랜드와 프로이센에서와는 달리, 18세기에 농민의 소토지(lopin)는 단지 "주변적으로만 위협을 받는다"고 말하는 Le Roy Ladurie(1975, 582) 비교. 그러나 Sée(1923b, 49 ; 비교 1908, 1913)는 국가간섭의 감소에도 불구하고 영주의 강탈은 "우리가 혁명의 해에 접근하면서 악화되었을 뿐"이라고 지적한다.

80) Le Roy Ladurie(1975, 440 ; 또한 415-416 참조) ; 그리고 Bloch(1952, I, 229-235) 참조.

81) 이것은 비록 공동지가 분리되지 않은 경우에도 사실이었는데, 왜냐하면 Bloch(1930, 523)가 지적하듯이, "거의 어느 곳에서도 공동지가 충분치 않았기" 때문이다. 질이 좋은 경작

의 가축을 위한 목초지를 더 이상 가지지 못함을 의미했다. 기존 협정의 "호혜주의"로 손해를 보다가 인클로저로 이익을 보게 된 것은 바로 중농, 특히 상당 규모의 경작지를 지니고 있었던 중농들이었다.[82] 그러나 이 문제에 관해서 대지주들은 생각이 나뉘어 있었다. 대지주들에게 속한 단위토지들이 분산되어 있는 경우에는 이러한 공동사용권이 토지를 거의 가지고 있지 않거나 아예 없는 농민들에게만큼 대지주들에게도 유익했다. 비록 그러한 농민들보다 대지주들에게 더 유익하지는 않았지만 말이다. 그러나 그들의 토지가 집중되어 있었던 경우, 대지주들은 공동방목권으로 손해를 보았다.[83]

그러나 상황에 대한 이러한 기술(記述)이 우리가 잉글랜드에 대해서 할 수 있는 기술과 다른가? 하나의 근본적인 점에서는 분명히 그렇다 : 단위토지들의 분산의 정도가 프랑스에서 훨씬 컸으며,[84] 이것은 우리가 보게 되듯이 대지주들의 태도에 영향을 줄 수 있다. 하지만 그렇다면 왜 프랑스의 지주들은 잉글랜드의 인클로저 법에서 흔히 행해졌던 조치처럼 입법권을 지닌 칙령에 의해서 토지를 단순히 재편하려고 하지 않았을까? 블로크는 다음과 같은 답변을 제시한다 :

지에 대한 호혜주의의 의심스러운 이점에 대해서는 Meuvret(1971b, 179) 참조. 그러므로 "그들의 저항에 만장일치였던, [노동자들(manoeuvriers)은] 모든 곳에서 농촌의 저항의 특공대를 형성했다." Bloch(1952, I, 228) ; 또한 Sée(1923b, 76) 참조.

82) Bloch(1930, 531)와 Meuvret(1971b, 179) 참조.
83) Bloch(1952, I, 230) 참조. 그는 대지주들이 공동방목권을 특히 강하게 지지하고 있었다고 지적한다. 공동지와 휴한지에 거의 무제한의 가축을 놓아먹일 수 있는 권리를 그들이 권력의 남용으로 획득했던 프랑슈-콩테 지역에 관하여 말하면서, 블로크는 다음과 같이 말한다 : "경제의 변화가 가축 사육자들로 하여금 귀중한 판로를 얻게 하고 동시에 자본주의적인 운영방식에 모든 문을 개방케 했기 때문에 이러한 농장들은 한층 더 돈벌이가 되었다."

Meuvret(1971d, 195-196)는 휴한지에서의 공동방목권과 경작된 경지에서의 공동방목권을 구분해야 한다고 주장하는데, 왜냐하면 사실 휴한지는 양을 위해서 이용되었고 경작된 경지는 뿔이 달린 동물을 위해서 이용되었기 때문이다. 그가 소유한 대규모의 양떼와 모직물의 이윤 획득 가능성 때문에, 휴한지에서 공동방목권을 폐지하는 것은 대지주의 이해관계와 맞지 않았다.

84) Meuvret(1971d, 196) 참조.

보유토지(tenures)의 가장 큰 부분에 영구소유권이 결코 주어지지 않았던 나라에서 그와 같은 강제[재편]를 꿈꾸는 것이 자연스러웠을까? 경제학자들, 행정가들은 그것이 가능하다고는 생각조차 하지 않았다.[85]

다시 한번, 프랑스에서 기존의 소유권을 지배하던 강력한 규칙들이 소유권이 프랑스에서만큼 깊이 뿌리를 내리지 **못했던** 영국에 비해서 프랑스의 "불리한 점"이었음이 입증된다. 그 규칙들은 프랑스에서의 토지 강탈에 효과적으로 저항하는 것을 가능케 했다.

농산물 가격의 자유화에 대한 설명에서도, 우리는 또다른 하나의 아이러니를 발견한다. 스미스의 「국부론(*Wealth of Nations*)」을, 그것이 출판되기도 전에 먼저 실현하려고 했던 것은 잉글랜드가 아니라 프랑스였다. 프랑스 정부가 식량 공급의 전통을 깨고 "곡물의 자유주의"를 수립했던 것은 1763년 5월 포고령과 1764년 7월 칙령에서였다. 포고령은 프랑스 전국의 자유로운 유통을 창출했고, 칙령은 곡물과 밀가루의 자유로운 수출을 허용했다.[86] 이러한 법령들은 대체로 1763년의 "치욕적이고……사기를 꺾고, 질서를 파괴시킨" 패배에 대한 대응이었다. 그것들은 오랜 전통과의 "결정적 결별"을 뜻하는 "하나의 센세이셔널한 사건"이었다. 그러나 그것은 오래 지속되지 않고 1770년에 경제적 어려움이 시작되면서 끝났으며, 이때 수입을 또다시 금지하는 법령이 7월 14일에 아주 적절히 선포되었다.[87]

곡물의 자유주의가 가격을 하락시키고 지역간의 가격을 평준화하고 해마다의 가격 변동을 줄이기 위해서 시도되었다면, 그것은 그 짧은 역사 동안 이러한 목표들을 달성하는 데 크게 성공하지 못했다. 라브루스는 그것의 "미미한 효과"를 운송의 "어려움"으로 인해서 야기된 객관적인 경제적 제약으로 설명한다. 그러나 이것은 우리가 중농주의적 주장을 정치적인 설명으로 받아들

---

85) Bloch(1952, I, 236).
86) Kaplan(1976, I, 93)은 당시의 한 저명한 브르타뉴의 치안판사의 말을 인용하는데, 상당히 전위적으로 보이는 말투로 그 판사는 이 칙령이 "유럽 공동 시장"으로의 프랑스의 진입을 의미한다고 말했다.
87) Kaplan(1976, I, 145, 163).

이는 것을 전제로 한다.[88] 그러나 카플란은 그 계획이 그것의 "급진성" 때문에 사람들을 놀라게 했음에도 불구하고, 매우 "전통적이고 보수주의적인" 지주들의 지지를 이끌어냈다는 사실을 우리에게 상기시키는데, 이들은 자유주의 이데올로기에 관심이 있었던 것이 아니라 곡물 무역으로부터 발생하는 즉각적인 이윤에 관심이 있었던 사람들이었다.[89] 곡물의 자유주의가 토지임대의 이익이 토지소유자들에게 불리하게 돌아가고 차지인에게 유리하게 돌아갔던 시기라고 라브루스가 지적한 바로 그 시기(1763-70)에 선포되었다는 것이 완전한 우연일까? 곡물의 자유주의는 전체 판매량을 늘림으로써 이윤수준을 유지하려는 하나의 조치로 간주될 수 있었는데, 이러한 조치는 지대가 상승하고 직접생산자들의 이윤이 하락하고 있었던 1770-89년의 시기에는 필요성이 줄어들었다. 튀르고 치하에서 1774년에 곡물의 자유주의가 잠깐 재등장한 것은 토지소유 계급의 필요 불가결한 정치적 지지를 받지 못한 채 이번에는 밀가루 전쟁(guerre des farines)이라는 강력한 민중의 반발에 부딪혔다.[90] 1776년에 튀르고는 그 이전에는 제외되었던 파리에까지 자유로운 거래를 확장시키려고 했으나 곧 공직에서 밀려났다.

그렇다면 곡물거래에서의 이와 같은 개혁의 실패가 봉건세력들의 힘의 결과였을까? 사람들은 그들의 주요 수입원인 지대수입이 "급격히 증가하고" 있었던 "행복한 토지 귀족"에 대한 라브루스의 다음과 같은 언급을 경청하려고 하지 않는다.

토지자본주의는 단순히 강력한 사회 은신처의 역할을 담당하고 있었던 것이 아니다.

---

88) Labrousse(1933, 122, 124).
89) Kaplan(1976, II, 687). 곡물의 자유주의는 그것이 가격 상승과 그로 인한 보다 높은 세금을 끌어내리라고 생각했던 왕의 조언자들에게도 지지를 받았다. 그러나 이것은 "무시무시한 오류로 입증되었다." Hufton(1983, 319).
90) "중농학파인 튀르고가 원하던 바였던 공급과 수요에 의해서 규제되는 엄청난 곡가에 대해서, 보통의 노동자(manoeuvrier) 대중, 특히 수공업자들은 '민중의 도덕경제'의 이름 아래 정당가격을 요구했다." Le Roy Ladurie(1975, 388). Riley(1987, 237)는 곡물의 자유주의(또한 평화시의 세금 삭감)를 "경제적 팽창을 자극하려는 실험", 즉 "위험하다"고 입증된 실험으로 간주한다.

그것은 공격하고, 놀라운 속도로 전진하고, 그래서 그 앞에서 농민의 이윤은 엄청나게 저하된다.[91]

그렇다면 우리가 토지의 소유권과 투자에 관심을 돌린다고 해서 하등 놀라운 일은 아닐 것이다.[92]

프랑스에서의 곡물의 자유의 (합법성과 대비되는) 현실성은 영국과 비교할 때 얼마만큼의 차이가 있었을까? 모리노가 말하듯이, "통계가 없기" 때문에 우리는 곡물 수출의 비교치에 관해서 자신 있게 이야기할 수 없는 것이 사실이다. 그러나 그가 말하듯이, 어떤 경우이든 간에 프랑스의 공급과잉 지역(예컨대 브르타뉴와 랑그도크)에서 공급부족 지역으로 곡물이 수송되고 있었으며,[93] 그래서 결과적으로 외국무역의 수치만으로는 적절한 비교의 기반이 될 수 없다는 사실을 무시해버리면 문제를 "제대로 제기할" 수 없다.

우리가 경제적 개량이라는 개혁의 제3의 투쟁무대로 눈을 돌릴 때, 일등상은 흔히 영국에게 주어진다. 사실, 부르드는 18세기 프랑스 농경학자들에게 미친 잉글랜드의 영향력에 관한 연구에서, 농업경영 그 자체에 대한 잉글랜드의 영향력은 거의 없었으며, 영향력이 있었다면 그것은 "경제사적 사실이라기보다는 사상사적 사실"이었다는 주장으로 결론맺고 있다.[94] 그렇지만 세 가지 언급이 가능하다. 첫째, 잉글랜드에서 농업경영의 발전은 사실이긴 하지만, (우리가 이미 지적한 대로) 흔히 주장되어온 것만큼 "혁명적"이지 않았

---

91) Labrousse(1944, xxxv). 또한 동일 시기의 부르고뉴에 관한 Saint-Jacob의 기술(1960, 428, 569) 참조. 그는 영주적 반동의 장본인인 마름의 증가하는 역할을 기술한다. "그 시점부터 농민의 눈에 영주권은 마름이다." 그러나 비귀족 자본주의적 농업경영자의 이러한 성공적인 등장은 영주권을 파멸로 이끌어갈 것이다. "봉토의 거만한 기업가가 되었던 마름은 영주권의 평판을 떨어뜨리는 것으로 끝을 맺었다."
92) Bourde(1967, III, 1609) 참조.
93) Morineau(1971, 325-326 ; 비교 Lefebvre, 1939, 115-116).
94) 사실 Bourde(1953, 217-218)는 프랑스 농업경영의 후진성이 19세기에도 지속되었다고 주장함으로써 그것에 대한 설명으로서의 "봉건제"의 무죄를 밝히고 있다. 그러므로 그는 "프랑스 농민의 전통적인 멘탈리티"를 "프랑스에 특유한 지리적 조건"으로 돌리는 설명을 제안한다.

다.⁹⁵⁾ 둘째, 잉글랜드의 토양이 프랑스보다 새로운 사료작물에 더 효과적이었다.⁹⁶⁾ 셋째, 잉글랜드의 새로운 농법은 노동자 일인당 생산성을 증가시킨 것이 아니라 단지 단위면적당 생산성을 증가시켰다.⁹⁷⁾

그러므로 1763-89년의 시기에 프랑스 농업에서 시도된 중농주의적 개혁의 실패를 해석할 수 있는 다양한 방식이 존재한다. 프랑스와 영국 사이의 실제적인 차이는 과장되어왔다. 그 차이가 실제로 있었던 정도로, 프랑스에서 토지소유/대규모 마름들이 개혁에 대해서 망설였던 것은 즉각적인 이윤의 가능성을 최대한으로 이용하려는 합리성의 반영이었다. 프랑스의 하층민은 자본주의적 착취를 더 이상 확대해나가는 것에 대한 반대에서 영국의 하층민보다 어떤 측면에서 더 성공적이었다. 아마 세 개의 명제 모두가 사실일 것이다.

공업이라는 투쟁무대의 상황은 어떠했을까? 여기에서도 프랑스가 뒤처져 있었다는 견해가 광범위하게 퍼져 있는데 —— 이런 견해는 당시의 견해이자 그 이후 분석자들의 견해이기도 하다. 이러한 견해는 얼마나 정확한 것일까? 영국의 면직물 공업의 성장이 이러한 분석의 중심 부분을 차지한다. 우리는 18세기 대부분의 시기에 면직물 공업은 잉글랜드가 아니라 프랑스에서 더 규모가 컸을 뿐만 아니라 1732-66년 사이에 프랑스 면직물 공업의 규모가 두 배로 증가되었다는 사실을 기억하는 것으로 시작해야 한다. 규모가 적었던 잉글랜드의 면직물 공업은 보호주의적인 1700년의 반(反)인도법에 의해서 성장하기 시작했으며 그것의 성장은 "7년전쟁 이후인 1760년대 중반에 가서야 비로소 가속되었다."⁹⁸⁾ 여러 저자들은 영국의 급성장은 1780년대에 가서야 이루

---

95) Bergeron(1978c, 226-227)은 우리에게 이렇게 환기시킨다 : "끝으로 '농업혁명'이 있었다면 그것은 잉글랜드에서였는가? 18세기의 잉글랜드는 플랑드르나 홀란트에 비해서 이 분야에서 단지 지체를 극복하고 있었다." 더욱이, 물론 1760년 이후의 프랑스는 북프랑스에서 여러 가지 동일한 혁신을 이루었다. Slicher van Bath(1963, 279-280) 참조.
96) O'Brien & Keyder(1979, 1293-1294) 참조. 그들은 또한 프랑스의 보다 높은 인구밀도가 많은 지역을 곡물 생산과 노동집약적인 기술에 몰두하도록 만들었다고 주장한다.
97) Timmer(1969, 392) 참조. 그는 이렇게 주장한다 : "[잉글랜드의] 농업혁명은 명백히 공업노동자군에 잉여노동을 공급하지 않았다. 그것은 급속히 증가하는 인구에 식량을 제공했고 증가된 농업과 공업의 노동력은 급속히 증가된 인구에서 보충되었다."(pp. 384-385)
98) Davis(1973, 311) ; Rostow(1971, 54)에 들어 있는 1697년에서 1831년까지의 영국의 면-

어졌다고 말한다.[99]

우리는 또한 17세기에 시작하여 19세기에 이르기까지 유럽에는 중소 규모의 자본 축적에 기반을 둔 소규모 농촌공업의 광범위한 증가가 있었다는 사실을 기억해야 한다.[100] 밀워드와 솔은 1780년에 유럽에서 "가장 공업화된 지역"은 영국이 아니라 여전히 "릴, 루앙, 바르셀로나, 취리히, 바젤, 제네바 주변의 농촌지역"[101]이었다는 사실을 우리에게 환기시킨다. 그리고 틸리는 이른바 원산업화에 대한 이제 엄청나게 많아진 문헌들을 요약하면서 1650년에서 1850년에 이르기까지 "대규모 공장과 대자본은 상대적인 몰락을 경험하고 있었다고 할 수 있다"[102]고 말한다.

모 수입에 관한 수치들 참조.
99) Nef(1943, 5) 참조 : "1735년경부터 1785년까지의 공업적 변화의 속도는 영국이 프랑스보다 더 빠르지 않았다.……18세기 경제사에서 주목할 만한 점은 경제의 발전속도와 변화가 일어나는 방향 모두에서 차이보다는 유사점이 더 많다는 것이다." Nef(1968, 971)는 또 1735-85년의 시기에 전반적인 생산, 특히 철강공업은 영국보다 프랑스에서 더 급속히 성장했다고 주장한다. 또한 Wadsworth & Mann(1931, 193), Bairoch(1974, 24), O'Brien & Keyder(1978, 57-60), Cole(1981, 36), Crafts(1981, 5) 참조.

Cole & Deane(1966, 11)은 "혁명이 발발할 무렵 (그리고 아마도 그 이전 세기 전체에 걸쳐), [프랑스는] 평균생산성에서 [영국보다] 뒤졌다고 주장한다. 그러나 [그들은 첨언한다] 양국간에 벌어진 차이는 근대적 기준으로 볼 때 크지 않았다." 더욱이 그들은 프랑스가 "강력한 과학적 전통"을 기반으로 "유리한 입장"에 있었다고 본다. Mathias(1979, 54-55) 참조. 또한 18세기에 "강력하고 활동적인 쇄신의 힘"이 프랑스를 가로질러 갔다고 말하는 Léon(1974, 407) 참조. 그는 "공업의 진보, 공업성장의 현실은 이 두 영역에서 유럽 국가들 가운데서 1등을 차지하게 한 재능을 확실히 보여주고 있는 나라에서 더 이상 증명될 필요가 없다"고 주장한다.
100) Wallerstein(1080, 193-200) 참조.
101) Milward & Saul(1973, 94). 프랑스에서 "오베르캄프 모델(Oberkampf model)"이라고 부른 것에 관해서는 Le Roy Ladurie & Quilliet(1981, 375) 참조.
102) Tilly(1983, 130). 이렇게 된 이유의 하나는 선대제가 새로운 공장제에 부분적으로 병합된 데에 있었다. "직물 기업가는 우리가 부품판매소(service station)라고 명명할 수 있는 것일지도 모른다.……염색공과 끝마무리공들은 상인에게 속한 옷감을 가지고 작업한다 ; 소모사 소모공이나 방적공은 모를 받아다가 소모처리를 하거나 직물을 짜서 되돌려 보낸다. 이와 같이 선대제는 '푸티(puttee)'(상인에게 일감을 받아다가 완성해서 되돌려주는 사람/옮긴이)가 가내 수공업 기술자라기보다는 공장의 직공과 같은 역할을 수행하게 하는 놀라운 적응능력을 보여주었다." Heaton(1972, 86).

이런 맥락에서 볼 때, 소위 산업혁명이라고 불리는 것은 사실상 규모를 증가시키려는 노력에 따른 주도 공업의 재도시화 및 재집중화로 간주되어야 한다. 그렇다면 정의상 하나나 두 개의 지역이 그와 같은 노력의 장소가 될 수 있다. 프랑스와 영국 사이의 싸움은 어느 나라가 세계경제의 새로운 팽창으로 그 이윤이 엄청날 이러한 반대방향으로의 길을 트는 데 성공할 수 있었냐였다.

영국이 프랑스에 앞서서 이 반대방향으로의 움직임의 과정을 시작했다는 것조차 확실하지 않다.[103] 공업의 규모에서 18세기에 보다 "규모가 큰 생산단위"를 가지고 있었던 것은 영국이 아니라 프랑스였다.[104] 그럼에도 불구하고 1780-1840년의 시기에 영국은 다른 모든 나라들을 희생시키면서 그리고 가장 직접적으로는 프랑스를 희생시키면서 보다 규모가 크고, 상대적으로 더 기계화된, 비교적 높은 이윤[105]의 세계경제의 공업부문의 중심적인 위치를 차지할 수 있었다.[106] 이와 같은 일이 실제로 어떻게 일어났는가?

유명한 "기계장치의 물결, 즉 프랑스보다 영국에서 더 높았던 물결의 결과로 —— 1780년대에 면직물 공업 생산에서 영국의 상대적인 효율성이 급격히

---

103) Roehl(1976)은 심지어 이러한 이른 출발이 그것의 불리함이었다고 암시하면서 정반대로 주장한다. 마르체우스키(Garden, 1978a, 16에 재인용)는 모든 변형 공업을 고려하면서 1780-90년에 공업은 프랑스에서 생산되는 모든 가치의 42.6퍼센트였다고 주장한다. 프랑스 경제성장에 관한 최근의 수정주의적 문헌들에 대한 검토는 Cameron & Freeman (1983) 참조. 초기의 저술가들과 수정주의자들 사이의 입장은 Crafts(1984) 참조. 룈에 대한 비판과 그 답변에 대해서는 Locke(1981)와 Roehl(1981) 참조.
104) 그러나 "18세기에 질이 '대규모 자본주의적 기업'이라고 불렸던 것은 프랑스 공업활동의 60-65퍼센트를 차지하던 직물 생산에서가 아니라 광산, 야금공업, 운하 그리고 화학공장에서 나타났다." George V. Taylor(1964, 493).
105) 1810년에 간행된 「브리태니커 백과사전」의 제4판은 이 점을 뽐낸다 : "동인도의 원면은 5기니 어치의 무게 1파운드의 실로 짜여진다 ; 그리고 모슬린으로 직조되고 나서 어린애들에 의해서 자수세공 장식이 들어가면, 15파운드의 가치로 확대된다 ; 원자재에서 5,900퍼센트의 수익이 발생한 것이다." *Encyclopedia Britannica*(1810, 695).
106) "1770년에는 거의 보잘것없었던 면제품 수출은 19세기 전반기에 영국 전체 수출품의 거의 절반을 차지했다. 수출무역에서 면제품의 역할의 변화는 한 세대도 채 걸리지 않은 1800년에 사실상 완성되었다." Davis(1979, 14). 또한 1782년에서 1802년 사이의 영국 수출 패턴의 두드러진 변화에 대해서는 Crouzet(1980, 92) 참조.

증가했다는 것은 분명해 보인다.[107] 굳이 원한다면, 우리는 이것이 더 위대한 "창의력"[108] 때문이었다고 말할 수도 있다. 그러나 이렇게 될 수 있게끔 분명히 도움을 주었던 또 하나의 요인은 이 시점에서 영국이 시장 접근에 유리했다는 사실이다.[109] 이것은 "발전의 극점의 이동 —— 프랑스에서 에스파냐로 —— 이라는 고전적 현상, 브르타뉴와 같이 구식 설비를 갖춘 일부 지방이 완전히 성숙한 모습을 보여준다는 사실로 인해서 분석하기가 어려운 고전적 현상"[110]과 일치하고 있다.

시장에 관해서 고려되어야 할 다른 사항이 있다. 역사가들은 영국의 국내시장의 영향에 관해서 많은 것들을 이야기해왔다. 이것은 언제나 나에게 두 가지 면에서 기이하게 보인다. 판로의 대부분이 해외무역에 있었던 (그리고 해외로부터의 수입에 그토록 의존해 있었으며, 그 일부를 해외로 되팔아야만 했던) 공업에서의 기술혁신을 왜 국내시장으로 설명하려고 하는가? 게다가 프랑스 국내시장의 규모도 컸거나 영국보다 더 크지 않았던가? 레옹은 정확하

---

107) 이것은 여러 번 이야기되었다. Landes(1969, 84-88)의 요약적인 논평을 보라. Lévy-Leboyer(1964, 7)가 "결정적"이었다고 주장한 크럼프턴의 뮬 방적기는 1779년 이후이다. 영국의 생산성의 증가에 관해서는 또한 Hoffman(1955, 32), Nef(1968, 967), Crouzet(1980, 65), Crafts(1981, 8) 참조.

우리가 영국에서 "더 높았다"고 말하는 것은 이 시기의 프랑스에 혁신이 없지 않았기 때문이다. Ballot(1923, 22)는 1780-92년을 "면의 기계화 작업의 결정적인 이식"을 포함한 프랑스 공업의 "개신활동"의 시기라고 말한다.

108) 이것은 Lévy-Leboyer(1964, 24)의 표현이다.
109) "양국은 어느 정도 아프리카와 아메리카의 [면제품] 시장에 의존해 있었으며, 여기에서 1720년 이후의 사건의 경로는 프랑스를 희생시킨 대가로 잉글랜드의 공업에 유리했다." Wadsworth & Mann(1931, 208). "18세기 영국의 엄청난 식민과 해군의 팽창은 프랑스가 가지고 있었던 것보다 더 큰 식민지 시장을 제공했으며 중요한 기술적 혁신이 일어난 것은 면직물 공업에서였다." Milward & Saul(1973, 97). 그리하여 1780년대는 특정한 시장들에 대한 접근에서 역사적으로 획득된 이점, 즉 "중요한 시장들에서 영국에게 경쟁상의 이점을 부여했던 생산물"(Cain & Hopkins, 1980, 474)과 "1780년 이전에 단지 서서히 성숙되었던"(Berrill, 1960, 358) 교역지역에서의 유리한 시장조건을 결합시켰다. 미국 독립전쟁의 종식(사실상 1781년)은 "거대한 도약" 중이었던 영국의 해외무역에 중요한 자극제였다. Perkin(1969, 100). 1780년대 식민지 상업에서 프랑스가 직면한 어려움에 대해서는 Clark(1981, 139)와 Stein(1983, 116-117) 참조.
110) Morineau(1978, 411-412).

게 이 시점에서 왜 영국의 생산성이 이와 같이 비약적으로 증가했는가라는 물음에 대해서 내게는 훨씬 더 그럴듯한 답변을 제시한다. "[프랑스] 국내시장의 흡인력이 해외무역의 역학의 어떤 근본적인 변화에 전력을 다해서 버텼다고 생각할 수는 없을까?"[111] 말하자면 바로 국내의 높은 이윤수준 때문에, 해외에서 경쟁력을 높이고자 하는 압력이 상대적으로 낮았는데 —— 이것이 우리가 이제 곧 살펴볼 1786년의 조약이 왜 그렇게 중요했는지의 이유이다.

"감소하는 비용과 확장 가능한 시장"이 물론 "기술적 진보의 [한층 더 진행된] 가속화에 전략적인 중요성"[112]을 지닌다고 하더라도, 영국은 마지막 이 점 —— 시장에 적극적으로 개입할 준비가 되어 있는 국가기구라는 —— 을 가지고 있었다. 나는 때이른 그러나 흔히 잊혀진 망투의 분석을 상기하는 것보다 더 좋은 방법이 없다고 생각한다:

> 잉글랜드의 면직물 제조업이 외국과의 경쟁에 직면하여 인위적인 보호정책 없이 성장했다고 말하는 것보다 정확하지 않은 것도 없다.……날염된 면제품의 수입은 원산지에 관계없이 금지되었다. 어떠한 보호정책도 그보다 더 완벽할 수는 없었는데, 왜냐하면 이러한 보호정책은 제조업자들에게 국내시장의 실질적 독점을 가져다주었기 때문이다.……그리고 국내시장만이 그들에게 보유되었던 것이 아니라, 그들이 해외시장을 획득할 수 있도록 도움을 주는 조치들도 취해졌다. 수출되는 모든 캘리코나 모슬린 한 필당 ([1781년에는] 조지 3세의 금화 21.40[센트], [1783년에는] 조지 3세의 금화 28.21[센트]의) 상여금이 주어졌다.……외국에 [새로운 기계의] 수출을 금지하는 엄격한 조치가 취해졌다.……면직물 공업의 역사가 자유방임의 교리의 근거를 제공한다는 것이 사실일지라도, 그러한 근거가 초창기에 발견될 수 없으리라는 것은 분명하다.[113]

그럼에도 불구하고 이러한 모든 점을 감안해도, 영국의 이점은 그렇게 크지 않았다. 레비-르부아예가 말하듯이, "영국인들은 그들의 기술적, 재정적

---

111) Léon(1974, 421).
112) Deane & Cole(1967, 35).
113) Mantoux(1928, 262-264). Thompson(1978a) 참조; 또한 영국의 입법부가 제정한 최대의 기술수출 금지 시기는 1780년대에서 1824년까지였다고 지적하는 Jeremy(1977, 2-5) 참조.

이점을 아주 오랫동안 유지하리라고 기대할 수 없었다." 그렇지만 그들은 그것을 유지했고, 타당해 보이는 것보다 더 오래 유지했다. 그 설명을 레비-르부아예가 "이런 관점에서 볼 때……국가적 재앙"이라고 부르고자 한 프랑스혁명에서 얼마 만큼 찾을 수 있을까?[114]

우리가 프랑스 혁명으로 나아가게 했던 일련의 정치적 사건들을 들여다보면, 혁명을 직접적으로 촉발한 것은 삼부회의 소집이었고, 삼부회 소집의 결정은 일종의 "왕정의 위기"의 결과였다는 것에 대해서 광범위한 합의가 존재한다. 르페브르는 이 위기에 대해서 단도직입적으로 이렇게 설명한다:

> 정부의 위기는 미국 독립전쟁으로 거슬러올라간다. 잉글랜드 식민지의 반란은 프랑스 혁명의 직접적 주요 원인으로 간주될 수 있는데, 왜냐하면 인간의 권리를 호소함으로써 그것이 프랑스에 엄청난 흥분을 야기시킴과 동시에 미국 독립전쟁을 지원함으로써 루이 16세는 자신의 재정을 최악의 상태에 빠뜨렸기 때문이다.[115]

이러한 설명은 두 개의 즉각적인 의문을 낳는다. 왜 영국에는 동일한 이데올로기적 영향이 없었는가? 영국의 국가재정은 어떠했는가? 여기서 다시 우리는 1763년의 전환점으로 되돌아가야 한다. 프랑스는 스스로를 영국에 "뒤처진" 것으로 인식했다. 해결책으로 논의된 것은 기본적으로 두 가지였다: 재정적, (지리적이든 혹은 계급에 기반을 둔 것이든 간에 원심력에 대해서) 사회적 그리고 군사적으로 프랑스의 국가를 강화하거나, 또는 경제적으로 국가를 "개방하는" 것. 이 두 가지는 "개혁" 운동으로 여겨졌다. 하나는 프랑스의 경제적 지위를 강화시키기 위해서 국가의 자원을 이용하여 기업가들을 지원하자는 제안이었고 다른 하나는 국가의 자원을 이용하여 기업가들이 보다 "경쟁력을 가지도록" 압력을 가하자는 것이었다. 이러한 종류의 국론(國論)은 지

---

114) Lévy-Leboyer(1964, 25, 29). 이러한 관점은 1783-87년의 칼론의 "뉴딜"을 프랑스에서 자본주의를 발달시키려는 단계들로 보는 Pugh(1939, 312)에 의해서 공유된다. "혁명은 [칼론의] 작업을 중단시켰고 잉글랜드로 하여금 프랑스가 결코 따라잡을 수 없을 정도로 산업발달에 훨씬 앞설 수 있게 했다."
115) Lefebvre(1939, 24).

난 세기[19세기/옮긴이]에 익숙한 국론이 되었다. 이것은 보호주의적 간섭주의자들과 "자유주의적" 간섭주의자들 간의 논쟁이다. 1763년 이후의 프랑스는 빈약한 결과만을 낳으면서 이 양자 사이에서 왔다갔다 했고, 그래서 정치적 폭발의 가능성이 높아졌으며, 실제로 폭발했다.

왔다갔다 한 것은 슈아죌 공작 때부터 시작되었는데, 그는

> 프랑스의 지배력을 세계에 재확립하고 잉글랜드에 대한 보복전쟁을 수행한다는 목적을 달성하려고 했다; 그러나 그는 이것 없이는 다른 모든 개혁이 허사가 될, 프랑스 내부에서의 왕권의 회복과 왕실재정의 개혁이라는 필요한 수단을 써볼 생각을 하지 않았다.[116]

왔다갔다 한 것은 1774년에서 1786년까지 외무대신이었던 베르젠과 프랑스의 재정을 맡았던 일련의 인물들인 튀르고(1774-76), 네케르(1776-81), 플뢰리(1781-83), 칼론(1783-87) 때에도 계속되었다. 각자는 동일한 문제들을 가지고 씨름하면서 인기가 없는 (갖가지) 해결책들을 제안했으나 세계경제에서 프랑스의 기본적인 경제적 지위를 강화하는 데에는 실패했다. 절대왕정이 보다 절대적이었다면 그것은 위기를 극복할 수 있었을 테지만, 1715년에서 1789년에 이르는 모든 재정개혁안은 "고등법원(parlements)의 반대라는 암초에 부딪혔다."[117]

처음부터 끝까지 핵심적인 쟁점은 국가의 재정이었다. 세계경제의 장기적인 팽창이 주로 지대 메커니즘을 통한 토지소유 생산자들에 의한 자본의 끊임없는 축적을 의미한다면, 이러한 자본의 집중은 직접생산자들로부터 보다 많은 잉여가치를 이끌어내는 것뿐만 아니라 재분배 기구로서의 국가의 역할을 줄이는 것도 의미한다. 국민생산에서 국가수입이 차지하는 비중은 17세기

---

116) Cobban(1963, 91).
117) Cobban(1968c, 74). Robin(1973, 53)은 마찬가지로 "타협의 모든 가능성, 모든 시도들을 차단하는 데서 사법부(치안판사)가 수행한 결정적인 역할"에 대하여 말한다. Behrens(1967, 177)가 우리에게 환기시키듯이, "1780년대 말까지 개혁을 위한 투쟁은 제3신분(또는 그것의 어떠한 부분)과 귀족 사이에 있었던 것이 결코 아니었다."

에 그리고 적어도 1715년까지는 점차 증가했으나, 1730년 이후부터 계속 감소했다.[118] 이러한 상황은 총괄징세청부회사제도에 의해서 악화되었는데, 이 회사는 18세기(적어도 1774년까지)에 조세 징수의 주요 대리인이었고, 세금 징수자들에게 엄청난 이윤을 가져다주었다.[119] "왕정은 [조세징수 회사에 대해서] 스스로의 독립성을 상실했다." 네케르는 이 회사의 역할을 감소시킬 수 있었으나, "그것을 없애버리는 것은 혁명과 다름없는 일을 요구했다."[120]

그러나 국가의 수입이 감소하는 시기에 국가의 지출을 급격히 증가시킴으로써 완만한 추세를 급박한 문제로 변형시킨 것은 미국 독립전쟁이었다.[121]

---

118) Le Roy Ladurie & Quilliet(1981, 387-388). 물론 절대적인 측면에서 국가수입은 증가했으나(Price, 1973, I, 375, 표 IV 참조) 국민생산이나 정부지출보다는 훨씬 적었다.
119) 18세기에 국가수입의 40퍼센트는 총괄징세청부에 의한 것이었다. 그러나 이 숫자는 모든 이야기를 말해주지는 않는다. "지체가 모든 곳을 지배했다. 그것은 거의 구조적이었고, [재정]제도에 낮은 일관성을 부여했으며, 다수의 의도적인 악의였으며, 운송의 실질적인 어려움……그리고 습관적으로 느린 행동의 온갖 복합체였다." Goubert(1973, 147).
120) Chaussinand-Nogaret(1970, 266). "공포정치는 문제를 명료하게 만들었다. 1794년 5월 8일에, 체포되거나 수감된 36명의 총괄징세청부업자 가운데서 28명이 처형되었다. 그들의 재화에 대한 압수는 공화국의 이익을 위해서, 국왕재정과 동의어였던 청부회사의 마지막 재정 운용의 기회였다."

이들 재정가들은 "부르주아"이면서 동시에 "귀족"이었다. 그들의 성장은 "부르주아지의 성장, 즉 '상품'에 의해서 형성된 주저함이 거의 없고 흔히 계몽화된 다이내믹한 부르주아지의 성장이었다.……재정가들은 실제로 재산에 기반을 두고 있었는지 아니면 세습에 기반을 두고 있었는지의 여부를 이야기할 수 없는 과두정을 형성했다." 같은 책, 1970, 270. "돈에 기반을 둔 이러한 가문들의 권력은 재빨리 그들의 출신과 그들의 신분 상승의 조건들을 모호하게 만들었다.……재정은 귀족에 스며들었고, 재정가들이 산업적 기업가들에 관여한 것과 똑같이 귀족들은 재정에 관여했다." Soboul(1970b, 228). 이와 같은 이해의 융합은 자본의 공동의 축적 위에 기반을 두고 있었다. Bosher(1970, 309)가 지적하듯이, "국민의회 의원의 대다수는 재정제도가 이윤을 추구하는 자본가들 —— 그들은 자본가라는 용어를 사용했다 —— 의 수중에 있었기 때문에 재정제도를 좋아하지 않았으며 이런 점에서 부채는 그들에게 나쁜 제도의 가장 나쁜 특징으로 보였다."
121) 정부의 지출과 경상수입 간의 증가하는 격차에 대해서는 Guéry(1978) 참조. Morineau(1080b, 318)에게 문제를 야기시켰던 것은 단지 하나의 전쟁이 아니라 일련의 전쟁이었다. "우리가 짐작할 수 있듯이, 가장 강력한 영향은 각 전쟁의 시기 이후의 부채의 집적으로부터 나왔다." 그러나 모리노조차도 "프랑스 재정이 고통의 시대로 접어든 것은 ……" 1781년 네케르의 사임과 함께였다고 인정한다. "[차용은] 미불금(이자부담)의 증

미국 독립전쟁은 프랑스의 이익에 도움이 된다고 생각되었고, 여러 가지 점에서 사실 도움이 되었다. 그것은 한마디로 말해서 영국의 수출의 가장 큰 고객이었던 영국 식민지의 분리를 뜻했다. 그리고 실제로 그 전쟁은 해외무역의 "급격한 중단"[122]과 해외무역 총액의 감소를 초래함으로써 영국에 타격을 주었다. 프랑스로서 그것은 하나의 "보복전쟁"[123]이었고, 그래서 이데올로기적 함의는 무시되었다.

 영국이 미국 독립전쟁에서 패배했음에도 불구하고 프랑스의 이점은 환상으로 판명되었다. 뤼티는 신세계에서의 보복이라는 슈아죌의 개념에서 도출된 이 "부자연스러운 동맹"을 회고적으로 비난했고, 평화가 도래하자마자 "잉글랜드인과 미국인들은, 초대받지 않고 개입해온 저 외국인들(라틴인과 로마 가톨릭 교도)의 등뒤에서, 가족간의 분쟁을 청산하기 위하여 다시 한번 머리를 맞대고 있는 자신들을 발견했다"[124]고 지적한다. 왜 이런 일이 일어났을까? 대체로 20세기의 이른바 탈식민지화 이후에 전(前)식민자와 탈(脫)식민지 간

가에 의해서 경상수입[프랑스의 제도는 경상수입과 특별수입을 구분하고 있었다]을 내부로부터 좀먹어들어갔다."(p. 311) 이것은 미국 독립전쟁에서 프랑스는 이전의 프랑스-영국 전쟁에서처럼 유럽에 대규모 육군을 유지할 필요가 없었다는 점에서 더욱더 주목할 만하다. Anderson(1965, 266) 참조.

"18세기 부르봉 왕조를 심각한 재정위기로 몰아갔던 것은 전쟁에 대한 억누를 수 없는 취향"이었다는 Skocpol(1979, 64)의 주장이 내가 보기에 얼토당토 않은 것은 바로 이런 이유에서이다. "전쟁 취향"은 내가 보기에 영국에서보다 프랑스에서 더 크지는 않았으며 아마 더 적었다. 미국 독립전쟁의 발발 소식을 들었을 때, "튀르고 같은 사람의 두려움을……누가 이해하지 않으려고 했겠는가?" Morineau(1980b, 309). 네케르에 대해서 Grange(1957, 29)는 "그로 하여금 자신의 계획을 실현하지 못하게 만든 것은 그가 증오했던 미국 독립전쟁"이었다. 파리 평화조약을 개탄했던 것은 피트였다는 것을 기억하자.

122) Mathias(1969, 44). Deane & Cole(1967, 47)은 미국 독립전쟁을, 그 일이 없었다면 1740년대 이후 영국의 해외무역에서 "급속한 성장의 시기"였을 것에 일종의 "파괴적인 막간극"으로 본다. Ashton(1948, 148) 역시 1775년의 "재앙"에 관해서 말한다.
123) Meyer(1979a, 187).
124) Lüthy(1961, 592). 북아메리카 무역의 확대를 희망했던 프랑스인들의 실망에 관해서는 Godechot(1980d, 410) 참조 : "양국에 번영을 가져올 [1778-89년의] 미국과의 활발한 교역 대신에……아무런 이익도 가져다주지 않은 채 프랑스로부터 현금을 빼앗아가는 정체적이거나 전보다 더 나쁜 일방적인 교역이었다."

의 상업적 연계의 유사한 회복을 설명해주는 온갖 이유 때문이었다 : 즉 탈식민지로서는 —— 기존의 상업적, 사회적, 문화적 연결망을 통해서 —— (다소 변형된 형태로) 그들의 옛 관계를 회복하는 것이 그 관계를 다른 핵심부의 국가들로 이전하는 것보다 훨씬 간단하기 때문이었다.[125]

실제로 1796년에 이르러 예리한 한 프랑스의 분석자인 탕기 드 라 부아시에르는 1775년 이후의 프랑스-아메리카 간의 상업관계를 성찰하면서 이렇게 쓸 수 있었다 :

> 자신의 식민지에 대한 토지소유권을 상실한 영국은 아무것도 잃은 것이 없는데, 왜냐하면 영국은 즉각 그것의 용익권의 소유자가 되었기 때문이다. 영국은 과거처럼 행정비용을 치르지 않고도 거대한 상업이 제공하는 이익을 현재 누리고 있다.……그러므로 1774년의 분리로 영국이 손해를 보기는커녕 득을 보았다는 것은 분명하다.[126]

이와 같은 분석은 영국에서도 없지 않았다. 그것은 의심의 여지 없이, 조지 3세의 정책에 대한 버크의 반대와 이 "재앙"은 "1689년의 대혁명에 의해서 수립된 전통으로부터의 이탈"을 의미한다는 그의 견해의 밑바탕을 이루고 있었다.[127] 버크 한 명만이 아니었다. "그의 시대와 계급의 전형적" 기업가였던 조사이어 웨지우드도 이 전쟁에 반대했다. 그는 "아메리카가 독립을 성취했을 때 미국의 행운과 노스 경(미국 독립전쟁을 치른 영국의 총리 [1770-82] / 옮긴이)을 축복했다."[128]

---

125) 전형적인 상황은 해군 돛대를 미국이 수출하는 문제에서 발견될 수 있다. Bamford (1952, 33-34)는 1776-86년의 시기에 프랑스가 왜 그와 같은 돛대를 대량으로 수입하는 데에 실패했고, 그리하여 "영국이 오랫동안 의존해왔고 프랑스로부터 거의 방해받지 않으면서 자유롭게 공급원으로 이용해왔던 거대한 삼림자원"을 왜 프랑스 해군이 이용하지 못했는지를 의아해한다. 그의 대답은 이렇다 : "미국의 해외자원에 대한 다수의 프랑스 해군장교들의 무지와 보수주의" + 프랑스인들의 편견을 확고하게 만든 미국 상인들의 무책임성에 대한 몇 가지 경우들.
126) Tanguy de la Boissière(1796, 19).
127) Plumb(1950, 135).
128) Plumb(1962, 129).

그러나 탈식민지화가 영국에게 안겨준 이러한 이점은 일차적으로 영국이 1763년에 이미 달성한 세계무역에서의 지배적인 지위 때문에 존속했다. 그와 같은 상황에서, 영국령 북아메리카를 식민지로 유지하는 것은 모든 영국 관리들이 당시에는 즉각 깨닫지 못했지만, 그에 상응하는 충분한 이득이 없는 하나의 부담이었다. 돌이켜볼 때(단지 돌이켜볼 때에만 그럴까?) "상업적으로 식민지의 분리는 거의 본국에 유리하게 작용했던"[129] 것이 분명하다.

프랑스가 바란 대로라면 "영국의 위대함의 조종(弔鐘)"이어야 했던 미국 독립전쟁은 그리하여 그 대가를 결국 "프랑스 혁명"으로 치르도록 끝을 맺었다.[130] 프랑스의 국가부채는 전쟁의 결과, 두 배가 되었다.[131] 5년 만에 왕정은

---

129) Dehio(1962, 122). 이러한 발전에 "기만당했던" 것은 프랑스만이 아니었다. 홀란트에서, 두 개의 주 장관(stadhouder : 옛 네덜란드 7개 주 연합의 총독/옮긴이) 반대파 집단인 섭정파(자유주의적 대부르주아들)와 애국파(급진적 민주주의자들)는 "아메리카에서의 영국의 패배는 영국의 교역에 치명타가 될 것이며 이제 그들의 나라의 이익은 프랑스와 동맹하는 데에 있다고 확신했다.……[그러나] 홀란트와 미국 간의 교역은 [1783년 이후] 상인들이 희망했던 것만큼 커지지 않았는데, 왜냐하면 미국의 항구들이 잉글랜드와의 유대를 갱신했기 때문이다." Godechot(1965, 108-109).

프랑스 또한 미국 독립전쟁 때문에 북유럽에서 경제적으로 패배했는데(영국도 패배했지만, 누가 더 패배했을까?), 왜냐하면 프랑스와 영국 해군의 싸움은 상업적인 진공상태를 만들었고 이것은 부분적으로 이들 북유럽 국가들의 "중립적인 교역"에 의해서 채워졌기 때문이다. Meyer(1979a, 213-214).

130) Cobban(1963, 122).
131) Morineau(1980b, 312-313) 참조. 그는 부채가 10억-13억 리브르에 달했다고 말한다. 매입자의 연령에 관계없이, 미국 독립전쟁 동안 '1대에 국한된 종신연금(rentes viagères)'의 될 대로 되라는 식의 판매가 이 과정에서 담당한 역할이 어느 정도였는지는 논의의 대상이 된다. Riley(1973, 742)는 그것이 "비용이 많이 들었다"고 본다 ; Harris(1976, 256)는 "이러한 국채가 파멸적이었는지는 아직 입증되어야만 한다"고 말한다. 그러나 1대에 국한된 종신연금은 '영구적인 종신연금(rente perpetuelles)'과는 달리 엄밀한 의미에서 "국채"가 아니었다. Taylor(1961, 959-960) 참조.

더욱이 국채는 제네바, 암스테르담, 런던 및 제노바에서 자본을 끌어들이면서 "매우 투기적인 이윤"을 제공했다. 1786년에 이르러 "가격과 신용이 위험스러울 정도로 팽창되었다"는 것이 그 결과였다. 이것은 "해외의 재정 중심지들은 말할 것도 없고, 프랑스 상업자본주의의 모든 구조"를 위협하면서, 국가의 지불불능에 대한 두려움을 가져왔다. 혁명과의 연관관계는 1789년의 국민의회가 이러한 국채에 대해서 명시적인 세 가지 보증을 했다는 사실에서 명백히 볼 수 있다. 그리고 "교회재산을 국유화함으로써 정부의

"더 이상 재정적으로 신용할 수 없게"[132] 되었다. 1788년에 미불금이 예산의 50퍼센트에 달했다.[133] 국가는 "도산"에 이르고 있었다.[134]

그렇다면 1780년대에 영국의 국가는 훨씬 나은 상황이었을까? 1782년 영국의 공공세입(public revenue)에 대한 미불금(debt service)의 백분율은 프랑스 —— 1782년의 프랑스는 말할 것도 없고 1788년의 프랑스 —— 보다도 더 컸다. 차이점은 1783년의 평화조약을 맺을 시기의 양국 사이에 있었던 것이 아니라 "그 이후에 발생했던 것"[135]에 있었다.

영국과 프랑스의 차이는 급속히 커졌다. 무엇보다도 영국은 추가 세입을 늘림으로써 미불금을 눈에 띄게 줄여나갔다.[136] 그러나 이것으로는 충분하지 않았는데, 왜냐하면 영국은 1780년대에 네덜란드인들의 투자의 꾸준한 본국송환으로 인한 또다른 문제를 안고 있었기 때문이다.[137] 말하자면 그들의 부

  지불능력을 회복시키려는 싸움을 주도했던 것이 주교이자 환전업자였던 탈레랑이었다." 우리가 알고 있듯이, 이것은 단지 재앙의 날을 연기했을 뿐이다. 마침내 아시냐와 1793년의 국민공회는 "투기적인 재산을 파괴했다." Taylor(1961, 956-957).
132) Roberts(1978, 8).
133) Le Roy Ladurie & Quilliet(1981, 386) 참조.
134) Hobsbawm(1962, 79-80).
135) Morineau(1980b, 329). 프랑스의 재정가 제도와 영국의 잉글랜드 은행의 존재 사이에 차이가 있었던 것이 아니었으며, 이 차이는 "상당히 과장되었다."(p. 332) 그것들 모두는 그들의 각각의 정부에 대해서 "돈의 사육장"(돈의 양어장) 역할을 했다.
136) Morineau(1980b, 326) 참조. 이때는 7년전쟁 이후의 시기와 달랐다. Ward(1965, 549-550) 참조. 그러나 그 이전 시기에 영국은 (프랑스에 비해서) 다른 이점을 가지고 있었는데, 그것은 7년전쟁 기간 동안 영국을 "지불능력이 남아 있게끔" 만들어준 영국령 북아메리카와의 무역흑자였다. Andrews(1924, 109). 프랑스의 경우, "예기치 못했던 전쟁의 비용"이 두 개의 정책결정을 가져왔으며, 그것들이 결합되어 국가재정의 근본적인 혼란을 창출했다. 한편으로 프랑스는 1755-56년에 "세금보다는 신용대부금으로 전쟁비용을 대기로" 결정했다. 다른 한편으로 프랑스는 1714년과는 달리 1764년에 곡물시장의 자유와 세금감소를 선호하면서, "부채……에 대한 불가침성을 보존하기로" 결정했다. 너무 지나친 자유방임이었다고 우리는 다시 한번 지적한다. 첫번째 결정은 부채의 상당한 증가를 가져왔고, 반면 두번째 결정은 "부채가 정치와 경제와 재정에 대해서 스스로의 영향력을 행사하는 데에 제멋대로 굴도록 허용하는 것을 확인했다." Riley(1986, 160, 230-231).
137) 18세기 영국에서 네덜란드 재산의 중요성에 대해서는 Eagly & Smith(1976, 210-211)

채는 더 이상 차환(借換 : 공사채의 상환기간 만료 이전에 신규 공사채를 발행하여 상환하는 일/옮긴이)될 수 없었다. 그러나 우리는 1783년에서 1790년 혹은 1793년 사이에 영국의 부채는 대부분 청산되었던 데에 반해서 프랑스의 부채는 계속 증대해갔다는 사실을 알고 있다.[138] 데이비스는 "플라시 전투 이후 몇십 년 동안의 인도에 대한 약탈"[139]이라는 하나의 설명을 제시하는데, 이러한 약탈은 공업에 대한 자본투자의 기반은 아니었을지 몰라도, "네덜란드나 기타 다른 나라에 국채를 상환하는 기금을 제공했다"고 말할 수 있다. 다시 한번, 영국의 이점은 1763년에 획득된 지위로부터 나온 셈이었다. 우리가 "[프랑스와 영국 간의 재개된] 전쟁 직전인 1792년의 실질적인 붐"[140]에서 절정에 달한 1780년대 영국의 공업발전의 행복한 10년을 프랑스의 불행한 "혁명 전"과 비교할 때, 우리는 이것을 매우 달랐던 국가재정 상황이라는 맥락 안에 넣고 보아야 한다. 이러한 재정적, 회계적 차이가 폭발을 초래하고 그래서 프랑스와 영국 간의 차이의 결과적인 엄청난 증폭을 가져오지 않았다면,[141] 이러한 차이는 단지 "일시적인 골칫거리"였을는지도 모른다.[142]

참조 ; 또한 Wallerstein(1980, 279-280) 참조. 본국 송환에 대해서는 Mathias(1969, 4)와 Davis(1979, 54-55) 참조.
138) Morineau(1980b, 324-325) 참조.
139) Davis(1979, 55).
140) Crouzet(1965, 73).
141) Morineau(1980b, 334).
142) 1786년 10월 25일에 파리에 있던 한 예리한 영국 외교관 대니얼 헤일리스는 다음과 같은 분석을 런던에 있는 카머든 경에게 급송했다 : "네케르 씨의 계산에 따르면, 잉글랜드와 프랑스의 공공부채는 기이할 정도로 우연하게도 전쟁 말기에 거의 동일한 액수에 달했습니다. 프랑스는, 모든 여건을 함께 고려할 때, 영국과 마찬가지로 전쟁에 의해서 커다란 고통을 받는 자들로 가득 차 있으며, 아무런 상업적 이점도 늘어남 없이 아메리카가 모국으로부터 정치적으로 분리된 것을 보는 비생산적인 만족감을 제외하고는 자위할 것이 없습니다 ; 그것은 잉글랜드처럼 품질이 좋고 값이 싸며 오랜 신용대부로 미국이 필요로 하는 긴급한 제품들을 제공할 수 없는 프랑스의 무능력에 명백히 존재하는 이유들 때문입니다. 미국과의 무역을 확보한다고 하는 희망이 이제 좌절되자, (비록 어떤 희망을 품더라도) 프랑스는 자신의 국내조건에 눈을 돌릴 것으로 예상되며, 자신의 적과 공통으로 손해를 떠안게 되었음을 보고 나서, 지출을 줄이는 방향으로 다소 실질적인 단계

그리하여 1763년 이후 세계경제에서 영국이 갖춘 축적된 이점은 1780년대에 증가했고 1815년에 이르러서는 결정적인 것이 되었다. 영국을 "따라잡고자" 하는 프랑스 국가의 열망은 1780년대에 폭발의 조건을 창출하는 데에 아주 중요했다. 증가하는 국가의 부채는 직간접적으로 지출을 줄이고 세입을 증가시킴으로써만이 해결될 수 있다.

1776년에 루이 16세는 비망록의 여백에 튀르고에 대해서 이렇게 썼다 : "튀르고 씨에게 커다란 불만이 있다. 새로움의 애호자인 우리는 잉글랜드보다 더 잉글랜드적인 프랑스를 필요로 한다."[143] 루이 16세는 튀르고를 믿지 못했던 것 같다. 네케르는 다른 방향, 즉 잉여가치의 추출에서 국가의 몫을 증가시키는 방향으로 나아가려고 했으나 실패했다. 1780년대는 "새로움"과 경쟁이라는 신선한 바람(그들의 경쟁자들은 강풍이라고 생각했다)에 프랑스를 "개방"하고자 했던 사람들에게 다시 기회를 제공했다. 한편으로, 지대를 매점함으로써 큰 이득을 보았던 자들은 특히 1780년대에 "그들이 앉아 있던 가지를 잘랐다"[144]고 할 수 있다. 다른 한편, 왕정은 스스로의 실패(국내의 재정제도 개혁 불능)에 반발하고 세입원으로서 국경을 개방하는 해결책(그리고 그에 따

를 밟을 것이며, 구원을 기대할 수 있는 유일한 약인 경제라는 약을 상처에 바를 것입니다. 그와 같은 예를 놓고, 영국은 이중으로 필요한 행동을 취했습니다 ; 각국은 상대방의 이점과 자원에 따라서 그 자신의 부족한 점과 고통을 측정하는 데에 익숙해져가고 있으며, 이것은 당연합니다. 그러나 현재 프랑스는 그러한 정책을 완전히 상실한 것으로 보입니다 ; 경께서는 제 편지에서, 기대되는 것과는 정반대되는 행동을 저지를 것 같다고 생각되는 재정활동들에 대해서 제가 특히 숙고하고 있음을 관찰하시게 될 것입니다.

"저는 언제나 이 치세하에서, 튀르고 씨와 네케르 씨에 의해서 사실상 제안되고 시작된 개혁 시스템이 이 왕조의 정부에 적용 불가능한 것만큼 실현 불가능하다는 완벽한 확신을 가지고 있기는 하지만, 또 왕과 국민 사이에 위치한 저 강력한 계급이 국가수입의 일부분으로 지원을 받는 것이 명백히 불가피하기는 하지만, 그러나 (이런 표현이 허용된다면) 매관매직의 현명한 운영과 부패와 특혜의 경제는 현재의 경우와 같이, 동일한 인물에게 너무 많은 명예와 보수를 축적시켜주지 않음으로써 나쁜 재무행정에 대한 좋은 행정의 유일하게 필수적이고 실행 가능한 우월성을 구성하게 해주는 거대한 자원을 제공합니다. 경께서는 현재의 악의 원천을 자세히 검토하시는 것이 중요합니다." Browning(1909, 144-145).

143) Osler(1978, 680)의 762번 항목에서 인용.
144) Le Roy Ladurie(1975, 422).

른 증가된 관세)으로 즉시 전환함으로써 가지를 자르는 일에 합세했다고 말할 수 있다. 왜냐하면 그렇게 함으로써 왕정은 영국이 지배하는 세계경제에서 프랑스의 궁극적인 "반주변부화"를 두려워하던 또다른 부류의 자본가층으로 하여금 왕정에 등을 돌리게끔 만들었기 때문이다.

새로운 정책의 첫번째 신호는 프랑스의 식민지들을 자유로운 해외무역에 개방한 1784년 8월 30일의 법령이었다. 이것은 이제 독립한 북아메리카의 주들과 프랑스령 서인도 사이의 무역을 장려하려는 시도였는데, 이러한 조치는 적어도 프랑스와 마찬가지로 영국에도 이득이 되는 것으로 판명되었다.[145] 이미 이 시점에서 프랑스 항구도시의 대상인들은 격렬히 저항했다.[146] 이에 대한 정부의 합리화의 하나는 광범위한 밀무역으로 인해서 독점은 이미 붕괴되었다는 것이었다. 1784년의 법령은 이처럼 경제생활의 현실을 인정하고 이용하려고 했다.[147] 1786년의 운명적인 이든 조약으로 나아가게 한 것이 바로 이러한 논리였는데, 브로델은 이든 조약이 헤게모니 투쟁에서 프랑스의 실패를

---

145) 칼론과 그의 식민지 담당 장관이었던 카스트리 —— 1784년 8월 30일의 법령은 그의 것이었다 —— 는 식민지들이 모든 외국인들에게 개방되어야 하는지 아니면 북아메리카인에게만 개방되어야 하는지의 여부를 놓고 싸웠다. 최혜국조관(最惠國條款)에 의해서, 북아메리카인들에 대한 허용은 사실상 모든 사람들에 대한 허용을 의미한다고 주장한 카스트리가 승리했다. 그러자 칼론은 수입에 대한 관세를 인상하고 대구 수출에 지원금을 줌으로써 프랑스의 대구 어부들에게 보상을 하려고 했다. Pugh(1939, 294-295) 참조 ; 또한 Habakkuk(1965, 39) 참조.

탕기 드 라 부아시에르는 1796년에 쓴 글(p. 22)에서, 이 법령을 북아메리카와의 장래의 상업적 관계에 대한 맹목적인 기대의 결과로 보았다. "베르사유의 내각은……당시 아무것도 미국인들을 당해낼 수 없다고 믿었다." 탕기(p. 5)는 Arnould(1791, I, 233)의 텍스트를 긍정적으로 인용했다 : "미국인들은 프랑스와는 반대로 무역수지에서 흑자를 보았고 이것은 잉글랜드의 공업을 혼란에 빠뜨렸다. 이것은 당시 상업에서 더할 나위 없이 좋은 것이었고, 이것에 대한 기대는 프랑스로 하여금 수억[리브르]과 서너 세대의 희생을 치르도록 만드는 데에 공헌했다." 아르누에게 이 법령이 소기의 목적을 달성하지 못한 이유는 두 가지였다 : 프랑스 상품의 낮은 품질과 (북아메리카 시장에서의) 다른 유럽 국가들과의 치열한 경쟁(p. 235 참조). 네덜란드인들조차도 그들과 프랑스인들을 희생시키면서 거기서 득을 보는 것은 잉글랜드인이라고 주장하면서 루이 16세에게 이 법령의 취소를 요청했다. Morineau(1965, 225) 참조.

146) Godechot(1980a, 81).
147) Habakkuk(1965, 39) 참조.

가져왔다기보다는 "입증했다"[148]고 주장한다. 그러나 프랑스의 실패가 [이든 조약으로/옮긴이] 아주 명백하게 증명되었다고 할 수 있을까? 이든 조약 그 자체가 여러 면에서 관에 마지막 못을 박는 행위가 아니었을까?

무엇이 프랑스로 하여금 1786년의 영불 통상조약에 서명하게 했을 뿐만 아니라 조약을 체결하는 데 앞장서게 만들었을까?[149] 프랑스의 희망은 한 개의 돌로 두 마리의 새를 잡으려는 것이었음이 매우 분명해 보인다: 즉 이전에는 밀무역이었던 것에 세금을 부과할 수 있게 됨으로써 (그리고 이러한 무역을 세계적으로 확장할 수 있게 됨으로써)[150] 프랑스 국가의 재정위기를 해결하고,

---
148) Braudel(1984, 379).
149) 중요한 프랑스측 협상자인 베르젠과 렌발은 "브리앙에게 [무역장벽을/옮긴이] '제거하는' 정책, 즉 이웃의 두 국민들을 분리시켰던 불화를 해결하는 정책을 취할 것을 원했다. 더욱이 그 시점은 재정적인 관점에서 볼 때 중대했다: 새로운 전쟁은 내부적 붕괴를 야기시킬지도 몰랐다. 왕권과 국민경제를 회복하려면 장기간의 평화가 필요했다.……하나는 확실하다. 협상은 프랑스가 주장한 결과였다." Cahen(1939, 258). 사실 프랑스의 이니셔티브는 "소(小)피트로 하여금 깊은 의심을 가지게 만들었는데, 그는 프랑스인들이 선물을 가져다주는 것처럼 보였을 때에도 그들을 의심했다." Cobban(1963, 111). 영국인들이 협상에 응했다면, 그것은 의심할 바 없이 양국 정부가 "모두 그들의 수입을 증가시킬 필요성이 절박했기에 현실적인 고려사항들에 영향을 받았기 때문이었다." Henderson(1957, 105). 게다가 프랑스인들은 잉글랜드의 공업제품에 대한 금지조치를 회복하는 1785년 7월 17일의 법령 그리고 새로운 상업조약을 위한 홀란트와의 협상 약정으로, 영국인에게 협상에 임하도록 압력을 가했다. Dumas(1904, 30-35) 참조. 그들은 또한 1716년의 위트레흐트 조약, 즉 평화조약과 동일한 날에 서명된 항해와 상업에 관한 조약을 폐지하라고 위협했다. Dumas(1904, 36). Ehrman(1962, 30, 주 4) 참조. 1716년에 영국의회가 양국 사이에 무역을 크게 개방했을 이 조약의 8조와 9조를 거부했다는 것을 기억하는 것이 유익한데, 왜냐하면 당시에 프랑스의 공업은 "아직도 잉글랜드의 기업가들에게 그들이 프랑스에 맞서 싸움을 계속할 능력이 없다고 느낄 만큼 공포를 불러일으켰기" 때문이다. Dumas(1904, 3). 브리아부안은 1839년에 바로 이 점을 지적했다(p. 193). 프랑스인들은 그때부터 8조와 9조의 "이점" 없이 5조(잉글랜드 선박의 프랑스 항구에의 접근 허가)의 "불이익"으로 애를 먹어왔다. 협상의 시작을 강요하는 칼론에게 보내는 메모(1786, 2066)에 나타난 렌발의 불만 참조.
150) 일반적으로 이 조약과 자유무역의 중요한 지적(知的) 대변자로 인정되는 Dupont de Nemours(1786, 36 bis)는 이 점에 대해서 아주 명백하다. 그는 이 문제에 관한 그의 긴 비망록에서, 통제되고 상호적인 영국과 프랑스 간의 무역은 밀무역을 대체할 것인데, 밀무역은 양국의 어느 쪽도 근절할 수 없었기 때문에 양국으로부터 "각국이 수입한 상품에서 당연히 얻을 수 있는 수익" 즉 관세를 빼앗아갔다고 주장했다. 그는 2년 후 자기의

시장압력을 통해서 개혁을 강요함으로써 프랑스 생산의 장기적인 구조적 어려움을 해결하자는 것이었다.[151] 더욱이 프랑스적 관점에서 볼 때, 프랑스가 조약 체결에 앞장서는 데 유리하게 작용했던 하나의 상황요인이 있었다. 1778년 이후 시기에 농산물 가격의 급속한 하락이 있었고,[152] 이것은 대토지 소유자들로 하여금 잉여를 그들로부터 국가로 이전시키려는 온갖 메커니즘에

    정당성을 주장하는 팜플렛에서, 밀수를 계속한 "우리 국민의 습관"에 대해서 불만을 늘어놓으면서 그리고 이 조약이 "이전에는 불법적인 무역을 유지하기 위한 보장성 프리미엄에 지불되던 돈을......국가의 이익으로 환원했다"(1788, 49, 72)고 주장하면서 이 주제로 되돌아갔다. 또한 Anisson-Dupéron(1847, 16) 참조.

    뒤퐁 드 느무르의 프랑스적 분석은 영국의 외교관인 대니얼 헤일리스의 분석과 놀라울 정도로 유사하다 : "영국에서, 비범한 지혜와 조심성과 인내심을 갖춘 전하의 장관들은 마침내 아주 오랫동안 회피되어왔던 세입법(revenue laws)을 실행할 수단을 발견했습니다.······

    "그러므로 프랑스 정부가 영국산 공업제품의 수입금지법을 실행할 수 없다고 느꼈을 가능성이 높은 듯하며, 이 점에서 어쨌든 그들은 조약으로 득을 본 자가 되었다고 말할 수 있습니다.

    "그러나 저는 각하께 책임지고, 이 상업협정으로 결론을 내리려고 하는 프랑스의 열망의 또다른 그리고 못지 않게 중요한 이유가 있음을 확인할 수 있다고 생각합니다. 제가 말하고자 하는 것은 세입의 증가, 즉 이 조약이 시행되자마자 합법적인 관세를 무는 모든 종류의 영국 상품들의 급속한 유입으로부터 추정컨대 엄청나게 커질 것이 틀림없는 세입의 증가에 의한 국왕재무국의 즉각적인 구제라는 이유입니다." 헤일리스로부터 카머든 경에게 급송된 1786년 10월 25일자 전언문(Browning, 1909, 149-150에 수록).

151) Stourm(1885, 31)은 뒤퐁 드 느무르, 베르젠 및 다른 사람들의 동기를 설명하면서, 영불 통상조약이 이러한 노선을 따르는 유일한 노력이 아니었다고 지적한다. "잉글랜드의 경쟁에 대한 영웅적인 치유책은 그 이전 3-4년에 걸쳐 취해진 동일한 목표를 지닌 일련의 조치들을 잇달은 것이었다 : 잉글랜드에서 온 작업장장(chefs d'atelier)에 대한 등록, 발명가들에 대한 약속, 여러 기계 제작자에게 주어지는 이점과 더불어 국가경비로 외국의 기계를 조금씩 수입, 식민지와의 통상에 주어지는 혜택, 잉글랜드 노동자들이 [프랑스에서] 계약기간의 만기를 지키게끔 하는 경찰의 출국금지 명령, 프랑스에 정착하기를 원했던 외국의 제조업자들(fabricants)에게 주어진 예외적인 혜택 등." Lefebvre(1932, 14)는 그것을 "원칙적으로 좋은 아이디어"라고 보았다. "국경선을 그 우월성이 압도적이었던 [그렇게 르페브르는 말했다] 잉글랜드의 산업에 돌연 개방함으로써 거친 동요가 초래될 것이었다." Landes(1969, 139)는 이런 견해를 공유한다. 1786년의 이든 조약은 "영국의 면직물에 프랑스 시장을 개방했으며 근대화를 생존의 문제로 만들었다."

152) Labrousse(1944, 417)는 45-50퍼센트의 하락이 있었다고 한다. "그리하여 1760년 이후에 이루어진 가격 인상은 무화되었다."

대해서 더욱더 저항하도록 만들었다. 그래서 관세 증가의 길은 더욱더 매력적인 것으로 보였음에 틀림없다.

조약은 영국과의 무역균형을 의미했다. 보다 자유로운 무역은 (대체로) 보다 많은 영국의 면제품(그리고 도자기, 모직물, 철제품)이 프랑스 시장에 나도는 데에 반해서 보다 많은 프랑스 포도주(그리고 기타 다른 농산물, 또한 견직물, 아마, 유리제품)가 영국 시장에 나도는 것을 의미했다. 그러나 얼마나 더 나돌았을까? 그 답변은 경제적인 계산에 달려 있었다. 프랑스측의 교섭자들은 영국 제조업의 영향을 과소평가하고[153] 손해를 본 프랑스 제조업자들을 보상해줄 자신들의 능력을 과대평가했음에 틀림없다.[154] 그러나 무엇보다도 나빴던 것은 그들이 프랑스에 주어진 새로운 반(半)주변부로서의 역할을 환영하는 듯이 보였다는 점이다. 1802년에 나폴레옹에게 보낸 메모에서 샤탈은 이 조약에 대하여 말하면서, 프랑스는 "자국 농업의 번영과 이점"을 믿을 수 있다고 생각했으며, 잉글랜드의 토지생산물들은 "특별하거나 희귀한 것이

---

153) 이든이 피트에 의해서 영국측 협상자의 우두머리로 지명되었을 때에야 비로소 베르젠(렌발과 함께 이든 조약을 추진한 프랑스측의 대표적인 인물/옮긴이)은 런던 주재 프랑스 공사인 드 바르텔레미 씨에게 영국 정부가 수출품에 대해서 장려금을 지불했는지 여부와 같은 기본적인 정보를 묻는 글을 썼다. Ségur-Dupeyron(1873, 386-387) 참조. 렌발 역시 무지했다. Dumas(1904, 27) 참조. 그들 양자는 잉글랜드 태생이지만 프랑스 매뉴팩처의 감독관이 된 그리고 1785년 12월 29일에 렌발에게 잉글랜드인들은 "모든 유형의 면직물을 우리보다 30퍼센트 싼 가격에 제공할 수 있다"고 경고했던 호커로부터 지식을 얻을 수 있었을지도 모른다(Boyetet, 1789, 86-87에 재인용). 그러나 호커는 이든이 파리에 도착하기 며칠 전에 죽었다. 맨체스터의 상인들은 그가 죽었다는 소식을 듣고 매우 기뻐했다고 전해지는데, 이는 렌발이 귀중한 조언자를 잃었기 때문만이 아니라 루앙에 있는 호커 소유의 면 공장들이 그의 죽음과 더불어 붕괴되리라고 기대했기 때문이다. His de Butenval(1869, 65, 70) 참조.

154) 이든 조약의 결과들에 대한 그들의 불만에 대한 답변으로 1788년에 쓴 노르망디 상업회의소에 보낸 공개서한에서, Dupont de Nemours(1788, 8)는 그가 오랫동안 프랑스 공업에 대한 정부의 지원을 지지해왔다고 말했다. "저는 장관에게 그가 허용할 필요가 있다고 생각하는 경쟁이 견딜 만하고 심지어는 이익이 될 수 있도록 노력해야 된다고 말했고 이를 그에게 되풀이해서 강력하게 말했습니다. 그는 이러한 필요성을 인정했습니다. ……[그러나] 명사회의의 연기는 내각의 잦은 변화와 함께, [이러한 의지의] 실현을 유감스럽게도 지연시키는 결과를 초래했습니다"라고 그는 썼다.

없다"¹⁵⁵⁾고 말했다. 그럼에도 불구하고, 렌발은 "[프랑스] 농산물에 대한 관세를 낮춘다면"¹⁵⁶⁾ 어떤 양보라도 기꺼이 하려고 했던 것 같다고 주장되어왔다. 실제로 렌발은 이 조약의 체결 직전인 1786년에 런던 주재 프랑스 대사였던 아데마르 씨에게 이렇게 썼다:

> 의심의 여지 없이 우리는 잉글랜드의 생산물을 수입하는 대신 주로 우리의 토지생산물을 잉글랜드에 내보내고 있습니다. 그리고 나는 언제나 농업생산자가 국가적 관점에서 가장 이익이 되는 사람이라고 믿어왔고 지금도 그렇게 믿습니다.

렌발은 여기서 그치지 않았다. 왜냐하면, 1786년 5월 21일의 국가참사회(Conseil d'Etat)에서 이 조약에 대한 또다른 정당화로서 그는 이렇게 주장했기 때문이다:

> 우리가 예상한 것과 다른 결과가 나온다고 할 때, 소수의 철강 제조업자들의 번영을 추구하는 것이 바람직하겠습니까 아니면 왕국의 번영을 추구하는 것이 바람직하겠습니까? 제조업자들의 수를 증가시키는 것이 바람직하겠습니까 아니면 농업생산자들의 수를 증가시키는 것이 바람직하겠습니까? 잉글랜드의 철강제품이 우리 나라에 범람한다면, 우리는 그것들을 에스파냐나 그밖의 다른 나라에 되팔 수 있지 않겠습니까?¹⁵⁷⁾

이와 같이 렌발은 이미 두 세기 동안 에스파냐와 포르투갈의 영광스러운 운명이었던 세계경제에서의 전달장치의 역할을 프랑스가 맡게 될 가능성을 아주 냉정하게 계산하고 있었던 것 같다. 의회의 토론에서 피트가 조약에 대해서 다음과 같은 옹호 발언을 했던 것은 놀라운 일이 아니었다: "공업국과 고유한[원문 그대로!] 생산물의 축복을 받은 국가 사이의 협정의 성격과 본질상 이점은 끝내 전자에게로 돌아갈 것이었다."¹⁵⁸⁾

---

155) Chaptal(1893, 86).
156) Dumas(1904, 78).
157) 두 인용문은 His de Butenval(1869, 57, 70)에서 인용. 우리는 왜 Weulersse(1985, 33)가 1786년의 조약을 중농학파의 "눈부신 성공"이라고 명명했는지를 알 수 있다.
158) Cobbett(1816, 395).

이것이 구체제 아래서 경제성장의 정점의 바로 그 순간에[159] 프랑스 국가가 취해야 할 불가피한 전략이었는가? 영국이 프랑스와의 협정과 함께 1785년에서 1793년 사이에 포르투갈, 에스파냐, 러시아, 잉글랜드, 프로이센, 양(兩) 시칠리아 왕국, 홀란트와 통상조약을 체결하려고 했다는 사실은 주목할 만하다. 또 스웨덴, 터키, 오스트리아령 네덜란드와의 협정에 관한 예비회담도 있었다. 그리하여 카머든 후작은 1786년에 "통상조약에 대한 작금의 열광"이라고 말할 수 있었다. 하지만 다른 협정들은 하나도 성공하지 못했다. "[프랑스 조약의] 성공은 유일무이했다."[160] 프랑스 정부에 대한 압력 —— 정부의 재정상태, 포도주 무역의 위기 등[161] —— 은 의심할 바 없이 대단히 컸으나, 상징적으로 그리고 실질적으로 조약을 체결하고자 하는 정부의 결심도 대단했다. 프랑스 국가는 개혁을 가장하여, 일부 농업 기업가들의 이익에는 보탬이 되지만 제조업자 계급들의 이익은 위태롭게 만드는 부분적인 탈산업화를 선택하는 것처럼 보였다. 이러한 "개혁"은 국제수지의 어려움에 빠져 빚에 허덕이는 정부들에 대해서 20세기에 국제통화기금(IMF)이 부르짖는 개혁들과 유사해 보인다.

그러므로 조약에 대한 영국민의 반대가 실제로 있었음에도 불구하고 쉽게 극복된 것은 이해할 수 있다. 피트는 상업적 이점을 근거로 조약을 옹호했다. 폭스는 "프랑스는 타고난 영국의 적"이라는 순전히 정치적인 이유에서 조약에 반대했다.[162] 어쨌든 영국민은 조약을 지지할 여러 가지 타당하고 직접적

---

159) Marczewski(1965, xcv)는 그 정점을 1780-86년이라고 말한다.
160) Ehrman(1962, 175). 카머든의 인용문은 p. 2에 있다.
161) Labrousse(1944, 78-82)와 Slicher van Bath(1963, 235-236) 참조. 영불 통상조약에 대한 포도 재배업자들의 지지는 보르도의 상업위원회가 내무장관 샤탈에게 이든 조약을 옹호하는 메모를 보낸 1802년에도 회고조로 여전히 강했다. His de Butenval(1869, 107) 참조.
162) Cobbett(1816, 398). 야당지인 「모닝 헤럴드(*Morning Herald*)」지가 프랑스의 면제품이 영국보다 우월하며 영국의 세금이 더 높다고 주장했던 것은 사실이다. His de Butenval (1869, 134)과 Dumas(1904, 107) 참조. 그러나 Dumas(p. 12)가 말하듯이, 이것은 의심할 바 없이 영국의 제조업자들을 겁주기 위해서 고안된 —— 사실, 성공하지 못한 정치적인 선전이었다. Ehrman(1962, 65)은 그것을 "아마 [야당으로 하여금] 이 조약의 외

인 경제적 이유들이 있었다. 그들은 프랑스와 마찬가지로 새로운 국가세입원을 발견하려는 똑같은 동기를 가지고 있었고, 그래서 밀무역을 합법화하여 프랑스와 영국 간의 교환에 세금을 부과하려고 했다.[163] 그들은 (전후의 조약으로) 북아메리카에서, (가족협정[Familly Accord : 7년전쟁 중이던 1761년 8월 15일에 프랑스와 에스파냐가 체결한 협정. 이 협정으로 에스파냐가 프랑스의 동맹군으로 참전. 미국 독립전쟁 중인 1778년 4월 12일에 이 협정이 갱신됨/옮긴이]으로) 에스파냐에서, 그리고 (프랑스에 최호혜국의 지위를 방금 인정한) 포르투갈에서 프랑스에게 시장을 빼앗길 가능성에 대하여 걱정했고, 그 때문에 프랑스 시장 자체를 환영했다.[164] 그러나 무엇보다도 그들은 경쟁의 핵심이 면직물에 있음을 알고 있었다. 그들은 프랑스 시장에서 팔 수 있는 그들의 능력에 자신을 가지고 있었을 뿐만 아니라,[165] 당시 그들의 수요의 30퍼센트 미만을 공급했던 영국 식민지 이외의 곳으로부터의 면 수입을 계속 확보하는 일에 또한 주력하고 있었다.[166] 그러한 관점에서 볼 때, 천박한 보호주의는 적절치 않았다.

    교적 의미에 집중하게 만들었던 [경제적] 주장들의 취약성이었을 것"이라고 생각한다.
    Dull(1983, 11)은 베르젠에게 이 조약은 "닉슨과 키신저의 대 러시아 정책의 18세기판"이었다고 주장함으로써 이것에 다소의 신빙성을 부여한다. 그러나 Mantoux(1928, 400)는 영국의 제조업자들 사이에는 분열이 있었으며 보다 오래된 공업들은 보호를 선호하면서 이 조약에 반대했고, 보다 새로운 공업들은 "그들의 주요 이익이 값싼 원자재의 획득과 그들의 상품 판매를 위한 자유로운 시장에 있다"는 것을 깨닫고 있었다고 믿는다.

163) Browning(1885, 354) 참조.
164) Dumas(1904, 14-15) 참조.
165) "면과 철강과 도기의 이해관계의 무게는……정부정책에 매우 유리하게 작용했다.……왜냐하면 이 모든 무역은 프랑스 시장에 더 많이 진출함으로써 얻을 것이 많았기 때문이었고, 프랑스의 공업제품으로부터의 심각한 경쟁을 두려워할 이유가 하나도 없었다." Ashton(1924, 171).
    맨체스터의 캘리코 염색업자인 조지프 스미스와 로버트 필은 그들의 비용절감 기계에서 잉글랜드의 면 무역의 장점을 보았다. "다른 나라들이 이 기계들을 얼마나 빨리 가지게 될는지 말할 수는 없으나, 그럴 경우에도 우리가 기계를 사용하면서 얻게 된 경험이 우리에게 장점을 안겨다주어서 나는 경쟁을 두려워할 필요가 없다고 생각한다." Edwards(1967, 51)에 재인용.
166) Bowden(1919, 25-26) 참조.

조약이 프랑스에 미친 경제적 영향은 거의 즉각적으로 느껴졌는데, 특히 (1788년 프랑스 정부의 비망록이 지적하듯이) "고급 의류"와 대비되는 "일반 의류", 즉 "부유한 사람들"보다는 오히려 "민중"의 소비에 쓰인 온갖 종류의 의류 부문에서 그랬다.[167] 조약은 영국으로부터 면제품(그리고 기타 다른 제품)의 대량 수입, "명실공히 대홍수"[168]를 초래했다. 그것은 하나의 "경제혁명",[169] "프랑스 공업사에서의 전환점"[170]의 하나였다. 영국의 상품은 프랑스 시장에 "범람했다"고 1791년에 아르누는 썼다.[171] 그리고 프랑스인들이 이러한 사실을 깨닫는 데에는 채 5년이 걸리지 않았다. 이러한 결과들은 거의 즉각적으로 정치적 논쟁의 대상이었다. 그때부터 이것은 민중의 인식 착오라고 흔히 주장되어왔는데, 왜냐하면 경제위기는 조약이 효과를 발휘하기 시작한 실제 날짜인 1787년 7월 1일 이전인 1786년 또는 심지어 1785년에 시작되었기 때문이다.[172] 이런 주장은 내가 보기에 요점을 놓치고 있는 것 같다. 객관적으로, 조약의 효과는 1787년 이후에 가장 심각해졌는지 모르나,

---

167) A.E. 46, 1788, 239.
168) Morineau(1978, 411). 이것은 다른 점에서 "끔찍한 경쟁"으로 알려진다. Furet & Richet(1973, 26).
169) Dardel(1963, 71).
170) Markovitch(1966c, 130). Schmidt(1913, 270)는 1788년에 "우리를 사로잡은 상업혁명"에 관해서 말했던 한 기계공을 인용한다.
171) Arnould(1791, 181-183). 또한 Chaptal(1819, I, 95-96), Dumas(1904, 150-151), Schmidt(1908, 91-92), Mantoux(1928, 263), Sée(1930, 308), Labrousse(1933, II, 320), Acomb(1939, 42), Guérin(1968, I, 64-65), Tilly(1968, 215-222) 그리고 Morineau(1971, 331) 참조.
   소수의 학자들은 프랑스 공업이 조약 체결 이전에 이미 어려웠기 때문에 조약의 역할은 과장되어서는 안 된다고 주장한다. Gaillardon(1909, 151)과 Murphy(1966, 578) 참조. 내가 보기에 보다 정당한 것은, Bouloiseau(1957, liv)가 그랬듯이, 적어도 1780년 이후부터 존재했던 공업의 어려움에도 불구하고 "문제의 크기를 폭로했던 것"──그것의 크기를 폭로하고, 그것을 강조하고, 그것을 제도화하려고 위협했던 것은 바로 조약이었다고 말하는 것이다.
172) Cahen(1939, 275)은 예컨대 심각한 경제위기의 "전적인 책임"은 "조약으로 인한……혼란에 의해서"였다는 사실을 이야기한다. Henderson(1957, 110)은 1787년에서 1792년 사이에 프랑스에 대한 영국의 수출의 배가는 "단지 이전에 밀무역되던 상품무역의 합법적 통로로의 이전을 뜻한다"고 주장하면서, 영국의 이점을 평가절하한다.

1786년의 어려움을 부분적으로 설명해주는 하나의 요인은 십중팔구 조약에 대한 기대였다. 어쨌든, 정치적 반응을 지배했던 것은 현실이 아니라 인식이었다.[173]

물론, 프랑스의 제조업자들과 기타 다른 사람들은 프랑스 시장에서 영국의 의류가 프랑스의 의류보다 싸기 때문에 잘 팔리고 있으며,[174] 이것은 더 많은 기계화에 의해서 이루어진 진보이고 기계화는 이제 문제의 해결책이 될 수 있다는 사실을 인식했다. 그러나 어떻게 그리고 얼마나 신속하게? 1789년에 출판된 프랑스의 백과사전은 이렇게 쓰고 있다:

> 우리는 방금 영국과 통상조약을 체결했는데, 이 조약은 우리의 손자세대를 부유하게 만들지는 모르나 왕국의 50만 명의 노동자들에게서 그들의 빵을 빼앗아갔으며 1만 개의 상사를 무너뜨렸다.[175]

그러는 동안, 프랑스인들은 영국 정부가 덤핑 과정을 도와주고 있다는 사실을 인식했다.[176] 그들은 실직한 숙련공의 이민과 같이 "되돌리기 어려운" 결과들

---

173) "당대인들은 1786년의 조약이 큰 역할을 했다고 생각했다." Lefebvre(1939, 118). 또한 Heckscher(1922, 22) 참조. 1788년 8월에 한 풍자만화가 파리에 돌고 있었다. 상업이라고 불리는 한 남자가 공공광장에서 교수형에 처해지는 만화였다. 목을 죄는 밧줄은 염가 판매점이고 그의 맨발에는 "수출관세"라는 무게추가 달려 있으며 두 손은 "통상조약"이라고 쓴 끈으로 묶여 있었다. Schmidt(1908, 78) 참조.
　당시의 이러한 인식이 히스테리가 아니라 물질적인 조건에 근거한 것이었다는 점은 조약이 체결되자마자 이윤을 예상한 잉글랜드의 제조업자들이 면에 투기를 했다는 사실을 지적하는 Tarrade(1972, II, 691)의 글에서 확인된다. 이것은 "그들이 잉글랜드의 경쟁에 대적해야 할 바로 그 순간에 프랑스 기업에 불리하게 급격한" 가격 상승을 가져왔다.
174) 글래스고의 한 제조업자는 1786년이나 1787년에 쓴 글에서 그가 어떻게 루앙에서 호커를 만났으며, 호커가 그에게 프랑스의 제조업자들은 낮은 임금을 지불하지만 또한 무규율 때문에 생산성이 낮으며, 그래서 사실상 생산비용이 더 높다는 것을 어떻게 인정했는지를 이야기한다. Auckland(1861, I, 516-517) 참조.
175) Jacques Peuchet, *Encyclopédie méthodique* (Jurisprudence, IX, Police et Municipalitiés, agriculture). Bloch(1900, 242, 주 1)에 재인용.
176) "[영국인들은 그들의 생산품을] 아주 낮은 가격에, 심지어는 프랑스의 투자가들이 잉글

을 걱정했다.[177] 진정서(cahiers de doléance)가 작성될 무렵이 되면, 조약으로부터 "직접적인 영향을 거의 받지 않은" 지방의 진정서에서도 조약에 대한 불만들이 발견될 정도로 조약은 매우 인기가 없었다.[178] "전반적인 요구는 이 조약의 전면적인 폐기였다."[179]

1911년에 쓴 글에서 무를로는 당시 많은 사람들이 느끼고 있던 것을 주장했다. 조약은 프랑스를 잉글랜드의 "경제적 변방"으로 만들었다 ; 그것은 일종의 "낭트 칙령의 새로운 폐지"[180]였다. 정치적으로 그것의 효과는 대단했다. 제조업에 종사하는 사람들은 그들이 국가기구를 가장 필요로 할 때 국가기구로부터 버림받았다고 느꼈다. 왕의 측근들은 이미 자유주의라는 미명 아래 그리고 경쟁이라는 자선 아래 프랑스의 반주변부화를 기꺼이 받아들이고 있었던 것처럼 보였을 것임에 틀림없다. 아마 어떤 의미에서 "게임은 이미 졌고……[그리고] 잉글랜드가 세계경제에 대한 통제력을 이미 획득했는지"[181]도 모른다.

랜드에서 그들의 상품을 사서 손해를 보지 않고 팔 수 있는 가격보다도 낮게 [팔았으며], 이는 나로 하여금 그들이 정부로부터 비밀리에 도움을 받고 있다고 믿게 만든다. 우리는 그것이 그들이 영국 상품의 반입을 확보한 국가들의 공업을 파괴하는 방법이라는 것을 안다."(A.E. 46, 236). 훗날 어떤 학자도 그 시대에 대한 이러한 프랑스적인 인식이 증거에 의해서 정당화되는지 아닌지를 알려고 이 문제를 추적하지 않았다는 것은 기이한 일이다.

177) 1788년에 작성된 편지. Mourlot(1911, 106)에 재인용.
178) Picard(1910, 156, 161) 참조. 물론 "공업지역 바야주(bailliage : 바이[bailli]라고 부르던 지방관의 관할구/옮긴이)의 진정서는 조약에 대해서 만장일치로 적대적이었다." Dumas(1904, 182). 확실히, 일부 농업지역은 이 조약을 정반대로 보았다(p. 186).
179) Champion(1897, 164)과 Sée(1931a, II, 950, 주 1)는 첫째, 이 조약이 "유해"했으며 샹파뉴, 피카르디, 노르망디가 특히 고통을 받았고, 둘째, 진정서에서 볼 수 있는 것처럼 "프랑스에서 불평은 이 조약에 대해서 그리고 영국에 대한 적용방식에 대해서 만장일치의 반대였다"는 것을 인정한다.

적대감은 1789년에 중단되지 않았다. 반대로, "1789-93년의 가난과 혼란 속에서 그 조약은 프랑스를 희생시켜서 잉글랜드를 부유하게 만들려는 피트의 깊은 음모의 전주곡처럼 보였다.……구왕조 아래서 행해진 1786년의 때이른 시도와 그것이 공화국 아래서 야기한 반작용은 프랑스에서 금지 혹은 엄격히 보호주의적인 정책과 민중정부를 매우 동일시하게 만들었다."(Rose, 1893, 705)
180) Mourlot(1911, 105).
181) Braudel(1984, 381).

그러나 조약은 이런 상황을 돌이킬 수 없게 만들어버린 행동처럼 보였는데, 이런 관점은 특히 잉글랜드의 사정은 매우 좋았던 것 같다는 점을 고려할 때, 강한 반발을 불러일으킬 수 있었다.

잉글랜드에는 직접적이고 "분명한 이득"이 있었다. 국가세입이 증가했고, 수출 기회가 확대되었으며, 무역수지가 영국에 유리하게 "급선회했다."[182] 그러나 그뿐만이 아니었다. 이든 조약은 프랑스 시장을 개방함으로써 영국의 제조업자들에게 규모의 경제를 이루게 했고 이것은 영국인이 미국(그리고 추측컨대 다른 곳)에서 그들 제품의 가격을 낮출 수 있게 해주었다. 일찍이 1789년에 한 영국 영사는 이는 "필라델피아에 있는 면 방직공장의 진보에 상당한 제동"[183]이 걸리는 결과를 낳았다고 지적했다.

면직물에서의 프랑스의 불이익이 포도주에서의 이익으로 다소 보상되리라는 기대가 있었지만 그렇게 되지는 않았다. 영국인들은 프랑스 포도주를 전보다 더 많이 사기는 했으나 훨씬 더 많이 사지는 않았다.[184] 이든 조약으로 야기된 "위기"는 추측컨대 프랑스 국내시장의 쇠퇴를 야기시켰다. 그러므로 포도주 생산자들은 자연히[185] 그리고 실제로[186] 조약으로 구현된 무역개방 정책의 지지자들이었음에도 불구하고, 그들의 처지는 물질적으로 향상되지 않았다. 1777년 이후 포도주 가격은 계속 하락하여 1786년에 최저점에 도달했고, 이러한 낮은 가격은 1791년까지 계속되었다. 1788년과 1789년에 곡가의 급등이 있었을 때, 구매력의 40퍼센트의 하락으로 포도 재배 및 포도주 양조업자의 소득에 대한 압박이 초래되었다.[187] 그들은 십일세와 영주 부과조에 반대하는 캠페인에서 구제책을 찾았다. 매우 높은 곡물 및 빵 가격과 동시에 일

---

182) Ehrman(1962, 206).
183) Cain & Hopkins(1980, 472)에 재인용.
184) "포도주에 대한 잉글랜드인들의 취향은 크게 바뀌지 않았다.……반면 잉글랜드의 철제품과 리넨은 프랑스에서 엄청나게 팔렸다." Browning(1885, 363).
185) "포도주는 개방경제의 산물이고 시장지향적인 생산물이다.……포도주 경제는 국제적이다." Labrousse(1944, 207, 211).
186) Labrousse(1944, 586-588) 참조.
187) Labrousse(1944, 579-580) 참조.

어난 제조업 부문의 이러한 "끔찍한" 위기가 "혁명을 촉발했다"는 것은 놀라운 일이 아니다.[188]

프랑스 혁명과 같이 복잡한 "사건"을 어떻게 "설명할 것인가?" 프랑스 혁명을 1789년 7월 14일에 일어난 것 또는 1789년(혹은 1787년)에서 1793년 (혹은 1799년이나 1815년) 사이에 일어난 것으로 규정한다면 큰 문제가 안 된다. 사건의 시간폭이 무엇이든, 한 사건을 다른 사건에 의해서 설명하는 것은 결코 그리 만족스러울 수가 없다. 두 개의 사건들은 하나의 계기(繼起, sequence)를 이루고 그들간의 연관관계는 그럴듯해 보일지 모르지만, 다른 방향의 "사건들"이 개입하고 그래서 그와 같은 다른 사건들이 먼젓번 계기에 얼마나 필요 불가결한 것인가 하는 문제가 언제나 즉각적으로 제기된다. 어느 누구도 일어나지 않았던 다른 계기들을 일어날 가능성이 없다고 해서 합리적으로 제거할 수는 없다. 하나의 계기를 하나의 인과적 연쇄로 주장하는 것은 '그 결과가 그러했으므로 그것의 원인이다'(시간의 선후관계를 인과관계와 혼동하는 허위논법/옮긴이)라고 주장하는 것과 거의 다르지 않다.

그러나 하나의 "사건"을 장기지속(longue durée)에 의해서 설명하는 것도 마찬가지로 만족스럽지 않다. 장기지속은 대규모의 장기적인 구조적 변화를 설명하지만 그와 같은 변화가 특정한 사건들을 통해서 일어날 수 있다는 사실을 증명할 수는 없다. 프랑스 혁명에 관한 논쟁의 대부분은 궁극적으로 이와 같이 무의미한 수준에 놓여 있다. 하나의 중요한 사건은 하나의 위기국면(conjuncture, 이 단어의 영어적 의미, 즉 하나의 결합점이라는 의미에서)의 결과요, 콩종크튀르(conjonctures, 불어적 의미, 즉 중간 길이의 주기적 변동들이라는 의미에서)의 결과이며, 그래서 사건이 중요하다는 것은 그것의 원인들 때문이라기보다는 오히려 그것의 결과들 때문이라고 할 수 있다. 이런 의미에서 프랑스 혁명은 의심할 바 없이 근대세계의 "중요한 사건"이다.

경제적 콩종크튀르[189]와 국가기구 특히 국가재정에서의 적자의 증가의 콩종

---

188) Dardel(1948, 62).
189) 경제에 대해서 Lefebvre(1947b, 89)는 권위적으로 말한다 : "그러므로 경제적 위기(crise)가 혁명의 직접적 원인들 속에 포함되어야 한다는 것은 논의의 여지가 없다." 확실히 경

크튀르라는 두 개의 객관적인 콩종크튀르가 프랑스 혁명의 발발에 대한 "설명"으로 널리 이용되어왔다. 지금까지 이야기되어온 것으로부터 분명한 것은 이러한 콩종크튀르들이 존재했고 실제로 중요한 역할을 했다는 것이다. 그러나 이러한 두 개의 콩종크튀르들이 이야기의 전부라면, 여러 종류의 프랑스 혁명이 있었을는지 모르고,[190] 나는 그것이 근대 세계체제의 역사에서 그처럼 중심적인 사건이었으리라고 생각하지 않을 것이다.

프랑스 혁명의 중심성은 세계경제의 헤게모니에 대한 프랑스와 영국 간 투쟁의 중심성의 한 결과이다. 프랑스 혁명은 이 투쟁에서 프랑스의 임박한 패배감에 뒤이어 그리고 그것의 한 결과로 일어났다.[191] 그리고 프랑스 혁명은 헤게모니 투쟁에서 패배했던 바로 그 나라에서 발생했기 때문에 그것이 미쳤던 바와 같은 영향을 세계체제에 미쳤다. 많은 사람들이 영국의 승리의 물결을 뒤집어엎으리라고 기대했던 프랑스 혁명은 반대로 지속적인 영국의 승리를 확인시켜주는 데에 결정적이었다고 말할 수 있다. 그러나 바로 이러한 지

제적 위기에는 적어도 세 가지의 설명이 있다 : "가난"의 위기(무엇보다도 Labrousse, 1944, xlii 참조), "성장"의 위기(Le Roy Ladurie, 1976, 29-30), 또는 "J 곡선" 즉 발전하다가 갑작이 하락하는 양상의 위기(Tocqueville, 1955, 176-177).

190) 그러나 나는 그와 같은 "사건"은 비록 확률이 높았지만 불가피하지는 않았다는 Higonnet(1981)의 설득력 있게 주장된 견해에 동의하는 바이다.

191) 이것은 인기 있는 테제가 아니다. Hartwell & Engerman(1975, 193)이 말하듯이 : "역사가들은 제1차 세계대전이 경쟁적 제국주의의 결과였다고 주장해왔던 방식대로, 나폴레옹 전쟁이 자본주의적이고 제국주의적인 경쟁의 결과였다고 주장할는지도 모른다."

마치 이 점을 증명하기라도 할듯이, Furet(1978, 92)는 그후 즉시 이렇게 외쳤다 : "물론 우리는 어떻게 사람들이 [1792-1815년의 전쟁을] 프랑스와 잉글랜드 간의 오랜 상업적 경쟁의 절정으로 만들 수 있었는지를 볼 수 있다. 그러나 한걸음 더 나아가 그리고 투쟁의 이러한 측면을 확대하려면, 이 긴 전쟁의 중요한 내용과 '객관적' 원인은 다니엘 게랭을 제외하고는 어떤 프랑스 혁명사가도 내디디고자 하지 않았던 도약을 요구한다."

그러나 이것은 근본적인 문제에서 주의를 딴 데로 돌리는 행위이다. 누구도 내딛기 어려운 도약은 필요하지 않다. 필요한 것은 단지 Dehio(1962, 139)가 군사적인 투쟁에 대해서 이야기한 것 —— "프랑스 혁명은 힘에 대한 자신감이 아니라 절망의 용기를 가지고 거대한 투쟁을 시작했다"—— 이, 필요한 변경을 가한다면, 세계경제를 둘러싼 헤게모니를 위한 투쟁의 모든 마지막 단계에 적용된다는 것을 인정하는 것이다.

146

정학적, 지경학적(地經學的) 패배 때문에, 프랑스 혁명가들은 실제로 그들의 장기적인 이데올로기적 목표들을 달성했다.

이제 그것에 전가된 원인들에 의해서보다 주로 그것의 결과들에 의해서 프랑스 혁명의 역사를 살펴보기로 하자. 무엇보다도 먼저, 두 핵심 영역 —— 농업생산의 구조와 공업생산에 관여한 국가의 역할 —— 에서 초창기 혁명정부의 실제 경제정책은 무엇이었는가?

오래 전에 마르크 블로크는 프랑스 혁명은 대규모 농업영지의 몰락을 뜻한다는 지나치게 단순화된 인식과 그 강조점에서 정반대되는 견해를 개진한 바 있다 :

> 1789년에서 1792년 사이에 영주제가 그것과 동일시되었던 왕조체제와 함께 제거되면서 어떻게 붕괴되어버렸는지는 모든 사람들이 알고 있다.
> 스스로를 농민의 우두머리로 여기고 싶어했음에도 불구하고, 새로운 스타일의 영주는 사실상 일차적으로 다시 한번 대규모 경영자가 되었다 ; 다수의 평범한 부르주아가 마찬가지로 그랬듯이 말이다. 물론 불합리하지만, 혁명이 1480년경에 발발했다고 우리가 상상해보면, 우리는 영주 부과금이 제거된 토지는 거의 예외 없이 일군의 소규모 점유자들에게 재분배된 사실을 발견하게 될 것이다. 그러나 1480년에서 1789년 사이의 세 세기는 대토지의 부흥을 경험했다. 그것은 잉글랜드와 동부 독일처럼 전반적이지는 않았다. 토지의 큰 부분, 즉 대토지에 포함된 부분보다 아마 전체적으로 더 큰 부분이 여전히 농민의 소유권 아래 있었다. 그러나 그것의 완결성은 지역에 따라서 크게 달랐지만 대토지의 승리는 상당한 것이었다. 프랑스 혁명은 대토지를 비교적 손상하지 않고 남겨두었다. 우리 시대의 농촌 프랑스가 보여주는 모습 —— 흔히 이야기되듯이, 소토지 소유자의 땅이 아니라 오히려 대토지와 소토지가 지방마다 상당히 다른 비율로 공존하는 땅의 모습 —— 은 15세기에서 18세기 사이의 농촌의 발전으로 설명되어야 한다.[192]

그렇다면 어떻게 해서 우리는 프랑스 혁명의 한 결과로서 농민생산의 역할이 실제로 커졌다는 인상을 얻게 되었을까? 그 이유의 하나는 영주들의 "전통적인" 권리들에 영향을 미친 상당히 드라마틱한 사법상의 행위가 실제로 있었

---

192) Bloch(1966, 149). 나는 크게 잘못된 두번째 문단의 번역을 수정했다.

다는 것이다. 국민의회는 유명한 1789년 8월 4일 밤에 공식적으로, 십일세와 일부(전부가 아니다) 영주권을 포함한 "봉건제"를 폐지했다.[193] 그리고 남아 있던 영주권도 차례로 그리고 보상 없이 1793년 7월 17일에 폐지되었다. 더욱이 1791년 9월 28일에 채택된 농지법은 공동지의 인클로저를 공인했다. 1792년 8월 28일 법은 공동지의 분할을 공인했다. 그리고 성직자의 토지는 국유화되었고 마침내 매각되었다.

그러나 이 모든 것은 겉보기보다 정도가 덜했다. 첫째로, 혁명정부는 구체제의 마지막 몇십 년 동안의 농업개혁자들이 그러지 못했던 것처럼 공동방목권이나 인근토지방목권을 폐지하지 못했다. (실제로 공동방목권은 1889년에 가서야 비로소 폐지되었고, 그때에도 그것의 폐지는 지역 주민의 합의를 필요로 했다.[194] 그것은 제1차 세계대전 이후에 가서야 비로소 무조건적으로 폐지되었다.) 그리고 공동지의 분할을 인정하는 법은 1797년에 유예되었다.

둘째로 그리고 더욱 중요하게는, 그와 같은 "이득"이 일정한 양의 재산을 지니고 있었던 비교적 유복한 중농들에 의해서 획득되었으며, 또한 대개의 경우 소규모 차지농, 소작농 그리고 무토지 노동자들을 희생시키며 얻어진 이득이었다.[195] 여러 가지 개혁들이 프랑스에 행정질서를 창출한 것은 분

---

193) Hirsch(1978) 참조. Lefebvre(1972, 407)는 이 십일세의 폐지를 "농업혁명의 가장 중요한 결과"로 간주한다. Sewell(1985, 69)은 한걸음 더 나아간다. 그는 8월 4일 밤을 "계급투쟁과 이데올로기적 변화 모두에서 혁명의 결정적인 전환점……[그것은] 특권의 대학살이었다"고 본다.
194) Bloch(1930, 549) 참조. 19세기에 공동방목권의 운명에 대한 상세한 설명은 Clère(1982) 참조.
195) 공식적인 허가에도 불구하고, 소유권의 일반적인 강화는 사실상 인클로저를 지연시켰다. 그 결과 Milward & Saul(1973, 263)은 "[혁명기에] 많은 농민들의 급격한 소득의 상승"을 언급한다. 이것은 의심할 바 없이 Labrousse(1966, 62)가 말한 정치적 결과를 설명해준다 : "프랑스 혁명의 토지개혁과 그것이 수립한 전통은 왕당파 운동(올빼미당)에도 불구하고 농촌에서 수많은 열렬한 지지자들을 발견했다."

그러나 Chabert(1949, 91)가 말하듯이, 통령정부와 제정 하에서의 결과적인 농업의 번영은 대토지 소유자들에게 더 유리한 것이었다. 그것은 농촌의 양극화를 감소시킨 것이 아니라 증가시켰다 : "혁명적 사건은 그들의 작은 땅(clos)을 열심히 돌보는 소농의 호주머니를 텅 비게 만들면서 다른 어느 것보다도 그들[대토지 소유자들/옮긴이]의 힘

명하다.[196] 그러나 부르쟁이 다소 신랄하게 말하듯이, 그것은 "사람들이 믿는 것보다 훨씬 더 조절된 행정"이었으며 "사람들이 생각하는 것보다 훨씬 더 보수적인 법률 제정을 위한 것"[197]이었다.

르페브르는 혁명기의 농업개혁의 급진성에 대한 우리의 학문적인 오해를 농민봉기의 "격렬하고" "완강한" 성격과 봉건적 권리들의 폐지에 관해서 8월 4일 밤에 떠들어댄 "요란스러움" 탓으로 돌린다. 이 법률 제정은 급진적인 개혁이었다기보다는 차라리 하나의 "타협"에 지나지 않는 것이었다고 그는 주장한다. 그렇다고 해서 우리가 그것을 무시해서는 안 되는데, 왜냐하면

의 강함을 확인시켜주었다. 그것은 소농과 대토지 소유자 사이의 갭을 이전보다 더 심화시켰다. 혁명은 각 지역 공간의 지배적인 특징을 굳혔다." Perrot(1975a, 38-39).

　Bloch(1930, 544)의 가혹한 결론은 정당한 것 같다 : "그들의 농업정책에서, 입법부는 제헌의회뿐만이 아니라……국민공회조차도, 왕조에 의해서 수행된 개혁들을 파괴하기는커녕 그것들을 계승했다.……새로운 특징들이 혁명작업을 특징지었다. [혁명기의 입법부들이] 특권층을 달랠 필요성이 없었던 구체제와 마찬가지로 무토지 노동자들(manoeuvres)을 의도적으로 희생시켰다면, 그들은 중간 규모의 소유자들의 이익에 훨씬 더 스스로를 바칠 수 있었을 것이다." 그 결과는 Soboul(1976a, 63)이 말하듯이, 농민공동체의 해체를 거친 프랑스 북부에서 특히 심했다 : "급속히 프롤레타리아화한 가난한 농민들은 근대 농업과 대규모 공업에 필요한 인력을 제공했다."

　혁명기 동안의 대규모 귀족토지에 가해진 그와 같이 제한된 피해는 나폴레옹 시대에 다소 원상복귀되었는데, 이때에 "토지에 기반을 둔 이전의 귀족의 부의 재형성이 목격된다." Tulard(1970, 643). 또한 Chabert(1949, 330); Meyer(1966, II, 1254); Laurent(1976a, 643); Soboul(1976b, 126, 132); Gauthier(1977, ch. 5 & Part III, 여러 곳) 참조.

196) Bloch(1930, 544)가 지적한 혁명 아래서의 농업정책의 두번째 특징은 이러했다 : "[구체제보다] 덜 소심하고 본질적으로 일원적이었던 그것은 전 국토에 적용되는 조치들에 의해서 진행되었다."

197) Bourgin(1911, 192). "경제적, 사법적 혁신은 일차적으로 이전의 소유자들이나 예외적인 여건을 이용하여 새로운 사회계층에 들어선 새로운 사람들의 지위를 강화시키는 데에 기여했다."(p. 185) Mackrell(1973, 176-177)은 더 신랄하다 : "일단 명칭이 없어지자……봉건적인 영주적 권리들은 당연시되었다.……계속되는 정부들은 이전의 부과조를 소유권에 흡수하는 데에 너무나도 열심이었다. 새로운 형태의 봉건적 권리들은 존속되었다기보다는 오히려 번영했다."

　Root(1987, 241)는 농업변화의 실패에서, 약한 프랑스 국가의 한계의 연속성을 본다 : "혁명정부는 위협적인 농민의 저항 때문이라기보다는 재정적인 우선권 때문에 농업개혁을 포기해야 했다.……혁명 전과 혁명기간 동안 모두에서 국제전쟁과 재정적 혼란과 행정적 취약성에 빠져 있었던 프랑스 국가는 농업성장을 촉진시킬 능력이 없음을 드러냈다."

그것이 경제적 진보를 늦추기는 했지만, 그것은 또한 영국의 농업변화보다 "고통을 덜 야기했고 또한 더 인도적이었기" 때문이라고 그는 첨언한다.[198] 이것은 일어난 일을 기술하는 하나의 방법이지만 나에게는 다소 지나치게 주의주의적(主意主義的)인 것으로 들린다. 우리가 앞으로 보게 되듯이, 그 "타협"은 자본주의 세계경제의 발달에서 득을 보고 있었던 자들과 손해를 보고 있었던 자들 간의 치열한 계급투쟁의 결과였다.[199] 그리고 그 결과의 "인간다움"은 반(反)자본주의 세력의 힘의 결실이었다.[200]

---

198) Lefebvre(1963, 355, 366-367). 우리는 영국의 경제적 변화의 또다른 덜 인도적인 면모를 지적할 수 있다. 영국의 (아주 흔히 찬양되는) 석탄으로의 이행은 18세기에 곧바로 "스코틀랜드 탄광의 생명계약"에 이르게 했다. 탄광 주인들은 "노동자를 충원하기가 어렵다는 것을 알았고" 그래서 국가에게 일종의 농노제를 강요하게 만들었다. Duckham (1969, 178).

199) 이런 식으로 보면, 프랑스 서부지방의 "반혁명"이라고 하는 곤란한 문제를 보다 쉽게 해결할 수 있다. LeGoff & Sutherland(1974, 101)는 구체제하의 브르타뉴는 중앙에 의한 통치가 매우 적었고, 그것은 농촌 공동체들에 의한 [중앙과의/옮긴이] "건강한 거리"를 유지하고 있었다. 프랑스 혁명은 보다 활동적인 중앙을 낳았다. 중앙집권적 성향을 지닌 혁명기의 입법부들은 해약조건부 대지(domaine congéable)라고 알려진 토지임차제도의 지방적 특수성을 고려하지 않았고, 이것은 비교적 유복한 차지농의 입장의 불안정성을 크게 증가시키는 결과를 가져왔다. 우리는 프랑스의 다른 지역에서 농업개혁의 결과로 잘살게 된 것이 바로 이 계층이었음을 이미 살펴보았다. LeGoff & Sutherland (1983, 109)는 프랑스의 서부에서 개혁의 실질적 결과는 농민 부담이 제로에서 40퍼센트의 증가까지 다양했다고 평가한다. 따라서 LeGoff & Sutherland(1974, 109)는 부아, 포쇠, 틸리의 저서들로부터 미발달된 공통의 테마, 즉 "일반적으로 프랑스의 농촌에 거주했던 빈민 대중은 프랑스 혁명으로부터 득을 본 것이 거의 없었으며, 반혁명 지역에서 자포자기에 빠져 때때로 많은 사람들이 불만과 봉기를 일으킨 것은 바로 이런 사람들이었다"는 테마를 끌어내는 것이 이치에 닿는다고 말한다. 따라서 우리는 올빼미당(chouanneries : 방데를 비롯한 서부지역에서 프랑스 혁명에 반대하여 전쟁을 일으킨 왕당파/옮긴이)을, "1790년 선거에서 권력을 장악하고 그 이후에 권력을 지켜나간 부르주아 지주계급으로 그 배경이 밝혀진 사람들"의, 도시에 기반을 둔 권력에 대한 (민중적 근왕주의를 가장한) 농민혁명으로 해석할 수 있다. LeGoff & Sutherland(1983, 86). 이러한 해석에서 반혁명은 의심스럽게도 혁명인 듯이 보인다. 이러한 주장에 직면하여 Mazauric(1985, 239)는 "반혁명적(counter-revolutionary)"이라는 명칭을 버리고 민중적인 반대를 단지 "혁명에 반대하는(anti-revolutionary)"이라는 보다 누그러진 명명방식으로 대체한다.

200) 19세기 내내 "명백한 반대에 직면한 (프랑스의) 소심함"은 "토지문제에 대한 혁명기의

이제 공업생산의 촉진에서 국가가 행한 역할에 대하여 살펴보면, 우리는 이 투쟁무대에서 혁명이 이루어놓은 것이 농업개혁이라는 투쟁무대에서 혁명이 이루어놓은 것과 적어도 마찬가지로 컸거나, 아마 그보다 더 컸다는 것을 알게 될 것이다. 1819년에 쓴 글에서 샤탈은 1789년의 영국과 프랑스의 공업생산의 비교 상황을 되돌아보면서, 영국이 시장의 지리적 크기, 판매된 상품의 양 그리고 낮은 가격 면에서 뚜렷한 이점을 가지고 있었음을 알았다. 그는 이러한 영국의 이점에 대한 일련의 설명을 개진했는데, 그 첫번째가 "자기 자신의 공장 생산품만을 국내시장에 허용하고 금지조치나 그와 동일한 효과를 가진 관세에 의해서 외국 생산자들의 생산품을 거부하는, 한 세기 이상 영국이 추구한 체제"[201]였다.

보호주의로의 회귀는 혁명을 이끈 그리고/또는 혁명의 결과로 권력을 잡게 된 자들 대부분의 당면과제의 하나였음이 분명하다. "[1786년의 영불 통상] 조약이 국민의회의 구성원과 전체 국민에게 인기가 없었음은 의심의 여지가 없다."[202] 1793년에 조약은 국민공회에 의해서 공식적으로 폐기되었다.

해결책"이 뒤집어질지도 모른다는 농민의 두려움의 결과였다고 주장하는 자유주의자의 해석에 대해서는 Grantham(1980, 529) 참조. 그는 프랑스 자본가들의 에토스의 부적절성을 개탄한다(p. 527) : "프랑스의 토지소유가 더 집중되었다면 개인 토지소유자들은 그들의 소유지의 겸병을 확보하기 위해서 더 열심히 노력했을 것이 확실하다."

201) Chaptal(1819, I, 90). 다른 여섯 가지의 설명도 당시에 유행했던 학문적인 문헌들과 유사하다 : 제한적인 규제의 결여, 기계화, 석탄과 운하의 풍부함, 기술적인 분업, 식민지 소유와 제해권, 해외시장을 찾고 해외의 경쟁을 억누르는 데에 동조적이었던 정부의 노력(pp. 91-93). Crouzet(1981, 72)가 말하듯이 : "근대의 관찰자들이 18세기 동안의 잉글랜드의 경제성장을 설명하기 위하여 도출한 요인들은 사실 아주 적었으며, 그것에 관해서 프랑스의 관찰자와 당시의 저술가들은 조금도 눈길을 보내지 않았다."

202) Milward & Saul(1973, 167). 1797년에 M. 테르맹이 쓴 외무부 메모에서 저자는 영국인들은 시장에서 두 가지 이점을 가지고 있었기 때문에 "호혜주의"를 추구했다고 주장한다. 첫째로, 그들은 그 시점에서 보다 효율적인 생산자였다 ; 그리고 둘째로, 그들은 사실상 3,000만 명의 프랑스 시장을 대가로 800만 명의 잉글랜드 시장을 개방하는 것이었다 (A.E. 46, 287). 몇년 후에 M. Arnould(A.E. 46, 331 bis)의 또다른 메모는 다음과 같은 이유에서 1786년 조약의 갱신에 반대했다 : "공공여론은 특히 우리의 제조업자들로부터 재앙적이었다고 인정되고 있는 1786년의 조약으로 야기된 손해에 대하여 국민적 관심을 충족시켰다는 데에 만족하고 있는 듯하다."

이것은 공업생산에 영향을 미쳤던 다른 중요한 경제적 결정이면서 그로 인해서 콜베르의 꿈이 마침내 이루어진 내국관세의 폐지와 결코 모순관계에 있었던 것이 아니었다.203) (길드의 폐지와 마찬가지로) 내국관세를 폐지한 법령 때문에 프랑스 혁명은 헥셔의 박수를 받는데, 그는 구체제의 공업입법의 "비합리적 기괴함"을 제거한 혁명의 "소극적 결과"를 극구 찬양한다. 헥셔는 이것을 "엄청난 개혁작업"204)이라고 부른다. 소불은 프랑스 혁명을 부르주아 자유주의의 승리로 보기 때문에 원칙적으로 이에 동의하지만, 그럼에도 불구하고 그는 여러 가지 보호주의적 조치들 —— 관세, [1717-27년에 법으로 제정된 식민지에서의/옮긴이] 독점상업체제, 1793년의 항해법 —— 에 관해서 이렇게 말한다 : "국민의회의 부르주아지는 외국과의 경쟁의 위험에 직면하자 그들의 상업적 자유주의를 양보했다." 그는 이것을 "1789년 사람들의 현실주의의 또다른 증거"205)라고 부른다. 그러나 이것이 왜 "양보"였는가? 그것은 우리가 자본가들이 본래 자유무역을 옹호하고 국가의 역할을 최소화하려고 한다고 가정할 때에만 비로소 성립되는 양보였다.206)

그러나 Crouzet(1962, 217)는 1802년 보나파르트에 의해서 아미앵 조약이 파기된 것은 오로지 영국에 대한 프랑스의 경제적 저항 때문이었다는 Jouvenel(1942, 127-128)의 가정에 대해서 경고한다. 크루제는 1786년 조약의 부활에 대한 영국의 침묵을 암시하는 1802년의 영국의 메모를 지적한다. 그러나 1802년에 영국이 침묵했던 데에는 여러 가지 이유가 있는데, 그 가운데는 그것이 잘못된 지정학적 신호를 보냈을지도 모른다는 것과 프랑스 경제의 붕괴가 영국과의 무역 재개를 덜 매력적인 것으로 만들었는지도 모른다는 이유들이 있다.

203) Cobban(1963, 176) 참조.
204) Heckscher(1934, I, 456-459).
205) Soboul(1976a, 14).
206) 적어도 피트는 프랑스 국가의 역할에 대해서 그와 같은 환상을 가지고 있지 않았다. 후자의 또다른 공격적인 행동은 16세기의 네덜란드의 반란 이래로 폐쇄되었던 스헬데 강의 "개방"이었다. Wallerstein(1974, 185-186 ; 1980, 53-54, 198) 참조. 이것은 "영국의 무역과 군사적인 안전에 대한 직접적인 위협"으로 간주되었다. "프랑스 군함이 이 강을 뚫으면, 한마디로 잉글랜드의 심장부를 겨누는 '피스톨'이라고 할 수 있는 안트베르펜이 이제는 반(反)영국 해군기지 또는 침략기지로 이용될 수 있었음을 의미한다. 하나의 원인이 망설이는 피트로 하여금 중립정책을 버리도록 한 것이 아니었다." Ascherson (1975, 9).

여러 사람들에게 프랑스 혁명의 요체는 국가의 역할을 줄이자는 것이 아니라 확대시키자는 것이었다. 이를 원했던 것은 누구였으며 왜 그랬을까? 루소는 실제로 일반의지(general will)와 모든 사람의 의지(will of all)를 구별함으로써, 즉 공동의 이익과 개별 의지들의 총합을 대비시킴으로써 이 문제를 명확하게 제기했다.[207] 국가간 체제 내에서의 근대국가는 바로 이러한 끊임없는 긴장의 전투장이다. 국가를 강화하는 것은 명백히 세계경제에서 다른 국가들의 시민-수혜자들과 비교하여 해당 국가와 그 국가의 시민-수혜자들(이것은 모든 시민이라는 범주보다 작은 범주이다)의 이익을 극대화하려는 보다 일반적인 의지를 누르려고 하는 개별 의지들의 능력을 (제거하지는 않지만) 감소시키는 것을 의미한다. 그리하여 국가는 일정한 국가 안에 위치한 부르주아의 집단적 이익이 개별 부르주아의 개별 이익들을 (그때그때마다) 누르는 메커니즘이 될 수 있다. 이것은 분명히 계속되는 쟁점이지만, 때때로 첨예한 쟁점이 되기도 한다. 이 쟁점은 하나 또는 그 이상의 다른 국가들이 해당 국가에 대한 상대적 지위를 급격히 높이기 시작할 때에는 언제나 첨예해지고, 그렇게 되면 모종의 운동이 강요되는 경향이 있다. 우리가 살펴보았듯이, 1780년대의 프랑스의 딜레마가 바로 이것이었다.[208]

뤼티가 쓰고 있듯이, 구체제의 사법적인 "혼란"에는 "방어해야 할 특권을 가지지 않았던……기성의 사회집단이 없었고", 그래서 18세기의 모든 왕의 행정은 신(新)콜베르주의적이건, 자유주의적이건, 또는 중농주의적이건 간에 "혁명적이 되거나 아니면 꼼짝달싹할 수 없게 되어 있었다." 모든 "진보적" 경향은 그 희망을 "계몽전제주의"에 두고 있었다.[209] 프랑스 혁명

---

207) Rousseau(1947[1762]), Book II, ch. III.
208) 수문은 모든 방향에서 열리고 있는 것 같았다. 그것은 단지 이든 조약의 경제적 결과와 같은 직접적인 어려움들만의 문제가 아니었다. 프랑스의 재정위기의 간접적인 외교적 결과들에 관한 Lefebvre(1947b, 32-33)의 설명을 주목하라: "돈의 부족으로 프랑스 정부는 프로이센이 네덜란드 부르주아지에 반대하는 주 장관을 지원하기 위해서 [1788년에] 홀란트에 개입하는 것을 내버려둘 수밖에 없었다; 주 장관은 프랑스와의 동맹을 깨고 영국과 손을 잡았다."
209) Lüthy(1961, 14-15).

과 나폴레옹은 바로 그와 같은 국가의 행정구조 면에서의 계몽전제주의를 구축했고, 저 사려 깊은 보수주의자인 토크빌이 훗날 이를 인식하고 크게 개탄한 것이었다.[210]

하지만 실상 진정한 일반의지란 존재하지 않고, 단지 개별 의지들의 다소 안정된 정치적 결집에 기반을 둔 국가의 의지 또는 합의가 있을 뿐이다. 프랑스에서 이러한 "안정성"의 와해(즉 혁명)가 서로 다른 두 가지 형태를 취하고 있었다는 것을 인식하는 것은 이제 진부한 일이 되어버렸는데, 하나는 특권층 내부의 분해이고 다른 하나는 특권층과 비특권층 사이의 투쟁이다. 이처럼 밋밋하게 이야기하면, 거의 아무도 이의를 제기하지 않을 것이다. 프랑스 혁명에 관한 역사서술상의 싸움(그리고 그것을 통한 근대 세계체제의 근본적 정치투쟁)이 벌어졌던 것은 이러한 두 가지의 투쟁에 개념적 술어를 갖다붙이려는 노력을 둘러싼 것이다.

이 논쟁에서 정치적 주체를 기술하기 위해서 거의 모든 사람들이 사용하는 "계급" 용어 —— 귀족, 부르주아, 상-퀼로트, 농민 그리고 (때때로) 프롤레타리아 —— 는 진짜 투쟁을 매우 불분명하게 만들어버린 일련의 정치적 암호들에 둘러싸여 있다. 그러므로 결정적이라고 생각되는 세 가지 논쟁점 —— (1) 이 시기에 "귀족"과 "부르주아지" 간의 관계는 실제로 무엇이었는가? (2) 프랑스 혁명에서 (도시와 농촌의) "민중세력"의 역할과 목표는 실제로 무엇이었는가? (3) 자코뱅은 누구였는가? —— 에 관한 나의 견해를 개략적으로 말해보겠다.

귀족과 부르주아지가 구체제 아래서 서로 다른 사회적-법적 범주였다는 것에는 의심의 여지가 없다. 그러나 논쟁의 대상은 그들이 서로 다른 **계급들**의

---

210) "왕정의 몰락을 촉진시켰던 동일한 조건이 그 계승자에게 면죄부를 가져다주었다.……그리하여 근자에 왕정을 무너뜨렸던 국가 안에서 이전의 어떤 프랑스 왕이 행사한 권력보다 더 크고 엄격하고 절대적인 권력을 지닌 중앙권력이 탄생했다.……나폴레옹은 몰락했으나 그가 성취한 것의 보다 단단한 부분은 계속되었다 ; 그의 정부는 사망했으나 그의 행정부는 존속되었으며, 절대주의를 청산하려는 시도가 행해질 때마다 기껏 이루어질 수 있었던 것은 자유라는 머리를 예속적인 몸에 이식시키는 것이었다." Tocqueville (1955, 205, 209).

구성원이었는가의 여부이다. 이 책의 독자들은 이런 종류의 사회적-법적 범주들이 16세기에 자본주의 세계경제가 등장한 이래로 프랑스나 그밖의 곳에서 이 집단들의 경제적 역할에 대해서 우리에게 무엇인가 많은 것을 말해준다는 것에 내가 얼마나 회의적인지를 잘 알 것이다. 귀족과 부르주아지라는 범주가 우리에게 말해주는 것이 별로 없다면 그리고 그러한 범주들의 구성원들이 사실상 자본주의적 기업가로서 대폭 겹쳐지는 경향이 있다면, (우리가 설사 그렇게 부를 수 있다고 하더라도) 프랑스 혁명에서 "귀족"에 대한 "부르주아지"의 승리는 필수적인 것도 아니고, 상관관계가 있는 것도 아니며, 봉건제에서 자본주의로의 이행의 결과도 아니고, 차라리 프랑스 국가의 기본 정책과 골격을 둘러싼 "엘리트" 내부의 치열한 투쟁(혹은 당신이 원한다면, 부르주아 내부의 투쟁)의 표현이다.

이와 같은 견해가 지탱될 수 있을까? 프랑스 혁명이 상층계급 내부의 반목에서 시작되었다고 주장하기 위해서 우리가 샤토브리앙이나 르페브르나 그 이후의 다른 해설자들을 대동할 필요는 없다. 그것은 로베스피에르 자신에 의해서 충분히 언급되었다 : "그리하여 프랑스에서 혁명에 처음으로 추진력을 제공한 사람들은 사법관, 귀족, 성직자, 부자들이었다. 민중은 그 다음에야 무대에 나타났다."[211] 정말이지, 이 거대한 드라마에서 매우 아이러니컬한 사실 가운데 하나는 프랑스 혁명 이전 시기에 프랑스에서 관심과 경탄의 대상이었고 또 그럼으로써 그들을 "혁명의" 길에 기꺼이 들어서게 만든 영국이라는 "본보기"의 구성요소의 하나가 영국의 **귀족**이 정치적, 경제적으로 강력했다는 사실이다.[212] 요컨대 "귀족" 그 자체가 근대의 최후까지 가장 큰 역할을

---

211) Cobban(1963, 137)에 재인용.
212) "18세기에 영국 귀족의 정치적 지배와 경제적 부는 대륙, 특히 프랑스에서 영국의 체제 그 자체와 똑같은 경탄과 부러움을 불러일으켰다.······그와 같은 인상은 영국 정치의 관례와 내부 움직임에 대한 제한된 경험에 기반을 둔 것이고 정치적 편견으로 왜곡된 것이기는 했지만, 전적으로 잘못된 것은 아니었다." Goodwin(1965b, 368).
　영국 귀족의 역할에 대한 프랑스인들의 이러한 경탄은 사실상 모든 영역에 걸쳐 존재하던, 이 시기 영국에 대한 프랑스의 보다 커진 결핍감의 올바른 부분이었음이 분명하다. 이 점에 관한 18세기 프랑스의 저술을 토대로 한 Crouzet(1981)의 연구를 보라. 영국의 (토지)귀족의 역할에 대한 이러한 경탄은 없어지지 않았는지도 모른다. Perkin

맡고 있었던 나라 중의 하나가 바로 영국이었으며, 그러한 영국이 많은 사람들에게 근대 자본주의의 상징적인 심장부였다는 사실이 결코 망각되어서는 안 된다.

프랑스 혁명에 대한 이른바 사회적 해석(그것을 주로 "부르주아 혁명"으로 해석하는)은 우리가 이미 언급했듯이 최근에 아주 체계적인 공격을 받고 있다. 그렇지만 혁명을 (봉건귀족의 이익에 대한) 자기 자신의 이익을 위해서 그것을 수행해야 할 구조적 필요성을 가지고 있었던 부르주아지의 작품으로 기술하는 것에 대한 의문은 사회적 해석의 주창자 자신들의 분석을 읽음으로써 발견될 수 있다. 마티에는 그의 주저(主著)의 시작 부분에서 1789년의 상황은 절대왕정의 실질적인 권력이 제한되어 있었고, 영주들이 국가에 모든 공권력을 빼앗겼으며, 농노제가 이미 사실상 소멸되었고 또한 봉건 지대가 이미 부차적 현상이 되었으며, 부르주아지는 "특권신분제도의 구속에도 불구하고 우리가 생각했던 것보다 덜 적대적이었는데", 왜냐하면 모든 제약에도 불구하고 "상업과 공업이 [18]세기 내내 성장했기" 때문이라는 사실을 인정하고 있다.[213] 그렇다면 혁명의 구조적 필요성은 어디에 있었는가?[214]

르페브르는 인권선언에 대한 분석에서 소유권에 대한 강조가 거기서 빠진 것을, 인권선언의 기초자들에게는 "소유권이 구체제가 전혀 의문시하지 않았던 하나의 권리였기 때문에" 구태여 강조할 필요가 없었다는 사실로 설명한다. "의문의 대상이기는커녕 18세기의 대신들과 행정관들은 전적으로 부르주

(1969, 63-64)은 영국이 "공업주의로 나아가는 결정적 단계"를 밟을 수 있었던 것은 바로 "왕권을 시기하는 토지귀족에 의한 정부와 사회에 대한 지배"였다고 주장한다. 그는 이것이 이륙을 위한 정치적 선행조건을 창출했다고 본다.

213) Mathiez(1923-24, 9).
214) Mathiez(1923-24, 47)는 계속해서 부르주아지가 겪던 사회적 손해에 대해서 상술한다. 그러나 혁명을 자존심을 회복하기 위한 노력으로 돌리는 것은 결코 사회적 해석이 아니다. 더욱이 그는 자신의 첫번째 장을 이러한 다소 놀라운 관찰로 끝을 맺는다:"만약 루이 16세가 [1789년 6월 25일에] 말에 올랐다면, 앙리 4세가 그랬던 것처럼 자신의 군대에 개인적 명령을 내렸다면, 아마 그는 [군대가] 그들의 임무를 지키게 하는 데에 성공했을 것이고 그럼으로써 그의 힘의 과시는 결실을 맺었을 것이다. 그러나 루이 16세는 부르주아였다."

아적인 방식으로 소유에 관해서 언제나 존경심을 가지고 말했다."²¹⁵⁾ 그리고 18세기 프랑스에서 "부르주아"라는 용어는 분명히 평민을 가리키는 말이지만 "비활동적인 사회범주에 국한되어" 있었다는 사실을 설득력 있게 주장한 것은 [사회적 해석의 주창자들인/옮긴이] 보벨과 로슈이다. 실제로 "프랑스 혁명은" 이 그룹에 승리를 가져다주기는커녕 "이 사회계급에게 치명타를 가했다."²¹⁶⁾

그렇다면 배링턴 무어가 지적했듯이, "궁극적인 결과"는 서구식의 의회민주주의였으므로 그리고 "토지귀족의 정치권력의 파멸이 프랑스의 근대화 과정에 작용한 가장 의미 있는 과정을 이루고 있으므로", 이것[프랑스 혁명을 부르주아 혁명으로 해석하는 것에 대한 이의제기/옮긴이]은 오로지 "하찮은 생트집"에 불과한 것일까?²¹⁷⁾ 정반대이다 : 이것은 두 가지 이유에서 생트집이라고 할 수 없다. 실제로 프랑스 혁명이 주로 자본주의적 부르주아지의 반(反)봉건적 혁명으로 계속 해석될 수 있으려면, 왜 그것이 여러 가지 면에서 실제보다 더 큰 경제적 변화를 이루는 데에 실패했는지에 관해서 우리는 보다 많은 관심을 기울여야 한다. 홉스봄은 이러한 "모순"에 당황해하면서, 그것을 본질적으로 농민의 탓으로 돌린다.²¹⁸⁾ 이러한 설명은 물론 우리로 하여금 성공한 "부르주아 혁명"이 정치적으로 취약한 농민에 의존한 것인지 아닌지의 여부를 묻게 한다. 그런데 "고전적" 부르주아 혁명이 그것의 부르주아적 목표를 달성하는 데에 "실패"했다면, 부르주아 혁명이라는 개념의 효용성은 도대체 어디에 있단 말인가?

---

215) Lefebvre(1974b, 175).
216) Vovelle & Roch(1965, 26).
217) Moore(1966, 105-106). 아니, 보다 온건한 형태로 : "누가 혁명에서 승리했건 간에, 귀족신분의 지주는 패배했다." Forster(1967, 86). Rudé(1964, 288, 290), Shapiro(1967, 510), Tilly(1968, 161), Hirsch(1980, 330)의 이와 비슷한 진술 참조.
218) Hobsbawm(1962, 212-213)은 19세기 중엽 프랑스의 "거대한 모순"에 관해서 이야기한다. 프랑스가 "자본주의적 발달에 이상적으로 적합한 제도들"을 소유했으므로 거기에서 가장 빠르게 발달했어야만 한다. 그러나 프랑스의 발달은 다른 곳보다 "현저하게 느렸다." 그는 이 모순을 프랑스 혁명의 역사로 설명한다. "프랑스 경제의 자본주의적 부분은 농민과 프티 부르주아지의 부동의 토대 위에 세워진 상부구조였다."

이러한 물음은 이제 우리로 하여금 왜 이것이 생트집이 아닌지에 대한 두 번째의 이유에 도달케 해준다. 봉건질서에 대한 부르주아의 투쟁의 중요성을 강조하는 것은 (특히 그런 것은 아니지만) 그들의 대부분이 스스로를 민중계급의 대변자라고 생각하는 사회적 해석의 주창자들 사이에서조차 민중계급의 봉기에 대해서 매우 왜곡되고 결국에 가서는 매우 종속적인 견해를 낳게 만들었다. 그리고 이것은 최근 엄청난 양의 학문적인 노력이 상-퀼로트와 농민 연구에 바쳐졌음에도 불구하고 사실이다.[219]

이리하여 우리는 이들 "민중세력"의 역할과 목표가 무엇이었나라는 우리의 두번째 질문으로 눈을 돌려야만 한다. 이 민중세력은 마티에가 "제4신분"이라고 부른 사람들이고, 그들은 대다수가 물론 농민이었다. 부르주아지와 이들 민중세력 간의 동맹에 관한 모든 이야기는 하나의 기본적인 사실로 인해서 절름발이가 되는데, 이 점에 관하여 마티에는 이렇게 지적한다:

> 재산을 소유한 부르주아지는 제4신분의 무시무시한 얼굴을 돌연 의식하게 되었다. 부르주아지는 귀족의 재산 몰수를 허용하면서 자기 자신을 염려하지 않을 수 없었는데, 왜냐하면 그들은 귀족 토지의 큰 부분을 점유하고 마을 사람들로부터 영주지대를 받고 있었기 때문이다.[220]

동맹이라기보다는 처음부터 민중계급의 독자적인 행동이 있었던 것 같고, 그러한 행동에 대해서 (정치적 내분의 어느 편에 서 있든지 간에) 자본가 계층은 다양한 정도의 잔인 또는 공포심을 가지고 대응했다.

소불에게조차도 "프랑스 혁명의 핵심"인, 실제로는 일련의 투쟁들을 가리키는 "농민혁명"부터 살펴보기로 하자.[221] 우리가 그것들을 18세기를 가로질러서 전개되다가 1789-93년의 보다 강도 높은 폭력사건에서 절정에 달한, 진행되

---

[219] 여기서 나는 Furet(1982, 74)가 절대적으로 옳다고 생각한다. "가장 잘 알려진 것 — 농민과 도시의 민중 — 은 이 혁명에서 정확히 부르주아적인 것이 아닐 뿐만 아니라 게다가 자극적인 것이다: 이는 아마도 부르주아 혁명의 개념이 그 연구영역을 사회사로 시작하지 않았기 때문에 그렇게까지 잘 작동하지는 않는다는 증거이다."

[220] Mathiez(1923-1924, 59).

[221] Soboul(1976a, 17).

고 있던 투쟁들을 모두 포괄하는 것으로 본다면,[222] 이러한 농민의 소요를 여러 지역들(특히 프랑스의 북동부, 동부, 중동부 지역들)에서 프랑스 농민의 "집단적 권리들"의 파괴 또는 축소를 추구하고 또한 그것을 달성하는 데에 대개는 성공했던 "자본주의의 공세"── 생-자코브의 관용구적 표현[223] ──에 대한 저항으로 인식하는 것이 타당해 보인다. 농민들은 "방어적 행동"[224]으로 대응했다.

삼부회의 소집은 그와 같은 방어적 행동의 수십 년 후에 이루어졌다. 게다가 그것은 우리가 알고 있듯이 유난히 극심했던 식량위기의 순간에 개최되었다. 농촌 빈민들의 그 가외의 고통은 그들이 지닌 "집단적 권리들"에 대한 염려(이것은 또한 다소 유복한 농민층의 염려이기도 했다)와 뒤섞였고 또한 상호 작용했다. "자본주의의 공세"에 대한 이러한 투쟁에서 유복한 농민과 농촌 빈민 모두는 당시의 부르주아나 이후의 학자들이 흔히 그랬던 것보다 "귀족"과 "부르주아지"를 거의 구분하지 않았다.[225] 농업 노동자들에게 귀족

---

222) "한편으로 스스로를 점차로 '중농주의화'하고 있었으며 더욱더 도시에 기반을 두어가고 있었던 영주권과, 다른 한편으로 잉글랜드 스타일의 자본주의 혁명의 영주적 제단에 그들의 희망을 희생시키기를 거부했던 전보다 더 교육받은 소수의 농민들 사이에서 18세기 내내 분쟁과 전위적인 싸움이 있었다. 1789년에, 혁명사건은 그전까지는 소수였고 억압되었던 이러한 투쟁들을 예상치 않게 전면에 부상시켰다." Le Roy Ladurie(1974, 22).

"영주에 대한 농민의 증오는 어제 오늘의 일이 아니었다.……그러나 그들이 1789년에 전반적인 반란상태로 들어가게 되었다면 그 하나의 원인은 삼부회의 소집에서 찾아져야만 한다." Lefebvre(1947b, 143).

223) Saint-Jacob(1960, 572). 또한 Lefebvre(1963, 352) 참조: "농업에 대한 자본주의의 침투는 봉건적 권리들의 외피 아래서 일어났으며 이는 그것들을 더 참을 수 없게 만들었다. 그것은 봉건적 권리들의 성격을 변질시켰는데, 왜냐하면 그것들은 농민들 사이에서 살았던 영주를 부양하는 데에 이용되었으며, 이제 농민들에게서 이익을 끌어내는 것만을 생각하는 자본가들의 수중에 떨어졌기 때문이다."

224) 이 Charles Tilly(1982, 30)의 용어는 1500년에서 1900년 사이의 이스트 앵글리아에 대한 그의 분석에서 사용되었지만, 그가 기술한 것은 프랑스에도 똑같이 적용되는 것 같다: "농민판 자급농업── 토지를 관리하는 가구들이 그들의 생산물의 일부를 시장에 파는──은 동일한 과정의 후기단계에서 몰락하기 전인, 자본주의와 국가 형성의 초기 단계에서는 확대되었다."(p. 9) 우리가 18세기와 19세기의 프랑스에서 보는 것은 잉글랜드보다 프랑스에서 더 성공적이었던 이 나중 단계에 대한 저항이었다.

225) "굶주림에 허덕이던 농민은 귀족에 대한 불가피한 위협이었다. 부르주아지도 결코 안전

과 부르주아지는 공히 "특권계급들"의 부분이었다.[226]

그런데 농민봉기가 프랑스 혁명에서 "결정적인 봉기의 구성요소"[227]로 간주되어야 한다면, 우리는 이러한 봉기들을 그토록 폭발적으로 만든 것이 무엇인지를 설명할 필요가 있다. 내가 보기에 그것은 장기적인 프롤레타리아화의 과정에 대한 저항과 단기적이지만 매우 격렬했던 빵에 대한 요구의 결합이었던 것 같다.[228] 마리-앙투아네트만이 이것을 잘못 인식하고 있었던 것이 아니었다. 대부분의 "혁명적" 부르주아지조차도 다수 민중에게 혁명은 "인간의 정치적 권리들을 위한 혁명임에 못지 않게 빵을 위한 혁명"[229]이었다는 사실을 이해하지 못했던 것 같다.

대공포(Grand Peur)의 사건들의 흐름을 보면 이러한 민중적 감정의 역동성이 드러난다. 농촌지역에서 1788-89년의 "점증하는 무정부 상태"는 "'제4

하지 않았다. 그들 몫의 세금도 납부되지 않고 있었다 ; 그들은 장원의 영주에게 재판관과 앵탕당(intendant)을 공급했다 ; 세금징수업자로서 그들은 봉건적 부과조의 징수를 인계받았다. 대지주, 부유한 농장주와 곡물상인은 십일세 징수자와 영주들과 마찬가지로 농민에게 그토록 귀중했던 공동사용권(droits collectifs)을 제한했던 그리고 상업의 자유를 강조함으로써 식량 가격을 상승시켰던 국왕의 농업정책으로부터 모두가 이익을 보고 있었다. 민중은 굶어죽기를 원치 않았으므로 부자들 ── 그들이 누구이든 ── 이 왜 가난한 사람들을 위해서 호주머니를 뒤적이지 않는지 그 이유를 알지 못했다. 법률가, 금리생활자(rentiers), 상인, 농업경영자 그리고 알자스 지방의 유대인들은 성직자와 귀족 못지 않게 위협을 느꼈다. 그들 역시 두려워할 이유를 가지고 있었다." Lefebvre(1973, 32-33).

226) Lefebvre(1973, 40).
227) Skocpol(1979, 112-113).
228) "모든 것을 말하고 행하고 나서 불가피하게 내려지는 결론은 이 시기의 혁명적 민중을 강요한 제1의 그리고 가장 지속적인 동기는 값싸고 풍부한 식량의 제공에 대한 관심이었다." Rudé(1967, 208). 프랑스에서 전통적으로 빵 폭동이 왜 주로 대규모 경작지대(grande culture : 부르타뉴를 제외한, 샤넬에서 루아르에 이르는 지역)와 포도 재배 지역에서 일어난 현상이었지 소규모 경작지대(petite culture)의 현상이 아니었는지에 대해서는 Hufton(1983) 참조. 이것은 프랑스 혁명을 지지한 주요 지역과 상당한 상호 연관관계를 맺는다.
229) Rose(1956, 171). 부르주아지와 "다수 민중"이 일치된 이해관계를 지니고 있었다고 믿는 "혁명에 호의적인 역사가들"을 비판하면서, Lefebvre(1937, 324)는 이러한 역사가들이 인정하는 것보다 "굶주림이 더 중요한 역할을 담당하고 있었다"고 주장한다.

신분'으로부터 그들의 재산을 보호하려는 노력에서의 귀족과 부르주아의 연합"을 이끌어냈다. 7월 14일이 이러한 연합을 뒤흔들었다면, "그후의 분쟁기간 동안 그것은 인식되고 있는 것보다 훨씬 더 빈번히 지방에서 다시 나타났다."[230] 7월 14일 이후 대공포가 광대한 프랑스 농촌지역에 번져나갔을 때, 혁명적 부르주아는 "귀족의 음모"를 비난했고 지방귀족들은 그들대로 혁명적 부르주아를 비난했다. 르페브르는 실제로 일어났던 것을 상세히 묘사하면서 두 이론을 불식시켰다. 분명한 것은 7월 14일 이후 농민들이 십일세와 부과조의 지불을 중단하고 그들이 상실했던 공동사용권을 되찾으면서 자신들의 요구들을 충족시키기 시작했다는 점이다. "농민들은 그들 자신의 주장을 실행에 옮겼다."[231] 대공포는 분위기를 고조시켰고, 그렇게 함으로써 "그것은 8월 4일 밤을 예비하는 역할을 했다."[232] 1789년 8월 4일의 이른바 봉건제의 폐지는 혁명적 부르주아의 프로그램이 아니었다. 그것은 봉기한 농민에 의해서 그들에게 강요된 것이었다. 국민의회는 이러한 제도적 변화의 현실을 축소시키기 위해서 자신의 에너지를 소비했다.[233]

어떤 의미에서 이러한 이야기는 그후 4년 동안 반복될 것이었다: 정부와 입법부는 다수 민중의 직접적 압력 아래서만 "급진적" 조치를 취했고, 어떤 의미에서 언제나 그것을 축소시키려고 노력했다.[234] 소불과 여러 다른 사람들

---

230) Lefebvre(1973, 46, 49).
231) Lefebvre(1973, 101).
232) Lefebvre(1973, 211). 또한 Aulard(1913, 200-201) 참조.
233) Zapperi(1972)에 있는 논쟁 참조. 또한 Soboul(1976d, 268) 참조: "봉건제는 그것의 제도적, 사법적 형태에서는 파괴되었다; 그러나 경제적 현실로서는 유지되었다." 그러나 유지되었던 것이 봉건제였는가, 자본주의였는가? 1789-93년의 국민의회와 국민공회의 활동을 검토한 후에 Lefebvre(1963, 356)가 쓰고 있듯이, 성취되었던 것의 요지는 분명한 것 같다: "농민의 절대다수의 바람을 혁명은 존중하지 않았다."
234) "1789년 8월 4일 밤에 노아유 자작이 지역 공동체들의 요구들을 언급하고 민중에게 '우리가 그들이 보존하고자 하는 것을 반대하지 않는다'는 것을 보여주자고 제안했을 때, 그는 민중의 공격을 '특권들'과 봉건제도의 분야에 국한시키고 소유의 특권을 당분간 수호하려고 모색하지 않았다. 그러한 외침을 이해하기 위해서는 [당시 국민의회가 느끼고 있던/옮긴이] 위협을 알아차리지 않으면 안 된다." Hirsch(1980, 327-328).
　더욱이 농민들에 의한 권리들의 "회복"의 대부분은 1789-92년 사이에 농민들의 직접

이 그런 것처럼 우리는 이것을 농민과 상-퀼로트가 소심한 부르주아로 하여금 부르주아 혁명의 논리를 밀고 나가도록 압력을 가한 것으로 해석할 수 있다.[235] 그러나 내가 보기에는 농민과 상-퀼로트가 그들 자신의 혁명, 즉 그들 자신의 언어로는 "특권계급들"에 대한 혁명이요 나의 언어로는 자본가 계층에 대한 혁명을 밀고 나간 것으로 해석하는 것이 보다 더 솔직하고 명료한 것 같다.[236] 이러한 대립은 1789-93년의 시기에 줄어들지 않고 점증했는데, 왜냐하면 농촌의 지대수취자로서의 "귀족"과 교회의 제거가 농촌에서 농업노동자와 농촌의 잉여가치 수혜자 사이의 계급투쟁을 대개는 강화시켰기 때문이다.[237]

적인 행동에 의해서 이루어졌고, 1792년 8월 28일 법과 1793년 6월 10일 법에 의해서 나중에 비로소 합법화되었다. Gauthier(1977, 149-150, 163-166) 참조 ; 또한 Hunt (1983, 137) 참조.

[235] "농민반란은 프랑스의 대부분 지역에서 1789년에서 1793년까지 마찬가지로 만성적이었다. 흔히 인식되고 있지 않지만, 이것은 혁명의 원동력이었다.……프랑스 혁명이 부르주아적이더라도, 그것은 혁명이 부르주아지 혼자만의 작업이었던 것을 의미하지 않는다." Soboul(1973, 86-87).

Ado(1977, 127)는 한걸음 더 나아가 다수 민중이 부르주아지를 앞질렀다는 이유에서 민중을 질책한다 : "이 논문의 벽두에 제기했던 일반적인 문제는 18세기 말의 부르주아 혁명에서 이러한 농민의 평등주의적 프로그램의 역사적 내용과 의미는 무엇인가였다. 이 프로그램은 반자본주의적이었고 그러므로[원문 그대로!] 경제적 관점에서 과거지향적이고 보수적이었는가?……대부분의 경우, 대답은 '그렇다'이게 마련이다."

[236] "구체제를 파괴하면서 농민들은 또한 사회를 경제적 자유와 경쟁적 개인주의, 즉 자본주의 사회로 향하게 하는 과정에 대해서 반발하고자 했다. 장인들(artisan)과 더불어 농민은 곡물의 자유로운 거래에 반대했고 가격통제(공정가격 결정[taxation])를 요구했다. 모든 곳에서 그는 빼앗겼던 관습적인 권리들을 재소유했다." Lefebvre(1978, 242).

[237] "많은 역사가들은 농민과 부르주아지의 혁명적 제휴가 봉건제도를 마침내 넘어뜨렸을 때 농민문제가 해결되었으며 그래서 농민은 회복된 질서에서 그들이 새로 획득한 이득만을 향유하고자 했다고 암시한다. 그렇지 않았다. 봉건귀족과 성직자라는 라이벌의 제거, 농산품 가격의 상승, 이 모든 것은 지주들의 탐욕을 자극했다. 대개의 경우 그들은 지방자치체를 통제하고 있었기 때문에, 그들이 이러한 농민의 전통적인 방어를 토지에서 일하던 사람들에 대한 무기로 변형시키기는 쉬웠다." Aberdam(1975, 73).

아베르당은 한걸음 더 나아가 "부르주아적 십일세"(p. 88)라는 표현의 등장을 언급하면서, 이렇게 덧붙인다(p. 89) : "자신들의 마스터에게 저항함으로써 300년간의 반봉건 투쟁의 후예가 된 혁명의 물납소작농들은 본질적으로 겉모양만을 바꾼 임금을 옹호했다."

방데와 올빼미당을 어떻게 해석해야 하는가라는 유명한 논쟁거리도 이런 시각에서 보면 어려움이 적어진다. 그 해석이 소불과 가까운 마조리크조차도 그것들은 "무엇보다도 반부르주아적"[238]이었다고 주장한다. 폴 부아는 이 반란의 근본 원인을 프랑스 혁명이 농촌의 경작자들에게 아무런 실질적인 혜택을 가져다주지 않았다는 참가자들의 기만감에 두고 있다. "이런저런 자격으로, 그는 계속 지불해야 했다."[239] 찰스 틸리는 농민에 대해서 동일한 결론을 내릴 뿐만 아니라,[240] 반혁명세력은 공장의 노동자들 사이에서도 강력한 기반을 두고 있었다는 사실을 발견한다.[241] 그런데도 왜 방데를 단순히 프랑스 전

---

238) Mazauric(1965, 71). 그는 이에 관한 아주 상세한 증거를 제시하고 나서 이렇게 결론짓는다(p. 75) : "요약컨대 올빼미당은 부르주아지가 기생적으로 보였던 곳에서, 부르주아지가 노동분업과 자본주의라는 혁명적 과정을 도입하는 대신 봉건제와 타협한 곳에서, 부르주아지가 역사적 '실패'의 전범을 보였던 때에 발달했다." 그리고 재차 그는 농민들이 시대를 너무 앞질렀다고 비난한다(p. 66). "[만약 어떤 역사가가] 프랑스 혁명을 진보라고 생각한다면, 비록 그가 올빼미당이 민중적 지지를 얻어내고 민중의 고통과 개인적인 고결함이 거기에 집결되어 있음을 발견한다고 해도, 올빼미당을 '정당한' 것으로 간주할 수는 없다." 다른 곳에서, Mazauric(1967, 364)는 조레스의 견해를 우리에게 환기시킨다 : "그들의 관점을 강요하고 계몽사상의 부르주아 혁명을 수호했던 것은 민중이다." 따라서 "민중"이 없었다면, 부르주아 혁명은 실패했을 것이다. 그러나 프랑스 서부의 "민중"이 혁명정부에 반대했을 때, 그들은 "정당하지" 않았다.
239) Bois(1971, 347). "도시의 부르주아지에 의한 최종적인 통제권 장악에 대한 불신이 가장 깊었던 곳은 모든 형태의 지배를 분쇄하고자 하는 가장 큰 욕구가 부르주아지의 지배로 대체되었던 지역들이었다."(p. 344) 농촌의 올빼미당의 계급적 기반(독립적인 농민 토지 소유자와 대조되는 차지농)에 대해서는 Sutherland(1982) 참조. 서덜랜드는 이것이 이야기의 전부가 아니라고 말하면서도 그 주장의 세부사항만을 수정하고 있다. Mitchell(1974, 117)도 방데를 "민중적 불만의 표현"으로 본다.
240) "혁명 초부터 [농민들은] 코뮌의 통제권을 장악하려는 부르주아지의 시도에 저항하고 분노했다." Tilly(1968, 281).
241) "사실, 서구의 1789년의 이른바 농민봉기라는 수많은 사건들은 자세히 들여다보면 농민이라기보다는 농촌이나 반(半)도시의 노동자들이라는 핵심세력을 포함하고 있었던 것으로 판명된다.……혁명의 전 기간 동안에 발생한 가장 거칠었던 세 차례의 민중의 분출 —— 1789년의 멘과 노르망 보카주(Norman Bocage : 망슈, 오른, 칼바도스 도에 걸쳐 있는 노르망디 서부지역/옮긴이)의 '농업'혁명들 ; 1793년 이후의 멘, 노르망디, 브르타뉴, 앙주 북부의 올빼미당 게릴라 ; 그리고 방데 그 자체 —— 은 서부의 직물 생산 지역에서 발생했다." Yilly(1968, xi). 이러한 직물 노동자들의 다수가 이든 조약의 여파로 직물 생산이 하락했을 때에 일거리를 잃었을 것이라는 사실을 기억하라.

체에 걸친 농민의 반부르주아 투쟁의 일환으로 여기지 않는가?

이야기는 도시지역, 가장 두드러지게는 파리에서도 전반적으로 크게 다르지 않았는데, 여기서 상-퀼로트는 약간의 토지를 가진 소농(특히 중농)의 도시판, 즉 억압받고 있었지만 빈곤하지는 않았던 노동자들로 이루어져 있었다고 이야기될 수 있다. 농민들이 "특권계급들"(여기에는 귀족과 부르주아가 무차별적으로 포함되어 있었다)에 대항하여 싸웠던 것처럼 도시의 노동자들도 "귀족"에 대항하여 투쟁했는데, 이 "귀족층(aristocracy)"에는 (좁은 의미의) 귀족들(noblemen)뿐만 아니라,

부자면서 게으른 자, 대지주와 자본가들, 투기꾼, 지롱드파, 노동자에게 충분한 임금을 주지 않는 자, 긴 가발을 쓰고 다니는 자, 공화국에 충성을 맹세하지 않은 성직자를 찾아다니는 자, 온건한 정치적 견해를 지닌 자, 심지어는 단지 정치에 무관심한 자들[242]

도 포함되어 있었다.

이렇게 정의해보면, 상-퀼로트와 혁명정부가 동맹세력이었던 것 못지 않게 서로 반목하고 있었다는 것은 놀라운 일이 아니다. 상-퀼로트는 아시냐(assignat)[243]의 화폐가치 하락과 곡물 가격에 대해서 가장 분노했는데, 이 두 가지는 정부와 그들 사이의 실질적인 "결렬"을 몰고 왔다.[244] 최고가격제에 대한

 Faucheux(1964, 384)는 도시와 농촌 봉기자들 모두가 "주로 물질적인 이해관계에 의해서 움직였다"고 주장한다. 방데는 수년 동안 프랑스의 나머지 지역들보다 더 열악한 기근상태를 겪고 있었다(p. 191). Bendjebbar(1987, 95)는 보카주 존(bocage zone : 프랑스의 서부지역/옮긴이)이 시장에 적응하고 있었으며 "아시냐가 도살용 식용 육류의 순환을 파괴했다"는 사실을 지적한다.
242) Sewell(1980, 111). 슈얼의 말에 따르면, 이러한 용어사용법은 "사회에서의 노동의 위치에 대한 상-퀼로트의 관념과 밀접히 연결되어 있었다.……상-퀼로트에게 유용한 노동은……단지 손으로 일하는 자들에 의해서만 수행되었다."
243) Fehér(1987, 40)는 Falkner(1919)의 저작에 근거하여, 아시냐의 역사는 우연한 불운의 역사가 아니라 "비록 임금으로 먹고사는 사람들을 희생시키더라도 끊임없는 화폐가치의 저하가 재정적 필요에 정치적이고 잠정적인 우선권을 부여하는" 정책적인 선택의 역사라는 사실을 매우 설득력 있게 입증하고 있다.
244) Soboul(1958a, 259). "상업자본에 대한 상-퀼로트의 적대는 주로 화폐거래에 대한 그들의

그들의 요구는 자코뱅 부르주아지에 의해서 그들에게 무상으로 주어진 것이 아니라, 소불이 말하듯이 "단지 강요되고 강제된" 것이었다.[245] 그런데도—— 소불이 그러듯이 —— 왜 "상-퀼로트 층의 모호한 입장"에 관해서 운운하는가?[246] 파리의 직접민주주의를 "초기 근대사에서 가장 두드러진 반자본주의적인 정치적 의지"라고 부른 페에르가 훨씬 더 옳은 것 같다.[247] 노동자들에게 작업장에서의 조직을 금지했던(르 샤플리에 법), 그리고 테르미도르 직전에 그들의 시위와 파업을 "범죄적인 책략"이라고 비난했던 정부에게 무슨 다른 태도를 기대할 수 있었겠는가?[248]

끈질긴 반대에 의해서 상징되었다."(p. 475) 그들이 "인민에 의한 법의 승인에 대한 요구를 결코 중단하지 않았다"(p. 510)는 것은 바로 정부에 대한 그들의 불신 때문이었다.

상-퀼로트는 이러한 적대감을 매우 강하게 느꼈기 때문에 그들은 아주 기꺼이 소부르주아와의 관계를 끊었다. "민중의 폭력은 상-퀼로트 운동으로부터 다수의 소부르주아, 즉 상-퀼로트의 상층부와 사회적으로 거의 동일한 범주에 속하지만 소유권의 파괴에 크게 경악하고 염증을 내고 있었던, 자기집을 가지고 있는 사람, 소(小)상점주, 길목이 좋은 자리에 가게를 가지고 있는 사람들의 동정심을 멀어지게 했다.……평균적인 자코뱅은 사회의 평화를 보장하지 않는 것처럼 보였던 운동을 비난하지 않을 수 없었다 ; 구체제는 내부의 질서를 유지할 수 없었기 때문에 전복되었고, 파리의 상점주들은…… 굶어서 반쯤은 죽어가고 있는 여인들의 맹목적인 분노에 본인들이 노출되었음을 깨닫자 프랑스 영주들의 약탈적인 폭력을 거부하지 않았다." Cobb(1959, 64).

245) Soboul(1958, 11).
246) Soboul(1954, 55). 이러한 "모호성"은 다니엘 게랭의 오류와 같은 "관점의 일정한 오류"를 설명해준다고 소불은 말한다.
247) Fehér(1987, 82-83). 확실히 페에르는 이러한 "반자본주의적인 정치적 의지는……폭력 사상과 밀접하게 연결되어 있었다"고 주장함으로써 이것의 부정적 측면을 강조한다. 설령 이것이 1793년에 대한 기술로서 옳다고 해도, 나는 그것은 필연적으로 그럴 수밖에 없었다는 어떠한 추론에도 동의할 수 없다.

Tønnesson(1959, 347) 또한 혁명력 3년(1795)의 종월(種月, Germinal)과 목월(牧月, Prairial)의 봉기를 논하는 가운데, "봉기에 계급투쟁의 성격을 부여한 것은……부자들에 대한 상-퀼로트의 이러한 증오심"이라는 사실을 우리에게 환기시키면서, 이러한 태도는 "바리케이드의 다른 쪽에서도 덜 의식된 것이 아니었다"고 첨언한다. 무산자와 정치투사 모두로서의 상-퀼로트에 대해서는 Burstin(1986, 45-46) 참조. 상-퀼로트를 주로 사회운동으로 보아야 하는가 아니면 정치운동으로 보아야 하는가에 관한 논쟁에 대해서는 Rudé(1962, 370-372)와 Zacker(1962, 384) 참조.
248) Kaplan(1979, 75). 그는 이렇게 첨언한다 : "그것은 노동자들의 운동을 '영국위원회'의

하나의 지엽적인 쟁점이 도시 노동자들과 부르주아지 간의 계급투쟁에 관한 논의를 혼란에 빠뜨리곤 하는데, 그것은 상-퀼로트가 비(非)프롤레타리아적 성격을 지니고 있었다는 추정이다. 대부분의 분석자들은 상-퀼로트라는 본질적으로 정치적인 용어의 직업상의 기술(記述)에 동의하는 것 같다. 그것은 소상점주, 소상인, 수공업 기술자, 직인, 막노동자, 떠돌이 그리고 도시의 빈민들[249]을 포함하는 "늘어났다 줄어들었다 하는 용어"[250]였다. 그러나 그들의 "중추이자 핵심"[251]은 수공업 장인들(artisans)이었다. 임금노동자는 단지 소수였고, "다른 사람들 사이에 낀 한 요소"[252]였다. 소불은 그들이 대규모 공장이 아니라 소규모 작업장에서 일했다는 의미에서 이들을 "구식의 임금노동자"[253]라고 부름으로써 이 소수의 사람들에게 진정한 프롤레타리아의 지위

소행이라고 뒤집어씌운 통령정부의 경찰과 많이 달랐는가? 그것은 밀가루 전쟁의 민중적이고 자생적인 성격을 튀르고로 하여금 거부하게 만든 음모설과 많이 달랐는가? 구체제에서 불복종의 범죄였던 것이 거의 무의식적인 전이에 의해서 반혁명의 범죄가 되었다. 그것은 다른 것보다 덜 불순하지도 덜 파렴치하지도 않았다."
 더욱이 혁명은 부분적으로 부르주아지가 도시 노동자들의 계급압력을 감소시키는 수단이었다고 말할 수 있다. Garden(1970, 592)은 견직물 제조업자들과 그들의 노동자들 간의 첨예한 "계급투쟁"은 구체제 말에 아주 첨예했으나 "역설적이게도 리옹의 혁명의 역사는 노동자들의 요구의 후퇴와 그들의 입지의 약화로 특징지어진다. 리옹의 노동자들이 그들의 결속과 힘을 회복하고 상인-제조업자들에 의해서 유지되었던 종속의 끈을 다시 한번 잘라버리는 데에는 여러 해가 걸렸다"고 기술한다.
249) 이것은 Rudé(1967, 12)가 말하는 상-퀼로트의 명단이다.
250) Williams(1968, 19)
251) Williams(1968, 20). 그러나 상-퀼로트는 사실상 수공업 장인들이라기보다는 직인들(journeymen)이었으며 그들의 정치적 언어가 이 두 범주의 사람들을 하나로 만들고 있다면, "그것은 대부분이 직인들이 사용한 용어에 근거를 둔 결합이었다"고 주장하는 Sonenscher(1984, 325) 참조.
252) Tønnesson(1959, xviii). 또한 Chaussinand-Nogaret(1981, 548) 참조.
253) Soboul(1968, 192). 이러한 견해와 리옹에 대한 Garden(1970, 595)의 기술을 비교해보라 : "1789년 이전, 귀족이 단지 제한된 역할만을 담당한 도시에서 전통의 힘에도 불구하고 18세기에 걸쳐 만들어지고 있었던 것은 확실히 계급사회이다. 18세기 리옹 사회는 한 가지 방식 이상으로 19세기의 리옹 사회를 예시한다 : 산업 노동력에 대한 부르주아지의 지배는 이미 그것의 본질적인 특징이었다." 또한 상-퀼로트를 기술하기 위해서 "프롤레타리아트"라는 용어를 사용하는 데에 대한 "마르크스주의 역사가들 사이의" 논쟁으로 Rudé, 1962, 375-377 ; Lotté, 1962, 387-390 ; Soboul, 1962, 392-395 참조.

조차 부여하지 않으려고 한다.

의심의 여지 없이 이것은 기술적으로는 전적으로 옳다. 그러나 이러한 기술에 내포된 의미는 구성성분이 매우 다른 진짜 공업화된 나라의 노동자들의 운동과 상-퀼로트 운동 사이의 뚜렷한 대비를 전제로 한다는 것이다. 이것이 그렇게 분명한가? 지금까지 노동자들의 운동의 대부분은 그것이 기술적으로 독립한 수공업 장인들이건 아니면 높은 임금을 받는 숙련(그리고/또는 수공업 기술을 지닌) 임금노동자이건 간에 다소 "경제적 형편이 나은" 일부 노동자층으로부터 노동운동의 힘과 지도부를 얻었던 것이 사실이 아니었던가? 그들의 족쇄 이외에는 전혀 잃을 것이 없었던 자들에 대한 탐구는 우리로 하여금 프랑스 혁명 시기에는 빈민층(indigents)에 눈을 돌리게 했고, 오늘날에는 하층 프롤레타리아, 룸펜프롤레타리아, 미숙련(흔히 이주) 노동자들, 주변 노동자들, 만성적 실업자들 등으로 다양하게 불리는 사람들에게 눈을 돌리도록 만든다. 우리가 소불처럼, 그들이 수공업 장인들의 지시를 따랐다고 해서(프랑스 혁명 기간 동안에는 줄곧 그랬을지라도, 그것이 항상 그랬던 것은 아니다) 도시 대중에게는 진정한 "계급의식이 없었다"[254]고 주장한다면, 20세기 공업국가들의 노동계급의 계급의식에 대해서 우리가 이야기할 수 있는 것이 도대체 무엇이 있단 말인가?

결론을 내리기 전에 자코뱅의 성격과 역할이라는 마지막 논쟁점을 살펴보기로 하자. 이 문제에 관한 논의는 다른 어떤 것보다도 더 심하게 현대의 정치적 함의를 띠고 있다. 이 논쟁의 참여자들 대부분에게 "자코뱅"은 소련과 기타 다른 곳에서 권력을 잡은 제3인터내셔널 공산주의자들을 가리키는 암호 구실을 하는 경향이 있다. 이러한 노골적인 암호 토론은 자코뱅이 실제로 행한 역할에 대한 냉철한 분석을 매우 어렵게 만든다. 그럼에도 불구하고 기묘한 방식으로 다른 노선들을 가로지르는 기본적인 두 개의 입장이 있다. 자코뱅이 이전에 권력을 장악한 자들―― 구체제뿐만 아니라 지롱드를 포함한――과 근본적으로 다른 존재였다는 입장과 그들은 동일한 지배 그룹의 또다른

---

254) Soboul(1981b, 356). Tønnesson(1959, xv)도 마찬가지로 극빈자들이 "상-퀼로트 후견인들의 정치적인 피후견인"이 되었다고 말한다.

변종이었다는 입장이다. 다르다고 믿는 사람들의 진영은 다른 점에서는 크게 상반된 견해의 상징인 소불과 퓌레의 대연합이고 여기에는 페에르도 또한 포함된다. 상대편 진영은 규모는 작지만 토크빌, 게랭, 히고넷 같은 다양한 인물들이 포함된다.

마티에는 사회적 해석의 주창자들의 입장을 아주 분명하게 말한 바 있다:

> 지롱드와 산악파 간의 투쟁은 심각했다. 그것은 거의 계급투쟁이었다.……
> [1793년] 6월 2일은……정치혁명 이상의 것이었다 ; 상-퀼로트가 축출한 것은 단순한 하나의 정파가 아니었다 ; 그것은 어느 정도는 사회계급이었다. 왕권과 함께 몰락한 소수의 귀족 다음으로 이제는 상층 부르주아지의 차례였다.……
> 국민의회에서부터 시작한 로베스피에르는 수공업 장인과 소규모 재산소유자 계급에서 가장 인기가 높았던 혁명가였고 그는 이들의 전적인 신임을 받고 있었다. 그는 특히 마라가 죽은 다음부터는 상-퀼로트 층의 둘도 없는 지도자였다.[255]

확실히 퓌레와 리셰는 프랑스 혁명의 전환점을 1793년 6월 2일(지롱드파 의원들의 체포)보다는 1792년 8월 10일(파리의 혁명 코뮌의 결성)로 잡는다.[256] 그리고 그들은 이 전환점이 계급투쟁보다는 정치적인 가치와 연관이 있었다고 주장한다:

> 1792년 8월 10일 이후 혁명은 18세기에 지성과 부가 추구한 위대한 길로부터 벗어나 파리 민중의 압력과 전쟁으로 끌려들어갔다.……조레스가 아주 잘 이해하고 있었던 혁명 너머에 미슐레가 본능적으로 감지했던 혁명이 있었다 : 가난과 분노의 몽매한 세력들의 혁명 말이다.
> 이들에게 항복할 수밖에 없었던 산악파의 정치가들은 그들의 온갖 요구——징병, 가격통제, 공포정치——에 굴복했다. 그러나 그들은 그들에게 본질적인 것을

---

255) Mathiez(1923-24, 262, 383, 405). 그리고 그것은 "오도된 상-퀼로트들"이 끝에 가서 로베스피에르에게 등을 돌렸을 때 왜 이것이 "아이러니컬한 비극"(p. 577)인지의 이유이다.
256) 비록 그것이 "분출", "의회정부에 대한 패배", 그러므로 "혁명의 패배"를 기록했을지라도, "1792년 6월 2일은 혁명사에서 1792년 8월 10일만큼 중요하지는 않다." Furet & Richet(1973, 201-202).

보존했는데, 그것은 권력이었다.[257]

마티에에게 자코뱅 시기가 대단히 긍정적이었던 데 반해서 퓌레와 리셰에게는 그 시기가 대단히 부정적이라는 사실 외에도, 그들은 그 시기가 혁명의 "첫 번째 단계"와 근본적으로 달랐고 자코뱅과 다수 민중은 기본적으로 같은 편이었다는 점에 사실상 서로 의견을 같이한다.

페에르는 동일한 관점을 다소 다르게 비틀어서 제시한다. 그에게 자코뱅은 정치적으로 상-퀼로트와 그밖의 다수 민중을 문자 그대로 대변한다. 그러나 이 일을 한 것은 급진적 부르주아지의 진보적 대변자로서가 아니라 차라리 "반(反)부르주아, 반(反)자본가"[258]로서였다는 것이다. 그러나 퓌레와 리셰와 마찬가지로, 페에르에게도 자코뱅의 경험은 부정적이다. 퓌레와 리셰에게 그것이 부정적이었던 이유는 그것이 계몽사상이 신봉했던 영국적인 길인 자유주의적 의회주의의 길로부터 일탈했기 때문이다. 이와는 대조적으로, 페에르는 영국적인 길로부터의 일탈을 볼 뿐만 아니라 그 배후에 있는 계몽사상의 모든 전통이 바로 자본주의라는 영국적 "해결책"에 대한 거부를 의미하는 것으로 본다.[259] 자코뱅 시기가 페에르에게 부정적이었다면, 그것은 그가 사회주의를 단순한 반(反)자본주의 이상의 것이며, 따라서 공포정치는 사회주의의 일부가 될 수 없다고 믿기 때문인 것이다.[260]

토크빌은 이 쟁점을 명시적으로 논한 적이 한번도 없지만, 연속성에 대한

---

257) Furet & Richet(1973, 253).
258) Fehér(1987, 131).
259) Fehér(1987, 54-55)는 자코뱅주의가 "영국의 발달 혹은 적어도 이러한 발달에 대한 자코뱅의 인식"을 불식하기 위한 의식적인 노력이었음을 강조한다. 그는 1793년 5월 10일의 로베스피에르의 연설(*Oeuvres*, IX, 499)을 인용한다 : "군주의 금과 권력이 저울의 눈금을 끊임없이 동일한 쪽으로 누르는 잉글랜드를 보라…… ; 공공의 덕이 자유의 그림자가 자유 그 자체를 지워버리는 요란한 쇼에 지나지 않고, 법이 전제주의를 신성하게 만들며, 인민의 권리들이 공공연히 거래되고, 부패가 수치심에 의해서 방해받지 않는 괴물과 같은 정부형태."
260) "자코뱅주의로부터 배울 수 있는 것", 즉 반자본주의와 사회주의가 동일하지 않다는 배움에 대해서는 Fehér(1987, 149-154) 참조.

그의 전적인 강조는 혁명 중간에 근본적인 전환점이 있었다는 생각에 반대한다. 구체제 아래서 이미 평등과 자유에 대한 상충된 열정이 있었고, 그 투쟁은 단지 오르내리면서 내내 계속되었다. "혁명은 급진적이었지만 일반적으로 상상하는 것보다 훨씬 적은 변화를 가져왔다." 오히려 혁명은 매우 신속하게 "어쨌든 일어나게 되어 있었던 것을 단계적으로" 성취했다.[261]

게랭은 여러 면에서 사회적 해석 학파의 정통 회원이다. 여러 의회들의 프랑스 혁명은 부르주아 혁명이었고, 뤼데가 말하고 있듯이 "자코뱅 민주주의라는 절정기에조차도"[262] 부르주아적이었다. 게랭에게는 그 시기조차도 "민주주의"가 아니라 제2의 독자적인 프롤레타리아 혁명에 반대하여 투쟁한 "부르주아 독재"[263]였다는 점을 제외하고 말이다. 로베스피에르는 이 제2의 혁명의 대변자가 아니라 그것의 가장 현명한 적이었다. 그는 "무산자(bras nus)에게 양보하되 결정적인 것은 내주지 않는다는……대담한 계획을 생각해냈다."[264]

히고넷은 (주관적으로는 그렇지도 않지만 객관적으로는) 사회적 해석보다 부르주아 혁명의 개념에 대한 코반-퓌레의 부정에 훨씬 더 가까운 관점에서 이러한 문제들에 접근하지만, 여전히 게랭과 크게 다르지 않은 결론에 도달한다. 왜냐하면 히고넷은 1792-93년의 시기를 "기회주의적인 반귀족주의"의 일종으로서 이 시기의 공포정치는 "부르주아 혁명의 명분에 '민중'을 끌어들이기 위해서 고안된……전략적 제스처"라고 보기 때문이다. 실질적으로, (지롱드파와 산악파에 의한) 귀족 박해는 본질적으로 민중의 불만을 그들의 실질적인 목표인 귀족과 관리(officiers)와 부르주아가 이미 오래 전부터 관여해온 "부르주아적이고 개인주의적인 자본주의 세계질서"로부터 빗겨나가

---

261) Tocqueville(1955, 20). 이러한 테제를 강화한 최근의 경험적 연구는 Brugière(1986)인데, 그는 루이 16세로부터 혁명을 거쳐 나폴레옹과 그 이후에 이르는 프랑스의 재정을, 구조나 정책에서뿐만 아니라 인물에서도 어느 정도 연속되고 있음을 증명하고 있다.
262) Rudé(1954, 247).
263) Guérin(1968, II, 11).
264) Guérin(1968, I, 405). Rebérioux(1965, 197-198)처럼 게랭에 반대하여, 그는 "1793-94년에 진정한 사회주의적 선택을 하는 것의 불가능성"을 계산에 넣고 있지 않다고 흔히 주장되고 있다. 그러나 비록 이것이 사실일지라도, 이것은 도시의 대중이 추구했던 지혜에 관해서 논하고 있지, 그들이 실제로 추구했던 것에 관해서는 논하고 있지 않다.

게 만드는 데에 기여했기 때문에 "기회주의적이고 전술적이며 선동적인 것"이었다.[265]

자코뱅에 대해서 우리가 내릴 수 있는 결론은 무엇인가? 장기지속의 관점에서 볼 때, 내게는 분명히 토크빌적인 연속성이 프랑스의 정치 및 경제구조의 대차대조표를 지배한 것처럼 보이며, 따라서 자코뱅에 대해서는 게랭과 히고넷이 다른 사람들보다는 분명히 더 옳다. 로베스피에르를 (레닌을 어떻게 생각하든) 레닌의 전신(前身)으로 보는 것은, 내가 보기에는, 그와 그의 당대인들이 그를 보았던 것과 마찬가지로 그의 역할을 분명히 잘못 읽는 것이다. 게다가 내가 보기에 부르주아 혁명론은 서유럽의 다른 곳에서와 마찬가지로 프랑스에서 자본주의 현실은 1789년 훨씬 이전부터 존재했다는 사실을 견뎌낼 수 없는 것 같다.

그렇다면 프랑스 혁명은 무엇인가? 아무것도 아닌 것을 가지고 야단법석을 피운 것일까? 확실히 그렇지는 않다. 프랑스 혁명은 서로 매우 다르지만 모두가 깊게 맞물려 있는 세 개의 것이었다. 첫째로, 그것은 다양한 자본주의적 지배계층 그룹이 영국이 세계경제에서 헤게모니적 지위로 올라설지도 모른다고 생각할 때 절실하게 요구되는 프랑스 국가의 개혁을 강행하려는 비교적 의식적인 노력이었다. 이러한 것으로서의 프랑스 혁명은 나폴레옹 치하에서도 계속되었다. 그리고 개혁은 이루어졌으나 영국의 헤게모니를 막아낸다는 목적은 이루어지지 못했다. 실제로 프랑스의 혁명과정은, 우리가 앞으로 보게 되듯이, 영국의 우세를 아마도 강화시켰다.

둘째로, 프랑스 혁명은 근대 세계체제의 역사에서 최초로 의미 있는 반체제(즉 반자본주의적) 운동, 즉 프랑스 "민중"의 운동을 일으키기에 충분할 정도로 공공질서가 붕괴되는 상황을 창출했다. 반체제 운동으로서의 프랑스 혁명은 물론 실패였지만, 그 자체는 그 이후의 모든 반체제 운동의 정신적 기

---

[265] Higonnet(1981, 39, 91, 112, 131). 히고넷의 주장은 우리에게 1793년 3월 13일에 국민공회가 "농지법(이것은 토지재산의 강제적인 재분배를 의미했다)을 제안하면 누구든지" 사형에 처한다고 법령으로 정한 국민공회의 일부 행동의 혹독함을 쉽게 설명해준다. Rose(1984, 113) 참조.

반이 되었다. 이것은 프랑스 혁명이 부르주아 혁명이기 때문이 아니라 부르주아 혁명이 정확히 아니기 때문이다.

셋째로, 프랑스 혁명은 근대 세계체제 전반에 걸쳐 문화적-이데올로기적 영역이 마침내 경제적, 정치적 현실과 합치되게끔 하는 데에 필요한 충격을 가져다주었다. 자본주의 세계경제의 첫 세기들은 주로 "봉건적" 이데올로기의 의상을 걸치고 살았다. 이것은 비정상적인 것도, 예상하기 어려운 것도 아니다. 이러한 종류의 지체는 정상적인 것이고 진정 구조적으로 필요한 것이다. 그러나 그것은 영원히 지속될 수는 없었고, 그래서 프랑스 혁명 —— 이런 의미에서 프랑스 혁명은 "서양 세계혁명"의 일부(그러나 핵심 부분)일 뿐이다 —— 은 봉건적 이데올로기가 마침내 무너지는 순간을 보여주는 것이었다. 그 증거는 버크와 메스트르의 지적 반동에 있다. 사람들이 "보수주의" 사상을 노골적으로 옹호할 필요를 느끼게 되는 것은 그것이 근본적으로 의문의 대상이 되고 더 이상 다수에 의해서 받아들여지지 않을 때에 이르러서이다. 그런데 1789년 이전까지는 그런 상황이 아니었다.[266] 프랑스 혁명은 흥미진진한 변화였고, 지금도 많은 사람들을 흥분시킨다. 그러나 그것은 부르주아 자본주의 시대의 시작을 가리키는 것이 아니라 그것의 완전한 성숙의 순간을 가리킨다.

따라서 이제 1792년에서 1815년에 걸친 시기, 즉 콘드라티예프 주기에 관한 문헌에서 보통 경제팽창의 A단계로 확인되는 이 마지막 결정적인 단계에서 세계체제의 헤게모니를 쟁취하려는 프랑스와 영국의 경쟁에 관한 이야기로 되돌아가보자.[267] 세르주 샤사뉴는 1790-1810년의 프랑스 양모공업에 관한 그의 연구에서, 이 시기는 동시에 "장기적으로 존재해온 취약함이 드러났고……그래서 불가피한 혁명들을 가속화했던" 시기라는 사실을 주의 깊게 보라고 우리에게 경고한다. 그러므로 프랑스 혁명 시기의 우연한 특징들을 과장

---

266) "프랑스 혁명의 산물"로서의 영국의 보수주의 이데올로기에 대해서는 Western(1956, 603-605) 참조.
267) 영국에 대해서는 Gayer 외(1975, 486-500, 623-658과 Vol. II, 여러 곳) 참조. 프랑스에 대해서는 Labrousse(1965, 480-494) 참조.

하고 그러한 특징들을 보다 심원한 "구조적 변화들"과 혼동함으로써 "혁명을 미화하거나 비방하려고" 해서는 안 된다고 그는 말한다.[268] 그렇다고 해서, 프랑스 혁명이 좁은 경제적인 측면에서조차 하나의 우발적인 요인에 불과했을까? 지금까지의 우리의 주장은 우리로 하여금 이를 의심하게 만든다. 프랑스 혁명은 대체로 세계경제에서 진행되고 있었던 구조적 변화에 대한 대응과정에서 발생했고 그래서 샤사뉴 자신이 지적하듯이, 그것의 역동성에 의해서 구조적 변화과정들을 "가속화시켰다."[269] 이러한 변화들이 프랑스 혁명이 일어나지 않았어도 어차피 "불가피한" 것이었는지의 여부에 대해서 우리는 결코 영영 알 수 없을 것이다. 우리가 알고 있는 것은 그러한 변화들이 일어났다는 것이다.

이전 단계들과는 달랐던 프랑스와 영국 간의 이 경쟁단계에서의 핵심적인 정책요인은 그 시기에 발생했던 모든 "혁명적" 투쟁에 대하여 서로 반대편에 선 양국의 사실상의 자동적인 개입이었다. 정확히 말해서 이러한 양국의 싸움은 1789년에 시작되었던 것이 아니라 구체제하인 1770년대에 시작되었다.[270] 우리가 알고 있듯이, 영국은 끝에 가서는 군사적인 면에서 세계적으로 우세했다. 그리하여 "전반적으로 유리했던 콩종크튀르 안에서 영국은 정치적으로 때로는 군사적으로 그 자신의 콩종크튀르를 만들어냈다"[271]고 그야말로 말할

---

268) Chassagne(1978, 164-165). 또한 Markovitch(1976a, 484) 참조.
269) 이것은 1720년에서 1790년 사이의 야금업의 성장을 비교한 기초적인 통계에 의해서 예증될 수 있다. 잉글랜드는 100퍼센트 성장했으나 프랑스는 468퍼센트 성장했다. 그러나 1720년에서 1830년 사이에 잉글랜드의 백분율은 2608이지만 프랑스는 단지 908이었다. Léon(1960, 179 ; 비교 Lévy-Leboyer, 1964, 326-332 ; Birch, 1967, 47-56) 참조.
270) "혁명투쟁은……잉글랜드와 프랑스 간의 투쟁과 분리될 수 없었다. 영국 정부는 모든 혁명적 시도에 반대했다.…… 반면 부르봉 왕조와 그 뒤를 이은 공화주의 정부들하에서 프랑스인들은 사실상 모든 혁명적인 소요를 후원했다." Palmer(1954, 9-10).
271) Morineau(1976b, 69). Hobsbawm(1962, 47, 51)은 똑같은 말을 한다 : "영국의 발전의 원인이 무엇이든, 그것은 과학적 기술적 우월성 때문이 아니었다.……[영국은] 경쟁자들의 시장을 장악하기에 충분할 만큼 강한 경제와 공격적인 국가를 가지고 있었다. 실상 1793-1815년의 전쟁은……젊은 미국만이 얼마간 예외였을 뿐 비유럽 세계의 모든 경쟁자들을 제거했다."
    Nef(1957, 86)는 한걸음 더 나아가, 반사실적으로 혁명이 없었다고 가정해보면, 프랑

수 있다. 농업, 공업, 무역 그리고 재정에서의 경제적인 격차를 결정적으로 증대시켰던 것은 바로 이와 같은 정치적-군사적 승리였다.

농업에서의 핵심적인 차이는 프랑스에서는 프랑스 혁명기에 농민이 과시한 정치적 힘이 소유의 집중화 과정을 지연(심지어는 중단)시켰던 데 반해서[272] 영국에서는 전쟁시기에 집중화가 사실상 가속화되었고,[273] 그로 인해서 격차

스는 영국을 앞질렀을 것이라고 말한다:"[18세기에] 잉글랜드를 모방하여 기술발달은 프랑스인들 사이에서 하나의 구호가 되었다.……세기 말에 이르러 그들은 여러 가지로 기술을 향상시키기 시작했다. 프랑스 혁명과 나폴레옹 전쟁이 없었다면, 그들이 이때 그 힘의 원천이 석탄연료 사용에 있었던 기술발달에서조차 영국을 앞질렀을지도 모른다고 생각된다." 그러나 물론 이것은 정치적 발달을 경제와 무관하지는 않지만 우발적 성격을 지닌 영역으로 깎아내린다.

반면 Hartwell(1972, 373)은 이에 대해서 회의적인데, 왜냐하면 그는 잉글랜드도 고통을 당했다고 주장하기 때문이다. 그는 전쟁이 없었더라도 "상황은 마찬가지였을 것이다 ; 잉글랜드가 선두에 섰을 것이고 프랑스와 독일은 조금 후에 공업화했을 것이다"라고 주장한다. 한편 McNeil(1982, 211)은 전쟁이 영국에 경제적 차이를 거의 가져오지 않았다는 주장에 대해서 비웃는다. 그는 전쟁지출이 수출을 촉진시켰음은 물론이고 증가된 정부지출이 국내수요를 증가시키고 국가보조금이 해외의 수요를 증가시켰다고 지적한다. 이 모든 일이 없었다면, "영국의 공업생산이 실제로 그랬던 정도만큼 증가했으리라고는 믿기 어려운 것 같다."

272) Bergeron(1970, 490), Tulard(1970, 645-646), Milward & Saul(1973, 262-263) 참조. 크루제는 소불과의 논쟁에서 반대를 위한 반대자로서, 봉건적 부과조의 폐지는 수요를 감소시켰을 수도 있으므로 "반드시 성장의 요인이 아니었다"고 주장한다. 농민은 나폴레옹 시대에 더 잘살았다는 소불의 응답에 대해서 Crouzet(1971, 556-557)는 이렇게 대답한다: "나는 전적으로 동의한다 ; 그러나 그들이 더 잘살았다는 사실은 생계비 지출의 증가를 의미하며, 게다가 토지 구입을 목적으로 한 재산 축적의 증가가 있었던 것 같다. 경제적 분석의 관점에서, 이것은 성장의 중단을 의미했다."

273) Cole(1952, 42)은 18세기 영국에서 진행되었던 여러 농업변화의 속도는 전쟁에 의해서 "엄청나게 속도가 올라갔다"고 말한다. John(1967, 30)은 높아진 가격이 "인클로저 활동을 가속시켰으며" 1727년에서 1845년 사이의 모든 인클로저의 절반이 1793년에서 1815년 사이에 일어나게 하는 결과를 낳았다고 말한다. Hueckel(1976a, 343)은 가격 상승의 이점은 단지 그들 자신의 노동과 자본을 공급했던 차지인들과는 대조적으로 고정자본인 토지가격의 "자연증가"로서 지주들에게 돌아갔다. 이들 차지인들은 새로운 기술에 투자함으로써 절대이윤을 증가시킬 수 있었던 반면, "관습적인 수준보다 높았던 자본에 대한 이윤율은 단기적이었는데" 왜냐하면 농업은 하나의 "경쟁적인 산업"이었기 때문이다.

가 더욱 벌어지고 경작지에서의 생산량의 측면에서 19세기 영국이 장기적으로 우세를 유지하는 상황을 만들었다.[274]

공업에서도 전쟁은 핵심적인 직물공업 생산에 뚜렷한 영향을 미쳤던 것 같다. 한편으로 영국의 경제성장, 특히 면직물 공업에 관한 통계자료의 가장 최근의 개정판은 1780년대에 시작되는 이 시기의 "굉장한 가속적 변화"라는 이전의 묘사가 과장되었던 것 같으며,[275] 따라서 우리는 그 대신에 일인당 소득과 총생산력 양자에서 "꾸준한 가속적 변화"가 있었다고 말해야 한다고 제안한다.[276] 게다가 이러한 가속적 변화에서 대규모 공업[277]이나 증기기관[278]이 중요한 역할을 했다는 이전의 인상도 마찬가지로 이 시기에 대해서는 과장된 것 같다. 마지막으로, 영국은 "대량 생산", 프랑스는 "패션과 디자인 중심의" 생산이라는 구분은 "1790년 이후에는 성립될 수 없다"[279]고 채프먼은 주장한다.

---

274) O'Brien & Keyder(1978, 136-138) 참조. 이들은 "[19세기의] 프랑스의 뒤처짐은…… 투자 가능한 잉여를 낳는 경작과 소유권의 소규모 단위의 제한된 역량에서 [비롯되었는데]", 이러한 상황의 원인을 그들은 "혁명이 대토지의 회복에 제동을 걸었다"는 사실에 돌린다. Grantham(1978, 311)은 북부 프랑스에서 집약적인 혼합농법의 채택이 지연된 것을 "1840년 이전 식용 육류와 낙농제품에 대한 수요의 느린 증가" 탓으로 돌리지만, 이것은 적어도 분명히 부분적으로는 농업에서 토지집중이 매우 부족했고 그에 따라 생계생산이 높은 정도로 유지되었기 때문이었다.

그럼에도 불구하고 Laurent(1976b, 683)은 (영국과 비교하지 않고) 1815년부터 1880년까지 프랑스의 밀과 귀리 생산은 지속적으로 향상되었다고 주장한다.

275) Crafts(1983, 186).

276) Harley(1982, 286). 18세기 후반의 영국의 경제성장의 정도를 "낮추는" 이와 같은 두 개의 비슷한 수정론 —— Harley(1982)와 Crafts(1983) —— 이 영국과 미국의 두 개의 주도적인 경제사학보에 1년 사이에 나란히 출판되었다는 사실은 놀라운 일이다.

277) Chapman(1972, 75)은 이렇게 결론을 내린다 : "사실, 초기의 면직물 공업을 현미경으로 오래 들여다보면 볼수록, 그것의 라이프 사이클의 초기 국면은 덜 혁명적인 것으로 나타난다."(p. 76)

278) Chapman(1972, 18-19)과 Crouzet(1958, 74) 참조. 1840년까지 (덜 경제적이었던 증기기관과는 대조적으로) 수력 엔진의 지속적인 중요성에 대해서는 Bairoch(1983)와 Endrei(1983) 참조. 또한 Gille(1952, 28), Robinson(1974, 101), Musson(1976, 416-417)과 Von Tunzelmann(1978, 6) 참조.

279) Chapman(1972, 22).

그러나 다른 한편으로, 우리는 영국이 1815년경에 면직물 공업에서 유럽 대륙 전체, 특히 프랑스와 비교해서 "의심의 여지 없이 증가된 경제적 이점"을 가지고 있었다는 사실을 안다.[280] 이것이 어떻게 가능해졌을까? 게이어는 영국의 팽창이 "평화시에는 [즉 전쟁이 없었다면/옮긴이] 덜 빨랐을 것"이라고 추론해서는 안 된다고 주장한다.[281] 전시에는 면의 수요가 늘어나기 때문에 전쟁은 리넨이나 모직제품에 비해서 면의 비중을 분명히 증가시켰지만, 그럼에도 불구하고 이것은 사실일 것이다.[282] 영국의 팽창이 그 이전보다 훨씬 빨라졌다기보다는 프랑스의 공업화 속도가 "눈에 띄게 느려진" 것이 진상(眞相)인 것 같다.[283]

 면밀하게 시간을 재보면 프랑스와 그 지배하에 있던 나머지 유럽 대륙에서 정확히 무슨 일이 일어났는지가 드러난다. 프랑스 혁명과 전쟁기간의 성장률은 사실상 1790-1800년의 느린 성장기, 1800-10년의 비교적 높은 성장기 그리고 1810-15년의 새로운 느린 성장기로 세분될 수 있다.[284] 첫번째 시기는

---

280) Gayer 외(1975, 649). 또한 Godechot(1972, 370, 표 53)의 수치들 참조.
281) Gayer 외(1975, 649).
282) Edwards(1967, 33)는 1790년대의 영국 국내시장에서의 면의 이점은 신사복 패션의 중재인으로서 다림질과 풀먹임을 강조한 보 브뤼멜의 등장으로 부추겨졌다고 지적한다. "캘리코와 모슬린은 이러한 일에 매우 적합했다."(p. 35) 그리고 하인들은 다림질과 풀먹임을 흉내낼 수 있었다.
283) Fohlen(1973, 69). 또한 Crouzet(1967a, 173)와 Lévy-Leboyer(1968, 282) 참조. 레비-르부아예가 프랑스 공업에 대한 프랑스 혁명의 부정적인 효과를 과장한다고 비난하는 Godechot(1972, 362)조차도 혁명들이 유럽 대륙이 영국의 공업수준에 도달하는 것을 "방해했을 뿐만 아니라 격차를 더 벌려놓았다"는 것에는 이의의 여지가 없다고 인정한다. 게다가, 프랑스의 특정 지역들에 영향을 미쳤다. Crouzet(1959)는 1793년은 남서부 프랑스가 덜 공업화된 지역에서 비공업화된 지역으로 바뀌고 1815년 이후까지 계속 그런 상태로 남게 된 전환점이라고 주장한다.
284) Marczewski(1963, 127)는 1796년에 불황이 있었으며 1812년에 두번째의 붕괴점이 있었다고 말한다. Soboul(1976a, 4)은 "한동안 성장을 중단시키고 치유할 수 없는 사회적 결과들을 가져왔던" 1790년에서 1797년까지의 "파열"을 아시냐와 인플레이션 탓으로 돌린다. Crouzet(1962, 214)는 그가 "프랑스 공업이 해외시장을 상실함" 때문으로 보는 "총재정부와 통령정부 시대 초기의 슬럼프"에 관해서 말한다. Bergeron(1970, 504-505)은 1800-10년의 호시절은 "혁명과 전쟁 초기까지의 구체제의 미래에 대한 전망의 붕괴와 대륙봉쇄 정책의 상대적 실패 및 나폴레옹의 패배라는 두 개의 파국적인 에피소드

프랑스 혁명이라고 하는 스스로 자초한 붕괴의 시기였고, 세번째 시기는 영국인에 의해서 강요된 붕괴의 시기였다. 그 사이 기간에 행해진 나폴레옹의 용감한 노력도 충분치 않았다.

영국과 프랑스 간의 또 하나의 차이는 면직물 공업과 관련해서 언급되어야 한다. 이 시기는 영국에서는 직물공업에서 선대제가 다소 소멸되고 직물공업의 생산활동이 도시화하는 시기였던 데 반해서, 프랑스에서는 이와는 대조적으로 직물공업의 선대제 구조가 사실상 창출되는 시기였고, 이와 같은 선대제 구조는 1860년까지 유지되었다. 샤사뉴는 이것을 "공업화의 이중적 과정"이라고 부르는데 그것은 1790년대부터 수력에 기초한 "집중화된 매우 자본주의적인" 기계식 방적 공정과, 직조가 행해지는 농촌의 활동을 물리적으로 분리시켰다.[285]

이런 일이 일어날 수밖에 없었던 이유를 묻는다면, 하나의 해답은 슈미드에 의해서 주어지며 그것은 정확히 프랑스 혁명의 영향과 관계가 있다. 프랑스인의 관심사가 영국의 새로운 기계식 방적의 앞선 기술을 따라잡는 것이었음을 상기시키면서, 슈미드는 이것을 신속하고 저렴하게 해내려면 이미 존재하고 있었던 공장 건물을 이용하는 것이 필요했다고 지적한다. 교회재산의 국유화는 이런 측면에서 하나의 횡재였는데, 왜냐하면 수많은 수녀원과 교회학교와 수도원이 방적 공장을 설치하려는 혁명정부에 의해서 무상 또는 아주 낮은 가격으로 제조업자들에게 주어졌기 때문이다.[286] 그러나 이러한 재산은 그러한 것이 발견되는 곳에서 탈취될 수밖에 없었고 그런 곳은 거의가 농촌 지역이었다. 이와 더불어 선대제가 "사회질서의 탁월한 보증"[287]이라는 정서가 있었는데, 이러한 정서 자체는 혁명기의 프랑스 노동계급의 강력한 반체제적 충동에 대한 반작용이었다.

농업과 공업 모두에 가장 큰 영향력을 미쳤던 요인이 이 시점에서 가장 핵

사이에 놓여 있었다"고 말한다.
285) Chassagne(1979, 104). 샤사뉴는 프랑스 면직공업의 이러한 농촌화는 이미 구체제 말년에 시작되었으며, "혁명은 이러한 사회경제적 '혁명'을 가속화시켰다"고 지적한다.
286) Schmidt(1914, 51) 참조.
287) Chassagne(1979, 107).

심적 성장부문인 국가간 무역에 대한 전쟁의 충격이었음은 의심의 여지가 없다. 18세기의 마지막 20년 동안 영국의 "증가된 공업생산"의 거의 60퍼센트가 수출되었다.[288] 구체제의 마지막 몇십 년간의 프랑스의 경제성장에서 핵심적인 역할을 수행했던 프랑스의 해외무역이 첫째는 프랑스 혁명으로,[289] 둘째는 생-도맹그(Saint-Domingue : 히스파니올라 섬의 서부지역으로 1697년 프랑스가 에스파냐로부터 양도받아 생-도맹그라고 불렀음. 1804년 1월 1일 아이티 공화국으로 독립함/옮긴이)의 상실로[290] 그리고 셋째는 나폴레옹 전쟁으로 "파멸적인 감소"[291]를 겪었던 것이 바로 이 시점이었다.

영국의 면직물 수출에 "굉장한 변화"[292]를 초래하면서 동시에 "프랑스에 재갈을 물렸던"[293] 그리고 그로 인해서 영국에 "세계시장에서의 영구적인 무

---

288) Crafts(1983, 199).
289) Braudel(1982, 219)은 "1792-93년의 드라마틱한 사건들 이전에도 혁명 프랑스의 해외[무역]의 붕괴는 프랑스의 역사에 매우 무거운 짐을 지게 했다"고 말하고 있다.
290) 생-도맹그는 그 자체로 구체제 말년에 프랑스의 해외무역의 3분의 1을 공급했다. "프랑스가 '서인도 제도' 특히 '서인도의 진주'[생-도맹그]를 여전히 가지고 있는 한, 구체제 프랑스의 경제제도는 온전했다." 그러나 이것은 "붕괴한" 구체제의 "첫번째 부분"이었다. Lüthy(1961, 596). Bergeron(1970, 476)이 계속하듯이 : "그때부터 그것의 가장 다이내믹한 부분을 잘려버린 프랑스 경제는 농촌화의 유혹에 노출되거나 적어도 보다 불리한 조건에서 공업시대로의 이행에 직면해야 했다."
291) Marczewski(1965, lx)는 1855년이 되어서야 비로소 프랑스 경제는 1787-89년의 해외무역 수준에 도달했다고 주장한다.
292) Deane & Cole(1967, 30). 또한 Schlote(1952, 42, 표 8), Crouzet(1958, 178-192), Deane & Habakkuk(1963, 77), Edwards(1967, 27-29) 참조. 영국의 면직물 생산의 팽창 요인으로서 수요보다는 기술을 강조하는 Davis(1974, 66)와 같은 저자조차도 1790년대의 수출의 급속한 증가를 지적하는데, 이것은 그가 전쟁으로 야기된 무역 패턴의 "왜곡"이라고 부르는 것에 의해서 어려움을 겪었다. "왜곡"이라는 용어는 내 생각에 현실을 왜곡시킨다. 다음과 같이 주장하는 Habakkuk & Deane(p. 78)이 더 옳다 : "1790년대와 1800년대 초에 일어난 시장의 팽창에는 적어도 영국의 기업가들의 창의성 못지 않게 영국의 해군력이 기여했다."
293) Fohlen(1973, 13). Lévy-Leboyer(1964, 256-247)는 19세기 전반 "제해권을 둘러싼 투쟁은 거의 전적으로 앵글로-색슨인들 사이에서 벌어졌으며", 이것은 특히 프랑스의 경우 이전에는 "거의 예상할 수 없었던" 일이라고 지적하면서, "1793년의 관계 차단과 새로운 공급원의 등장은 [프랑스와 네덜란드의 해양] 운송에 치명타를 가하는 것이었다"고 말한다. 또한 Crouzet(1962, 215) 참조 : "통령정부 초기에 프랑스에 부족했던 것은

역의 우세"[294]를 가져다주었던 것이 바로 전쟁이었다는 것은 분명한 사실인 것 같다. 나폴레옹이 이러한 상황을 역전시켜보려고 노력했다는 것은 확실하다. 실제로, 그가 권력을 쥐었던 바로 그 달—— 혁명력 3년 무월(霧月, Brumaire)——에 프랑스 정부의 내부 각서는 다음과 같이 말하고 있다 : "영국의 존재는 오로지 영국의 무역과 신용에 달려 있다. 이것 중 어느 하나를 흔들어놓으면, 영국은 망하고 패배한다."[295] 그러나 우리는 나폴레옹의 갖은 노력에도 불구하고 그가 해외무역을 1789년 수준으로 되돌리지 못했다는 사실

해외시장이었지 생산능력이 아니었다. 생산능력은 혁명기에 겪은 손실에도 불구하고 여전히 제 능력을 대체로 다 발휘하지 못했다." Ellis(1981, 102)는 이 시기의 (공업적 능력의 부족과 대조되는) 그들의 공업을 위한 시장의 부족의 결정적 역할에 대한 Crouzet (1962)의 발견들을 알자스의 경우에서 정확하게 확인하고 있다.

294) Deane(1973a, 208). 또한 아돌프 티에르의 다음과 같은 설명을 우리에게 환기시킨 O'Brien & Keyder(1978, 76) 참조 : "우리는 트라팔가르 전투에서 승리하지 못했다. 우리는 바다의 제해권자가 아니며 그래서 잉글랜드처럼 2억의 소비자들을 가지고 있지 못하다. 이것이 우리의 열등함의 모든 비밀이다." Morineau(1978, 416)는 그 결과를 이렇게 지적한다 : 영국의 전통적인 판로, 거기에 "프랑스의 강제사퇴"의 결과로 유럽 대륙에서 획득한 부분이 추가되었고, 거기에다가 남아메리카로의 팽창이 추가되었다. "그후에 사태는 진행되었고, 게임은 끝났다." Crouzet(1980, 72)는 1783년부터 1812년까지 영국의 "수출증가분"의 60퍼센트는 그 대상이 신세계였고, 23퍼센트는 유럽 대륙이었다고 지적한다.

중요한 강조를 그가 공업성장의 지역적 결정요소라고 불렀던 것에 두고 있는 Landes (1969, 145)조차도 혁명적 분출의 한 결과로서의 대륙의 공업화의 지연에 의해서 야기된 "2차적인 효과들"에 관해서 말한다 : "특히 대륙과 영국의 공업설비 간의 격차가 커졌으며, 그와 같은 확장이 이론적으로 근대화의 보다 큰 인센티브를 의미한 반면, 그것은 사실상 하나의 장애물이었다." 그는 두 가지 설명을 한다. 하나는 증가된 공업역량이란 가장 최근의 설비가 "워털루 이후의 유럽 대륙시장에 덜 적합했다는 것"(p. 146)을 의미한다는 것이다. 두번째 이유는 증가된 "초기의 많은 양의 투자"(p. 147)가 이제 필요했다는 것이다. 그러므로 랜디스는 대륙의 공업이 "자발적인 쇠퇴"에 빠져들어갔다고 말하며, 그는 이것이 "제3의 시장에서의 영국의 경쟁상의 이점을 유지하게 도와주었다"고 인정한다. 그러나 대부분 정치적-군사적 지배로 창출된 경제구조를 어떻게 자발적이라고 하는가? 랜디스는 사실상 "헤게모니" 상황을 기술하고 있다. 이 점에 대해서는 Milward & Saul(1973, 307-309) 참조.

295) A.E. 46, f° 326. 1847년에 한 독일 저술가는 이렇게 썼다 : "[프랑스와 영국 사이의 1792-1815년의] 전쟁이 설탕과 커피, 퍼케일 직물과 모슬린에 대항하는 십자군 전쟁으로 선포되었다면, 후세들이 이를 믿겠는가?" Schlegel(Lingelbach, 1914, 257에서 인용).

을 알고 있다.[296]

나폴레옹의 정책은 물론 실제로 나폴레옹으로부터 시작된 것이 아니었다. 그것은 1791년에 보호주의로 되돌아가면서 시작되었고, 1793년의 프랑스 항해법, 1798년에 실시된 영국 상품을 실은 중립국 선박의 입항금지 그리고 대륙봉쇄를 조직화하는 1806-07년의 베를린 포고령과 밀라노 포고령 등으로 계속 이어졌다.[297]

대륙봉쇄 그 자체는 나폴레옹이 자신의 첫번째 상업위기를 겪고 있었던 시기, 특히 1799-1802년에 "지나치게 빠른 팽창으로 인해서 과잉생산의 위험에 직면해 있던"[298] 영국의 면직물 생산을 주로 공격목표로 삼았던 것 같다.[299] 대륙봉쇄는 영국이 그야말로 "취약했기" 때문에 "심각한" 위협이었다.[300] 유럽 안에서 공산품의 출구를 폐쇄하고, 천연원료의 수입을 봉쇄하고, (무역수지 적자를 창출하여 금괴를 고갈시키고 그 결과로 지폐의 신용도를 붕괴시키는 방법을 써서) 영국의 재정 신용을 손상시키는 등, 나폴레옹은 여러 측면에서 영국의 무역에 영향을 주려고 했다.[301]

이러한 목표들 가운데서 부분적으로나마 달성된 유일한 것은 유럽에서의 출구를 폐쇄하는 일이었다.[302] 영국산 원자재 수입을 거부하는 일은 매헌 대령(제해권의 중요성을 역설한 미국의 유명한 제독을 말함/옮긴이)의 신랄한

---

296) Soboul(1976b, 105)은 이것이 "구체제 말의 대규모 식민지 무역의 중요성과 그것의 파괴의 치유할 수 없는 결과를 다시 한번 명시했다"고 말한다.
297) Bergeron(1978e, 358)과 Rose(1893, 704) 참조. 영국의 봉쇄에 대해서, Mayer(1979a, 213, 주)는 프랑스와의 상업조약을 거부하라는, 일찍이 1778년의 네덜란드에 대한 영국의 압력은 "혁명과 제정 시기의 잉글랜드의 대륙 '봉쇄'의 먼 선조의 하나였다"고 주장한다.
298) Crouzet(1958, I, 86).
299) 1802년에 아미앵 평화조약과 더불어 개선된 상태는 해상전의 재개와 더불어 1803년에 재빨리 역전되었다. 그러나 이때 영국의 봉쇄는 영국이 "중립적인 중재자, 특히 미국인들을 통한 식민지와의 간접적인 무역을" 허용했다는 점에서 "아직도 매우 관용적"(p. 536)이었다.
300) Crouzet(1958, I, 203).
301) Crouzet(1958, I, 57-63, 91-97, 102, 122-123).
302) Crouzet(1958, I, 126-152).

산문체 표현처럼, 나폴레옹의 힘이 "어떤 마법사의 힘과 같이 물에 닿자마자 사라져버림"303)으로써 완전히 실패했다. 영국의 재정 신용 역시 처음에는 프랑스 혁명으로, 그 다음에는 나폴레옹의 대륙체제로, 영국이 자본 도피의 천국으로서 금괴 유입의 꾸준한 도피처가 되었다는 사실을 구태여 말하지 않더라도,304) 영국과 유럽 대륙과의 재정적 연계가 결코 끊어지지 않았기 때문에 그대로 유지되었다.305) 영국의 국가재정은 처음에는 확대된 해외무역으로부터의 수입으로306) 그리고 전쟁비용이 증가했을 때에는 차용307)과 특히 농업부문에 대한 중과세와 그것에 의한 공업과 무역의 보호308)로 균형을 유지했다.

나폴레옹은 공업을 장려하고 공업보조금을 지급하는 데에 국가의 권력을 사용했지만,309) 영국인들도 마찬가지로 그들의 공업을 지원했으며310) 프랑스와

---

303) Mahan(1893, II, 279). 매헌은 1806년에 대해서 "적국의 깃발을 단 선박이 바다에서 항해하는 것을 불가능하게 만든 영국 해군의 우월성과 편재성(遍在性)"(p. 308)을 말한다. 매헌의 결론 : "바다를 제패함으로써, 프랑스의 식민지 체제와 상업을 파괴함으로써······ [영국은] 적을 그의 최종적 패배가 분명한 대륙체제의 전투장으로 내몰았다."(400-401)
304) Lévy-Leboyer(1964, 708) 참조. Braudel(1982, 219)은 혁명 프랑스에서 있었던 "대규모의 자본도피"에 관해서 말한다.
305) Fugier(1954, 236) 참조.
306) Sherwig(1969, 12) 참조.
307) "전쟁비용을 지불하기 위한 차용의 초기 관행은, 고용수준을 유지하고 영국의 경제발전에서 일어날 수 있었던 위기의 시대 동안의 발전의 여세를 유지하는 양자 모두에게, 일반적으로 인정되는 것보다 더 유익했다." Anderson(1947, 618).
308) Deane(1972, 52)과 John(1967, 47) 참조.
309) 국가지원의 중요한 세 가지 형태가 있었다 : (1) 제조업자들에게 교회재산을 낮은 가격에 대여하거나 파는 것(이것이 장기적인 공업구조에 대해서 가지는 의미를 우리는 앞에서 지적했다) ; (2) 영국의 모델에서 따온 새로운 기계에 대한 정부의 장려 ; (3) 그와 같은 기계를 설치한 자들에 대한 약간의 보조금(특히 그러한 보조금이 없었다면 도산의 위협에 처했을 고용주를 위해서 사용되었다). Bergeron(1978b, 213-214) 참조. Leleux(1969, 122)는 나폴레옹 제국의 대기업가들 —— 돌퓌스, 오베르캄프, 리샤르-르누아르, 테르노, 보방 —— 에 대해서 "그들은 이해받고 도움을 받고 지원을 받는다고 느꼈다"고 말한다. 또한 Chassagne(1980, 336) 참조.
310) 영국민은 그들의 기술적 이점의 열렬한 보호주의자들이었다. 그들은 다양한 법률을 제정했으며, 그것은 숙련노동자와 기계(도구들과 설계도나 기계의 모델을 포함) 수출을 금지하고 그것을 위반할 경우에는 무거운 벌금(영국 시민권의 상실, 재산 압류)을 메기는

유럽 대륙의 공업에 영국의 원자재를 공급하지 않으려고 했고 이에 상당한 성공을 거두었다.[311] 크루제는 대륙봉쇄가 경제적으로 "비효율적"이지는 않았다고 주장한다. 그것은 영국의 경제활동에 심각하게 영향을 미쳤으나, 나폴레옹은 본질적으로 정치적이고 군사적인 이유들로 인해서 자신의 목표를 달성하기에 충분할 정도로 장기간 대륙봉쇄를 시행할 수 없었다.[312] 한편으로 프랑스인들은 그들의 제국 안에서 정치적, 민족주의적 저항에 부딪혔다.[313] 다른 한편으로 영국은 이러한 유리한 분위기 속에서 상당한 규모의 보조금을 통해서 동맹국들을 매수했다.[314] 반대 압력 아래 나폴레옹은 일찍이 1810년에 경제적 투쟁무대에서 실제로 후퇴하기 시작했으며, 이때 그는 식민지 생산물에 대해서 허가제로 프랑스 항구를 다시 개방했다. 그럼으로써 그는 밀수업자들

1795년의 일반법에서 구체화되었다. 확실히 그와 같은 법률은 100퍼센트 성공적이지는 않았다. 그럼에도 불구하고 그것들은 효과적이었고 1824년에 가서야 폐지되었는데, 이때에는 단지 부분적인 폐지였고 완전한 폐지는 1843년에 가서였다. Clough(1967, 1346) 참조.

311) Cobban(1965, 52)과 Godechot(1967b, 167-168) 참조. Boubier(1970, 512)는 1810-11년의 프랑스의 공업위기를, 봉쇄로 인한 "원자재 공급 확보의 어려움" 탓으로 돌린다. Fugier(1954, 237-238) 참조.
312) Crouzet(1958, II, 855-860).
313) 에스파냐, 독일, 이탈리아에서의 저항에 대해서는 Godechot(1967a, 180-200) 참조. Crouzet(1958, I, 408)는 에스파냐에서의 대륙봉쇄의 결과들은 프랑스에 "재앙을 가져다 주었다"고 지적한다. 프랑스는 이제 에스파냐 시장이 영국민에 의해서 크게 대체된 것을 마침내 보아야 했다. Broder(1976, 310) 참조. 또한 이베리아 반도에서 영국 생산품의 판매가 1807-12년에 다섯 배로 증가했음을 보여주는 Dupin(1858, 160) 참조.

나폴레옹에 대한 민족주의적 저항은 정치적 기반과 함께 경제적 기반을 가지고 있었다. 나폴레옹의 의도에 대해서는 Pollard(1981, 24) 참조: "[프랑스의 영향력이] 우세한 다른 나라들, 특히 이탈리아는 프랑스 제조업의 일부 원자재와 시장의 공급자가 되었다. 대륙봉쇄에 일단 가담한 그 나머지 유럽은 보호받고 많은 특권이 주어진 프랑스 공업이 범람하는 속국이 되었던 반면, 거기서 생산되는 제품은 모국(프랑스) 시장에서 완전히 배제되었다. 프랑스의 비전은 배타적 민족주의의 비전이었다."
314) 보조금은 1794년의 프로이센의 위협과 함께 시작되었고 "사건의 압력 아래서" 점점 많아졌다. 1806-07년 겨울에 이르면 보조금은 "한 숟갈씩……분배되었다." Sherwig(1969, 181). 1812-14년에 이르면 그와 같은 보조금은 영국의 전체 세금액의 약 14퍼센트에 달했다(p. 354). 1793-1816년 시기의 전체량은 "5,700만 파운드를 상회했다." Clapham(1917, 495).

의 이윤의 마진 폭을 국가재정에 흡수했지만, 이것은 다른 유럽인들을 희생시키면서 영국인과 은밀한 경제적 거래를 하게 하는 것이었기 때문에 유럽 내부에서의 정치적 저항을 더욱 격화시켰을 뿐이었다. 그리하여 그것은 어쩌다 일어날 수 있는 동맹의 취소를 촉진시키는 또다른 요소를 추가했다.[315]

그러므로 프랑스에 대한 영국의 점증하는 상대적 이점을 없애려는 혁명정부들과 나폴레옹의 모든 노력은 하나의 거대한 실패였는가? 완전히 그렇지는 않았을 것이다. 크루제는 "1800년에 이르러, 중부 유럽은 전원화(田園化)의 위협을 받았으며 19세기의 인도와 같은 운명에 놓이게 되었다"[316]고 주장하지만, 이러한 위협은 실현되지 않았다. 그럼에도 불구하고 영국은 바로 프랑스 혁명과 나폴레옹 시대의 직간접적인 영향으로 1793년보다 1815년에 [프랑스보다/옮긴이] 훨씬 더 앞서게 되었다.[317]

그러나 고려에 넣어야 할 또다른 요인이 있으니, 그것은 프랑스와 영국에서의 국가수준의 계급투쟁 경로이다. 프랑스에서 우리는 이미 혁명기간의 도시 대중의 반체제적 충동에 대해서 자세히 언급했다. 우리는 바뵈프주의자들과 앙라제(Enragés : 1793년 과격한 혁명가들에게 붙여진 이름/옮긴이) 즉 자크 루(1752-1794년, 보좌신부 출신의 과격 혁명가. 혁명재판소에 출두하지 않으려고 자살함/옮긴이)의 추종자들이 정치운동으로서 결정적으로 실패했음을 안다.[318] 다수 민중이 혁명정부로부터 얻어낼 수 있었던 사회정책에서의 계획된 개혁들은 결코 입법화되지 않았다. 그럼에도 불구하고 자코뱅의 빈민 구제의 이상 —— 빈곤선 이하의 사람들이 사회복지 혜택을 받을 수 있는 권리 —— 은 "무시할 수 없는"[319] 정치적 유산을 남겼으며, 이러한 유산은 나폴

---

315) Jouvenel(1942, 399-417) 참조. Ellis(1981, 266)는 나폴레옹의 경제정책 실패를 설명해주는 것의 하나가 나머지 유럽 대륙에 대한 "고의적인 일방성"이었다고 주장한다. 대륙의 관세동맹을 촉진하는 대신 나폴레옹은 "프랑스의 이익에 맞게 조정된 거대한 '특별시장(Uncommon Market)'"을 창출했다.
316) Crouzet(1964, 579).
317) Crouzet(1958, II, 872) 참조.
318) Tǿnnesson(1959), Markov(1960), Soboul(1963), Rose(1965, 1972, 1978) 그리고 Higonnet(1979) 참조.
319) Forrest(1981, 172).

레옹 시대에도 느껴졌다.

나폴레옹은 혁명에 의해서 제정된 모든 법적인 개혁을 보존했으며 실제로 그것들을 법제화했다.[320] 물론 그것은 임금노동자의 보다 높은 안전과 권리를 반드시 의미하지는 않았다. 임금노동자들의 경제적 형편은 나폴레옹 치하에서 나아지지 않고 아마도 악화되었다.[321] 그러나 그럼에도 불구하고 다수 민중의 경제상태는 나폴레옹 치하에서 상당히 향상되었다. 그의 시대는 임금 "상승"이 지배한 시대였다. 물질적 조건의 이러한 향상은 "의심의 여지가 없었으며", 그래서 1817년의 경제적 침체 이후에 농민과 도시의 노동자들이 제국을 "일종의 황금기"라고 회고할 정도였다.[322] 콩종크튀르가 나폴레옹에게 유리하게 작용한 것은 의심의 여지가 없다. 그러나 이것이 자동적으로 민중의 지지를 의미하는 것은 아니었다. 여기서 이제 프랑스의 분위기를 이와 동일한 콩종크튀르 속에 있었던 영국의 분위기와 비교하는 것이 적절할 것이다.

프랑스 혁명은 영국의 정치적 스펙트럼의 대체로 좌측 절반에 있다고 할 수 있는 사람들로부터 처음에는 상당한 공감을 불러일으켰다. 보다 온건한 지지자들이 자코뱅 단계에서 떨어져나가기 시작했지만, 이른바 영국 자코뱅이라는 혁명에 충실한 그룹이 남아 있었고, 이들의 정치는 실제로 자코뱅의 정치보다는 상-퀼로트의 정치에 더 가까웠다. 그들의 세력은 수공업 장인계급에 있었고 그들은 왕정, 귀족, 국가 그리고 과세에 대해서 "철저한 반대"를 지켜나갔다.[323] 그러나 일단 전쟁이 발발하자, 이들 민중단체의 회원들은 보다 주도적인 휘그 그룹들로부터 정치적으로 "소외되었다."[324]

그럼에도 불구하고 정부는 이들이 매우 위협적이라는 사실을 깨달았고,

---

320) Soboul(1970a, 335) 참조. 그는 나폴레옹이 제헌의회의 "사회적 성취물"을 존중했다고 말한다. 또한 Godechot(1970, 795-796) 참조.
321) Lefebvre(1969, 153).
322) Tulard(1970, 659-661).
323) Thompson(1968, 171-172). 이 시기 잉글랜드 노동계급의 급진주의에서 수공업 장인들의 주도적인 역할에 대해서는 또한 Gareth Stedman Jones(1974, 484), Prothero(1979)와 Calhoun(1982, 7) 참조.
324) Goodwin(1979, 26).

"어떤 형태로든 민중의 독자적 행위"가 전통적 권위뿐만 아니라 "새로운 정치경제학의 이데올로기"도 위협하는 것 같았기 때문에 이를 두려워했다.[325] 그 결과는 1790년대의 급진주의자들이 "그들이 공포정치 시대를 체험하고 있다고 믿었을"[326] 정도로 지독하고 비교적 효과적인 탄압이었으며, 거기에는 인신보호법의 정지도 포함되었다.

이 시기의 노동통제에 관한 두 개의 가장 중요한 새로운 정책은 1795년의 스피넘랜드 "수당제도"(Speenhamland allowance system : 노동자의 최저 임금을 정하지 않고, 노동자 한 사람에게 주당 12킬로그램에 해당하는 빵 값을 주고 부인과 자녀에게는 각각 6킬로그램의 빵 값을 주어 임금을 낮추려고 했던 일종의 빈민구제책/옮긴이)와 1799년의 결사금지법(Anti-Combination Acts)이었다. 스피넘랜드는 소럴드 로저스가 "노동자를 그가 거주하는 교구에 복속시키고 그를 일종의 농노"[327]로 만들었다고 주장했던 1662년의 구 빈민생활보호법(Act of Settlement)을 완화시켰다. 개정된 구빈법 체제는 실제로 (정부보조금을 통해서) 최저 임금을 생계비 더하기 가족수당 제도에 묶어버렸다.

스피넘랜드에 대해서 세 가지의 질문이 제기되어야 한다. 그것은 노동자들에게 더 좋은 제도였는가, (주로 농업노동의) 사용주들에게 더 좋은 제도였는가? 그것이 제정된 이유는 무엇인가? 그것은 흉년에도 노동자들이 "당장의 굶주림을 피할 수 있는 의지처를 가지게 되었다"[328]는 의미에서 노동자들에게 약간의 이점이 분명히 있었다. 사용주들에게 더 좋은 제도였는가? 사실상 "표준 이하의 임금"이라고 할 수 있는 것을 보조함으로써, 1795년에서 1824년 사이에 그것은 "농업임금을 하락시키는" 효과를 가져왔다. 그러나 블라우는 사용주

---

325) Thompson(1971, 129).
326) Emsley(1981, 155). 반역과 폭동에 대한 탄압 이외에 상당한 "개인적 희생"(p. 174)이 있었다. Lefebvre(1968, 616)는 프랑스에서 "말라버린 단두대"라고 불렸던 것, 즉 유배의 광범위한 사용을 지적한다.
327) Rogers(1884, 434).
328) McNeill(1982, 209). 그것은 확실히 생산성의 모든 인센티브를 제거했던 하나의 체계에 의해서 이러한 역할을 했다. Polanyi(1957, 79-80)에 따르면, 이것은 "더 적은 것이 아니라 더 많은 온정주의를 위해서 튜더의 입법을 포기하는 것에 이르렀다." 결국 "그 결과는 지독했다"고 그는 말한다.

에 대한 이 보조금은 실제로는 지방세 제도를 통해서 그들에게 지불되었으며, 지방 당국과 사용주 양자간의 "연계"는 매우 밀접했다고 주장한다.[329]

그렇다면 덕을 본 것은 누구인가? 이 제도가 실질적으로 한 일은 아직 농업국에 가까운 나라에서 불완전 고용을 만연시킴으로써 실업을 막은 것이었다.[330] 왜 이런 제도가 시행되었는가라고 이제 우리가 묻는다면, 그것의 동기는 반자본주의 혁명인 프랑스 혁명의 망령인 "민중봉기에 대한 두려움"[331]이라고 하는 명백히 그리고 직접적으로 정치적인 데에 있었던 것 같다. 이런 점에서 스피넘랜드는 성공했다.[332] 그러나 그것이 그런 역할을 할 수 있었던 것은 오로지 그것이 결사금지법과 결합되었기 때문이며, "결사금지법이 없었다면 스피넘랜드는 실제로 그랬던 것처럼 임금을 하락시키지 않고 오히려 상승시키는 결과를 초래했을지도 모른다."[333] 플럼은 결사금지법은 두 가지를 동시에 달성했다고 지적한다 : 즉 그것은 식량 가격의 상승에도 불구하고 임금을 끌어내렸으며 또한 정부로 하여금 "체제전복적인 선전의 가장 좋은 사육장의 하나를 제거할" 수 있게 만들어주었다.[334]

---

329) Blaug(1963, 162, 168, 176).
330) Blaug(1963, 176-177) 참조.
331) Mantoux(1928, 448).
332) McNeil(1982, 209)의 분석을 보라 : "구빈법의 도움이 없었다면, 기근이 들었을 때와 토지에서의 일거리가 가장 줄어들었던 해의 농번기에 농촌노동자들은 도시로 도주하는 이외의 다른 선택이 없었을 것이다.……1788-89년의 흉작으로 바로 그와 같은 군중이 파리로 밀려들어왔다." 그러나 1795년 이후 그와 같은 일은 잉글랜드에서 거의 일어나지 않았는데, Polanyi(1957, 93)는 "구빈법이 잉글랜드를 혁명에서 구원했다"는 캐닝의 확신을 인용한다.
　이것은 우리로 하여금 "그것은 농장주의 이익과 지주의 지대를 희생시켜서 넘쳐나는 농촌인구를 먹여살리는 데에 도움을 준 기본적으로 인도주의적인 정책이었다"는 Chambers & Mingay(1966, 109-110)의 결론을 약간 에누리해서 받아들이게 만든다.
333) Polanyi(1957, 81). "1793년에서 1820년 사이에 노동계급의 집단행동의 탄압을 목표로 한 60개 이상의 법령이 의회에서 통과되었다. 1799년에 이르러 사실상 모든 형태의 노동계급의 결사체와 집단행동은 불법이거나 치안판사에게 인가를 받아야 했다." Munger (1981, 93).
334) Plumb(1950, 158). Mantoux(1928, 456)는 마찬가지로 결사금지법이 "프랑스에서 일어나고 있는 것과 같은 혁명에 대한 두려움"에 의해서 탄생했다고 주장한다.

그러므로 다수 민중에 대한 정책은 궁극적으로 프랑스에서보다 영국에서 더 무자비했는데, 이는 아마도 프랑스에서의 반체제적 압력이 비록 진압은 되었지만 더 컸기 때문일 것이다. 이 점에 관한 하나의 단편적 증거는 전쟁기간 중의 양국의 임금과 식량 공급의 실질적인 수준이다. 우리가 보았듯이 프랑스 노동자들이 나폴레옹 시대를 실질임금의 상승기였다고 느꼈던 데에 반해서, 이 시기의 영국은 임금이 하락했다.[335]

이것이 1809-11년과 같이 빵이 부족한 시기와 결합되었을 때, 어려운 상황은 심각한 폭동으로 이어졌는데, 이는 반정부 감정이 아니라 반사용주, 러다이즘(Luddism)과 같은 반기계 감정으로 표현되었다는 점을 제외하고는 혁명 전의 프랑스에서 발생한 것과 여러 가지 면에서 비슷했다.[336] 그러나 그것의 최종적 결과는 혁명적 궐기가 아니었고 아직은 그렇게 될 수도 없었다.[337] 전시의 열악해져가는 조건에도 불구하고 영국의 노동자들은 —— 일부는 정부의 탄압에 의해서, 일부는 의심할 바 없이 (흔히 주장되어온 것처럼) 감리교에 의해서[338] 그리고 또한 일부는 정치적 안정이라는 명분으로 (반프랑스적)

---

335) Mantoux(1928, 436)는 이 하락이 급격했다고 특징짓는다. "임금의 명목적인 상승은 ……전쟁으로 인한 가격의 상승에 비례하지 않았다." 또한 Forster(1974, 21), Jones(1975, 38), Von Tunzelmann(1979, 48) 참조. O'Brien & Engerman(1981, 169, 표 9.1)은 이 시기 중간에 하락했음에도 불구하고 실질임금은 안정수준에 보다 가까운 것이었음을 보여준다.

336) 식량폭동에 관해서는 Stevenson(1974) 참조. 1809-11년의 잉글랜드를 1786-89년의 프랑스와 비교한 것에 관해서는 Cunningham(1910, 75-77) 참조. 노동자의 심한 고통에 대한 반응으로서의 러다이즘에 관해서는 Thomas(1972, 43-46) 참조.

337) Narin(1964, 43)은 전반적으로 다소 다른 인상을 가지고 있다 : "잉글랜드 노동계급의 초기의 역사는……프랑스 혁명기로부터 절정인 1840년대의 차티즘(Chartism)에 이르는 반세기 이상에 걸치는 반란의 역사이다." 나는 의견을 달리하지는 않지만, 프랑스의 반란이 더 성공적이었다고 느끼는데, 이는 주로 반부르주아, 반자본주의 세력으로서의 그들의 때이른 성공 때문이다. 그들은 더 단호해졌고, 프랑스의 부르주아지는 영국의 부르주아지보다 다소 덜 단호했으며, 또 프랑스 부르주아지는 노동자들을 끌어들이기 위해서 떼어놓은 잉여가 적었기에 노동자들을 자기들 쪽으로 끌어들이기가 더 어려웠다.

338) 가장 완벽한 논의는 Semmel(1973, 7)에 의해서 이루어졌는데 그는 증거를 수집하여 "감리교는 프랑스 혁명의 목표와 매력을 비판적으로 선점해버림으로써 프랑스 혁명에 해당되는 격렬한 잉글랜드의 혁명을 차단하는 데에 도움을 주었던 것 같다"고 주장한다. 또한 Kiernan(1952, 45)과 Thompson(1968, 419) 참조.

민족감정을 이용하는 것에 의해서[339] —— 제어되고 있었다. 영국의 지배계급에 남겨진 일의 전부는 그들의 하위계층에게 파이의 일부를 떼어주기 시작하는 것이었다. 그러나 이것은 새로운 헤게모니 시대를 기다려야만 했다(그리고 그때에도 그것은 서서히 이루어졌다).

전쟁의 종료와 함께 영국은 세계체제에서 마침내 진정한 헤게모니를 쥐었다. 그것은 일련의 해상기지를 확보함으로써 영국의 세계권력을 공고하게 만들었는데, 이 해상기지들은 영국이 이미 가지고 있었던 것들과 합쳐져서 영국으로 하여금 이제 지구를 전략적으로 둘러싸게 했다. 1783년에서 1816년 사이에 영국은 대서양 지역에서 세인트 루시아, 트리니다드, 토바고, 배서스트, 시에라 리온, 어센션, 세인트 헬레나, 트리스탄 다 쿠냐, 고프 섬, 인도양에서는 케이프 식민지(Cape Colony : 케이프 타운을 주도[州都]로 하는 남아프리카 공화국 케이프 주의 옛 이름/옮긴이), 모리셔스, 세이셸, 래카다이브 제도, 몰디브 제도, 실론, 안다만 제도, 페낭, 오스트랄라시아에서는 뉴 사우스 웨일스, 뉴질랜드, 매콰리 제도, 캠벨 제도, 오클랜드 섬, 로드 하우 환초, 채텀 섬 그리고 지중해에서는 몰타와 이오니아 제도를 획득했다.[340]

더욱이 영국은 전쟁과정에서 네덜란드의 이전 헤게모니의 마지막 흔적인 유럽의 금융 중심지로서의 네덜란드의 역할을 종식시킬 수 있었다.[341] 상업 및 금융 지배를 통해서 영국은 이제 통계에 잡히지 않는 대규모의 돈 —— 보유 상선 선원의 벌이, 상업 수수료, 기술자와 해외 식민지 관리의 송금, 투자소득 —— 을 벌어들이기 시작했으며, 이것은 영국의 수출무역의 규모에도 불구하고 존재했던 지속적이고 심지어는 팽창하는 무역적자를 상쇄하기에 충분했다. 그리하여 영국은 국제수지 흑자를 지속적으로 유지할 수 있었다.[342] 영

---

339) Anderson(1980, 37-38) 참조. "국가에 의해서 체계적으로 조정된 민족공동체 의식은 그 이전 세기의 어느 때보다도 나폴레옹 시대에 분명히 더 큰 현실이었던 것 같다.……일반적이고 지속적인 [반혁명적 민족주의] 구조적 중요성은 확실히 보다 지역적이고 제한적인 감리교 현상보다 더 컸다.……" 그러나 "민족의식을 조장하고 이용할" 필요성을 느끼지 않을 만큼 영국의 국가는 강력했다고 주장하는 Colley(1968, 106) 참조.
340) Graham(1965, 5), Shaw(1970, 2) 그리고 Darby & Fulard(1970, 12-13) 참조.
341) Graham(1966, 7)과 Braudel(1982, 395) 참조.
342) Imlah(1958, 40-42) 참조.

국은 또한 자신의 높은 보호주의적 장벽을 유지하고 있었음에도 불구하고,[343] "공업적 유럽의 교사"[344]로서의 그의 새로운 역할도 시작했다.

영국의 공업에 비해서 프랑스가 뒤처졌다는 느낌은 이 시기에 사실로 받아들여지게 되었다. 1830년대의 프랑스의 한 생산업자는 영국의 우월성을 영국 공업의 보다 높은 전문화로 설명했는데, 이는 영국인이 더 빨리 그리고 더 값싸게 생산할 수 있었음을 뜻했다.[345] 그 이유에 대한 당시의 샤탈의 설명은 프랑스의 낮은 임금이 기계화를 저해했기 때문이라고 강조했다.[346] 그러나 이것은 당시 프랑스 공업노동자들이 "영국의 노동자들보다 더 높은 생산성을 달성했다"는 최근의 통계자료에 비추어볼 때 의심스러워 보인다.[347] 그것은 우리가 영국보다 낮았던 프랑스의 임금에 관한 자료가 다양한 가계소득 구조를 감안할 때 "소득의 평균수준"에 관한 진술 "그리고 따라서 두 나라의 복지에 관한" 진술이 아닐 수도 있다는 점을 상기할 때 더욱 의심스럽다.[348]

최종적인 영국의 급상승과 전쟁에서의 프랑스의 패배의 분명한 결과 가운데 하나는 양국의 서로 매우 다른 인구 패턴의 등장이었다. 르 루아 라뒤리는 프랑스 혁명 때문에 산아제한이 프랑스에 만연하게 되었다는 의미에서 프랑스 혁명을 다소 드라마틱하게 프랑스의 "인구학적 이슬람"[349]이라고 부른다.

---

343) 영국의 공업 보호주의는 1842년에 가서야 비로소 끝났다. Imlah(1958, 16, 23) 참조. 영국의 항해법은 1849년에 가서야 비로소 폐지되었다. Clapham(1966, 169-170) 참조. 또한 Lévy-Leboyer(1964, 15), Broder(1976, 334-335), Daumard(1976, 155-159), Léon(1976a, 479), Chassagne(1981, 51) 참조; 그리고 유럽 전반에 관해서는 Gille(1973, 260) 참조.
344) Handeson(1972, 212).
345) Gille(1959, 33)에 의해서 인용. 또한 1820년에서 1848년 사이에 "영국 공업의 압도적 우월성"에 대한 프랑스 기업가들의 의식 분석으로는 Stearns(1965, 53) 참조.
346) Chaptal(1819, II, 31). Landes(1969, 161-164)는 이에 동의한다. 그러나 Crouzet(1972c, 286)는 "값싸고 숙련된 노동력"을 1815년 이후 시기의 영국에 대한 프랑스의 몇 안 되는 이점의 하나로 든다.
347) O'Brien & Keyder(1978, 174 ; 또한 표 4.3, p. 91도 참조). 저자들은 이것이 "비정통적 발견"이라고 지적하지 않는다.
348) O'Brien & Keyder(1978, 74).
349) Le Roy Ladurie(1975, 378). 세디요는 동일한 사실을 보다 차분하게 말한다. 그는 1789

르나르는 보다 냉정하게 프랑스의 패턴은 장차 모든 곳에서 나타날 패턴의 "원형"이었을 뿐이라고 말한다.[350] 그러나 맥닐은 그것을 매우 다르게, 즉 나폴레옹 전쟁을 18세기의 "급속한 인구 증가로부터 기인한 사회적 긴장을 개선하는" 하나의 방법으로 본다.[351]

그렇다면 1815년 이후의 인구 패턴을 경제적, 정치적 현실에 대한 하나의 적응으로 볼 수는 없을까? 세계시장에서 우세해진 영국인들은 그들의 이익을 극대화하기 위해서 그들의 노동력을 확대할 필요가 있었다. 그들은 높은 자연증가율의 장려, 이민 그리고 비고용 노동에 대한 고용 노동의 비율을 높임으로써 이를 달성했다.[352] 영국처럼 국제무역, 해외투자, 상업 서비스 등으로 생기는 소득을 통해서 확대된 노동력을 재정적으로 지원하는 것이 불가능했던 프랑스는 "다산에 대한 억제"에 의해서 영국에 필적하는 인구 일인당 국내생산을 유지하는 것으로 만족했다.[353] 이 경우, 느린 기계화를 느린 인구 증가로 설명하려고 해서는 안 되고 그 반대가 되어야 한다.[354] 사정이 그러했다면, "공장제가 아니라 성공적인 중상주의가……워털루 전투 이후의 한 세기 동안 영국의 우세의 핵심이었다"고 프랑스인들이 믿은 것을 너그럽게 봐줄 수 있을 것이다.[355]

우리는 오랫동안 계속된 영국 노동계급의 생활수준 논쟁을 이런 시각에서 봐야 한다. 그것은 사실 1815년경에서 1840년 사이에 일어났던 것을 주로 문제로 삼는 논쟁이다. 애슈턴은 영국으로의 수입 증가와 가격 하락을 전제로, "노동자들이 이득을 나누어 가지지 못했다고 믿기 어렵다"고 주장함으로써

년에서 1815년 사이에 프랑스의 인구는 9퍼센트 증가했고 영국은 23퍼센트 증가했으며, 이것은 "인구규모의 격차를 줄이고 이 격차를 없애는 데에 기여했다"고 주장한다.
350) Reinhard(1965, 451).
351) McNeill(1982, 201). Dupâquier(1970, 340-341)는 이러한 관점을 공유하는 것 같다.
352) 1780년부터 1860년에 이르는 노동력 증가의 가장 큰 부분은 자연증가로부터 도출되었다고 주장하는 Tranter(1981, 209-216)의 논의 참조. 또한 Reinhard(1965, 458) 참조. 잉글랜드의 인구 증가에서 아일랜드가 행한 역할에 관해서는 Connell(1969, 39) 참조.
353) O'Brien & Keyder(1978, 75).
354) 이러한 견해는 Gille(1959, 40), Léon(1976a, 478), Sewell(1980, 153)에 반영되어 있다.
355) O'Brien & Keyder(1978, 75).

1945년 이후의 논쟁을 시작했다. 홉스봄은 반대로 사망률과 실업의 증가를 전제로, 산재해 있는 증거는 "장밋빛 견해보다는 비관적 견해를 지지한다"고 말한다. 하트웰은 생활수준의 향상은 "전쟁 중에는 서서히, 1815년 이후에는 보다 빨리, 1840년 이후에는 급속히 일어났다"고 말한다. 이에 대해서 홉스봄은 국민소득은 증가했지만 그것이 보다 평등하게 분배되었을까라고 반박한다. 테일러는 "노동계급의 생활수준의 향상은 전체 국민의 그것보다 뒤처졌다"고 말함으로써 논쟁을 계속한다.[356]

보고된 실제의 경험적 발견들을 중재하는 것은 어려운 것 같지 않다. 보고된 실제의 경험적 발견들에 대해서 이의를 제기하기가 훨씬 어려운 것 같다. 즉 곡물법 때문에 빵 값이 생각보다 덜 하락하기는 했지만, 가격은 상당히 하락했다. 임금노동자로 고용된 사람들의 실질임금은 다소 상승했다.[357] 그러나 농업노동자의 경우나 도시의 실직자와 불완전하게 고용된 자들의 경우에는 반드시 그렇지는 않았다. 또 그들의 실질임금 증가분만큼 임금노동자와 그의 가족이 이전보다 더 오랜 시간을 더 혹독하게 일했을 가능성도 배제하기 어렵다. 다시 말해서 연간 실질임금은 시간당 실질임금이 증가되지 않고도 증가될 수 있다. 끝으로, 면직물 공업(그리고 기타 다른 공업)의 이윤은 가격이

---

356) Ashton(1949, 28), Hobsbawm(1957, 52), Hartwell(1961, 412), Hobsbawm(1963, 126) 그리고 Taylor(1960, 25). 또한 Imlah(1958), Hartwell(1963 ; 1970a), Williams(1966), Neale(1966), Gourvish(1972), Flinn(1974), Hartwell & Engerman(1981), Crafts(1983) 그리고 Lindert & Williamson(1983) 참조.

1838년에 이 쟁점에 관하여 쓴 Briavoinne(1838, 98)의 성찰을 읽는 것은 흥미롭다 : "물질적인 이득이 있다는 것은 분명하다. 그러나 지금까지의 결과는, 비록 여러 저명한 인사들에게 더 이상 의심받고 있지는 않지만, 새로운 공업체계가 노동자에게 그의 존엄성에 대한 보다 확실한 의식, 보다 규칙적인 노동습관, 보다 활발한 저축성향, 보다 순수한 도덕을 고취하는 경향이 있는지의 여부에 대해서 확실히 알아낸 것이 별로 없는 것 같다. 저축은행의 존재가 예로서 언급된다. 이러한 물질적인 증거에 대해서 우리는 가족 내의 슬픈 무질서 상태를 드러내는 출생신고 기록과 버려진 어린아이를 위한 고아원의 통계기록을 쉽게 대치시킬 수 있다 ; 그리고 범죄 통계는 경범죄와 중범죄의 지속적인 증가를 보여준다. 문제들은 아직 무르익지 않았다 ; 확실한 분석을 허락하는 충분한 데이터가 아직은 없다." 오늘날이라고 해서 이 문제가 "무르익었을까?"

357) Deane(1979, 208)은 1815년에서 1846년 사이에 곡물법은 "빈자와 부자 간의 투쟁의 상징"이었다고 말한다.

하락했음에도 불구하고 "잘 유지되었으며", 그 이유의 하나가 생산업자들이 "거의 고갈되지 않는 저가의 노동 공급을 누렸기" 때문이었다는 것도 분명하다.[358] 영국 노동계급의 일부가 차지한 파이의 몫은 물질적으로 약간 증가되었다. 그러나 전반적인 세계경제의 관점에서 볼 때, 이것은 **세계경제 전체의** 노동계급이 차지한 동일한 파이의 몫은 줄어들었다는 주장과 완벽하게 일치된다.

우리는 세계경제의 바로 이 시점에서 이중의 운동이 일어나고 있었음을 기억해야 한다. 세계경제에 새로운 지역의 주목할 만한 병합이 있었고, 생활수준의 주목할 만한 하락을 겪고 있었던 새로운 주변부가 있었다. 그러나 서유럽 전반(특히 프랑스, 벨기에, 서부 "독일", 스위스)과 미국의 북부 주들은 영국에 뒤지기는 했지만 그럼에도 불구하고 "공업화"를 계속해나갔고, 그리하여 19세기 중엽에 강력한 핵심부 지역으로 (재)등장할 수 있었다. 그러는 동안, 자본주의 발달에 대한 노동계급들의 저항은 실질 생활수준에서 영국과 비슷한 약간의 향상을 그들에게 안겨주었을 것이다.

이러한 두 가지 발전과정은 나중에 상세히 분석될 것이다. 그러나 여기서 프랑스와 영국의 비교를 완결짓기 위해서 몇 가지 예비적 고찰이 필요하다. 1815-40년의 시기에 프랑스는 특히 직물공업에서 "근대화할" 수 있었고 그리하여 영국에 대한 "자신의 후진성을 극복할" 수 있었다.[359] 그렇지만 어떻게 이와 같은 일이 이루어졌으며 어떤 시장이 제공되었는지 세밀히 살펴보자. 프랑스는 우리가 이미 지적했듯이 직물공업의 농촌화와 더불어 고급 직물의 전문화 쪽으로 나아갔다.[360] 핵심적인 이유의 하나는 시장의 규모였다. 세계를 빼앗긴 프랑스는 프랑스에 도움이 되도록 재건되어야 했고, 구조개편과 공업의 재배치로 이 일을 하려고 했다.[361] 그러므로 이 시기는 주변부에서는 탈공

---

358) Deane(1979, 99-100).
359) Lévy-Leboyer(1964, 144-145, 169-171, 342, 411-414).
360) (원문에 주가 빠져 있음/옮긴이).
361) Crouzet(1964, 586) 참조. 해안으로부터 내륙으로의 이러한 변화는 물론 전쟁기에 시작되었고 이전에 로타르의 왕국이 있었던 모든 지역 —— 북동부 프랑스, 헨트, 베르비에, 리에주, 아헨, 알자스 —— 이 연관되었다.

업화의 시기였지만 유럽에서는 탈공업화라는 이러한 "해악이 없지는 않았으나 덜 심각했는데", 이는 국가들이 이러한 위협에 대처하기 위해서 적극적으로 간섭할 만큼 여전히 충분히 강력했기 때문이다.[362] 그러나 영국이 유럽의 탈공업화를 필요로 하지 않았을까? 아마, 정반대였을 것이다. 주변부 시장이 확대되자, 영국은 새로운 기술적 진보를 진행시키면서 불황기를 단축하기 위해서 자기를 뒤따라오는 공업도상국이라는 제2의 층이 필요했을 것이다. 그렇지 않았다면 새로운 기술적 진보는 적어도 50년이 걸렸을 것이다.

그러나 우리는 이 이야기를 정치적 전환점인 1830/32년에서 잠시 중단해야 한다. 프랑스에서 1830년 7월은 "폭동 이상은 되지만 분명히 혁명 이하"[363]였다. 여러 가지 면에서 그것은 잉글랜드에서 영국 혁명에 대해서 1688-89년의 명예혁명이 했던 역할을 프랑스 혁명에 대해서 했다. 그것은 이전 혁명의 극단적인 폭력성으로 인해서 야기된 이데올로기적인 싸움의 격렬함을 어떤 의미에서 잠재운 지배계급간의 이데올로기적 타협을 의미했다. 그것은 상위계층 내부의 피비린내 나는 싸움이 이제부터는 (항상 합법적이지는 않더라도) "정상적인" 정치적 형태로 수행될 것임을 확인시켜주었다. 그렇게 함으로써 실상 그것은 노동자들을 부르주아 사상가들에 대한 개념적 의존으로부터 해방시켰다. 노동자들은 "프랑스 혁명의 언어를 받아들였고 그것을 그들 자신의 목표에 맞게 고쳤다."[364]

1830년의 프랑스 혁명은 영국에 직접적인 반향을 일으켜서 1832년의 선거법 개정을 가져왔다.[365] 1832년에 영국은 폭동의 발발을 그야말로 "아슬아슬하게 겨우 피할 수 있었다."[366] 그러므로 1832년의 선거법 개정은 "그들의 재

---

362) Lévy-Leboyer(1964, 186-191).
363) Montgolfier(1980, 7).
364) Sewell(1980, 281)은 또한 이렇게 말한다 : "계급의식은 1830년 혁명에 뒤이은 소요운동 가운데서 프랑스에서 처음으로 등장했다." 그러나 내가 앞에서 주장했듯이 계급의식은 이미 거기에 있었다. 없었던 것은 이론화였고, 그것이 이제 시작된 것이었다.
365) Thompson(1968, 911) 참조.
366) Thompson(1978b, 46-47)은 다음과 같은 매우 적절한 역사서술적인 논평을 첨가한다 : "그것[선거법 개정/옮긴이]이 없었다면, 그때에는 혁명이 자코뱅의 경험을 거치고 또한

산이 산업적이었기 때문이 아니라 적었기 때문에"[367] 이전에는 배제되었던 생산업자들을 정치 게임에 포함시킨, 1688-89년의 일종의 이데올로기적 매듭으로 귀착되었다. 이러한 매듭은 1830년이 프랑스에 행했던 바와 똑같은 기능을 영국에서 했다. 그것은 노동계급을 용어적으로 해방시켰다. 이제 영국의 노동자들은 그들이 오래 전부터 수행해왔던 계급의식적인 행동을 [자신의 언어로/옮긴이] 말하기 시작했다.

그것을 넘어서는 매우 급속한 급진화의 과정을 촉발시켰을지도 모른다고 추정하는 것은 타당하다 ; 그리고 어떤 형태의 반혁명과 궁극적인 안정이 취해졌을지라도 여러 18세기의 제도들이 존속할 수 있었을 것 같지는 않다 ─── 상원, 국교회, 왕정, 사법적 군사적 엘리트는 아마 적어도 일시적으로는 일소되었을 것이다. 이런 방식으로 일이 진행되었다면, 모델을 만드는 사람들은 적어도 오늘날 만족했을 것이다 ; 1832년은 잉글랜드의 부르주아 혁명이었을 것이고 1640년은 하나의 '때이른' 사건으로, 즉 일종의 위그노 전쟁과 프롱드 난의 복합체로서 등한시되었을 것이다. 1832년 전야까지 영국에 (1788년에 프랑스에는 '봉건제'가 우세했다는, 프랑스 혁명에 대한 일종의 마르크스주의적 해석의 산마루에서 내려다보는 진기한 개념이 보여주는 바와 같이) 어떤 종류의 '봉건'사회가 존재했다고 보는 경향은 강화되었을 것이다."

367) Thompson(1978b, 50).

3

새로운 거대 지역권들의 세계경제로의 병합 :
1750-1850년

그림 3 : 이 판화는 오스만 제국의 궁정에서 한 유럽 공사를 접견하는 정교한 절차 중의 한 부분을 보여준다 —— 신임장 교환 후 술탄을 알현하기 직전에 추밀원 객실에서 대(大)와지르(grand wazir : 오스만 제국의 최고관/옮긴이)의 주관 아래 열리는 공식 만찬. 이 동판은 1785년 베누아(아마도 1780-1810년에 파리에서 활동한 M.-A. 베누아인 듯)에 의해서 만들어졌고 델보(아마도 레미 델보[1750-1832]인 듯)에 의해서 완성되었다. 이것은 유럽의 일반 대중에게 오스만 제국의 풍습과 역사를 소개하는 초기의 주요 삽화들 중 하나로 등장했다. 이 책 「오스만 제국의 전체상(*Tableau geénéral de l'Empire Othoman*)」은 오스만 제국 정부에서 스웨덴의 대리대사를 지냈던 잉나티우스 모우라디아 도손에 의해서 저술되었고 파리에서 1787년, 1790년, 1820년에 세 권으로 출판되었다. 파리 : 국립도서관, 판화자료실.

(대략) 1733-1817년 시기의 경제팽창(그리고 통화 인플레이션)의 재개과정에서 유럽 세계경제는 장기 16세기에 자신이 만들어놓았던 경계들을 깨버리고 새로운 거대 지역권들을 자신이 포괄하고 있는 효율적인 노동분업 속으로 병합하기 시작했다. 이는 16세기 이래 이미 유럽 세계경제의 외곽지대 (extenal arena)에 놓여 있었던 지역권들 —— 특히 그리고 가장 중요하게는 인도 아대륙, 오스만 제국, 러시아 제국 그리고 서아프리카 —— 을 병합함으로써 시작된 것이다.

이 병합들이 일어난 시기는 18세기 후반에서 19세기 전반이다. 알다시피 당시 그 속도는 매우 빨랐고 결국 19세기 말에서 20세기 초가 되면, 전 지구 즉 심지어 이전에는 자본주의 세계경제의 외곽지대에 속하지 않았던 지역들도 그 안으로 흡수되었다. 이미 진행중이었던 그 자본 축적 과정 속으로 이렇게 병합이 이루어지는 과정의 유형은 앞의 네 지역권들에서 만들어졌다. 병합과정의 세세한 측면이야 각기 약간씩 다르지만 이 네 과정들은 거의 동시에 발생했으며 또 본질적인 특징을 놓고 본다면 상당한 유사성을 띠고 있다.

자본주의 세계경제로의 병합은 결코 병합되는 곳들의 주도로 이루어지지 않았다. 오히려 그 과정은 세계경제가 자신의 경계들을 확장해야 할 필요로부터 비롯된 것이며, 또 그 필요라는 것 자체도 세계경제에 내재한 압력의 산물이었다. 더구나 병합과 같은 중요한 대규모 사회과정들은 돌발적으로 일어나는 현상도 아니다. 그러한 사회과정들은 이미 계속 진행중인 일련의 활동들로부터 출현한다. 과거로 거슬러올라가서 (그리고 대략적으로나마) 그 과정들의 연대를 추정할 수는 있지만, 전환점은 좀처럼 명확하지 않으며 그 과정들이 구체화한 질적 변화라는 것도 복잡하며 혼합적이었다. 그럼에도 불구하고 그것들의 영향을 놓고 볼 때 그러한 과정들은 실재한 것이었고 결국 그 과정들은 일어난 것으로 받아들여진다.

앞서 우리는 (장기 16세기에) 세계경제의 주변부에 있던 지역권들과 그것의 외곽지대에 있던 지역권들을 체제적으로 구분하려고 했다. 당시 우리는 (외곽지대에 있는) 러시아와 (주변부에 있는) 동유럽이 서유럽과 관계를 맺는 방식에는 세 가지 중요한 차이점이 있다는 것을 지적했다 : "(a) 무역의 성격

차이, (b) 국가기구의 힘과 역할의 차이, (c) 앞의 두 가지 사항의 결과로서 토착 도시 부르주아지의 힘과 역할의 차이."[1]

지금 우리가 다루려고 하는 문제는 어느 한 시점에서 세계경제의 외곽지대에 놓여 있었던 지역권이 나중의 어느 시점에서는 바로 그 세계경제의 주변부에 속하게 되는 과정의 본질에 관한 것이다. 우리는 이 이행을 중간지속의 시기로 생각하여 그것을 "병합(incorporation)" 시기라고 부른다. 그러므로 우리가 사용하는 모델은 한 "지역권(zone)"에서 나타난 세 개의 연속적인 시기를 포함하고 있다 —— 세계경제의 외곽지대에 있는 시기, 세계경제에 병합되는 시기 그리고 주변부화되는 시기. 이 각 시기들 중 그 어느 것도 정적(靜的)이지 않다. 각 시기는 모두 여러 과정들을 포함한다.

병합은 본질적으로, 최소한 일정한 한 지리적 장소의 몇몇 중요한 생산과정들이 현재 진행중인 자본주의 세계경제의 노동분업을 구성하는 다양한 상품연쇄에 필수적이 된다는 것을 의미한다. 그렇다면 특정한 한 생산과정이 이 노동분업에 "필수적"인지를 어떻게 알게 되는가? 하나의 생산과정은, 그 과정을 통제하여 "시장"에서 자본 축적을 극대화하려는 사람들의 노력에 의해서 생산이 이 세계경제의 가변적인 "시장조건"(그 변화의 원천이 무엇이든지 간에)에 일정하게 —— 단기적으로는 아닐지라도 적어도 중기적으로는 —— 대응할 경우에만 병합된 것으로 간주될 수 있다. 이러한 대응이 전반적으로 전개되었다고 말할 수 없는 한, 그리고 이 특정한 생산과정의 갑작스러운 변화가 세계경제 속에서 자본 축적의 극대화를 이끌어내려는 것이 아닌 다른 고려들 때문이라고 설명될 가능성이 있는 한, 이 특정한 과정들이 자리잡고 있는 지역권은 아직 세계경제의 외곽지대에 머물고 있는 것으로 간주될 수밖에 없다. 비록 무역망이 존재한다고 하더라도 그리고 진행중인 그 "무역"이 아무리 광범위하고 수지 맞는 것처럼 보인다고 하더라도 말이다.

이런 식으로 그 차이를 설명하는 것이 이론적으로 그 쟁점을 아무리 명료하게 드러낸다고 하더라도, 물론 그것은 하나의 특정한 상황에 대한 정확한 기술의 경험적 지표로는 거의 무용지물이다. 그 지표를 찾으려면 병합의 몇몇

---
[1] Wallerstein(1974, 302).

경험적 결과들에 관심을 돌려야 한다. 또 여기서 우리는 (아무리 장기간이라고 하더라도) "병합" 시기와 그후의 "주변부화" 시기를 구분해야 한다. 비유적으로 말해보면, 병합은 어떤 지역권을 사실상 다시는 빠져나오지 못할 정도로 세계경제의 궤도에 "거는 것(hooking)"을 의미하고, 반면 주변부화는 종종 자본주의 발전의 심화라고 언급되는 방식으로 그 지역의 세세한 구조들을 계속 변형시켜나가는 것을 의미한다.

한 지역의 생산과정이 세계경제의 가변적인 시장조건에 일정하게 대응해나가려면 무엇이 필요한가라는 간단한 질문을 우리 자신에게 던질 때, 우리는 거기에 필요한 기준을 정할 수 있다. 먼저 그 대응능력은 부분적으로 의사결정 단위의 규모와 함수관계에 있는 것이 분명한 듯하다. 크면 클수록 그 단위는, 일부 시장의 변화된 조건들이라고 자신이 믿는 것에 비추어서 생산 결정을 변화시킴으로써, 그 **단위 자체**와 자신의 자본 축적 전망에 영향을 미치기가 더 수월할 것 같다. 따라서 당연히 한 지역권의 기업들이 이런 방식의 대응을 시작하기 위해서는 그 규모가 더 커져야만 할 것이다. 직접 생산하는 곳이나(예를 들면 "플랜테이션"을 만들면서), 또는 가령 상품집수자 즉 상인이 이번에는 다양한 소생산자들의 활동을 통제하는 일정한 메커니즘(예를 들면 채무강제)을 확보하고 있는 조건 아래 생산물을 상업적으로 수거하는 곳에서는 어디서나 그와 같이 좀더 큰 규모의 의사결정 단위가 창출될 수 있다. 둘째, 그 대부분이 단순히 계약생산을 확대하는 것인 그 결정들은 생산과정에 투입되는 요소들 —— 기계, 원료, 자본 그리고 무엇보다도 인간의 노동 —— 을 확보할 수 있는 (또는 그 요소들에 대한 책임에서 벗어날 수 있는) 능력에 의해서 이루어질 수 있음에 틀림없다. 인간의 노동은 일정한 방식으로 "강제할 수 있는" 것임에 틀림없는 것이다. 셋째, 생산과정의 통제자들은 적절한 권력과 권위를 갖춘 정치제도가 그러한 대응을 허용하고 부추기며 보조해줄 때가 그렇지 않은 경우보다 시장조건에 대응하기가 더 수월한 것 같다. 마지막으로 그러한 대응들은 적당한 안전보장책과 적절한 유통장치라는 제도적 하부구조를 필요로 한다.

따라서 이로부터 다음과 같은 결론이 나온다. 즉 일정한 한 지역권의 생산과정들이 세계경제의 좀더 큰 노동분업 속에 통합되었는지의 여부를 분석하기 위해서는 경제적 의사결정 구조의 성격, 이 생산과정들의 작동에 노동이 여러 가지로 유용하게 쓰이는 방식, 통치단위들이 자본주의 세계경제의 정치적 상부구조의 요구사항들과 관련을 맺고 있는 정도, 그리고 마지막으로, 없어서는 안 될 제도적 하부구조의 출현 또는 오히려 자본주의 세계경제에 병합중인 지역권을 포괄하기 위해서 그 세계경제 내에 이미 존재하고 있는 하부구조를 확장하는 것 등을 탐구해야 한다. 이 장에서 우리가 말하려고 하는 것은 바로 이에 대한 이야기이다.

1500-1750년의 오랜 기간 동안 앞에서 말한 그 네 지역권들이 모두 어떤 의미에서 병합되어 있지 않았다고 할 수 있는지를 살펴보는 것으로 논의를 시작하자. 이 기간 동안 네 지역권들은 모두 유럽 세계경제의 외곽지대에 있으면서 그 세계경제와 끊임없이 교역하고 있었다고 말할 수 있다.

우선, 무역의 성격을 보자. 하나의 단일한 노동분업 속에 들어와 있지 않은 두 지역권들 사이의 무역이 보이는 특성은 앞선 시기의 언어로 말하자면 "호화스러운 무역"과 "조악한" 혹은 "거친" 상품 무역 간의 구분 사이를 떠돌고 있는 것이다. 오늘날 우리는 한편으로는 "사치품" 그리고 다른 한편으로는 "대량 상품" 혹은 "필수품"을 구분한다. 물론 사치품이라는 용어는 기능에 따른 정의상 규범적 평가와 함수관계에 있다. 오늘날 알다시피 심지어 생존을 위한 최저 생활수준과 같은, 겉으로 보기에는 생리학적인 것처럼 보이는 개념조차도 사회적으로 정의된다. 다른 이유가 아니라면 이것은 생존의 척도가 되는 시간의 길이를 그 방정식에 대입해야 하기 때문에 그런 것이다. 특별한 경우의 순금은 말할 것도 없거니와 어떤 특정한 생산물들 —— 향신료, 차, 모피, 혹은 노예까지도 —— 이 일정한 맥락에서 사치스런 수출품인지 아닌지를 결정하기란 쉬운 일이 아니다. 나는 사치품 **수출**에 대해서 말하고 있다. 왜냐하면 경제적인 의미에서 사치품 **수입**이라는 것은 별 의미가 없기 때문이다. 어떤 품목을 시장에서 구매할 경우 그것은 구매자가 주관적으로 그 품목에 대해서 "수요"를 느끼기 때문이다. 따라서 분석적인 관찰자가 그 "수요"가 현실적이지 않다고 주장한다면 그것은 어리석은 일이 될 것이다. 토머스

부부의 고전적 표현에 따르면, "사람들이 어떤 상황을 현실적인 것으로 규정하면 그 결과 그것은 현실적인 것이 된다."[2] 물론 단위당 값이 비싼 품목들도 있고 그렇지 않은 것들도 있다. 하지만 상인에게 중요한 것은 매매량에 따라서 증가하는 그 총판매량에 대한 수익률이다.

그러나 사치품 수출에 대한 정의를 좀더 분석적으로 내릴 수도 있다. 그것은 사회적으로 낮게 평가된 품목들을, 그와는 다른 방식으로 처분했을 때보다 훨씬 더 높은 가격으로 처분하는 것을 말한다. 이것은 서로 다른 사회적 가치 척도들을 가졌다고 할 수 있는 두 개의 분리된 역사체제들 간의 교역을 다루는 경우에만 적용될 수 있는 개념이다. 그러므로 "사치품"과 "외곽지대"라는 개념은 서로 맞물려 있다. 연구문헌들을 들추어보면 여러 저자들이 인도와 서아프리카를 서술하면서 "사치품" 무역이라는 용어를 자주 사용한 사실을 발견하게 된다. 예를 들면 쿨쉬레스트라는 다음과 같이 언급했다. "기번스는 '동방무역의 물품들은 호사롭기는 하지만 하찮은 것이었다'고 말했다. 그리고 이것은 특히 16세기와 17세기에 적용된다."[3] 노스럽은 나이저 강 삼각주 유역의 대서양 무역 발전에 대해서 언급하면서, 처음에 아로족(Aro : 나이저 강 유역의 작은 부족집단/옮긴이)은 "사치품 —— 노예, 말, 의식(儀式)에 필요

---

2) Thomas & Thomas(1928, 572).
3) Kulshresthra(1964, 220). Das Gupta(1974, 103)는 특히 1750년 이전의 인도양 무역은 "사치품" 무역이었다는 (뢰르의) 주장을 비판한다. 그는 그러한 주장이 "받아들여질 수 없는" 것은 그 무역의 일부가 "사치품"에 해당되기는 하지만 그것은 "압도적으로 조악한 종류에 속해 있던 막대한 양의 직물 무역에 견주어 별로 중요하지 않기" 때문이라고 말한다. 그러나 여기서 체제의 경계에 유의하자. 다스 굽타는 인도양 내부의 교역에 대해서 말하고 있다. 하지만 여기서 문제가 되는 것은 그것이 아니라 오히려 인도양 지역권과 유럽 세계경제 사이의 무역이다.

지역간 무역(interregional trade)에 관한 Raychaudhuri(1982b, 329)의 유사한 주장을 보라. 그러나 그것으로 그가 말한 것은 인도 아대륙 내의 여러 다른 "지역" 간의 무역이다. 즉 "막대한 육로수송비에도 불구하고……식료품 그리고 다양한 종류의 직물 생산품의 무역은 [1750년 이전 시기] 지역간 무역의 가장 중요한 요소였다. 그것 중 일부는 분명히 사치품이라고 할 수 없다." 그러나 자신이 직물의 "국제무역(international trade)"이라고 부르는 것에 이르면, 그는 유럽인들의 구매는 "전체 교역에서 단지 일부분일 뿐"(1982b, 331)이었다고 말한다.

한 가축 그리고 유리구슬"[4]을 거래했으며 그러한 상업이 지방시장에서는 행해지지 않았다고 말했다.

그렇다면 무엇이 그러한 사치품들을 사치품으로 만드는가? 아민은 무지가 중요한 변수라고 보았다. 그는 "원거리 무역" 상품의 "희소성"을 다음과 같은 사실과 연결시킨다. 즉 원거리 무역은 "서로가 상대의 생산비용을 모르는"[5] 상품의 교환에 토대를 두고 있다는 것이다. 만약 무지가 결정적 요인이라면, 우리는 그러한 사치품 무역이 어떤 식으로 자체 소멸될 수 있는지를 즉각 알 수 있다. 무역이 확대됨에 따라서 무지의 토대는 사라질 것이다. 그렇기 때문에 이는 우리를 그 다음의 두번째 결정적 요인으로 이끈다. 그것은 칼 폴라니가 제기했던 것이며, 실례로는 특히 18세기 다호메(Dahomey : 1892년 프랑스에 정복당할 때까지 독립을 유지했던 서아프리카의 흑인국가/옮긴이)의 경우에 적용되었다. 그것은 바로 "무역항"이라는 개념인데, 우리는 그것을 "무지"를 보호하는 정치적 기제로 재개념화할 수 있다.

로즈메리 아널드가 다호메의 "무역항" 우이다(Ouidah : 또는 휘다. 아프리카 노예매매의 기항지/옮긴이)의 역할을 분석했을 때, 그 핵심은 다호메 왕국의 "군사조직과 무역조직의 철저한 제도적 분리"[6]에 있었다. 그것은 제도적 분리였을 뿐만 아니라 공간적 분리이기도 했다. 왜냐하면 전쟁은 "내륙"에서 일어났지만 무역은 연안지역에서 이루어졌기 때문이다. 이는 노예 약탈과 같은 왕국의 군사적 목적들이 "유럽인이건 다호메인이건 간에 상인들의

---

4) Northrup(1972, 234).
5) Amin(1972b, 508). North(1985)가 보기에 그러한 무지는 경쟁적 시장이 빚어내는 효율성으로부터 벗어난 "거래비용"의 증가로 정의되는 것이었다.

　　Chamberlain(1979, 421)은 서아프리카의 "대량 수출무역" ─── 그는 이것이 대체로 소위 합법적인 무역이었다고 말했다 ─── 을 "사치품 수출무역"에 대비시켜 논하면서, 후자를 "파운드당 가치가 높은 상품들"로 규정한다. 많은 경우, 파운드 대 가치의 비율이 작용하지만 내가 보기에 그것은 본질적인 것이 아니다. 세계의 일부분에서 그리고 특정 상황에서 궁정의식에 사용되는 코끼리와 같은 수출품도 본질적으로 "사치품"이었다. 즉 그것은 값비싸고, 필수품은 아니었으며, 생산된 것이라기보다는 오히려 모아진 것이며, 흔치도 않았다. 그러나 그럼에도 불구하고 꽤 무거운 것이었다.
6) Arnold(1957a, 174).

간섭을 받지 않고"[7] 추진될 수 있었다는 것을 의미한다. 그렇다면 어떤 간섭을 말하는가? 분명히 아널드는 군사적 간섭이 아니라 경제적 간섭을 생각하고 있었으며, 경제적 간섭이란 시장조건에 대한 지식을 함의하는 것이다.

이러한 지식 독점을 유지하기 위해서 "무역항"이라는 개념은 통치자의 무역 독점과 연결되었고, 상인들은 단지 통치자의 고용인이나 대리인으로서의 역할만을 수행했다.[8] 오스틴은 이러한 물리적 분리와 왕의 독점에다 세번째 요소를 다음과 같이 덧붙인다. "국제무역 상품들의 **수집**체제가 그것인데, 이는 아프리카 내부 소비를 위한 상품의 **생산**과는 여전히 분리되어 있었다."[9] 이는, "생산"에 대비되는 것으로서의 "수집"의 하부구조적 토대는 훨씬 더 빈약하고 그렇기에 수집활동 양의 팽창 및 수축 비용은 생산활동시의 비용보다 훨씬 적다고 가정하는 것이다. 이는 가히 틀리지 않을 것이다.

물론 다호메 왕국에 대한 경험적인 서술로서 폴라니-아널드의 주장이 지금까지 전혀 도전을 받지 않았던 것은 아니다. 특히 노예무역에서 왕의 독점은 절대적이지 않았던 것으로 보인다. 하지만 이러한 종류의 비판을 개시한 바 있던 아가일은 아프리카 노예 약탈자들과 유럽 상인들 모두에게 다른 사람들과 거래하기 전에 우선 왕과 거래하면서 왕에게 "정해진 가격"으로 팔고 "왕에게서 다른 거래자들보다" 더 높은 가격으로 사갈 것을 요구할 수 있을 만큼은 왕의 권력이 충분히 강했음에 주목한다.[10] 아마도 매닝의 비판방식이 더 적절한

---

7) Arnold(1957a, 175).
8) Polanyi(1966). 또 Elwert(1973, 74와 여러 곳) 참조.
9) Austen(1970, 268).
10) Argyle(1966, 103). Law(1977, 556)는 노예무역이 그러한 종류의 판매자들과 다른 판매자들 사이에 공유되고 있었다는 아가일의 견해를 따르면서 왕의 무역 독점이라는 개념을 "본질적으로 신화적인 것"이라고 부른다. 그러나 로는 더 진전시켜서 다음과 같이 말한다 : "다호메의 왕들은 후배지 여러 주 출신의 상인들이 우이다에서 유럽 상인들과 직접 거래하는 것을 허용하지 않았던 것 같다."(p. 564) 그러므로 로는 노예 약탈자들과 유럽 상인들을 물리적으로 분리시키면서 그 사이에서 생기는 왕의 독점이라는 개념을 대신해서 왕과 다호메 민간상인들 사이에서 공유되는 독점이라는 것을 내세운다. 정보의 유출을 막는다는 점에서 보면 이것은 큰 차이가 아니라고 할 수 있다. Peukert(1978, xiii-xiv) 참조. 그는 다호메 민간상인들의 역할을 강조할 뿐만 아니라, 다호메를 "실체적 경제(substantive economy)"로 보는 폴라니의 주장을 비판하면서 다른 한편 "유럽 중심적인

듯하다. 그는 폴라니-아널드 모델이 서로 다른 세 개의 세기를 혼동함으로써 "뒤틀렸고 비역사적"[11]이었다고 주장한다. 그러므로 그 서술은 단지 초기에만 들어맞는 것이라고 할 수 있다. 더구나 무역항은 통합(integration)을 저지하기 위해서 설립되었음에도 불구하고 결국은 통합을 초래하는 종속의 다른 방식이 될 수도 있었다. 그렇게 말하는 이유는 무역항이 좀더 강력한 국가형태를 요구했기 때문이다. 이 강력한 국가형태라는 것은 노예무역에 서아프리카가 연루됨으로써 나타난 한 특징으로, 지금까지 종종 언급했던 문제이고 또한 앞으로 우리가 다시 돌아가야 할 문제이다. 그리고 바로 그 좀더 강력한 국가의 생존이란, 무역망을 유지하느냐 못 하느냐에 달려 있다고 할 수 있다.[12]

세계사 분석"에 대해서도 마찬가지로 강력히 반대함으로써 균형을 잡고자 한다(p. 224).
11) Manning(1982, 42). 하지만 결국 매닝 자신은 역사에 대한 무지를 항변한다. "국가가 노예무역을 규제하고 보호하는 데에 어느 정도로 만족했고 실제로 어느 정도까지 노예를 모으고 상품화했는지 아직 누구도 말할 수 없다. 예를 들면 대부분의 노예가 전쟁에서 포획되었다면 아마도 그 포획에 의거하여 노예들에 대한 권리를 주장했음직한 국가로부터 그들을 수출하는 상인들에게로 노예들을 이전시키는 기제가 존재했어야만 했다. 이것에 대해서 그리고 핵심적인 여러 세부사항들에 대해서 동시대 유럽의 관찰자들은 무지를 항변했다."(p. 43)
12) 다호메 왕국의 말기에 일어난 일을 생각해보라. 18세기 후반 다호메 당국은 노예무역을 줄였다. 이것은 부분적으로는 침체되고 불안정한 시장으로 보이는 것에 대한 의존을 줄이려는 것(추측컨대 "무역항"에서 영감을 받은 것과 같은 종류의 추론)이었고 부분적으로는 오요 왕국을 달래기 위한 것이었다. 오요 왕국은 이 시점에서 명목상 다호메의 종주국이었으며 노예 공급에서는 경쟁자이기도 했다. 그러나 이러한 노예무역의 감소는 그 왕국 내 여러 집단에게 매우 부정적인 결과들을 초래했고 그로 인해서 1818년, 그곳에서는 일종의 쿠데타가 일어나 게조가 왕위를 차지했다. 실제로 오늘날 게조는 다호메의 위대한 역사적 지도자들 중의 하나로 간주된다. 그는 무엇을 했는가? "게조는 침체된 노예무역을 부활시켰으며 영토 팽창과 경제성장의 시대를 열었다.……그의 왕국의 경제를 자극했던 것은 다호메의 플랜테이션들에서 강제노동을 수행했던 포로들의 노동, 우이다 시장을 통해서 노예를 판매함으로써 얻은 수입 그리고 새로 정복된 영토들에 다호메가 확립한 무역 독점이었다." Yoder(1974, 423-424). 이와 같이 세계경제에 통합되는 특수한 방식은 그러한 통합을 막기 위해서 고안된 강력한 국가구조를 직접적으로 발전시켰던 것 같다. 특수한 방식이라고 하는 것은 그것이 이 시기에 이루어진 것이기 때문이다.
Law(1986, 266)는 다호메 당국이 노예무역을 감소시켰다는 것에 대해서 회의적이다. 하지만 그는 강력한 국가를 "노예무역에 의해서 제기된 질서라는 문제에 대한 하나의 해결책"으로 창출된 것이라고 본다.

세계경제의 외곽지대에 있는 국가기구의 힘이 결국 결정적 변수임이 드러났다. 하지만 그것이 병합에 미치는 영향은 우리가 지금까지 익히 알고 있었던 것보다 더 복잡하다. 다른 세계체제와의 접촉 초기 국면을 보면, 강력한 국가기구들은 서로에 대해서 외부에 있는 두 지역간의 무역이 동등한 교환이 되도록 보증할 수 있다. 앞의 역사적 예를 통해서 알 수 있듯이 그러한 무역 과정 자체가 각각의 국가기구들을 강화시킬 수도 있었다. 그 결과 세계경제의 외곽지대에서 몇몇 국가들의 힘이 커지자 유럽 세계경제의 권력담지자들은 병합에 대한 이러한 "독점적" 장벽을 깨기 위해서 외곽지대와의 관계에 더 많은 무력을 투입하게 되었다. 어떤 의미에서 보면, 세계경제의 외곽지대에 있는 국가들은 일단 힘이 계속 강력해지다가 결국에는 상대적으로 약화되어갔다.

16세기와 17세기에 이미 병합되어 주변부가 되었던 지역인 폴란드와, 내 생각에는 그 당시 여전히 세계경제의 외곽지대에 있었던 러시아를 나는 이전에 구분한 바 있는데, 놀테는 나의 이 논의를 반박했다. 그는 러시아가 서유럽과 광범위하게 무역을 하고 있었다는 것을 근거로 삼았다. 그는 러시아의 "병합과정"이 폴란드보다 나중에 시작되었다는 것을 인정한다. 그러면서 그는 그 과정이 "경제적인 이유보다는 정치적, 사회적 이유 때문에 일어났다"[13]고 말한다. 하지만 내가 주장하고 있는 것이 바로 그것이다.[14]

---

13) Nolte(1982, 47)
14) 덧붙여서 나는 놀테가 끌어내고 있는 추론에 전적으로 동의한다 : "더군다나 러시아의 세계체제로의 병합이 지체되었던 것이 장기적인 면에서 볼 때 결국 유리했는지 불리했는지는 열려 있는 문제이다. 경제적으로 볼 때 이러한 지체는 러시아 자체의 제조업의 발전으로 귀결되었다. 차르의 관점에서 그것은 정치적으로도 이점을 주는 것이었다. 왜냐하면 스웨덴에 대항한 싸움이 절대주의를 정당화해주었기 때문이다."(p. 48) 다시 한번 나의 주장이 바로 그것이다. 궁극적으로 논의는 러시아가 1750년 이후(상징적으로는 예카테리나 2세 치하에서) "병합되었는지" 아니면 표트르 대제 치하에서 혹은 어쩌면 더 일찍이 이미 병합되어 있었는지의 문제로 귀착된다. 우리는 다음에서 이 시기 문제를 논의한다.
  예를 들면 표트르 대제에 대한 Blanc(1974, 29)의 평가를 보라 : "표트르는 확신에 찬 보호무역주의자였다.……표트르 치세 이후의 정부들은 때때로 이보다 훨씬 더 자유주의적이었다. 1731년의 관세나 심지어 1734년 조약 이후 영국인들에게 제공된 이익조차도 그와는 대조적인 표트르 대제의 논박의 여지 없는 '중상주의'를 분명히 드러내주는 명확한 진보를 보여주는 것이었다."

또한 우리는 단순한 문화차용에 속아서도 안 된다. 오스만 제국의 술탄 아메드 3세의 통치기(1718-30)는 "튤립 시대(Tulip Age)"(개혁정책으로 궁정 생활에서 유럽화 또는 서구화가 전개되었고 그에 대한 상징으로서 이스탄불 전역에 튤립을 심었음/옮긴이)로 알려져 있다. 왜냐하면 궁정이 네덜란드로부터 수입한 튤립에 심취했기 때문이다. 호지슨은 오스만 제국의 이러한 서양 문화의 차용을 "외국산 사치품"의 과시로 생각하지 말고(이는 수입품은 결코 사치품이 아니라는 우리의 주장과 일치한다) 오히려 오스만 제국의 통치자들이 당시 이미 진행중이었던 지역의 탈집중화에 대항하여 "절대주의를 회복하려는" 시도로 보라고 권한다. 그리고 이러한 절대주의의 반대자들이 이슬람의 가치기준에 호소하여 "궁정의 이교도적인 (그리고 상업상 경쟁력 있는) 사치품들에 대해서" 통렬히 비난했을 때 그들은 "궁정의 힘을 증가시킬지도 모르는" 서양 무역망을 "의도적으로" 공격한 것이라고 호지슨은 말한다.[15]

마찬가지로 인도양 시대에 대한 최근의 연구는 16세기 포르투갈의 해양지배에 대한 우리의 인식 폭을 넓히는 것이 아니라 오히려 축소시키는 경향이 있다(18세기 후반 이전에 서구 열강들 중 한 나라가 인도 아대륙의 상당한 영토를 지배했다는 것에 대한 믿음은 지금까지 전혀 의문시되지 않았다). 딕비가 지적하듯이, 포르투갈인들은 소위 지방무역(지역내 무역[intraregional

---

15) Hodgson(1974, II, 139-140). Rustow(1970, I, 677)는 다음과 같이 지적한다: "이스탄불에서 튤립 시대의 전원적 풍경은 1182-88/1768-74년에 오스만-러시아 전쟁으로 격렬하게 파괴되었다." 그 이전 시기에 그런 것이 아니었다. "퀴취크 카이나르카 평화조약에서 술탄은 크림 반도를 양도하지 않을 수 없었다. 그것은 오스만인들이 기독교인들에게 양도한 최초의 이슬람 땅이었다." Heyd(1970, I, 363)는 튤립 시대가 "단명했다"고 말했다. 과연 그랬다. 하지만 우리는 그 시대를 병합 압력에 저항하려고 했던 최후 노력의 일부로 보아야 한다.

때때로 오스만이 약하다는 증거로 그리고 암시적으로는 1750-1850년보다 더 일찍 오스만이 세계경제에 병합되었다는 증거로서 인도양 무역에서 오스만 속민들이 포르투갈인들에게 그들의 역할을 박탈당했다는 것이 언급된다. Hess(1970, 1917-1918)는 이를 바로 포르투갈 중심인 견해라고 말한다. "[16]세기의 기준에서 보면 그리고 그들의 사회를 형성한 제도들에 따르면 오스만인들은 그들의 국경에서 외국 해군의 도전에 성공적으로 대처했다.……개방되었던 인도양 지역이 아니라 지중해 등고선이 16세기 오스만 해군의 주요 경계선들이었다."

trade])에서의 자신의 몫을 위한 경쟁에서 "제한적으로만 성공했으며" 결국 그들은 그 지역의 "다른 권력담지자들과 타협해야만" 했다.[16]

마지막으로 서아프리카와 중앙 아프리카의 연안이나 내륙지역에서 노예무역 과정을 통해서 신흥왕국들이 출현하고 구왕국들이 강화되었다는 것은 잘 알려진 이야기이다. 그 결과 특히 서아프리카 무역체제의 전반적 활동을 이끌었다는 점에서 이제 상황은 아프리카인들이 좌우하게 되었다.[17] 다시 말해서 그 아프리카인들은 중계무역 왕국을 지배하고 있던 사람들이었지 그 지역에서 약탈당하고만 있는 이들이 아니었다. 물론 왕국의 힘은 지역의 상인계급의 힘과 맞물려 있었다는 사실도 기억해야 한다.[18]

유럽 (그리고 자본주의) 세계경제와 그 외곽지대들 간의 무역에 두드러진 네번째 특징이 있는데 그것은 바로 지속적이고 장기적인 무역 불균형이다.[19] 1750년 이전 시기에 인도 아대륙으로 금이 계속 유출되었다는 사실은 오랫동

---

16) Digby(1982, 150). 또한 Marshall(1980, 19) 참조 : "인도양 서부에서 포르투갈의 해군은 거의 실재적 적대자 없이 자신의 힘을 행사했다 ; 동쪽으로 갈수록 그것은 점점 경쟁에 직면하게 되었다."
  17세기 중엽에 나가사키(長崎) "무역항"을 경유하는, 소량을 제외한 모든 서유럽 무역을 봉쇄해버릴 수 있었던 1637년의 일본의 능력은 악명이 높다. "쇄국조치가 단행된 후 '바쿠후(幕府)'나 쇼군(將軍) 정부는……원로회 아래에서 체계적인 관료제로 발전했다. 따라서 장기간의 내부투쟁 이후 평화가 회복되고 강력한 중앙정부가 들어서면서 일본은 두려움 없이 세계와 마주할 수 있었다." Panikkar(1953, 87). 마찬가지로 "정력적인 새로운 왕조가 무기력한 명(明) 왕조를 대체함으로써 아주 중요한 시기에 중국은 강력해졌다."(p. 77)
17) Martin(1972, 14). 이러한 묘사는 로앙고(Loango : 콩고 강 북쪽에 위치한 옛 왕국/옮긴이) 연안에 관한 것이다. 하지만 다른 지역에 대해서도 쉽게 똑같은 진술을 할 수 있다. 마틴은 이것이 진실이 될 수 있도록 하는 두 가지 주요 조건을 지적한다 : "하나는 유럽의 격렬한 경쟁이었고 다른 하나는 어떠한 유럽 국가도 해안에서 영속적인 거점을 확보하지 못했다는 것이었다."(p. 115) 물론 서아프리카의 경우 결국 요새들의 확립으로 두번째 조건이 깨졌고 경쟁을 줄이려는 노력도 전개되었다. 하지만 유럽에서 일어난 사건이 또 하나의 전환점을 이루어냈을 때에야(말하자면 1815년처럼) 비로소 경쟁이 주목할 정도로 줄어들 수 있었다.
18) 특히 16-17세기의 이른바 포르투갈계 아프리카인들의 역할에 관해서는 Boulègue(1972) 참조.
19) 17세기에 인도, 오스만 제국, 러시아로의 은의 유출에 관해서는 이전의 필자의 글을 참조. Wallerstein(1980, 106-110).

안 지적되어왔다. 초두리는 1660-1760년에 인도에서 유럽 수입품의 수요가 증가했음에도 불구하고 그것으로는 "근본적인 구조적 불균형"을 극복하기에 충분하지 못했다는 것을 지적하며 이를 하나의 "역설"이라고 부른다.[20] 이러한 현상을 두 가지 방식으로 생각해볼 수 있다. 하나는 금의 유출을 이 지역들이 금을 필수품으로 구매한 것으로 볼 수 있으며 따라서 그러한 구매는 세계경제 외곽지대에 있음을 나타내는 징표가 아니라 바로 정반대, 즉 유럽 세계경제에 통합되어 있음을 보여주는 징표라고 생각하는 것이다. 이것은 초두리가 취하는 방식인데, 그는 금의 유출을 "본질적으로 아메리카의 금은광에 의해서 창출된 유동성 증가 때문에"[21] 생긴 것이라고 지적한다. 그 유동성의 증가는 "국제적 생산비용과 가격의 상대적인 차이"[22]를 야기했다. 펄린은 더 나아가서, 유입금은 "상품들간의 거래"였으며 "스라파의 표현을 따르면······ 모든 상품들의 생산에 들어갔다"[23]고 주장한다. 이러한 주장은 놀테가 러시아로 들어가는 귀금속들에 대해서 펼친 주장과 동일선상에 있는 것이다. 즉 "그 귀금속들은 화폐의 유통에 필수적이었다."[24]

그렇다면 대체 무엇 때문에 귀금속의 유출에 대해서 이렇듯 소란스러운가? 사실 금이 단지 또 하나의 상품일 뿐이라고 한다면 두 세계체제(즉 분리되어 있고 어쩌면 서로 다른 경제구조들) 간의 무역과 그것과 반대되는 것으로서 단일 세계체제 내의 무역을 구분하는 것이 아무런 의미가 없게 된다. 그리고 그뒤 인도의 경우에 이러한 유출이 왜 그토록 극적으로 바뀌었는가? 즉 "금의 유입은······1757년 이후 중단되었다."[25]

---

20) Chaudhuri(1978, 159). "북서부 유럽의 해양국가들에 의해서 수행된 것과 같은 동인도 무역의 토대는 주로 서유럽 귀금속과 아시아 제조품의 교환에 근거를 두었다."(p. 97)
21) Chaudhuri(1981, 239).
22) Chaudhuri(1978, 456). 초두리에 따르면, 서유럽인들은 인도 상품에 대한 대가를 금으로 지불해야 했다. 왜냐하면 그들은 "서유럽 생산물에 대한 엄청난 수요를 야기할 가격으로 그 생산물을 시장에 내다 팔 수는 없었기 때문이다." 이것은 거의 설득력이 없다. 오늘날 미국은 인도에 어떻게 컴퓨터를 팔고 있는가?
23) Perlin(1983, 65).
24) Nolte(1982, 44).
25) Datta(1959, 318).

그 유출에 대해서 생각하는 또다른 방식은 그것을, 유럽 세계경제라는 관점에서 17세기 세계경제의 장기적인 수축기(대량 유출이 일어난 시기) 동안 이루어진 불필요한 잉여의 유출(따라서 "사치품" 수출), 그러므로 약 1730-50년 이후 유럽 세계경제가 재팽창하기 시작하자 더 이상 용인될 수 없었던 유출로 보는 것이다. 그러므로 유럽 세계경제의 관점에서 볼 때 이 세계경제 외곽지대들과의 관계는 변화되거나 단절되어야만 했다. 해결책으로 병합을 추진하는 다른 동기들도 있었기 때문에 그 변화의 과정이 시작되었던 것이다.

유럽 세계경제의 외부에 있는 지역권들 —— 인도 아대륙, 오스만 제국, 러시아 —— 의 관점에서 볼 때 그들이 실제로 금을 받아들이는 것을 고집했다는 사실은 유럽의 다른 생산물들이 그들에게 충분한 매력을 주지 못했음을 보여주며, 또 이는 결국 그들이 자본주의 세계경제의 상품연쇄를 이루는 병합고리들에 포함되어 있지 않았다는 것을 의미하는 것으로 해석될 수 있다. 사는 것과 반대되는 것으로서 파는 문제에서 유럽인들이 겪었던 어려움은 오랫동안 지적되어왔다. 예를 들면 처음에는 포르투갈인들이, 나중에는 네덜란드인과 영국인들이 그들의 구매자금을 조달하기 위해서 인도양 지역의 "지방" (혹은 "운송") 무역에 참여해야만 했다.[26] 오스만 제국[27]에서 그리고 서아프리카[28]에서도 사실 처음에는 그러했음이 밝혀지고 있다.

대략 1750년경 이 모든 것이 급속히 변하기 시작했다. 인도 아대륙, 오스만 제국(혹은 적어도 루멜리아, 아나톨리아, 시리아, 이집트), 러시아(혹은 적어도 그중 유럽 지역), 그리고 서아프리카(혹은 적어도 그중 좀더 연안에 가

---

26) 1730년대에 이르러서까지도 "증가하고 있던 것은 영국의 지역간 해운업뿐이라는 것은 의심할 바 없는 것 같다." Furber(1965, 45).
27) "[18세기에] 유럽 상품에 대한 발칸인들의 수요는 발칸 상품에 대한 서유럽의 수요보다 더 작았다." Stoianovich(1960, 300). 오스만 제국에서 유럽의 운송무역은 19세기까지 계속되었다. Issawi(1966, 1980a) 참조.
28) "국내시장을 위해서 그들이 필요로 하는 금과 상아(후추뿐만 아니라)를 얻으려면 포르투갈인들은 서부 연안을 따라서 상품을 수송하면서 중개인들과 같은 많은 양의 에너지를 소비해야만 했다." Northrup(1978, 22). 그는 다음과 같이 결론짓는다 : "포르투갈인들의 도착은……[나이저 강 삼각주] 유역의 무역생활에서 어떠한 갑작스런 변화도 수반하지 않았다 ; 대신 그들은 이미 확립되어 있는 무역조직 유형에 적응해갔다."(p. 29)

까운 지역들)가 자본주의 세계경제에서 서로 연결되어 있는 일련의 생산과정들(이른바 노동분업) 속으로 병합되었다. 이러한 병합과정은 1850년경에(어쩌면 서아프리카에서는 좀더 나중에) 마무리되었다. 생산과정의 측면에서 세 가지 주요 변화가 있었는데 앞으로 우리는 이를 차례대로 논할 것이다 : "수출"과 "수입"의 새로운 유형, 네 지역권에서의 좀더 규모가 큰 경제적 "기업들"(혹은 경제적 의사결정체들)의 창출 그리고 노동력 강제의 상당한 증가.

먼저 "수출"과 "수입"의 새로운 유형은 자본주의 세계경제의 노동분업의 축을 이루는 핵심부-주변부라는 이분법을 복제한 것이었다. 당시 이것은 본래 핵심부의 제조품과 주변부의 원료 사이의 교환을 의미했다. 위 네 지역권들이 원료 수출에 집중하기 위해서는 두 가지 방향에서 생산과정의 변화가 있어야만 했다. 즉 자본주의 세계경제 시장에 대한 판매를 목적으로 하는 환금작물 농업(그리고 그와 유사한 형태의 1차 산업 부문 생산)을 창출하거나 이를 상당히 확대하는 방향이 그 하나이고, 지방의 제조업 생산활동을 줄이거나 제거하는 방향이 그 둘이다. 이중에서 앞의 것이 시간적으로 그리고 어쩌면 중요성에서도 더 우선적이었지만 궁극적으로는 뒤의 것도 마찬가지로 전개되어야만 했다. 환금작물(그리고 그와 유사한 작물)의 수출이 창출되자 이번에는 하나의 특수작물, 이를테면 면화를 재배하는 일련의 토지단위들이 확립되는 것에 그치지 않았다. 토지들이 면화 재배에 이용되었다는 것은 일반적으로 그 토지들이 이제는 더 이상 식량 생산을 위해서 이용되지 않았다는 것을 의미한다. 따라서 당연히 점점 더 높은 비율의 토지가 "수출"용 특수작물을 재배하는 데에 특화함에 따라서 다른 토지단위들은 이 토지단위에서 일하는 노동자들에게 팔 식량을 재배하는 것으로 특화되지 않을 수 없었다. 그리고 아마도 재산소유자의 권한으로 경제적 합리성이 노동력 계서제의 창출 쪽으로 움직이자 또다른 지역들은 환금작물을 재배하는 토지단위와 식용작물을 재배하는 토지단위들 모두에서 노동할 사람들을 수출하는 것으로 특화하기 시작했다. 한 지역권 내에 세 개의 층으로 된 공간적인 특화가 출현했다는 것 —— "수출용" 환금작물, "지방시장용" 식량작물 그리고 이주노동자라는 "작물" —— 은 이전에는 세계경제의 외곽지대였던 곳이 이제는 당시의 그 자본주의 세계경제의 노동분업 속으로 병합되었음을 나타내는 징표였다.

1750년 이후 영국과 프랑스 —— 당시 자본주의 세계경제의 두 주요 경제적 중심지들 —— 의 무역은 우리가 지금 분석하고 있는 이 네 지역권으로 상당히 팽창해들어갔다. 양국 모두 나폴레옹 전쟁으로 이 지역권들과의 무역이 원활치 못했으며, 1815년 이후에는 프랑스가 영국보다 더 그 역할이 축소되었다. 하지만 (아마도 인도의 경우를 제외하고는) 프랑스의 역할이 완전히 사라지지는 않았다. 어디에서나 이 네 지역권들의 대 서유럽 수출은 수입보다 훨씬 빠른 속도로 증대했다. 하지만 그럼에도 불구하고 이제 서유럽으로부터 금의 유출에 의해서 국제수지 균형이 이루어지는 일은 더 이상 일어나지 않았다. 간단하게만 살펴본다고 해도 이러한 사실이 얼마나 일관된 것인가가 잘 드러날 것이다.

이에 대한 가장 잘 알려진 이야기는 의심할 바 없이 인도 아대륙에 관한 것이다. 한 세기 이전인 1650-1750년에 해양무역의 옛 중심지들 —— 마술리파트남, 수라트, 후글리 —— 은 캘커타, 봄베이, 마드라스 등과 같이 대 유럽무역과 연결된 새로운 중심지들에 자리를 내주기 시작하면서 그 중요성을 상실해갔다.[29] 1750-1850년의 시기를 분명하게 특징짓는 것은 무역 유형에 직접적인 영향을 미쳤던 두 가지 정치적 사건이었다. 동인도회사는 인도에서 1757-1813년까지 어떠한 구속도 받지 않고 정치적 통제와 경제적 통제를 계속 결합시켜나갈 수 있었다. 그럼에도 불구하고 이 시기에 무역은 "계속해서 전통적인 통로들을 따라서 이루어졌고" 그 무역의 구성은 동일했다고 초두리는 주장한다.[30] 다타는 비록 전환점을 1793년(콘월리스의 영구정액제[Permanent Settlement : 인도 총독 콘월리스가 시행한 토지세 징수법. 지난 몇년 동안 시행된 토지의 10년간 보유제에 의해서 징수했던 세금의 평균 액수를 고정 징수액으로 규정하는 세제조치/옮긴이]의 해)으로 잡으면서도 이에는 동

---

29) Watson(1980a, 42). 그는 영국의 민간 무역업자들이 어느 정도까지 토착 상인계급의 일부를 대체하고 있었는지를 밝히기도 한다. 다스 굽타가 말한 것처럼, 살아남은 이들이 영국인들과 협력한 사람들이었는지는 "아직 해명되지 못했다"고 왓슨은 말한다.

30) Chaudhuri(1983a, 806).

의한다. 사실 뒤의 연도가 더 그럴듯해 보인다.[31]

그럼에도 불구하고 1757-93년과 그 앞 시기 사이에는 이미 한 가지 커다란 차이점이 있었다. 즉 1757-93년 시기에는 어떠한 금도 유출되지 않았다는 점이 그것이다.[32] 유럽으로부터의 금의 유출 없이 이러한 무역수지 불균형을 메울 수 있는 두 가지 방법이 있었다. 하나는 새롭게 획득한 벵골 관구의 세입을 이용하는 것이었다. 그 세입은 이 시기에 벵골의 행정비용, 대륙 모든 곳을 영국이 정복하고 통치하는 데에 드는 비용을 충당하고, 어느 정도는 영국으로 수출된 품목들을 구매하는 데에 사용할 수 있을 만큼 충분했던 것 같다.[33]

두번째 방법은 1765년부터 비롯된 것으로 담보계약이라는 제도이다. 동인도회사는 런던에서 어음을 팔고 인도에서 어음을 샀다. 그 회사를 통해서 영국 상사(商社)로 수출된 인도 상품은 영국에서 동인도회사가 받은 대부금에 대한 담보물건으로 "담보계약되었다." 그 대부금으로 동인도회사는 인도로 수출할 영국의 수출품을 샀다. 그러는 한편 동인도회사는 인도의 상품판매자들에게 돈을 선불해주었고 그 대부금은 영국으로 가는 인도의 수출상품으로 상환되었다. 그 경우 금의 유출은 필요하지 않았다. 또한 동인도회사는 회사가 런던에서 차용한 돈에 대한 이자율보다 인도에서 대부해준 돈에 대한 이자율이 더 높았기 때문에 거기에서 생기는 모든 차익 그리고 추가로 해운수익을 얻었다.[34]

벵골 관구의 약탈이 과도기적인 연결 고리를 제공할 수는 있겠지만, 1757년 이후 캘커타를 통해서 세계경제에 연결된 갠지스 강을 따라서 무역이 "극적으로 팽창한 것"[35]과 1800년 이후에 인도 남부에서도 이에 상응해서 무역

---

31) 영구정액제는 "시장에서 사고 파는 상품"인 토지에 대한 장벽을 제거하는 결과를 낳았다. Cohn(1961, 621).
32) Datta(1959, 317-318) 참조.
33) Bagchi(1976c, 248), Ganguli(1965), Arasaratnam(1979, 27) 참조. N.K. Sinha(1956, 14)는 다음과 같이 말한다 : "1757년 벵골의 은 보유고가 보충되지 않았을 뿐만 아니라 그것의 많은 양이 다양한 방식으로 빠져나갔다."
34) Sinha(1970, 28-29), Chaudhuri(1966, 345-346) 참조.
35) Kessinger(1983, 252). "18세기 말엽 사탕수수, 아편, 인디고와 같은 특정한 환금작물에 대해서 수요가 증가했고 가격이 높았다." Cohn(1961, 621).

새로운 거대 지역권들의 세계경제로의 병합 : 1750-1850년   213

이 팽창한 것을 놓고서야 비로소 우리는 병합에 대해서 이야기할 수 있다.[36]

19세기 전반기까지는 네 가지 원료 생산물, 즉 인디고, 견사, 아편, 면화 등이 수출품의 주종을 이루었는데, 전체의 60퍼센트 정도였다.[37] 앞의 두 상품은 유럽으로 간 반면에 면화와 아편은 주로 중국으로 갔다. 우리는 다음에서 그 이유가 무엇인지 그리고 이러한 인도-중국-영국 (이른바) 삼각 무역의 중요성에 대해서 논의를 계속할 것이다.

1778년 또는 1779년에 세워진 유럽 최초의 인디고 재외상관에 대한 직접적인 자극은 미국 혁명이었던 것으로 보인다. 미국 혁명은 영국이 이전에 북아메리카로부터 공급받던 것을 중단시켜버렸다.[38] 세계경제 내에서의 이러한 공급 부족은 나중에 산토 도밍고에서 일어난 혁명 때문에 그곳의 공급이 중단됨으로써[39] 그리고 세기 전환기에 남아메리카가 인디고 재배를 사실상 포기함으로써[40] 더욱더 심화되었다. 그리하여 무굴 제국에서 이미 상업적으로 중요했던 인디고 생산이 영국 통치하에서는 그 절대적인 양에서 서너 배가 더 증가했다.[41]

면화 역시 인도의 오랜 생산물이었으며 주로 구자라트산(產)이었다. 하지만 1770년 이전에는 구자라트산 면화가 신드, 마드라스, 벵골 이외의 다른 지역으로는 전혀 수출되지 않았다.[42] 그리고 면화 생산은 한 세기 동안 계속 줄어들고 있었다.[43] 1775년 현재, 인도에서 중국으로의 면화 수출 무역이 영국인들에 의해서 개시되었다.[44] 1793년 이후, 유럽에서 일어난 전쟁으로 유럽에도

---

36) Bhattacharya(1983, 359).
37) Chaudhuri(1983a, 844). 그는 더 상세한 것을 보여준다. 또한 Sovani(1954, 868-870) 참조.
38) Marshall(1976, 153) 참조.
39) Dutt(1956, 280) 참조.
40) Sinha(1970, 1).
41) Habib(1963, 44) 참조.
42) Guha(1972, 2) 참조.
43) Habib(1963, 39-40) 참조.
44) Nightingale(1970, 128) 참조. 원래 이것은 단지 인도의 서부와 중북부로부터 비롯되었다. 인도 남부는 1803년경에 중국으로 면화를 수출하기 시작했다. Ludden(1985, 137-138) 참조.

시장이 들어섰다. 비록 미국의 수출과 비교하면 "하찮은 사건"이기는 했지만 말이다.[45] 전 세계적 수요 증가는 1800년에 수라트를 합병하게 한 요인이었던 것 같다.[46] 견사 생산의 확대도 나폴레옹의 대륙봉쇄 체제와 관련이 있었다. 그 봉쇄체제로 인해서 영국 시장은 이탈리아로부터 공급을 받지 못하게 되었다.[47] 아편 생산의 확대만은 세계경제 내의 모든 곳에서 일어나는 생산의 변동과 직접적인 관련이 없었고 오히려 대 중국 무역에서의 동인도회사의 수요와 함수관계에 있었다.[48] 결국 이 네 가지 상품 중에 그 어느 것도 세계경제의 노동분업에 인도가 중심적으로 공헌할 정도로 지속되지는 못했다(비록 면화가 아주 오랫동안 인도의 수출에서 중요한 품목으로 남아 있긴 했지만 말이다). 하지만 그것들은 모두 인도가 1750-1850년 사이에 세계경제에 병합되는 방식을 제공했다.

오스만 제국에 관한 이야기도 이와 비슷하다. 1750년경 무역량이 갑자기 증가했다. 예를 들면 18세기 내내 오스만 지역을 지배했던 프랑스의 무역은 세기 후반에 이르자 네 배로 증가했다.[49] 이와 동일한 시기에 걸쳐 수출품은 "완제품이나 부분 가공품에서 원료로" 꾸준히 변화해갔다 —— 캐멀롯 대신에 모헤어 사, 견직물 대신에 견사, 면사 대신에 면화.[50]

발칸 반도에서 가장 주목할 만한 것은 기본 산물 생산의 팽창이었는데,[51] 특

---

45) Harlow(1964, II, 292). Siddiqi(1973, 154)는 1820년 이후의 생산 감소를 미국과의 경쟁에다 연결시킨다. 1850년대에 "인도에서 면화는 주로 국제적인 소비를 위해서 재배되는 하급작물이었다." Tripathi(1967, 256). 면화는 미국 내전기(1861-65) 동안 일시적인 가격 상승을 누렸다. 하지만 그때조차도 면화 재배에 대한 영국의 정책은 여전히 "별로 내키지 않는 듯한 모습"(p. 262)이었다.
46) Nightingale(1970, 160) 참조.
47) Sinha(1970, 2) 참조.
48) Guha(1976, 338-339) 참조. 인도의 환금작물과 당시 그 작물의 지역적인 소재에 대한 개관을 위해서는 Dutt(1956, 272-285) 참조.
49) Frangakis(1985, 152) 참조. 또한 Davis(1970, 204) 참조.
50) Frangakis(1985, 241-242) ; 비교 Karpat(1972, 246). 시리아/팔레스타인 남부의 수출지향적인 면화 생산의 팽창에 관해서는 Owen(1981, 7) 참조.
51) McGowan(1981a, 32) 참조. 그는 이것이 오스만 제국 내의 교역으로 시작되었음을 지적한다.

히 1780년 이후 곡물류가 그러해서 그 생산의 증가는 "굉장했다"고 한다.[52] 면화도 서부 아나톨리아뿐만 아니라 발칸 반도의 생산에서[53] 매우 중요했다. 18세기 말에 그것은 프랑스 면직물 공업에 필요한 원료의 중요한 원천이었으며, 1782년에 마르세유 상업회의소가 "프랑스 공업을……육성하는 것이 레반트의 숙명이다"[54]라고 말할 수 있을 정도였다. 이 시기에 "앙카라에서의 생산과 이즈미르에서의 해외수출 간의 연계가 확고하게 확립되었다."[55]

19세기에는 오스트리아인들뿐만 아니라 영국인들도 프랑스인들을 대신해서 이들의 직접적인 주요 교역 대상자가 되었다. (인도의 경우처럼) 아나톨리아산 면화는 미국뿐만 아니라[56] 이집트와의 경쟁에도 직면하여 그 역할이 점차 줄어들었다.[57] 그럼에도 불구하고 미국 남북전쟁기 동안 이 지역의 면화 수출량은 일시적으로 다시 증가했다.[58] 더구나 영국으로 수출되는 아나톨리아산 면화량의 상대적인 쇠퇴는 같은 시기 영국과 오스트리아에 대한 오스만 발칸산 밀 수출이 꾸준히 증가함으로써 충분히 상쇄되었다. 발칸 지역은 수출지역으로서 러시아 남부와 경쟁하고 있었다.[59]

52) Stoianovich(1976, 189). 키스 히친스는 그것이 1830년대 이전의 왈라키아와 몰다비아에 들어맞는다는 것에 대해서 회의적이다. (사적 의견교환)
53) Stoianovich(1983, 349). Paskaleva(1968, 275)도 발칸 지역의 면화 수출의 "대규모 확장"을 지적한다.
54) 그들은 계속해서 다음과 같이 말한다 : "우리는 그것으로부터 단지 원료만을 가져온다. 우리는 왕국의 제조품들로 그것을 이용한다." Masson(1911, 431-432)에 재인용. 마송은 망투가 영국의 경우에 동인도의 덕으로 돌리는 것과 똑같은 역할을, 이 시기 프랑스의 경우에는 레반트가 수행했다고 말한다(p. 434 참조).
55) Frangakis(1985, 248).
56) Issawi(1966, 67) 참조.
57) Richards(1977, 17) 참조. 이 당시에 이집트인들은 많은 이점을 가지고 있는 긴 섬유 면화로 앞서나갔다.
58) 1862년에 Farley(1862, 55)는 다음과 같이 서술했다. "현 시점에서 이런 중요한 품목[면화]의 미래의 공급에 관해서 많은 이들이 걱정하고 있다. 그러므로 내가 관계자들에게 오스만 제국에서 그 작물을 재배하고 개량하기 위해서 필요한 편의설비들에 주의를 환기시키는 것은 잘못된 일이 아닐 것이다."
59) Puryear(1935, 1 ; 또한 132-139, 180-226) 참조. 퓨리어는 이 시기 말엽 영국인들이 점차 정치적인 이유로 러시아 밀을 외면하게 되었고 결국 발칸 밀로 향하게 되었음을 지적한다(pp. 215-217, 227 참조).

러시아의 경우도 1750-1850년 시기에 대 서유럽 무역이 "상당히 증가했다."[60] 이 시기는 수출품의 구성도 역시 마찬가지로 아주 극적으로 변화하여 1차 산물이 95퍼센트에 달했다.[61] 같은 시점에 러시아 제1의 수출품은 대마와 아마로서 그것들은 "영국 제조업의 중요한 원료"였으며[62] 초기에는 프랑스 산업에도 그러했다.[63] 그것을 그렇게 유용하게 만들었던 것은 러시아산 대마의 품질이었다. 즉 그것을 재배하는 사람들은 "주의 깊게" 그리고 "느리고 꼼꼼하게" 그것을 가공하고 다루었다. 그리고 이는 크로스비가 러시아의 "값싼 노동과 관행"에 부여한 특징들이다.[64]

18세기 후반 (러시아에서 가공된) 러시아산 철은 여전히 중요한 수출품이었다. 왜냐하면 러시아는 (스웨덴과 함께) 목탄 기술에 바탕을 둔 양질의 철 생산에 필수적인 두 가지 요소 —— 넓은 숲과 풍부한 광산[65] —— 그리고 여기에 덧붙여 우리가 앞으로 보게 될 예속노동을 확보하고 있었기 때문이다. 19세기 초 영국의 신기술이 러시아의 철 수출 산업의 붕괴를 야기하자 새로운 주요 수출품, 즉 밀이 철을 대체했다.[66] 1850년경 러시아의 밀 수출은 평

---

60) Gille(1949, 154). 1750년 이후 영-러 무역의 급속한 성장에 관해서는 Newman(1983, 96) 참조.
61) Gille(1949, 156)은 1778-80년에서 1851-53년까지 "1차 산물"에다 "식량"을 더한 수출품의 비율이 71퍼센트에서 95퍼센트가 되었던 반면에 제조품의 수출은 20퍼센트에서 2.5퍼센트로 감소했다고 지적한다.
62) Kahan(1979, 181). 그는 계속해서 다음과 같이 지적한다 : "팽창하는 영국 산업으로 러시아가 막대한 양의 원료를 수출함으로써 노동에 대한 수요와 성장을 유지하는 데에 도움이 되었다고 결론짓는 것은 정당하다."(p. 182) 이것은 러시아 회사의 대리인인 포스터가 활약했던 시대에 나타나는 다소 자기본위적인 견해이기도 했다. 그는 1774년에 의회에 나가서 러시아의 수입품이 없다면 "우리의 해군, 상업, 농업은 끝이다"라고 증언했다. Dukes(1971, 374)에 재인용. 그러나 나폴레옹의 대륙체제가 러시아의 대 영국 수출에 간섭했을 때 영국인들은 이러한 모든 수입품은 일반적으로 대마를 제외하고는 대체할 수 있거나 부차적이라는 것을 알았다. Anderson(1967, 73-74) 참조.
63) Besset(1982, 207-208).
64) Crosby(1965, 20-21).
65) Crosby(1965, 16).
66) 밀 수출에 대한 러시아 정부의 규제는 18세기 말까지 지속되었다. 예카테리나 2세가 흑해의 항구를 획득하자 "주요 수출들이 막을 올리기 시작했다." Blum(1961, 287). 나중에, 즉 1846년 영국에서 곡물법이 폐지되고 난 후 또 한번의 중요한 도약이 이루어졌다.

균 수확량의 20퍼센트에 달했다. 러시아는 주로 값비싼 종류의 밀을 수출했는데, "그 밀은 국내소비용으로 전환되지 않았다."[67] 분명히 러시아는 적어도 1820년대까지는 세계 밀 가격의 꾸준한 상승에 잘 대응하고 있었다.[68] 그후 주요 판매자들이었던 러시아 귀족은 밀 생산에 너무 깊이 연루되어 다른 선택의 여지가 없었다.[69]

이 시기에 영국(그리고 18세기 말에는 프랑스)뿐만 아니라 반주변부의 두 지역도 세계경제로의 러시아의 병합과정에서 힘을 키울 수 있었던, 러시아의 주요 무역 파트너였다는 것은 주목할 만한 가치가 있다. 두 지역이라고 함은 바로 스코틀랜드와 미국이다. 스코틀랜드의 경우, 18세기 말에 "진정으로 극적인" 경제발전으로 "특히" 두드러졌는데 이는 대 러시아 무역의 증가에서 잘 나타났다. 러시아는 1790년대의 스코틀랜드에게 "대륙의 중심 수출국"이 되었던 것이다.[70] 미국의 경우, 경제가 "상당한 정도로……번성했는데 그 이유는 미국이 러시아 농민의 그 끝없는 노동과 거친 기술에 접근했기 때문이다."[71]

서아프리카의 경우를 보면, 다른 곳과 마찬가지로 여기도 자본주의 세계경제로의 병합이 그 병합되는 지역에 의해서 추구된 것이 아니었다. 월터 로드니의 말대로, "역사적으로 주도권은 유럽이 쥐고 있었다."[72] 노예무역에서 소위 합법적 무역으로의 변화는 이러한 병합의 결과라고 말하는 사람들을 종종 보게 된다. 그러나 그 얘기는 옳지 않다. 최초의 자극은 노예무역 자체의 팽

---

67) Regemorter(1971, 98).
68) Confino(1963, 22, 주 1).
69) 러시아 귀족이 자신들의 생활방식을 유지하기 위해서 외국무역에 의존했던 것에 관해서는 Crosby(1965, 36) 참조.
70) Macmillan(1979, 168-169). 예전의 한 논문에서 맥밀런은 스코틀랜드가 이러한 무역을 자극하기 위해서 "러시아의 상인과 생산자들에 대한 장기 신용"을 이용했다고 주장한다. 그리고 스코틀랜드의 성장에서 이러한 무역이 가지는 중요성은 "부인할 수 없다"고 결론짓는다(1970, 431, 441).
71) Crosby(1965, 24). 1783년에서 1807년 사이에 러시아와 미국 사이의 무역은 "상당히 중요한" 사업이 되었다. 미국인들은 특히 철과 대마를 구매했으며 "그들의 구매는 상트 페테르부르크에서 가격에 일정한 영향을 미쳤다." Rasch(1965, 64).
72) Rodney(1970, 199).

창이었다. 이 팽창으로 노예 약탈은 수집된 "잉여"라는 사치스런 수출품을 제공했던 것에서 벗어나서, 자본주의 세계경제 내에서 당시 진행중이던 노동 분업 속의 생산적 사업으로 변화해갔다.[73] 18세기에 이러한 변화가 발생한 것은 노예 가격의 꾸준한 상승 때문이라고 말할 수 있다.[74] 그리고 노예 가격의 상승은 노예에 대한 수요의 증가, 유럽 노예무역업자들간의 경쟁의 증가 그리고 수요와 같은 속도로 공급을 늘리기가 계속 어려워졌다는 사실[75] 등이 얽혀 있었음을 반영하는데, 이러한 것들은 모두 세계경제의 전반적 팽창기에 나타나는 전형적인 현상이었다. 노예무역의 절정기는 1793년[76] 이전 10년 동안이었던 것 같다. 1793년 영-불 전쟁은 다른 모든 해양무역과 마찬가지로 이 노예무역의 쇠퇴를 야기했고 그후 노예무역 폐지와 아이티 혁명의 영향으로 그 수치는, 적어도 1840년대 초까지 여전히 상당한 것이기는 했지만, 다시는 그

---

73) 예를 들면 Gemery & Hogendorn(1978, 252-253)은 그들이 상품화라고 부르는 것에서의 기술적인 변화를 지적한다 : 장거리 연락망의 재설정과 정규화, 이동 캠프와 수용소의 설치, 새로운 선박들, 노예들을 짐꾼으로서 공짜로 이용하는 것 등이 그러하다.

74) Curtin(1975a, 165)은 "18세기 노예 실질가격의 급상승"에 대해서 말한다. 19세기 초 노예무역의 폐지는 안정적인 거래의 비용을 증가시킴으로써 가격을 훨씬 더 높게 만들었다. 게조가 1818년에 권좌에 오른 이후의 다호메에 관해서는 Argyle(1966, 42) 참조 : "많은 수의 노예선들이 여전히 우이다에 도착하고 있었고 노예들에 대해서 매우 높은 값을 지불했다. 그 결과 이것으로부터 얻는 소득은 그리 줄어들지 않았다. 비록 수출되는 노예들의 수가 점점 더 줄었지만 말이다." 또한 Le Veen(1974, 54) 참조 : "[영국 해군의 역할은] 브라질과 쿠바로 새로 수입된 노예들의 가격을 두 배, 즉 그 개입이 없었다면 가능했을 가격의 두 배로 오르게 했다." 물론 결국 노예에 대한 수요가 중단되었기 때문에 "노예 가격이 상당히 떨어졌다." Manning(1981, 501). 하지만 이는 아마도 훨씬 나중의 일인 듯하다.

75) Martin(1972, 113). 물론 주로 "전쟁의 발발" 때문에 해마다 약간의 오르내림이 있었다. Lamb(1976, 98).

76) 로앙고 연안은 1763년에서 1793년 사이에 절정에 이르렀다. Martin(1972, 86) 참조. 유럽의 기준에서 봤을 때 낭트의 노예무역은 1783-92년에 1748-54년의 엄청난 번영을—— 훨씬 —— 능가하면서 "특히 중요했다." 세계 설탕 시장의 팽창 때문에 18세기 말 프랑스 정부는 노예선에 대해서 장려금을 주었고 이 배들이 프랑스령 서인도에 정박할 경우에는 추가금을 제공했다. Hopkins(1793, 91) 참조. Northrup(1978, 50)은 다음과 같이 말한다 : "노예무역은 18세기 중엽에야 비아프라 만 무역에서 지배적인 위치에 도달했다." Curtin(1969, 266)은 대서양 노예무역의 전반적인 절정기를 1790년대로 잡는다.

렇게 높아지지 않았다.[77]

 이 시기 노예무역에 관한 토론에서 예전부터 자주 등장했던 문제들로서 격렬하게 논의되었으면서도 잘 풀리지 않는 문제들 중의 하나는 소위 노예무역의 "수익성"에 대한 주장이다. 장기간에 걸쳐 번성했던 무역이라면 특정 누군가에게는 분명히 이익이 되었을 것이라고 생각할 수 있다. 그렇지 않다면 무역에 참여하라는 법적인 강제가 없는 상태에서 민간 무역업자들이 계속 그렇게 했을 것이라고 생각하기는 어려운 법이다. 이러한 논쟁은 문화적 탈식민화의 한 실천으로 시작되었다. 영국의 노예무역 폐지론자들을 위대한 인도주의자들로 보는 권위 있는 전통 해석과 대결을 벌인 에릭 윌리엄스(1944)는 노예무역 금지의 밑바탕에 깔린 경제적 동기를 주장함으로써 과도하게 자기만족적인 그 해석의 정체를 폭로하려고 했다. 그 전통 해석은 쿠플랜드의 고전적인 저작(1964년판, 하지만 초판은 1933년)에서 가장 두드러지게 나타난 바 있다. 반면 윌리엄스의 주장은 다음과 같은 것이었다. 즉 대체로 미국 독립전쟁과 산업혁명의 결과로서 서인도 제도의 영국령 설탕 생산 식민지들은 "영국 자본주의에 점차 중요하지 않게" 되었다는 것이다.[78] 이로 말미암아 영국 자본가들은 세 가지 연속적인 개혁을 이루는 데에 성공하게 되었다──1807년에 노예무역, 1833년에 노예제 그리고 1846년에 설탕 관세에 반대하는 개혁. "이 세 사건은 분리할 수 없다."[79] 이러한 조치들이 취해진 이유는 영국이 서인도에 대한 "독점"과 경쟁상의 우위를 상실함에 따라서 주요 문제로

---

77) Eltis(1977), Manning(1979), Northrup(1976) 참조. 실제로 어쩌면 1790년대의 수치에 도달하지 못했을지는 모르지만, Flint(1974, 392)가 주장하는 바에 따르면 브라질, 쿠바, 미국의 수요 때문에 "노예무역은 영국과 프랑스의 노예무역 폐지에도 불구하고 사실상 1807년에서 대략 1830년까지 [서아프리카에서] 계속 증가했다."

78) Williams(1944, 132). 그러나 Drescher(1976a, 171)의 비판을 보라. 그의 주장의 기본 입장은 다음과 같다 : "노예무역 폐지론은 노예제에 불리한 추세에 뒤이어서 나타난 것이 아니라 그것에 호의적인 추세에도 불구하고 나타난 것이었다." 반면 Asiegbu(1969, 38)는 다음과 같이 주장한다 : "식민지들이 노예무역 폐지 법령에 서명하는 데서 본국과 입장을 같이하던 1807년의 서인도의 활동들을 주로 설명해주는 것은, 국제적인 노예무역 폐지가 농장주들에게 제공했던 것으로 [영국의] 경쟁자들에 비해서 막대한 노동상의 이점을 얻을 수 있으리라는 상당한 전망"이었다.

79) Williams(1944, 136).

떠오른 것이 설탕의 "과잉생산"이었고 그에 대한 해결책으로 나온 것이 바로 이 법령들이었기 때문이다.[80]

사실상 그 책에서 표면상 중심적인 것처럼 보이는 그 주장은 지금까지 별로 신통치 못한 형식적 공격만을 받아왔으며 어떠한 열정적 대응도 불러일으키지 못했다.[81] 왜냐하면 그 책에 담겨 있는 좀더 근본적인 주장은 노예노동에 의한 사탕수수 플랜테이션과 노예무역이 소위 영국 산업혁명에 필요한 자본 축적의 주요 원천이었다는 것이기 때문이다. 물론 이것은 종속 테제의 초기 형태이며 견실한 기반이 있는 것이라기보다는 무모하게 말해진 것이었다. 앤스티는 이와는 정반대로 생각함으로써 결국 영국의 자본 형성에 노예무역이 공헌한 바는 "극히 미미했다"는 결론에 도달했다.[82] 토머스와 빈은 이론상 완전히 경쟁적인 노예무역 시장이 있을 경우 노예무역업자들은 "인간을 낚는 어부들"이었다고 주장함으로써 그를 능가한다. 고기를 낚을 때와 마찬가지로 노예무역도 이익은 확실히 아주 낮았으며 노예의 가격도 아주 낮았고 결국 플랜테이션 상품의 가격도 아주 낮았다. 명백히 경제적으로 불합리해 보이는 이러한 사업의 유일한 수혜자는 "담배, 설탕, 인디고, 쌀, 면화 등의 소비자들"이었다.[83]

---

80) Williams(1944, 154-168) 참조. Hancock(1942, 160)도 그것들을 서로 연관된 것으로 본다. 하지만 틀린 것이 있다 : "영국 이상주의의 왼손은 오른손이 하고 있는 것을 거의 알지 못했다. 노예제 폐지에 뒤이은 설탕 관세의 제거는 서인도의 설탕이 노예가 재배하는 쿠바 설탕의 파괴적인 공격을 받도록 하는 결과를 초래했다. 아프리카 노동에 대한 쿠바의 수요는 불법 노예무역의 이익을 [그러한 이익들을 다시!] 증가시켰다. 그로 인해서 서아프리카에 대한 새로운 높은 수준의 수출이 야기되었다. '합법적인 무역'이 쇠퇴했다는 것은 놀라운 일이 아니다."
81) Anstey(1968, 316)가 윌리엄스에게 퍼부은 그 가장 적극적인 비판은 예상보다는 매우 신중한 결론으로 귀결되었다 : "1833년에 대해서는 경제적인 주장이 설득력 있어 보일는지 모르지만 1807년에 대해서는 명백히 취약하며 여전히 입증되지 않았다."
82) Anstey(1974, 24). Robinson(1987, 134-135)은 앤스티가 이익에 대한 분석을 "문자 그대로 노예들을 직접 다루는" 사람들에 한정하고 있다고 비판한다 : "……[그는] 상품에 대한 투기, 화폐의 유통, 신용 팽창, 노예선전 프로젝트, 수많은 형태의 자본(예를 들면 보험)으로부터도 이익을 얻을 수 있다는 것을 이해하지 [못하는 것 같다]."
83) Thomas & Bean(1974, 912). 토머스-빈의 논문은 비판과 반비판의 일련의 글들로 이어졌다 : Inikori(1981), Anderson & Richardson(1985), Inikori(1985).

새로운 거대 지역권들의 세계경제로의 병합 : 1750-1850년   221

이 독창적인 주장은 단지 문제점만 세 가지 있을 따름이다. 첫째, 노예무역은 우리가 앞으로 보게 되듯이 완전히 경쟁적이지 않았다. 둘째, 원료의 주된 "소비자들"은 유럽의 제조업자들이었다(그 때문에 윌리엄스의 주장은 약화되는 것이 아니라 강화된다). 마지막으로, 노예무역은 18세기 후반기에 직물 생산으로부터 몇몇 투자가들을 끌어들일 정도로 충분히 매력적이었다.[84]

그러나 제대로 된 답변은 정확한 비율이란 그리 중요하지 않다는 것이다. 우리가 지금까지 보여주려고 했듯이, 18세기 말은 자본주의 세계경제의 전 지구적 팽창기였다. 특정 지역에서 나오는 각 생산은 단지 전체 중 작은 비율일 뿐이었다. 전체 경제는 두드러지게 높은 수익을 보였으며 실제로 상당한 자본 축적에 이르게 되었다. 그 자본 축적은 우리가 이미 논의한 이유들 때문에 궁극적으로는 프랑스나 서유럽의 다른 지역들보다 영국에서 더 집중되었다. 또 그러한 이익들이 상황의 중심 부분이라든지 또는 말하자면 그 이익들이 구성요소가 되어서 전 지구적 자본 축적에 서아프리카가 공헌할 수 있었다고 결론짓기 위해서 노예무역으로부터 얻는 이익이 매우 컸다[85]고 주장할 필요는 없다.[86]

---

84) Boulle(1975, 320-321) 참조 : "[노예와의 교환으로 서아프리카로 수출되었던] 앵디엔(indiennes : 인디오)을 제외하고 1763-1783년에 루앙에 있었던 직물공업의 쇠퇴는 파산의 결과라기보다는 쇠퇴하는 부문에서 보다 전도유망한 다른 부문으로 계산에 따라 자본을 이전한 결과였다. 이 경우 노예무역은 루앙과 그 지역을 산업혁명 쪽으로 한걸음 더 나아가게 했다고 말할 수 있을 것이다." Viles(1972, 534)는 "노예무역은……[프랑스에서는] 서인도 무역의 좀더 수지 맞는 변형태로 간주되었다"고 지적한다.
85) 불은 다음과 같이 지적한다. 성공적인 매번의 여행에서 올릴 수 있는 높은 이익은 그 이익을 실현하는 데에 걸린 시간의 길이를 고려함으로써, 즉 "그것들을 처음에 예상되었던 만큼 비(非)해상투자로 얻어지는 것들과 현격하게 차이가 나지 않게 함으로써" 조정되어야 한다는 것이다. Boulle(1972, 83). 또한 Richardson(1975, 305)은 모든 적절한 조정 후에 수익률은 "극적이지는 않았지만……견실하고 명백히 합리적이었다"고 말한다. 어쨌든 Darity(1985, 703)가 말하듯이, "윌리엄스의 이론에서 본질적인 것은 노예무역으로부터의 수익성이나 이익이 아니라 아메리카 식민지는 노예제가 없었다면 발전할 수 없었을 것이라는 점이다."
86) 이러한 주장의 한계는 셰리든과 토머스 간의 대화에서 분명하게 나타난다. 셰리든은 다음과 같이 주장한다 : "따라서 서인도의 식민지들은 식민 모국의 목 주위를 맴도는 맷돌이라기보다 18세기 영국 경제의 중요한 부분이 되었다.……[그들은] 본국 경제의 성장에 상

영국인들의 노예무역 폐지에 경제적 동기들이 존재했다는 사실을 덴마크인과 프랑스인들에 대한 논의를 통해서 좀더 냉정하게 살펴볼 수 있다. 덴마크인들은 실제로 (그리고 유의히) 영국인들을 앞질렀다. 당시 덴마크의 재무장관은 1791년에 자신을 보좌할 한 위원회를 임명했다. 그 위원회 조사결과의 중심 내용은, 서인도 제도의 그들 노예 주민은 이행기 이후 그리고 일정한 사회개선책들을 도입한 이후라면 새로운 공급 없이 스스로를 지속시킬 수 있다는 것이었다.[87] 결국 이러한 조사결과로 그는 노예무역 폐지 법령을 제안했다. 프랑스의 경우 노예무역은 혁명기에 이미 폐지되었으며[88] 나중에 부활했다가 1815년 빈 협정에서 위법화되었다. 그럼에도 불구하고 사실상의 저항이 엄청났다.[89] 그

당히 기여했다." Darity(1965, 311).
　　Thomas(1968b, 31)는 이에 대해서 다음과 같이 응수한다 : "전체 경제의 성장에 대한 ……식민지의 공헌은 바로 자원들이 차선의 다른 대안에서 벌어들였을 것에 대하여 거기에서 실제 사용된 자원들이 벌어들인 차액(흑자이건 적자이건)이다.……[그것은] 단지 자원들을 매우 잘못 할당한 것일 [수 있다]."
　　Sheridan(1968, 60)의 답변은 다음과 같다 : "토머스는 사실상 일어날 수 없었던 그밖의 어떤 것이 일어났을 경우에 전개되었을 일을 생각하고 있다."
　　그러한 답변에 대해서 Thomas(1968b, 47)는 다음과 같이 주장한다 : "영국의 전체 수익이 서인도에 투자된 자본이 그것의 차선의 대안에서 벌어들였을 수익을 충분히 포괄할 수 있을 정도로 그 비용을 넘어섰다는 것을" 셰리든이 "보여줄 수" 없다면 "그는 자신이 애초에 제기했던 질문을 제대로 파악하는 데에 실패했다."
　　"영국의 총수익"을 평가단위로 이용하는 것이 왜 의미가 있는가? 기업가들은 그들 자신의 이해관계 속에서 활동했으며 추측컨대 합리적이었을 것이다. 영국 정부는 실제로 영국의 총수익을 최대한으로 활용하는 것 이외에 많은 목적들을 가질 수 있었다. 결국 이러한 모든 반사실적 역사에서 우리는 왜 "차선의 대안"이 실제로 취해지지 않았는지 질문하지 않을 수 없다.
87) Green-Pedersen(1979, 418) 참조.
88) 제헌의회가 노예무역 폐지를 표결에 부치기를 꺼려했다는 것에 관해서는 식민지위원회(Comité des Colonies)의 친농장주적 역할에 관한 Quinney(1972)와 Resnick(1972, 561) 참조. 레니크는 흑인들의 벗 협회(Sociétédes Amis des Noirs)의 경우에도 "노예제는 여전히……아주 부수적인 관심사였음"을 보여주고 있다. 또한 Dubois & Terrier(1902, 29) 참조. 1789년에는 흑인들의 벗 협회의 이 부수적 관심조차도 프랑스 제국의 유지를 "해롭게" 하려는 "외국세력(즉 영국)의 수단"이라고 비난받았다. Vignols(1928a, 6)에 의해서 인용.
89) "프랑스 식민체제의 와해는 프랑스의 노예무역을 종결시켰다기보다는 그것을 변형시켰

새로운 거대 지역권들의 세계경제로의 병합 : 1750-1850년   223

이유는 간단했다. 프랑스인들은 노예무역 폐지에 대한 강요를 다음과 같이 해석했다. 즉 그것은 "우리 식민지의 번영에 필수불가결한 예속 노동력을 식민지로부터 박탈함으로써 식민지를 황폐화시키고 싶어하는 영국의 마키아벨리적 발명품"[90]이라는 것이다. 따라서 당시의 그와 같은 분석은 에릭 윌리엄스를 125년 앞선 것이었다.

그럼에도 불구하고 노예무역 폐지가 궁극적으로는 그 효과를 나타낸 것이 사실이다. 수출품으로서의 노예의 수가 감소하자 원료 수출품이 그 자리를 대신하게 되었다. 이러한 변화가 일어난 시기는 주로 1800-50년이었다. 물론 이 두 가지 수출품이 그 자체로 대립적인 것은 아니었다. 로드니가 우리에게 상기시켜주듯이 "노예는 결코 서아프리카의 유일 수출품이 아니었다."[91] 이 시기에 변한 것은 처음으로 수출품이 이제는 더 이상 "약탈"품목(상아, 금, 고무, 염료목재 그리고 물론 노예와 같은)이 아니라 야자유와 땅콩처럼 "흔하고 상품당 가치가 낮은" 농산물이 되었다는 사실이다.[92] 이러한 수출품의 총가치가 아직 낮았다고 하더라도(세계경제에서 1817년 이후 시기는 수축기였다), 그 양은 매우 인상적이었다. 사실 수출량의 증가는 "놀라울 정도였고" "예닐곱 가지 요인"으로 인해서 계속 늘어나고 있었다.[93]

다. 형식적으로는 1814-15년에 그 무역은 위법이었다. 하지만 실제로 그것은 19세기 말까지 계속되었다." Stein(1979, 198). 또한 Daget(1975, 131-132) 참조.
90) Debbasch(1961, 315-316). "[승리자들은] 정복당한 사람들에게 노예무역 폐지를 강요했다." Daget(1971, 57). 1838년에 샤토브리앙은 1822년의 베로나 대회에 대해서 서술하면서 다음과 같이 논평했다 : "윌버포스(1780-1825, 영국의 정치가. 하원에서 줄곧 노예무역 폐지운동을 벌임/옮긴이)의 제안에 대해서 30년 동안 반대했던 이 모든 토리 당원들이 [갑자기] 니그로의 자유에 대한 열렬한 옹호자가 되었다.……이러한 모순의 비밀은 개별 이해당사자들과 영국의 상업적인 천재성에 있다." Escoffier(1907, 53-54)에 재인용.
91) Rodney(1970, 152).
92) Munro(1976, 48). 또한 Coquery-Vidrovitch & Moniot(1974, 297-298) 참조.
93) Newbury(1971, 92). 계속된 그의 논평을 보라 : "19세기 초 서아프리카 무역의 가장 주목할 만한 특징은 상당히 낮은 수준이었던 대량 수입과 수출이 증가했다는 사실이다. 1850년대 이전 대 아프리카 무역에 대한 영국과 프랑스의 무역통계에서 '공식적인' 평가들은 과소평가된 것이므로 무시되어야 한다 ; 제조품 수출의 양이 좀더 믿을 만한 지표를 제공한다."(1972, 82).

기본적으로 병합기 동안 서아프리카로부터 유럽 세계경제로 이루어졌던 수출의 양상은 세 시기를 거쳤다 : (1) (특히) 1750년경부터 1793년 사이로, 절대적인 측면에서 그리고 어쩌면 상대적인 측면에서도 노예 수출이 증가하고 이에 계속 집중한 시기, (2) 1790년대부터 1840년대까지로, 소위 합법적 무역의 꾸준한 증가와 함께 노예 수출이 중요하게 유지되는 시기, (3) 1840년대부터 1880년대의 본격적인 식민지 시대 초기까지로, 대서양 노예무역이 사실상 사라지면서 1차 산물(특히 야자유와 땅콩)의 수출이 꾸준히 팽창하는 시기.

실제로 노예 약탈과 환금작물의 생산은, 그 두 가지가 결합되면 노동력의 이용을 둘러싸고 해결할 수 없는 갈등이 야기되는 경향이 있기 때문에 장기적으로는 양립할 수 없는 것이 사실이다. 하지만 단기적으로 보면 반드시 그렇지만은 않다는 것을 기억하는 것이 중요하다. 이 두 가지 수출품은 동시에 번성할 수 있었고 대략 30-40년 동안 실제로 그러했다. 사실 노스럽의 주장대로, 야자유 생산의 증가속도를 설명하는 요인들 중 하나는 —— 물론 산업윤활유, 개인위생, 등불 조명을 위한 지방과 기름에 대한 유럽의 필수불가결한 (새로운) 수요를 전제로 하고서 —— 외국상품에 대한 아프리카의 수요를 자극했고 무역공동체의 연결망을 확장했으며 (종종 간과되는 것으로서) "시장, 도로, 통화와 같은 경제적 하부구조"를 확장했던 노예무역이 이전에 대규모로 증가했다는 점에 있다.[94] 더구나 노예들은 "합법적인" 상품생산에 직접 이용될 수 있었다. 즉 노예들은 우선 양쪽에서 모두 짐꾼으로 이용되었고[95] 다음으로는 플랜테이션 노동자로 이용되었다(이는 1830년대에서 1860년대 사이의 다호메에서 가장 두드러졌다).[96] 이 두 가지 용도 모두 생산비를 줄이

---

94) Northrup(1976, 361). 또한 Manning(1982, 12) 참조 : "노예무역은 전쟁과 노예 수출 때문에 상품교환 체제를 제약했다 ; 반면 그것은 수입 제조품들과 화폐를 통해서 상품교환 체제를 팽창하게 했다." 그러나 Latham(1978, 218)은 야자유 생산이 노동을 별로 필요치 않으며, 그렇기에 "여가선호에서 작은 변화"만을 필요로 한다는 것을 근거로 하여 노예 수출과 야자유 생산의 양립 가능성을 주장한다.
95) Adamu(1979, 180)와 Martin(1972, 118) 참조.
96) Manning(1982, 13) 참조. 19세기 초 황금해안의 덴마크 플랜테이션들에서의 노예노동 이용에 관해서는 Reynolds(1973, 311) 참조.

는 데에 기여했다.[97]

 그럼에도 불구하고 야자유는 결국 노예 약탈을 대신해서 중심적인 생산적 사업이 되기 시작했다. 그것은 1770년대 초에 이미 나이저 강 삼각주에서 확대되기 시작했다.[98] 1830년대에는 "가격 변동에도 불구하고"[99] 연안을 따라서 무역이 꾸준히 증가했다. 물론 1840년대 이후 유럽 시장에서 전반적으로 가격이 호전됨에 따라서 더욱더 거기에 경제적 유인 동기가 생겼다.[100]

 처음에 프랑스인들은 영국인, 독일인, 미국인들과는 달리 야자유 생산에 대해서 문화적으로 저항했다. 하지만 노란 비누를 하얗게 만드는 화학적인 방법이 발견됨으로써 이러한 저항은 1852년에 종말을 고했다.[101] 사실 땅콩 무역의 기원은 바로 노란 비누에 대한 프랑스 소비자의 이러한 거부에 있었다. 마르세유의 비누 제조업자들은 19세기 초에 이미 땅콩 기름과 올리브유(油)를 섞어서 파랗고 단단한 비누를 만드는 방법을 발견했다.[102] 땅콩 무역은 1830년대에 시작되었는데, 이는 노예무역의 소멸에도 불구하고 세네갈에 머물러 있기로 한 프랑스인들의 결정을 확고히 해주는 것이었다. "아프리카와의 연

---
97) Manning(1982, 54)은 다음과 같이 주장한다. "[플랜테이션에서] 확립된 비용절감은 아마도 어떠한 기술적 효율성의 증가보다도 노예들의 장시간 노동과 더 관련이 있었다." 그러나 그것은 중요하지 않다. 비용절감은 비용절감인 셈이다.
98) Northrup(1978, 182) 참조. 물론 이것은 몇몇 사람들이 두려워했던 바로 그것이었다. 1752년에 영국의 상업회의소는 다음과 같이 말하면서 아프리카 상인무역회사가 아프리카에서 설탕 재배를 시작하려는 것을 허락하지 않았다 : "이것을 어디에서 중단할 수 있는지 전혀 알 수 없다. 지금 전쟁으로 자신들을 부양하고 있는 그 아프리카인들은 농장주가 될 것이다." Rawley(1981, 424)에서 인용. 상업회의소는 서인도보다는 서아프리카에서 설탕 플랜테이션들을 통제하기가 더 어려울 것이라고 생각했다. 왜냐하면 서아프리카에서 영국인들은 "단지 원주민들의 호의로 보유하고 있는 땅의 차지인들일 뿐이었기" 때문이다.
99) Metcalfe(1962, 43). 그는 특히 케이프 연안과 그 주변지역에 대해서 언급했다.
100) Newbury(1961, 43). 영국은 이미 1817년에 예전의 그 높은 관세를 낮추었다.
101) Schnapper(1961, 118-128). 1820년대 말 환금작물 생산을 자극하려고 했으나 성공하지 못한 프랑스 식민지부의 초기 시도에 관해서는 Hardy(1921, 215-216, 231-249) 참조. 그 사이에 프랑스인들은 고무를 수집하는 데에 노예들을 이용하면서 고무 무역으로부터 계속해서 돈을 벌었다. Charles(1977, 29)와 Hardy(1921, 353-354) 참조.
102) Martin A. Klein(1968, 36-37).

관성을 더욱 밀접하게 했던 이러한 경제적 토대"는 "좀더 적극적인" 식민정책을 바라는 프랑스 내부의 다양한 압력들과 동시에 일어난 현상이었다.[103]

환금작물 생산과 시장지향적 식량 생산 간의 관련성은, 특히 우리가 지금까지 병합이라고 부르고 있는 그 과정의 측면에서는, 아주 무시되어왔다. 그럼에도 불구하고 인도와 서아프리카의 경우 그것에 관한 몇몇 증거가 있는 듯하다. 하비브는 농업생산의 측면에서 무굴 제국의 인도와 영국령 인도의 결정적인 차이는 후자의 경우 "원거리 시장을 위한 생산"보다는 "특정지역에 특수작물들이 지리적으로 상당히 집중되었다는 것"에 있었다고 말했다. 특수작물에 집중하면, 땅은 그 땅에 "가장 적합한" 목적에 이용될 수 있었다.[104] 지역의 자급자족은 세계경제의 자급자족에 자리를 내주게 되었다. 거프는 19세기 전반 마드라스에서 어떻게 환금작물 지역들(면화, 인디고, 고추, 담배를 재배하는)과 나란히 특정 지역들이 지역시장을 위해서 곡물을 특화하기 시작했고[105] 반면 또다른 지역들은 계약제 강제노동에 종사하는 노동자들을 처음에는 인도 남부에만, 그러나 결국에는 실론, 버마, 말레이 반도, 모리셔스 그리고 마지막으로 서인도 제도로 보내기 시작했는지를 분석한다.[106] 베일리는 소규모 환금작물 집단에서 종속적인 일련의 매개물을 수용한 결과 인디고와 면화와 같은 환금작물 재배지역에서 "허약한" 도시경제가 새롭게 팽창했다고 주장한다.[107]

서아프리카의 경우와 관련해서 로드니는 노예선이 "식량을 싣는 것"에 대해서 "어떤 진지한 논의도 없었음"을 상기시킨다.[108] 하지만 분명히 그것은

---

103) Klein(1972, 424). 클라인이 제시하는 땅콩 생산 시작기는 (영국령) 감비아의 경우 1833년, (프랑스령) 세네갈의 경우는 1841년이었다. Brooks(1975, 32)는 땅콩이 감비아에서 1829년이나 1830년에 처음으로 상업화되었다고 말한다.
104) Habib(1963, 56, 75).
105) Gough(1978, 32).
106) Gough(1978, 35).
107) Bayly(1975, 499).
108) Rodney(1968, 282). 또한 Johnson(1976, 26) 참조. Northrup(1978, 89)은 다음과 같이 말한다 : "19세기 초 [식량] 작물의 재배가 보니(Bonny : 나이지리아 남동부 지역/옮긴이)에서 완전히 중단되었다고들 한다." 이는 그러한 작물들이 노예무역에 완전히 연루되

엄청난 양의 식량을 필요로 했으며 많은 노예들이 아메리카로 수송중인 다른 노예들을 먹여 살릴 식량을 그 지방 차원에서 생산하기 위해서 배치되었다. 예를 들면 래텀이 지적하기를, 1805-46년에 칼라바르 동쪽에는 커다란 노예 정착지가 있었는데 그곳의 노예들은 야자유 생산에는 참여하지 않았다는 것이다. 그는 이러한 정착지가 아마도 "칼라바르를 위한 식량을 재배하기 위한 것"[109]이었으리라고 생각한다. 마지막으로 뉴베리는 "대규모 중심지들"과 지방 식량시장들의 성장이 밀접하게 연관되어 있음을 지적한다. 왜냐하면 이러한 무역망의 중심지들로 상당한 이주가 있었기 때문이다.[110]

병합에 의해서 강요되었던 수출-수입 양상 재편의 나머지 반쪽은 병합되고 있는 지역권들에서 제조업 부문이 쇠퇴했다는 사실이다. 이 문제는 오랫동안 인도 아대륙의 경험과 연관되어서 생각되어왔기에 그것이 결코 인도에만 고유한 것이 아니라는 것을 깨닫는 것은 다소 식견 있는 일이 될 것이다. 그럼에도 불구하고 인도의 예부터 시작해보자. 분명히 1800년 이전 인도 아대륙은 세계적인 기준에서 볼 때 직물 생산의 주요 중심지였다. 실제로 초두리는 인도가 "아마 세계에서 가장 큰 면직물 생산 국가"[111]였을 것이라고 주장한

어 있었기 때문이다. 분명히 당시에 그들은 어딘가로부터 식량을 구입해야만 했다. 그는 야자유 지역을 위해서 이루어진, 노예에 기초한 식량 생산을 지적한다(p. 220).
109) Latham(1973, 92). 또한 Dike(1956, 156) 참조. 식량특화 방식을 더욱 적극 이용한 것은 정치적이었다. 래텀은 다음과 같이 주장한다. 에피크족 야자유 무역업자들은 "새로운 [야자유] 무역의 수익을 노예들에게 투자했다. 그들은 노예들을 새로 발견된 농업지역에 정착시켜 내부정치를 통해서 주인들의 안전에 필수적이면서 스스로 생계를 해결하는 종복들로서 봉사하게 했다."(p. 146)
110) Newbury(1971, 96).
111) Chaudhuri(1974, 127). Morris(1968, 5-6)는 이것이 겉으로 보이는 것보다는 덜 그랬다고 주장한다.: "인도가 거대한 전(前)산업적 제조업 국가라는 견해가 널리 퍼져 있다. 18세기 인도가 달성한 기술은 중세 말 유럽의 생산수준이라는 것이 훨씬 더 그럴듯하다. ······인도가 정교한 직물들과 상당한 장인기술을 보여주는 약간의 견본들을 생산했다고 해서 손재주를 생산성으로 오해하거나 정교한 도구와 제조기술이 존재함을 의미하는 것으로 생각해서는 안 된다. 사실상 그 반대가 참이었다."
  Raychaudhuri(1968, 85)는 모리스에게 다음과 같이 응수한다 : "그러한 견해는 인도가 동남 아시아, 이란, 아랍 국가들, 동아프리카에 대한 직물 —— 고급의류뿐만 아니라 대중을 위한 일상복까지 —— 의 주요 공급국이었다는 사실을 제대로 파악하지 못한 것

다. 쇠퇴는 급격했다. 비록 나폴레옹 전쟁 초기에 실제로 잠시 수출 붐이 있기는 했지만, 영국과의 경쟁과 베를린 법령들은 런던으로의 수라트산 피륙 수출의 종결을 의미했다.[112] 벵골산 면 피륙의 경우, 1820년경 동인도회사의 수출품 목록에서 "사실상 사라졌다." 그리고 그후 그것들은 곧 민간 무역업자들의 목록에서도 사라졌다.[113] 중국으로의 직물 수출 무역은 잠시 남아 있었다(또는 시작되었다). 하지만 이것 역시 그후 사라져버렸다. 따라서 통계는 쇠퇴의 지속을 보여줄 따름이다. 면 피륙의 수출가치는 기본적으로 많이 감소한 상태였는데 1828-40년에 50퍼센트나 더 감소했다.[114] 더군다나 19세기에 비하르(Bihar : 인도 북동부 지역/옮긴이), 즉 전혀 유럽으로 수출하지 않던 지역의 급격한 생산 쇠퇴를 보면 "국내" 시장에 미친 영향도 알 수 있다.[115]

이에 대한 한 가지 설명은 간단히 말해서 영국의 새로운 기술적 우위 그리고 그 결과인 경쟁상의 우위이다. 스멜서는 자동식 기계(또는 자동 뮬 방적기)가 영국이 인도 시장을 "최종적으로 정복하는"데에 기여했음을 인정한다.[116] 그렇다면 왜 영국인들은 그들의 시장지배를 확실히 하기 위해서 정치적인 수단들에 의존할 수밖에 없었는가라는 의문이 생긴다. 1830년에 찰스 마조리뱅스는 하원에 나가서 다음과 같이 증언했다 :

    이다.……[더구나] 하찮은 양의 사치품을 제외하면 인도는 19세기 이전에 어떠한 금속 가공 상품도 수입하지 않았다." 그럼에도 불구하고 레이초두리는 다음과 같이 인정한다 : "제조품 수출국으로서 인도가 누리고 있는 우월함과는 상당히 대조적으로 인도의 기술은 그 시기의 다른 선진문명들, 특히 유럽이나 중국과 비교할 때 상당히 낙후되어 있었다."(1982a, 291) 그는 다음과 같이 덧붙인다 : "환상에 가까운 손기술의 수준이 기술과 도구의 세련화에 대한 대체물 역할을 했다."(p. 294)
112) Nightingale(1970, 233).
113) Sinha(1970, 4). 수출가치는 1792-93년에 610만 루피에서 1819년에 140만 루피, 1823년에 30만 루피로 떨어졌다(p. 3).
114) Chaudhuri(1968, 34). 동시에 면사 수입은 80퍼센트 정도, 면 상품 수입은 55퍼센트 정도 증가했다.
115) Bagchi(1976a, 139-141).
116) Smelser(1959, 127, 주 5). 그러나 Mann(1958, 290) 참조 : "자동식 기계는 거의 완전한 기계로 환영받았다. 하지만 빠르게 보급되지는 않았다. 1839년경 이익은 7,000파운드를 넘지 않았다."

우리는 높은 관세를 통해서 인도 제품이 영국으로 들어오지 못하게 했으며 우리 제품을 인도로 들여가는 것은 적극적으로 장려했습니다. 우리의 이기적인(저는 비위에 거슬리게 이 단어를 사용하고 있습니다) 정책으로 우리는 다카(Dacca : 현재 방글라데시의 수도/옮긴이)와 그외 여타 지역의 토착 제조업들을 파괴했으며 우리 상품들이 그 나라에서 넘쳐나도록 했습니다.[117]

또한 그는 왜 중국과의 무역이 잘 이루어지지 않았는지를 다음과 같이 설명했다. "우리는 인도 제국에 대해서 가지고 있는 정도의 권력을 중국에 대해서는 가지고 있지 않습니다." 한편 1848년에 이르러 의회 소위원회는 인도가 의류 수입을 반드시 필요로 하는 것이 아님을 주장하면서 영국으로 들어오는 설탕에 대한 관세의 제거를 다음과 같은 식으로 정당화했다. "만약 당신들이 인도가 자신의 설탕을 팔 수 있는 시장을 빼앗아버린다면 당신들은 똑같은 정도로 혹은 더 큰 정도로 우리 영국이 우리의 제조품을 팔 수 있는 시장을 파괴하게 될 것입니다."[118] 어쨌든 인도에서 나타난 영국인들의 의도적 탈공업화라는 테제를 부인하기란 상당히 어렵다. 당시 영국의 동인도-중국 협회 회장은 그것을 자랑했다. 1840년에 조지 램퍼트는 다음과 같이 증언했다 :

이 회사는 우리의 뛰어난 제조업적 재능과 기술을 발판으로 하여 다양한 방식으로 인도를 제조업 국가에서 원료 수출국으로 전환시키는 데에 성공했습니다.[119]

오스만 제국은 이 시기에 인도처럼 영국의 식민지가 되지는 않았다. 그럼에도 불구하고 그에 대한 이야기는 인도와 상당히 비슷하며 그 시기는 오히

---

117) Sinha(1970, 11)에 재인용. 신하 자신의 견해는 다음과 같다. 즉 미국뿐만 아니라 "유럽 대륙"에 수출되는 면 피륙의 관세와 내륙관세는 값싼 영국산 피륙과의 경쟁이 홀로 했을 것보다 더 빠른 속도로 그리고 더 효과적으로 인도의 면직물 산업을 파괴하도록 했던 것 같다(p. 7).
실크 제조업에 관해서도 주목해보자. 1830년대 프랑스에 대한 인도의 수출을 금지하는 조치가 잠시 중단되었을 때 프랑스에 대한 영국의 수출은 거의 사라졌던 반면 인도의 수출은 극적으로 증가했다. 같은 책 p. 12에 있는 표 참조.
118) 영국의회문서(BPP), 위원회 보고서(1848b, 10).
119) BPP, 위원회 보고서(1840b, 24).

려 좀 이르다. 18세기 전반에 오스만 제국은 여전히 실크 직물과 면사를 유럽에 수출하고 있었다. 1761년에 프랑스인들은 오스만 제국으로부터 수입되는 면사에 높은 보호관세를 부과했다. 영국의 방적기계와 함께 이 관세는 오스만 제국의 서유럽 시장을 막아버렸다.[120] 젱츠는 산업부문의 절정기를 1780년대로 잡았고 이 시기 이후에는 서유럽과 오스만 제국의 직물 생산이 지금까지 걸어온 유사한 길과는 달리 서로 갈라지면서 수출적 측면뿐만 아니라 심지어 "과거에 이룩했던 생산수준"의 측면에서조차도 오스만 제국의 산업은 쇠퇴하기 시작했다고 말한다.[121] 1793-94년에 셀림 3세의 조치들로부터 시작해서 오스만 제국 정보가 시도했던 일련의 정치경제적 대응책들에도 불구하고,[122] 1856년경 한 영국인 저자는 터키에서 제조업은 이미 "크게 쇠퇴했으며" 이제 터키는 원료를 수출했는데 그 원료는 나중에 제조품의 형태로 다시 그곳으로 돌아왔다는 사실을 언급했다.[123] 1862년경 또다른 한 영국인은 훨씬 더 단호한 어조로 "터키는 이제 더 이상 제조업 국가가 아니다"[124]라고 논평했다.

시선을 아나톨리아에서 이집트와 시리아 변방으로 옮긴다고 해도 이야기는 마찬가지이다. 무함마드 알리가 이집트에서 "강제적 공업화"를 시도해보았지만[125] 실패했다. 영국-터키 상업협정의 조항들이 1841년에 그를 압박했고 이로 인해서 "나일 강에 있는 그의 공장들은 녹슬고 황폐해졌다"는 사실이 그 실패의 이유를 적잖게 드러낸다.[126] 시리아의 경우, 제조업의 "파국적 쇠퇴"

---

120) Issawi(1966, 41).
121) Genç(1976, 260-261). Issawi(1966, 49)는 전환점을 1815-20년으로 잡는다. Köymen (1971, 52)은 위기가 1825년에 시작되었다고 말한다.
122) 이는 Clark(1974)에서 상세히 설명되어 있다. 그는 1850년대의 최종 붕괴에 대해서는 잘 설명하지 못했다. 내친 김에 그는 1838년에 발타 리만(Balta Limann : 루마니아 남동부의 호수명 /옮긴이)의 영국-터키 상업협정으로 오스만 정부가 모든 수출입 통제의 제거를 요구받았음을 언급한다.
123) M. A. Ubicini, *Letters on Turkey*(London : 1856, II) ; Issawi(1966, 43)에서 재인쇄. 우비시니는 면상품뿐 아니라 실크, 금실, 무두질한 가죽, 도기, 마구, 온갖 종류의 직물과 함께 강철과 무기에 대해서도 언급한다.
124) Farley(1862, 60).
125) Issawi(1961, 6).
126) Clark(1974, 72).

는 1820년대에 시작되었으며[127] 1840년대 알레포와 다마스커스 양쪽에서 그 쇠퇴과정은 끝을 맺었다.[128]

러시아는 그러한 물결을 막을 준비가 더 잘 갖추어져 있었는가? 약간은 그렇지만 대단한 정도는 아니었다. 18세기 전반은 러시아 공업의 절정기였다. 우랄 금속공업의 급속한 팽창기는 1716년부터였다.[129] 엘리자베타 여제 치하, 특히 1745-62년에는 "제2차 공업화의 폭발"이 있었으며 이는 예카테리나 2세 치하에서 "황금시대"에 이르렀다.[130] 그 시기는 대 영국 수출이 "급격히" 증가했던 때였다.[131] 러시아의 역사가 타를레가 그의 1910년 교과서에서 18세기에 "유럽 전반의 상황에 놓고 보았을 때 러시아의 후진성은 별로 뚜렷하지 않아 보인다"[132]고 주장한 것은 전혀 놀랄 일이 아니다.

그러나 1805년 이후 러시아는 주철 생산에서 영국에 뒤지기 시작했다. 그리고 코크스 제련이 지배적인 기술이 되면서 러시아의 생산은 불리한 상황에 놓이게 되었다.[133] 게다가 니콜라이 1세 치하(1825-55)에서는 지도급 관리들이 사회소요를 두려워하여 공업성장에 "냉담하고" 또는 심지어 "적대적일" 정도에 이르렀다. 하지만 핵심 공업수출품인 선철의 극적인 쇠퇴에도 불구하고 러시아인들은 국내 직물시장을 유지할 수 있었다. 그것은 1830년대 이후에 높은 보호관세와 몇몇 기술의 도입이 결합됨으로써 가능했던 것이다. 그들은 또 사탕무 정당산업을 창출할 수 있었다.[134] 이와 같이 전체적인 탈공업화에 대해서 제한적으로나마 저항할 수 있었던 것은 부분적으로 20세기 초 세계경제 내에서 인도나 터키와는 다른 역할을 수행할 수 있는 그들의 능력을

---

127) Issawi(1966, 238)에서 Smilianskaya. 또한 Chevallier(1968, 209) 참조.
128) Polk(1963, 215).
129) Koutaissoff(1951, 218) ; 또한 Goldman(1956, 20) 참조.
130) Coquin(1978, 43, 48).
131) Portal(1950, 307). 미국의 독립전쟁과 나폴레옹 혁명전쟁은 여기에 다소 도움이 되었다. 포탈은 다음과 같이 지적한다 : "1750년 이후 대규모 팽창국면에 놓여 있었던 러시아의 금속 생산은……주로 수출을 지향한 것이었다."(p. 373)
132) Dukes(1971, 375)에 재인용.
133) Baykov(1974, 9-13) 참조.
134) Falkus(1972, 36-39) 참조. 정당(精糖)의 첫번째 붐은 1820년대에 시작되었다.

잘 보여주는 것이다. 그리고 이 탈공업화에 대한 저항능력을 갖추는 데에 러시아 군대의 지속적인 상대적 강력함은 적지 않은 공헌을 했다.

마지막으로, 우리는 종종 서아프리카에 대해서 공업이 존재했던 것으로 생각하지 않는다. 그리고 실제로 18세기에 이미 직물들이 서아프리카로 수입되고 있었다.[135] 하지만 과장해서는 안 된다. 로드니의 지적대로, 1750년 이전에 기니 만 연안의 지역특산물인 면화는 영국 제품과의 "경쟁을 이겨냈다."[136] 그리고 노스럽은 18세기의 나이저 강 삼각주 유역에 대해서 언급하며, 철사와 같은 수입품은 아직 상당한 가공을 필요로 했으며 "그러므로 국내경제에 승수효과를 일으켰다"고 보았다.[137] 나폴레옹 전쟁 이후 그리고 1807년 이후 영국 배들이 노예무역에서 손을 뗀 후에야 "수입품의 성격과 질은 변했다."[138] 이것은 직물뿐 아니라 철 생산물에도 적용된다. 서아프리카의 제철업과 제련업은 19세기 초 유럽의 값싼 수입품 때문에 "파괴되었다."[139]

이미 설명했듯이 수출지향적인 1차 산물의 대량 생산은 그것이 시장에 민감할 경우에 효과적으로 이루어질 수 있다. 이것은 사실 효율적인 의사결정 조직들이 생산 결정과 상품화 결정에서의 변화가 그것들 자체의 운명에 실제로 영향을 미칠 수 있을 정도로 충분히 그 규모가 클 때에만 이루어질 수 있는 것이다. 별로 크지 않은 행위자의 이해관계는 반드시 시장의 상황에 "조응하는"데에 있지 않다. 또는 어쨌든 규모가 큰 행위자의 그것보다 훨씬 덜 그렇다.

---

135) 사실상 인도 직물은 일찍이 17세기에 유럽 무역업자들을 통해서 그곳으로 건너가고 있었다. Furber(1965, 12) 참조. Boulle(1975, 325)은 서아프리카 시장이 18세기 중엽 영국과 프랑스의 수출에서 "대단히 중요했다"고까지 주장한다. 예를 들면 1760년대에 모든 영국산 수출직물 중에서 43퍼센트가 아프리카로 갔고 단지 39퍼센트만이 아메리카로 갔다. Metcalf(1987, 385)는 다음과 같이 말한다 : 직물들은 무기보다 더 매력적인 수입품이었으며 이러한 직물들은 "엘리트들을 위한 아름다운 옷이기보다는 오히려 대중 소비를 위한 것이었다."
136) Rodney(1970, 385).
137) Northrup(1978, 149).
138) Northrup(1978, 175). 또한 Johnson(1978, 263) 참조. Curtin(1975a, 326)은 세네감비아에 대해서는 그 시기를 좀더 나중인 1830년대로 잡고 있다.
139) Flint(1974, 387).

대규모 의사결정 조직들을 창출할 수 있는 기본적인 장소 두 곳이 있다. 제1차 생산을 대규모 단위로 묶는 것 —— 우리가 "플랜테이션"식 해결이라고 부를 수 있는 것 —— 이 그 하나이다. 또 상품연쇄에서 최초의 생산지역들 다음 단계에서 대규모 결정조직들을 창출할 수 있다. 예를 들면 몇몇 대규모 "상인들"(프랑스인들이 순회상인들[traitants]이나 소매상[commerçants]에 반대되는 것으로서 도매상[négociants]이라고 불렀던 것)은 유통의 병목지점에 자기 자리를 잡을 수 있었다. 그러나 그것은 상품화의 준독점이나 과점을 창출하기에 충분하지 않았다. 이러한 (그를 이렇게 부르자) 대상인(혹은 상인-은행가)에게는 소생산자 대중이 그에게 의존하도록 하는 것이 또한 중요하다. 그렇게 할 수 있는 가장 간단하고 아마도 가장 효율적인 방법은 부채로 얽어매는 일일 것이다. 이런 식으로 해서, 대상인들은 세계시장에 "조응하고자" 할 때 수지가 맞는다고 생각되는 방식으로 생산 패턴을 재빨리 바꿀 수 있다.[140] 이러한 대규모 경제단위 —— 플랜테이션이든 대상인이든 —— 의 창출은 병합의 일차적 특징이다.

이 시기에 인도의 수출은 4대 작물 —— 인디고, 면화, 견사, 아편 —— 에 집중되었다. 네 가지 중에서 인디고가 가장 플랜테이션 지향적이었다. 18세기 말에 영국의 많은 민간 무역업자들은 신통치 않은 서반구[아메리카 대륙/옮긴이]의 공급에 대응하여 플랜테이션을 만들었다.[141] 이에 덧붙여 그들은 소생산자들에게 신용대부를 해주었다. 그 신용대부금은 "침체의 최초 징후가 나타나자" 재빨리 회수되었다. 그리고 이는 결국 토지 몰수로 귀결되면서 더욱더 토지를 집중시켰다.[142] 이 과정에서 중요한 역할을 했던 선대제[143]가 인

---

140) "선금계약"도 가격을 통제할 수 있는 직접생산자의 능력을 최소화하며 대상인에게 그의 공급시장을 안정화하도록 한다. Chaudhuri(1978, 143).
141) Furber(1951, 290-291).
142) Siddiqi(1973, 151).
143) Chaudhuri(1974, 259)는 이 "유럽적인 개념은 그것이 드러내는 것만큼이나 모호하다"고 말한다. 아마도 그럴 것이다. 그러면 다른 용어를 찾아보자. Arasaratnam(1980, 259)은 이러한 초두리의 견해에 찬성하며 그를 인용하지만 그럼에도 불구하고 직조 공동체에 대해서 그 제도가 가지고 있는 본질적인 점을 인정한다 : "최종 생산물을 처분할 수

디고 생산에 이용된 것은 단지 이 시기뿐이었다.[144] 어느 경우든 ── 직접생산이든 소생산자들에 대한 선금제이든 ── 인디고 농장주들은 그들의 목적을 실현하기 위해서 "사소한 탄압"이나 "채무예속"을 이용하면서 생산에 관한 기본적인 결정권을 장악하고 있었다.[145]

마찬가지로 면화 생산의 경우에 그것이 수출을 지향하면 할수록 "고리대나 상업자본이 점점 더 그 생산을 지배하게" 되었으며 "지대와 이자에 대한 실질적인 부담이 점점 더 무거워지게……되었다."[146] 아편의 경우를 보면, (동인도회사를 통해서) 그것에 대한 판매를 국가가 독점하고 있었다는 사실은 생산의 양과 질을 통제하고 가격수준을 정하고 그리고 사실상 중국 시장에 대한 국제경쟁을 조정하는 일 등의 목적을 이루는 데에 도움을 주었다.[147] 1848년, 프리도는 하원의 특별위원회에서 "수출하기 위해서 경작하는 설탕, 인디고 그리고 여타 모든 것은 인도에서 선금 없이 재배되지 않는다"[148]고 증언했다. 하지만 서인도 제도에서처럼 유럽의 "농장주들"이 없었음에도 불구하고, 클래펌이 주장하듯이, 이 수출품들의 대부분은 "그가 플랜테이션이라고 불렀던 어떤 것 또는 옛날식의 식민지적 성격"을 가지고 있었던 것이 사실이다.[149] 로터문트는 (상거래하는) 재외상관의 기능 변화를 지적하면서 인도가 세계경제 외곽지대에서 병합지역으로 변화했음을 간파한다 : 배를 타고 사고 팔던 것에서, 특별주문을 하고 이 주문에 선금을 제공하고 생산을 자극하기 위해서 선

────────

있는 이러한 자유가 있긴 했지만 시장에 대한 접근의 제한 그리고 고립되어 있는 여러 직조 촌락들에 존재하는 상품들의 구매에서 독점에 가까운 조건들로 인하여 이러한 자유는 오히려 공허한 것이 되어버렸다."

144) Raychaudhuri(1965, 756 ; 또한 1962, 180-181) 참조.
145) Fisher(1978, 115). p. 118에서 피셔는 각 제도의 단점에 비중을 둔다 : 직접경작은 비용이 더 많이 들었고 ; 선금제도는 농민들의 불만을 야기하는 경향이 더 컸다.
146) Guha(1972, 18, 28).
147) Richards(1981, 61) 참조. 국가독점은 대규모 민간 상인과 같은 제도를 여타 생산물을 위해서도 사용했다 : "[아편]종자를 뿌릴 땅을 준비하는 것에서부터 캘커타에서 최종적으로 경매를 하는 것에 이르기까지 전 과정이 정교한 선금지불제도에 토대를 두고 있었다." Owen(1934, 26).
148) BPP, 의원회 보고서(1848a, 21).
149) Clapham(1940, 232).

금을 이용하며 선대제와 작업장 운영을 통해서 생산을 조직하는 방향으로 나아갔던 것이다.[150]

오스만 제국에서 플랜테이션의 전형인 치프틀릭(çiftlik)의 등장이 한동안 토론의 주제가 되었다. 치프틀릭은 토지보유 형태를 지칭하는 법적인 용어이다. 그 단어의 기원은 한 치프트(çift : 한 쌍) 즉 소 한 쌍이 하루에 쟁기질할 수 있는 토지의 크기를 가리키는 것이다.[151] 그래서 몇 가지 혼동이 생겼다. 왜냐하면 수출지향적인 환금작물 생산과 직접적으로 관련이 있었던 것으로 보이는 것은 주로 한 치프트보다 훨씬 크며 따라서 플랜테이션이라는 일반적 의미에 더 가까워진 치프틀릭들이었기 때문이다.

스토야노비치는 치프틀릭(특히 보다 규모가 큰 하사-치프틀릭[hassa-çiftlik])의 확산을 "1720년대부터 발칸 지역에서 시작된 새로운 식민지 생산물, 즉 옥수수와 면화 경작의 보급"과 직접 연관시킨다.[152] 간데프도 마찬가지로 불가리아 북서부에서의 그것의 증가를 대규모 환금작물 토지단위들이 출현한 것으로 본다. 그리고 그것은 자본 투자와 자본 축적의 원인이었다.[153] 피터 슈거 역시 그것의 시장지향성, 새로운 작물의 경작 그리고 그 지역 촌락민들의 채무예속 상태를 강조한다.[154] 맥고언은 그러한 것들이 바다 가까이에 있었으며 오스만 제국 말기에 그것들의 발전은 "거의 항상 해외 상품무역과 관련이 있었음"을 지적한다.[155] 마지막으로 이날치크도 좀더 큰 규모의 치프

---

150) Rothermund(1981, 76) 참조.
151) Gandev(1960, 209) ; Stoianovich(1953, 401)와 Busch-Zantner(1938, 81) 참조.
152) Stoianovich(1953, 403). "오스트리아, 작센, 프로이센, 스위스의 새로운 직물공장들은 마케도니아와 테살리아의 양모와 면화를 필요로 했으며 프랑스, 독일, 이탈리아의 수요 증가로 마케도니아의 면화 생산이 1720-1800년 사이에 세 배가 되었다."(1960, 263) 또한 (1976, 184) 참조.
153) Gandev(1960, 210-211).
154) Sugar(1977, 211-221).
155) McGowan(1981a, 79). 그럼에도 불구하고 맥고언은 다음과 같이 주의를 환기시킨다 : "수출을 지향하는 오스만의 농업부문은 [17-18세기] 동안 아주 느리게 성장했음이 틀림없으며"(p. 170) "보통 발칸의 치프틀릭은 지대로 운영되었으며 그것의 성격과 규모를 보면 그것에 대해서 종종 상상되어왔던 구츠헤어샤프트(Gutsherrschaft : 대농장제/옮긴이)의 성격보다는 그것이 발전해나온 장원에 훨씬 더 가까웠다."(p. 79) 그럼에도 불구하

틀릭들을 시장지향성이나 "플랜테이션 같은 구조들"과 연관시킨다. 그는 그러한 것들이 특히 토지개간과 주변의 황무지(mîrî) 개간과 함께 확산되었다고 지적한다.[156]

이집트의 경우, 분명한 것은 19세기가 경과하는 동안 면화 생산의 증가가 대규모 영지 창출과 직접 관련되어 있었다는 점이다.[157] 이미 1840년에 존 보링은 하원에서 증언하면서 그 이유를 설명했다. 즉 그는 농부들이 면화 생산을 꺼렸다고 말했는데 그것은 사기당할 것에 대한 두려움과 세금에 대한 두려움 때문이라는 것이다. 물론 이런 두려움들의 원인은 그들이 1년에 한 번만 수확하기 때문이다. 해결책은?

> 최근에 많은 토지가 자본가들의 수중으로 넘어갔다. 그들은 연체부과금을 지불하는 것에 동의했고 결과적으로 농민들을 일일노동자로 고용했다. 그들은 농민들의 지대 납부 책임을 제거해주었으며 파샤(pacha: 터키의 관리, 특히 무관에게 주어진 칭호/옮긴이)가 정한 가격에 의한 그 생산량을 거부하는 책임도 대신 제거해주었다.[158]

물론 러시아에서는 이미 토지가 귀족의 수중에 상당히 집중되어 있었다. 세계경제에 병합되는 동안에 이 과정이 강화되었으며 환금작물 생산과 그것의 관계가 심화되었다. 블럼이 지적하듯이 영주들은 "단연 시장에 대한 주요 공급자들"이었으며 예를 들면 그들은 시장 곡물의 90퍼센트까지 생산했다.[159] 3윤작이라는 농경법상의 중요한 혁신이 있었던 것도 바로 이 시기였다.[160]

고 그는 외국무역을 지향하는 좀더 큰 규모의 치프틀릭들과 별로 커보이지 않는 보통 크기의 것을 구별한다(1981b, 62 참조).
156) Inalçik(1983, 116). 서부 아나톨리아의 경우에 "치프틀릭의 크기가 더 작았음을 설명해주는 [것은]……바로 토지의 높은 생산성과 가치였다."(p. 117) 개간을 통해서 토지에 대한 권리를 획득하는 것은 이미 오스만 제국 고전기의 특징이며 개간된 단위의 크기와는 법적 관련이 없었다. 그러나 이제는 그것이 대규모 치프틀릭을 창출하는 데에 이용되었다.
157) Baer(1983, 266-267) 참조.
158) Issawi(1966, 387)에서 전재.
159) Blum(1961, 391-392).
160) Confino(1969, 39) 참조. 이것은 특히 북부와 중부의 비흑토지대와 흑토지대의 북쪽 지역의 경우였다.

따라서 18세기 말에 "지방경제는 한층 더 상업적인 성격을 띠었다."[161] 농노제 형태의 변화 —— 오브로크(obrok : 현물 및 화폐지대)에서 바르슈치나(barshchina : 노동지대, 즉 부역)로[162] —— 즉 우리가 다음에서 노동강제라는 관점에서 토론하게 될 그러한 변화 역시 토지집중의 한 양식으로 보아야 한다. 소유권이 집중되고 있었다는 말은 아니다. 왜냐하면 그것은 이미 과거의 일이었기 때문이다. 그것보다는 생산에서의 의사결정 과정들이 그렇게 되고 있었다는 것이며 이것은 농업의 상업화에 결정적이었다. 그리고 오브로크가 남아 있었던 토지에서는 영주들이 종종 상업적 기업가가 된 농민들을 장려하고 보호했다(법의 제약에도 불구하고 말이다). 왜냐하면 그렇게 함으로써 그 농민들은 더 많은 오브로크를 지불할 수 있을 뿐만 아니라 영주들이 그들을 "별로 부유하지 못한 다른 촌락공동체 성원들의 보증인"[163]으로 이용할 수 있었기 때문이다.

서아프리카의 상황은 우연적으로 나타나는 것보다는 더 많은 유사성을 보여주었다. 무한경쟁을 자극하기는커녕 결국 판매 병목현상에 이르게 되었던 노예매매로부터 이를 살펴보자. 우리는 어디서나 "제한적인 무역협회들과 그 실천들"을 볼 수 있는데 그것은 "때로는 공적이고 때로는 사적이며 그리고 때로는 두 가지가 다 결합되어 있었다."[164] 더구나 야자유와 같은 환금작물로

---

161) Kizevetter(1932, 637).
162) 차이점에 관해서는 Confino(1961b, 1066, 주 2) 참조. 바르슈치나로의 변화는 이미 17세기 중엽에 시작되었지만 그것이 확대된 것은 18세기 중엽, 특히 비흑토지대에서였다. 이것은 부분적으로는 사유지 농민비율의 감소로 상쇄되었다. 왜냐하면 국유지나 왕실보유지의 농민들은 보통 오브로크를 지불했기 때문이다.
163) Blum(1961, 289). 이러한 기업가들 중에 많은 수가 박해받는 복고신앙파(Old Believers : 라스콜니키[Raskol'niki], 즉 러시아 정교회의 전례개혁으로부터의 이탈파를 말함/옮긴이) 중에서 충원되었다. 그들의 신학은 전혀 "프로테스탄트적"이지 않았을는지 모르지만 박해로 인해서 그들은 결국 텍스트를 읽을 필요성, 자신들을 보호하기 위한 돈의 필요성 그리고 비밀서류의 필요성에 이르게 되었는데 물론 이 모든 것은 상인계급에게 중요한 훈련이었다. Gerschenkron(1970, 35-37) 참조.
164) Lovejoy & Hogendorn(1979, 232). Hogendorn(1980, 480)은 더 나아가 다음과 같이 언급한다 : "노예의 획득은 자기방어법을 아는 사람들에 대해서 취해졌던 고비용 사업이었다. 그것은 마치 물고기들[Thomas & Bean에서 말하는]이 저항하는 것과 같았다."

의 이동은 플랜테이션 구조들을 창출하려는 시도를 수반했다. 실제로 노예무역 폐지론자들은 이것을 직접적으로 지지했다. 그들은 이것을 합법 무역에 견고한 경제적 기반을 부여할 수 있는 수단으로 생각했던 것이다.[165] 플랜테이션들은 주로 다호메와 요루발란드에서 성공을 거두었다. 강력한 왕, 노예노동, 어쩌면 자본까지, 이 세 가지의 결합이 의미했던 것은 상당히 먼 내륙지방에서 생산된 야자유를 왕들이 수출할 수 있었다는 것이다. 이 세 가지가 결합되지 않았다면 야자유의 가격은 매우 비쌌을 것이다.[166] 하지만 수송이 특별히 문제가 되지 않았던 곳에서는 야자유(그리고 땅콩) 생산기술 덕분에 소생산자들이 그것을 경작할 수 있었다.[167]

그러나 로의 지적대로, 드디어 노예무역에서 야자유로 변화가 이루어졌을 때 생산과정에서 왕과 군사 우두머리들이 차지했던 지배적인 지위는 붕괴했다고 할 수 있다. "그러나 이러한 변화의 수혜자들에는 소농들뿐만 아니라 상당수의 상인들도 포함되어 있었다."[168] 달리 말하자면, 집중장소가 단지 한 가지 생산물 수집지점에서 다른 곳으로 이동했을 뿐인데 우리가 상대적으로 규모가 작은 야자유 생산단위에 집중한다면 그점을 놓친다. 사실 국가권력과 상업집중 간의 관련성은 이 병합시기 동안 특히 컸다. 뉴베리는 이러한 현상

Sundström(1974, 254-255)은 이 동일한 주제를 보충한다: "아프리카 대외무역의 가장 두드러진 양상들 중의 하나는 종종 독점에까지 이르는 중간상인들의 강력한 지위이다. ……상업독점은 부분적으로 수로 수송에 대한 독점적인 통제에 토대를 두고 있었다." 또한 Van Dantzig(1975, 264) 참조. 그는 노예무역의 자본집약성과 그로부터 비롯되어 좀 더 규모가 큰 활동으로 나아가려는 경향을 강조한다.

165) Ajayi & Oloruntimehin(1976, 211) 참조. 노예무역 폐지 이후 플랜테이션들을 확립하려고 했던 덴마크인들의 시도에 관해서는 Nørregard(1966, 172-185) 참조. Müller(1985, 58)는 다음과 같이 주장한다. 즉 적어도 인구밀집 지역의 이보족(Ibo : 나이저 강 하류의 흑인 종족/옮긴이)은 이미 "교환을 위해서 기름과 여타 품목들을 생산하고 있는" 지역에서 야자유 수출생산을 시작했다.
166) Manning(1969, 287).
167) Hopkins(1973, 125). 그러나 Augé(1971, 161)는 19세기 후반 남부 상아해안의 야자유 생산을 서술하면서 혈통에 의거해서 노동자를 충원하는 것의 난점과 그 결과로 생긴, 포획노동에의 의존에 주목한다. 그럴 때 이것은 다소 규모가 더 큰 단위를 전제한다.
168) Law(1977, 572).

을 다음과 같이 분명하게 표현한다:

> 다호메나 나이저 강 삼각주의 상업국가들은……무역에서 얻는 수입으로 부양되는 아프리카의 통치자들의 [좋은] 예들을 [제공한다.]……오포보(Opobo)의 자자나 와리(Warri)의 나나와 같은 통치자들은 무역업자들을 쥐어짜는 아프리카의 관료들이라기보다는 기민한 상인들이었다.[169]

상황이 어떻게 전개되었는지를 이해하려면 다층적인 상인구조의 출현을 알아야만 한다. 대서양 항구들에는 상인들 또는 수출입업자들이 있었다. 그들은 유럽 기업들을 대표했으며 보통 유럽인들이었다. 이러한 상인들은 대규모 브로커들이나 도매상들(intermediaries, 불어로 négociants)과 거래했으며 이 중개인들은 순회상인들(itinerant traders, 불어로 traitants)이었던 다른 중개인들과 거래했다. 그리고 통상, 직접생산자들과 거래했던 사람들은 바로 그들이었다. 소생산이 있는 곳이면 어디서건 보통 우리는 브로커의 차원에 집중적으로 관심을 둔다. 그 지역이 식민통치하에 들어감에 따라서 나중에 유럽의 기업들에 의해서 흡수되고 대체되는 사람들은 바로 이 브로커들이다.[170]

우리는 세계경제로의 병합과정이 결국 세계시장의 변화하는 요구에 대응하는 데 관심을 두는, 비교적 대규모의 각종 의사결정 단위들을 창출시킨다고 주장했다. 이 단위들의 규모는 그 단위들에 동기를 부여하는 데에 일정하게 기여했다. 왜냐하면 그 단위들이 일으킨 변화들은 그 단위들의 축적 가능성에 상당한 영향을 미쳤기 때문이다. 하지만 또 부분적으로는 그 단위들의 대응능력을 증대시키는 데에도 역시 기여했다. 왜냐하면 그러한 단위들은 세계시장에 어느 정도 영향을 미칠 만큼 충분한 자본과 상품을 통제했기 때문이다. 대

---

169) Newbury(1969, 74-75).
170) 다층 구조에 관해서는 Chamberlin(1979, 422-423)과 Newbury(1971, 100) 참조. 도매상들과 순회상인들의 차이에 관해서는 Hardy(1921) 참조. 대체로 이 당시에 낮은 수준의 이동무역은 규제되지 않았으며 경쟁적이고 충돌적이었다. 그렇지 않았던 세 지역 ─ 크로스 강 유역(옛 칼라바르), 나이저 강 삼각주(오포보) 그리고 다호메 ─ 은 바로 정치적인 중앙집권화와 최대의 수출생산이 이루어진 지역이었다. Chamberlin(1979, 434) 참조.

응능력이라는 점에서 토론해봐야 할 요소가 하나 남아 있다. 그것은 생산물이 경쟁력을 가질 수 있을 정도의 가격으로 노동력을 충분히 얻을 수 있는 능력이다.

노동자, 특히 농업노동자에게, 환금작물 생산에 참여하는 것은, 물론 특별히 플랜테이션과 같은 구조 내에서만은 아닌데, 그 자체로는 별로 매력 없는 것이었다. 왜냐하면 그것은 생존과 심지어 일정한 복지까지 보장해주는 온갖 종류의 생계활동들에 들일 시간과 그것에 물리적으로 접근할 수 있는 가능성을 불가피하게 감소시키기 때문이다. 그러므로 병합을 겪고 있는 한 지역의 시장 생산자들이 필요로 하는 노동력은 적어도 처음에는 그리고 그후에도 오랫동안 직접적으로든 간접적으로든 적절한 장소에서 적절한 리듬으로 일하도록 강제적으로 공급되어야만 했다. 이러한 강제는 개념적으로 구분되어야 하는 두 가지 요소를 포함하고 있었다 : 노동자들이 더 열심히(더 효율적으로?) 그리고 더 오래(하루, 일 년, 평생 동안) 일하도록 하는 방법 ; 노동자의 형식적인 권리 또는 법적인 지위 그리고 그로 인해서 자신의 노동에 대해서 그가 선택할 수 있는 범위.

무굴 제국 시기의 인도는 세계경제에 병합되기 전의 노동계층의 생활수준에 대해서 우리가 어느 정도 자료를 가지고 있는 몇 안 되는 지역들 중의 하나이다. 네 가지 종류의 비교가 존재한다. 하비브의 주장에 따르면, 1600년에 일인당 농업생산량은 동일 지역의 1900년보다 못하지 않았으며 1600년 서유럽의 생산량에도 뒤지지 않았다.[171] 스피어는 무굴 제국 인도의 일반인들은 유럽의 일반인들보다 더 잘 먹었다고 주장한다.[172] 그리고 데사이는 계량적인 자료를 모아서 1960년대의 인도보다 악바르 제국이 "평균 식량소비 수준은 ……상당히 더 높[았]다"는 테제를 뒷받침한다.[173] 하지만 1750년 이후 병합

---

171) Habib(1969, 35) 참조.
172) Spear(1965, II, 47) 참조. 그는 계속해서 다음과 같이 말한다 : "전체적으로 보면 어림잡아 1억 명의 주민을 가지고 있는 무굴 제국의 인도는 한 세기 반 동안 동시대 유럽의 생활과 대체로 비슷한 생활수준이었다.……농민은 먹을 것이 좀더 많았고 상인은 소비의 기회가 좀더 적었다."
173) Desai(1972, 61). Moosvi(1973, 189)는 이를 지지한다. Heston(1977)의 반박도 있는데,

초기를 보면 벵골 농민들의 "게으름"에 대한 (영국인들의) 불만을 듣게 된다.[174] 이 "게으름"에 대한 해결책이 곧 나타났는데 그것은 우리가 앞서 언급했던 것, 즉 "선금"제도였다. 우리는 이러한 현상이 주요 강제 기제로서 모든 환금작물 지역에서 갑자스럽게 출현했음을 알고 있다.

이 시기에 자민다리(zamindari)와 라이요트와리(ryotwari)라는 두 가지 토지보유제도가 전개되고 있었는데 두 가지 모두 토지사유권을 가진 소유권을 의미하는 것으로 정의 또는 재정의되었다. 보유 형태의 이러한 전개 방향은 자본주의 세계경제와의 관련성을 나타내는 인증이었다. 왜냐하면 토지사유권은 토지의 상업화에 없어서는 안 되는 것이었으며 그 자체가 끝없는 자본 축적을 가능하게 만드는 모든 요소들을 자유롭게 만드는 데에 필수적인 요소였기 때문이다. 자민다리 제도는 1793년 영구정액제에 의해서 벵골에 제도화되었다.[175] 이 제도하에서는 자신의 토지에서 살아가는 농민(ryot)이 자민다르(zamindar : 토지[zamin]＋소유자[dar]. 무굴 제국의 토지귀족으로서 농민들에 대한 사법권과 징세권까지 가지고 있었음/옮긴이)에 대한 차지농으로 간주되었으며 그리하여 지대 인상이나 추방에 종속되어 있었다. 결과적으로 "지대는 상승했고 추방이 일상적이었다."[176] 하지만 또 새로운 작물들이 재배

그는 말하기를, 재검토 결과 "악바르 이후 실질임금이 하락했다는 [데사이의] 주장은 분명히 근거가 약하다."(p. 394) 이번에는 Desai(1978, 76-77)가 몇 가지 재검토를 하고 다음과 같이 결론을 내리면서 헤스턴을 반박한다. 즉 1960년대와 비교했을 때 악바르 시대에는 "식량 곡물을 기준으로 할 때 도시임금의 구매력이 더 높았고" "곡물 생산도 더 많았다"는 것이다.

174) Sinha(1962a, II, 217-218)에서 논의된 것을 보라. 그는 다음과 같이 지적한다 : 기름진 토양이 주어질 경우 3개월의 힘든 노동에다 수확기에 몇주의 노동을 추가하는 것으로 이 정도의 적당한 생활수준을 유지하는 데에 충분한 쌀을 생산할 수 있었다. 그러나 이러한 노동량은 세계시장을 위한 환금작물을 생산하는 데에는 충분하지 않을 것이다. 벵골의 상황과 그 결과로 나타난 농민들의 "게으름"이라는 생각은 1770년의 "비참했던" 기근으로 확실히 더욱 심해졌다. 그 기근은 노동력의 부족을 심화시켰고 그 결과 살아남은 사람들의 협상력을 증가시켰다. B. B. Chaudhuri(1976, 290-292) 참조.
175) 물론 무굴 통치기에 자민다르들이 있었다. 하지만 그들은 토지사유권을 가지고 있지 않았다. 그리고 어쨌든 "돈주머니들"로서의 역할을 제외하고는 농업착취 체제에서 그들의 역할은 "부차적인 것"이었다. Moosvi(1977, 372).
176) Neale(1962, 69).

되었고 새로운 노동자들이 확보되었다.[177]

이와는 대조적으로 라이요트와리 제도는 추측컨대 농민 자신에게 토지사유권을 부여함으로서 중개인으로서의 자민다르를 없애버렸다. 이 제도는 "이론적으로 더 건전하고 실제로도 편리하고 유익하며, 토착 제도, 관행, 사람들의 풍습과도 더 잘 맞는"[178] 것으로서 권유되었다. 그 제도는 마드라스에서 최초로 적용되었으며 종종 인도 남부의 제도로 생각되지만, 북부에서도, 심지어 벵골에서도 이용되었다. 실제로 토지사유권을 획득한 농민들은 대부분의 경우 신분이 높은 촌락 지도자들임이 드러났다. 이 농민들은 물론 경작자들이었다. 하지만 그들은 중개인들이기도 했다(자민다르들보다 규모가 작은 중개인들이기는 했지만). 왜냐하면 그들은 많은 경우, 신분이 낮은 직접노동자들을 감독하는 사람들이었기 때문이다.[179]

우리가 주목해야 할 중요한 사실은 이 두 제도에서는 토지사유권과 선금제도가 결합됨으로써 상당한 강제가 가능하게 되었다는 것이다. 인디고 생산에 관한 1861년 영국 의회보고서가 그것을 말해주고 있다 :

> 농장주(planter)가 자민다르의 권리를 가지고 있는 곳에서 농민에게는 아마도 거의 선택권이 없었다.······그 영향력은 아마도 도덕적 강제나 물리적 힘에 대한 두려움으로 가장 잘 묘사될 수 있을 것이다.[180]

하지만 사실상 인디고는 라이요트와리 체제에서 더 빈번하게 경작되었다. 그렇다고 직접생산자에게 더 나을 것은 없었다 :

> 가장 좋은 계절의 경우조차도 인디고 경작은 인디고 농장주들이 인정하는 비율에 따라서 근근히 지불되었을 뿐이다.······[인디고 농장주들에 의해서] 농민들에게 선금이

---

177) 벵골의 자민다르들에 의한 부족민 노동력의 사용에 관해서는 Bhattacharya(1983, 308) 참조. B. B. Chaudhuri(1976, 320-323)도 부족민과 이슬람 이민 노동력의 충원에 대해서 서술한다.
178) S. C. Gupta(1963, 126).
179) Mukherjee & Frykenberg(1969, 220).
180) BBP, 보고서들(1861, XV).

강제되었고 농민들은 인디고 경작에 요구되는 일정 정도의 토지를 마련할 수 없었다.……인디고 경작체제를 인디고 노예제라고 묘사한다고 해서 틀린 것은 아닐 것이다.[181]

인디고 농장주들이 "탄압에 뛰어났다"[182]고 생각하는 것은 당연하다.

면 직조공들이라고 해서 인디고 재배 농민들보다 더 잘살지는 않았다. 1787년 7월, 벵골에서 공표된 직조공 규정을 보면 일단 한 직조공이 동인도회사로부터 선금을 받으면, 그는 그 회사로 옷감을 날라다줘야 했다. 그리고 다른 누군가에게 이 옷감을 파는 것은 불법이었다. 그 회사는 직조공들이 그들의 계약을 수행하는지를 보기 위해서 그들에게 감시인을 붙일 수 있는 권리가 있었다.[183] 물론 그 결과 "그들의 경제적 조건이 눈에 띄게 악화되었고", 결국 직조공들은 "그들의 직업으로 인해서 극도로 궁핍해졌다."[184] 회사는 자신들의 정책을 인도 남동부에까지 확대했다. 1770년대처럼 동인도회사가 그들의 경쟁자인 네덜란드인과 프랑스인들을 내쫓을 수 있게 되자 그들은 자신들의 상인들에게 "직조공들과의 계약에서 일방적으로 유리한 조건을 얻어내도록"[185] 했다. 직접수령 액수로 볼 때 노동자의 실질소득은 감소했으며 게다가 새로운 조건에서는 "토지 경작과 병행해서" 직물을 짤 수 없었기 때문에 더욱 그러했다.[186] 면화 재배 자체에 대해서 우리는 1848년 맨체스터 상인협회의 터너의 의미 있는 증언 한 마디를 알고 있다. 즉 그는 "인도는 싼 노동력으로 언제든지 아메리카의 노예 노동력과 경쟁할 수 있을 것이다"[187]라고 주장했다.

---

181) Sinha(1970, 21-22).
182) Sinha(1956, I, 199).
183) Embree(1962, 105-108).
184) Hossain(1979, 324, 330). 시간이 지나면서 "생산조직에 대한 점진적인 압박과 그것에 의해서 촉진된 위계구조의 강화"(p. 345)가 나타났다고 그는 덧붙인다.
185) Arasaratnam(1980, 271).
186) Arasaratnam(1980, 262). "영국 회사가 도입한 변화들의 방향은 직조공들을 임금노동자로 만드는 것이었다."(p. 280)
187) BBP, 위원회 보고서(1848a, 83).

244

소금 생산은 노동자에게 훨씬 더 열악한 조건들을 제공했다. 형편없는 보수와 노동조건을 감안하면, 제염이 "강제 없이" 이루어질 수 없었음은 "명백했다." 여기서 선금의 사용이 특별한 역할을 수행했다. 일단 한 사람이 고용되면, 비록 그것이 자발적이었다고 하더라도, 앞으로 그는 그 일에 "묶이기 마련"이었다. 게다가 그의 자손들 역시 "영원히" 속박되었다. 그러한 상황에서는 선금받기를 꺼려했음을 짐작할 수 있다. 그러므로 노동자가 될 가능성이 있는 사람들의 집 문앞에 선금을 던져놓는 경우도 잦았다. "그 돈을 설핏 보는 것만으로도 그는 오랑(aurangs)으로 보내지기 쉬웠다."[188] 노동자들에 대한 이와 비슷한 강제선금은 1800년 이후 비하르의 초석 생산에서도 발견된다.[189] 일반적으로 이러한 선금제도는 장기적인 강제를 낳았다. 쿠마르의 말대로, "농노제"가 "현실에서 그렇게도 오래 존속할 수 있는" 것으로 드러났던 이유들 중 하나는 이러한 선금들이 낳은 "채무 부담" 때문이었다.[190]

이미 보았듯이 러시아에서는 특히 1780-85년과 1850-60년 시기에 더 억압적인 형태의 농노제인 바르슈치나(부역 의무)가 오브로크(면역-지대 의무)를 대체하며 —— (과거에는 너무 쉽게 그렇다고 생각되었던) 그 역이라기보다는 —— 성장했다.[191] 콘피노는 바르슈치나로의 이러한 변화 추세에 대한 설명으로 자본주의 시장과 자본주의 원리의 발전을 —— 피상적으로는 오브로크가 보다 적합한 것으로 보인다는 사실에도 불구하고 —— 지적한다. 그는 1762년을 결정적인 전환점으로 본다. 그 해에 (그리고 이어서 1775년 이후에

---

188) Serajuddin(1978, 320-321).
189) Singh(1974, 283).
190) Kumar(1965, 75-76). 물론 쿠마르는 카스트 제도가 농노제의 지속 이유를 설명해주는 또다른 한 요인이라고 덧붙인다. 그러나 이는 당시에 농노 신분이 증가했던 이유도 설명하지 못할 뿐 아니라 그와 유사한 농노 신분이 카스트 제도가 없는 다른 곳에서도 나타났던 이유도 설명해주지 못한다. 그 당시와 이후에 나타난 카스트 제도의 형태는 아마도 농노제의 원인이라기보다는 결과일 것이다.
191) Confino(1963, 197) 참조. 그는 유럽권 러시아의 스무 개의 구베르니야(guberniya : 혁명 이전의 지방단위/옮긴이)에 대해서 언급한다. 바르슈치나는 1790년대에 50퍼센트였다가 1850년대에 70퍼센트로 증가했다. Yaney(1973, 151)와 Kizevetter(1932, 636) 참조. Dukes(1977)는 19세기 초 러시아의 그러한 농노제가 사실상 같은 시기 미국의 노예제와 —— 도덕적, 정치적, 경제적으로 —— 유사하다고 주장한다.

는 가속화된 양상으로) 귀족들은 자신들의 토지로 돌아가기 시작했는데, 이는 세계시장의 곡가 상승과 직접 관련된 현상이었다. 대개의 경우, 환금작물을 재배하는 지주에게 바르슈치나는 오브로크보다 "더 유리했던" 모양이다.[192] 카한은 바르슈치나를 유리하게 만든 두번째 요인에 주목한다. 젠트리의 "서구화"는 수입(輸入)을 매우 증대시켰는데 이는 귀족들의 실질소득의 "상당한 증가"를 필요로 했고 따라서 농노들에 대한 귀족들의 압박을 가중시켰다.[193] 바르슈치나의 증가는 농민의 땅뙈기를 희생시켜가며 영지의 팽창을 가능하게 했다. 영지는 "변화하는 시장조건으로부터 단기적인 수익을 거두는 데에 보다 유연하고 유능"했던 것이다.[194]

바르슈치나가 농업노동의 유일한 형태가 되었던 것은 아니다. 실제로 콘피노는 바르슈치나-오브로크 혼합의무 형태의 장점들을 논한다. 이러한 형태는 영주에게 영지에 노동력 공급을 보장하는 데다가 흉년에는 오브로크로부터의

---

192) Confino(1963, 229). Blum(1961, 277)은 그러한 전환이 이루어진 시기를 1762년보다 약간 이전으로 잡는다 : "지배자들이 농노제의 속박을 더욱 강화한" 것은 표트르 대제 때부터이다. 바르슈치나는 특히 흑토 러시아, 백러시아, 우크라이나, 볼가 강 지역, 동부 스텝 지대에 확산되었다. 18세기 말은 "농노 경제체제의 발전이 정점"에 달한 시기였다. 당시 "그러한 경제체제가 농노의 노동시간의 대부분[즉 1주일에 5-6일]을 소비했고 그럼으로써 농노는 자신의 생계를 유지하는 데에는 적은 몫의 시간만을 가지게 되었다." Lyashchenko(1970, 277, 314).

193) Kahan(1966, 46).

194) Kahan(1966, 54). 카한이 1730년대부터 1790년대까지 진행되었다고 본, 농노에게 부과된 부담의 감소에 대해서 Longworth(1975, 68, 주 14)는 그 계산이 "부역, 간접세, 토지자산, 공급 유용, 인두세 연체금이 누적된 결과를 감안하지 않고" 면역지대와 인두세에만 근거한 것이므로 그러한 묘사는, 이 시기에 대해서조차, "불만족스러운" 것이라고 주장한다.

하지만 카한의 논점은 여전히 유효하다. 면역지대와 인두세는 감소했다. 그러나 이는 바로 반동으로 귀결되었다 : "1760년대에 이르면 지주들은 자신들이 진퇴양난에 빠졌다고 생각했다. 곡가와 생계비는 상승한 반면, 소득은 여전히 정체되었거나 구매력에 비해서 떨어졌다. 그들은 구매가격을 떨어뜨리기 위해서이건 시장성 있는 농업잉여 생산물에 보다 큰 이윤을 제공하기 위해서이건 곤경의 타개책이 곡물의 효용을 높이는 데에 있다고 믿었다.……그들은 농민들로 하여금 농촌에 계속 머물면서 다른 어떤 직업보다도 땅을 가는 일을 택하도록 강제하는 것이 수입을 늘리는 한 방법이라고 믿었다." Raeff (1971a, 97).

약간의 현금 소득을 보장했다. 이 결합 형태는 당시에 실제로 더욱 빈번해졌다.[195] 문제는 어느 쪽이 더 우선적인가 하는 것이었다. 그 땅들이 "경제적 사업"의 성격을 확보했다는 사실을 감안하면 오브로크 제도의 난점들이 이점들보다 더 큰 것으로 보인다. 지주들이 오브로크 농노에 대해서 지대를 올리고자 할 경우에 그 농노는 다른 곳에서 일자리를 찾아 오브로크 의무를 이행하는 경우가 잦았다. 따라서 18세기 말에 이르면 오브로치니크(obrotchnik)는 더 이상 땅을 갈지 않는 사람으로 생각되었고 종종 "'방랑자'라는 경멸적 의미로 쓰였다."[196] 여전히 자신들의 기본 수입원이었던 밀을 생산하기 위해서 지주들은 바르슈치나를 필요로 했다.

게다가 부역노동은 비효율적인 노동일 수밖에 없다는 신화로부터 우리는 벗어나야 한다.[197] 사실 바르슈치나가 가장 크게 증가한 지역권인 흑토지대는 농업 경영상의 혁신들(예를 들면 채원작물[菜園作物]로서 감자를 도입한 것)이 가장 많았던 곳이기도 하다. 어쨌든 경작지의 확대와 수확고의 증가 모두 주로 영지에서 일어났지, 오브로크 농민들의 토지에서 일어난 것이 아니었다.[198]

마지막으로, 우리는 이러한 강제노동의 강화가 우연적인 것이 아니라 정책 결정들의 결과였다는 것을 염두에 두어야 한다. 1754년의 내국관세 폐지와 1766년의 곡물 수출 허가는 곡물 생산의 증가를 촉진했다. 남부 스텝 지역과 흑해 항구의 획득 역시 곡물 수출을 진전시켰고 그럼으로써 세계경제로의 통합을 촉진했다. 또한 영주들을 관직업무에서 해방시킨 1762년의 선언으로 그들이 농업적, 자본주의적 기업가가 되는 일이 수월해졌다.[199]

게다가 1765년 예카테리나 2세의 명으로 시행된 포괄적 토지조사 사업은 토지집중의 증가과정을 크게 자극했다. 왜냐하면 국가는 특별한 분규가 없는 한 현존하는 모든 경계선을 인정해줌으로써 국유지와 공한지 둘 다에 대해서

---

195) Confino(1961b, 1079, 1094-1095) 참조.
196) Laran(1966, 120).
197) 이에 대한 적절한 비판들에 대해서는 Blum(1961, 343) 참조.
198) Kahan(1966, 50) 참조.
199) Confino(1963, 21-22) 참조.

앞서 이루어진 점유를 묵인하고 "자유농과 소토지 보유 농노들에 대한 강탈을 비준했기" 때문이다.[200] 르 돈은 예카테리나의 대(大)행정개혁에서 구베르니야의 확립, 즉 "농노 노동에 대한 최대한의 착취를 용이하게 할 수 있는 기구"의 창출에 주목한다.[201] 그리고 당시의 실제 상황을 그대로 비준했을 뿐만 아니라 거의 모든 농민에게서 이른바 인신의 법적 지위를 박탈함으로써 농노제의 합법화가 최종적으로 충분히 진전된 것 역시 예카테리나 치하에서였다. 그 결과, 사실상의 자유농들이 "잠재적인 농노"가 되었고 "정부가 그들을 사용하기를 원할 때에는 언제나 실질적인 농노로 될 가능성이 있었다."[202]

러시아의 세계경제로의 병합에서 가장 흥미로운 측면들 중 하나는 보다 더 일반적으로 환금작물 수출을 강조하는 길로 나아가는 데에 제철업이 과도적인 역할을 수행했던 방식이었다. 그러한 역할은 서아프리카에서 노예무역이, 인도에서 직물수출이 수행한 역할과 다소 비슷했다. 우랄 지방의 제철업은 18세기 중반에 현저하게 부상했고, 특히 그것의 실질적 도약은 1754-62년의 유럽 전쟁들(영국-프로이센 동맹과 오스트리아-프랑스-러시아 동맹 사이에 일어난 7년전쟁을 의미함/옮긴이)에서 비롯된 수요 증가에 기인한 것이었다. 그리고 그 전쟁의 결과로 러시아 정부의 구매와 영국 시장 둘 다 주된 판로가 되었다.[203] 이러한 제철제조업의 수출이 수행했던 역할은 장기적으로는 지속되지 않았고 게다가 강제노동에 심하게 의존해 있었다.

우랄 지방 공장들에서의 노동은 힘들었고 보수도 높지 않았다. 많은 사람들의 경우 "조건과 대우가 농업 농노들보다 훨씬 더 나쁜 것이 다반사였

---

200) Raeff(1971b, 168).
201) Le Donne(1982, 164).
202) Yaney(1973, 135).
203) Portal(1950, 131, 주 1과 131-174) 참조. 물론 공업이 시작된 것은 북방전쟁으로 인해서 이전의 공급국이던 교전상대국 스웨덴과 관계가 단절되자 표트르 대제가 멀리 떨어진 우랄 산맥에 산업체들을 세운 1716년이었다. 그러나 정부는 곧 흥미를 잃었고, 공업이 존속한 것은 소수의 민간 기업가들, 특히 니키타 데미도프 덕분이다. Portal(1950, 26, 34, 52-130) 참조.

다."²⁰⁴⁾ 물론 비숙련 도제들과 "광산 젊은이들", 즉 보조작업에 고용된 아주 어린 아이들의 경우가 특히 그러했다.²⁰⁵⁾ 숙련노동자들 중 일부는 외국인(매력적인 조건으로 모집된 것으로 추정된다), 일부는 중앙 러시아에서 모집된 야금업자들, 일부는 지방 장인들이었다.²⁰⁶⁾ 그들은 공업 임금생활자였다. 숙련노동자들은 현금으로 임금을 받았을 뿐만 아니라 많은 경우, 종종 공장에서 받는 임금만큼의 수입을 가져다주는 작은 땅뙈기를 가졌다.²⁰⁷⁾

그러나 비숙련노동자들은 다양한 보조작업들 —— 나무 베어 넘어뜨리기, 목탄 태우기, 원료와 완제품 운송하기 —— 을 수행하는 "귀속(ascribed)"농민들이었다. 원래 그 "귀속" 농민들은 세금 납부 대신 이러한 작업을 수행하는 단순한 세금 납부 대신 이러한 작업을 수행하는 단순한 지방 정착민들이었다.²⁰⁸⁾ 그러나 그러한 지방 정착민들만으로는 충분치 않았다. 1721년의 한 법률은 공장주들로 하여금 농노들, 즉 당시 공장에 묶인, 그러나 공장주에게는 아닌, 소유농노로 알려진 농노들의 촌락 전체를 살 수 있도록 허용했다.²⁰⁹⁾

---

204) Falkus(1972, 25).
205) 숙련노동자 대 비숙련노동자의 비율은 약 1 : 3이었다. 또는 12명의 전문가와 20명의 숙련노동자에 대해서 50명의 도제와 50명의 "광산 젊은이들"이 존재했다. Portal(1950, 258-259) 참조.
206) Portal(1950, 44) 참조.
207) Portal(1950, 251-252) 참조. Lyashchenko(1970, 288)는 많은 제조업자들이 산개되어 있는 단위들로 구성되었으며 가내수공업자(또는 소가계)에 의한 가내 파트타임 노동의 가능성을 포함하고 있었다는 것을 지적한다.
208) Koutaissoff(1951, 254) 참조.
209) Falkus(1972, 24-25), Portal(1950, 47) 참조 이러한 소유농노들은 전체의 30퍼센트에 달했다. 1736년에 한 법령은 그들을 "영원히" 공장에 묶어놓았다. Koutaissoff(1951, 255) 참조. 1734년에 안나 이바노브나 여제는 제철소 하나를 여는 사람이면 누구나 용광로 하나당 공장에 할당된 국가농민 100-150세대와 괴철로 하나당 30세대를 얻을 것이라는 법령을 포고했다. Blum(1961, 309) 참조. Blanc(1974, 364)은 "18세기 2/4분기의 노동의 점진적 종속"에 관해서 언급한다.
    공업이 더욱 중요해짐에 따라서 노동자들의 상황은 계속해서 악화되었다. Portal (1950, 366) 참조. 1797년에 파벨 1세는 소유노동자(posessional worker)라는 개념을 사법적으로 더욱 공고화했다. 1811년에 재무부는 민간기업과 소유공장을 정식으로 구분했고 후자는 국가로부터 농민들이나 토지, 숲, 광산을 받을 권리를 가졌다. Confino (1960a, 276-277) 참조.

게다가 공장 일을 자원한 국영지 도망자들도 있었다. 이들은 소유농노로 봉건제에 재통합되었다.[210] 마지막으로 공장에는 오브로크 농노들 —— 야금 공장들보다는 섬유 공장들에 더 많이 존재하기는 했지만 —— 역시 존재했다. 물론 그들은 자신들의 촌락으로부터 "분리되었고", 다른 농노 노동자들보다 상대적으로 더 자유로워서 공장주들에 대하여 더 나은 교섭 지위를 가졌다.[211] 이상의 것들은 결국 공장주의 관점에서는 "탄력적이고 값싼 노동"을 제공하는 제도를,[212] 그러나 노동자의 관점에서 보면 "혐오스러운" 제도를 의미했다.[213]

그와 같은 억압적인 조건들이 존재하는 상황에서, 공장주들은 물리적 힘에 상당히 의존해야 했고 술꾼과 싸움꾼, 심지어는 게으르거나 무능한 노동자들을 처벌하기 위해서 영지 감옥을 보유했다.[214] 강제노동, 열악한 조건들, 규율에 따른 처벌, 이 모두가 반란을 야기하는 조건들을 조성했음은 두말할 나위가 없다. 이미 18세기 중엽에 우랄 지방에서 소요가 시작되었다.[215] 푸가초프가 1773년에 대반란을 시작했을 때 농업 농노들뿐만 아니라 우랄 지방의 산업 농민들도 그 반란에 합류했다.[216] 앞으로 살펴보겠지만 그들만 그랬던 것은 아니다.

서아프리카 내부의 "노예제"의 존재는 많은 논쟁들에서 주제가 되어왔다.

---

210) Portal(1950, 233)이 말하고 있듯이 이는 "도망침으로써 자유를 일시적으로 획득한 것에 불과하며 국가가 그 자유를 급속히 종식시켰다." Blum(1961, 311)도 참조.
211) Portal(1950, 236-237) 참조.
212) Tscherkassowa(1986, 26).
213) 그 제도는 농노가 다른 대리인들로 대체될 가능성을 정식으로 제공했다. 그 가능성은 바슈키르 자유민이 잠재적 대리인들로 존재했던 남부 우랄 지역에서만 현실화될 수 있었다. Portal(1950, 272-273) 참조. "농민들이 자신들의 대체비용을 치르기 위해서 동의한 높은 보상액은 공장노동에 대한 혐오의 강력한 증거이다."(p. 277)
214) Portal(1950, 243) 참조.
215) Portal(1950, 290) 참조. 직접적 요인은 영주권의 (상향) 재정의, (게다가 소유농노 및 여타 귀속농노들의 임금이 동일 직종의 계약노동자의 임금보다 낮은) 공장에 할당된 농민의 비율 증가, 감시의 증가, 식비의 상승 등에 의한 농민 처지의 급작스런 악화 등의 결합이었다. Portal(1950, 278-290), Lyashchenko(1970, 279-280) 참조.
216) Blum(1961, 313), Portal(1950, 337-341) 참조.

논쟁의 와중에서 노예제의 정의와 시기에 관해서 혼란이 있었고 따라서 그것의 사회적 원인과 의미에 관해서도 혼란이 나타났다. 노예제는 적어도 임금노동만큼이나 넓은 범위의 경험적 내용을 가지는 개념임이 드러났다. 노예제를 최소한, 한 사람이 다른 한 사람에게 무한히 계속 지게 되는 일종의 노동의무 —— 노동하는 사람이 일방적으로 철회할 수 없는(그리고 적어도 그런 한, 노예는 주인이 마음대로 할 수 있다) —— 로 정의한다면 의심할 바 없이 서아프리카 또는 최소한 서아프리카의 일부 지역에서는 오랫동안 노예제 형태들이 존재했다고 할 수 있다. 확실히 많은 지역에서 일정한 형태의 이른바 가내노예제(domestic slavery)가 존재했다. 그것은 비(非)친족을 의사(疑似)-친족으로서 비교적 낮은 지위의 가족 역할로 강제 통합하는 것과 연관되어 있는 것으로 볼 수 있다. 이는 다른 사람들에게 팔기 위한 노예화 과정이나, 노예를 "야외" 노동자로 사용하는 것과는 상당히 다른 현상인 것처럼 보인다. 심지어 야외 노동자로 사용하는 경우조차 그 용어는 플랜테이션 노예들뿐만 아니라 자기 주인에게 현물지대나 노동지대를 내야 하는 사람들을 지칭하는 데에도 사용되었다(이 경우 그 용어는 매우 느슨하게 사용된 셈이다. 왜냐하면 유럽의 상황에서는 그러한 사람들이 역사적으로 노예가 아니라 농노라고 불렸기 때문이다). 우리는 이 시점에서 이러한 개념 정의상의 미로를 분석하지는 않을 것이며 그 대신, 서아프리카가 처음 유럽의 외곽지대가 되고 이어서 자본주의 세계경제에 병합될 때 그 추세가 어떠했는지를 보는 데에 집중할 것이다.

모든 곳에서 다 불완전하게 전개되기는 했지만 하나의 연속적 흐름, 즉 일정 형태의 가내노예제가 우세했던(사실상 배타적으로 존재하지는 않았지만) 시기에서 (모든 곳에서 그랬던 것은 아니지만) 노예사냥이 지배적인 현상이던 시기로 넘어가고(이 노예들은 상업연결망을 통해서 팔렸다), 이어서 노예들이 갈수록 서아프리카 자체 내에서의 생산적 사업에 사용되는 세번째 시기로 넘어가는 연속적 흐름이 존재했음은 분명한 듯하다. 노예사냥은 서아프리카가 세계경제의 외곽지대였던 초기에 중요했고 병합의 한 방식으로서 지속되었다(중요성이 증가하기까지 했다). 그리고 그것은 서아프리카가 세계경제에 병합되는 동안, 실제로는 서아프리카의 환금작물 생산 자체 내에 노예노동을 상당히 수반했던, 이른바 합법 무역이라는 형태에 그 자리를 내주었다. 즉 노예사냥 현상들은 단지 천천히 줄어들었을 뿐이었다. 따라서 18세기 말과 19세기에 서아프리카에는 노예들이 상당수 존재했던 셈이고 그에 대한 한 가지 이유는 잡힌 노예들을 파는 자들이 "자기 자신의 목적을 위해서 일부 노예들을 남겨두었기" 때문이다.[217] 코피토프가 단순명료하게 말하고 있듯이 "획득된 사람들의 노동력 사용에서 수익을 올릴 가능성이 높아지는 아프리카 같은 경우에는 그러한 사용이 증가한다."[218] 그러나 앞서 보았듯이 이는 아프리카에만 고유한 현상은 아니었다.

따라서 아프리카인들이 "노예"를 죄나 "절박한 필요" 때문에 노예가 된 사람 그래서 새로운 가족 내의 의사-친족으로서 생각한 것이 아니라 노예수출 무역에서 기원했던 것으로 보이는 개념인 "판매 가능한 상품"으로 생각하기 시작했을 때 첫번째 전환이 이루어진 셈이다.[219] 게다가 노예를 파는 민족이 되는 것과 노예를 사용하는 민족이 되는 것 사이에 분명한 상호관계, 즉 시간이 지남에 따라서 나타난 일종의 상호관계가 있었던 것으로 보인다. 순서는 확실치 않지만 노예를 파는 것이 사용하는 것에 앞서는 경우가 그 역보다

---

217) Rodney(1967, 18). 서아프리카 내부에서 가내노예제에서 노예무역을 거쳐 환금작물 노예제로 이어지는 연속적 과정에 관해서는 Aguessy(1970, 76), Meillassoux(1971a, 20-21, 63-64) 참조. 아그시가 주장한 바 있듯이 그 세 시기가 "철저히 분리된"(p. 90) 것은 아니었다.
218) Kopytoff(1979, 65-66).
219) Johnson(1976, 38, 주 31 ; 비교 Martin, 1972, 104). 하지만 [아프리카/옮긴이] 내부의 노예제가 국가의 발전에 수반된 것이며 "서아프리카와 유럽의 해상무역이 15세기에 시작되기 전에 이미 진척되었다"고 주장하는 Fage(1969, 397) 참조. 그러나 Uzoigwe (1973, 205)는 노예무역이 낳은 대규모 노예계급은 새로운 것이었다고 주장한다. 그러한 노예가 그 전에도 알려지기는 했지만 "그 수는 미미한 것이었다." Lovejoy(1979, 36)는 어떤 의미에서는 훨씬 더 나아가, 17-18세기까지도 "노예화, 노예수출, 가내노예제의 증가에도 불구하고 노예가 경제 및 사회에 중심적인 지역은 여전히 비교적 제한되어 있었다……"고 주장한다. Manning(1981, 525-526)도 참조 : "19세기에 노예제가 광범위하게 존재한 것은 대륙의 거의 전 지역에서 시간상 거슬러올라갈 수 없는 최근의 현상이었다." 끝으로, Rodhey(1975a, 293-294)는 "북부 기니 해안의 18세기 말 상황은 양적, 질적으로" 가내노예제와 "달랐다"고 주장한다.

더 가능성이 높다.[220]

환금작물을 더욱 크게 강조하는 쪽으로 이행이 시작되었을 때, 특히 영국의 노예무역 폐지 선언 이후 몇십 년 동안, 노예판매국들은 그들 노예의 판로 일부를 상실했고 더욱이 유럽 생산물의 재판매로부터 얻던 무역이익 중 일부를 잃었으므로 경제적 어려움에 직면했다. 이러한 어려움의 여파를 유예시킬 수 없게 되자 노예판매국들은 "판매 불가능한 그 노예들을 대체작물 생산으로 전환시킴으로써" 그에 대응했다. 따라서 아자이가 주장하듯이 노예무역 폐지는 사실상 "가내노예 사용의 확대 및 강화"를 직접 이끌어냈던 것이다.[221]

---

[220] Van Dantzig(1975, 267)는 민족들이 전반적으로 노예를 생산하거나(노예사냥의 대상) 노예를 사냥하거나 그렇지 않으면 노예를 팔았다는 것을 상기시킨다. "한 국가가 약탈을 일삼게 되거나 노예의 판매에 몰두하자마자 그 국가의 미래는 보장된 것으로 보였다." 그로 인한 한 가지 결과는 그 국가의 인구가 증가했다 —— 번영에 의해서, 사람들을 노예로 잃지 않음으로써, 아마도 번창하는 지역으로의 "이주"를 통해서 그리고 매우 가능성이 높은 것으로는 노예화에 의해서 —— 는 것이다. 노예의 판매가 "과잉인구의 완화제"(p. 266)라기보다는, 이를테면 Fage(1975, 19)가 암시하듯이, 노예무역의 결과로 노예판매 지역의 인구밀도가 높아졌다.

Rodney(1966, 434)도 참조 : "북부 기니 해안에서의 대서양 노예무역의 최대 중개상들인 만데족과 풀라니족은 그후에도 내부 노예무역에 계속 손을 댄 부족들이었고 아울러 그 사회는 강제노동을 하는 상당수의 비특권적 개인들을 포함하게 되었다는 것이 눈에 띄는 사실이다."

[221] Ajayi(1965, 253). 그러나 나는 "가내(domestic)"라는 수식어는 약간 잘못된 것으로 생각한다. 왜냐하면 우리는 사실 고무나 야자유 생산과 같은 활동들을 언급하고 있는 것이기 때문이다. "수출상품"과 그러한 "가내노예제" 사이의 높은 상관성을 언급한 Catchpole & Akinjogbin(1984, 53) 참조. 유사한 것으로 Fyfe(1976, 186)에 따르면 대서양 노예무역과의 연관을 단절하라는 압력을 일찍부터 받은 프리타운과 배서스트에서는 "야채를 수확할 노동력을 공급하는 데에 내부 노예무역이 여전히 필요했다. 유럽인들을 위한 직접적 노동을 목적으로 대서양 건너로 더 이상 수출되지 않았던 노예들은 이제 유럽 시장을 위한 간접적 노동에 이용되도록 서아프리카 해안 내에서 팔렸다."

Klein & Lovejoy(1979, 211, 주 103)는 1976년의 내 논문에 답하며 "우리는 서아프리카에서의 노예의 집약적 사용을 고려하는 월러스틴의 명제를 수정한다. 이는 18-19세기에 '주변부화' 과정이 월러스틴이 말한 것보다는 더 진전되었음을 시사하는 것"이라고 단언하고 있다. 내 논문의 논점은 제대로 받아들여진 셈이다. 진행중이었던 그것을 나는 "주변부화"라기보다는 "병합"이라고 표현할 것이라는 점을 제외한다면 말이다.

세계경제에 병합되었다는 징표가 바로 서아프리카 내에서의 이러한 노예제 사용의 확대 및 강화이며 따라서 이는 노예무역의 증가 자체보다 더 결정적인 전환을 보여주는 것이다.[222] 노예들은 세계경제의 상품연쇄에 통합된 사업들에 사용할 노동자로 판매되었을 뿐만 아니라 재정적 투자의 대상 —— 자본재, 부의 저장소, 투기대상 —— 이 되었다.[223]

서아프리카에서, 상업적 생산을 위한 강제가 이렇게 증가함에 따라서 다른 곳에서 보였던 또다른 형태의 강제 —— 채무구속 —— 도 나타났다. 이는 유럽의 선박들이 아프리카의 중개인들에게 선금을 대는 것으로 시작되었고[224] 곧이어 그러한 관행은 내지(內地)에서 중개인들로부터 순회상인들에게로 옮아갔다. 예를 들면 나이저 강 삼각주에서 빚을 수금하는 비밀결사인 엑페 (Ekpe)의 발전은 18세기 중반에 노예무역이 급팽창한 시기에 시작된 것이다. 래텀의 말에 따르면 엑페는 "초보적인 자본주의적 기구"였다.[225] 그 다음 단계는 쉽게 이루어졌다 : 유럽의 수입품들은 "주요 원산물의 계절적 공급을 조건으로 하여" 신용담보로 인도되었다. 뉴베리는 이를 "새로운 대량 생산 무역에서 비롯된 중요한 구조적 혁신"으로 보고 있다.[226]

오스만에 관한 연구문헌이 이 시기의 노동의무의 증가에 대해서 별로 논의하고 있지 않다면 이는 단지 학문적 태만의 결과라고 할 수 있다. 우리는 이 점을 암시하는 것들을 알고 있다. 스토야노비치는 오스만의 세금구조를 논의하며 18세기 후반 펠로폰네소스 반도의 농민은 같은 시기 프랑스 농민보다

---

222) 비슷한 견해로는 Aguessy(1970, 89) 참조.
223) Latham(1971, 604) 참조.
224) "그리스도교인들에게, [대부금이 문화적 경계선과 "문명화된" 정부들의 초기 관할구를 넘었다는 점을 감안할 때의] 위험에도 불구하고 아프리카인들에게 돈을 빌려주는 것의 이점은 이자 지불뿐만 아니라 대부금이 돈을 빌려주는 쪽에게 다른 구매자들에 비해서 경쟁상의 이점을 제공한다는 사실에도 있었다. 채무자의 사업에 대한 준독점권을 확보하기 위한 대부 관행은 일찍이 1677년에 왕립 아프리카 회사의 감비아 지사에서 제안되었다." Curtin(1975a, 303). Martin(1972, 103)도 참조.
225) Latham(1973, 29). 실제로 Drake(1976, 149)는 "기원상 전통적이지만 명백히 빚을 수금하는 기관으로 이용될 수 있는" 그 엑페에 기반한 신용제도의 대규모 내부 연결망을 유지할 나이저 강 삼각주의 능력을 믿는다.
226) Newbury(1971, 97-98; 1972, 85도 참조).

"적어도 50퍼센트 더 많은 노동"을 제공해야만 했다고 평가한다.[227] 맥고언은 마케도니아는 강화된 날품팔이제(peonage) —— 부채를 통한 채찍과 채원 땅뙈기를 통한 당근으로 이루어진 —— 로 빠져들었다고 적었다. 그는 또한 루마니아와 남부 도나우 강 유역에서 정부가 지방 영주들과 협력해서 "갈수록 과중해지는 부역 요구를 입법화함으로써 거의 전 농민계급, 즉 클라카시(clacaşi)를 완전히 예속적인 지위로 떨어뜨리는" 방식에 대해서 말한다.[228] 또한 아이사위는 시리아에서 토지보유농이 소작인으로 변화되는 과정을 언급하며 환금작물 생산으로 지주들이 부역노동을 더 많이 사용하게 되었다고 지적한다.[229] 소작은 아나톨리아에서도 보편적인 현상이었다.

우리가 지금까지 입증하고자 했던 것은, 세계경제로의 병합은 생산영역이 자본주의 세계경제의 상품연쇄에 통합되는 것을 포함하고 있으며 또 병합시기에는 이 생산영역의 통합이 경제적 의사결정의 보다 큰 단위들(항상은 아니더라도 종종 플랜테이션을 포함하는)의 확립과 노동력 강제의 증가 둘 다를 필요로 하는 경향이 있다는 것이다. 반드시 연관된 것은 아니지만, 논의를 혼란시키는 반례들이 가끔 제시되었다. 이는 종종 병합과 제대로 구분하기 어려운 부차적인 현상이 발생했기 때문이다.

특정 지역권이 세계경제에 병합될 때 이는 종종 그 이상의 인접 지역권을 세계경제의 외곽지대로 끌어들인다. 마치 팽창의 바깥쪽 파문이 이는 것과 같은 것이다. 인도가 병합되었을 때는 중국이 외곽지대의 일부가 되었다. 발칸 국가들, 아나톨리아, 이집트가 병합되었을 때는 비옥한 초승달 지대의 일부와 마그레브가 외곽지대로 들어왔다. 유럽 쪽 러시아가 병합되었을 때 중앙 아시아(그리고 심지어는 중국)가 외곽지대 안으로 들어왔고 서아프리카 연안이 병합되었을 때 서아프리카 사바나 지역이 외곽지대로 되었다.

자본주의 세계경제의 관점에서 보면 외곽지대란, 자본주의 세계경제는 그 지역의 상품을 원하지만 역으로 그 지역은 매뉴팩처 상품을 수입하는 것에

---

227) Stoianovich(1976, 177).
228) McGowan(1981a, 72-73).
229) Issawi(1966, 236).

(아마도 문화적으로) 저항을 하며 자신의 기호를 유지할 수 있을 정도로 정치적으로 강력한 지역권이었다. 유럽은 18세기 초 이래 중국에서 차를 구입해왔으나 은 외에는 중국이 받아들일 만한 다른 어떠한 지불수단도 찾지 못했다. 이런 상황에서 인도의 병합은 영국에게 영국 자신에게는 더욱 좋고 중국으로서도 받아들일 만한 몇몇 대안을 제공했다. 이것이 인도-중국-영국의 삼각 무역이라고 불리게 된 것의 기원이었다.

삼각 무역은 동인도회사의 발명품이었다. 일찍이 1757년에 동인도회사는 중국의 차를 구입하기 위해서 벵골의 은을 선적하기 시작했다.[230] 이후 70년 동안 동인도회사가 중국에서 구입한 상품량(그중 90퍼센트는 차였다)은 다섯 배로 늘었다.[231] 은으로 치르는 그 값은 매우 높았을 것이다. 동인도회사는 이러한 상황을 바꾸기 위해서 무엇인가를 해야 한다는 압력을 크게 받았다.[232] 그 두 문제를 동시에 해결하는 방식이 하나 있었다. 한편으로는, 앞서 보았듯이, 서유럽 그리고 당연하게도 인도 아대륙의 여러 지역에서 시장을 가지고 있던 인도 면직물 제품들의 수를 줄이고 영국으로부터의 수입직물로 대체하는 과정이 진행중이었다. 그러나 이 과정은 인도에서 생산되는 면화를 어떻게 처리해야 하는가라는 문제를 낳았다. 왜냐하면 그것을 유럽으로 선적해 보내는 것은 이 시점에서 현실적으로 경제적이지 않았기 때문이다. 한편 중국은 보다 더 많은 원면이 필요했던 것으로 나타났으며, 인도의 직물제품과는 달리 중국 제품은 유럽에 수출되지 않았고 따라서 어떠한 경쟁상의 위협도 되지 않았다. 그러므로 인도의 면화를 중국으로 수출하는 것은 영국측에서 볼 때 적절한 시장판로를 제공하는 것이었고[233] 동시에 중국에 은을 수출할 필요를

---

230) Sinha(1956, I, 222). 이 시기(1772-74)에 영국인들은 "중국으로의 육로를 열기 위해서" 티베트에도 침투하기 시작했다. Hyam(1967, 124). 이는 구르카족이 육로를 폐쇄할 우려가 있었기 때문에 필요했다. Marshall(1964a, 17) 참조.

231) Chung(1974, 412).

232) "[영국의] 야심적인 제조업자들은 수출에 대응하여 인도와 중국의 상품이 런던에 대규모로 수입되는 것에 초조해했고 그에 대한 비난이 전적으로 동인도회사에 퍼부어졌다." Harlow(1964, II, 489). 동인도회사의 독점 관행이 민간 무역업자들이 유통망을 확대시키는 것을 제한했다는 것이 많은 이들의 주장이었다.

233) "1789년경에는 구자라트에서 벵골로의 원면 수출이 중단되었고 대신 상당량이 중국으로

없애주는 것이기도 했다.[234]

그럼에도 불구하고 면화 수출은 문제를 야기했다. 왜냐하면 중국은 자체적으로 면화를 생산하고 있었고 인도로부터의 수입은 단지 보조적인 데에 불과했기 때문이다. 중국에서 인도 면화의 가격은 중국의 연간 수확의 풍흉에 따라서 달라졌다. 이는 이윤을 불확실하게 했고 이로 인해서 동인도회사는 중국에서 거래 당사자보다는 중개 대리인으로 활동하기를 선호했으며 장기 계약을 통해서 수확 변동의 경제적 부담을 중국 상관의 상인들에게 전가했다. 1820년대는 중국의 수요가 침체되었으므로 특히 어려운 시기였다.[235]

그때 영국인들은 면화의 대체물을 발견했다 —— 말와와 벵골에서 재배된 아편이 바로 그것이었다. 원칙적으로 중국 황제는 아편 수입을 금지시켰으나 "부패한 중국 관료와 허약한 해군"의 결합으로 중국 항구들은 아편 무역에 그 문을 열게 되었다.[236] 아편 수입의 규모가 매우 커지자 원래의 상황이 역전되어 아편 값을 치르기 위해서 중국이 은을 **수출**하기 시작했다. 1836년부터 황제는 아편 수입 금지령을 더욱 진지하게 시행하고자 했다. 이로 인해서 1840년 아편 전쟁이 발발했고, 1842년의 조약으로 중국도 병합의 길에 오르게 된다.[237] 그러나 이는 또 하나의 다른 이야기이다.

인도는 세계경제에 병합됨으로써 생산유형의 변화(직조업의 쇠퇴)를 겪게

갔다. 무역의 급증은 피트의 [차에 대한 세금] 감면법으로 인해서 동인도회사가 광동(廣東)에서의 차 구입을 크게 증가시켰던 1784년경에 시작되었다." Nightingale(1970, 23). Mui & Mui (1963, 264)도 참조.
234) Sinha(1956, I, 222)가 중국으로의 은 수출의 중단을 1790년대의 언저리로 잡고 있는 반면, Greenberg(1951, 10)는 1804년을 그 시기로 잡고 있다. Marshall(1964a, 16)은 "18세기 말까지 인도의 [대 영국] 무역의 성장은 광동이 낳은 수요와 기회를 언급하지 않고는 설명할 수 없[게 되었]다"고 말한다.
235) Greenberg(1951, 80-81, 88) 참조.
236) Greenberg(1951, 111). 면화의 이윤이 낮고 불확실했던 반면, "다른 어떤 상품도, 거의 투자를 필요로 하지 않는 그 아편만큼 이윤이 높을 수 없었다." Chung(1974, 422). Sinha(1970, 27)도 참조. 1821년에 이르면 아편이 삼각 무역의 제1품목으로서 차를 앞질렀고(Chung, 1974, 420) 1840년에 이르면 중국으로의 인도 아편 수출액은 면화 수출액의 세 배를 넘어섰다. Fay(1940, 400). Owen(1934, 62 이하)도 참조.
237) Greenberg(1954, 141, 198-206, 214) 참조.

되었다. 그 변화는 구자라트 지역의 면화 생산자들에게 문제를 일으켰는데 이는 외곽지대에서 판로(중국)를 찾음으로써 해결되었다. 비슷하게 서아프리카 연안 지역은 세계경제에 병합됨으로써 경제유형의 변화(결국 노예무역의 종식)를 겪게 되었고 그 변화는 노예판매 지역들에 문제를 낳았다. 일부 지역들은 자본주의 세계경제에서 팔릴 환금작물로 재전환했고 또다른 지역들은 여러 가지 이유로 이 시점에서 적시에 그렇게 변화할 수가 없었다. 그 지역들은 새로운 생산물에 대한 새로운 판로를, 새로운 외곽지대인 서아프리카의 사바나 지역에서 찾았다.

사하라 교역 —— 북쪽으로는 마그레브에 면해 있고 남쪽(서쪽)으로는 서아프리카의 삼림 및 연안 지역에 면해 있는, 서아프리카의 사바나 또는 사헬(Sahel : 서아프리카의 반[半]건조기후 지대. 약간의 초본과 교목이 자람/옮긴이) 권역의 무역을 포괄하는 말 —— 은 1820년에서 1875년 사이에 "재등장했고" "급성장했다."[238] 18세기 말 삼림지역의 주요 노예판매국인 아샨티 왕국은 "19세기 초 대서양 노예무역의 감퇴에 대한 아샨티 정부의 대응"[239]으로서 북쪽인 하우사족 지역으로 콜라나무 수출을 크게 확대했다. 그러나 가장 주목할 만한 변화는 사바나 지역권 자체에서 일어났다. 그것은 두 개의 중심적 현상들로 특징지어졌다 : 주요 이슬람 개혁주의와 팽창주의적 국가건설 운동들, 특히 우스만 단 포디오(1754-1817, 소코토 칼리프 국의 창건자. 나이지리아 북부지역을 중심으로 이슬람 개혁운동을 개시하여 19세기 초 아프리카에서 가장 강력한 독립국가를 창건함/옮긴이), 알 하지 우마르(1794/97-1864, 이슬람 성직자로서 지금의 세네갈, 기니, 말리 등지에서 저술 및 군사활동을 통해서 이슬람의 확대를 시도했음. 이븐 사이드 탈 우마르라고도 부름/옮긴이), 사모리(1830?-1900, 지금의 기니 지역의 통치자. 상인 출신이지만 탁월한 군사적 지도 역량으로 사바나 남부지역에서 가장 강력한 국가들 중

---

238) Meillassoux(1971a, 13, 57). 그 규모는 1870년대에 절정에 달했고, 1860년대에 서아프리카 연안의 야자유 무역이 지녔던 것과 동일한 가치를 지녔다. Newbury(1966, 245) 참조.
239) Wilks(1971, 130). 하우사족과 그 연안지역과의 결합은 18세기 초로 거슬러올라가지만 (Colvin, 1971, 123) 19세기에 상당히 증가했다.

하나를 창건했고 프랑스에 오랫동안 저항함/옮긴이)의 운동들의 눈부신 팽창과 마찬가지로 노예제 현상의 눈부신 팽창이 그것이다.

이슬람 운동들의 경우, 그 이야기는 기본적으로 18세기 말에 이슬람 세계 전역에서 수피 교단이 부흥한 것으로 시작된다. 이는 의심할 바 없이 (그리스도교) 유럽의 팽창이 제기한 위협에 대한 인식과 당시의 3대 이슬람 정치체 —— 무굴 제국, 사파비 왕조(수피 교단에 기원을 두고 1501-1722년에 이란 지역을 장악한 왕조/옮긴이), 오스만 제국 —— 의 쇠퇴와 연관된 것이었다.[240] 서아프리카에서는 대서양 노예무역이 야기한 내지의 계속된 혼란이 분명히 이러한 불안감에 계속 그 기반을 제공했다.[241] 많은 논평자들이 주장해왔듯이, 그 주요 종교운동들을 단순히 도구적 정치로 환원할 수만은 없다.[242] 그러나 이러한 종교운동들이 낳은 정치적 변화들은 사회적, 경제적 변화라는 보다 큰 맥락에서만 설명될 수 있다는 것 역시 분명하다. 우리는 곧

---

240) Martin(1976, 2-3) 참조.
241) 이를테면 Becker & Martin(1975, 272)은 (현재의 세네갈/말리에 위치한) 카요르(Kayor)와 보알(Boal)의 상황을 묘사하면서 "노예무역과 내지의 무질서 사이에는 뚜렷한 연관성이 있고 사료들이 이를 확실히 보여준다"고 말한다. 그들은 계속해서 "이러한 농민저항에 대한 조사결과는……국내 정치문제가 아니라, 특히 대서양 무역에의 족장들의 참여 결과에 대한 반응이 일차적으로 중요했음을 보여준다. 반란들의 목표는 '약탈'과 노예사냥을 중단시키는 것이었다"(pp. 291-292, 주 31)라고 말한다.
242) Waldman(1965)은 우스만 단 포디오가 어떻게 여러 요인들을 결합시킴으로써 지지를 끌어냈는지를 논의하고 있다. Hodgkin(1960, 80)이 강조한 억압자 대 피억압자라는 요인은 여러 요인들 중 하나에 불과했다. Last(1974, 10)는 농민들과 상인들이 지하드에 "거의 개입하지 않았다"고 주장한다. 그러나 Hiskett(1976, 136-139)은 "폭력적인 노예화 과정"과 유럽의 배들이 해안에 쇄도함으로써 야기된 카우리 조개화폐 인플레를 비롯한 지하드의 사회적, 경제적 배경을 설명한다.

　75년 뒤에 등장한 알 하지 우마르에 대해서는 Oloruntimehin(1974, 351-352)이 알 하지 우마르가 반귀족투쟁에 기반하여 자신의 추종자들을 동원했다고 주장하는 Suret-Canale(1961, 191-192)을 비판하고 오히려 "종교적 요인"을 강조한다. Last(1974, 21)는 프랑스인들에 대항한 알 하지 우마르의 투쟁이 "그의 지하드에 중심적이지 않았다"고 말한다. Hiskett(1976, 155)은 이번에도 사회적 명제에 대해서 좀더 관대하지만 어느 정도까지만 그렇다. 지하드는 "서아프리카에 대한 프랑스의 식민침투 절정기에 발생했다. 그 결과, 지하드는 종종 유럽 식민주의에 대한 아프리카 저항운동으로 제시되어왔다. 그러한 해석은 전적으로 부당하지는 않지만 너무 단순하다."

이 정치적 변화들을 그 자체로 간단히 논의할 것이다. 우선은 경제적 변화들에 집중하자.

왜 이 시기 사바나 지역에서 노예제가 그렇게도 두드러지게 팽창했는가? 어떤 의미에서 보면 그 대답은 간단하다. 노예에 대한 수요가 남쪽과 북쪽 인접지역 모두와 사바나 자체 내에서도 증가했던 것이다.[243] 나는 이미 남쪽 수요의 원천에 대해서는 서술했다. 대규모 생산의 성장은 "수적으로 더 많은 노예들에 의존하는 노동집약적인 경제"를 창출했다.[244] 북쪽인 트리폴리와 그 위 이집트, 키프로스, 콘스탄티노플로의 노예 수출은 18세기에 비해서 두 배로 늘었다. 이는 19세기가 본래 경제적으로 "급격한 호황을 이룬" 시기였기 때문이다. 그럼에도 불구하고 이러한 무역은 계속해서 대체로 여성 노예의 무역으로 남아 있었다. 그 결과 가내 "사치품" 소비를 반영했다.[245]

마지막으로, 상당수의 노예들이 사바나 지역에서 지역경제를 위한 생산에 이용된 새로운 플랜테이션 구조에서 사용되기 위하여 유지되었다.[246] 어떤 의미에서 보면 서아프리카 연안 병합의 파급효과로, 18세기 초 연안이 여전히 외곽지대였을 때 그곳에서 일어났던 것과 동일한 현상이 19세기 서아프리카 사바나에서 나타났다 : 즉 노예판매국들이 부상하고 국지적-지역적 생산을 위한 노예사용이 확대되었다.

---

243) Lovejoy(1979, 42) 참조.
244) Tambo(1976, 204). 탐보는 소코토(Sokoto) 칼리프 국을 당시 베냉 만과 비아프라 만에 대한 노예의 주된 공급처로 서술한다. Klein & Lovejoy(1979, 197)도 참조 : "19세기까지는 삼림지역에서도 대규모 생산이 보편화되었다. 플랜테이션이 아샨티의 쿠마시 주위에서 발견되었고 수천 명의 노예들이 금광에 사용되었다.……다호메 왕국과 요루바 연방에서는 정부 역시 농업과 상업 둘 다에서 노예노동에 의존하는 대규모 생산에 관여했다.……북동부 이볼란드의 새로운 농지에서는 얌(yam)의 플랜테이션이 보편화되었다. 중부 이보 지방에서 야자수를 재배함에 따라서 북부 국경지방은 식량의 주요 공급처가 되었다. 이와 비슷한 유형이 칼라바르의 인접 배후지에서도 등장했다."
245) Austen(1979, 60-61, 표 2.7). Boahen(1964, 128)은 여성 노예를 60퍼센트, 10세 이하 아동 노예를 10퍼센트로 추정하고 있고 남성 노예는 주로 거세되어 사용되었다고 말한다. M'Bokolo(1980)도 참조.
246) Lovejoy(1979, 1267-1268 ; 또한 1978) 참조. Meillassoux(1971b, 184-186)는 더 서쪽의 사바나 지역에서 유사한 현상을 보고한다.

세계경제로의 병합은 필연적으로 정치구조들이 국가간 체제에 삽입되는 것을 의미한다. 이는 그 지역에 이미 존재하고 있는 "국가들"이 "국가간 체제 내의 국가들"로 스스로를 변화시키든가, 아니면 그러한 형태를 취하고 있는 새로운 정치구조에 의해서 대체되든가, 아니면 이미 국가간 체제 내에 속한 다른 국가들에 흡수되든가 할 수밖에 없다는 것을 의미한다. 통합된 노동분업의 원만한 작동은 상품, 화폐, 사람들이 국경을 넘어 정상적으로 유통될 수 있는 가능성에 대한 일정한 보장 없이는 이루어질 수 없다. 이는 이러한 유통이 "자유로워야" 한다는 말은 아니다. 실제로 그러한 유통이 자유로웠던 적은 거의 없다. 그것은 이러한 유통에 제한을 가하는 국가들이 어느 정도는, 국가간 체제에 속한 개별 구성 국가들의 집합체(실제로는 소수의 강국들만이지만)가 강요하는 일정한 규칙들에 구속받으며 행동한다는 것을 의미한다.

당시 존재하던 국가간 체제의 관점에서 볼 때, 병합을 겪는 지역의 이상적 상황은 너무 강하지도 너무 약하지도 않은 국가구조의 존재이다. 국가구조가 너무 강한 경우에는 그것이 세계경제 내에서 자본 축적을 극대화한다는 것 외의 다른 요인에 대한 고려에 기반하여, 반드시 필요한 국경간 유통을 방해할 수도 있다. 또한 국가구조가 너무 약한 경우에는 자신의 영토 내의 다른 세력이 이러한 유통을 방해하는 것을 막을 수 없을지도 모른다. 병합과정의 막바지에 이르면, 내적으로는 여러 면에서 생산과정에 직접 영향을 끼칠 정도로 강력한 관료기구를 두고 있으면서 외적으로는 국가간 체제의 표준적인 외교망, 유통망과 연결되어 있는 국가들을 보게 되리라고 예상할 수 있다.

이와 관련된 변화는 19세기의 서아프리카 국가들과 무역업자들의 관계에 대한 메야수의 논의에서 훌륭하게 포착되었다 :

> 모든 곳에서 무역이 국가체제들의 존재에 의해서 고무되었다는 것은 어떠한 분명한 방식으로도 확증되지 [않는다]. 국가체제의 군국주의는 무역업자의 평화주의와 대립되는 것이었다.……19세기 여행자들에 따르면 대상(隊商)이 피하는 가장 위험한 지역은 상호간의 전쟁이 우려되는 가장 중앙집권화된 국가들의 영토이다.……
>
> 행정수단(운송, 통화, 공공질서)이 교역수단이 될 때 국가는 무역을 촉진시키는 데에 적극적인 역할을 하기 시작한다. 이러한 경향은 무역업자를 국가의 한 신민으로

통합하기에 이르고 그의 '이방인'이라는 지위를 제거해준다. 이러한 현상은 대체로, 노예무역이 우세한 기니 만(灣)에서 볼 수 있다.[247]

한 지역권이 세계경제에 병합됨에 따라서 그 지역의 국경간 무역은 세계경제에 대해서 더 이상 "외적인" 것이 아니라 "내적인" 것이 된다. 무역은 커다란 위험이 걸려 있는 어떤 것에서 국가간 체제에 의해서 장려되고 보호받는 것으로 바뀌었다. 우리는 바로 이러한 전환에 대해서 이야기하고 있는 중이다.

물론 우리가 분석하고 있는 네 지역들의 그때까지의 정치상황은 서로 아주 달랐다. 따라서 필요한 여타 정치적 변화의 세부사항도 서로 상당히 달랐다. 그럼에도 불구하고 앞으로 보게 되듯이 병합의 마지막 결과물들은, 각 지역의 특수성이 완전히 사라지지는 않았지만, 처음보다는 그 차이가 덜한 것으로 드러났다.

이번에는 오스만 제국으로 분석을 시작해보자. 오스만 제국은 1683년 빈에 대한 포위공격에 실패한 이래 전 경계선에서 끊임없이 압박을 받았다. 주로 오스트리아 및 러시아와의 잇달은 전쟁들로 인해서 제국은 18세기(또한 19세기) 내내 느리지만 끊임없이 영토를 상실했고, 그러한 과정의 최종적 결과는 기본적으로, 오스만 제국의 원래의 핵심부인 아나톨리아로 줄어든 터키 공화국 —— 현재의 터키 국경선 내의 —— 이 된다. 오스만 제국의 물리적 축소는 제국이 팽창하던 시기에 창출되었던 제도들로 제국을 정치적으로 통제할 수 있는 능력이 계속 축소된 것과 오랫동안 맞물려 있었다. 특히 그 국가는 생산, 유통, 폭력, 행정수단을 통제할 능력이 심각하게 줄어들고 있는 중이었다.[248]

제국의 영토 팽창이 중단됨에 따라서 제국구조의 기본 토대인 티마르(timar) 제도는 심각한 타격을 입었다. 티마르 제도에서는 새로 획득한 토지가 중앙국가의 지방대표, 특히 세금징수원의 역할을 담당하는 중간관리(시파

---

247) Meillassoux(1971a, 74).
248) 이 주제는 Wallerstein & Kasaba(1983, 338-345)에서 훨씬 더 상세히 다루었다.

히[sipahi])에게 분배되었다. 중앙국가는 가신들에게 토지로 보수를 주는 능력을 잃은 것과 동시에 세입수준을 유지할 능력이 오랫동안 저하되었다——이는 부분적으로는 가격 인플레이션(세계경제의 외곽지대에 들어가 이러한 세계경제로부터 유출된 은의 수령자가 된 것의 영향) 때문에, 부분적으로는 한 때 수지 맞았던 무역로의 전환(16-17세기에 유럽 세계경제의 새로운 대서양 및 인도양 무역로 부상의 영향) 때문이었다. 국가는 이 문제를 해결하기 위해서 징세청부에 의존했고 이는 결국 제국 영토의 준(準)사유화를 초래했다.

히스바(hisba : 원래는 상품의 척도와 도량형 등에 대한 시장 규정을 말하다가 점차 경제 전반에 대한 규정으로 자리잡음 /옮긴이) 규제를 통해서 상업활동을 세부적으로 통제하는 능력도 마찬가지로 감소했다. 오스만 제국의 중심부에 대한 식량 공급을 우선화하기 위해서 모든 무역거래를 통제하던 정부의 능력은 유럽의 통화가 제국 내에서 쉽게 유통되고 관료기구에 돈을 빌려주는 방식이 널리 확산되는 제도에 그 자리를 내주었다.

17세기가 끝날 무렵에 이르면 제국은 군사영역에서 유럽인들에게 뒤지기 시작했다. 중앙정부는 이를 개선하기 위해서 지방 행정관들에게 용병부대(섹반[sekban] 부대)를 창설하는 것을 인가했고 스스로도 중앙의 용병부대(예니체리[yeniçeri])를 늘렸다. 재정적 어려움이 증가하는 것을 감안할 때, 용병부대의 성장은 장기적으로 보면 통제하기 어렵고 동시에 반항적인 종복 집단의 성장을 의미할 뿐이었다.

마지막으로, 제국에서 지방 관리들과 지방 유력자들(아얀[ayan])은 징세청부로부터 수입을, 섹반 부대로부터 군사력을 확보함으로써 그 힘을 키워갔다.[249] 러시아와의 전쟁에서 패한 뒤, 1774년에 퀴취크 카이나르카(Küçük Kaynarca)의 "비참한 강화조약"[250]을 맺은 시기에 이르면 아얀들이 "여러 지역에서 사실상의 통치자"로 부상했고 "권력 쟁취를 위해서 경쟁할" 만한 위치에 있었다.[251]

---

249) 티마르의 몰락에 따른 아얀의 부상에 대해서는 Sućeska(1966) 참조.
250) Heyd(1970, 355).
251) Karpat(1972, 355).

이러한 지역권력의 부상은 오스만 제국 도처 —— 루멜리아(발칸 국가들), 비옥한 초승달 지대, 이집트, 북아프리카 —— 에서 일어났다. 그러한 현상은 이집트에서 가장 극적인 형태를 취했다. 무함마드 알리는 사실상 오스만 제국에서 이탈하여 나폴레옹 침입의 여파 속에서 새로운 국가를 출현시켰다(나폴레옹이 이집트를 점령한 것은 1798년이고 무함마드 알리는 1804년에 이집트 총독이 됨/옮긴이). 그러나 이집트의 자치가 그것의 전제조건인 오스만의 내적 쇠퇴와만 함수관계에 있었던 것은 아니다. 그것에만 관계되었다면 무함마드 알리는 새로운 강력한 대항제국을 수립하는 데에 성공했을지도 모른다. 병합과정의 맥락에서 영국과 프랑스 사이의 세계전쟁은 초기에 무함마드 알리의 이탈을 가능케 하기는 했지만, 이후 영국은 그러한 새로운 제국구조를 공고화할 그의 능력을 (40년 이상) 제한했다[252](무함마드 알리가 이집트의 세습군주로 인정된 것은 1841년 런던 조약을 통해서였음/옮긴이).

발칸 국가들의 사실상의 "자치"의 증가 역시 마찬가지로 인상적이다. 18세기 말에 이르면 발칸 지방들에 대한 오스만의 통제는 "순전히 명목적인"[253] 것이 되었다. 세르비아의 파스바노글루 오스만 파샤와 야니나의 알리 파샤 같은 인물들은 "반(半)독립적"이 되었다. 그들의 기반은 대지주 계급에 있었지만, 지방의 상인계급도 그들을 지지했다. 지방 상인계급은 "터키 제국 정부로서는 더 이상 어찌할 수 없는 무정부 상태를 억제할 강력한 정부구조를 창출하는 데에 모든 관심을 집중하고 있었다."[254] 그러나 새로 부상한 강력한 구조는 제국의 산자크(sandjak : 파샤의 통치를 받는 오스만 제국의 하부 지역

---

252) Abir(1977, 295, 309) 참조 : "오스만 중앙정부의 권위와 권력은 18세기 후반과 19세기 초에 급속히 쇠퇴했다.……중앙정부를 희생시켜 자신들의 자율성을 공고히 하고자 한 총독(vali) 가운데 이집트의 무함마드 알리는 예외적이었다.……무함마드 알리의 팽창은 오스만 제국에 만연했던 약체성과 불안정에 의해서 촉진되었다. 그 팽창은 그에게는 불행하게도 그 지역에 대한 영국의 관심 증대와 그 시기가 일치했다."
253) Skiotis(1971, 219). 아얀들은 이제 "오스만 국가에게 가장 위험한 도전"을 하고 있었다. Jelavich & Jelavich(1977, 16). 비옥한 초승달 지대에서의 동일한 현상에 대해서는 Hourani(1957, 93-95) 참조.
254) Buda(1972, 102). 다마스커스, 알레포, 성도(聖都)들에서의 지방권력(지주와 상인)의 비슷한 공동 기반에 대해서는 Hourani(1968, 52-54) 참조.

단위 /옮긴이)보다 큰 중간규모 단위의 틀 내에서 창출되고 있었다.

술탄 마흐무드 2세가 추진한 개혁의 목표는 이러한 중앙권력의 극도의 분열상을 끝내는 것이었다. 결국 그는 아얀과 예니체리 둘 다를 폐지할 수 있었다.[255] 그의 성과는 "중앙집권화된 관료제와 평민들로 충원된 상비군이 떠받치고 새로운 세속적, 진보적 지향성을 가지고 구성된 절대군주정을 수립한"[256] 데에 있었다. 그러나 이러한 공고화에는 대가가 따랐다. 어떤 의미에서 보면 그는 결국 근대적인 "국가간 체제에 속한 국가"를 창출하는 데에 성공했으나 그러한 성공은 이전의 오스만 제국 전체보다는 작은 지역에서만 이루어진 것이었다.

19세기 초 마흐무드 2세의 개혁 및 재중앙집권화 시도는 최초의 제대로 된 성공적 이탈인 "그리스 봉기의 직접적 원인"[257]이 되었다. 그리스인들의 운동은 공동의 언어 및 신조를 중심으로 형성된 고전적인 민족주의적 형태를 결국 취하게 되긴 하지만,[258] 오스만의 재중앙집권화에 대한 저항의 보다 넓은

---

255) Karpat(1972, 243-256) 참조.
256) Berkes(1964, 92).
257) Braude & Lewis(1982, 19). 이들은 계속해서 다음과 같이 말한다 : "18세기 말과 19세기 초에 그리스의 해상무역 집단들은 크게 번영했다. 혁명전쟁과 나폴레옹 전쟁의 혹독한 시기 일부 동안에 중립을 지켰던 오스만의 깃발은 그 집단들에게 무역상의 상당한 이점을 주었고, 그 시기 오스만 제국의 느슨하고 고도로 지방분권화된 행정 덕분에 그 집단들은 자체적인 행정적, 정치적, 심지어는 군사적 제도들을 운영할 수 있었다. 그리스의 상당 부분을 통치한 지방 지배자들과 군주들은 대부분 이슬람 교도였다. 그러나 그들은 주로 그리스인들의 공국들을 지배했고 그리스인 각료 및 관리들의 도움을 받았으며 그리스인 군대를 고용하기까지 했다. 따라서 마흐무드 2세가 오스만 중앙정부의 직접적 권한을 회복하려는 시도는 실제로, 그리스인들이 이미 누렸던 특권들의 심한 축소를 의미하는 것이었다."

마흐무드 2세가 자신의 개혁주의적 계획을 수행하는 데에는 시간이 다소 걸렸다는 것에 주목해야 한다. 마흐무드 2세는 1807년에 그가 집권하는 데 루슈(Rusçuk : 지금의 불가리아 지방 /옮긴이)의 아얀인 알렘다르 무스타파 파샤가 행한 큰 역할 때문에 실제로 1808년에 아얀들에게 루멜리아와 아나톨리아에 있는 그들의 영토에서 상당한 자유를 누릴 것을 허용한 세네디 이티팍(Senedi Ittifak) —— Karpat(1974, 275)가 "굴욕적인 양보를 한 법"이라고 간주한 —— 을 공포하는 것으로 자신의 통치를 시작했다.
258) Dakin(1973, 56) 참조.

기반은 초기에 그리스 전쟁과 루마니아에서의 정치적 저항 둘 다에서 중요한 역할을 수행했던 "불가리아인들"을 통해서 가늠해볼 수 있다.[259]

오스만 제국이 "유럽 국가체제에 참가한 첫번째 비그리스도교국이자 유럽 국가체제의 외교 형태를 무조건적으로 받아들인 첫번째 나라"가 된 것은 이렇듯 중앙집권화된 권력의 쇠퇴를 막고 외부 군사압력을 피하려고 했던 상황 속에서이다.[260] 최초의 서방 "외교관"인 윌리엄 하본이라는 이름의 한 영국인이 일찍이 1583년에 이스탄불에 도착했지만[261] 오스만의 일방성과 유럽 국가들에 대한 멸시는 당시에도 여전히 억제되지 않았고 18세기 말까지 거의 계속 그러했다. 그러나 유럽에서 오스만이 지리적으로 축소된 첫번째 단계인 1699년의 카를로비츠 조약(Treaty of Karlowitz : 오스트리아와 러시아 등에 의한 반[反]오스만 유럽 동맹과의 전쟁에서 오스만은 승리하지 못했고, 오스트리아와 체결한 이 조약으로 유럽에서의 영향력을 결정적으로 상실하게 됨/옮긴이)은 적어도 일시적이나마 협상에 묵종하고 규칙을 인정하는 것의 시작, 즉 오스만의 새로운 외교적 입장을 보여주는 것이었다.[262]

이와 비슷한 사태 전개가 "영사(consul)"의 역할에서도 시작되고 있었다. "치외법권"은 원래 비이슬람교 종교공동체 밀렛(millet)에 속한 외국인들에게

---

259) Todorov(1965, 181) 참조.
260) Hurewitz(1961a, 455-456 ; 1961b, 141)는 다음과 같이 덧붙인다 : "따라서 오스만 제국이 유럽과 완전한 외교적 호혜성을 실현한 것은 유럽 국가체제가 세계체제로 변화하는 데에 중요한 일보였다."
261) Anderson(1984, xv) 참조.
262) 카를로비츠에서 베네치아측 참가자 카를로 루치니는 오스만인들의 협상방식의 뚜렷한 변화에 대해서 기록했다. 그는 그들이 "참가자들의 동등성"을 받아들인 것, 분쟁을 "방법"에 기꺼이 종속시킨 것, "협상의 형식에 대해서 숙고한 것"을 강조했다. 그러나 이는 오스만의 자아상은 아니었다. 그들은 "동맹국 중 어느 나라도 조건을 지시하는 '고래의' 협상절차의 변화를 요구할 수 없도록" 하고자 했다. Abou-el-haj(1974, 131, 134).

그 조약을 통해서 오스만인들은 헝가리와 트란실바니아를 포기했고 모레아와 달마치아의 정복을 인정했으며 포돌스크과 (1702년에는) 아조프를 반환했다. Sugar(1977, 200) 참조. 이는 국경을 확정해야만 한다는 것을 의미했고 그 과정은 1703년까지 완료되었다. 유동적인 국경은 더 이상 적법하지 않았고, "국경의 안정화는, 생활방식의 변화가 이루어질 정도로, [오스만] 국가측이 [타타르] 국경의 집단들에 대해서 기꺼이 직접적 제한을 가하는 것을 필요로 했다." Abou-el-haj(1969, 475).

부여된 특권이었고 그들의 대표가 "영사"였다. 1634년까지도 술탄은 파리로부터의 언질을 기다리지 않고 프랑스 대사를 "임명했다." 그러나 1683년 이후 일단 지리적 축소가 시작되자 치외법권은 오스만 제국 정부가 유럽의 여타 강국들에게 맞서는 데에 필요한 유럽의 "외교적 지원"과 교환할 수 있는 것이 되었다.[263] 1740년, 프랑스인들은 1739년에 베오그라드에서 오스만이 러시아인들과 평화협상을 벌일 때 도움을 준 대가로 바로 그러한 보상을 받았다. 이는 프랑스의 대 오스만 제국 무역을 상당히 증가시켰다.[264]

그러나 가장 중요한 것은 오스만인들이 프랑스인들과의 이러한 새로운 협정을 통해서, 보호증(베랏[berat]) 발급을 외국인들만이 아니라 외국 영사의 보호를 받을 권리가 인정된 오스만의 비이슬람계 신민들에게로 확대함으로써 "치외법권"의 의미를 재정의했다는 점이다.[265] 이는 상인계급의 전반적인 사회적 구성을 크게 변화시켰다. 대부분의 지역에서 이슬람 교도들이 "다수이거나 강력한 소수"였던 상황에서, 치외법권을 통하여 외국 영사에 연결된 비이슬람 교도들(그리스인, 아르메니아인, 유대인, 레반트인)이 금융, 산업, 대외무역에서 우세해진 상황으로의 변화 말이다.[266]

1774년에 퀴취크 카이나르카 조약이 오스만인들에게, 원조 없이는 자신을 군사적으로 보호할 수 없는 위치에 있다는 "쓰라린 사실"을 인식시켰을 때, 그들은 유럽 국가간 체제라는 "복잡한 메커니즘" 속에 통합되어야 한다는 "명백한 결론을 얻게 되었다."[267] 오스만 제국이 최초로 "상호외교를 실험

---

263) Inalçik(1971, 1180, 1185).
264) Paris(1957, 93-101) 참조. 그러나 1768-89년에 프랑스가 더 이상 오스트리아-러시아의 공격을 막아내는 데에 효율적인 도움을 줄 수 없었을 때 프랑스와의 무역관계는 감소했고 영국이 무역상대국으로 부상하기 시작했다(pp. 104-106 참조).
265) Hodgson(1974, III, 142) 참조.
266) Issawi(1982, 262). 또한 이슬람 교도들(아나톨리아의 터키인들, 서아시아의 아랍인들)이 우세하기는 했지만, 농업에서조차 밀렛이 중요했다. "가장 급속하게 팽창한 농업부문"(p. 263)이 된 면화를 생산하는 데에 특히 그랬다.
267) Heyd(1970, I, 356). Gibb & Bowen(1950, 19)은 이 시기 전에 오스만 제국의 통치계급 지도자들은 유럽에 대해서 전혀 열등감을 느끼지 않았다고 주장한다. "태도가 변한 것은 재난스런 두 전쟁, 즉 1767년부터 1774년까지의 한 전쟁과 1788년부터 1792년까지의 또

한."[268] 동시에 치외법권 행정의 "남용을 줄인" 것은 셀림 3세의 치세기(1789-1807)이다. 그러나 후자의 노력은 "모든 개혁을", 자신들과 자신들의 보호를 받는 상인들이 이러한 "남용"을 통해서 얻던 "이득을 줄이려는 새로운 시도로만 보았던" 유럽 대사들과 영사들에 의해서 성공적으로 저지되었다.[269]

이 새로운 분위기가 유럽 열강이 그 제국 내에서의 탈집중화 추진의 지원에 나서는 것을 막지 못했다. 보나파르트는 이집트를 침략했고, 그럼으로써 그러한 침략이 러시아와 영국에 이익이 돌아갈 뿐임을 우려했던 구체제의 신중한 유보를 결정적으로 끝냈다.[270] 그리고 그 우려는 현실로 드러났다.[271] 영

한 전쟁을 겪은 뒤였다."

Karpat(1972, 246)는 퀴취크 카이나르카 조약의 군사적 의미 외에도 경제적 결과를 상기시킨다 : "1774년의 퀴취크 카이나르카 평화조약과 1792년의 야시(Jassi) 조약을 통해서 흑해를 러시아인들에게 개방함으로써, 오스만은 흑해의 북부 해안에 걸쳐 있는 영토의 상실과 함께 주요 경제적 기반을 박탈당한 것이었다. 흑해는 프랑스와 영국의 지중해 무역 지배에 상응하는 배타적인 오스만 무역권이었던 것이다."

268) Hurewitz(1961a, 460). 1792년에 오스만의 최초의 상임 대사관이 해외에 파견되었다. 논리적으로 보면 프랑스가 선택 대상이었다. "그러나 숙고 끝에, 이러한 조처가 프랑스와 전쟁중이며 따라서 오스만 사절을 받아들이기를 거부할지 모르는 다른 유럽 국가들을 화나게 할 것임이 우려되었다." Naff(1963, 303). 대신에 대사관은 런던에 개설되었고 1794년에는 빈, 1795년에 베를린, 1796년에 파리에 개설되었다. Shaw(1971, 187-189, 247-248)도 참조.

외교적 호혜성은 술탄을 알현하는 동안 대사들에게 보인 오스만의 냉대도 종식시켰다. 영국 대사는 1794년에 "나는 이전 술탄들이 왕의 대신들을 알현할 때 보였다고 전해지는 퉁명스럽고 경멸적인 위엄 대신에, 유럽의 다른 군주로부터 기대할 수 있는 정도로 관대하고 친절한 접대를 그 지배군주로부터 받았다"고 보고했다. Hourani(1957, 116)에 재인용.

서유럽과 중국 사이의 외교적 호혜성은 1875년, 일본과는 1870년, 페르시아와는 1862년이 되어서야 정착되었다. "이와 대조적으로, 모든 주요 유럽 열강과 수많은 군소 유럽 국들은 18세기 말 이전에 이스탄불에 외교사절단을 계속 두었다." Hurewitz (1961b, 144-145).

269) Shaw(1971, 178-179).
270) 1784년에 베르젠은 프랑스 대사인 슈아쾰-구피에 백작에게, 터키인들에게 "군대혁신"을 도와줄 군사사절단을 제공하라고 지시했다. Roche(1985, 84-85).
271) "보나파르트 원정의 가장 직접적인 결과는 오스만 정부를 프랑스의 적국인 영국과 러시아에게 잃은 것이었다.……따라서 보나파르트의 무모한 도박으로 프랑스는 여러 세기

국인들은 바이런 경이 그 로맨스를 노래한 적이 있는 그리스 독립전쟁을 실제로 지원했다.[272]

셀림의 개혁들은 불충분했는데 이는 오스만의 외교가 상시적인 전문관료제에 의한 조직적 기반을 결여하고 있었기 때문이다. 이는 마흐무드 2세의 통치(1809-39)의 또 하나의 성과가 될 것이었다.[273] 일단 영국이 결정적인 헤게모니의 지위를 얻자 영국은 프랑스를 대체해서 오스만을 보전할 보호자 역할을 떠맡았다. 영국은 오스만을 보전하는 것이 오스트리아와 러시아의 야심을 저지하는 동시에 인도로 가는 생명선을 확보하는 것 —— 당시 영국의 최우선적인 관심사가 된 —— 으로 보았다.[274] 그러나 가장 중요한 것은 영국이 이제 오스만인들에게 제국을 보호해주는 대가로 자신의 요구조건을 강요할 수 있게 되었다는 점이다. 조건은 까다로웠다. 마흐무드 2세의 통치가 끝나기 직전인 1838년에 영국과 오스만 제국은 발타 리만의 영국-터키 통상협약(ATCC)을 조인했다. 8월에 이루어진 이 협약 체결의 직접적인 서곡은 무함마드 알리의 이집트(그리고 시리아)의 독립 선언이었다. 영국은 제국이 이 선언을 무효화하는 것을 도왔다.[275] 그 대신 ATCC는 이전의 모든 치외법권적 특권들을 "영원한 것"으로 확증했고, 오스만인들이 종가관세(縱價關稅)를 수입품과 통과무역에는 3퍼센트 이상으로, 수출품에는 12퍼센트 이상으로 매길 수 없도록 그 권리를 제한했다. 모든 독점권이 종식되었고 영국은 최혜국 지위를 부여받았다.[276] 영국의 수입업자들은 또한 다른 내국관세 대신에 2퍼센트를 지불할 것에 동의했다. 이것은 이집트 같은 잠재적 분리주의자들에 대항하여

동안 축적해온 중동에서의 지위와 자산을 잃었다." Shaw(1971, 262-263)
272) 미국도 지원했다. Earle(1927) 참조.
273) Findley(1980, 126-140) 참조. 그럼에도 불구하고 Findley(1972, 399-400)는 셀림의 "단명한" 혁신을, 토대를 쌓은 것으로 신뢰하고 있다. "여전히 공정히 다뤄져야 하는" 마흐무드 2세의 기여에 대해서는 Berkes(1964, 92) 참조.
274) Jelavich & Jelavich(1977, 22) 참조.
275) 그들은 그렇게 함으로써 또한 오스만인들이 계속 러시아에 도움을 청할 필요성을 제거했고, 전쟁이 일어날 경우 다르다넬스 해협을 폐쇄하라는 러시아인들의 요구를 들어준 1833년의 횡카르-이스켈레시 조약의 토대를 침식했다. Puryear(1935, 주 3) 참조.
276) Puryear(1935, 123-125) 참조.

오스만 중앙정부를 지원하는 결과를 가져왔다.

모든 관찰자들이 동의하듯이 이 조약은 오스만인들이 "사실상 자유무역을 채택했음"을 보여주었다.[277] 그 조약의 부정적 영향은 컸다.[278] 조약은 생산의 구성에 영향을 미쳤을 뿐만 아니라(오스만 제조업의 몰락) 오스만의 국가수입 역시 심하게 줄여서 1854년에 오스만은 채무국이 되기에 이르렀다. 결국 이는 1878년의 파산과 그로 인한 채무보호국으로의 전락에서 그 정점에 달했다.[279] 1838년 이후에 터키는 영국의 네번째로 큰 교역국이 되었고 1846년에는 파머스턴 경이 의회에서 "터키만큼 관세가 낮고 그만큼 관대한 통상을 우리와 계속하는 나라는 어디에도 없다"[280]고 말할 수 있었다.

아브뒬메시드 1세가 새로 술탄이 되자마자 1839년의 귀족원 칙령(Hatt-i Serif of Gülhane)을 통해서 수행한 탄지마트(Tanzimat : 재정비)라는 정치 및 행정 개혁들은 이러한 과정의 마지막 단계를 보여주었다. "서방으로의 관문이 활짝 열렸다."[281] 병합은 너무도 완벽해서, 1872년경 브리스틀에서 터키 정부의 영사였던 영국의 신민 루이스 팔리는 터키가 "국제사회에 완전히 편

---

[277] Findley(1980, 341). Inalçik(1971, 1187)는 그 조약이 오스만 제국을 "유럽의 기계화된 공업이 생산 판로를 찾고 있는 바로 그때 완전히 개방된 시장"으로 전환시켰다고 말한다. "다음 10년 동안 그 지역 공업은 붕괴되었다." Karpat(1972, 247)는 그 조약이 영국에게 "국내 제조업자들과 관련해서 명백한 경쟁상의 우위"를 부여했고 그럼으로써 오스만 국가경제의 사실상의 붕괴를 야기했다고 말한다. Issawi(1980b, 125)는 이 "상당히 자유로운 무역영역"의 확립이 한 유형의 일부였음을 상기시킨다 : "영국 정부, 특히 파머스턴 경은……무함마드 알리를 제거하는 데에 열심이었다. 게다가 영국 정부는 1841년에 이란, 1842년에 중국, 1856년에 모로코에서 수행하게 될 경제정책, 이른바 '자유무역 제국주의'를 터키에서 시행하고 있었다."

[278] Kançal(1983). 그러나 이에 대해서 회의적인 Kurmus(1983)도 참조.

[279] "무함마드 알리가 옳았다 : 영국-터키 통상협약은 결국 이집트보다 터키에 더 타격을 입혔다"고 단언한 Puryear(1935, 104-105) 참조.

[280] Köymen(1971, 50)에 재인용.

[281] Berkes(1964, 137). Findley(1980, 163)도 참조. "1830년대 말에 개혁자들은 혁신적 개혁이 이성적-법적 질서를 향한 움직임을 함축하는 정도를 다소간 명확히 파악했던 것으로 보인다.……[이를테면] 유럽이 무함마드 알리에 맞서서 그 제국을 지지한 것을 오스만 국가가 '유럽 법 안에(dans le droit européen)' 들어가게 된 것으로 무스타파 레시드가 당대에 인식한 것을 들 수 있다."

입되었기"때문에, 또한 터키의 행정체계가 "개조되었기"때문에 그리고 터키가 분파(sect)의 주장들에 대한 보편주의의 우위를 인정했기 때문에 아마도 이제 일부의 치외법권이 수정될지도 모른다고 주장할 수 있을 정도였다.[282] 요컨대 치외법권은 더 이상 필요하지 않았던 것이다.

인도 아대륙에서의 정치 작동기제들의 재건은 오스만 제국과는 전혀 다른 궤도를 밟았다. 오스만 제국의 경우 1850년경의 결과는 1750년보다 내적으로는 강하지만 외적으로는 약하고 지리적으로 범위가 줄어든 국가였다. 결국 영토는 훨씬 더 세분되어갔지만 모든 계승국가들은 국가간 체제에 완전히 참가했고 그 국가간 체제에 구속되었다. 반면 1750년의 무굴 제국은 정치적 분해 과정, 즉 오스만 제국의 경우보다 훨씬 더 진전된 분해과정의 막바지에 있었다(또한 무굴인들이 오스만인들만큼 내적으로 응집되고 지리적으로 넓은 영토를 차지했던 적이 결코 없었음도 틀림없는 사실이다). 병합의 결과, 1857년에 무굴 제국뿐만 아니라 인도 아대륙에 존재해온 다른 모든 보다 작은 정치 구조들이 전면적으로 해체되었고 그리고 그것들이 한꺼번에 인도라는 단일한 (그러나 복잡한) 행정단위로 대체되어갔다. 하지만 그것은 주권을 지니고 있지는 못했다. 20세기에 두 개(나중에는 세 개)의 주권국가라는 형태로 독립을 향하여 전진하게 되는 것은 바로 이것이다. 그러나 1750년에서 1850년 사이에 그 두 지역권의 역사적 전개는, 너무 강하지도 약하지도 않은, 국가간 체제 내에 제대로 안착된 국가구조들의 (재)건설이라는 점에서는 분명히 일정한 유사점들을 보인다.

17-18세기의 무굴 제국의 허약성에 대한 설명은 인도의 역사서술에서 많이 토론되어왔다. 두 가지 주된 것으로는 이르판 하비브의 설명과 사티시 찬드라의 설명이 있다. 기본적으로 하비브는 중앙정부가 군사력을 확보하기 위해서 농민들로부터 세금을 충분히 거두고자 했다고 주장한다. 물론 농민의 생존을 불가능하게 할 정도는 아니었다고 한다. 하지만 다른 모든 제국들처럼 무굴 제국은 세금을 거두는 데에 일부 중간 요원, 이 경우에는 자기르다르(jagirdar)에 의존해야 했다. 중간 요원들의 이해관계는 중앙정부의 이해관계

---
[282] Farley(1872, 161).

와 전혀 달라서, 그들은 자신들의 몫으로 보다 많은 양을 남겨두기 위하여 시간이 지남에 따라서 잉여수탈 수준을 끊임없이 올리는 경향이 있었다. 하비브의 말에 따르면 이는 "무모한" 것이었다. 왜냐하면 그것은 토지로부터의 도망, 무장저항, 경작의 감소를 낳음으로써 결국 제국구조의 경제적 토대를 잠식했기 때문이다(다른 곳에서처럼 무굴 제국에서도 그랬다는 것을 덧붙여야겠다).[283]

사티시 찬드라는 이와는 다소 다르게 설명한다. 그는 이용 가능한 잉여물이 "행정비용을 부담하고 이런저런 유형의 전쟁비용을 치르고 지배계급에게 기대에 걸맞는 생활수준을 제공하는 데에 불충분하다"는 "기본적 문제"에 그 체제가 부딪쳤다고 말한다.[284] 아타르 알리는, 하비브는 만사브다르(mansabdar : 무굴 제국의 관리들. 대부분 귀족이지만 봉건귀족과는 달리 그들의 토지와 관직은 세습되지 않았음 /옮긴이) 체제가 너무 잘 기능했다고 주장하고 찬드라는 그것이 충분히 잘 기능하지 않았다고 주장한다고 단언함으로써 양자의 주장 사이에서 모순을 보는 듯한 태도를 취한다. 내가 보기에 그것은 모순이 아니다. 하비브가 묘사한 과정은 찬드라가 묘사한 상황으로 귀결되었다. 유일한 문제는 이러한 과정이 아시아에 유럽인들이 나타남으로써 크게 촉진되었는가 하는 점이다. 아타르 알리 자신의 답변은 생산이 팽창하지 않은 것을 감안할 때 아시아 상품에 대한 유럽의 수요가 아시아 시장에서의 그 상품들의 실질가격을 올리는 데에 기여했고 그럼으로써 그들의 경제에 "심각한 혼란"을 야기했고 지배계급의 "재정적 어려움"을 강화했다는 것이다.[285] 그렇다면 이는 하비브가 말한 수탈의 증가를 부분적으로 설명해주며 직접생산자뿐만 아니라 구조 내에서 한 단계 위에 있는 자들에게도 영향을 미쳤을 것이다. 그럼으로써 그것은 실제로 지방 자본의 유출을 낳아서, 제국에 "터무니없는 세금"을 낼 수 없었던 지방의 토지관리인들이 종종 불법임에도 불구하고 매각이나 저당을 통해서 세금징수권을 타인에게 이전하도록 이

---

283) Habib(1963, 319-338) 참조.
284) S. Chandra(1972, xlvi).
285) Athar Ali(1975, 388).

끌었다고 굽타는 말한다. 그리하여 그는 "인도에서 토지시장 작동의 전제조건들이……출현한 것은 무굴 제국 지배의 말기였다"[286]고 주장한다.

무굴 제국의 군사적 분해, 그 아대륙에서의 대규모 전쟁, 새로운 자치지역의 부상 등으로 유럽 무역회사들은 의심할 바 없이, 1740년대에 이르면 "자신들의 경제적 이익을 증진하는 데에 필요한 정치적 기회들이 열려 있음"[287]을 인식하게 되었다. 그러나 단순히 "기회들"이 존재한다는 것이 기회를 잡았다는 것을 의미하지는 않는다. 왜냐하면 그러한 "기회들"에는 비용이 들기 때문이다. 정치적 정복과 직접통치는 이득은 많지만 상당한 재정 지출을 요하는 것이다. 일반적으로, 정치적 정복이나 직접통치 없이 같은 정도나 그 이상의 이득을 볼 수 있다면, 강력한 경제행위자들을 대변하는 국가는 그러한 지출을 비껴가고자 할 것이다. 따라서 1740년대뿐만 아니라 반 세기 또는 심지어 한 세기 동안 영국의 많은 권력자들이 그러한 지출을 피하는 것이 현명하다고 생각했음이 분명하다. 그러나 알다시피 지출은 발생했다.

인도를 주요 전쟁터로 삼았던 영불간의 7년전쟁이 이에 한몫을 했다(1756-63년 유럽에서 일어난 7년전쟁은 인도에서도 전개되었는데 1757년 벵골 관구의 동부 플라시에서 영국 동인도회사의 관리인 클라이브의 활약으로 영국은 벵골 지방을 지배할 수 있게 됨/옮긴이). 스피어가 말하듯이 그 전쟁은 유럽인들에게 "인도에서 그들 군대의 우위에 대한" 새로운 "자신감"을 심어주었고[288] 게다가 클라이브의 시기는 군사적, 행정적 비용을 지출해야 하는 현실

---

286) Gupta(1963, 28).
287) K. N. Chaudhuri(1982, 395). 물론 Perlin(1974, 181)은 옳게도, 이러한 "기회" 자체가 상당한 정도로 유럽인들의 작품이라는 것을 강조하고 있다. "영국인들을 그렇게도 크게 분노하게 만들었고 결국 군사행동을 정당화한, 국경지역과 최근에 획득한 영토 두 곳 모두의 무정부 상태와 혼란의 상황은 장기적으로나 단기적으로나 영국인들이 그 일부이기도 했던 침략적 운동의 결과였다." Watson(1978, 63-64)도 참조.
288) Spear(1965, 79)는 계속해서 다음과 같이 말한다 : "따라서 주요 인도 군대의 힘이 집중화되었고, 균형은 고전기에서처럼 소수의 고도로 훈련된 보병들에게 유리하게 회복되었다." 물론 유럽의 해군력은 인도양 무역에서 오랫동안 우위를 누렸다. 포르투갈인들은 16세기에 우월한 해군력으로 이슬람 세력의 독점을 분쇄했다. "루시타니아 탐험가들이 사용한 방법의 폭력성"을 강조하는 Boxer(1969, 46)와 Chaudhuri(1981, 230) 참조. 17세기에 조사이어 차일드 경은 당시 영국인들은 "무굴인들이 동부의 어떤 국민들과 무역

을 가린, "풍요로운 부의 땅"[289])으로서의 인도라는 신화를 보급하거나 확산시켰을지도 모른다. 세계경제의 생산망에 점점 더 연계되는 것과 그에 따른 정치적 연결망의 재구성 사이의 관계가 당시 지방 통치자들에게 인식되었다는 것은 1784년에 말라바르에서 캘리컷으로 여행간 어느 상인이 말한 일화를 통해서 알 수 있다. 그것에 따르면 그는 :

> 길가던 도중에 모든 백단 나무들과 후추 덩굴이 잘리고 있는 것을 보았다. 사람들은 그에게, 나와브[즉 티푸 술탄]가 유럽인들이 자신에게 전쟁을 걸려는 것이 이 상품들 때문이므로 그것들을 파괴하라고 엄격한 지시를 내렸다고 말했다.[290]

마셜이 주장하듯이 그리고 이 일화가 보여주듯이, 인도는 결코 "불가항력적 힘을 내세운 어떤 유럽 국가에 의해서 쉽게 정복당할 만큼 알맞게 무르익은 무기력한 희생물"[291])이 아니었다. 게다가 18세기에는 영국 정부도, 동인도회사의 이사회도 군사력 사용에 대한 강한 욕구를 표명하지 않았다.[292]) 그러나

하는 것도 방해할" 수 있었고 그럼으로써 무굴인들 자신에게 기아와 죽음을 가져올 수도 있었기 때문에 무굴인들은 영국인들과의 전쟁을 개시할 수 없었다고 설명했다. Woodruff(1953, 73)에 재인용. Prakash(1964, 47)는 "무굴 인도에 해군력이 거의 전적으로 없었으므로" 네덜란드인들이 인도 상인들에게 "통행증" 제도(특정 항구들에서 교역하는 것을 허가하고 해군의 공격을 면하게 하는)를 부과할 수 있었다고 지적한다. 그러나 이러한 해군력만으로는 인도 아대륙의 생산이나 정치구조를 변화시키는 데에 불충분했다.

289) Butel(1978b, 102).
290) Das Gupta(1967, 113). 게다가 티푸 술탄은 절대적으로 옳았다. 티푸가 1789년에 트라방코르를 공격하자, 평화와 봄베이 총독령의 해체(즉 서부 인도의 포기)를 옹호했던 콘월리스 경이 기존의 입장을 바꿨다. 그리고 1790년경에는 "서부 인도를 마이소르 왕국이 부상하기 전의 상태로 돌아가게 한다는 [콘월리스의] 다소 막연한 생각이 확고하고 명확한 합병정책에 그 자리를 내주었다." Nightingale(1970, 58).
291) Marshall(1975b, 30).
292) "국내의 동인도회사는 이전 시기에 재외상관들을 새로 여는 것을 싫어했던 것과 동일한 이유로 인도에서의 정치적 또는 제국적 모험에 난색을 표했다. 그러한 모험은 즉각적인 재정수입을 낳지 않은 채 간접비를 늘리는 경향이 있었다." K. N. Chaudhuri (1978, 56). 게다가 Rothermund(1981, 88)의 말대로 "인도 경제에 대한 유럽 재외상관들의 개입은 영토 지배 없이도 충분히 효율적이었다."

할로의 말대로, "역설적이게도"[293] 실제 결과는 그 시기 전후 식민화되는 그 가장 크고 인구가 많은 땅덩어리의 획득이었다.

이러한 식민화의 한 가지 이유는 인도라는 무대에서 영국의 주연배우가 둘이 아니라 셋이었다는 데에 있다. 영국 정부와 동인도회사 이사회 외에 민간 무역업자들이 있었다. 게다가 적어도 두 종류의 민간 무역업자, 즉 그 자신 동인도회사의 사원인 무역업자와 그렇지 않은 무역업자가 있었다.[294] 명백히, 동인도회사 사원인 무역업자들은 상충하는 이해관계를 가지고 있었다. 거리가 멀다는 현실 상황과 중앙의 효율적 통제가 극도로 어려운 점들로 인해서 사적인 이해관계를 가질 여지가 있었다. 게다가 이러한 사적인 경제적 이해관계를 추구하는 과정에서 동인도회사의 사원들이 그들의 권한을 인도 국가들에 정치적 방식으로 압력을 넣는 데에 사용하는 경우가 잦았던 것이 분명한 듯하다. 마셜의 주장대로, "그들은 기꺼이, 인도의 지배자들로부터 양보를 얻어내기 위해서 [그들의 군사적 우위를] 이용하고자 했고 그러한 과정의 누적적 결과로 그 국가들은 약화되었고 결국 파괴되었다."[295]

이러한 정치적 통제의 추진은 필연적으로 동인도회사 내에서 격심한 논쟁을 유발했다. 이것이 1770년대와 1780년대에 이른바 헤이스팅스파(Hastings faction : 1772-85년에 최초로 인도를 통치한 영국 총독 워런 헤이스팅스를 중심으로 한 분파. 헤이스팅스는 영국의 과도한 개입에 반대하고 주변국과 평화로운 관계를 유지하려고 했으나 후에는 영국의 인도 지배를 원활히 하기 위해서 적극 개입하고 전쟁까지 치름 /옮긴이)와 프랜시스파(Francis faction : 영국의 정치가이자 저술가인 필립 프랜시스를 중심으로 한 분파. 프랜시스는 동인도회사의 이사로 임명된 뒤로 총독 헤이스팅스와 대결 양상을 보였음 /옮긴이) 사이에 생긴 이견의 핵심이었다.[296] 그러나 개입반대 세력조차 그 태도

---

293) Harlow(1964, 1).
294) 실제 상황은 더 복잡했다. Watson(1980a, 81)은 민간 무역업자들을 다섯 가지 유형으로 구분한다 : 동인도회사 사원, 인도-유럽 항로 운행선의 함장과 선원, 동부에 거주하는 자유상인, 무허가 상인, 동인도회사가 고용한 인도인 은행가 및 상인.
295) Marshall(1975b, 43).
296) Embree(1962, 62) 참조. 물론 헤이스팅스파는 인도뿐만 아니라 영국에서도 정치적 힘을

를 분명히 보여주지 않았던 것은 사실이다. 예를 들면 두 파는 확실히, 내륙지대인 아우드(Oudh)의 병합을 놓고 논쟁했고 그곳은 결국 1801년에 웰즐리에 의해서 병합되었다. 그러나 개입반대 세력 역시 병합을 원하는 세력 못지않게 분명한 경제적 계획을 가지고 있었다. 마셜의 얘기대로:

> 자유무역은 한 명 이상의 선수를 필요로 하는 게임이다. 유럽인들은 자신들의 무역을 지원하는 데에 정치적 영향력을 사용하는 것을 포기하려고 했지만 [아우드의] 와지르(wazir)가 그들이 보기에 정치적 영향력의 사용을 필요하게 만드는 상황을 개선하도록 설득되어야 한다고 생각했다.[297]

결국 동인도회사와 무역업자들 사이에는 서로 주고받는 관계가 형성되어 있었다. 무역업자들은 종종 동인도회사의 존재라는 사실이 부여하는 신용도뿐만 아니라 "국적이라는 보호막"에 의지할 필요가 있었다. 그러나 역으로 그들은 회사의 상업적 하부조직을 활용했다. 그들은 세금을 냈고 거래를 자극했다. "이송된 부동산의 할인같이 '보이지 않는 것들'에서 나오는 이득, 허가에 대한 대가, 정기적인 손실들, 운송료와 금지된 물품에 대한 벌금 등 이 모든 것들이 가끔씩 범하는 불법행위들을 묵인하는 데에 일조했을 것이다." 이 모두가 결국 "곤란하고도" "양면적인" 관계를 낳았다.[298] 이렇게 민간 무역업자들은 처음에는 회사, 다음에는 영국 정부와 깊이 연루됨으로써 법망을 피할 수 있었던 것이다.

그러나 왜 몇몇 결정적 시점에서 보다 단호하게 제동이 걸리지 않았는가 하는 것은 의아해할 만한 일이다. 나는 이 문제를 시간상으로 두 시점, 즉 1757년부터 1793년까지 그리고 1793년 이후로 나누어서 보아야 한다고 생각한다. 벵골의 정치적 획득이 문제의 바로 이 시기에 매우 이로운 것으로 드러

가지고 있었다. Philips(1961, 23-24) 참조.
297) Marshall(1975a, 470).
298) Watson(1980a, 179, 189). 게다가 왓슨은 동인도회사의 교역에 대해서 처음부터 영국의 "국민적 관심이 항상 존재했다"고 지적한다. "1708년 이후 동인도회사에 대한 공중(公衆)의 대대적 연루는 영국에서 이러한 믿음이 가진 힘을 반영했다."(p. 364)

났던 것은 사실이다. 영국으로부터 금, 은의 유출은 중단되었고, 면 상품과 여타 품목들은 여전히 영국에 도착하고 있었으므로 그러한 상품들의 값으로 무엇인가 지불된 것은 확실하다. 국가의 세입이 바로 이 무엇인가임에 틀림없다. 실제로, 알다시피 벵골의 은은 다른 관구들로 유출되어 그곳의 정복과 행정에 대한 비용으로 들어가기 시작했다.[299] 이는 미국 혁명 직후 (프랑스와 마찬가지로) 영국이 재정압박을 크게 겪던 시기에 일어났으므로 인도 아대륙으로부터의 내적인 세입 유출은 환영과 주목의 대상이 되지 않을 수 없었다. 케인과 홉킨스는 이러한 상황을 아주 잘 요약하고 있다:"플라시의 약탈이 산업혁명을 시작하게 한 것은 아니지만 영국이 네덜란드로부터 국채를 도로 사오는 데에는 일조했다."[300] 요컨대 직접 식민화에 대한 단기적인 정당화가 존재했고, 이는 그렇지 않았더라면 런던의 정책결정을 지배했을지 모르는 중기적인 부정을 능가하는 경향이 있었다.

프랑스와의 경쟁이 결정적이었다. 부분적으로 이것은 의심할 바 없이 흔히 언급되는 직접적인 방식의 경쟁, 즉 세계경제의 새로운 주변지역을 통제하기 위한 경쟁이었다 : 여기서는 이것이 특히 1763년 이후 세계경제의 다양한 지정학적 전략들에 비추어볼 때 프랑스보다는 영국에 더욱 들어맞는다는 점을 강조해야 하지만 말이다.[301] 그러나 아마도 더 중요하게는, 프랑스가 전혀 극복할 수 없었던 1780년대의 그 국가재정 위기를 영국이 해결할 수 있게 해주

---

299) Bagchi(1976c, 248), Ganguli(1965), Arasaratnam(1979, 27) 참조. N. K. Sinha(1956, 14):"1757년 벵골에 쌓여 있던 은은 다시 채워지지 않았을 뿐만 아니라 상당량이 여러 방식으로 유출되었다."
300) Cain & Hopkins(1980, 471).
301) Lüthy(1960, 860-861)는 프랑스 동인도회사와 프랑스 정부 사이의 관계를 묘사하면서 이러한 차이를 포착하고 있다 :"프랑스 정치에서 인도는 기분전환거리에 불과했다. 성공하지 못하거나 비용이 너무 많이 들게 될 때 쉽게 포기하는 것이었다.……확실히 오스트리아 왕위계승 전쟁에서 나폴레옹 전쟁까지, 프랑스측이 오래 전부터 계속 게임에 졌던 매번의 새로운 싸움에서 프랑스의 관리, 장교, 용병대장들은 인도의 군주들과 동맹을 맺었고 인도에서 전쟁을 재개했다. 영국의 인도 정복을 바랄 때조차도 영국인들을 내버려두지 않음으로써 그것을 돌이킬 수 없는 것으로 만든 것은 바로 이러한 끊임없이 재개된 위협이었다.……영국의 경우는 유럽 대륙에 대한 개입이야말로 기분전환거리였다." Mukherjee(1955, 85) 참조.

었다는 점에서 그 경쟁은 간접적으로 결정적이었다. 이는 우리가 이미 프랑스 혁명과의 관련성이라는 견지에서 논의했던 사실이다. 앞서 보았듯이 영국-프랑스 경쟁의 3라운드의 최종 결과는 영국의 경제적 우위의 최종적 축성이었다.

따라서 이사회와 영국 정부 둘 모두가 안게 된 딜레마는 명확했다. 그들은 자신들이 이끌려들어간 정치적 지배에 대해서 불만스러워했을지 모르지만 제동을 가하지는 못했다. 그들은 영국 정부가 실제로 택할 수 있는 것은 하나밖에 없다고 느끼게 되었다. 그 운영을 보다 직접적으로 떠맡는 것이 그것이었다. 이는 피트의 해결책이었고 결국 시행되었다. 할로의 주장대로 동인도회사 사원들은 통제를 벗어남으로써 "회사에 위협"이 되었고 따라서 "준관리로 변화되어야" 했다.[302] 좋건 싫건 이사회는 그 일을 혼자서 할 수는 없는 노릇이었다. 또 실제로 이사회는 이를 좋아하지도 않았다. 영국의 국가가 개입해야 했다. 스토먼트 경은 당시 그 목표를 명확히 말했다 : "본국의 훨씬 더 강력한 정부의 견제와 통제를 받는, 인도의 강력한 정부."[303] 그들은 이것을 획득했다. 1784년 피트의 인도 법[304]과 이후 10년간 콘월리스 경의 개혁으로, 독립적인 행위자로서의 동인도회사 사원들은 무대에서 사라졌다.[305]

물론 현명하고 분별 있는 사람들의 예견대로 직접적이든 간접적이든 통치비용은 예상보다 큰 것으로 드러났다. "수지균형"이라는 문제가 재발했고 은의 유출이 다시 시작되었다. 게다가 은은 계속해서 동방의 다른 거대 무역지

---

302) Harlow(1964, 18). Bolton(1966, 196) 참조 : "동인도회사의 대부호들은 영국령 아일랜드와 아메리카의 식민지인들만큼이나 영국 정부들을 크게 당혹시키는 세력으로 드러났다. 해외지역에서의 자신들의 패권에 대한 영국의 묵인을 추구한 그들은 매단계 자신들이 확보하려고 노력했던 그 영국 정부의 세력 확대에 의해서만 억제될 수 있었다."
303) Harlow(1940, 142)에 재인용.
304) 피트는 인도 법에 관한 연설에서 자신의 목표를 가장 명시적으로 밝혔다 : "첫번째로 중요한 목표는 정부가 야심을 가지거나 정복에 몰두하지 않도록 주의하는 것이 될 것이다. ……통상이 우리의 목표였으며, 통상이 새로 확대됨에 따라서 평화체제, 방어와 조정의 체제가 확보되어야 한다." 그러므로 감독위원회(Board of Control)가 이사회를 감독해야 한다. "법이 판결을 내릴 수 있는 한, 인도에서 해적질하던 시절은 끝났다." Nightingale(1970, 8)에 재인용.
305) Sinha(1956, 219) 참조.

역권인 중국으로 유출되었다. 영국은 이 문제를 해결하기 위해서 이제, 막 가지게 된 정치적 지배를 효과적으로 이용할 수 있었다. 18세기 말의 당시 상황을 스피어는 다음과 같이 요약한다 :

> 인도에서 동인도회사의 무역은 더 이상 수지가 맞지 않았다. 왜냐하면 회사의 이윤은 벵골의 수입으로 늘어나는 것이 아니라 실제로 행정비용에 흡수되어버렸기 때문이다. 회사의 이윤은 중국에서 나왔다.……인도 지배를 위한 설득력 있는 경제적 주장은 중국 무역의 지속이었다.[306]

동인도회사는 인도를 장악하고 있었기 때문에 중국에서 시장을 찾을 수 있는 수출작물을 창출할 수 있었다. 물론 그 회사는 아직 중국에 생산과정의 구조조정을 강제할 수 없었다.

1793년 동인도회사의 특허장을 갱신하는 양식과 연관되어 이루어진 타협이 이러한 이익에 도움을 주었다. 영국 정부는 회사에 대한 통제권을 강화했다. 그러나 회사는 여전히 중국 무역에 대한 독점권과 인도에서의 몇몇 독점권을 보유했다. 하지만 민간 무역업자들이 일정량의 선적에 대해서 새로운 법정 권리를 얻었다. 이러한 타협은 영국이 프랑스와의 장기전에 들어갔을 때[307] 민간 무역업자들 자신이 그로부터 득을 볼 안정을,[308] 중국 무역이 회사에 의해서 적극적으로 추구될 것이라는 보장과 결합시켰다. 한편 1793년은 토지를

---

306) Spear(1965, 113). 스피어는 지배를 추구한 다른 두 가지 동기를 덧붙인다 : "보다 많은 것이 나올 것이라는 희망"과 기득권. Chung(1974, 416)의 말대로 "차는 인도의 사업가들에게 인도의 영국 돈을 본국의 영국 돈으로 전환시켜주는 좋은 도구를 제공했다."
307) Tripathi(1956, 32-33)는 이러한 타협을 "영국이 벌인 가장 큰 그 전쟁이 터지기 직전"인 "1793년에 유일하게 가능한 [태도]"였다고 말한다. 그는 또한 다음과 같이 덧붙인다 : "새로운 제도는 아직까지는 터무니 없는 이익을 위해서 동인도회사의 존재를 위협했을지도 모른다."
308) Philips(1961, 99) 참조 : "1793년, 프랑스와의 전쟁 발발은 무역계에 격변을 낳았다.……동쪽 바다에서는 부르봉 섬과 모리셔스 섬들에서 온 프랑스 사략선들이 특히 1803-09년 시기에, 인도에서 건조된 수많은 개인 선박들을 나포했으며, 1793년에 인도 무역이 영국의 민간 무역업자들에게 개방되었다면 그들은 큰 손실을 입었을 것임에 틀림없다." 동인도회사의 무역은 호위선들에 의해서 보호되었다.

"시장에서 사고 팔 수 있는 상품"으로 간주하는 것에 대한 장벽을 제거하는 법적, 행정적 개혁과정의 정점인 콘월리스의 영구정액제의 해이기도 했다.[309]

1813년 나폴레옹 전쟁이 끝나갈 즈음, 회사의 특허장 갱신이 다시 회부되었을 때 영국 정부는 직접통제를 더욱 강화할 수 있었다. 그러는 동안 민간 무역업자들은 성공적으로 자신들의 무역을 확대했고 동인도회사를 통해서 이루어진 송금에 대한 손실뿐만 아니라 제한에 대해서 분노했다. 이제는 랭커셔의 제조업자들도 인도에서 자신의 시장을 확대하기를 열망하며 그 다툼에 가담했다. 그 결과 새로운 특허장은 인도에서의 모든 독점권을 종식시켰다. 하지만 회사의 중국 독점권은 20년 연장되었다. 특허장은 또한 영토계정과 상업계정을 완전히 분리함으로써 순수한 식민행정의 길을 닦았다.[310] "1837년에 이르면 영국인들은 더 이상 단순히 인도에 있는 하나의 권력이 아니었다. 그들은 인도를 지배하는 유일한 권력이었다."[311]

러시아의 병합에 대한 이야기는 이와는 상당히 다르다. 러시아가 16-17세기에 유럽의 (따라서 유럽 국가간 체제의) 일부였는가 하는 것은 학문적 (그리고 대중적) 논란거리였고 지금도 그렇다. 러시아가 "유럽"의 일부인가 하는 것은 20세기에조차 사람들에게 여전히 의문으로 남아 있지만 오늘날 소련이 (이제는 세계) 국가간 체제의 완전한 일원이라는 점은 의심의 여지가 없다. 러시아는 18세기에 (당시는 유럽) 국가간 체제에 완전히 통합된 일원이 되었다는 것이 나의 주장이다.

데히오가 상기시키고 있듯이, 한편으로 "러시아인들은 투르크인들과는 달리 민족적으로나 정서적으로나 서구인들의 먼 사촌뻘"이었지만, 다른 한편으

---

309) Cohn(1961, 621). 그 협정의 규정들에 관해서는 의사록을 인용한 Wright(1954, 212) 참조 : "농민이나 토지경작자에 대한 토지소유자의 요구를 단순화하기 위해서 우리는 토지소유자에 대한 정부의 요구를 정하는 것으로 시작해야 한다." Gupta(1963, 72)는 수입을 확보하는 것 외에 가장 중요한 목표는 "넓은 황무지로 경작지를 확대하는 것을 촉진하고 그럼으로써 그 지방의 상업을 촉진하는 것"이었다고 말한다.
310) Tripathi(1956, 132-136) 참조. 이것은 물론 Nightingale(1970, 127)이 "민간 무역업자의 제국주의"라고 부른 것에 의해서 보강되었다. 제조업자들의 이해관계에 대해서는 (1970, 236-237) 참조.
311) Frykenberg(1965, 24).

로 "청년 라이프니츠는 여전히 러시아, 페르시아, 아비시니아를 한데 묶어서 말했다."[312] 어쨌든 상호 외교의 존재라는 기준을 사용한다면 그것이 존재하기 시작한 것은 표트르 대제의 치세(1689-1725)가 되어서였다.[313] 이는 대외무역의 급팽창 그리고 "유럽의 나머지 지역에 대한 러시아의 정치적, 문화적 고립의 점진적 제거"와 일치했다.[314]

표트르는 자신을 대(大) "서구주의자" 또는 오늘날의 언어를 쓰자면 대 "근대주의자"로 소개했고 러시아와 그밖의 많은 사람들이 당시나 지금이나 이러한 표현을 받아들이고 있다. 이는, 필요한 변경을 가하면, 이집트의 무함마드 알리 혹은 그보다 명성은 덜하지만 술탄 마흐무드 2세에게도 똑같이 적용될 수 있는 역할이다. 분명 표트르는 1711-22년에 통치원로원을 창설함으로써 중앙집권화된 관료제의 창출과정을 개시했다.[315] 그는 또한 귀족의 군역복무를 의무적이자 영구적인 것으로 만듦으로써 군대를 변화시켰다.[316] "러시

---

312) Dehio(1962, 94-95 ; 93-107, 여러 곳 참조).
313) Sumner(1949, 59)와 Anderson(1978, 77-78) 참조.
314) Kahan(1974a, 222). 카한은 "대외무역의 팽창에서 가장 두드러진 요인들 중 하나는 표트르 대제의 적극적인 대외정책 —— 스웨덴과의 북방전쟁, 오스만 제국 및 페르시아와의 전쟁을 비롯한 거의 끊이지 않은 전쟁상태를 낳은 —— 을 뒷받침할 필요성[이었다]"(p. 223)이라고 주장한다. 따라서 카한은 하나의 연쇄를 말하고 있는 셈이다. 즉 전시 수요가 증세(增稅)를 낳고 증세가 환금작물 재배의 증가를 낳는다. 그러나 이러한 "전시 수요"는 어디에서 나왔는가? 확실히 북방전쟁은 세계경제에 통합되려는 표트르의 시도가 스웨덴을 장기적으로 희생시키는 과정이 되지 않도록 하려는 스웨덴의 관심을 수반했다. Wallerstein(1980, 218-222) 참조. 또한 오스만 제국 및 페르시아와의 전쟁들은 이 세계경제에서의 러시아의 보다 강한 역할을 확보하는 것을 겨냥한 것이었다. 카한은 이러한 시도에 대한 제한요소들 중 하나를 지적한다(pp. 224-225 참조). 러시아 상인들은 유럽 상인들과의 무역에서 그들과 신용 경쟁을 할 수 없었다. 유럽 상인들은 자본시장에 보다 쉽게 접근할 수 있었고, 보험액과 선적비용 등이 낮았다. 그러나 오스만 제국, 페르시아, 중국과의 무역에서는 러시아 상인들이 번창했다. 러시아는 전형적인 반주변부 지위로 부상중이다. Foust(1961) 참조.
315) 예카테리나 2세 치하와 19세기의 이후의 그 진전을 상술하고 있는 Yaney(1973, 7) 참조.
316) Raeff(1966, 38-47) 참조. 이 조치는 군대 이상의 것을 변화시킨 것으로 생각된다. 라에프는 "근대화된 합리적, 관료적 기구에서의 복무는 귀족에게 명확한 명령체계, 위계적 종속, 절대복종이 훌륭한 행정의 정수라는 생각을 심어주었다"(p. 49)고 주장한다. Ya-

아의 지위를 유럽 정치체제의 중요한 일부로" 확립한 것이 이 근대화된 군대의 공적이라는 것은 대체로 인정되고 있다.[317]

하지만 최근의 연구는 표트르 대제가 성취하고자 했고 성취했다고 주장하는 것과는 별개로 그가 얼마만큼 성취했는지에 대해서는 더욱 회의적이 되었다. 크러크래프트는 표트르 신화 자체야말로 아마도 "표트르 체제의 어떠한 성과보다도 역사적 의미가 더 클 것"이라고 주장한다.[318] 또한 토르케는 표트르가 실행한 행정상의 변화가 "크게 과대평가되었다"고 간주하며 그는 이 방면에서 "거의 아무것도" 성취하지 못했다고 단언한다. 그의 말에 따르면 진정한 "전환점"은 1762년, 즉 예카테리나 2세가 왕좌에 오른 때였다.[319]

표트르의 작업은 어떤 의미에서는 과도기적인 것이었다. 그는 귀족을 정규군의 형태로 군대에 들어가게 했고 군대 역시 행정에 속하게 만들었다. 그는 귀족들의 시간을 흡수하고 그들을 잉여의 내적 유출을 더욱 잘 확보하도록 서로를 강제하는 데에 사용함으로써 탈집중화 경향을 억제했다. 귀족들의 의무적인 종신 군복무제를 폐지하고 그 대신 민간기구를 창출하는 것은 예카테리나(1762-96)의 일로 남겨졌다. 게다가 그 민간기구는 귀족들에게 환금작물 기업가가 될 시간을 허락해주는 이점도 지닌 것이었다. 예카테리나는 기존의 행정구역들을 폐지하고 러시아를 약 50개의 구베르니야로 분할했다(이는 우

---

ney(1973, 6)도 참조 : "군대에서 러시아 젠트리는 체계적인 조직의 틀 안에서 러시아 농민들과 함께 일할 수 있었다."

Portal(1963, 10)은 이러한 경험의 가장 중요한 의미를 끌어내고 있다 : "[귀족들은] 직영지 관리에 이러한 군대 및 경찰적 사고를 도입했다. 귀족들이 미르(mir)가 그 이론적 상징인 비교적 자유로운 제도들을 불구화하면서 농민들에게 부과한 것은 바로 후견인 정책이었다. 이 공동체의 선택된 지도자들은 영주의 대리인이 되었다."

317) Anderson(1978, 6). Seton-Watson(1967, 10)은 훨씬 더 강력하게 주장한다. "그러나 러시아 제국[표트르가 창안한 명칭]이 이제 유럽 열강 중 하나가 되었다는 것은 의심할 바 없다." Fedorov(1979, 137)도 참조.
318) Cracraft(1980, 544).
319) Torke(1971, 457-458). Keep(1972)는 토르케의 견해를 비판했으며 토르케는 그에 답변했다. Torke(1972). 소련 학자들 대다수는 러시아에서 "자본주의 체제가 확립된 것"은 1760년대라고 주장하고 있다. Druzhinina(1975, 219). 1965년의 중요한 문서인 *Perekhod ot feodalizma k kapitalismu v Rossii*에 대해서는 Baron(1972, 717)도 참조.

에쯔드[uezd]로 다시 분할되었다). 각 구베르니야는 일부는 중앙에서 임명된 관리들과 일부는 지방에서 선출된 대표들로 구성된 연합적 행정구조를 가졌다.[320] 그리하여 예카테리나는 러시아 정부를, "징세 계서제에서, 그 종속 근무자들이 군대 복무자들과 마찬가지로 보편적 목적을 인식하고 있는……민간 행정으로" 근본적으로 변형시켰다.[321] 1766년에 예카테리나는 원료 수출품에 저관세를 매기기로 한 영국-러시아 통상조약에 서명했다. 그 조약은 영국에 이로운 것이었다.[322] 오스만 제국을 눌러 이기고 폴란드 분할에 참가하고 "러시아의 역동성이라는……강한 인상"을 심어준 예카테리나의 다소 공격적인 군사정책은 바로 이러한 맥락 속에서 평가해야 한다.[323] 그러나 이 대외정책은 대외무역 정책을 보충하는 것이자, 예카테리나에게 행정개혁을 통해서 "[러시아] 국내영역의 조직화"[324]를 적극적으로 수행할 기회를 준 것이었던 것 같다.

물론 이러한 내부의 재조직화는 무엇보다도, 앞서 보았듯이, 노동력에 대한 더욱 효율적인 억압을 의미했다.[325] 또한 이러한 억압은 러시아 농민들이 동쪽으로 볼가 강을 넘어서 우랄 산맥과 심지어는 시베리아로 "대량 탈출"하는 사태[326]와 동시에, "경제적 조건의……악화"와 연관된 민중반란들[327]을 낳았다. 세계경제와의 연계가 진척됨에 따라서 이러한 "발전"은 이전에는 아주

---

320) Yaney(1973, 69) 참조. Griffiths(1979, 471)는 예카테리나와 그녀의 조언자들이 러시아가 서유럽의 선진국들에 비해서 "상당히 뒤처졌다"는 것 그리고 현명한 입법을 통해서 러시아가 그 격차를 메우고 후진성을 "과도기적인 것"으로 만들 수 있음을 인식했다는 것을 강조한다.
321) Yaney(1973, 59).
322) Clendenning(1979, 145-148, 156) 참조.
323) Dyck(1980, 455).
324) 가렛 매팅리의 이 문구는 Le Donne(1983, 434)에서 예카테리나의 정책에 대하여 사용된 것이다. 공정하게 말한다면 예카테리나는 "국내 해운업을 장려하는 데에……상당한 정력을" 바쳤다. Ahlström(1983, 156).
325) Gerschenkron(1970, 91)은 이를 표트르 대제 때 비롯된 것으로 보고 있다. 대제의 정책은 "매우 현실적인 의미에서 농노제의 효율성을 증가시켰다."
326) Portal(1966, 37).
327) Longworth(1975b, 68).

멀고 자유로웠던 카자크 변경민들에게도 점차 영향을 미쳤다.[328] 그들의 불만은 (앞서 설명했던) 새로운 공업 농노들과 환금작물 영지의 피억압 농노들의 불만과 결합되었고, 복고신앙파의 저항이 더해져서[329] 서로 융합하여 폭발했다. 그리고 이는 특히 예카테리나 시기에 푸가초프의 반란으로 절정에 달했다. 기저에 깔린 이데올로기적 주제는 "자신들의 선조가 자유인이었던 때", 또는 적어도 자본주의 세계경제에 병합된 조건 아래서보다는 더 자유로운 사람이었던 때로 "되돌아가려는"[330] 농민들의 기억으로부터 나온 것이었다.

그럼에도 불구하고 예카테리나는 여전히 강력했다. 그녀는 농민들을 진압했고 자유무역을 유지했다. 이 정책은 그녀의 계승자들로 하여금 러시아-영국 관계의 호혜성을 보다 높이자고 주장한 M. D. 출코프 같은 "노골적인 보호무역주의" 조언자들의 충고를 받아들이게 할 만큼 충분한 부정적인 결과를 초래했다. "오랜 숙원의 대상인 영국 무역업자들"에 대한 보호무역주의자들의 맹공격은 차르 파벨 1세가 1800년에 영국과 단교하고 영국 상품의 입항을 금지시키고 영국 선박들을 몰수하는 데까지 나아갔다.[331]

그러나 러시아는 자신이 국가간 체제의 속박에 매여 있음을 깨달았고 자신의 활동의 자유가 매우 제한되어 있다는 것을 알게 되었다. 이미 1780년대에 프랑스와 통상관계를 발전시킴으로써 영국에 대해서 책략을 쓸 여지를 늘리고자 한 러시아의 시도는 오스만 제국에 대한 그 두 나라의 상반된 이해관계로 인해서 실패했다.[332] 러시아는 병합으로 주변부 지역권이 아니라 반주변부 국가가 되도록 하기 위해서 "동방"에서의 팽창주의적 역할 —— 정치적으로나 경제적으로나 —— 에 의존했다. 또한 실제로 퀴췩 카이나르카 조약을 통한 오스만인들에 대한 승리는 "러시아의 국제적 지위의 도약"을 보여주는 것이었다.[333] 러시아가 이를 성취할 수 있었던 것은 의심할 바 없이, 1783년에

---

328) Longworth(1969, 26-27, 88) 참조.
329) Gerschenkron(1970, 28-29) 참조.
330) Longworth(1979, 269).
331) Macmillan(1979, 171, 176-177).
332) Sirotkin(1970, 71) 참조.
333) Davison(1976, 464).

프랑스와 영국이 미국 독립전쟁과 관련된 투쟁에 골몰해 있었고 "그들이 러시아의 크림 반도 합병에 반대하기로 공언한 것"을 거의 현실화할 수 없었다는 사실에 기인한 것이었다.[334]

그러나 이 게임에는 대가가 따랐다. 러시아는 중동에서 서유럽의 열강 중 적어도 한 나라의 호의적인 중립이 필요했다. 18세기 말에 프랑스는 오스만인들을 외교적으로 지원했으므로 러시아는 영국과의 관계를 유지해야 한다고 생각했다. 따라서 1800-01년의 파벨의 행동은 납득할 수 없는 것이었다. 특히 나폴레옹의 장기적인 압박을 감안하면 그렇다. 러시아는 다시 영국 진영으로 돌아갈 수밖에 없었다. 러시아는 한편으로 남동 유럽, 흑해, 카프카스 지역에서 지배권과 영향력을 공고히 하려는 시도와 다른 한편으로 서유럽에 대해서 보다 강력한 지위를 개척하려는 시도 사이의 갈림길에 놓여 있었다.[335] 러시아는 전자를 위해서 후자를 희생했고, 그럼으로써 이후의 여러 저자들이 말하는 그 유명한 "후진성"을 보장하고 증진하는 방식으로 자본주의 세계경제에 병합되었다. 그러나 러시아는 여전히 여타 병합 지역권들보다 국가간 체제상 그리 약하지 않은 지위를 누렸고 이러한 사실이 결국 러시아 혁명을 추진하는 능력을 낳는 것이었다.

서아프리카는 1750년 현재 그 지역에 오스만 제국, 무굴 제국, 러시아 제국과 조직의 범위 면에서 비견될 만한 세계제국이 전혀 없었다는 점에서, 다른 세 지역권들 모두와 달랐다. 대신, 주로 노예를 파는 수많은 강력한 국가들과 군사적, 정치적으로 약한 다수의 군소 정치체들이 있었다.

우리는 너무 강하지도 너무 약하지도 않지만 국가간 체제의 "게임 규칙"에 따르는 국가를, 세계경제로의 병합이 필요로 한다고 주장해왔다. 이러한 지역권들에서 서유럽 국가들이 정치적 압력을 가한 이유들 중 하나는 "무정부 상태"로 인해서 평화적 무역이 불가능해진 지역에서 "질서"를 회복하는 것이었다는 주장을 종종 보게 된다. 우리는 이미 이것이 인도 아대륙에 대해서는 의심스러운 설명이라고 생각함을 밝혔다. 그곳에서 1750년 이후 영국인

---

334) Fisher(1970, 137).
335) Dojnov(1984, 62-63) 참조.

들에 의해서 회복된 "질서"의 상당 부분은 서방의 침입이 이전 100년 동안 바로 그것을 낳는 데에 큰 역할을 했던 "무정부 상태"에 대한 교정책으로 기능했던 것이다. 논점은 자본주의가 "질서"가 아니라 오히려 "유리한 질서"라고 불릴 만한 것을 필요로 한다는 것이다. "무정부 상태"의 증진은 종종 "불리한 질서", 즉 병합에 저항할 수 있는 질서를 무너뜨리는 데에 도움이 된다.

서아프리카에 대한 역사서술에서 친숙한 주제는 이른바 노예-총 주기이다. 화기의 획득과 노예의 획득 사이의 연계에 대한 증거는 일반적으로 매우 뚜렷한 것으로 보인다. "전문적 노예사냥꾼들에게 화기는 중요한 투입물을 의미했다."[336] 리처즈는 이러한 "높은 상관성"이 이미 1658-1730년 시기에 발견되며 이어서 서아프리카의 정치무대에 "가장 극적인 변화들"을 낳았다고 주장한다.[337] 왜냐하면 다호메와 아샨티 같은 대(大)노예판매국들이 형성된 것이 바로 이 시기였기 때문이다. 이 국가들은 의심할 바 없이, 폴라니가 주장하듯이, 자신들이 세계시장의 영향으로부터의 격리를 만들어내고 있다고 생각했다. 그러나 "일단 노예사냥 전쟁이라는 악순환에 빠지면 종속이 강화될 수밖에 없었다"는 것 역시 사실이다.[338] 하지만 세계경제의 경제력의 관점에서 볼 때, 이러한 성장하는 노예판매 구조들은 다른 지역들에 "무정부 상태"를 낳고 그럼으로써 "불리한 질서"를 무너뜨렸다. 바로 이것이 애킨조그빈이 노예무역의 "최대의 역설"이라고 부른 것의 원천이다.

> 18세기 초에 아자(1673-1740, 다호메의 왕. 1708년부터 팽창주의 전쟁을 이끌어 우이다를 장악하는 등 강력해졌으나 곧 불안과 소요의 시기를 겪음. **Agaja**가 정확한 표기 /옮긴이)의 정치는 무역의 증가 때문에 혼란스러워졌다. 그 세기 말에는 무역의 쇠퇴 때문에 다호메 왕국에 불안이 막 드리워지기 시작했다.[339]

---

336) Inikori(1977, 351). 그는 다음과 같이 지적한다 : "보니 만 무역지대는 [1750-1807년에] 서아프리카의 다른 지역들보다 절대적으로 많은 총을 수입했을 뿐만 아니라, 수출된 노예 일인당 훨씬 더 많은 수의 총을 수입했다."(p. 361)
337) Richards(1980, 57).
338) A. Norman Klein(1968, 221).
339) Akinjogbin(1967, 209).

그러나 노예판매국들의 그 "유리한 질서"란 경제활동에 대해서 너무도 제한된 정의에 의존해 있었다. 서아프리카의 세계경제로의 병합의 초점이 노예수출 무역이 우세한 시기에서 혼합수출의 시기로, 훨씬 뒤에는 실제로 노예를 전혀 수출하지 않는 시기로 바뀜에 따라서 —— 이는 우리가 이미 묘사했던 과정이다 —— 보다 크고 보다 "무정부적인" 한 지역권 속의 다소 작은 노예판매국들은 그 유용성이 줄어들었다. 이제 필요한 것은 새로운 국가들, 즉 대부분의 경우 현존 국가들보다는 크지만 다시 한번 너무 약하지도 너무 강하지도 않은 국가들이었다.

따라서 황금연안에서 영국 상인들은 아샨티족 왕국의 팽창에 저항하는 판티족 왕국들을 강력히 지지했다. "아샨티의 권력이 파괴될 수 있다면 광활한 상업지대가 그들에게 열릴 것이라고 확신했기" 때문이다.[340] 19세기 이슬람의 공격은 앞서 보았듯이 "여러 소국들과 소공국들의 대규모 정치적 통합"을 향한 것이었다.[341] 이보족 지역처럼 어떠한 국가 형태도 존재하지 않는 곳에서는 아로 추쿠(Aro Chuku : 이보족과 이비비오족의 경계에 있던 곳으로 신탁으로 유명함/옮긴이)로 가장한 "부분적인 국가 형성"이 진전되었다.[342]

다른 무엇보다도, 노예무역에 반대하는 영국의 노력은 보다 큰 단위들을 재창출하기 위해서 작은 단위들의 "불리한 질서"를 무너뜨리려는 움직임으로 해석될 수 있다. 물론 그 움직임이 겨냥하고 있던 또 하나의 것은 프랑스와 여타 경제 경쟁국들의 지위를 약화시키는 것이었다.[343] 이 시기 상호외교에

---

340) Fynn(1971, 28). 1831년 아샨티족과 (케이프 해안의 상인위원회를 대표하는) 조지 맥린의 조약의 주된 성과는 아샨티족으로 하여금 "동맹 부족들[판티족]이 자신들의 통제로부터 독립되어 있다고 선언할 것"을 요구했다는 데에 있었다. Metcalfe(1962, 140).
341) Oloruntimehin(1971-72, 34).
342) Stevenson(1968, 190 ; 비교 Dike, 1956, 38). 그러나 Northrup(1978, 141-142)은 그러한 호칭에 대해서 유보적이다.
343) "18세기에 무역의 가장 큰 부분을 지배했던 영국인들이 일단 그것을 포기하기로 하자, 다른 나라들도 마찬가지로 그것을 포기하도록 설득하는 것이 그들의 관심사가 되었다." Ajayi & Oloruntimehin(1976, 207).
    서아프리카에서 프랑스의 주요 무역기지였던 고레(Gorée)는 1815년 이후 너무도 약화되어 자유무역항으로 변신함으로써만 살아남을 수 있었다. Zuccarelli(1959) 참조. 일

대해서는 아직 언급할 수 없다고 해도, 세계경제를 위해서 출현한 환금작물 생산의 흐름을 보장하기 시작한, 보다 구조화된 정치체들의 부상은 주목된다.

우리는 이러한 병합과정을 대략 1750-1850년(또는 서아프리카의 경우 아마도 1750-1880년)으로 잡자고 주장해왔다. 이것만이 유일하게 가능한 시기설정인가? 물론 그렇지는 않다. 이러한 시기 설정 문제에 관해서 경험적 논쟁이 광범위하게 이루어지고 있다. 불행하게도 논쟁 참가자들 중 많은 수가 그 과정에 대한 명확한 틀을 가지고 있지 않거나, 적어도 우리가 사용해온 것과 동일한, 즉 외곽지대-병합-주변부(또는 반주변부) 지역권이라는 틀을 사용하지 않았다. 이 틀의 견지에서 우리가 보고 있는 것은 몇몇 저자들이 한 지역권의 병합의 시기를 그 지역권이 외곽지대의 일부가 된 시기로 거슬러올라가고 있는 것이다. 다른 한편 또 어떤 저자들은 세계경제의 주변부 지역권으로 기능하기 시작한 때가 되어서야 그 지역권이 병합된 것으로 보고자 한다. 이 두 부류의 저자들 중 어느 쪽도 "병합"을 우리가 논의해온 방식의 그 특유한 과정으로 인식하고 있지는 않다.

이러한 논쟁을 정식화하는 표준적인 방식은 "자본주의"가 시작된 시기에 관해서 논의하는 것이다. 어떤 저자들은 "외곽지대"였던 앞선 시기에 원거리 무역이 광범위하게 발전한 것을 놓고 이미 자본주의 또는 적어도 원(原)자본주의(protocapitalism)라고 주장한다. 이는 종종 자본주의의 "토착적" 뿌리나, 유럽의 침입에 의한 이 과정의 "중단"에 관한 논의를 수반한다. 또 어떤 저자들은 최초의 "자본주의" 시기는 훨씬 뒤에 나타난다고 주장한다. 극단적인 경우, 어떤 사람들은 오늘날조차 자본주의는 거의 존재하지 않는다고 주장한다. 우리는 다수의 자본주의 국가들이 아니라 하나의 자본주의 세계체제가 존재하며, 그 체제의 일부가 되기 위해서는 그 어떤 것도 최소한 생산망이나 상품연쇄에 통합되어야 하고 이러한 자본주의 세계경제의 정치적 상부구조를 구성하는 국가간 체제에 참가하는 국가들 속에 위치해야 한다는 것을 주장해왔다. 따라서 병합은 분명히 그러한 통합의 시기로 정의된다.

반적으로, 독점권(Exclusif)은 1817년에 화려하게 복귀되기는 했지만 1868년까지는 소멸되었다. Schnapper(1959, 150-151, 198) 참조.

4

이주민에 의한 아메리카 대륙의 탈식민화:
1763-1833년

그림 4 : 프랑스의 화가이자 석판화가인 프랑시스크-마르탱-프랑수아 그르니에 드 생-마르탱(1793-1867)은 다비드의 제자로서 역사적 주제를 전문적으로 다루었다. 1821년 작품인 이 그림은 투생 루베르튀르 장군(오른쪽)이 1798년 아이티에 주둔하고 있던 영국군 총사령관에게 두 통의 편지를 전달하는 모습을 보여준다. 편지들은 투생에게 그 영국군 장군을 체포하라는 프랑스 판무관의 요구와, 약속을 어김으로써 자신의 명예를 더럽히지 않겠다는 투생의 거절 내용을 담고 있다. "당당한 거부"라고 그르니에는 말한다. 아래에는 "자유, 평등"이라고 새겨진 아이티의 인장이 보인다. 파리 : 국립도서관, 판화자료실.

18세기 중반에 아메리카 대륙의 절반 이상의 영토가 법적인 측면에서 유럽 국가들, 즉 주로 영국, 프랑스, 에스파냐 그리고 포르투갈의 식민지들로 이루어져 있었다. 나머지 영토는 자본주의 세계경제의 국가간 체제 바깥에 놓여 있었다. 19세기 중반까지 사실상 이곳의 거의 모든 식민지들이 (이전의 행정 체들간의 일정한 결합과 분열이 있은 후에) 독립 주권국가들로 변형되었다. 더구나 당시 이 신생국가들은 그 반구의 나머지 영역들에 대해서도 자신들의 관할권을 주장했다.

이는 국가간 체제의 외형을 크게 바꾸어놓았다. 아메리카 대륙의 이 "탈식민화"는 아메리카 원주민이나 이주되어온 흑인들은 모두 배제된 채 유럽계 이주민들의 주도하에 일어났다. 이 신생 주권국가들 중 많은 곳에서 아메리카 원주민이나 흑인들이 인구 수의 상당 부분(심지어 다수)을 점하고 있었음에도 불구하고 말이다. 물론 예외가 하나 있었는데, 아이티가 그것이다. 나중에 살펴보겠지만 이 예외는 역사적으로 중요한 역할을 수행하게 된다. 어쨌든 이 탈식민화는 20세기에 일어났던 근대 세계체제의 제2차 대규모 "탈식민화"와는 현저히 달랐다. 탈식민화의 결과로 생긴 주권국가를 장악한 주민이 누구였는지 하는 바로 그점에 차이가 있다.

이에 대한 이야기는 통상 그리고 의당 "대전환점"인 1763년에서 시작된다고 알려져 있다.[1] 7년전쟁의 결과 영국은 프랑스를 그 서반구로부터 사실상 축출했다. 그리고 그런 사실만으로도, 세계경제의 팽창 재개에서 이득을 취하거나 자신들의 아메리카 식민지들에 대해서 확실한 경제통제를 (재)확립하려는 에스파냐와 포르투갈의 시도를 좌절시키기에 충분했다. 그러나 바로 영국의 이러한 승리야말로 아메리카 대륙에서는 처음으로 엘리트 내부에 전리품 처리 문제를 날카롭게 제기하는 것이었다. 잘 알다시피 이 분쟁은 처음에는 영국령 북아메리카의 이주민들, 그 다음에는 에스파냐령 아메리카와 브라질의 이주민들로 하여금 독자적인 국가구조를 수립하도록 이끌었다.

1763년에 영국이 직면한 문제들은 외교적으로 중요한 한 사건에서 잘 드러났다. 파리 조약(Treaty of Paris : 1763년 7년전쟁의 종결을 위해서 영국, 프

---

1) Andrew(1924, 122).

랑스, 에스파냐 사이에 체결된 조약. 영국은 프랑스로부터 캐나다, 미시시피 강 동쪽 지역 등을 얻었고 에스파냐로부터 플로리다를 할양받음/옮긴이)으로 이어진 논의들에서 하나의 핵심적인 문제는 영국이 프랑스로부터 캐나다와 과들루프 섬 중 어느 지역의 통제권을 취할 것인가 하는 것이었다. 처음부터 인정된 것은 영국이 둘 다를 가질 수는 없고 다만 그에 대한 선택권을 가진다는 사실이었다. 과들루프의 보유를 주장하는 영국인들은 이 작은 설탕섬이 황량한 캐나다보다 훨씬 부유하며 아울러 과들루프를 획득하는 것이 영국에 큰 이익이 되고 프랑스에는 막대한 손실이 될 것이라고 지적했다. 물론 과들루프의 설탕을 불필요한 경쟁물로 보았던 당시 영국령 서인도 지역의 설탕 농장주들은 과들루프를 선택하는 것에 대해서 우려감을 가지고 있었다. 결국 그들의 견해가 우세했다.[2]

순전히 경제적인 이런 주장에 덧붙여서 지정학적 논쟁도 존재했다. 과들루프의 보유를 주장하는 이들은 영국과의 전쟁을 감당할 만큼 해군력이 충분히 강하지 못했던 프랑스에게 캐나다 방어는 계속 소모적인 짐이 될 것이라고 지적했다. 그러나 프랑스의 전략에 캐나다가 미칠 영향보다 훨씬 더 중요했던 것은 북아메리카의 영국 이주민들의 태도에 캐나다가 미칠 가상적 영향이었다. 이미 1761년 5월 9일에 베드퍼드 공작은 뉴캐슬 공작에게 다음과 같은 편지를 보냈다 :

> 프랑스인들이 우리의 북부 식민지들과 인접해 있는 것이 그 식민지들로 하여금 식민 본국에 의존케 하는 가장 강력한 안전장치가 아닐까 합니다. 만일 프랑스인들에 대한 두려움이 제거된다면 그 식민지인들이 본국을 가볍게 보지나 않을지 우려됩니다.[3]

---

[2] Nicolas(1967) 참조. 또 Whitson(1930, 74)과 Hacker(1935, 289-290) 참조.
[3] Namier(1930, 320)에 재인용. 퀘벡 지역의 머리 장군은 이 시기에 같은 견해를 표명했다. "현명하다면 우리는 [캐나다를] 보유하려고 하지 않을 것이다. 뉴잉글랜드는 어적어적 깨물 어떤 것이 필요하다. 우리는 캐나다를 보유하지 않음으로써 뉴잉글랜드를 분주하게 만들 수 있는 것이다." Ryerson(1960, 197)에 재인용. 그후 학자들도 이에 동의했다 : "캐나다의 장악으로 영국과 식민지들을 연결시키는 물질적인 핵심 고리들은 끊어졌고 식민지 독립이 정치적으로 가능해졌다." Beer(1907, 172-173).

이 주장은 매우 통찰력 있는 것이었다. 게다가 이에 조응하는 한 영국계 이주민의 다음과 같은 언급도 있다 : "[식민지들은] 캐나다가 프랑스령이 되기를 원하는 듯한데, 그런 사실로 인해서 식민지들은 [영국인들에게] 상당히 중요해졌습니다."[4)]

캐나다를 프랑스에 넘겨주자는 이 지정학적 주장이 우세하지 않았던 것은 런던에서의 서인도 설탕업자들의 영향력 외에도 영토 정복에 대한 영국인들의 상당한 자부심 그리고 이주민들에 대한 영국의 무관심 등이 존재했기 때문이다. 사실 이주민 "상호간의 반목질시"가 식민 본국에의 지속적인 종속의 보장책이 될 것이라고 간주되었다. 그러나 분명히 가장 강력한 주장은 국가재정에 관한 것이었다 :

> 영국은, 그 대륙의 최소 거점[과들루프 섬/옮긴이]을 프랑스인들에게 넘겨줄 경우, 존속시켜야 할 대규모 정규군을 유지하지 않아도 되기 때문에 막대한 비용을 절감하게 될 것입니다.[5)]

앞서 주장했던 대로 영국이 프랑스보다 국가재정을 더 나은 상태로 유지할 수 있었던 능력이야말로 헤게모니 투쟁의 최후 국면에서 결정적인 요소가 될 것이었다. 따라서 이것은 아마도 여타 주장만큼 통찰력 있는 것이었다.

영국이 오랫동안 지니고 있었던 문제는 어떻게 하면 지나치게 과도한 공공재정 부담이라는 부정적 결과들을 초래하지 않고도 국경 내에서건 국가간 체제 내에서건 참으로 강력한 국가를 창출할 수 있을까 하는 것이었다. 이 문제

1749년에 이미 프랑스인 피에르 콜름은 바로 그와 같은 견해를 표명했다 : "그들의 이웃에 프랑스인들이 없어진다면 아메리카인들은 자신들을 영국에 묶어두었던 끈들을 재빨리 끊어버릴 것이다." Vignols(1928b, 790)에 재인용. 1758년 프랑스 해군성의 한 고위 관료는 실제로 이와 같은 목적을 달성하기 위해서 캐나다에서의 프랑스의 역할에 종지부를 찍을 것을 주장했다. Eccles(1971, 21, 주 96) 참조. 슈아죌이 이를 파리 조약의 성과로 예견했다는 것은 잘 알려진 얘기이다.
4) 1764년 5월 16일 존 와트가 멍크턴 장군에게 보내는 편지, Namier(1930, 327)에 재인용.
5) 1760년 1월 15일 모턴 백작이 하드위크 백작에게 보내는 편지, Namier (1930, 323)에 재인용.

는 7년전쟁으로 더욱 심각해졌다.[6] 명예혁명의 "광범한 동의"에 입각해서 월폴(1721-42년간 영국 수상으로 재임한 휘그 당의 지도자/옮긴이)이 세운 "정부인 비대해진 리바이어선(Leviathan)"은 이미 "아부와 부패의 만연 그리고 권력 독점" 등의 이유로 공격을 받았다.[7] 이 점과 관련해서 파리 조약 이후 세계의 새로운 세력관계는 영국인들에게 두 가지 이점을 제공하는 듯했다 : 그 이점들이란 프랑스의 약체화로 인하여 군비를 절감하는 것과 식민 본국에서 과세표준의 일부를 빼내어 북아메리카의 영국계 이주민들에게 전환시킬 가능성을 얻은 것이다.

하지만 영국계 이주민들의 입장에서 보면, 파리 조약은 그와는 거의 정반대라고 할 수 있는 의미를 지녔다. 그들은 이제 프랑스(그리고 에스파냐)에 대한 공포로부터 "벗어났고", 따라서 "……서부로의 팽창과 함께 권력과 부의 거대한 증대"라는 전망에 자신들의 모든 정력과 자원을 쏟아부을 수 있게 되었다.[8] 그 결과 이제 영국 본토의 영국인들과 북아메리카의 이주민들은 양쪽 모두 "승리의 단맛을 맛보면서도" 그로부터 서로 정반대의 기대를 끌어냈다.[9] 영국인들은 제국의 "합리화"를 기대했고 따라서 "통제를 조이려고" 했다. 반면 이주민들은 "구속의 완화"를 기대하고 있었다.[10] "자신들의 성공을 확고히 다지기 위해서는 매우 잘 갖추어진……제국조직"[11]이 필요하다는, 영국인들이 보기에 지극히 합당한 목적이 이주민들에게는 "제국 내의 현존 도덕적 질서에 대한 심각한 공격으로 여겨졌다."[12] 이탈은 아니지만, 충돌은 불가피했다.

영국령 북아메리카의 혁명에 관한 수많은 역사서술은 혁명의 뿌리가 그에

---

6) 영국의 부채는 7년전쟁으로 두 배로 늘었고 아메리카 대륙의 연간 유지비용은 다섯 배로 늘어났다. Brebner(1966, 44).
7) Bailyn(1973, 8-9).
8) Gipson(1950, 102).
9) Brebner(1966, 32).
10) Meinig(1986, 295).
11) Christie & Labaree(1976, 274).
12) Greene(1973a, 79).

앞선 장기지속적인 경향들 —— 경제적, 사회적 그리고/혹은 이데올로기적——
에 있다고 설명해왔다. 그리고 그 장기적 경향들은 1765-76년의 사건들에서
절정에 이르렀고 그 결과 "미국 혁명"의 실제 양상을 우리로 하여금 잘 파악
할 수 있게 한다고 여러 역사가들이 말한다. 그런 이야기의 많은 부분은 사실
이다. 하지만 또 그 상당 부분은 적절한 설명이 아니다. 중요한 정치적 사건
들은 모두 장기적인 기원을 가지고 있다. 비록 그것을 쉽게 확인할 수 있는
때는 그 당시가 아니라 나중에 가서이기는 하지만 말이다. 그러나 이 장기적
인 경향들이 결국 실제로 일어난 그 특정 결과(폭넓게 규정된다고 하더라도)
로 귀결되는 경우란 거의 없다. 그것은 논리적으로 말해서 그와 같은 결과가
우연적으로 일어나는 것이어서가 아니다. 그보다 우리가 그 특정 결과를 더욱
더 구체적으로 설명하려고 할 때, 우리는 그 설명에 구체적 요인들을 더욱더
많이 포함시킬 필요가 있기 때문이다. 그리고 그 요인들 중 많은 것은 구조적
인 것이라기보다는 콩종크튀르적[13]이다.

 가장 중요하고 일반적인 통종크튀르적 변화는 18세기 자본주의 세계경제의
팽창 재개 그리고 프랑스와의 헤게모니 투쟁에서 승리할 수 있었던 영국의
능력이었다. 그러나 영국령 북아메리카의 상황에 보다 특수한 콩종크튀르적
경향이 있었다. 영국령 북아메리카의 전반적인 경제조건이 1720년부터 개선

---

13) Braudel(1958)과 더 일반적으로는 영어가 아닌 다른 유럽의 언어로 저술하는 경제사가들
이 사용한 용어 그대로의 의미이다. 미국 혁명에 대한 고전적 강의에서 Charles M.
Andrews(1924, 28)는 그 기원에 대한 설명에서 내가 콩종크튀르적이라기보다는 구조적이
라고 간주했던 것을 보여주었다 : "그래서 영국사의 핵심적 특징들은 '팽창'이나 '집중화'
과정이라는 말로 요약될 수 있다. 그러한 과정들은 상업영역, 식민지, 해상지배권 등을
계속 확대시키는 것에 잘 나타났다. 영국의 플랜테이션 정책은 영국 상인의 무역을 위
해서 매우 강력히 결합된 효율적인 식민지 행정을 확보하는 것이었다. 반면 식민지인들
은 왕의 충성스러운 신하로서 자신들의 의무를 받아들이기는 했지만, 엄밀한 법적 의미
에서 식민지인으로서 가질 수 있는 것보다 더 큰 활동상의 자유를 얻기 위해서 일찍부
터 애썼다."
 하지만 Nettels(1952, 113-114)는 "1763년 이전에는 전체 식민지인들이 영국제국에 심
각하게 대립해 있지는 않았다.……그러나 1763년 이후 상황은 달라졌다"고 주장한다. 식
민지인들에 대한 보상은 낮추졌고 영국인들의 요구(세금들, 구속의 강화 등)는 현저히 증
대했다.

되었던 것이다. 처음에는 점진적이다가, 1745년부터는 보다 빠르게 개선되었다.[14] 그러나 물론 경제팽창이 곧 공평한 분배를 의미하지는 않았다. 팽창은 한편으로는 식민지들에서 "부의 갑작스러운 집중현상을 증대시켰으며",[15] 이는 외견상 모순적인 상황, 즉 식민지 사회가 "응집력은 떨어지면서 동시에 경직성은 강화된"[16] 이유를 쉽게 설명해준다. 다른 한편으로 그것은 영국과 식민지의 민간 사업자들 사이에 첨예한 경쟁을 초래하기도 했다. 영국 자본의 역할은 더욱 증대되어, 심지어 그들보다 훨씬 더 부유한 식민지의 상인들과 농장주들에게도 손해를 입혔다. 영국 회사의 "대리인들"이 식민지 상인들을 대체해나갔다. 반세기 이상 "이윤폭은 줄어들었고, 지방의 발전 가능성은 사라졌다."[17]

이 시기에 식민지 상인들의 어려움이 더욱 가중되었다는 사실로 인해서 우리는 항해법(Navigation Acts : 1651년부터 의회에서 가결된 중상주의적 조치로서 꾸준히 갱신됨. 이에 따르면 북아메리카 식민지들은 영국이나 유럽 대륙

---

14) Egnal & Ernst(1972, 11) 참조. 예를 들면 Klingaman(1969, 278)은 1740-70년 사이에 담배 식민지에서 담배와 밀의 수출이 총 35퍼센트 증가했음을 확인한다. Shepherd & Walton(1972, 158)은 해운업과 기타 상업활동에서 생기는 수입 증대가 "상품 생산"에서 나오는 수입 증대보다 훨씬 중요하다고 주장한다. 하지만 Terry I. Anderson(1979, 256)의 이견을 보라. 그는 "식민지 시대 초기부터 현재까지 북아메리카의 장기적 성장 추세를 놓고 보면 18세기의 처음 80년 동안이……유일하게 황량한 시기였다"고 주장한다.

15) Lockridge(1973, 416). 부의 집중의 다른 측면은 빈곤의 증대이다. Nash(1876b, 574)는 이 당시 항구도시의 가구 중 20퍼센트가 만성적 빈곤을 겪고 있었다고 주장한다. 그리고 또 이는 결국 "계급적대와 정치의식의 고양"(1976a, 18)을 이끌어냈다. Alice Hanson Jones(1980, 269)는 혁명 이전 150년 동안의 부의 불평등에 대한 연구에서 불평등이 증가하기는 했지만 "아주 심하지는 않았다"고 주장한다. 부의 불평등의 심각성에 대한 더욱 강력한 회의에 대해서는 Brown(1955b)과 Warden(1976) 참조.

다른 한편 Berthoff & Murrin(1973, 265-267)은 동시대 유럽의 "봉건제 부활"과 대조했다. "1730년경 초기 식민지들은 오랜 봉건적인 권리들을 매우 수지 맞는 것으로 만들수 있을 만큼 인구가 조밀해졌다.……이제 수지 맞는다는 단지 그 이유 하나로 옛 헌장들이……다시 등장했다. 프랑스와 마찬가지로 식민지에서도 이러한 요구는 분노를 불러일으켰는데 그 이유는 바로 그것이 공동체의 복리라는 더 큰 의미로부터 이윤 추구라는 것을 분리시켰기 때문이다."

16) Greene(1973b, 10).

17) Egnal & Ernst(1972, 3).

과의 무역시, 영국에서 건조되고 영국인들이 선원으로 종사하는 선박만을 이용할 수 있었음/옮긴이)이 북아메리카 식민지들에게 얼마나 큰 짐이 되어왔는가 하는 그 "오랫동안 끈질기게 제기되었던"[18] 질문에 맞닥뜨리게 된다. 분명히 이는 그 시기 이후의 북아메리카 역사가들에게는 끈질기게 계속된 물음이었다. 그러나 당시의 사람들에게도 그랬을까? 그린은 영국의 중상주의적 규제에 대해서 "식민지는 복종했고" 이는 그 체제에 대한 "순응의 정도가 아주 높았음"을 보여준다고 주장했다. 복종의 정도가 높았다고 간주한다면 이는 그럴듯한 주장이다. 그는 또한 그 정도의 번영 아래서는 많은 사람들이 영국과의 유대를 유지하는 데에 "강력한 기득권"을 가지고 있었다고 덧붙인다. 높은 정도의 번영이 유지되었다고 가정한다면, 이 또한 그럴듯하다.[19] 중상주의적 규제라는 "부담"은 로렌스 하퍼가 그에 대한 수치들을 처음 제시한 후로 계속 계량적인 논쟁의 문제였다. 그리고 대부분의 그러한 논쟁에서 그렇듯이 무엇을 셀 것인가, 또 도대체 그 부담이 얼마나 커야 너무 크다고 말할 수 있는가가 문제들이었다. 하퍼가 내린 애초의 결론은 중상주의적인 법률이 아주 공정하고 균형적인 행정기관에 의해서 "완벽할 정도로 공정히" 집행되었다고 하더라도 그 결정은 멀리 영국에서 내려졌고 "식민지들은 불리한 처지에 있었다"[20]는 것이다. 하퍼가 제시한 자료의 질에 대한 이후의 신랄한 논의 외에도,[21] 독립을 보다 일찍 성취했다면 달라지는 것이 있었을까의 여부, 즉 이른바 반(反)사실적 전제에 대해서 많은 논의가 집중되었다.

이 반사실적 전제에 대한 문헌은 1965년 로버트 폴 토머스로 시작되어 그 후 계속 등장했다. 토머스는 "가장 큰 부담이래야 국민소득의 1퍼센트를 약

---

18) Egnal(1975, 192).
19) Greene(1973a, 47, 50).
20) Harper(1939, 31). 또 하퍼의 계산과 현명한 평가(1942)를 보라. 하퍼에 반대하는 논쟁을 편 바 있는 Dickerson(1951, 55)은 그에 대한 비판을 아주 멀리까지 확장시켰다. 즉 디커슨은 하퍼가 항해조례는 "꾸준히 아메리카인들을 절망적인 빈곤상태로 내몰았다"고 믿었다고 주장한다.
21) "하퍼의 평가방식은 아무리 후하게 말해도 터무니없다는 것 외에 다른 말을 붙일 수 없다." McClelland(1973, 679).

간 넘기는 정도에 불과했고"[22] 따라서 그것이 대수롭지 않은 것임을 보여주고자 했다. 프라이스는 "경제생활의 의미 있는 단위"는 회사이지 거래가 아니며 회사는 단일 거래에서의 판매가격 외에도 더 많은 것을 고려해야 하기 때문에 토머스의 낮은 수치조차 과장되었다고 생각했다. 회사들은 프라이스가 "전반적인 교환"의 균형이라고 부른 것(예를 들면 신용비용을 계산하는 것)을 중시한다. 따라서 중상주의적 규제가 없다고 해도, 회사들은 전통적인 화물집산지를 고집할 만한 "충분한 사업상의 이유"를 가지고 있었을 것이다.[23] 프라이스의 주장은 원래 하퍼의 주장을 더욱 약화시키려고 했던 것이다. 하지만 그것은 사실상 우리(그리고 특히 계량경제사가들)에게 이윤에 대한 실질 경제적 계산은 보다 더 넓은 범위와 더 긴 시간에 대해서 이루어져야 함을 상기시킴으로써 하퍼의 주장을 강화시켰다.[24]

랜섬은 더 나아가 북아메리카를 한꺼번에 계산하는 방식으로는 항해법이 지역별로 사뭇 다른 영향을 미쳤다는 사실을 은폐할 수 있다면서 남부 주들의 수출이 특히 부정적인 영향을 입었다고 지적했다.[25] 토머스는 답변에서 이에 동의했고, 그러한 주장들이 미국 혁명의 기원에 대한 "경제적 해석"을 정당화할 수 있다고 인정했다. 왜냐하면 그러한 불평등이 혁명이라는 정치적 결과를 옹호할 "열정적 소수"를 만들 수 있었기 때문이다. 심지어 그는 통화법(Currency Act : 1764년 영국 의회가 북아메리카 식민지 의회에 대해서 지폐발행을 금지한 법. 영국으로부터의 수입초과에 따라서 금은이 계속 유출되자 식민지는 지폐를 발행하여 통화 부족을 메우고 있었음. 지폐가치가 하락하여

---

22) Thomas(1965, 638).
23) Price(1965, 659).
24) 토머스를 비판하며 McClelland(1969, 376)는 다음과 같이 정확히 지적한다 : "[반사실적 가정이] 여전히 [1763-75년의] 13년 동안에 국한되는 한, 정력적인 유력자들이 [국민총생산 중에서 영국의 해양무역 개입으로 희생된] 그……비율을 크게 과장했을 가능성은 거의 없는 듯하다."
25) 그는 남부지역 농장주들의 수출액은 "만일 규제가 없었다면 67퍼센트는 더 높았을 것"이며 남부의 전반적인 소득은 2.5퍼센트가 높았을 것이고, 이는 "무시할 수 없는 양"이라고 주장했다. Ransom(1968, 433-434). 토머스는 1퍼센트를 대수롭지 않은 것으로 간주했음을 기억하라.

영국 채권자들의 불만이 고조되었고 이는 이 법의 제정으로 귀결됨/옮긴이)과 인지법(Stamp Act : 1776년 영국 의회가 아메리카로부터 세입을 증대하기 위해서 제정한 법. 식민지의 상업 및 법률 서류, 신문, 팜플렛, 카드 등에 직접세를 부과함/옮긴이)에 대한 항의 같은 당시의 많은 사건들이 그러한 해석을 뒷받침한다고 지적했다.[26] 그리고 아마도 이는 문제의 핵심일 것이다. 브로이즈가 이 논쟁에 대한 논평에서 말했듯이, 신(新)경제사는 실질적인 경제성장의 계산에는 크게 기여했던 반면(브로이즈 자신도 그러한 시도에 대해서 결코 적대적이지 않았다) 주관적인 생각, 가령 사람들이 느끼는 "부담"과 같은 것에 대해서는 우리에게 어떠한 언질도 줄 수 없었다. 역사가들은 행위자들의 감정에 관해서는 "오직 그들의 저작과 행동으로부터 추측하고 이해할 수 있다."[27] 항해법의 실질적 대가라는 주제는 "매우 따분한 것"[28]이 되었을지 모르지만, 집단적 동기라는 주제는 여전히 중요하다.

그러므로 이제 우리는 1760년대의 경제적 콩종크튀르와 그것이 아메리카 대륙에서 어떻게 지각되었는가 하는 문제를 다룰 때가 되었다. 7년전쟁의 종결은 전후의 불황[29]을 초래했고, 이는 곧 7년전쟁 당시의 "전례 없는 번영"[30]을 뒤잇는 것이었다. 또 그 불황은 북아메리카 경제의 거의 모든 부문들, 즉 상인, 농장주, 소농 그리고 노동자들 모두에게 부정적인 영향을 미쳤다.

슐레징어는 북아메리카 상인들을 다룬 고전적인 논문에서 파리 조약 이전의 한 세기가 "황금기"[31]였다는 전제에서 출발한다. 그러므로 전후의 정상적

---

26) Thomas(1968a, 438).
27) Broeze(1973, 678).
28) Krooss(1969, 385).
29) 실제로 Bridenbaugh(1955, 282)는 식민지 도시의 상인계급들에게 "최고의" 해는 1760년이라고 간주한다. 영국령 북아메리카의 가격 지표에 대해서는 Rothenberg(1979, 981) 참조.
30) Hacker(1935, 293). 그는 "서인도 제도에서의 시장 확대, 영국 병참장교들의 막대한 지출, 적군과의 불법밀매 등 이 모든 것은 노동자들에게 계속 일자리를 제공했고 소농들의 생산물에 수지 맞는 판로를 제공했다"고 지적한다. 전쟁의 종결은 실업, 소상인의 파산을 초래했고 소농에게는 시장 축소를 낳았다. "게다가 국경지방 —— 항상 이러한 몰락자들의 마지막 피난처인 —— 으로의 도피는 차단되었다."(293-294)
31) Schlesinger(1917, 15).

인 경기침체와 재조정이, 제국을 재조직하고 "식민지에 이전보다 더 종속적인 지위를 부과하려는" 영국의 시도로 인해서 "상당히 장기화되자",³²⁾ 상인계급들은 "냉정한 성찰거리"를 가지게 되었다.³³⁾ "1763년 이후 게임의 새로운 규칙"에 어리둥절해하며 불만을 품고 있었던 이들은 다른 누구보다도 바로 그 상인들이었다.³⁴⁾ 자기보호 차원에서 그들은 영국 상품을 수입하지 않음으로써 돌파구를 찾으려고 했다.³⁵⁾

동시에 남부 농장주들은 스코틀랜드 중개인들에 대한 만성적인 부채 때문에 어려움을 겪고 있었다. 1762년에는 메릴랜드와 버지니아의 농장주들을 뒤흔든 신용 붕괴 현상이 있었다.³⁶⁾ 식민지 정부들은 앞으로 받을 세수(稅收)를 기대하고 어음을 발행하는 등 "통화재정(currency finance)"이라고 부르는 제도를 통해서 이들의 경상비를 충당했다.³⁷⁾ 이 과정이 확대됨에 따라서 영국 상인들은 채무보증과 1764년 통화법의 통과에 관심을 두게 되었다. 통화법은 지폐가 사적 채무에 대해서는 더 이상 아니고 공적 채무에 대해서만 법화로서 통용력을 가지게 될 것이라는 타협안을 제공했다. 이 경우 주된 피해자는 식민지의 농장주들이었으며, 이 때문에 그들은 "정치로 관심을 돌렸다."³⁸⁾

---

32) Bridenbaugh(1955, 251).
33) Schlesinger(1917, 91).
34) Walton & Shepherd(1979, 175). 어쨌든 저자들은 이는 그 문제들이 경제적인 것이 아니라 "이미 확보된 자유"에 대한 위협임을 보여주는 것이라고 생각한다. 그러나 그 자유의 수사학은 종종 그 책에서 밝힌 실제 현실과 뒤섞여버렸다.
35) Egnal & Ernst(1972, 17)는 이는 "의회로 하여금 그 역겨운 법 제정을 철회하도록 하기 위해서 단지 부수적으로 고안된 것이다"라고 주장한다. 그러나 아마도 정치적 권리 주장에 매달리는 것이 최소한 그들의 선동에 구체적이고 현실성 있는 목적을 제공할 것이었다.
36) Egnal & Ernst(1972, 28) 참조.
37) Ernst(1973a, 22) 참조. 또 Ferguson(1953) 참조.
38) Ernst(1973a, 360). 그는 "아메리카 채무의 급격한 성장"(p. 356)에 대해서 언급한다. Walton & Shepherd(1979, 360)는 채무가 "혁명 전야에 광범위했던 것은 아니다"라고 말한다. Andrews(1924, 109)는 1770년 이전에 그 문제가 심각하지 않았다는 데에 동의하면서도, 그 시기에 식민지에서 구매하고 영국에서 판매하는 "흥청망청"으로 약 300만 파운드의 부채액이 증가되었고 "짧은 기간의 사치와 인플레이션 시기가 시작되었다. 붕괴는 급격했다"고 말한다. 그후 이는 1772년 국제수지의 심각한 위기와 폭발할 것 같은 심각

1762년의 위기 이후 1772년에는 더 심각한 위기가 뒤따랐다. 식민 본국과 이주민 간의 전반적인 긴장관계라는 맥락 속에서, 식민지인들의 희생을 초래하며 제국 정부의 경제적 우위에 식민지가 종속되어 있음을 "계속 상기시키는"[39] 역할을 했던 통화법의 "심리적 영향"은 매우 중요했다.

전반적인 상황이 소농들과 엘리트 농장주들 사이의 관계도 악화시켰다. 대농장주들이 영국 정부에 이런저런 방식으로 도전을 감행하던 바로 그때, 소농들은 지방에서 활동을 전개했는데, 그 활동의 취지는 지방 엘리트가 통제하고 있던 "지방자치기구들의 권위에 도전하고 그것을 침식하는 것"[40]이었다. 소농들이 정치시위에 개입했을 때, 그들은 몇몇 지역에서 "애국"운동을 급진화했지만,[41] 또다른 어떤 지역에서는 애국운동에 반대하는 방향으로 돌아섰다.[42] 아무튼 소농들은 영국에 맞선 투쟁을 벌이기도 했지만, 분명히 농장주들에 대항하는 투쟁에도 또한 관계하고 있었다.

마지막으로 도시 빈민들 또한 침묵하고 있지 않았다. 1763년 이후 시기에 도시 중심지들, 특히 1765년부터 1775년까지 번영을 가장 적게 누렸던 주요 도시 보스턴은 "불평등이 급속히 심화되었다."[43] 그러므로 보스턴이 이 시기 내내 "가장 급진적인 도시"였던 것은 결코 우연이 아니다.[44] 내시에 따르면,

---

한 "신용 경색"의 시기로 이어졌다. Sheridan(1960, 186).
39) Greene & Jellison(1961, 518). Ernst(1976)는 1772년의 위기가 개혁주의적 저항운동에서 독립운동적 저항운동으로의 전환을 나타내는 것이라고 주장한다.
40) Countryman(1976a, 57). Barker(1940, 375)는 메릴랜드의 소유제도에 반대하는 투쟁을 언급하면서 이를 "혁명의 훈련"이라고 말했다.
41) "혁명은 [급진주의자라는 명함을 달고 있던 도시 지식인이나 상인들의] 배타적 전유물이, 설령 이전에 그랬다고 하더라도, 더 이상 아니었다. 그리고 그랬기 때문에 그것은 한층 더 강력한 혁명이 되었다." Countryman(1976a, 61).
42) 노스 캐롤라이나 서부지역의 '감시자들'(Green, 1943 ; Kay, 1976)과 기타 소극적인 혁명가들(Hoffman, 1976)의 모호한 역할을 보라. 반대로 Schlebecker(1976, 21)는 혁명전쟁 동안 영국인들이 자신들의 군대에 음식과 사료를 계속 공급하지 않을 수 없었다는 사실을 확인함으로써 소농들이 혁명을 지지했음을 보여준다고 주장한다.
43) Kulikoff(1971, 409). 또 Nash(1979, 253) 참조. 내시는 보스턴, 뉴욕 그리고 필라델피아에서 1763년 시작된 경제적 곤궁의 결과 근로계급 내에서 "정말로 가난한 사람들의 집단이 급격히 성장했다"고 지적한다.
44) Price(1976, 708-709).

"혁명에서 새로운 사회질서의 창출 가능성을 보았던 사회세력의 대부분"은 바로 이러한 불만에서 출현했다.[45]

그러나 영국의 입장에서 보자면, 1763년은 단순한 전후 슬럼프라기보다는 아주 중요한 전환점이었다. 1763년은 헤게모니 장악을 위한 프랑스-영국 간 투쟁의 두번째 국면이 끝난 해이다. 이 투쟁은 1763년에 원칙적으로 영국의 승리로 끝났지만 1763년부터 1815년까지 마지막으로 상당한 진통 국면을 더 필요로 했다. 물론 영국은 그후에는 그 문제를 둘러싸고 프랑스와 더 다툴 필요가 없었다. 우리는 앞에서 영국의 최종적 승리를, 우리가 대략 1730년부터 (관습적으로) 1817년까지로 그 시기를 잡았던 자본주의 세계경제의 경제팽창 재개(로지스틱 곡선의 A국면)의 맥락 속에 위치시켰다.

이미 17세기 네덜란드의 예에서 살펴보았듯이(제II권 제2장), 헤게모니란 중심 열강이 여타 핵심부 국가들로부터의 어떠한 경제적 경쟁도 두려워하지 않는 상태이다. 그러므로 그것은 세계경제의 최대한의 개방을 선호하는 경향이 있다. 이 정책은 일부 역사가들이 비공식적 제국(즉 식민주의가 아니면서 또 궁극적으로는 반[反]식민주의적이기조차 한 제국주의)이라고 불렀던 것이다. 대영제국 제도들의 특정한 상황에서, 이 정책은 빈센트 할로가 "제2의" 대영제국의 건설이라고 불렀던 것의 구조적인 토대가 되었다. 할로는 1763년 파리 조약 이후 영국은 일찍이 튜더 시대에나 볼 수 있었던 "지속적이고 폭발적인 해상 탐험"에 착수했음에 주목한다. 그 탐험의 목적은 태평양과 인도양 도처에서, 식민지 아닌 일련의 교역항과 해군기지들에 기초한 "상업교류의 연결망"을 건설하는 것이었다. 이 유형의 예외로는 인도가 있을 것이다. 왜 인도가 예외였는지에 관해서는 이미 논의했다.

구식민지들, 즉 "제1차" 대영제국의 식민지들은 이 틀의 어디에 위치하는가? 우선 구식민지들은 아메리카 대륙에 있었다. 할로가 지적했듯이, 18세기 후반 내내 아메리카 식민지인들과의 갈등이 첨예해지자 "영국의 급진 경제학자들은 정치적 분리의 시행이 바람직하다는 깜짝 놀랄 만한 학설을 설파했

---

45) Nash(1984, 250). Price(1976, 709)는 이에 좀더 회의적이다. "종속적인 빈민들이……혁명활동과 깊은 관련을 맺고 있었는지는 의문이다."

다."[46] 그러나 그러한 견해가 정책입안자들 사이에서 널리 받아들여졌는가? 그랬다고 입증할 만한 증거는 거의 없다. 특히 그 과정의 초기에는 말이다. 그 견해가 받아들여졌다는 하나의 작은 예로는 아마 미국 혁명에 관한 에드먼드 버크의 주장에 그와 같은 견해가 깔려 있었음을 들 수 있을 것이다.[47] 그러나 대체로 말해서 정치가치고 대담하고 선견지명이 있는 혁신적 인물은 드물다. 대부분의 자본가들도 역시 마찬가지이다. 당시의 투자가들이 동방의 교역 제국과 서쪽 반구의 식민지 체제 가운데서 하나를 "선택해야 할 필요성을 인식하고" 있었다는 조짐은 없다. 오히려 그들은 "이윤이 있을 듯해 보이는 곳에는 어디나" 투자했다.[48]

하지만 선견지명이 문제의 초점은 아니다. 구조적 변화는 스스로 알아서 느리지만 결정적으로 태도와 정책을 변화시킨다. 아메리카 이주민들의 반항의 원인은 분명히 복합적이었다. 그러나 영국 정부는 그에 대한 응수시에 세계경제에서의 권력 증대로 인해 이전보다 더 폭넓은 이해관계들을 고려해야만 하는 상황에 놓여 있음을 알게 되었다. 이것이 딜레마를 야기했다. 피터 마셜이 지적했듯이, 이 경우 "딜레마는 재앙의 전조였다."[49] 혹은 적어도 언뜻 보기에 재앙인 듯한 것의 전조였다.

첫번째 딜레마는 영국 국내의 정치적 균형을 유지하기 위해서 필요한 것과, 멀리 떨어져 있는 백인 이주민들이 새로 주장하기 시작한 요구들을 조

---

46) Harlow(1952, 3-5).
47) Felix Cohen(1949, 103)은 1949년 영국 식민위원회 문서에서 그 문제를 이와 같은 방식으로 제기했다: "국내정치의 반동세력(두 명의 유명 인물을 든다면, 에드먼드 버크와 W. R. 허스트)이 왜 종속민들의 독립운동에 때때로 지지를 보냈는가? 그 질문에 대한 답은 다음과 같은 사실을 인정하는 것에서 찾을 수 있다는 것이 내 생각이다. 즉 경제적 제국주의가 반드시 정치적 제국주의에 의존하는 것도 아니고 오히려 때로는 정치적 제국주의의 방해를 받게 된다는 것이다. 그런 방해물이 생겨나면 식민주의의 정치적 측면을 제거하는 것이 경제적 제국주의자들에게 이익이 될 것이다." 다른 한편 어쨌든 Namier(1930, 45)의 지적도 주목할 만하다. "버크가 미국 혁명 시기 동안 관직에 있었다면 우리는 단지 그의 반혁명적 토리즘의 시기를 약 20년 앞당겨 이야기할 수 있을 것이다."
48) Marshall(1964a, 21).
49) Marshall(1964b, 145).

정할 수 있는 정치적 해결책을 찾아내야 하는 것이었다. 우리는 잉글랜드에서 그리고 1707년 통합법 이후에는 영국 내에서 정치세력들 간의 합의의 토대로서 1688-89년의 명예혁명이 가지는 정치적 중요성에 관하여 앞서 논의한 바 있다.[50] 그 합의의 제도적 핵심은 왕의 역할, 즉 지난 수세기 동안 제한되어왔던 그 역할을 계속 제한하면서 의회가 헌정적인 우위를 확보하는 데에 있었다. 입법권의 탈집중화를 합법적으로 인정하자는 백인 이주민들의 요구는 식민지들에 대한 영국 정부의 중앙통제뿐만 아니라, 영국 내부의 그 헌정적 합의에도 또한 위협을 가하는 것이었다. 물론 이 합의는 이미 "1707년 스코틀랜드 합병 그리고 월폴과 조지 3세 치하에서의 의회의 부패로 인해서"[51] 심각한 비난을 받은 바 있다. 국왕에게 영국 의회 밖에서 일정한 권력을 행사하도록 요구하는 것은, 네이미어의 표현을 빌리면, "대권, 즉 군주 대권으로의 위험하고도 위헌적인 회귀"[52]로 보였다.

19-20세기의 영연방(British Commonwealth : 영국 본국과 영국의 과거 식민지들로 구성된 주권국가의 자유로운 연합체/옮긴이)식의 해결책은 채택은 고사하고 고려하는 것 자체도 영국으로서는 아직 너무 이른 것이었다. 왜냐하면 영국 왕의 힘은 영국 내에서 여전히 너무나 강했기 때문이다. 또한 의회가 권력 행사를 통해서 수많은 압력집단들의 요구에 응해야 하는 "이익집단들의 시대"로 영국이 이제 접어들 때까지, 영국령 북아메리카의 이주민들은 다른 많은 경쟁적 이익집단들에 비해서 그 힘이 약했다. "북아메리카의 정치적 영

---

50) Wallerstein(1980, 제3장 6) 참조. Greene(1968a, 168)은 1688-1714년의 왕위계승법(Settlement : 구교도의 왕위계승을 배제한 조치로서, 이 결정은 정부란 본질적으로 국왕과 의회로 대표되는 국민 사이의 사회계약이라는 로크의 주장을 받아들인 것임/옮긴이)의 신성성에 기초를 둔, 18세기 영국 정치문화의 "기본 원칙에 의거하여 이루어진 주목할 만한 협약"에 대해서 언급했다. 이는 한층 더 진실에 가깝다. 왜냐하면 7년전쟁은 재커바이티즘(Jacobitism)을 완전히 종식시켰기 때문이다. "1760년경 「스코틀랜드 매거진(Scots Magazine)」은 징집 적령기에 있는 네 명의 스코틀랜드인들 중 한 명은 영국 육군이나 해군에서 복무했다고 산정했다. 이들 중 많은 이들은 전후에도 잉글랜드에 계속 머물렀고 귀향하기 전에 잉글랜드 출신의 아내를 맞아들이는 경우가 잦았다." Colley(1986, 100).
51) Innis(1943, 321).
52) Namier(1930, 42).

향력은 결코 그 경제적 중요성에 필적하지 못했다."[53]

북아메리카의 영국계 이주민들의 관점에서 보면 이것은 분명히 문젯거리였다. 1763년 이후 영국 정부가 행한 첫번째 일들 중 하나는 1758년에 이루어진 협정을 오하이오 계곡의 인디언들에 대해서 이행하는 것이었다. 그 협정은 만일 인디언들이 프랑스인들과의 관계를 끊는다면 "자신들의 땅에서 보호를 받게 될"[54] 것이라는 내용이었다. 1763년 10월 7일, 영국은 오하이오 계곡은 인디언 지구로 유지되며 이주민들에게는 폐쇄된다고 규정한 포고문을 발표했다. 그러나 그에 앞선 20년 동안 이주민이 엄청나게 증가한 것은 "값싼 땅을 쉽게 이용할 수 있다"[55]는 전제 때문이었다. "포고선(proclamation line)"의 형성은 그 문을 닫아버리는 것처럼 보였다.

그럼 왜 영국은 그 포고선을 만들었을까? 물론 그들은 이전에 인디언들과의 협정에 서명한 적이 있다. 하지만 그것 자체로는 그 행위를 설명하는 데에 충분치 못하다. 영국은 프랑스에 승리함으로써 북서부 지역을 개척하는 데 혈안이 된 두 집단들에게 그 지역을 열어주는 듯이 보였다 : 즉 가장 우선적으로는 앞서 프랑스인들에게 배척당했던 뉴잉글랜드의 모피 사냥꾼들이고 다음으로는 잠재적 이주민들과 토지투기업자들이 이에 해당한다. 인디언들에 대한 그 새로운 사냥꾼들의 "가혹함"[56]과 파리 조약에 대한 인디언들의 전반적인 공포의 결과로[57] "폰티악의 음모"(1761-64년 오타와족의 추장 폰티악이 5대

---

53) Kammen(1970, 95, 113). "당시 사람들은 대륙이 아니라 서인도 제도의 소유지를 제국의 보물이라고 여겼다." Ragatz(1935, 8). 또 Palmer(1959, 173) 참조 : "아메리카인들이 자신들과는 무관하다고 간주한 많은 이해관계자들을 영국 정부는 자신의 고려대상으로 삼았음이 인정되어야 한다." 즉 영국인 납세자는 말할 것도 없고 서인도 제도의 설탕 농장주, 프랑스계 캐나다인, 아메리카 인디언 그리고 동인도회사 같은 이들 말이다.

Bolton(1966, 200)이 덧붙여 말한 것처럼, 이 시기에 면세특권 같은 유사한 요구들이 제국 도처에서 제기되었다. "이런 맥락에서 보면 미국 혁명은 단지 이 문제를 조정하기 위한 것으로는 가장 덜 성공적인 시도를 보여주는 것이었다."

54) Gipson(1950, 94).
55) Meinig(1986, 289).
56) Chaunu(1964, 170).
57) "애팔래치아 산맥 서편이 넘어갔다는 소식에 인디언들은 아연실색했다." Jennings(1976, 334).

호 지역에서 영국에 맞서서 인디언 부족 연합세력을 이끌고 전쟁을 일으킴/옮긴이)라는 봉기가 일어났다. 그것은 여러 인디언 집단들로 구성된, 군사적으로 중요한 조직과 연루된 사건이었다. 봉기는 "철저한 말살전쟁"[58]에 의해서 진압되었다. 하지만 영국은 이로부터 재빨리 교훈을 이끌어냈다.

국왕포고령은 뉴프랑스를 분할시켰다. 북부에서는 퀘벡(Quebec)이라는 새로운 정부가 구성되었다(그러나 래브라도와 앤티코스티 섬은 뉴펀들랜드에 귀속되었다). 하지만 앨러게니 산맥 서부 지역권 전체는 모두 인디언 사업부의 보호하에 보호구역으로 남겨졌다.[59] 몬트리올에서는 영국 상인들이 "프랑스 정권과 놀랍도록 유사한 특징을 가진 한 조직"을 10년 동안 발전시키면서 프랑스인들의 역할을 즉시 대체했다.[60] 게다가 영국의 관행에 따라서 실제로 모피 무역은 "보조를 받는 산업"[61]이 되었다. 왜냐하면 인디언들은 이제 두 가지 방식으로 자신들에게 필요한 물품을 공급받았기 때문이다 : 모피로 지불받는 상인들로부터의 구매와 영국 정부가 제공하는 동일 품목의 무상선물.

그러므로 그 포고는 영국인들과 북아메리카의 영국계 이주민들 사이의 "이해관계가 상당한 차이를 보인다는 사실"을 극명하게 보여주었다. 영국인들은 "식민지들의 서부 팽창을 중지시키고", 애팔래치아 산맥 저편을 안전이 보장된 원주민들과의 평화로운 교역을 통한 잉여 추출의 한 원천으로 이

---

58) Rich(1960, 2, 4). 그는 영국군 총사령관 애머스트 장군이 "영국에 반감을 품고 있는 인디언 부족들에게 심지어 천연두를 퍼뜨릴 생각도 하고 있었으며 아예 인디언들을 인간이 아닌 짐승으로 간주했다"고 말한다.

59) Ryerson(1960, 201) 참조. 또 Chaunu(1964, 171) 참조. 쇼뉘는 영국인들은 인디언 보호 정책을 채택함으로써 7년전쟁 동안 "서부에서 확보했던 호감이라는 막대한 밑천을 탕진해버렸다"고 주장한다.

60) Innis(1956, 176). 즉 몬트리올의 상업회사들은 런던의 회사와 미실리매커낵 또는 디트로이트 같은 서부 도시의 소상인들을 연결시켰다. 또 그 소상인들은 인디언들과 교제하고 있던 소규모 이동상인들, 즉 프랑스인들이 쿠뢰르 드 부아(coureurs de bois : '숲속을 뛰어다니는 자들'/옮긴이)라고 불렀던 이들과 거래했다. 비록 이제는 여러 잉글랜드인, 스코틀랜드인, 아일랜드인들도 그 거래에 가담했지만 영국인들은 계속 프랑스 상인들을 활용했다. 본질적으로 이 집단은 사냥에 의한 소득으로 대가를 지불하는 인디언들에 대한 신용대부 운용에 열중했다. Stevens(1926, 122-124, 145) 참조.

61) Stevens(1926, 161).

용하려고 했다. 이 정책은 "상업적 이유와 경제적 고려"에 따라서 마련된 것이었다.[62]

동시에 영국인들은 더 나아가 이주민들로 하여금 제국의 비용을 지불하게 했고 그들에게 중상주의적 무역규제를 엄격히 강요했다. 그 결과 이후 10년 동안 논쟁이 계속되었다. 이 논쟁에서 식민지의 저항으로 영국 정부는 사실상 계속 후퇴했다. 예를 들면 인지법은 부과된 뒤 다시 폐기되었고 타운센드 관세도 같은 전철을 밟았다. 물론 동일 노선의 정책을 고수하기 위한 영국의 새로운 시도가 항상 뒤이었다. 그 과정에서 양측은 모두 더 "원칙적"으로 또는 더 "이데올로기적"으로 변해갔다. 1766년, 의회는 인지법을 폐기하면서 동시에 식민지에 대한 추상적 과세권을 확인하는 선언법(Declaratory Act)을 통과시켰다. 10년의 세월이 경과하면서 개별 법령들에 반대해왔던 이 식민지인들은 영국 의회의 이 추상적 권리를 부인하는 사람들로 변모해갔다 —— "대표 없는 곳에 과세할 수 없다."

갈등은 계속 악화되었고, 그 정도는 심해졌다. "10년간의 논쟁은 가장 기본적인 문제 하나조차도 해결하지 못했다."[63] 그러나 돌이켜보면 문제들 그 자체가 그렇게 다루기 힘든 것은 아니었으며, 그 모든 것이 그토록 새로운 것도 아니었다. 크놀렌버그는 이 문제들이 1759년부터 비롯된 것으로 보았고,[64] 그린은 1748년에 이미 시작되었다고 주장한다.[65] 심각한 경제 하락이 없었다면, 이 모든 논쟁이 일시적인 소동에 지나지 않았을 것이라는 데에는 의심의 여

---

62) Harlow(1592, 179, 184).
63) Smith(1964, 6).
64) Knollenberg(1960, 1)는 인지법에 대한 대응을 "1765-66년의 식민지 봉기"라고 말했는데, 사실 식민지인들은 1759년에서 1764년 사이에 수많은 "영국의 자극적인 조치"로 말미암아 그와 같은 상태에 거의 도달했다. 즉 1759년 추밀원의 버지니아 법 기각, 1761년 세관업무의 지원에 대한 일반 영장, 1761년 왕이 폐지할 수 없는 중간 수수료를 총독이 발행하는 것의 금지 그리고 자신들의 지위를 강화하려는 영국국교회 관리들의 시도 등이 그것이다.
65) 영국의 식민지 당국이 "월폴의 조정책을 포기하고 식민지를 보다 더 엄격하게 통제하려는 결정은…1763년에 갑자기 이루어진 것이 아니라 1748년부터 10년 동안 서서히 이루어졌다." Greene(1973a, 65). 그래서 그린은 크놀렌버그가 새로운 조치라고 본 것을 "단지 앞서 이루어진 개혁 강령의 갱신이거나 확장"(p. 74)에 불과하다고 본다.

지가 없다.[66]

이 문제에 대한 또 하나의 관점이 있는데, 여기서는 버나드 베일린이 주요 논객이었다. 그에 따르면, 이주민들의 근본적인 관심사는 경제적인 것이 아니라 "이데올로기적인" 것이었다. 베일린은 이것을 권력과 자유 사이의 투쟁으로 정의했다.[67] 이 해석에 따르면,

> 위헌적 과세, 엽관배의 내도, 사법부의 약화, 관직 겸임, 윌크스(1725-97. 「노스 브리튼[North Briton]」이라는 신문과 의회를 통해서 격렬히 정부를 비판했고 그 때문에 수차례 의회에서 추방되는 등의 탄압을 받은 인물. 대중에게는 '자유의 기수'로서 큰 인기를 누렸음/옮긴이), 상비군, 이 모두는 자유에 대한 권력의 고의적인 공격의 주요 증거들이었다.[68]

그리고 베일린은 식민지인들에게 전환점이 되었던 것은 바로 차법(Tea Act : 1773년 5월 영국 의회가 차에 대한 관세를 계속 부과하는 동시에 파산 직전에 있는 동인도회사를 구제할 목적으로 그 회사에 부여한 차 판매에 대한 독점권을 허용한 법률/옮긴이)이라고 말했다. 식민지인들의 분노를 "단순히 더 근본적인 경제적 문제들을 위한 겉치레쯤으로만 보아넘길"[69] 수는 없다.

그러나 또다른 논쟁을 통해서 베일린은 이데올로기적인 동인에 우위를 부여한 자신의 주장을 침식하게 된다. 미국 혁명은 "구체제"를 전복시킨 사회혁명적 투쟁이라는 데에 그 중요성이 있다고 주장하는 이들에 대항하여 베일린은 영국령 북아메리카는 "법 앞에서 신분의 평등"이라는 위대한 혁명적 목적

---

66) Barker(1940, 376)가 메릴랜드에 대해서 언급한 것이 내가 보기에는 더 광범하게 잘 들어맞는 것 같다. "담배 무역에서 불황이 지속되지 않았다면, 정치적 불만이나 식민지간의 결합도 그렇게 두드러지지 않았을 것이다. 헌법 투쟁은 영국의 전통만으로 또는 법률적인 기질로 발생할 수는 없다. 즉 그것의 강력한 동력은 경제적 욕구였다."
67) 그 주제를 의인화한 것은 내가 아니라 베일린이다 : "권력의 공격성에 초월적인 중요성을 부여하게 된 것은 그것의 자연적 희생물, 즉 필연적인 피해자가 자유, 법, 또는 정의였다는 사실이다." Bailyn(1967, 57).
68) Bailyn(1967, 117).
69) 1963년 메릴 젠슨의 언급으로, Bailyn(1967, 118, 주 26)이 인용.

이 사실상 이미 오래 전에 성취되었다고 주장한다. 그의 주장에 따르면, 이론상으로는 아니지만 실제로 "많은 사람들은 그 변화들을……일탈로 여겼다 : 그 변화들은 한마디로 정당성이 결여되었다고 생각했다." 이것은 "한편의 습관적인 생각과 믿음" 그리고 "다른 한편의 경험과 행위 사이에 존재하는 불일치"를 보여준다. 식민지 이주민들의 습관적인 생각과 믿음은 좋은 가문 출신과 부유한 계급에게 공직을 수행할 권리를 양도한다는 의미에서 여전히 귀족적이었다고 베일린은 말한다. 이러한 불일치는 혁명으로 종식되었다 : "사회적, 정치적 변화의 초기의 혼란스러운 요소들에 대해서 의식을 고양하고 고귀한 도덕적 목적을 부여한 것……그것이 미국 혁명이었다."[70]

그러나 베일린은 어느 한 쪽을 선택해야 했다. 이주민을 움직인 동기가 다른 무엇보다도 이데올로기적인 것이었다면, 그들이 그것을 충분히 의식하지 못했을 리가 없다. 또 단순히 "사회적, 정치적 변화라는 초기의 혼란스러운 요소들"에 의해서만 움직여졌을 리는 없다.[71] 아서 슐레징어가 말했듯이, 무엇보다도 혁명이 "추상적인 정부의 권리를 둘러싼 대규모 법정논쟁이었다는 견해는 엄밀함을 결여한 주장"이다. 이는 이데올로기적인 문제가 일관성 있게 등장하지 않았다는 간단한 이유 때문에 그렇다 :

> 반(反)의회파의 정치적 주장의 개진은 잘해야, 한 전략적 입장에서 다른 입장으로의 후퇴를 설명하는 것일 뿐이다. 자신들의 자유가 헌장의 권리에 기초해 있다는 견해를 포기하면서, 그들은 영국인으로서의 헌정적인 권리에 호소했다. 그리고 그 입장이 유지될 수 없게 되자, 그들은 인권이라는 원리를 끄집어냈다.[72]

---

70) Bailyn(1962, 348, 350-351).
71) 미국 혁명에서의 이데올로기와 그 역할에 대한 베일린의 견해에 대해서 전반적으로 통찰력 있는 비판으로는 Ernst(1973b) 참조. 이상하게도 미국 혁명의 이데올로기적 함의에 대한 베일린의 주장을 그대로 되풀이한 이는 Herbert Aptheker(1960, 233-131)이다. 그는 역사유물론자로서 다음과 같이 서술했다 : "정부 권력의 유일하게 정당한 기초로……인민주권을 선전하는 것은 기본적으로 혁명적인 사건이었다.……혁명은 정부이론에서 본질적인 단절을 뜻하는 것이었다."
72) Schlesinger(1919, 76).

물론 식민지인들은 이데올로기적으로 이 주장에서 저 주장으로 옮겨가고 있었다. 심각한 정치투쟁의 와중에서 우리 모두는 손에 잡히는 주장이라면 어떤 것이라도 사용하는 경향이 있으며, 때로는 다분히 그 주장들의 타당성을 열렬히 믿게 된다. 나중에 우리는 맨 마지막으로 가지게 된 의견을 그동안 내내 가져왔던 것으로 생각하고 싶어한다. 그러나 분석자들이 이데올로기적인 입장들의 사후 유용성을 인정하는 것 이상의 일을 하는 것은 미덥지 못한 일이다. 사실 이주민들은 "제국의 실질적인 이익"을 계속 누리는 동안에는 반란을 일으키지 않았으나, "7년전쟁의 결과로 상황이 근본적으로 변화했을"[73] 때 그들의 정치적 입장 그리고 따라서 이데올로기적인 입장이 차츰 발전했다.

하지만 그들은 왜 좀더 "참지" 않았을까? 크리스티와 라바리는 두 세대 좀 못 미치는 기간만 더 기다렸어도 이주민들은 "물질적으로 우월한 입장에서 영국과의 논쟁을 수행할" 수 있는 입장에 서 있었을 것이라고 단언하면서, "제국에서 선례를 확립하는 것에 관한 그들의 두려움은 당시의 인구추세가 가지고 있는 함의에 대한 기이한 무지를 보여주는 듯하다"[74]고 주장한다. 그러나 "기이한 무지"라는 말은 분석자의 오만이다. 왜 좀더 간단하게 설명하지 않는가? 1765년 인지법과 1767년 타운센드 관세에 대한 반대는 무엇보다도 그것의 직접적인 재정적 영향과 관련된 것이었다. 즉 직접적으로는 조세로서 그리고 간접적으로는 무역수지에 대한 영향이라는 측면에서 그러했다. 그리고 식민지인들과 영국 내 식민지인의 친구들은 모두 그것을 "황금알 낳는 거위를 죽이는 것"[75]으로 우려했다. 대개의 경제위기시에 그러하듯이, 부정적인 일들만 쌓여갔다. 예를 들면 영국은 1764년부터 흉작이 계속된 결과, 중부

---

73) Ernst(1976, 172).
74) Christie & Labaree(1976, 276). 흥미롭게도 이들이 말한 인구추세란 기본적으로 백인 이주민의 수였다. 그들은 또다른 인구추세를 무시했다. 1670년에서 1770년까지 흑인은 영국령 북아메리카 인구수의 4퍼센트에서 20퍼센트로 상승했다. 그리고 1700년에서 1775년 사이에 수입된 아프리카 노예의 수는 같은 시기 유럽 이주자의 수와 똑같았다. Walton & Shepherd(1979, 56-57) 참조. 이것도 또한 이주민의 잠재의식의 일부를 형성시켰을 "사회적……변화의 혼란스러운 초기 요소"였다.
75) Andrews(1924, 139).

식민지의 수출곡물들에 대한 수요가 증대했다. 물론 일부 사람들에게는 잘된 일이었다. 하지만 읍(town)에서 실업과 빈곤이 높은 비율로 존재하는 와중에 영국령 북아메리카 곡물가의 급격한 상승은 그 수출을 금지하라는 요구를 불러일으켰다.[76] 불만이 계속 쌓여가면서, 작은 불똥에도 양측은 한층 더 호전적인 입장을 취하게 될 정도에 이르렀다. 우리는 식민지의 백인 이주민들이 점점 더 흥분해갈 때, 왜 영국인들이 점점 더 유연함을 잃어갔는가 하는 이유를 추적해왔다. 독립의 요구를 설파했던 "급진"세력들은 점점 더 합리적이 되는 듯했다. 이러한 상황에서 영국은 획기적이기는 하지만 현명치 못한 조치를 제시했다. 즉 1774년 6월 22일에 주 헌법으로 퀘벡 법(Quebec Act)이 제정된 것이다.

퀘벡 법에는 두 가지 측면이 있었다. 하나는 퀘벡이 취하게 될 정부 형태에 관한 문제였다. 이는 불어를 사용하는 (그리고 가톨릭 교도인) 구(舊)이주민들과 영어를 사용하는 신교도 신(新)이주민들 사이의 갈등과 연루된 문제였다. 두번째 측면은 퀘벡 주의 경계를 오하이오 계곡을 포함하도록 확장하는 것이었다. 이는 오하이오 계곡의 통제를 둘러싼 모피업자들과 농업 이주민들 사이의 갈등과 연루되어 있었다.[77]

퀘벡의 영어사용 신교도 이주민들은 영국의 정복 이래로 자율적인 지방정부를 추구하고 있었다. 그러나 불어를 사용하는 "가톨릭 교도들(papists)"은 그것으로부터 배제될 것이었다. 영국 당국 특히 칼턴 총독은 불어사용자들의 반대 압력을 받아 신교도 이주민들의 요구를 들어주지 못하고 있었다. 1764년 이후 그 논쟁은 계속되었다. 마침내 영국 행정관료들은 망설이던 조지 3세를 설득해서 불어사용자들의 핵심 요구들을 수용하도록 했다. 즉 느슨하게 해석된 영국 국교의 우위 틀 안에서 가톨릭 신앙을 가질 수 있는 자유와 프랑스(즉 로마-네덜란드) 민법의 재확립, 가톨릭 교회의 십일조 징수 허가, 관리들의 반가톨릭 선언 규정의 삭제 등이 그것이다.[78]

---

76) Sachs(1953, 284-290), Ernst(1976, 180-181) 그리고 Nash(1979 viii) 참조.
77) 퀘벡 법은 마들렌 제도와 앤티코스티 섬을 래브라도 주에 원상회복시켜놓았다.
78) Lanctot(1965, 21-38) 참조.

동시에 오하이오 계곡은 퀘벡 영토의 일부가 되었다. 퀘벡의 불어사용 농민들에게 이는 특별한 관심사가 되지 못했다. 그러나 모피업자들에게는 매우 중요했다. 물론 1763년에 확립된 인디언 보호구(reserve) 제도가 왜 충분하지 못했는지에 대해서 의아해할 수도 있을 것이다. 니트바이는 모피 무역의 팽창은 "인디언들과의 복잡한 관계를 함의하는 것이기 때문에" 바로 그 모피 무역의 성공이 어느 정도의 직접적인 규제의 필요성을 야기했다고 주장한다. 이는 모피 교역의 두 무역항인 몬트리올이나 올버니 둘 중의 한 지역에서 행해질 수 있었다. 선택을 한다면, 불가피하게 퀘벡이 선택될 수밖에 없었다. 그러나 토지를 원하는 사람들에게 이제 상황은 훨씬 더 "가혹해졌다."⁷⁹⁾ 올버니에 기반을 둔 모피 상인들의 소외는 말할 것도 없지만 말이다.⁸⁰⁾

그 결정은 여러 가지 이유에서 해안지대의 식민지들을 당혹스럽게 만들었다. 우선 "7년전쟁의 열매가 희생되며[그런 것처럼 보이며], 인디언과 프랑스인들에게 북부와 서부가 포위되리라는 공포를 쉽게 다시 불러일으켰다."⁸¹⁾ 둘째, 식민지인들은 "인접지역에서 형성된 절대주의는 정부 [그리고] 자신들이 불관용이나 종교재판과 동일시했던 가톨릭 교회를 두려워했다."⁸²⁾ 셋째, 그들은 오하이오 계곡을 지배하는 법률들이 "너무도 비영국적인 토지보유 형태를 규정할 것"이라는 사실에 특히 당황했다.⁸³⁾ 마지막으로 퀘벡 법은 또한 불관용법(Intolerable Acts : 강압법[Coercive Acts]이라고도 부르는 것으로

---

79) Neatby(1966, 134-135).
80) "퀘벡 법은……몬트리올의 서부 장악뿐 아니라 캐나다 경제에서 모피가 차지하는 지배적 역할을 승인했다.……[퀘벡 법은] 새로운 팽창 시도의 토대를 닦았다." Ouellet(1971, 102). 그의 지적에 따르면, 그때까지는 몬트리올에 근거를 둔 비버 상인들이 단지 "서서히 장악해" 들어갔지만 이제 부유한 엘리트가 등장할 수 있게 되었다. 동시에 "1774-75년의 시기는 모피 수출에서나 교역품을 서부로 재분배하는 것 모두에서 올버니의 쇠퇴를 보여주는 때이다."
81) Van Alstyne(1960, 38). Innis(1956, 178)는 다음과 같이 언급한다 : "미국 혁명과 뉴프랑스의 몰락은 모피에 대항하는 식민지의 투쟁 국면에 다름 아니다." 그는 1754-63년 프랑스와 인디언들과의 전쟁의 직접적인 촉매였던 1754년 프랑스의 오하이오 계곡 점령과 1776년의 퀘벡 법을 유사한 것으로 본다.
82) Trudel(1949b, 16).
83) Knollenberg(1975, 124).

북아메리카 식민지에 대한 엄격한 통제의 일환으로 의회에서 통과된 여러 법 등의 집단 명칭 /옮긴이)으로서 통과되었고, 그렇기에 이러한 연관성에 의해서 손상되었다." 그러므로 이주민들은 그 법령을 "비록 비판적으로는 아니지만 당연히……연안 식민지들에 대한 북부의 오랜 위협이 이번에는 영국을 위해서 체계적으로 부활한 것"이라고 간주했다.[84]

그에 따라서 필라델피아의 대륙회의 대표들은 하나의 딜레마, 즉 어떻게 하면 퀘벡 법을 폐기하는 동시에 퀘벡을 자신들의 대의로 끌어들일 수 있을까 하는 딜레마에 처하게 되었다. 그들은 대륙회의가 과세 문제를 강조하는 "교묘한" 캠페인을 벌이고 퀘벡 법이란 본질적으로 교회와 토지귀족들의 야합의 승리였음을 주장할 것을 결의했다.[85] 불어를 사용하는 지방의 일반인들 사이에서 이에 대한 반향이 없지 않았다.[86]

상인들의 경우를 보면, 대륙회의가 "캐나다의 상인계급을 끌어들이기 위해서 가능한 한 모든 양보를 기꺼이 감수하고자" 했음에도 불구하고,[87] 그들은 매우 신중하게 반응했다. 한편으로 그들은 자신들에게서 (배심원 재판과 인신보호법[habeas corpus]뿐만 아니라) 영국의 민법과 상법을 제거해버리는 퀘벡 법에 당혹스러워했다. 다른 한편으로 그들은 뉴잉글랜드 상인들과 직접적인 경쟁관계에 있었다.[88]

---

84) Brebner(1966b, 54).
85) 이는 틀리지 않다. Ouellet(1971, 118)는 다음과 같이 말한다 : "1774년에 이루어진 모든 것의 결과, 성직자와 토지귀족들은 정부 편에 서게 되었다. 부르주아지들이 의회 지배를 요구하지 않고 사회의 새로운 가치체계를 제안하지 않음에 따라서 신권에 기초한 절대왕정에 대한 믿음이 더욱더 중요해졌다."
86) Lanctot(1965, 87-88). Ouellet(1971, 122)는 불어를 사용하는 농민들의 대응은 "그 당시 알려진 것보다 더 복잡했다"고 지적한다. 그 대응은 영국 당국의 군사적 허약성으로 인한 자신들의 안전에 대한 두려움을 포함했다. 그러나 동시에 농민들이 자발적인 군복무를 거부한 이유는 1760년 이후 그들이 "영국 정부가 단지 대규모 추방을 보다 잘 조직하기 위해서 그들을 모집하기를 원했다고 확신하고 있었기 때문이다."
87) Stevens(1926, 49).
88) Ouellet(1971, 120). 게다가 그들은 "모피 무역이 [불어를 사용하는] 캐나다인의 수중에 떨어지는 것"을 두려워했다. Lanctot(1969, 51). 그 결과 "모피 산업에 종사하는 사람들은 그들의 이해관계 때문에 영국에 여전히 충성을 바치고 있었다는 사실은 의심의 여지가

1774년 9월, 대륙회의는 퀘벡 법 조항에 민주정부에 관한 내용이 없음을 강조하고, 인민의 자유에 대한 몽테스키외의 언급을 인용하고, 신교 주와 가톨릭 주를 함께 인정한 스위스 연방의 예를 칭송하는 "메시지를 캐나다 인민들에게" 보냈다. 심지어 그들은 불어로 그 메시지를 인쇄했고 2,000부의 복사본을 널리 유포시켰다.[89] 하지만 동시에 영국 정부에게는 퀘벡 법에 항의하는 서한을 보냈는데, 거기서 그들은 가톨릭 교도를 영국에 피를 불러오는 불경스럽고 광신적인 사람들이라고 말했다. 칼턴 총독은 이 편지를 퀘벡에 배포했다. 퀘벡에서 그 이중적인 태도는 제대로 파악되지 못했다.[90] 그래서 대륙 군대가 1775년 가을 이 지역에 침입했을 때, 불어를 사용하는 많은 농민들은 그 군대를 "사실상의 해방군"으로 여겼다.[91] 영국 편이 된 성직자들이 성사의 거부와 심지어 파문까지 동원하면서, 침입자와 싸우기를 거부했던 사람들을 위협했음에도 말이다.[92]

군사행동은 처음에는 성공했으나(몬트리올 함락), 결국 실패했다. 반란을 일으킨 식민지인들은 여전히 우유부단했다. 독립선언은 여전히 미래의 일이었다.[93] 신교도 상인계급은 자신들에게 "절실히 필요한 것", 즉 "런던과의 긴밀한 관계 유지와 극서부 인디언과의 무제한적 교역"을 분명히 그 식민지 반란자들이 승인할 수 없을 것이라고 결론 내렸다.[94] 불어사용 주민들은 자신들이 그 아메리카 식민지인들보다 훨씬 더 급진적인 목적에 찬동하도록 요구받

없다." Stevens(1926, 49). 또 Clark(1959, 118) 참조. "몬트리올 상인들은 영국 시장을 포기하는 데에 주저했는데 바로 그 때문에 그들은 대륙회의에 대표를 보내라는 제안을 거절했다."
89) Ryerson(1960, 208-209).
90) Trudel(1949b, 25-31) 참조.
91) Clark(1959, 101).
92) Ryerson(1960, 208-210) 참조.
93) Ryerson(1960, 214)은 이것이 차이를 만들었다고 생각한다 : "캐나다인들이 아메리카인들과 동맹하여 일어섰을지도 모를 중심 문제는 외국 지배로부터의 국가독립이었다. 그러나 아메리카의 식민지인들은 아직 철저한 독립을 지지하는 입장을 취하고 있지 않았다. 캐나다 침입 이후에야 비로소 그들은 독립선언을 채택했다. '이 독립선언이 9개월만 일찍 나왔어도 오늘날 캐나다는 우리 것이 되었을 것'이라고 새뮤얼 애덤스는······아쉬움을 토로했다."
94) Creighton(1937, 64).

고 있다는 것을 깨달았다. 그 식민지인들의 목적은 "성격상 자유주의적이고 프로테스탄트적"이었기 때문이다. 국가의 권위뿐만 아니라 "권위주의적인 교회질서"에도 도전하고 있었던 것이다. 그러므로 불어사용 주민들은 초기에는 공감을 표했지만 점차 상당한 적대감을 보였다.[95] 데히오가 말했듯이, 결국 영국이 캐나다를 유지하게 된 것은 "그곳에 영국계 이주민이 전혀 없다는 바로 그 이유 때문이었다." 지방의 가톨릭 교도들은 이웃하고 있는 청교도들이 "무관심할 정도로 관용적인 런던 정권"보다 훨씬 더 광신적이라고 생각했다.[96]

아메리카 식민지인들이 보다 전투적이 되어가면서, 혁명적 정세 속에서 흔히 그러하듯이, 운동의 사회적 지지기반도 다소 바뀌기 시작했다. 사회적으로 보수적인 세력들은 종종 자신들의 이익을 위해서 일으킨 항의가 야기한 여파를 다소 두려워하게 되었다. 슐레징어가 북부 식민지의 상인들에 대해서 다음과 같이 지적한 것은 아마도 보다 널리 적용될 수 있을 것이다:

> 1764-66년의 경험은 상인계급에게 또다른 성찰거리를 제공했다. 자신들의 힘으로 완벽한 사건을 도모하고자 했던 그들은 열중한 나머지 주민들 중 통제할 수 없는 세력들에게 도움을 요청하는 데까지 나아갔다.……어렴풋하게나마 그 상인들은 자각된 급진세력의 위험을 깨닫기 시작했다.[97]

그러므로 젠슨이 언급하듯이, 비록 1774년 혹은 1775년 이전에 혁명운동이 "우발적인 경우를 제외하면" 민주주의 운동이나 급진주의 운동은 아니었을지라도, 민중의 동원은 그 상황을 얼마간 변화시켰고 민중적 목표를 보다 더 전면에 나서게 했다.[98] 이 투쟁이 무엇보다도 "민중전쟁"[99]이라고, 즉 "혁명과

---

95) Clark(1959, 117).
96) Dehio(1962, 122).
97) Schlesinger(1917, 91-92).
98) Jensen(1957, 326). 젠슨은 이로부터 "미국 혁명은 기원적인 측면에서는 아니지만 그 결과로 보면 민주주의 운동이었다"(p. 34)고 결론지었다.
99) Aptheker(1960, 59).

의 힘이 귀족과는 구분되는 평민 속에 광범위하게 존재하는"[100] 그런 상태라고 말할 수 있을 정도로 상황이 변했을까?

아마도 그렇다고 할 수 있을 것이다! 분명해 보이는 것은 "독립전쟁은 누가 권력을 잡아야 하는가 하는 문제를 둘러싼 분쟁을 수반한다는 사실을 당대인들이 전혀 의심하지 않았다는 것이다."[101] 그러나 그러한 급진화의 진전에 대항하는 두 종류의 보수적인 대응들이 있었다. 하나는 지지를 전면 철회하는 것이었다 ; 그렇게 하는 이들이 일부 있었다.[102] 그러나 두번째 대응은 계급적 목표를 순전히 국민적인 목표로 돌려버리기 위해서 투쟁의 주도권을 재장악하고자 매진하는 것이었다.[103] 두 가지 대응이 모두 일어났으며, 이는 부유층들 사이에서 일어난 혁명파와 근왕파(loyalist)의 분열을 설명해준다. 독립운동에 동참함으로써, 그것의 정치적 결과를 누그러뜨리기 위해서 애썼던 사람들은 역사적으로 토리파(Torists)보다 훨씬 중요하다. 그리고 그들은 결국 자신들의 목적을 달성할 수 있었다. 왜냐하면 "사실 급진세력들은 식민지 주민들 중 소수에 불과한"[104] 상황이 지속되었기 때문이다.

하지만 영국 정부에 불평을 늘어놓는 그 집단들이 모든 곳에서 다 성공하지는 못했다는 사실에 주목하는 것이 중요하다. 1763년 이후 아메리카 대륙에는 영국 식민지가 30개 있었다. 모두들 무역 및 항해 조례에 따랐다. 하퍼

---

100) Jameson(1926, 25).
101) Lynd(1961, 33). 그는 계속해서 "바로 그런 내부혁명에 대한 두려움으로 로버트 R. 리빙스턴은 독립의 일보 직전에서 오랫동안 망설였던 것이다"라고 덧붙인다.
102) "많은 상인들은……계급이익에 대한 폭넓은 이해에 따라서 [1775-76년에] 솔직히 식민 본국과 자신들의 운명을 같이했다." Schlesinger(1917, 604).
103) "뉴잉글랜드 외부의 대부분의 휘그파 지도자들은 영국과의 전쟁을 독립을 위한 수단이 아니라 혁명에 대한 대안 또는 심지어 혁명에 대항하는 방어책으로 간주하는 듯했다. 전쟁은 명백한 근왕파들을 제외한 모든 아메리카인들에게 일시적으로나마 단결된 의지를 가지게 했다. 또한 그 전쟁은 그렇지 않았으면 식민지의 기성 사회질서를 위태롭게 했을 에너지를 영국인들에 대한 대항으로 돌리게 했다." Nelson(1961, 117).

또 Hoerder(1976, 265-266) 참조 : "자발적인 폭동을 사후에 승인함으로써, 군중을 따라잡으려고 노력할 때조차도 휘그파 엘리트들은 지도부의 역할을 수행했다.……민중의 요구는 공통의 이해관계에 대한 수사와 지도자들의 생색내기로 왜곡되었다."
104) Schlesinger(1919, 75).

가 말한 대로, 미국의 독립전쟁에 대한 설명이 설득력을 가지려면 "왜 13개 식민지들만이 반란에 참여하고 17개 식민지들은 여전히 영국에 충성했는지를 설명해야만 한다."[105] 이는 그 13개 식민지들이 다른 식민지들의 지지를 얻기 위해서 다양한 종류의 노력을 기울였기 때문에 특히 더 그렇다.

퀘벡을 혁명으로 끌어들이려는 노력은 실패로 끝났다. 그러나 그 주민들 대부분이 뒤늦게서야 영국의 통치 아래 들어갔고 그들 스스로 "영국인"이라고 생각하지 않았다는 사실을 감안하면 퀘벡은 특별한 경우였다. 동(東)플로리다 역시 이와 유사한 특례였다.[106] 하지만 북아메리카 대륙에는, 주로 뉴잉글랜드인들이 정착했기 때문에 혁명에 동참할 가능성이 있었던 또다른 영국 식민지가 있었다. 노바스코샤가 그것이다. 브레브너는, 북아메리카 대륙에 식민지의 지리적 중심지가 존재하고 1774년 그곳에서 "임박한 혁명의 불꽃"이 뜨겁게 폭발했다고 한다면, 주변지역으로 퍼져나가면서는 그 혁명의 열기가 수그러들었던 듯하다고 말했다. 조지아, 버몬트, 메인 그리고 노바스코샤, 이 모든 지역이 "입장을 정하지 못하고 있었는데",[107] 결국 노바스코샤만 딴 길

---

105) Harper(1942, 24). 하퍼가 말한 30이라는 수는 아마도 부정확한 듯하다. 신(新)케임브리지 근대사의 「지도(*Atlas*)」를 통해서 내가 살펴본 바에 따르면 39개에 달한다. 서인도제도의 여러 곳을 어떻게 셈할지가 분명 문젯거리이다.
106) 동플로리다는 1763년 에스파냐에 의해서 장악되었다. 영국계 이주민들이 일부 있었는데, 이들은 사우스 캐롤라이나의 플랜테이션 경제구조를 모방하려고 했다. 하지만 벼농사의 흉작과 인디고의 생육 부진은 "식민지 개척에 분명히 방해물"이었다. Chesnutt(1978, 14).

이 플랜테이션은 남부 유럽에서 온 고용노동을 이용했다. 약 1,400명의 노동자들이 뉴스미르나(New Smyrna)로 가기 위해서 모집되었다. 대부분은 메노르카인이었고 리보르노에서 온 약 100명의 이탈리아인과 그리스인이 일부 포함되어 있었다. "식민지의 빈약한 자원은 그 이질적인 집단에게 과도한 짐을 부과했다. [1768년] 도착 두 달 만에 그리스인과 이탈리아인들에 의한 폭동이 발생했다." 폭동은 진압되었고 두 명의 지도자가 처형되었지만 소요는 계속되었다. "미국 혁명이 발발하자 메노르카인들, 즉 그때까지는 식민지에서 가장 온순한 세력이었던 그들이 아바나의 에스파냐인들과 함께 음모를 꾸몄다고 한다." Morris(1946, 178-180). 근왕파 농장주와 에스파냐 지향적인 메노르카인들 사이에 미국 혁명의 지지자들을 위한 자리가 따로 놓여 있지는 않은 듯했다.
107) Brebner(1966b, 56-57). 뉴펀들랜드는 인구수가 너무 적었고 경제적으로도 너무 허약해서 반란을 꿈꿀 수가 없었다 : 그곳은 "아직까지 자기 나름의 방향을 찾아가기가 불가능했다."

을 가게 되었다.

당시 노바스코샤와 뉴잉글랜드는 긴밀한 경제적 (또 사실상 가족적) 유대 관계를 맺고 있었다. 게다가 남부 농장주들처럼 노바스코샤인들은 당시 "빚에 찌들어 있어서" 빚을 갚지 않을 목적으로 반란에 현혹될 수도 있었다.[108] 그럼에도 불구하고 그들은 적극적인 연대 제안에 "관심을 보이지 않았고",[109] 대신 "중립" 입장을 견지했다.[110] 어떤 면에서 보면, 매우 분산된 식민정착지를 지닌 채 외부에 노출된 반도라는 군사적 약점이 그들로 하여금 반란을 생각하지 못하도록 만든 주요 요인이었다.[111] 또다른 면에서 뉴잉글랜드는 퀘벡에 대해서는 "팽창주의적" 열정을 가지고 있었던 반면, 노바스코샤에 대해서는 군사적 투입을 감행할 만큼 충분히 중요한 지역이라고 생각하지 않았다.[112]

하지만 노바스코샤인들은 변경개척지(frontier) 주민이었고, "모든 변경개척지 주민이 그러하듯이 그들도 분리주의자들이었다."[113] 그럼에도 불구하고

---

108) Brebner(1937, 293).
109) Brebner(1937, 353). 그는 "식민정착지들 사이의 지정학적 장벽만큼이나 빈곤을 그 이유로 들 수 있다"고 말한 또 "……[노바스코샤는] 그들 자신의 주의회에서 제대로 대표를 확보할 수조차 없었다"고 덧붙인다. Kerr(1932a, 101) 참조. "노바스코샤의 뉴잉글랜드인들이 그들의 관계상 폭동에 소극적으로나마 동조의 의사를 가지고 있었다는 사실은 의문의 여지가 없다. 하지만 직접 행동을 취하는 것에 대해서는 그들이 심각하게 고려해 보지 않았다는 것도 또한 분명 사실이다."
110) 중립 입장을 내세움으로써 그들은 영국과의 공개적인 단절을 피하면서도 혁명적인 이웃 식민지 주들과의 유대를 유지할 수 있는 수단을 확보한 셈이었다. Clark(1959, 105).
111) "1776년 노바스코샤가 혁명 주에……가담하는 것을 막고 있는 유일한 것은 영국의 육군과 해군이었다.……해군에 의해서 둘러싸여 봉쇄될 수 있는 지역에서 전쟁을 계속하면 영국의 군사적 우위는 혁명의 패배를 거의 결정짓는 것이었다. 아메리카 혁명운동은 대륙운동이었다." Clark(1959, 102). 또 Pawlyk(1963, 380) 참조. 그는 "혁명 원칙에 널리 공감함"에도 불구하고 노바스코샤가 반란에 가담하기를 꺼려한 것은 그들이 해군을 보유하고 있지 못했다는 사실로 충분히 설명될 수 있다고 말한다.
112) Rawlyk(1973, 230). 그는 1776년 매사추세츠의 노바스코샤 공격은 미약했기에 실패로 끝났다고 주장한다. "1776년 매사추세츠가 노바스코샤에 대해서 얼마나 관심이 없었는지를 상상하기란 쉽지 않은 일이다."(p. 240)
113) Clark(1959, 70).

그들은 정치적으로, 다시 말해서 군사적으로 저항하기에는 자신들의 힘이 너무 약하다고 생각했다. 따라서 그들은 대각성(Great Awaking : 형식화된 종교계에 일대 각성을 촉구하는 종교운동. 메사추세츠의 조너선 에드워즈가 지도자로 등장하여 경건한 신앙과 실천을 강조하며 농민들에게 큰 호소력을 발휘함/옮긴이)이라는 한 종교운동에서 그 출구를 찾았다. 아니 그런 것처럼 보인다. 노바스코샤의 작은 정착지들에는 주로 런던과 핼리팩스(Halifax : 노바스코샤의 수도)로부터 가해지는 빈번한 "감독교회(episcopacy : 아메리카 식민지에 있는 영국국교회의 후신으로 1789년 필라델피아에서 공식적으로 조직됨. 독립전쟁을 거치면서 내용적으로 많은 변화를 겪음/옮긴이)의 위협"을 두려워한 회중파(Congregationalists : 잉글랜드에서 시작된 한 교파로서 회중파들 개개의 교회가 독립하여 자치를 행하고 교회구성원 스스로 목사를 선출하는 교회 지지자들을 말함/옮긴이)가 주로 거주했다. 게다가 그들이 뉴잉글랜드에서의 근친성과 왕에 대한 충성 중 하나를 선택할 수밖에 없으면서도 이에 주저하고 있을 때 종교의 부활은 그들에게 "하나의 탈출구이자 변명거리를 동시에 제공했다."[114]

소위 새로운 빛 부활 운동(New Light revival movement : 낡은 빛[Old Light]이라고 불린 기성 교회의 보수파에 대응하여 1740년대 초기 그리고 그 후 전개된 종교운동으로 보다 근대적이고 관대한 종교적 교리를 수용한 복음주의 운동/옮긴이)은 다른 지역의 혁명운동과 "동일한 사회적 불안과 불만의 조건" 속에서 발생했다.[115] 그러나 그것은 분명히 영국인들에게는 정치적으로 더 수용 가능한 것이었다. 게다가 그것은 노바스코샤인들에게 "정체성에 대한 새로운 의식"을 제공하여 1783년에는 노바스코샤가 "마치 그리스도교 세계의 가장 중요한 중심지가 된 것처럼 보였다."[116] 그래서 노바스코샤는 당시 만들어지고 있었던 미국의 궤도로부터 스스로 물러나 있었다. 단기적인 측면에서 보면, 이는 미래의 미국에게는 경제적으로 별로 중요하지 않은 것이

---

114) Armstrong(1946, 54).
115) Clark(1959, 111).
116) Rawlyk(1973, 250-251).

었고 노바스코샤에게는 아마도 득이 되는 일이었다.[117] 그러나 장기적인 측면에서 보면 이는 지정학적으로 대단히 중요한 일이었다. 왜냐하면 만약 노바스코샤가 열네번째 주가 되었다면 영국은 캐나다를 계속 보유하기가 어려웠을 테고 아마도 아메리카 대륙에서 "쫓겨났을지도" 모르기 때문이다.[118] 만약 그랬다면, 이주민에 의한 탈식민화의 전 과정은 다른 방향으로 흘러갔을 것이다.

카리브 해 지역의 경우 식민지와 영국의 관계는 다른 모습을 보여주었다. 경제불황기를 경험하고 있던 영국령 북아메리카와는 달리 서인도 제도는 주요 수출품인 설탕 붐의 시기에 접어들었다.[119] 뿐만 아니라 1766년의 자유무역항법(Free Port Act)은 그 뿌리가 1751년까지 거슬러올라가는 서인도 제도의 무역불황을 타개하는 데에 성공했다. 서인도 제도의 상업은 한 세기 이상 대규모 밀무역적 요소를 지니고 있었다. 사실 이것은 영국과 에스파냐령 아메리카 사이의 주요 무역양식이었다. 1751년경 이 무역에 "근본적인 변화"가 나타났다.[120] 영국 선박이 에스파냐령 항구를 드나드는 대신에 이제는 에스파냐 선박이 영국 항구에 출입하기 시작한 것이다. 물론 항해법에 따르면 이는 완전히 불법이지만, 처음에 영국의 지방 당국은 이를 묵인해주었다. 1763-64년에 그렌빌이 법 집행을 전반적으로 강화하면서, 영국 항구 근처에 정박하는 외국 선박을 압류할 수 있도록 하는 새로운 법령들이 통과되었다.[121]

1765년 로킹엄 내각이 들어서자 북아메리카인들을 달래기 위해서 인지법이

---

117) "뉴잉글랜드와의 무역관계가 단절됨으로써……핼리팩스는 그 군사전략적 지위로 말미암아 상업 중심지라는 새로운 중요성을 확보하게 되었다.……구식민지가 무역에서 배제됨에 따라 그 식민지가 대영제국의 일원으로서 향유했던 경제적 이점들이 어떤 것이었는지가 점차 드러났다." Clark(1959, 110-111).
118) Weaver(1904, 52).
119) Pares(1960, 10)는 파리 평화와 미국 혁명 발발 사이의 기간을 "설탕의 융성시대"라고 불렀다.
120) Armytage(1953, 22).
121) 설탕세법은 제23조에서 영국 항구에 있는 외국 선박의 몰수를 규정했다. "자메이카 상인들은 에스파냐 무역의 쇠퇴를 바로 이 문구 탓으로 돌렸다." Chriselow(1942, 320). 에스파냐 선박 나포의 영향을 만회하기 위한 노력으로 나온 자유무역항법에 대해서는 Williams(1972, 378-379) 참조.

폐지되었고 서인도 제도의 상인들을 달래기 위해서 자유무역항법이 통과되었다. 원래의 취지는 프랑스령 섬의 설탕과 관련이 있었다. 영국계 식민지인들은 경쟁이 두려워 과들루프 섬의 점령을 반대했다. 하지만 영국령 섬의 설탕 생산은 영국에는 충분한 공급량이지만 대륙으로 재수출하기 위한 수요를 충족시킬 정도는 아니었다. 영국은 프랑스령 섬 지역의 불법적 수출에 영국령 서인도 항구들을 개방했고 또 이로써 프랑스령 섬 지역의 설탕은 영국을 경유해서 대륙으로 수출되었는데, 그 결과 영국은 사실상 식민행정에 필요한 정치적 비용을 들이지 않고서도 무역 및 운송 이윤을 챙기는 등 꿩 먹고 알 먹는 결과를 얻었다.

그 법은 통과 당시 단지 프랑스령 섬의 설탕을 확보하는 것을 목적으로 삼고 있었을 뿐 아니라 또한 특별히 자메이카를 통해서 에스파냐령 인도 제도와의 무역을 재개하려는 의도도 가지고 있었다. 무역 재개는 초기에는 두드러지지 않았지만 결국에는 매우 성공적이었다. 어쨌든 이는 에스파냐의 즉각적인 대응을 야기했다.[122] 하지만 자유무역항법에 대한 에스파냐의 대응은 에스파냐가 안고 있는 보다 큰 딜레마의 작은 일부에 지나지 않았다. 장기적인 안목에서 보면 파리 조약은 아주 단순한 한 가지 이유에서 영국 식민지에 대해서만큼이나 에스파냐령 아메리카에도 역시 중요했다. 프랑스가 아메리카 무대의 주역 자리를 박탈당함에 따라서 "에스파냐는 그뒤 20년 동안 홀로 영국의 위협에 직면하게 되었던 것이다."[123] 에스파냐의 기본적인 문제는 적어도 한 세기 이상 이전의 것과 달라지지 않았다. 17세기 독일의 국제법학자 자무엘 푸펜도르프는 "에스파냐는 젖소를 길렀고 나머지 유럽이 그 우유를 마셨다"[124]

---

122) "에스파냐와 프랑스 양국 모두 자신들이 식민제국에서 행사하고 있는 독점을 파괴하기 위하여 영국이 사용한 방법에 분노했고 또한 그것은 당연한 일이었다. 에스파냐의 경우 영국의 자유무역항 개방에 대응하는 후속 조치로 자신들의 독점을 보호해주었던 장벽을 강화하기 위한 몇 가지 처방을 내놓았다." Armytage(1953, 48). 또 Hammett(1971, 27) 참조. 에스파냐의 대응은 단지 서인도 제도를 "금지된 지역들과의 무역을 위한 화물집산지"로 만들려는 영국의 노력을 강화시켜주었을 뿐이다. Goebel(1938, 289).
123) Brown(1928, 187). 또 Savelle(1939, 162) 참조.
124) Christelow(1947, 3)에 재인용.

고 빈정거렸다. 그러나 이제 심지어 젖소를 기르는 것조차 문제가 되었던 듯하다.

물론 파리 조약 이전부터 위협은 존재했다. 자메이카에서 출항하는 영국 상인들은 1740년대에 이미 화물집산지 카디스를 우회하려고 했다.[125] 1762년 영국은 아바나(그리고 마닐라)를 장악했고 베라크루스를 위협했다. 파리 조약으로 아바나는 다시 에스파냐에 귀속되었고 아울러 프랑스가 7년전쟁 때 도와준 대가로 루이지애나를 에스파냐에 양도했음에도 불구하고, 영국의 위협은 여전히 강력하게 실재하고 있었다. 그리고 1765년 에스파냐의 카를로스 3세는 그의 통치와 연관해서 유명한 개혁조치들인 자유무역(comercio libre) 제도를 실시했다.

자유무역은 분명히 카를로스 3세의 "전략"이었다.[126] 하지만 당시의 상황에서 자유무역이란 아주 제한된 의미만을 지니고 있음을 반드시 명심해야 한다. 에스파냐의 정책은 실제로 "단지 제국적 틀 내에서의 무역자유화"였다.[127] 1765년, 1778년, 1789년 연속적으로 나온 그 법령들은 기본적으로 다음의 세 가지를 제공했다 : 에스파냐 식민지 내에서 식민지들 상호간의 무역자유 증진, 세비야와 카디스 일부 지역에 대한 이베리아 반도의 독점권 폐지, 에스파냐계 식민지인들이 에스파냐 식민지에서 에스파냐 항구로 물건을 운송할 수 있도록 허가하는 것.[128] 제국 내의 이러한 무역자유화 조치의 기본적인 목적은 "영국에 복수하는 것"이었다.[129]

복수는 두 가지 방식으로 이루어질 수 있었다. 하나는 에스파냐계 식민지인들과 이베리아 반도의 무역을 그 식민지인들에게 더욱 유리하게 만듦으로

---

125) Stein & Stein(1970, 95-96) 참조.
126) Avelino(1978, 83).
127) Stein & Stein(1970, 100).
128) Arcila(1955, 94-95) 참조. 물론 이 개혁 중 두번째 측면은 이베리아 반도에 내재한 한 문제인 동시에 "카디스의 독점주의적 중앙집중성에 대한 에스파냐 주변 지역권의 승리를 대표하는 것이었다." 그러나 Vázquez de Prada(1968, 220)가 덧붙여 말한 것처럼, 이 승리는 "더욱이 에스파냐 경제에 대한 아메리카 경제의 승리이기도 했다."
129) Navarro Garcia(1975, 137).

써, 당시 광범위하게 존재했던 영국(그리고 기타 다른 지역)과의 밀무역이 인기를 끌지 못하도록 하는 것이었다. 그 결과 이는 영국의 자유무역항법이 활성화시키고자 했던 바로 그것을 침식하게 되었다. 그러나 두번째 조치가 더 직접적이었다. 제국 내의 무역자유화와 쌍을 이룬 다른 하나는 식민 본국이 제국을 더욱더 실질적으로 관리하는 것이었다. 이전에 합스부르크가(家) 치하의 에스파냐 식민지의 관료주의는 다음과 같은 것이었다고 한다 : "나는 명령에 복종하지만 명령을 수행하지는 않는다(Obedezco pero no cumplo)." 카를로스 3세로부터 시작된 부르봉 왕조는 이를 변화시키기로 결심했다. 그래서 표면적으로는 보다 많은 자유를 의미하는 것처럼 보이는 "자유화"가 실제로는 "[아메리카인들이] 더 효율적인 독점에 종속되었고 특히 에스파냐인들에게까지 확대된 이익들로부터 배제되었다는 점에서……사실상 더 적은 자유"를 의미했다.[130] 이러한 외관상의 역설은 에스파냐 정부가 본토에 거주하는 사람들과 식민지에 거주하는 사람들 사이의 상업적 권리의 차이를 감소시킴과 동시에 식민지에 거주하는 이베리아 반도인들과 크리오요(Criollo : 16-18세기에 에스파냐인을 부모로 하여 에스파냐령 아메리카에서 태어난 백인으로서 에스파냐에서 태어나 아메리카 대륙에 거주하던 사람들과는 구분됨/옮긴이) 간의 권리상의 실제 차이를 크게 만들었다는 사실에서 기인한다.

  1763년 현재 영국과 에스파냐는 두 가지 분야에서 유사한 문제에 직면했다는 것을 염두에 둘 필요가 있다. 첫째, 자국의 시민들은 식민지 무역과 관련된 법령을 계속 위반했고 그럼에도 "거의 처벌받지 않았고", 또 그들이 법을 위반하지 않았다면 그것은 "강압에 대한 두려움 때문이라기[보다는] 그렇게 하는 것이 편하고 좋았기" 때문이다.[131] 영국과 에스파냐 정부는 1763년 이후 이에 대응하여 강제력을 더욱 많이 사용하는 방향으로 나갔다.[132]

---

130) Lynch(1973, 13).
131) Christie & Labaree(1976, 27)는 영국인들에 대해서 그렇게 말했다. 하지만 이는 에스파냐령 아메리카도 똑같이 적용되는 말이다. Chaunu(1963, 409, 주 14)는 비록 18세기 말경에는 자유화 조치 때문에 "카디스의 합법적인 독점무역이 밀무역보다 훨씬 더 급속히 성장하기는" 했지만 18세기 내내 밀무역은 그 독점무역을 능가하고 있었다고 평가한다.
132) 하지만 그들이 그 새로운 방식을 사용한 정도에서 차이는 있었다. "영국은 부분적으로

양국 정부가 함께 처한 두번째 문제는 국가기구의 재정적 부담의 증가였다. 그래서 양국은 1763년 이후부터 식민지들에 더욱 많은 세금을 부과하려고 했다. 양국의 식민지인들은 비슷한 방식으로 이에 대응했다. 영국계 식민지인들은 1770년 보스턴 항구에 차를 쏟아버렸고, 에스파냐계 식민지인들은 1781년 소코로에서 화주(火酒)를 내버렸다(또 담배를 불태우기도 했다). 하지만 이러한 대응에도 불구하고 질서를 잡으려는 에스파냐와 영국의 공세는 멈추지 않았다. 그 공세는 양국의 식민지 지역권에서, 두 경우 모두 탈집중화라는 구래의 전통을 내건, 유사한 분노를 불러일으켰다. 펠란이 지적한 것처럼, 유일한 차이라면 대영제국의 이전의 지방분권화가 대체로 입법상의 것이라면, 에스파냐의 경우는 관료적인 것이었다는 사실이다.[133]

포르투갈 역시 7년전쟁에 의해서 후퇴했다. 1750년 외상이 되었던 폼발 후작(1699-1782, 원래 이름은 세바스티앙 조세 데 카르발류 이 멜루이고 오랫동안 외교관으로 근무했음/옮긴이)은 "아메리카 식민지 지배의 이익이 전적으로는 아니더라도 주로" 포르투갈 국민들에게 돌아오는 상황을 창출함으로써 포르투갈의 경제적 독립을 크게 진전시키는 정책을 주도했다[134](당시 영국은 포르투갈과 브라질의 경제에 강력히 개입했는데 특히 식량과 의류를 수출해서 포르투갈의 금을 끌어들였음/옮긴이). 상당 부분 그 기본적인 메커니즘은 식민지 경제에 대해서 "국가의 통제"를 강화하는 것이었다. 실제로 폼발은 이를 자신의 정치경제관의 "토대"로 간주했다.[135] 브라질에서 금 채굴이 급격히 증가하면서 국가가 확보, 처리할 수 있게 된 수입은 분명히 폼발의 이러한 시도에 상당한 도움을 주었다.[136] 그 결과 실제로 포르투갈은 당시 프랑

　　무역 법률들을 일부 강화함으로써 효과를 보고자 했고 에스파냐는 그 법률을 일부 완화함으로써 효과를 보고자 했다." Humphreys(1952, 245).
133) Phelan(1978, 34) 참조.
134) Christelow(1947, 9).
135) Reis(1960, 1[2], 327). 계몽사상에 자극받은 포르투갈의 국내 개혁과 식민지에서 증대하고 있던 중상주의가 왜 "단지 외견상의 모순"에 불과했는지에 대해서는 Novais(1979, 223) 참조: "그러한 것을 초래한 것은 후진성 자체였다."
136) Navarro Garcia(1975, 249).

스보다도 일인당 국민소득이 높았다. 브로델은 이것을 20세기 후반의 쿠웨이트와 유사하다고 간주한다.[137]

폼발은 포르투갈과 영국의 역사적 동맹관계를 문제삼으려고 하지는 않았다. 단지 그는 세계경제의 새로운 상황이 포르투갈에 제공한 "상당한 정도의 운신의 폭"을 이용하려고 했을 따름이다. 그러나 1762년 에스파냐의 포르투갈 침공은 "[폼발의] 기본 가정들을 산산조각 내는 도전"이었고, 1763년 이후 아메리카 대륙에서 에스파냐의 위협이 계속되자 "포르투갈은 영국의 호의가 반드시 필요하게 되었다."[138] 그 대가로 포르투갈은 자신의 권리 주장을 포기해야 했다. 그래서 폼발의 후계자들은 폼발의 정책을 파기하게 된다. 그러나 그러한 일이 완전히 전개되는 것은 나중이다.[139] 그동안 폼발의 정책은 포르투갈과 (따라서 또한 브라질과) 영국 사이의 무역을 상당히 축소시켰고,[140] 브라질에 있는 상인들로부터는 매우 부정적인 반응을 야기했다.[141]

그래서 1763년 현재 영국뿐만 아니라 에스파냐와 포르투갈도 역시 아메리

---

137) Braudel(1984, 304) 참조. 하지만 수입의 원천이 일차적으로 식민지들에 있었던 것은 바로 그 쿠웨이트였다. "[이 시기] 포르투갈의 무역수지가 흑자를 달성했던 것은 브라질 산물의 수출 덕분이었다." Novais(1979, 293). 이미 1738년 파리 주재 포르투갈 대사 돔 루이스 다 쿠냐는 "포르투갈을 계속 유지하기 위해서 포르투갈 국왕은 포르투갈 자체보다는 브라질의 부를 더욱 필요로 하고 있다"고 말했다. Silva(1984, 469)에 재인용. 이것이 18세기 포르투갈 경제의 "탈구(disarticulation)"를 너무 과장했고 단지 1808년 이후 시기에만 들어맞는다는 견해에 대해서는 Pereira(1986) 참조.
138) Maxwell(1973, 22, 33, 38). 1763년 포르투갈이 남아메리카에서 에스파냐에 패배한 뒤 폼발이 영국의 지원을 요청한 것에 대해서는 Silva(1984, 484-485) 참조.
139) "[영국의 대 포르투갈 무역] 쇠퇴는 프랑스 혁명에 의해서 가속화되었다. 과거에도 그랬던 것처럼 프랑스와의 전쟁으로 영국과 포르투갈은 모두 어려움을 겪게 되었다." Manchester(1933, 53).
140) 대 포르투갈 무역은 "영국이 추진했던 무역 중 가장 이익이 좋았던 것에서 영국의 수입국 중 여섯번째라는 하찮은 지위로 떨어졌다." Manchester(1933, 46).
141) "식민지인들의 강력한 반발은 포르투갈-브라질 간의 무역을 국유화하려는 폼발의 정책에 대한 것이었다. 브라질에 대해서 독점적 '특권회사'를 확립했던 과거 폼발의 정책이 그랬던 것처럼, 매우 빈번히 자신들의 이익이 왕과 식민 본국 상인들의 이익에 희생되고 있다고 생각했던 이들은 다름 아닌 바로 그 브라질 상인들이었다." Russel-Wood(1975, 28-29).

카 대륙의 자국 이주민들의 쌓여가는 불만을 해결하기 시작해야 했다. 사실 에스파냐와 포르투갈은 제국을 행정적으로 더욱 결속시키고 군대를 강화하고 중앙정부의 재정을 더욱 튼튼하게 함으로써 세계체제 내에 자신들의 힘을 재건하는 데에 다소 성공할 수 있었는데, 그럼으로써 그들은 자신들의 이주민들로부터는 강한 불만을 야기시켰다고 말하지 않을 수 없다.

카를로스 3세는 식민 본국(이베리아 반도), 아메리카의 식민영토들 그리고 세계에 대처하기 위한 에스파냐 국가의 능력을 강화시키기 위해서 갖은 애를 썼다. 에스파냐판 계몽주의 이데올로기의 영향을 받기는 했지만, 계몽(Ilustración)이라는 실제 정책들은 에스파냐에 절대주의 국가를 (다시) 세우고, 귀족의 역할을 축소시키고, 교회의 권위를 약화시키고, 군사영역과 민간영역 모두 행정을 보다 전문적인 봉급관료들에게 맡기려는 의도를 가지고 있었다. 그 목적은 상업규제의 개혁과 대 식민지 수출의 장려를 통해서 경제활동을 확대시키는 것이었으며 그런 다음 이 새로운 효율적 관료제를 통해서 "재정 수입을 확보하는" 것이었다. 초기의 경제적 (그리고 재정적) 성공은 "이례적인 것"이었지만,[142] 이러한 에스파냐의 힘의 거대한 성장은 에스파냐 국가의 통제를 넘어서는 세계경제의 힘 때문에 계속 유지하기가 불가능했던 "허약한 균형상태"[143]에 기반하고 있음이 드러났다. 우리는 이제 이 이야기로 돌아가야겠다.

"변화의 촉매"는 에스파냐에게 불행한 군사적 패배(아바나의 상실은 유일

---

142) Brading(1984, 408). 16세기 이래로 카를로스 3세의 치세기가 "국민적 자긍심에 가장 상처를 덜 낸" 때였다. Whitaker(1962a, 2). 또 Chaunu(1963, 417)는 1770-1800년 시기를 "에스파냐 부흥"의 시기로 부른다. 마지막으로 Garcia-Baquero(1972, 127)는 1778년 이후 시기를 카디스 무역의 "눈부신 팽창 국면"이라고 말한다. 그러나 이는 또한 카탈루냐에도 적용된다. Delgado(1979, 25-26) 참조. 마지막으로 Fisher(1985, 62)는 카를로스 3세의 자유무역 정책을 "특히 에스파냐령 아메리카의 경제생활에 대한 영향이라는 면에서는 두드러진 성공"이라고 말한다. "이베리아 반도의 경제에 대해서는 그 영향이 그리 크지 않았다."

143) Brading(1984, 439). 또 Humphreys(1952, 213) 참조 : "카를로스 3세의 통치하에서 그리고 카를로스 4세의 초기 국면 동안에 에스파냐는 돌이켜보건대 지속적인 번영의 시기를 누렸다. 에스파냐에 들어맞는 것은 그 제국에도 또한 들어맞았다."

한 것은 아니지만 가장 주목할 만한 것이다)를 안긴 7년전쟁이었으므로, 카를로스 3세의 첫 개혁조치는 군사적인 것이었고 "아메리카 대륙 재정복(Reconquista de Americas)"이라고 불린 행정혁명에서 군인들이 주도적인 역할을 수행하게 되었다.[144] 그러나 가장 급진적인 변화들은 민간행정에서 일어났다. 이는 총감찰(visita general) 제도, 즉 조사와 집행권을 가진 최고위 관리를 마드리드에서 파견하는 제도의 부활과 관련된 것이다. 개혁과정의 핵심 인물, 돈 호세 데 갈베스는 원래 1765년에서 1767년 사이에 신에스파냐의 최초의 총감찰관으로 무대에 등장한다.

그러나 가장 중요한 개혁은 고전적인 콜베르식 중앙집권화의 기구였던 지사제의 도입이었다. 지사는 시장(알칼데 마요르[alcalde mayor])과 읍장(코레히도르[corregidor])이라는 지역행정관(인디오 공물의 징수자이면서 인디오 노동력의 징발자이자 배당자)을 대신했다. 이 행정관직들은 100년 이상 매매되어왔고, 행정관은 사적인 상업적 이윤을 위해서 이 직위와 조세징수권을 이용했다. 1768년 갈베스는 신에스파냐의 크루아 총독과 함께, 인디오를 억압하는 동시에 국가 재정수입의 막대한 부분을 횡령했던 이러한 범주의 관리들을 완전히 제거하자고 제안했다. 갈베스는 1776년에 인도부 장관이 된 후 "부르봉 정부의 개혁주의 열정"을 구체화했고[145] 1786년 마침내 그 개혁을 완수했다. 이는 끈질긴 노력의 보상으로 해석될 수 있다. 즉 "식민 본국의 복지부동"의 분위기 속에서 개혁을 한다는 것이 얼마나 어려운 일인가에 대한 증거로 해석될 수 있다.[146]

---

144) Brading(1984, 399-400).
145) Navarro Garcia(1975, 160).
146) Stein(1981, 28). 갈베스의 개혁 성공에 대한 스타인의 평가는 다소 신랄하다 : "신에스파냐에 지사제를 제시한 때로부터는 18년, 인도부 장관으로 임명된 때로부터는 10년, 안데스 산맥 중심부에서 투팍 아마루의 대규모 인디오 봉기가 개시된 때로부터는 6년, 페루가 그 법령을 받아들인 때로부터는 2년 뒤인 1786년 12월 4일에야 결국 갈베스는 자신이 그렇게 오래 간직하고 있던 그 법령을 신에스파냐에 가까스로 관철시켰다. 그가 죽은 지 몇달 만에"(p. 13) 그리고 거의 즉각 원 계획안의 공동 입안자이면서 이제는 페루의 총독이 된 크루아는 코레히도르라는 구제도의 핵심 악인 물자배당제(repartimiento de mercancias)를 페루에 재도입하기를 권고했다.

갈베스의 영향은 그 자신이 이루어낸 정치지리의 변화에서 지속되었다. 그 변화는 미래의 탈식민화 과정에서 매우 중요한 영향을 미치는 것이었다. 1776년 인도부 장관으로서 그의 첫 활동들 중 하나는 라 플라타에 부왕령(Viceroyalty)을 확립하는 것이었다. 16세기에는 신에스파냐와 페루 두 곳만이 부왕령이었다. 1739년, 세번째로 뉴그라나다가 세워졌다. 갈베스는 왜 (총독령[Capitanerias Generals]과 사법행정원[Audiencias] 같이 더 작은 수많은 단위들뿐 아니라) 1776년에 네번째 부왕령을 만들었는가? 1776년이라는 시점은 우연한 것이 아니다. 영국령 북아메리카에서 독립전쟁이 시작되었다. 그 시기는 영국과 그 연합국인 포르투갈에 반기를 들기에는 최고의 호기였던 것이다. 그 나라들은 다른 무엇보다도 당시 사크라멘토와 부에노스 아이레스 사이의 불법무역을 통해서 에스파냐 통치하의 남아메리카 인디오 지역권들을 경제적으로 침투하고 있는 중이었다. 카를로스 3세는 이러한 침투를 차단할 강력한 정부를 구상했다. 오늘날의 아르헨티나, 우루과이, 파라과이, 볼리비아를 포함하는 라 플라타가 바로 그것이었다. "평상시의 상황이었다면 영국은 그러한 의도를 실현하려는 것을 가만두지 않았을 것이다."[147] 그러나 평상시와는 다른 상황이었다. 군사력의 재강화는 그만한 성과를 거두게 했다. 8,500명의 원정군이 1776년 리오 데 라 플라타(Rio de la Plata)를 넘어 "세번째이자 마지막으로" 사크라멘토를 접수했다.[148] 에스파냐의 승리는 1778년 산 일데폰소 조약(Treaty of San Ildefonso)에서 인준되었고, 라 반다 오리엔탈(지금의 우루과이)을 획득하려는 포르투갈의 열망은 이제 완전히 사그라들었다.

북아메리카의 전쟁은 에스파냐령 아메리카에 끊임없이 압력을 가해왔다. 그러한 상황은 개혁운동을 "급박하게"[149] 만들었고, 그 결과 1778년 제2차 자유무역 법령들이 만들어졌다. 에스파냐는 1777년에 이미 행동을 개시한 프랑

---

147) Céspedes del Castillo(1946, 865).
148) Brading(1084, 401). 에스파냐에게 군대 재강화의 성과는 그 몇년 뒤 북아메리카 전쟁에 개입하고 펜사콜라를 공격했을 때에도 계속 드러났다. 1783년 영국은 에스파냐에게 펜사콜라와 동(東)플로리다를 양도했다. 에스파냐인들이 영국인들을 최종적으로 모스키토스 연안(현재의 동부 니카라과)에서 쫓아낸 것도 바로 이 시기였다.
149) Rodriguez(1976, 23).

스의 뒤를 따라서 대 영국전에 참전하라는 압력을 심하게 받고 있었다. 프랑스의 결정은 어떤 의미에서는 아주 명백했다. 그들은 1763년 이후부터 줄곧 아메리카 대륙에서 영국의 힘을 축소시키려고 했다. 1770년에 퇴임한 슈아죌 공작은 그러한 정책에 필요한 다섯 가지 사항을 기록한 메모를 남겼다 : 전쟁을 피할 것, 에스파냐와 네덜란드와 연합할 것, 영국의 재정 신용도를 약화시킬 것, 영국령 아메리카 식민지의 독립을 고무할 것, 에스파냐 및 포르투갈의 식민지와 영국 사이의 거래를 축소시킬 것. 1774년에 취임한 베르젠은 슈아죌의 정책을 되살렸다.[150] 이제 아메리카 식민지들은 전쟁을 개시함으로써 프랑스로 하여금 행동을 취하지 않을 수 없게 만들었다.

처음에 프랑스는 북아메리카 혁명가들을 비밀리에 돕는 정도에 머물렀다. 프랑스 내각은 분열되었고, 튀르고는 전쟁은 "가장 큰 악"이므로 피해야 한다고 생각했다.[151] 그리고 북아메리카인들이 오래 버틸 수 있을지도 결코 확실치 않았다. 요컨대 그들은 1776년 8월 27일 롱아일랜드 전투에서 이미 패배했던 것이다. 그래서 1777년 10월 16일 새러토가 전투에서 버고인 장군(1722-92, 영국의 장군. 7년전쟁에서 탁월한 전과를 세웠으나 1777년 뉴욕의 새러토가 전투에서 식민지 군에 패함/옮긴이)이 패배하자 이는 곧 프랑스와 에스파냐에 중대한 영향을 미쳤다.[152] 프랑스는 갑자기 영국의 승리보다 더 나쁜 상황, 이를테면 프랑스에 비우호적인 독립적 연합국가(United States)가 탄생할 가능성, 즉 프랑스가 지원하지 않은 반군세력의 승리를 두려워하기 시작했다.[153] 프랑

---

150) Savelle(1939, 164-165).
151) Van Tyne(1916, 530).
152) "1777년 10월 16일 버고인 장군은 새러토가에서 게이츠 장군에게 항복했다. 우리는 당시에 이것이 무엇을 의미했는지를 파악하기가 어렵다. 그때까지 그 전쟁은 유럽에서, 1776년 영국의 한 유인물 작성자의 표현에 따르면, '분별력을 잃은 식민지인의 지도자, 즉 야심에 찬 선동가들의 오만한 짓'으로 여겨졌다. '그 선동가들은 파멸로부터 벗어나는 것이 불가능하지는 않더라도 어렵게 될 때까지 앞으로 한걸음 한걸음 주민들을' 내몰아갔다는 것이다. 순식간에 이 무지한 주민들은 구세계의 최고의 군대 중 하나이자 군사사에서 가장 부유한 군대의 하나[영국군/옮긴이]를 격퇴했다." Madariaga(1948, 300).
153) "1776년부터 계속, 아메리카의 독립 노력의 결과로 프랑스와 에스파냐는 서인도 지역 속령들을 상실하게 될 것이라는 생각이 악귀처럼 베르젠을 떠나지 않았다." Van Tyne

스는 1778년 2월 6일, 미국과 조약을 맺고 공개적으로 전쟁에 가담했다.

이제 압력은 에스파냐에 가해졌다. 에스파냐인들은 매우 주저했다. 에스파냐는 식민지 반란을 정당화하는 것으로 보일 수 있는 일을 수행하는 데에 망설였다. 더구나 에스파냐는 영국에게 지브롤터와 미노르카를 양도하면 자신들은 중립을 지키겠다는 흥정을 내걸고 있었다. 영국은 그러한 거래의 필요를 전혀 느끼지 못했다. 프랑스는 더욱 강렬히 에스파냐의 지원을 원하고 있었고 1779년 아란훼스 조약(Treaty of Aranjuez)에서 에스파냐에게 대가를 지불했다. 그 대가란 영국을 공동으로 공격하는 것에 대한 약속이었다. 에스파냐는 이를 "지나치게 확장되어 취약해진 자신의 식민제국"이 공격받기 전에 전쟁을 끝내는 유일한 방법이라고 생각했다.[154] 에스파냐는 미국이 아닌 프랑스와

(1916, 534). 1776년 대륙회의의 파리 파견대표 사일러스 딘은 "프랑스에 지원이 충분치 않으면 아메리카인들은 영국과 재결합할 수밖에 없을 것이라고 경고했다. 반면 하나의 독립된 아메리카가 존재하면 프랑스는 세계무역 지배라는 점에서 영국의 계승자가 될 것이었다." Kaplan(1977, 138-139). 1777년 7월 23일 베르젠은 루이 16세에게 보고문을 올려서 다음과 같이 말했다 : "영국은 아메리카 반란을 신속하게 분쇄할 수 없으면 그들과 타협할 수밖에 없을 것입니다. 영국은 신민으로 보유할 수 없었던 그들을, 페루와 멕시코 그리고 프랑스령 설탕 섬들에 대한 합작 공격에서 동맹군으로는 삼을 수 있을 것입니다." Corwin(1915, 34)에 재인용.

미국의 실제 의도에 대한 프랑스의 불신은 여전했고, 이 불신은 1782-83년 파리의 추후 평화협상 기간 동안 프랑스로 하여금 영국의 캐나다 보유를 허용하도록 압력을 가하게 한 주요 요인이었다. 1778년 이미 대륙회의는 프랑스에게 식민지인들의 캐나다(뿐만 아니라 노바스코샤와 플로리다도) 장악을 지지할 것을 약속하도록 요구했다. 하지만 베르젠은 1778년 3월 29일 미국 주재 외교관 제라르에게 보내는 훈령에서 다음과 같이 말했다 : 영국이 "이 세 지역(contrées) 또는 최소한 캐나다를 소유하는 것이 아메리카인들로 하여금 불안과 경계심을 가지게 하는 쓸 만한 원칙이 될 것이다. 이렇게 되면 아메리카인들은 전하[루이 16세/옮긴이]의 우애와 협조를 더욱더 강력히 필요로 하게 될 것이다. 이것이 파괴되면 전하에게 이로울 것이 없다." Frégault & Trudel(1963, 153)에서 재쇄. 1779년 루체른에서 베르젠은 "북아메리카가 열강의 역할을 수행하고 주변국에 불안을 야기하도록 하는 데에" 아무런 이해관계도 두고 있지 않다고 주장했다. 실제로 영국이 협상을 위해서 파리에 도착했을 때 프랑스는 원하는 것보다 더 많은 양보를 할 준비가 되어 있었다(예를 들면 세인트 로렌스의 어업권 그리고 더 중요하게는 1775년 식민지인들이 가졌던 것보다 더 큰 경계 확정 등). 말할 것도 없이 프랑스의 이러한 태도를 미국인들은 못마땅하게 생각했다. Trudel(1949b, 213-214).

154) Dull(1985, 108).

조약을 체결했다.[155] 너무도 분명히 그 목적은 미노르카와 지브롤터를 되찾는 것이었고, 그와 동시에 "카리브 해의 모든 거점들(루이지애나, 모스키토스 연안, 자메이카, 소안틸레스 제도)에서 영국인들을 몰아내는 것"이기도 했다.[156]

에스파냐는 "생명과 재산상으로" 큰 대가를 치렀다.[157] 전쟁의 결과 사실상 에스파냐령 아메리카와 에스파냐는 그 유대의 최초 단절 —— 이러한 단절은 그뒤에도 계속되었다 —— 을 경험했다. 카라카스의 회사는 파산했다. 국고는 아메리카 대륙으로부터 아무런 수입을 올리지 못했다. 카탈루냐 면산업은 침체되었다.[158] 그리고 여전히 가장 중요한 집단이었던 카디스 상인들의 무역은 "대혼란에 빠졌고, 이는 필연적으로 당시 크게 발전하고 있던 전시 금수품 무역에 이익을 가져다주었다."[159]

모든 것 중에서 가장 큰 손실은 아마도 당시 막 시작된 인플레이션 주기일 것이다. 바로 1774년에 캄포마네스 백작(1723-1802, 에스파냐의 정치가이자 저술가/옮긴이)은 에스파냐가 지폐 인플레이션으로부터 자유로운 것을 "커다란 국가자산"이라고 언급했었다. 그러나 전비 지출은 수입 감소와 결합되어 국가재정을 고갈시켰다. 이러한 유형은 1793년 이후에도 계속된다. 비용은 실재하는 것이기 때문에 에스파냐 국가는 어떻게든 벌충해야 했다. 요컨대 지폐의 "태환을 위해서 아메리카 이주민들은 세금부담을 짊어져야 했다."[160] 물론 본토인들도 마찬가지였다. 결국 이러한 인플레이션은 나폴레옹의 에스파냐 점령과 독립운동의 한 요인으로 작용했다.

---

155) "앵글로-아메리카 혁명기 동안 에스파냐는 미국이 아니라 프랑스의 동맹국[이었다]. 에스파냐는 영국이 미국 독립을 승인한 뒤에야 그것을 승인했다." Bemis(1943, 16).
156) Navarro Garcia(1975, 141). 사실 플로리다와 모스키토스 연안이 에스파냐가 얻은 전부였다. 그리고 그것을 위해서 사실상 그들은 벨리즈(Belize : 중앙 아메리카 유카탄 반도의 동부 해안지역. 현재 아메리카 대륙에서 두번째로 작은 국가/옮긴이)를 넘겨주어야 했다. 또 에스파냐는 지브롤터는 아니지만 미노르카 섬을 얻긴 했다.
157) Hamilton(1944, 40).
158) Herr(1958, 145-146) 참조.
159) Garcia-Baquero(1972, 43). 전시 금수품 무역의 가장 유행하는 방식은 "스웨덴인 것처럼 보이는 것", 즉 스웨덴의 중립기를 채택하는 것이었다.
160) Hamilton(1944, 41, 48).

에스파냐의 "마지못한" 아메리카 독립전쟁 참여는 "에스파냐령 아메리카에서 반향"을 불러일으켰다.[161] 두 번의 중요한 반란, 즉 페루의 투팍 아마루 반란과 뉴그라나다의 농민(코무네로[Comunero]) 반란이 바로 이때 발생했다.[162] 투팍 아마루 반란은 아메리카 대륙을 상당히 흔들어놓았기에 그 진정한 목적이 무엇이었는지는 여전히 큰 논쟁거리로 남아 있다. 그것은 독립운동의 첫번째 나팔소리였는가 아니면 그 정반대의 것이었는가?

투팍 아마루(1743-81, 호세 가브리엘 콘도르칸키가 본명. 페루의 혁명가. 잉카 제국 최후 왕의 혈통을 이어받았다고 주장하며 페루, 볼리비아, 아르헨티나 북부를 중심으로 1년간 대규모 전투를 벌이다가 체포되어 처형당함/옮긴이)가 지도하는 안데스 산맥의 인디오 봉기——그것이 오랫동안 지속된 봉기의 정점이자 가장 큰 영향을 미친 봉기임을 기억하자[163]——를 "정복되지 않은 인디오들의 최후의 중요한 노력"[164]이라고 보는 사람들이 있다. 최악의 경우 문명화된 풍습의 수용에 대한 원초적 거부이고, 기껏해야 승인되거나 관용되지는 않더라도 이해는 받을 수 있는 "사회적 울부짖음"[165]이라는 것이 당시 많은 행정가들의 견해였다. 이 견해를 따르는 진영은 안데스 산맥의 인디오 반란의 역사를 "독립의 징후"로 보려고 했던 사람들에 반대했다. 그뒤에도 일부 페루 역사가들이 계속 "독립의 징후"로 보는 해석을 추구했지만, 이는 쇼뉘에게 비판받았는데, 그는 그것이 "완전히 잘못된 생각"이라고 말한다. 쇼뉘는 이 인디오 반란이 유럽에 대한 아메리카의 반란이기는커녕 "그들의 유일무이한 적인 크리오요의 압제"에 대한 반란이라고 주장한다.[166] 이런

---

161) Liss(1983, 137).
162) Madariaga(1948, 302-303)가 적절히 지적하듯이, "반란자들은 전염성이 강했다.……어쨌든 중요한 것은 투팍 아마루 봉기와 연관된 혁명운동들이 1783년까지, 즉 베르사유 강화시까지 지속되었다는 점이다."
163) Bonilla(1972, 17) 참조.
164) Harlow(1964, 636).
165) Valcárcel(1960, 358) 그가 생각하는 유일한 다른 대안은 우리가 그것을 "새로운 국가 건설을 지향하는 정치적 독립운동"으로 간주하는 것이다. 그리고 그는 이를 "어리석은 것"이라고 말한다.
166) Chaunu(1964, 194).

식의 사건 해석은 투팍 아마루가 자신의 운동은 국왕의 신하들에 대해서는 아니지만 국왕에게는 "충성하는"[167] 것이라고 단언했다는 사실에 큰 강조점을 두고 있다. 그러나 충성은 양 방향으로 작용했다. 즉 투팍 아마루 봉기의 한 결과는 일부 백인 주민들로 하여금 식민질서가 "자신들의 헤게모니를 유지하기 위한 최선의 방어책이며 더 많은 수의 토착 혼혈 특권계급에게 절멸당하지 않기 위한 유일한 보장책"이라고 생각하게 만들었다는 것이다.[168]

하지만 제3의 입장이 존재한다. 그것은 투팍 아마루를 크리오요에 대항해서 싸운 근왕파도 아니고 독립을 위해서 싸운 최초의 투사도 아닌 사회혁명가로 보는 것이다. 이 반란은 단지 세계경제의 주기순환 국면(또는 콩종크튀르) 내에서 놓고 볼 때만이 그 의미가 나타난다. 고려사항이 세 가지 있다. 우선 우리는 1763년 이후의 전반적인 경기침체에 대해서 알고 있다. 그것은 1776년에는 영국령 북아메리카의 혁명이라는 사건을 야기했고 1779년 당시에는 대 영국전에 에스파냐를 참가하도록 만들었다. 두번째로 우리는 카를로스 3세가 시작한 개혁운동에 대해서 알고 있다. 그 운동은 1778년에 두번째로 중요한 추진력을 얻었다. 마지막으로 안데스 산맥 지역에서 농산물 가격의 하락의 효과가 나타났다. 1779-80년의 기간이 "18세기 중 가격이 가장 하락했던 시기와 완전히 일치한다"는 사실이 드러났다. 1725-27년 이래 그 가격은 최저였다. 더구나 1779-80년 시기는 단지 1759년 이후 계속 하향했던 순환주기의 최저점이었을 뿐이다.[169]

반란은 원초적 저항이기는커녕 무엇보다도 인디오들이 자본주의 세계경제에 연루된 결과로 일어난 것이었다. 그리고 그 연루는, 단지 바로 얼마 전에야, "중앙행정부의 권력을 보다 강화시키는" 여러 조치들에 의해서 더욱더 효과적으로 이루어졌던 것이다.[170] 페루는 코레히도르들의 부패와 권력 남용

---

167) Valcárcel(1957, 241).
168) Halperin-Donghi(1972, 118). 또한 Chaunu(1963, 406) 참조. 그는 투팍 아마루 반란을 "페루 근왕파의 핵심 운동들 중 하나"로 보았다.
169) Tandeter & Wachtel(1983, 231-232). 그들은 여기서 라브루스가 프랑스 혁명에 대해서 말한 시나리오와 유사한 것을 지적한다.
170) Cornblit(1970, 131). 그의 주장처럼 "근대화라는 중요한 기획이……그러한 갈등을 야기

으로 유명했다. 호세 가브리엘 콘도르칸키가 잉카 제국의 투팍 아마루 2세로 자칭하면서 1780년 반란을 일으켰을 때, 그는 지나치게 높은 세금으로 인디오들을 억압하고 경제를 파괴시키는 "사악한 정부"를 주요 쟁점으로 삼았다.

투팍 아마루 개인의 사회적 동기들을 해석하려고 노력하는 것은 참으로 적절치 못하다. 중요한 것은 그가 일으킨 사회적 반향이다. 봉기의 핵심은 지방의 인디오 주민들이라고 할 수 있다. 하지만 모든 곳에서 똑같은 정도는 아니었다. 골테는 조야하긴 하지만 설득력 있는 몇 가지 계산을 제시했다. 그는 각 지역의 일인당 총수입(그것은 명백히 토양상태, 수출생산량, 광산 고용에서 나오는 임금 수령의 기회 등에 따라서 다양했다) 지수를 작성했다. 그는 그로부터 합법적이거나 불법적이거나에 상관없이 실제로 부과된 세금의 평균수준을 도출했다. 그는 잔여 총액의 낮음과 봉기 참여 정도 사이에는 거의 정확한 상관관계가 있음을 발견했다.[171] 필은 투팍 아마루의 봉기 그리고 거의 같은 시기에 발생했으며 우리가 앞에서 논의한 바 있는 푸가초프의 반란(1773-75) 사이에는 유사성이 매우 많다는 것을 정확히 지적했다 : "차르" 혹은 "잉카"라고 자칭했다든지, 대토지 보유 농민들이 반란을 일으켰다든지 그리고 대규모 광산 개발이 부분적으로 강제노동, 즉 다시 말해서 시장지향적 생산활동을 위한 대규모의 노동강제에 기초했다는 점 등이 그렇다.[172]

투팍 아마루는 크리오요들의 지지를 얻고자 했다. 실제로 처음에 당국은 앞으로 이루어질 개혁에 대해서 불만을 품은 코레히도르들이 투팍 아마루를 부추겼다고 의심했다. 그리고 아마도 이에 대한 증거도 일부 있었다.[173] 그러나 이 두 집단 사이의 이해관계는 상충되었다. 인디오, 흑인, 메스티소 그리고 물라토들에 대해서 지니고 있었던 크리오요의 "혈통에 대한 자부심"은 에

하는 결과를 가져왔다."(p. 133)
171) Golte(1980, 176-179) 참조.
172) Piel(1975, 205, 주 22) 참조.
173) Fisher(1971, 409-410).

스파냐령 아메리카에서 처음부터 존재한 사회적 사실이었을 뿐 아니라 18세기에 들어서 점차 커져갔다.[174] 사회적 거리감이 계속 오갔다.[175]

인구통계는 명확했다. 1780년 페루 인구의 60퍼센트가 인디오였다. 하지만 그중 리마에서 살고 있는 사람은 거의 없었다. 단지 12퍼센트만이 에스파냐인(크리오요 또는 이베리아 반도인)이었다. 나머지는 이른바 카스트, 즉 흑인, 메스티소, 물라토 등이었다.[176] 인디오들에게 가장 직접적인 적은 사회경제 생활을 통제하는 자들이었고, "일반적으로 이는 크리오요들이었다." 이베리아 반도인이 아니었던 것이다.[177] 게다가 투팍 아마루는 노예 해방을 약속했고 소유권에 대한 "수상쩍은" 견해를 제시했다. 이를테면 그는 크리오요 소유의 직물제조업장(obrajes)을 파괴했다. 이러한 종류의 반란에 직면한 "크리오요는 곧 에스파냐인들과 제휴했다."[178] 르윈의 말처럼, 일반적으로 말해서 에스파냐령 아메리카는 당시 서로 다른 두 개의 혁명운동, 즉 크리오요와 인디오의 혁명운동이 각기 존재했다. "그들의 길은 때로는 교차했고……또 때로는 서로 다른 길을 가기도 했다."[179]

투팍 아마루 반란은 양보 —— 배당제의 제한[180] —— 와 무력을 병행함으로

---

174) Konetzke(1946, 232).
175) "에스파냐인들을 비롯한 유럽인들의 백인 자손인 크리오요는 인디오들과 어떤 관계도 맺기를 원하지 않았다. 또 자신의 인종과 문화에 충실했던 인디오들은 자신들이 무시하거나 싫어했던 크리오요들과 어떤 접촉도 없었다." Gandia(1970, 10).
176) Golte(1980, 42-43) 참조. 물론 이것이 아메리카 대륙에서 유일한 인구 유형인 것은 아니었다. 그 비율은 멕시코, 과테말라 그리고 볼리비아에서도 비슷했다. 그러나 뉴그라나다는 메스티소가 인디오보다 훨씬 더 많았다. 브라질과 카리브 해는 흑인이 수적으로 우세했다. 그리고 북아메리카는 백인의 수가 지배적이었다. 1820년에 훔볼트가 만든 표를 보라. Chaunu(1964, 196)가 새로 작성. 에스파냐령 아메리카의 인종체계에 활용되었던 분류에 대해서는 McAlister(1963) 참조.
177) Fisher(1971, 421).
178) Humphrey & Lynch(1965a, 28). "반란과정에서의 크리오요 직물공장의 파괴와 퉁가수아(Tungasua) 흑인 노예들의 해방 그리고 무엇보다도 인디오 주민들의 독립투쟁에의 동원에 내재한 잠재적 위험 등은 크리오요로 하여금 인디오들과 관계를 끊고 추후에는 그들에 대항케 할 충분한 이유가 되고도 남았다." Bonilla(1972, 19).
179) Lewin(1957, 143-144).
180) Golte(1980, 202)와 Fisher(1971, 411) 참조.

써 진압되었다. 그러나 반란의 중요성은 에스파냐령 아메리카의 정치적 결과에 있었다. 인디오들은 "좀더 중요한 여러 반란들의 수행에서 이제 주도권을 완전히 상실했다."[181] 왜냐하면 투팍 아마루 반란의 강도, 초기의 성공 그리고 그 잔인함이 백인들을 완전히 오싹하게 만들었기 때문이다. 1780년 이후 백인과 백인 혼혈들은 그러한 봉기에 더 이상 "가담하려고" 하지 않았다.[182] 대신 이 시점부터는 크리오요가 혁명의 주도권을 쥐게 되었다. 하지만 심지어 이렇게 된 뒤에도 여전히 일반법칙처럼, 분리주의와 독립에 대한 헌신의 강도는 "피지배민인 인디오와 흑인들의 수에 반비례하는 상태"로 남아 있었다.[183] 그리고 특히 페루의 독립전쟁에서 인디오들은 양측 모두로부터 고통을 당했다. "모든 군대가 그들을 약탈했다."[184]

투팍 아마루의 초기 성공들은 인근 뉴그라나다 부왕령에서 코무네로 반란으로 알려진 한 운동에 힘을 불어넣었다.[185] 그것 역시 부르봉 왕조가 추진한 개혁과정에서 발생한(그 개혁에 의해서 야기된 것은 아니다) "대규모 혁명과정의 한 발현"이었다.[186] 또 투팍 아마루의 성공은 뉴그라나다의 수도인 산타페 데 보고타와 다른 도시 중심지의 크리오요들을 "끊임없이 불안하게" 만들었다.[187]

1781년 3월 16일에 발생한 코무네로 봉기의 직접적인 원인은 신임 총감찰관인 후안 프란시스코 구티에레스 데 피녜레스가 매매세(alcabala)를 증대하고 가혹한 새 조치들을 확립시킨 데 대한 분노였다. 중심 문제는 "새로운 재

---

181) Bonilla(1972, 16).
182) Cambell(1981, 693).
183) Chaunu(1963, 408). 백인의 비율은 혁명의 두 중심지인 베네수엘라와 라 플라타에서 가장 높았다. 그 다음으로 높은 곳은 뉴그라나다이고, 신에스파냐와 페루가 그 뒤를 이었다.(p. 408, 주 13)
184) Lynch(1973, 276).
185) "소코로인들[소코로는 폭동의 장소이다]은 이른바 투팍 아마루의 성공에 도취되었다." Phelan(1978, 68).
186) Liévano Aguirre(1968, 467). 그는 또 투팍 아마루 봉기가 "코무네로 혁명 과정에 결정적인 반향을 일으켰다"(p. 470)고 언급한다.
187) Cárdenas Acosta(1960, I. 88).

정상의 강제 징수금을 부과할 권한을 누가 가지느냐"하는 것이었다.[188] 결국 그 문제는 헌법상의 것이었고 영국계 아메리카 이주민들이 제기했던 문제와 유사했다. 차이라면, 뉴그라나다에는 중앙 재정권의 이전에는 별 관심이 없었고 이러한 권력의 남용에 훨씬 더 많은 관심을 두고 있었던 상당수의 인디오 주민들이 존재했다는 사실이다. 예를 들면 과도한 공물과 인디오 공동체 토지인 레스과르도(Resguardo)의 침해 같은 문제들인데, 특히 인디오 공동체 토지는 크리오요 대지주(아센다도[hacendado]) 그리고 대개는 메스티소인 소규모 구매자들에게 경매되고 있었다. 다시금 세계경제의 전반적인 경제적 문제들의 한 결과인 지방 직물산업의 쇠퇴라는 사실로 인해서 상황은 악화되었다.[189]

페루에서는 사회적 불씨가 일단 점화되면 인디오들(비록 한때 카시케[cacique : 추장]였고 고대 잉카 제국 귀족의 후손이라고 자칭했지만)의 지도 아래 들어간 반면, 뉴그라나다의 반란에서는 처음부터 메스티소가 많았으며 그 지도는 아센다도(비록 온건하긴 했지만)였던 크리오요 출신의 후안 프란시스코 베르베오가 떠맡았다. 그러므로 뉴그라나다에서는 (메스티소라는) 하나의 지도 아래 사실상 둘, 즉 소코로에 중심을 둔 크리오요의 봉기와 카사나르 대초원(llanos)의 인디오 봉기라는 두 개의 봉기가 있었다.

반란자들은 산타 페로 진격해갔다. 그곳에서는 혼란의 와중에 일시적으로 안토니오 카바예로 이 공고라 대주교가 권력을 장악하고 있었다. 그의 노선은 불명확했고 절충주의적이었다. 베르베오는 "반란군을 저지했고"[190] 카바예로와 협상에 들어갔다. 그 결과 하나의 타협안이 나왔다. 즉 세금을 줄이고 비(非)본토 출신 에스파냐인들의 관직 진출을 보장하고, 인디오들에게 처우 개선을 약속하는 시파키라(Zipaquirá : 콜롬비아의 지명 /옮긴이) 합의가 이루어졌다(1781년 6월 8일). 하지만 인디오들은 기본적으로 이 합의안을 (봉기에 참여한 크리오요와 메스티소 세력들을 달램으로써) 인디오들의 산타 페 진입

---

188) Phelan(1978, xviii).
189) Loy(1984, 255) 참조.
190) Lynch(1985, 34).

을 막은 "배반"[191]으로 간주했다. 인디오들은 홀로 투쟁을 계속했지만 그들의 옛 동맹세력들의 방해로 진압되었다.

결국 에스파냐에 대해서 불만을 품은 일부 엘리트와 평민들, 즉 "권리를 박탈당한 이들" 사이의 잠정적인 동맹은 성립 불가능한 동맹이었다.[192] 엘리트들은 그들의 닮은꼴이라고 할 수 있는 북미 이주민들의 봉기에 고무되었다.[193] 평민들은 투팍 아마루 봉기에 자극을 받았다. 그리고 결국 크리오요 지주들은 "평민들을 지지하지도 않았을 뿐 아니라 공공연히 그들을 저지했고 당국과 손을 잡았다."[194] 하지만 뉴그라나다에서는 엘리트들(다소간 서로 다른 인구구성에 의해서 유지되었던)이 재빨리 투팍 아마루의 교훈을 배웠다. 그들은 봉기의 주도권을 잡고 내부에서부터 봉기를 파괴함으로써 훗날 에스파냐에 대해서 자신들의 이익을 관철시키는 데에 훨씬 더 나은 위치를 확보했다. 시몬 볼리바르(1783-1830, 남미 크리오요 출신의 군인이자 정치가. 뉴그라나다 지역과 볼리비아, 페루 등지에서 에스파냐 식민통치에 맞선 혁명을 지도했고 콜롬비아와 페루에서 대통령을 역임했음/옮긴이)가 뉴그라나다에 등장했고, 그는 1820년대 페루에서 매우 복합적인 환대를 받았다.

그래서 이제 크리오요의 독립운동은 두 가지 자극제를 가지게 되었다── 이베리아 반도인에 대한 크리오요의 불만 그리고 이베리아 반도인과 크리오요 모두가 유색 하층민에 대해서 가지고 있었던 두려움. 에스파냐령 아메리카 식민지(그리고 정도는 덜했지만 브라질)의 역사서술을 사실상 지배했던 것은

---

191) Lynch(1985, 36). 또한 Arciniegas(1973) 참조. 그 책 제14장의 제목은 "배반"이다.
192) Liévano Aguirre(1968, 447).
193) Cárdenas Acosta(1960, I, 88).
194) Izard(1979, 134). 고려해야 될 또다른 세력이 있다──바로 흑인 노예이다. 투팍 아마루는 노예제의 종식을 선언함으로써 크리오요들을 두려움에 떨게 했다. 이 문제는 코무네로 봉기에서 직접 제기되지는 않았지만 그 배경에 깔려 있었다. 베네수엘라는 오랫동안 도망 노예들, 이른바 시마론(cimarrón)의 핵심 공동체들이 번성했던 곳이었다. 많은 이들이 "사회적 비적행위"에 가담했고 플랜테이션의 노예들과 공모하면서, 노예들로 하여금 시마론의 보복이라는 위협을 자신들의 주인과의 교섭무기로 사용할 수 있도록 했다. "베네수엘라는 목가적이거나 평화로운 곳이 전혀 아니었다." Dominguez(1980, 48). 인디오 봉기의 장기간 존속이 확실히 흑인 노예들의 봉기를 촉발시킨 듯하다.

이 가운데 첫번째 것, 즉 크리오요와 이베리아 반도인 사이의 대결이라는 주제였다. 정의상 크리오요는 이베리아 반도인의 후예들이었다. 거의 모든 이주민 식민지들과 마찬가지로 에스파냐령 아메리카에서도 모든 시기마다 항상 이주민 가운데 일부는 식민지에서 태어났고 일부는 모국에서 온 이주민들이었다. 후자의 일부는 새 이주민들이었고 나머지는 일정한 종류의 직무를 맡아서 일시적으로 이주했으나 곧 모국으로 다시 돌아가려고 하는 사람들이었다. 그 가운데 정말로 모국으로 다시 돌아간 사람들도 있었고 그러지 않은 사람들도 있었다. 어쨌든 이베리아 반도 출신이 모국으로 다시 돌아가더라도 식민지에서 태어난 그의 아들이 그곳에 남아 있기를 원하는 것은 있을 수 있는 일이었다.

어떤 의미에서 보면 논의는 두 가지 형세로 진행되었다. 고전적인 입장은, 18세기에 크리오요들은 이베리아 반도 출신에 밀려서 관직으로부터 배제되었고 이것이 그들의 불만의 원인이었다는 것이다.[195] 1950년대 초 이러한 입장은 공격을 받는다. 예를 들면 에이사기레는 크리오요들이 여전히 "관직에서 의심의 여지 없는 지배권"을 유지했으며, 문제가 되었던 것은 오히려 크리오요가 다수적 우위를 넘어서 관직 진출을 "독점하려고" 했던 일이라고 주장한다.[196] 수정주의자들은 부르봉 왕조의 개혁에서 시작되어 크리오요의 불만에 이르는 일련의 과정은 사실상 그 역이라고 주장한다. 크리오요의 지배가 에스파냐 관직사회를 "경악케" 한 원인이었다.[197] 부르봉의 개혁은 "크리오요의 권리 주장의 원인이라기보다는 그 결과"였다.[198]

그 일의 전개과정이 어떠했건 간에 그리고 실제로 어느 정도로 심각하게

---

195) 이것은 19세기 자유주의적 역사가들의 입장이었다. Diffie(1945, 488)와 Haring(1947, 136, 194) 등은 여전히 그 입장을 주장했다. Collier(1963, 19)는 그것이 과장되기는 했지만 그럼에도 불구하고 현실성 있는 견해라고 말한다. Bonilla(1972, 58)는 1776-87년에 대해서는 그것이 들어맞는다고 주장한다. 그 역사서술에 대한 토론으로는 Campbell(1972a, 7)과 Burkholder(1972, 395) 참조.
196) Eyzaguirre(1957, 54, 57). 행정 부문에서 크리오요가 차지했던 압도적 역할에 대한 강조에는 Barbier(1972, 434)도 한몫했다.
197) Campbell(1972a, 20).
198) Marzahl(1974, 637).

받아들여졌건 간에, 에스파냐령 아메리카에서 이베리아 반도인의 "지위"라는 문제는 "점점 더 심각해지고", 즉 점점 더 공공연해졌다. 그리고 그 논쟁의 와중에서 식민지 행정부는 "그 모든 힘을" 이베리아 반도인들 쪽에다 실어주었다.[199] 이것은 새로운 입법의 문제라기보다는 기존의 법을 강화하는 문제였다.[200] 문제는 더욱 심각해졌는데, 그 이유는 한편으로는 크리오요의 수가 대폭 증가했기 때문이다.[201] 또다른 한편으로는 에스파냐 정부가 아메리카 "재정복"과 경제팽창을 추진한 결과 상당수의 새로운 이주민들이 유입되었기 때문이다.[202]

상황을 악화시킨 것은 분명히 크리오요들이 생각한 대로 식민 본국 정부의 "자의성"이었고[203] 또 에스파냐 정부의 눈에 비친 크리오요들의 "어리석음과 수상쩍은 불충"이었다.[204] 영국령 북아메리카에서와 마찬가지로 상호간의 의심이 느리기는 했지만 꾸준히 증대했다. 그러나 더 복잡한 문제가 있었다―― 인종주의였다. 영국령 북아메리카의 상황은 비교적 명확했다. 백인과 흑인이 있었고 인종간의 장벽은 강했다. 인디언들은 경멸의 대상이었지만 대개가 경제체제 외부에 존재했다. 물라토는 흑인이었다. 그리고 백인들 사이의 구분은 대개 계급적 일직선에 따라서 이루어졌고, 지나치게 많은 인종으로 그 계급적 구분선이 혼란스러워지지는 않았다. 물론 영국계가 아닌 이를테면 독일계 이주민들도 있었다. 하지만 이와 관련해서 어떤 적대가 존재했던지 간에 그것은 정치적 분란에 거의 아무런 역할도 하지 못했다. 존재했던 것은 근왕파와 애국파였지 이베리아 반도인이나 크리오요가 아니었다.

에스파냐령 아메리카에서는 (포르투갈과 프랑스 식민지들에서처럼) 인종간

---

199) Harperin-Donghi(1972, 127).
200) Konetzke(1950) 참조.
201) Chaunu(1964, 195)의 수치 참조.
202) "관료와 상인들이 에스파냐인들에게 부합하는 새로운 세상을 꿈꾸며 식민지로 물밀듯이 들어왔다. 그곳에서 그들은 여전히 고위 행정에 등용되었고 자유무역(comercio libre)은 그 자체로 본토의 독점상인을 위한 보호막이었다." Lynch(1973, 16).
203) Liévano Aguirre(1968, 439).
204) Campbell(1976, 55). 캠벨은 투팍 아마루 봉기에서의 크리오요 군대의 역할에 대한 갈베스의 반응을 특별히 언급한다.

의 경계가 훨씬 더 복잡했다. 흑백(또는 백인과 비백인)의 단순한 분리 대신에 복잡하게 분류된 계서제가 존재했다. 3세기 이상 내려오는 유성생식상의 체질의 실제가 의미하는 바는 이베리아 반도인은 "순수 백인"이지만 크리오요들은 "약간만 백인"이라는 것이다. 린치가 지적하듯이, 실제로 많은 크리오요들은 "오히려 그 볼리바르처럼" 거무스름하고 거친 피부와 두터운 입술을 지니고 있었다.205)

"백인이라는 것"이 존중되는 사회구조 내에서 실재로 혼혈(쇼뉘에 따르면 셋 중 두 사람이 그렇다206))이었던 많은 크리오요들은 "후손"(인종적으로 모호해지기는 했지만)이라는 그들의 우월한 지위를 신참 이주민들에 대한 계급적 우월성으로 전환시키려고 노력했다. 대개가 16-17세기에 안달루시아, 에스트레마두라 그리고 카스티아에서 온 사람들의 후손들로 구성된 크리오요 집단은 18세기에 그곳에 온 사람들을 에스파냐인들로 본 것이 아니라 거의 다 칸타브리카 산맥과 갈리시아 지방의 사람들로 여겼다. "'반(反)가추핀' 민속[가추핀(gachupin)은 이베리아 반도인에 대한 조롱의 표현에서 나온 것이다]은 사실상 '반(反)칸타브리카' 민속, 더 확실하게는 세비야의 '반(反)갈리시아' 민속을 생각나게 한다."207) 또 크리오요들은 이베리아 반도인을 고도스(godos), 즉 고트족이라고 불렀다. 추측컨대 이것이 의미했던 것은 로마 지배하의 에스파냐로 들어왔던 "야만적인" 고트족의 후예들이라는 것이다.208) 이베리아인들은 크리오요들을 "게으른 사람들"이라고 구분지음으로써 이에 응수했다.209) 이주해온 이베리아 반도인들은 사실 종종 사회적 상승을 지향하는 빈민들이었다.210) 또 크리오요들은 종종 "하강하는 경제적 자동계단에 갇혀

---

205) Lynch(1973, 19).
206) Chaunu(1973, 19).
207) Chaunu(1963, 412-413). 쇼뉘는 이러한 긴장들이 19세기의 카를리스트(Carlist : 페르난도 7세의 적법한 계승자가 돈 카를로스임을 주장한 그의 지지자들/옮긴이) 전쟁기 동안 지속되었다고 지적한다.
208) Chaunu(1964, 197) 참조.
209) Brading(1971, 213).
210) Congreso Hispánoamericano(1953, 273) 참조.

있는"것처럼 보였다.²¹¹⁾ 사실 크리오요들과 이베리아 반도인들은 이러한 지위를 심각하게 생각했다. 하지만 그것은 단지 일정한 지점까지만 그러했다. 간디아는 정치투쟁의 결정적 시기가 최종적으로 도래했을 때 그 투쟁의 명세표들은 종종 가계의 역사가 아니라 현재의 정치적 선택을 반영한 것이었음을 우리에게 상기시켜주고 있다. "기묘한 일은 크리오요로 추정된 이들이 종종 크리오요가 아니라 에스파냐인들이고 에스파냐인들도 에스파냐인이 아니라 크리오요였다는 사실이다."²¹²⁾ 그리고 경제적 지위도 종종 결정적인 고려사항이었다. 이사르드가 베네수엘라에 대해서 언급한 바 있듯이, "상인들과 지주들 간에 발생한 대결은 식민 본국인과 크리오요들 사이가 아니라 생산자와 구매자 사이에서 일어난 것이었다."²¹³⁾ 독립 이후 모든 이베리아 상인들이 무대에서 완전히 사라졌을 때에도 그 갈등이 계속되었다는 것이 증거라고 그는 말한다.

명확하게 드러나는 것은 부르봉 왕가의 개혁들이 그 문제를 구체화했다는 사실이다. 에스파냐령 아메리카에서의 경제적 이해관계에서 비롯된 영국의 임박한 최종 공세를 차단하는 데 필요한 중앙권위의 재확립 노력—— "필사적인 후방방위 작전"²¹⁴⁾은 승자 없는 게임이었다. 카를로스 3세와 그의 대리인 갈베스가 실패했더라면 영국이 승리했을 것이다. 하지만 카를로스 3세와 갈베스는 실패하지 않았다. 예를 들면 그들은 교회를 통제하는 데에 상당한 성공을 거두었다. 예수회의 축출은 아주 수월하게 이루어졌고, 이는 또 에스파냐 국가의 여러 재정문제와 권한문제를 해결해주었다. 그러나 그 과정에서 크리오요들의 충성심이 크게 손상되었다. 왜냐하면 유럽으로 내쫓긴 1,000명이 넘는 아메리카 예수회원들은 사실 "바로 그 크리오요의 핵심 엘리트들"이었기 때문이다.²¹⁵⁾ 이 정책의 대가는 남아 있는 사람들의 "소

---

211) Brading(1973b, 397).
212) Gandia(1970, 27).
213) Izard(1979, 54).
214) Brading(1984, 438).
215) Brading(1984, 402). 또 Bauer(1971, 80-85) 참조. 예수회의 축출은 합스부르크 왕정에서 부르봉 왕정으로 전환한 또다른 하나의 지표였다. "합스부르크 왕조는 성직자들을 활

외"였다.²¹⁶⁾ 그리고 이 "소외"—— 예수회, 코레히도르 대신 지사로의 대치 그리고 더욱 효과적으로 징수된 고액의 세금 등의 이유로 인한 ——는 그 엘리트들로 하여금, 특히 세계체제의 변화하는 정치적 분위기 속에서 독립을 추구하는 방향으로 내몰았다. 1781년경 마르코스 마레로 발렌수엘라는 카를로스 3세에게 보내는 메모에서 이러한 상황이 발생할 수밖에 없음을 예언했다.²¹⁷⁾

그리하여 이제 1763년의 파리 조약 이후 20년도 못 되어서 아메리카 대륙 —— 모든 아메리카 대륙 —— 은 불가피하게 일련의 이주민 독립국가 건설의 도정에 들어선 것처럼 보였다. 그후 50년은 그 전반적 개요가 세밀하지는 않지만 이미 그려져 있는, 한 유형의 전개에 불과하다. 그렇게 된 이유는 아마도 두 종류의 인기 있는 주장들 —— 이주민들이 "자유"를 위해서 바친 다소간의 영웅적 행위 또는 식민 본국 열강들의 몇몇 판단 "오류"—— 에 있는 것이 아니었다. 또 이는 새롭게 출현하고 있는 영국적 세계질서라는 맥락에서 (모든 측면에 대한) 비용과 수익을 계속 누적적으로 평가한 데에 기인한 것도 아니다. 정말로 이 모든 것이 다 냉정한 계산의 결과라고 할 수는 없다. 이주민들의 독립 시도는 일단 가동되기만 하면 집단적 이해관계라는 보다 협소한 계산을 종종 넘어서는 결과를 이끌어내는 그 자신의 추진력을 만들어냈다. 그 궁극적 결과는 영국인들과 남북 아메리카 이주민들에게 동시에 서로 다른 방식으로 이로운 것이었다. 물론 그 이익의 정도와 질은 다양했다. 주요 피해자들은 이베리아 반도의 국가들과 아메리카 대륙의 비백인계 주민들이었다. 그것은 공정하지 못한 대결이었고 지나고 나서 보면 결과가 뻔한 것처럼 보일지도 모른다. 이득을 본 사람들 사이에 이루어진 사실상의 장기 동맹은 세계체제에 가장 직접적인 정치적 안정성을 제공하는 것이었고 그럼으로써 그것은 또 전 세계적 자본 축적을 위해서는 최상의 것이었다.

1781년, 미국군은 요크타운에서 영국군을 물리쳤다. 이는 영국의 큰 패배로

용했고 반면 부르봉 왕조는 군대를 사용했다." Brading(1971, 27).
216) Brading(1984, 403).
217) Muñoz Oraá(1960) 참조.

보였고 분명히 영국인들을 정신이 번쩍 들도록 만들었다. 하지만 1783년 베르사유 조약(Treaty of Versailles : 미국이 프랑스와 에스파냐 등의 군사적 지원을 받아 독립전쟁에서 승리한 후 체결한 조약. 이 조약에서 미국 13개 주의 독립이 선언되었고 영국은 캐나다와 플로리다를 제외한 미시시피 강 동쪽 지역을 미국에게 넘겨줌. 플로리다는 에스파냐로 넘어감/옮긴이)에 이르러서야 평화가 이루어졌다. 그 이유를 이해하려면 세계의 실제 군사적 상황을 고려해야 한다. 왜냐하면 영국은 단순히 식민지와 싸운 것만은 아니었기 때문이다. 영국은 프랑스, 에스파냐 그리고 네덜란드와도 역시 전쟁을 치렀다. 대다수 유럽 국가들은 사실상 영국에 대항하여 보조를 맞추고 있었다. 1781년과 1783년 사이 2년 동안 영국은 세인트 전투에서 서인도 제도의 프랑스 함대를 결정적으로 패퇴시켰다. 지브롤터에 대한 프랑스-에스파냐 연합군의 공격도 성과가 없는 것으로 드러났다. 유럽 적대국들에 대한 영국의 이러한 성공은 요크타운의 패배보다 더 중요했다. 그리고 이로 인해서 영국은 비록 아메리카 대륙의 13개 대륙 식민지를 상실했음에도 불구하고 1783년 이후에도 여전히 해양을 지배할 수 있었다.[218]

영국의 관점에서 보면 1783년은 평화가 아니라 휴전을 뜻했다. 영국은 헤게모니를 잡기 위한 노력을 중단하지 않았다. 우리는 (제2장에서) 프랑스가 그후 영국에 대해서 어떤 행동을 취했는지, 즉 이든 조약, 혁명, 혁명전쟁, 나폴레옹 팽창, 대륙봉쇄령 등에 대해서 이미 논의했다. 이제 우리는 식민지 이주민들이 자신들의 이익을 지키기 위해서 어떤 조치를 취했는지에 대한 이야기로 돌아가야 한다. 1783년 이후 이주민들의 투쟁에서 세력균형을 깨는 세 가지 핵심 "계기들"이 있었다 : 아이티 혁명, 나폴레옹의 에스파냐 침입 그리고 1815년 프랑스인들의 최종적 좌절. 우리는 이 세 가지 이정표를 가지고 아메리카 대륙의 관점에서 그 이야기를 추적해볼 것이다.

1783년 이후 신생 독립국 미국은 그 승리의 과실을 현실화하기 위하여 노력했다. 그것은 예상했던 것보다 더 어려운 일임이 드러났다. 특히 중요한 경제적 목표 두 가지 —— 수출을 유럽, 카리브 해 그리고 그외 지역에까지 현

---
218) Gottschalk(1948, 7). 또 Anderson(1965, 267-268) 참조.

저하게 확대하는 것과 북미대륙의 변경개척지에 대한 접근 및 통제권을 확보하는 것 —— 는 영국의 지배를 종결시킴으로써 자동적으로 보장되는 것이 아니었다. 더구나 혁명전쟁은 사회 내부의 많은 갈등을 야기시켰다. 그리고 사회적 갈등은 신생국가의 안정을 위협했고 그로 인해서 이주민들이 품었던 그 경제적 목표의 달성 가능성도 위협했다.

독립전쟁기 동안 대륙회의는 물론 영국과 경제관계를 단절했다. 국제적으로 대륙회의는 일찍이 1776년에 철저한 자유무역 입장을 채택했고 전쟁기간 동안 줄곧 그 입장을 견지했다.[219] 영국 제조업과의 단절을 부분적으로 보상한 것은 국내 제조업의 증대와 프랑스, 네덜란드, 에스파냐로부터의 수입 증대였다. 수입품에 대한 지불은 작게는 수출품에 의해서 이루어졌고, 크게는 보조금과 부채로 충당함과 아울러 프랑스 원정군이 자체의 지출로 생산부문을 떠받쳐주었다는 사실도 한몫했다. 하지만 전반적으로 보면 전쟁이 경제, 특히 제조업 부문에 "혁명적 영향"을 끼치지는 못했다.[220]

더욱이 전쟁 직후의 무역불황 때에도 영국(패자)은 미국이나 프랑스(승자)보다 일이 더 수월하게 풀려갔던 것으로 보인다. 본래 미국은 영국에게 여전히 상당한 종속관계에 놓여 있었고[221] 이는 미국과 프랑스 양국 모두에게 일정한 좌절감을 느끼게 하는 문제였다. 지금까지의 지식으로도 그 이유는 충분히 명백한 것으로 보인다. 미국에게 영국의 화물집산지는 안전한 것이었고 비용도 싼 편이었다. 또 무엇보다 미국 상인들은 영국 무역항구들과 "오랫동안 상업관계를 유지해왔다." 이것은 장기 신용을 이용할 수 있음을 의미한다. 또한 공통의 언어와 문화가 지닌 가치를 망각해서도 안 된다.[222] 게다가 1783년

---

219) Bemis(1935, 45-46)와 Nettels(1962, 1-6) 참조.
220) Nettels(1962,44). 또한 Walton & Shepherd(1979, 181-182) 참조. 대조적으로 미국의 독립전쟁은 이런 점에서 스코틀랜드에는 꽤 유리하게 작용했던 것으로 보인다. 독립전쟁은 화물집산지로서의 글래스고의 역할을 파괴함으로써 경제적 우선순위를 재구축하도록 했다. "글래스고가 아메리카와의 담배 무역의 독점을 유지하는 한에서라면 매뉴팩처, 심지어 면직물 매뉴팩처까지도 무역에 여전히 종속되어 있었을 것이다." Robertson(1956, 131).
221) "영국의 경우 [전쟁의] 손실은 물질적 이익보다는 위신의 측면에서 더 컸다. 즉 미국의 경제 독립은 국가주권의 확보와 행사에 한참 뒤떨어져 있었다." Marshall(1964a, 23).
222) Clauder(1932, 16).

이후 영국 상인들은 "대미 무역을 회복하려고 노력했다." 영국 정부는 미국이 아직 영국 식민지였을 때 제공했던 것과 똑같은 면세혜택과 공제금 및 보조금을 자신들의 상인들에게 제공하면서 지원했다.[223] 이와는 대조적으로 프랑스 상인들의 경우, 대미 무역을 발전시킨다는 것은 새로운 무역 채널을 만드는 것을 의미했다. 그리고 전쟁기간 동안 겪었던 손실을 감안하면, 1783년 프랑스 상인들은 "과도한 혁신이라는 그 사치"를 받아들일 수가 없었다.[224]

그리하여 미국은 이제 다시 영국에 교역을 의존하게 되었다. 전체적으로 이전보다는 못한 수준이었고 양국이 "불평등한 지위에 있기는" 했지만 말이다.[225] 그 의존의 이유는 "영국에게도 대미 무역은 가치 있는 것이었지만 미국의 경우 대영 무역은 사활이 걸린 문제였기 때문이다."[226] 1789년 레날 신부와의 대화에서 아서 영이 제국을 상실하고도 "그 상실로 이득을 얻는" 일이란 "세계정치에서 매우 특이한 사건"이라는 생각을 드러냈던 것은 놀라운 일이 아니다.[227]

---

223) Nettels(1962, 47). 그는 또 "풍부한 자본을 가진 영국 상인들이 12개월에서 18개월까지 운용되는 신용대부로 상품을 선대해갔다"(p. 231)고 지적한다.
224) Meyer(1979b, 181). 프랑스 상인들이 "북미 시장에서 영국인들을 몰아낼 다시없는 기회"를 놓쳐버린 이유에 대해서는 또한 Fohlen(1970) 참조.
225) "1780년대 내내 대영 수출로 측정되는 대외무역은 혁명 이전 수준의 3분의 2에도 못 미쳤다." Jeremy(1981, 14).
226) Benians(1940, 16). Bemis(1923, 35-36)도 또한 다음과 같이 주장한다 : 당시 영-미 무역은 "미국의 국가적 생존에 절대적으로 필요한 것이었다.……[1789년] 미국 수입의 90퍼센트는 영국으로부터 온 것이었고 미국의 세입은 대개 그 수입의 관세로부터 온 것이었다. 영국과의 무역관계를 갑자기 뒤집어엎는다는 것은……미국 대외무역의 4분의 3을 파괴한다는 것을 뜻했을 것이다. 알렉산더 해밀턴이 나중에 언급한 바에 따르면, 그것은 신용을 뿌리채 잘라내는 짓이었을 것이다."
더구나 영국인들은 당시 자신들의 이점을 의식하고 있었다. 셰필드 경은 항해법을 완화시키는 것에 반대하며 다음과 같은 주장을 폈다 : "사실 여전히 우리는 우호적이어도 좋을 것이다. 그들에게 호의를 가져도 좋을 것이다. 그러나 우리는 어떤 일을 억지로 일으키려고 노력할 것이 아니라 기다려야만 한다.……그리고 신중한 경영으로 [영국은] 그 무역으로부터 미국이 기대하는 것과 동일한 정도로 많은 이익을 얻을 것이다." Stover(1958, 405)에 재인용.
227) 영은 여전히 세련된 20세기 식민지해방론자의 기질을 보이며 식민 본국이 "식민지들을 포기하는 것이 현명함에도 불구하고" 자발적으로 포기할 가능성은 없을 것이라고 생각

미국이 가장 분명하게 무역팽창을 희망했던 지역권은 자신들과 오랫동안 교역해온 카리브 해였다. 그러나 여기서도 또한 1780년대는 어려운 시기임이 드러났다. 영국령 서인도 제도 중 어느 곳도 미국 독립전쟁에 참여하지 않았다. 서인도 제도 전체에서 공감을 표시하는 여러 선언들이 있었고 암암리에 지지를 나타내는 시도도 있기는 했지만 말이다.[228] 그 이유는 아마도 두 가지일 것이다 : 인구구성상의 요인으로서 흑인들(대부분이 노예들)이 주민의 약 8분의 7을 차지했다는 사실[229]과 영국의 해군력에 대한 그 소규모 섬들의 군사적 허약성[230] 때문일 것이다.

하지만 대륙 본토의 식민지들과 영국령 서인도 제도들 간의 유대는 혁명 발발 수십 년 전에 강화되었다. 그 정확한 이유는 서인도 제도에서 설탕 단일재배 생산이 증대함으로써 그 결과 수입곡물에 대한 수요가 증대했기 때문이었다. 전쟁으로 인한 혼란은 이러한 무역 고리를 단시간에 심각하게 흐뜨려버렸고 이로 인해서 설탕 생산가를 상승시켰다.[231] 아울러 이는 서인도 제도 사람들에게 가능한 한 빨리 그 유대를 원상회복하도록 크게 자극하는 것이었다. 그러나 1783년 이후에도 (에스파냐 식민지에서 그랬던 것처럼) 미국 선박들은 영국 때문에 서인도 식민지들에 접근하지 못하고 있었다.[232] 이는 설탕 플

했다. 그는 "프랑스는 생-도맹그를 고수했고, 에스파냐는 페루를, 영국은 벵골을 고수했다"고 탄식했다. Lokke(1932, 155)에 재인용. 우리가 이미 알고 있듯이 앞의 두 열강은 곧 식민지를 지킬 능력을 상실할 지경에 처하게 된다.
228) Brathwaite(1971, 68-71)와 Kerr(1936, 61) 참조.
229) Knollenberg(1960, 298)에서 수치 참조. 13개 주를 가장 적극적으로 부추긴 두 식민지는 버뮤다와 바하마인데, 이곳은 유일하게 백인이 다수였던 곳이다.
230) Brown(1971, 68-71) 참조. 물론 이것은 또한 노바스코샤가 독립전쟁을 지지하지 않았던 이유로 제시되었던 주요 설명들 중의 하나이다.
231) Knight(1983, 243, 246-247).
232) Walton & Shepherd(1979, 183) 참조. Williams(1972, 220, 222)는 미국 선박의 입항을 저지한 1783년 영국의 칙령에 깔린 논리는 미국이 보복할 능력이 없을 것이라는 오만한 생각에 기초해 있다고 설명한다 : "해운업자들의 견해가 지배적이었다. 그들은 영국이 미국의 매뉴팩처 제품 시장에서 외국이나 미국 경쟁자들을 두려워할 필요가 없다고 주장했다.……
"미국 시장에 대한 영국의 지배가 안정적이라는 주장은 여러 사건들에 의해서 곧바로 인정되는 듯했다."

랜테이션 소유자들에게도 역시 좋지 못한 상황이었다. "겨우 수지를 맞추고 있던 농장들은 1783년 이후 몰락하기 시작했다."[233)

신생 이주민 국가에게 외부와의 교역에 대한 전망이 잠시나마 미덥지 못한 것처럼 보이자 그들은 최소한 "변경개척" 지역권들을 식민시킴으로써 대륙에서 경제발전을 확대시킬 수 있으리라고 생각했다. 그러나 영국이나 에스파냐는 그들 자신의 이익과 직접 상충되는 이 야심찬 시도를 지원해줄 생각이 전혀 없었다. 북아메리카 대륙의 동쪽 반을 직사각형으로 생각해볼 수 있는데, 1783년 신생 미국은 그 직사각형 박스 내부의 한 박스로 이루어져 있었다. 동쪽 경계선은 그 바깥 박스의 경계와 마찬가지로 대서양이었지만, 북쪽은 그들의 관할권으로부터 배제되어 있는 캐나다로 둘러싸여 있었다. 또 남쪽은 멕시코 만의 북쪽 경계 전체(루이지애나에서 플로리다까지)가 에스파냐의 관할권 아래 있었고, 서부는 미시시피 강과 애팔래치아 산맥 사이의 하나의 거대한 지역권에 의해서 둘러싸여 있었는데 그 지역에 대한 관할권을 두고는 분쟁이 있었다.

베르사유 강화회의 동안 미국의 캐나다 장악 여부는 문제로 제기되지 못했다. 미국은 전쟁시기 동안 정치적으로나 군사적으로 캐나다를 확보하는 데에 실패했다. 그리고 미국은 이 문제와 관련해서 프랑스의 외교적 지지를 얻지 못했다.[234) 영국은 사실 어떠하냐 하면 프랑스보다 더 캐나다에 대해서 무관

그들은 또 지중해 무역에서 영국 함대의 보호를 상실했다. 이는 바르바리(이집트를 제외한 북아프리카의 옛 이름/옮긴이) 해적과 문제를 초래했다. 아일랜드와의 무역에 대해서 말한다면, 직접무역은 "식민지 시기 동안 별로 중요하지 않았고" 이제는 확대되지도 않았다. Nash(1985, 337).

유일하게 밝은 측면은, 비록 장기적인 면에서 중요할 뿐이기는 하지만, "혁명의 직접적 결과"인 대 중국 무역의 개시였다. Ver Steeg(1957, 366).

233) Craton(1974, 240). 그는 계속해서, "심지어 1783년에서 1805년 사이의 [설탕 생산의] 70퍼센트 증가도 큰 수익률을 보여주는 것이 아니라 오히려 정반대였다 : 그것은 인플레이션이라는 결과를 동반하면서 생산 증대로 이윤을 원상회복하려는 시도를 보여주는 것이다"(pp. 245-246)라고 주장한다.

1780-86년의 전례 없는 태풍으로 미국으로부터의 수입식량이 감량될 상황에 처했다. 초목이 남아나질 않았다. Sheridan(1976a, 615)은 "그 결과는 생존의 위기였다"고 언급한다.

234) 이 점과 관련하여 슈아죌에서 베르젠까지 프랑스 정책의 연속성에 대해서는 Trudel

심했다.[235] 더 큰 문제는 미국의 서부 팽창을 허용할지의 문제였다. 1783년의 조약은 영국이 이른바 서부 항구, 즉 미시간 호수에서 섐플레인 호수에 이르는 경계선의 미국 쪽에 있는 여덟 개의 개척 거점을 넘겨주어야 한다고 규정했다. 영국인들은 질질 끌었다. 핑계는 미국이 근왕파의 몰수재산을 되돌려주지 않으려고 한다는 것이었다. 미국은 수천 명의 흑인 노예들의 캐나다 이주를 영국이 허용했다는 것을 (그래서 "재산을 돌려주지" 않는 것을) 지적함으로써 이에 응수했다. 사실을 놓고 보면 영국인들은 단지 캐나다의 모피무역업자들에게 "자신들의 사업을 재정비하고 재산을 빼돌릴" 시간을 제공하려던 것뿐이다.[236] 1796년 제이 조약(Jay Treaty : 1794년 11월 19일 영국과 미국 사이에 체결된 조약. 서인도 무역을 다룬 조항을 빼고 1796년 2월에 미국과

(1949b, 131) 참조. 은퇴한 슈아죌은 1778년 베르젠에게 보내는 메모에서, 프랑스는 전쟁의 결과로 미국이 독립하더라도 캐나다, 노바스코샤, 캐롤라이나 등을 영국의 지배하에 있도록 해야 한다고 주장했다. 또 베르젠은 제라르에게 그런 결과야말로 식민지들이 일단 독립한 뒤 "영국과 무한정 마찰을 벌이면서 프랑스에게 이익이 되도록" 보장해줄 것이라고 설명했다.

235) "1782년 봄에 캐나다를 모두 독립 미국에 대한 무상의 부수물로 여겨서 그 속에 집어넣으려고 했던 것처럼 보이는 셸번 경과 그의 대리인 리처드 오스왈드의 뜻밖의 주장은 [그들의 자유무역관으로] 설명 가능하다. 거칠게 말한다면 그들의 생각은 영국이 산업과 무역에서 미국에 대한 지배적 지위를 보유하고 있기에 미국이 독립하든 아니든 간에 이전의 영국령 북아메리카는 계속 풍부하고 넓은 시장이 아닐 수 없다는 것이다. 실제 목적은 프랑스를 가능한 한 철저히 배척하는 것이었다." Brebner(1966b, 62).

236) Jone(1965, 508). 또한 Burt(1931) 참조. Rippy(1929, 23-24)는 영국이 그 창구들을 양도하는 데에 주저한 또다른 이유 하나를 제시했다. 즉 그로 인해서 미국이 "캐나다"를 위협하지 않을까 하는 두려움이 그것이다.

프랑스는 영국의 소극적 태도를 다행스러워했다. Trudel(1949a, 195) 참조. 캐나다는 이 문제에 대해서 단일한 입장이 아니었다. 대상인들은 1783년 조약이 세인트 로렌스의 오랜 상업제국을 파괴하는 것이라고 생각했고 바로 1815년까지 변경개척지의 수정을 위해서 압력을 계속 행사했다. 그러나 1783년은 또한 이제 막 독립한 그 식민지로부터 근왕파가 캐나다에 도착한 때이기도 했다. 이 근왕파들은 우선 농부였고 그 원시적인 모피무역 국가의 중심지에다가 수출용 생산물을 가져다주었다. Creighton(1937, 89).

미국에게 서부의 획득은 일종의 "청산(pay-off)"이었다. 즉 그것은 공공부채를 흡수하도록 했을 뿐만 아니라 많은 수의 사람들이 "자신들의 부를 회복할" 기회를 제공하는 것이었다. Henderson(1973, 187). 그래서 영국의 연기 술책은 터무니없는 것처럼 보였다.

영국에서 비준됨. 미국인들이 영국에 품고 있는 불만을 누그러뜨리기 위해서 체결한 것이었으나 조약 체결의 당사자인 존 제이는 미국에서, 특히 제퍼슨파로부터 매국노로 규탄됨/옮긴이)에 가서야 비로소 문제가 해결된다. 하지만 영국과의 분쟁은 궁극적으로 해결되었다. 왜냐하면 영국은 미국을 일종의 경제적 위성국가로 유지하려고 했기 때문이다.[237] 게다가 영국은 신생 미국 정부가 서부 팽창의 실질적 장애물인 변경개척민들의 강력한 분리주의 경향을 해결할 수 있을지에 대해서도 회의적이었던 듯하다.[238]

북서부의 상황은 복잡했다. 미국, 영국 외에도 미국의 개별 방가들(邦家, states)은 다양한 이해관계를 가지고 있었다. 모피무역업자와 토지투기업자들이 그랬고 백인 개척민들과 아메리카 원주민들(소위 인디언들)이 그랬던 것처럼 말이다.

신생국가의 관점에서 보면, 그 문제는 두 가지의 연속적인 쟁점을 포함하고 있었다 : 첫번째는 다양한 동부 연안 13개 식민지들의 요구를 해결하는 것이고 다음은 동부 연안("해안지대[Tidewater]"라고 불렸던 몇몇 지역권들)과 변경개척지(전부는 아니지만 대부분은 애팔래치아 산맥 너머에 있었다) 사이의 분쟁을 해결하는 것.

첫번째 문제는 이전에 주장된 권리를 다시 떠올리는 것이었다. 6개 방가들 —— 매사추세츠, 코네티컷(이상 북부), 버지니아, 노스캐롤라이나, 사우스캐롤라이나, 조지아(이상 남부) —— 는 "바다에서 바다까지"로 되어 있는 자신들의 헌장이 그들에게 무한한 서부 팽창을 허가해준 것이라고 주장했다. 그 사이에 있는 방가들 —— 특히 펜실베이니아, 메릴랜드, 델라웨어, 뉴

---

237) "1783년 이후 처음 20년 동안은 영국이 미국과 계속 경제적으로 교류함으로써 [캐나다와 뉴펀들랜드의] 역할은 별로 중요하지 않게 되었다." Graham(1941, 56). 또 해상문제에 대한 영국의 비타협적 태도와 대륙문제에 대한 영국의 순응성 사이의 대조에 주목한 Brebner(1966, 85) 참조.

238) Harlow(1964, 603). 그의 주장에 따르면, 당시 영국 내각에서 압도적이었던 생각은 "아마도 미국의 서부 개척민들이 앨러게니 산맥과 애팔래치아 산맥까지 도달할 것"이라는 것이다. "대서양 연안에 위치해 있는 연방정부가 거대한 산맥 저쪽의 황야에까지 자신의 권력을 확대하는 것이 실행 가능한 듯하지 않았다."

저지——은 자신들의 창립문헌들에서 그런 조항을 가지고 있지 못했다. 그러므로 땅투기 쇄도 열풍으로부터 그 방가들은 배제되었다. 그들은 민간회사들(예를 들면 인디애나 컴퍼니와 일리노이-워배시 컴퍼니)을 만들었고 이전에 영국에 기대했던 것처럼 신생 미국이 그들을 도와주리라고 기대했다.[239] 1787년 북서조례(Northwest Ordinance)라는 타협안이 나왔다. 즉 "바다에서 바다까지"라는 조항을 지닌 방가들은 이 권리를 미합중국에 양도하고 그 토지의 매각을 허용했는데(그럼으로써 미국의 부채를 감소시킬 수 있도록 했다) 단 그 매각단위는 640에이커씩으로 했다(그럼으로써 대규모 토지업자들을 "민주적" 방식으로 만족시켰다).

하지만 그 조례는 또 하나의 규정, 즉 그 지역에서 새로운 방가들을 만들 가능성을 안고 있었다. 모든 동부 연안의 "제국주의"를 다시금 똑같이 배제하는 이 조항은 혁명 내내 대륙회의를 괴롭혔던, 해안지대인들과 변두리인들 사이의 긴장, 혁명의 대의에 대한 노스캐롤라이나 "감시자들(Regulator)"의 적대감과 버몬트의 이중적 태도에 대한 궁극적 해결책이 될 것이었다.[240] 일반적으로 "서부인들", 특히 새 영토인 켄터키와 테네시의 서부인들은 대륙회의의 통제를 "주의회에서의 연안지역 군(county)의 역할의 해방"으로 보았다.[241] 개척민들은 자신들을 1776년의 투쟁을 지속시키는 이들로 보았다. 즉

---

239) Jensen(1936, 28-30, 또 1930) 참조. 팽창계획은 미국 독립전쟁으로 무산되었다. 바로 그전에 반달리아 컴퍼니가 인디애나와 오하이오 컴퍼니를 통합해서 만들어졌다. 1773년 그 회사는 무역 및 플랜테이션 위원회로부터 반달리아(Vandalia)라고 불렸던 오늘날의 서부 버지니아와 동부 켄터키를 대략 포함하는 지역을 승인하라는 권고문을 얻었다. "몇 몇 절차를 빼고 양도의 모든 과정이 이행되었지만 미국 혁명의 발발이 그 승인을 중단시켰다." Turner(1895, 74).

240) 미국 교과서에서 에탄 앨런은 혁명의 영웅이다. 실제로 그와 그의 형제들은 1777년에 독립공화국을 세웠고 버몬트의 독립 승인을 위해서 영국과 교섭했다. 협상은 레비 앨런이 런던에 가서 조지 3세에게 하나의 타협안을 제시한 1789년까지 지속되었다. 뉴욕 주(이 주는 1790년 토지에 대한 권리를 일부 포기했다)와 좀더 계속 협상을 한 후 버몬트는 1791년 열네번째 주로 미합중국에 가입되었다. Brebner(1966b, 66-67) 참조. 매사추세츠로부터의 메인의 "독립"도 유사한 문제와 관련된 것이었다. Greene(1943, 408-409) 참조.

241) Turner(1896, 268).

자신들을 "억압받는 식민지인"으로 생각했고 동부 연안의 방가 정부들은 "앞서 조지 3세가 수행했던 폭정"의 역할을 담당하는 것으로 간주했다.[242] 더욱이 경제지리적 상황의 결과로 그들은 생산물을 육로로 동부 연안 방가들에 가지고 오는 것보다 내륙수운을 통해서 북동부의 영국령 지역권들이나 남서부의 에스파냐령 지역권으로 수송하는 것이 더 쉬운 일이었다.[243]

북서조례는 미합중국 중앙정부와 동부의 방가들을 구분함으로써 이러한 분노를 비껴갔다. 하지만 변경지역권들을 유혹했던 분리주의로부터 그 지역권들을 떼어낸 두번째 문제가 있었는데, 이는 인디언 문제였다. 영국인들은 미국 내에 하나의 "중립적인 인디언 경계 국가"를 만들고자 하는 전통적인 책략을 계속 벌이고 있었다.[244] 원래 변경개척민들은 "양도되지 않은" 인디언 땅을 탐냈다. 바로 이곳에서 미국은 그 개척민들에게 도움을 줄 수 있었다. 1789년 이후 연방정부가 공식적으로 탄생하고 프랑스 혁명과 그 여파로 영국이 혼란스러워지면서 특히 그러했다. "유럽의 고난이 아메리카에는 이로운 것이었다."[245] 다시 말해서 그것은 아메리카 원주민들이 아니라 백인 이주민들에게 이로운 것이었다. 아메리카 원주민들에게,

> 미국 대통령은 차르나 황제, 술탄과 직접 비교될 만큼 공포의 대상이었다. 크리크족, 체로키족, 치카소족, 쇼니족, 위네바고족 그리고 여러 다른 인디언 부족들에게 워싱턴이라는 새로운 도시는 핀란드인들에게 상트 페테르부르크가, 묘족(苗族)에게 북경(北京)이, 세르비아인들에게 콘스탄티노플이 지녔던 의미와 같은 것이었다 : 자의적이고 전제적인 권력의 거점이었던 것이다.[246]

---

242) Whitaker(1962a, 92).
243) Bemis(1916, 547) 참조.
244) Bemis(1923, 109). Stevens(1926, 14-15)는 영국은 인디언들과 원만한 관계를 유지함으로써 1812년 전쟁 후까지 북서부 지역에서 상업의 우월성을 유지할 수 있었다고 주장한다. 또한 Wright(1975, 35) 참조.
245) Bemis(1943, 18).
246) Meinig(1986, 369-370). Chaunu(1964, 183)는 모피무역업자들과 이주민들을 인디언들에 대항하여 연속적인 공간 정복활동을 수행하는 사람들로 본다. "사냥꾼들의 전진선이 진정한 변경개척지, 즉 이미 위스키와 럼주로 그리고 더 확실하게는 화기로 정복된 인디언들을 (총과 도끼로 무장하여) 밀어내는 농부들의 변경개척지를 앞서나갔다."

미국의 변경지역 팽창에 대한 영국인들의 태도는 헤게모니를 장악한 한 열강이 성가시면서 본질적으로는 하찮은 하나의 문제를 어떻게 다루는지를 보여주는 것이었다. 이에 반해서 에스파냐인들은 그 문제를 더 심각하게 다루지 않을 수 없었다. 에스파냐인들은 이미 공격받고 있던 아메리카 제국을 수호하고 있었으며, 미국식의 경제적 성공과 미국식의 정치적 표본의 파급 그 어떤 것도 허용할 수 없었다. 영-미 평화조약과 영-서 평화조약은 둘 다 1783년 9월 3일에 조인되었다. 하지만 그 두 조약은 미시시피 강 유역 전체에 영향을 미칠 하나의 결정적인 문제에서 상호 모순적이었다. 영-미 조약은 미국이 미시시피 강을 자유롭게 항해하는 것을 승인했고 위도 30도 선에 남부 경계를 확정지었다. 영-서 조약은 미시시피 강 항해에 대해서 아무런 언급도 없었다. 하지만 그 조약은 에스파냐가 서부 플로리다를 보유해야 한다고 규정했는데, 1764년 영국의 한 칙령에 따르면 이 지역은 내치즈(Natchez)라는 미시시피 강 항구와 북쪽으로 약 32도 26분까지의 모든 영토를 포함하는 것이었다.[247]

　처음에 에스파냐인들은 전통적인 적인 영국과 그것의 파생물인 미국을 구분하기가 어렵다고 생각했다. 에스파냐는 미국을 "앵글로-아메리카"라고 불렀다.[248] 그러나 구분이 이루어지기 시작했고 이는 미국에게 득이 되지 않았다. 아마도 에스파냐인들은 1766년 자크 아카리아 드 세리온의 다음과 같은 기민한 예언을 읽었을 것이다 :

> 에스파냐의 식민지 상실과 관련해서 본다면, 아마도 뉴잉글랜드는 영국보다 더 위험한 존재가 될 것이다. 앵글로-아메리카인들과 그 자유는 아메리카의 가장 부유한 지역권들을 정복했다는 것 그리고 유럽에서 독립한, 영국인들의 새로운 제국을 확립했다는 것을 멀리서 선포한 것처럼 보인다.[249]

　에스파냐인들은 새롭게 획득한 항구, 즉 세인트 오거스틴, 모빌 그리고 펜사콜라 등지의 영국 상인들이 그들과 "심각한 불화" 상태에 있는 미국 무역업

---

247) Whitaker(1962a, 11) 참조.
248) Whitaker(1962a, 33-34).
249) Accarias de Sérionne(1766, 1. 73).

자들보다 자신들에게 더 호의를 보인다는 것을 알았다. 하지만 에스파냐인들은 그들 자신의 경제적 허약성의 결과로 이에 대한 대가를 치러야 했다. "[에스파냐는] 자신이 이웃하고 있는 인디언들과 [미국인들의] 교역을 저지하기 위해서 영국인들이 에스파냐령 항구를 통해서 그 인디언들과 교역하는 것을 허락해야만 했다."250)

미국의 토지투기업자들에 대항해서 남서부의 모피무역업자들을 보호하려던 에스파냐는 북서부에서 그 역할을 수행했던 영국보다 훨씬 더 그 성공 가능성이 적었다. 루이지애나와 플로리다의 지역경제에서 비에스파냐계인들의 역할이 컸다는 사실을 놓고 보면 특히 그랬다. 에스파냐는 결코 이 지역권들(모두 최근에 획득한 곳)을 자신의 식민지 체제 속으로 통합할 수 없었고, 이는 그 두 식민지를 (각각 1815년과 1819년에) 미국에 빼앗기게 될 것을 예시했다251)(루이지애나는 1762-1800년까지 에스파냐의 지배를 받다가 1812년 미국에 가입함. 1815년 1월 뉴올리언스 전투에서 영국군이 패배함으로써 완전히 미국에 귀속됨. 또 플로리다는 미국 혁명 후 에스파냐에 귀속되었으나 1819년 미국에 양도됨 /옮긴이).

신생 미국은 단지 경제적 이해관계를 가진 아메리카 대륙의 새 열강일 뿐만 아니라 또한 이주민 독립의 상징이기도 했다. 미국은 공화주의의 원칙을 지지했다. 그러나 공화국이란 무엇인가? 그것은 많은 사람들에게 자유무역, 자유로운 인간 그리고 평등의 이데올로기로 보였다. 우리는 방금 1780년대 미국이 자유무역을 제대로 주창하지는 않았다는 것을 살펴보았다. 맥코이가 말한 대로 사실 1780년대 상업위기는 "아메리카인들이 자신과 자기 사회를 보는 방식을 심각하게 뒤흔드는 효과"를 낳았다.252) 대외무역의 실패는 통일

---

250) Whitaker(1962a, 37, 43). 또한 Williams(1972, 57-59) 참조. 이는 선례가 있다. 1769년 뉴올리언스에 오렐리 장군이 도착함으로써 프랑스로부터 루이지애나에 대한 사실상의 통치권을 떠맡았을 때 에스파냐는 영국 상업시설을 내쫓았다. 그러나 1770년 오렐리가 아바나로 돌아가 루이지애나의 조악한 담배의 수출을 쿠바의 수출에 대한 위협으로 여겨 금지했을 때, 영국인들은 사실상 밀수업자로 되돌아왔다. Clark(1970, 170-180) 참조.
251) McCoy(1980, 105).
252) McCoy(1980, 105).

된 정치적 실체로서 그 신생국가의 생존이 의문시되던 순간인 1783-91년의 헌정위기를 낳은 여러 요인들 중 하나였음은 의문의 여지가 없다. 그러나 미국이 이주민 독립의 모델로 자신을 드러내고 또 그렇게 여겨지는 한, 장기적인 측면에서 세계체제에 더 중요했던 것은 미국이 이 시기에 자유로운 인간과 평등의 문제를 어떻게 해결해갔는가 하는 것이었다.

자유로운 인간이라는 문제는 아메리카 원주민들을 둘러싸고는 제기되지 않았다. 그들은 그 영역 바깥에 존재했다(그리고 헌법상으로는 1924년까지 미국에서 그렇게 존재했다). 이주민들은 인디언들을 그들의 땅에서 소개시키려고 했지 그들을 노동력으로 자신들의 경제활동 속으로 병합하려고는 하지 않았다.[253] 대개가 노예였던 흑인들은 그 영역 바깥에 있지 않았다. 그들은 생산과정에서 없어서는 안 될 사실상의 중심 부분이었다. 1774년 13개 식민지들의 인구는 (인디언은 빼고) 230만 명이었다. 그중 20퍼센트가 흑인 노예였고 1퍼센트는 흑인 자유민이었다.[254] 18세기에는 아메리카 대륙으로 노예 수입이 계속 증대했다.[255] 이에 대한 중요한 이유 중 하나는 계약제 강제노동제(indentured labor)의 격심한 쇠퇴와 그 궁극적 소멸이었다. 영국계 북아메리카의 경우 계약제 강제노동자들은 17세기의 경우 대개 영국인들이었다. 그러나 18세기에 인종적 유형이 변해서 독일인, 스위스인, 스코틀랜드인, 스코틀

---

[253] 심지어 1924년 시민권법에서의 인디언에 대한 제한적 의미에 대해서는 Lacy(1985, 91 이하) 참조. 식민지 동맹의 인디언 관련 조항에 대한 논쟁은 중앙정부의 역할과 주의 역할에 대한 문제를 둘러싸고 진행되었다. 실제로 중앙의 승리는 정치체로부터 인디언들을 이데올로기적으로 축출하는 것의 승리였다. "인디언 지역(Indian Country)이라는 개념이 강화되었다. 인디언 지역은 단지 경계선들을 넘어서 있으면서 이주민들과 무허가 무역업자들에게 금지된 지역인 것만은 아니었다. 그 지역은 또한 연방정부가 통치를 확대해가는 지역이기도 했다. 연방법률들이 인디언들을 통치했고 인디언들의 무역은 단지 인디언 지역에서만 이루어졌다. 그외의 지역에서는 이루어지지 않았다." Prucha(1970, 31). 이런 축출의 태도는 인디언들이 "유럽적 생활방식을 자신들의 삶 속으로 통합할" 것이라고 생각했던 초기 식민 시기의 태도가 변화했음을 보여주는 것이다. McNickle (1957, 8).

[254] A. H. Jones(1980, 39, 표 2.4). 1760년에 대한 Main(1965, 271)의 수치는 인구 중 23퍼센트가 흑인 노예임을 보여준다. 그중 5분의 4는 남부 방가들에 있었다.

[255] 18세기 동안 두 배가 되었음을 보여주는 한 평가로는 Curtin(1969, 216, 표 6.5) 참조.

랜드계 아일랜드인, 아일랜드인 등이 대다수를 차지했다.[256] 식민지 시대의 마지막 20년은 북부의 주요 도시들에서 "구속노동(bound labor)이 급속히 포기된" 시기였다. 이는 물론 부분적으로는 경제적 어려움 때문이었다. 게다가 이는 심지어 노예노동이라는 경쟁자에 대한 장인들의 분노와 노예제 공격을 초래했다.[257] 그러나 더 장기적인 이유로는 노동에 대한 수요의 증대와 함께 노예 공급의 신축성이 계약제 강제노동자의 그것보다 훨씬 더 컸고 전자와 비교해볼 때 후자의 비용이 높았기 때문이다.[258]

노예무역의 금지 노력을 축소시켰다는 문제로 독립선언서에 조지 3세를 비난하는 부분을 포함시키려고 했을 때 제퍼슨은 격렬한 반대에 부딪혔다. 노예가 풍부했던 조지아와 사우스캐롤라이나의 대표뿐 아니라 노예무역이 여전히 중요한 사업이었던 매사추세츠, 코네티컷 그리고 로드아일랜드 등의 대표들도 "격렬히 반대했다."[259] 노예제는 심지어 북부 방가들에서도 존재했는데, 이곳에서는 수적으로는 "비교적 적었지만" 여전히 "흔하고 용인되었던 관례"였다.[260] 미국 독립전쟁에서 영국인과 식민지인들이 모두 흑인들을 군인으로 사용할 것을 고려했을 때 노예제 문제가 제기되었다. 심지어 영국에서도 그런 생각은 대접을 못 받았지만 "전쟁은 자신의 실체를 드러냈다." 먼저 영국이 그리고 뒤이어서 대륙회의와 대다수 북부 방가들이 매우 주저하면서 흑인들

---

256) Morris(1946, 315-316) 참조.
257) Nash(1979, 320-321).
258) Galenson(1981b, 175) 참조. 그 당시 조지아에서 노예제를 공적으로 옹호하기 위해서 제시되었던 이유들 중 하나는 "백인 하인들에게 드는 비용의 약 4분의 1로 노예들의 의식주가 해결될 수 있다는 것이었다." 더구나 노예들은 백인 하인들보다 일을 더 잘한다고 알려졌다. "백인 하인들은 백인 사회의 쓰레기에서 나온 이들로서 농장일에 익숙하지도 않았고 힘든 일이라는 생각으로 역겨워하고 조지아의 '더위'와 '추위'에 약하고 주인에게서 잘 도망할 것 같은 이들이다." Gray & Wood(1976, 356).

1774년 프랑스인들은 공식적으로 앙가제(engagés : 계약제 강제노동)를 폐지했고 그후 "식민지 노동문제의 유일한 해결책"으로 노예노동에 의존했다. Vignols(1928a, 6).
259) Aptheker(1960,101). 노예무역은 특히 로드아일랜드 상인들의 손에 집중되어 있었다. 그들은 1725년에서 1807년까지 그 무역의 60퍼센트에서 90퍼센트까지를 장악했다. Coughtry(1981, 6, 25) 참조.
260) Zilversmit(1967, 7).

을 모병했는데, "충성스런 복무에 대한 보상"으로 자유를 약속해주었다.[261]

(자유인이건 노예건) 흑인들은 그들이 할 수 있는 최선의 전략적 행동을 보였다. 근왕파가 되었던 흑인들은 "영국을 위한다기보다는 흑인을 위해서" 노력한 것이다. 그들은 스스로를 "흑인 해방의 대변자"로 생각했다.[262] 다른 흑인들은 혁명운동에 가담했고 그것으로 전쟁 말기 뉴욕과 뉴저지를 제외한 모든 북부 방가들에서 착수되었던 노예제 근절 과정에 기여했다.[263] 그 메시지는 기껏해야 이것저것 뒤섞어놓은 것임이 명확하다. 전후의 유형은 여전히 혼합된 것이었다. 1787년 북서조례는 이 지역에서 노예제를 금지했다. 그리고 노예무역 문제에 대한 논쟁이 제헌협의회(Constitutional Convention)에서 잦았다. 노예무역의 완전폐지가 20년 후(1808)에 실시된다는 그 유명한 타협안은 노예제를 "남부로 깊숙이" 밀어넣는 중대한 부작용을 낳았다.[264] 70년 후인 1857년 대법원장 로저 토니는 드레드 스콧 판결(Dred Scott decision : 미주리 주의 드레드 스콧이라는 흑인 노예가 자유를 얻으려고 제기한 소송에서 노예는 시민이 아니기 때문에 연방법원에 대한 소송권이 없다고 한 판결 /

---

261) Quarles(1961, 100, 198). 또 Berlin(1976, 352-353) 참조. 영국인들과 식민지인들 사이에서 흑인의 지지를 얻기 위한 경쟁은 아마도 버지니아 총독인 던모어 경에 의해서 시작되었다. 그는 1775년 11월, 군대로 집결하여 무기를 든 흑인들에게 자유를 약속했다. "영국인들은 혁명을 일으키기 위해서가 아니라 반란을 종결시키기 위해서 노력했다. 전쟁 이전 상태로의 현상유지가 그들의 기본 정책이었다." Robinson(1971, 105). 전쟁 막바지에 영국군이 미국을 떠났을 때 그들은 수천 명의 흑인들을 영국, 캐나다, 서인도 제도 그리고 심지어 아프리카로 데리고 갔다. Berlin(1976, 355). 앞서 보았듯이 이는 실제로 미국 정부와의 분쟁의 한 원인이었다.

262) Walker(1975, 53, 66).

263) Zilversmit(1967, 137, 146-152)와 Litwack(1961, 3-4) 참조. 그럼에도 불구하고 그 과정은 천천히 이루어진 것이었다. 단지 두 주만이 노예제를 완전히 폐지했다 —— 1777년 버몬트, 1783년에는 매사추세츠. 다른 주들은 1846년 뉴저지를 마지막으로 결국 노예제를 완전히 폐지할 때까지 북부 주에서 계속 지체되었던 그 과정에서 부분적인 조치만을 취했다.

264) Frechling(1972, 89). 더 나아가 인디언의 축출이 흑인 노예의 흡수와 밀접히 결합되어 있었다는 것이 언급되어야 한다. "미국 혁명은 인디언의 제거와 노예제의 서부로의 팽창을 위한 길을 열어제치면서 여러 제국적 구속으로부터 남부의 노예 소유주들을 해방시켰다." Davis(1983, 273).

옮긴이)에서 1787년 때와 마찬가지로 흑인들은 "존중되어야 할 권리를 전혀 가지고 있지 못하다"고 선언했다. 리트웍이 말했듯이 이는 "도덕적 무감각의 지표라기보다는 중요한 역사적 진실"이었다.[265] 식민지인들의 그 "양도할 수 없는 권리"란 아직 흑인들까지 포괄하지는 못했던 것이다.

자, 그러면 최소한 백인 이주민들은 모두 평등했는가? 별로 그렇지 못했다. 우리는 독립전쟁에 이르는 시기에 불평등이 증대했음을 알고 있다. 문제는 전쟁 자체와 전쟁의 직접적 여파가 경제적 양극화의 정도와 당시 형성중인 정치 이데올로기에 얼마나 중요한 영향을 미쳤는지 하는 것이다. 원래 영국령 북아메리카에서 제국 근왕파들과 반란자들을 분열시킨 것은 (잘못된 것으로 널리 간주되었던) 영국 정책에 대한 인지가 아니라 그것에 대해서 취할 태도였다. 휘그파는 자신들이 영국의 국민적 이상을 대표하여 반란을 일으키고 있다고 생각했다. 토리파는 내각의 어리석은 행위에도 불구하고 왕에 대한 충성은 유지되어야 한다고 생각했다. 새로운 국가를 창출하려는 적극적인 행위는 나중에야 출현했다. "아메리카인들을 하나의 국민이라는 상을 형성하는 일로 무자비하게 내몬 것은 바로 혁명이라는 사건 그 자체의 진행"이었다.[266] 이것을 기억하는 것이 중요한데, 왜냐하면 형성과정에 있던 민족주의의 역동성이 불평등에 대한 사회적 인식에 큰 영향을 끼쳤기 때문이다.

어떤 일이 일어나고 있었는지를 이해하기 위해서 우리는 누가 혁명에 냉담했는지에 주목해야 한다. 항상 염두에 두어야 할 것은 대부분의 혁명적 상황이 그런 것처럼 여기서도 초기에는 어느 한 쪽에 단호하게 헌신했던 이들이 단지 소수에 불과했다는 사실이다. 다수는 "미심쩍어하고 두려워하며 불확실해하고 우유부단했다."[267] 토리즘(또는 최소한 근왕파)이 가장 강력한 발판으로 삼았던 곳은 세 지역이었던 것 같다. 하나는 중부 식민지들의 해안지역으로 구성된 지역권이다. 이곳은 사회적 보수주의의 토리즘 지역이다. 이곳 사람들은 뉴잉글랜드의 활동가들을 "과격한 수평파"라고 두려워했던 사람들이

---

265) Litwack(1987, 316).
266) Savelle(1962, 916).
267) Shy(1973, 143).

었다.[268] 그들은 자신들이 아메리카가 "어떤 종류의 제도를 가져야 하는지의 문제"를 둘러싸고 다른 식민지인들과 큰 투쟁을 벌이고 있다고 생각했다. 이 토리파 대 애국파의 대결을 지켜보면 "내전"을 염두에 둘 수 있을 것이다. 그 내전에서 애국파들은 질서당(party of order)인 토리파에 반대하는 것으로서 운동당(party of movement)이었다.[269] 이것이 미국 혁명을 사회혁명으로 보는, 어느 지점까지는 납득 가능한, 신화의 토대이다.

그러나 또다른 토리파들도 있었다. 두번째 주요 집단은 조지아에서 버몬트까지 이르는 변경개척자들로서 노스캐롤라이나 서부지역의 직권남용 감시운동에서 가장 두드러졌던 이들이었다. "선원과 어부, 사냥꾼과 상인이 농부와 농장주를 수적으로 압도하는 곳은 어디서나 토리파가 휘그파를 수적으로 압도했다."[270] 이들은 영국 정부가 동부 연안의 탐욕스러운 토지투기업자들에 대한 제어 역할을 해주리라고 기대했던 근왕파들이었다. 이제 방금 살펴보았던 대로 그 두려움은 현실적인 것이었으며 근거 있는 것이었다. 그리고 이주민 애국파의 승리가 이 변경개척자들의 운명을 결정지었다. 어쨌든 그들은 "운이 다한" 것처럼 보였고 미국 혁명은 확실히 이를 더욱 가속화시켰다. 이 근왕파가 보기에 애국파는 급진세력이 아니라 보수세력을 대표했다.

"문화적 소수파들"인 저항의 세번째 중심 세력이 있었다. 그들 모두는 더 높은 수준의 충성심을 보여주었던 것 같다. 변경개척자 집단과 겹치는 이 집단은 빈곤으로 더 많은 고통을 당했던 사람들이다. 펜실베이니아에서 조지아까지의 내륙 여러 군(county)은 스코틀랜드인, 아일랜드인, 독일인들이 "주로 거주했다." 내륙과 해안지역 주민들 사이에 존재하는 혈통의 차이는 캐롤라이나 주에서 가장 뚜렷했는데, 그곳에서는 실제로 가장 심각한 충돌이 발생했다.[271] 인종적 소수파뿐 아니라 종교적 소수파(물론 그 둘은 종종 같았다)도 또한 근왕파로 기울었다. 북부 식민지의 감독교회 교도들, 남부 식민지의 장

---

268) Henderson (1973, 180).
269) Nelson(1961, 1).
270) Nelson(1961, 88).
271) Greene(1943, 158).

로교도들, 도처에 있었던 경건파 교도들과 침례교도들은 혁명적 대의로 기울지 않았다.[272] 이들 모두는 그 새로운 국민적, 민족주의적 다수파가 자신들의 이익을 고려해줄지에 대해서 회의적이었던 듯했다. 그들은 개인의 이익에 대한 강조가 그들의 집단적 이익을 절멸시킬 것이라고 두려워했다.

그러므로 사회적 특권의 방어라는 점에서 보면, 평등주의적 경향을 두려워했기 때문에 근왕파가 된 이들도 있었고 또 정반대의 이유로 근왕파가 된 이들도 있었다. 결국 파머의 다음과 같은 평가는 전적으로 옳은 것으로 보인다 : "애국파들은 영국과 단절함으로써 기회가 확대된다고 보았던 이들이었고, 근왕파들은 대개가 영국과 연결됨으로써 이익을 얻었던 사람들" 또는 덧붙인다면 최소한 영국과의 단절로부터 자신들이 이득을 볼 것이라고 생각할 아무런 이유가 없는 사람들이었다.[273]

마지막으로 고려해야 할 것이 하나 더 있다. 불평등한 다수파를 두려워했기에 애국파가 되지 않았던 사람들, 즉 좌익 토리파라고 불릴 수도 있을 이들이 왜 실재보다 그리 강력하지 못했는가? 만약 이들이 정치적으로 더 강력했다면 이주민들은 영국과의 전쟁에서 결코 승리하지 못했을 것이다. 모건은 베이컨의 반란(Bacon's Rebellion : 영국에서 온 개척자로서 버지니아의 농장주였던 베이컨이 무한한 영토 확장을 주장하며 인디언 토벌대를 조직한 사건 / 옮긴이)[274] 시기인 1676년과 1776년의 분위기가 계급갈등의 강도상 얼마나 달랐는가에 주목한 바 있다. 그는 그 기간 사이에 "노예제의 성장이 자유롭지만 빈곤한 하층계급의 증가를 억제했고 그럼으로써 백인의 사회적 경제적 기회를 확대했다"[275]고 말한다.

미국 독립전쟁의 사회적 함의를 둘러싼 양면성은 1783년 이후에도 지속되

---

272) Nelson(1961, 90). 하지만 가톨릭과 유대인들은 "예외"였다. 그것은 그들이 자신들의 안전을 위해서 다수 의견으로 보이는 것을 따라야 한다고 느꼈기 때문인가 아니면 영국인들이 자신들을 보호해줄 것이라고 믿을 근거가 없었기 때문인가? 아일랜드의 가톨릭 교도들은 다른 방식으로 행동했다.
273) Palmer(1959, I, 201).
274) Middlekauff(1964)의 사료 참조.
275) Morgan(1973, 296).

었다. 실제로 양극화의 현실이 증대했다. 예를 들면 혁명의 과격한 분출의 핵심지인 보스턴이 혁명 전에 불평등이 강했던 지역이라면 혁명 후에 그 지역은 "훨씬 더 불평등한 사회"로 발전했다.[276] 1783년 이후 뉴잉글랜드 상인들이 영국의 보복으로 인해서 서인도 제도로부터 쫓겨났을 때 그들은 자신들의 경제적 곤경을 "부채수금"으로 전환시켰다. 매사추세츠 서부의 소농들이 불평을 제기하자 억압적인 법령이 발표되었고 이는 "많은 농민들을 직접행동으로 내몰았다." 그 직접행동은 1786년 셰이의 반란[277]이라고 알려진 폭동이었고 이는 진압되었다.

1787년 헌법이 입안된 맥락은 이러한 양면성이었다. 1950년대와 1960년대의 아메리카 찬양의 분위기 속에서 많이 논박되긴 했던 그 비어드적 해석에 장점이 있는 것도 바로 이러한 의미에서였다.[278] 사회혁명가들이 혁명을 일으키는 데에 큰 역할을 수행했고 그들의 일부 급진주의적 분출이 바로 그 혁명 과정 자체에 의해서 힘을 얻어갔다고 한다면, 제헌협의회는 그 분출을 되돌리려는 시도를 대표했음이 명백해 보인다. 1776년의 저명한 민중 지도자들은 1787년 제헌협의회에 모두 참석하지 않았고 그 협의회의 대다수 성원들은 "민주주의를 개탄해마지않았고 그것 때문에 국민에게 붙어다닐 여러 악폐들을 제거하기 위해서는 하나의 강력한 중앙정부가 필요하다는 데에 동의했다."[279] 이는 너무도 명백한 것이었기에 비준과정을 거의 무력하게 만들었다. 그 결과 1791년의 양보, 즉 권리장전이라는 최초의 수정헌법 10개 조항의 채택으로 귀결되었다.[280]

---

276) Kulikoff(1971, 376).
277) Szatmary(1980, 92).
278) Beard(1913; 1915) 참조. 비어드에 대한 최근의 세련된 옹호는 McGuire & Ohsfeldt (1984, 577) 참조. 그들은 제헌협의회의 투표 유형은 협애한 비어드적 해석을 지지하는 것이라고 지적한다. 즉 그 해석에 따르면, 중요한 유일한 경제적 이해관계는 재정적으로 중요한 이해관계가 직접적으로 달려 있는 그런 이해관계이다. 그리고 헌법비준의 투표는 "광범한 비어드적 해석"을 지지하는 것으로, 그 해석에 따르면 모든 경제적 이해관계는 그 영향의 규모에 관계없이 중요하다는 것이다.
279) Jensen(1974, 172).
280) 혁명의 "불안한" 영향에 대항하는 이 보수적 시도는 그 당시 중단 없이 진행되었다. 그

1783년의 평화가 미국에 상당히 불안정한 시기를 개시케 한 것이라면 에스파냐령 아메리카에는 장기적인 측면에서 훨씬 더 심각한 것이었다. 왜냐하면 에스파냐는 이전처럼 자국 주민과 유럽 경쟁국뿐 아니라 이제는 미국도 역시 상대해야만 했기 때문이다.[281] 어떤 측면에서 보면 이 시기는 에스파냐 식민경제의 황금기였다. 에스파냐가 1782년에서 1796년(에스파냐와 영국 간 전쟁이 재발해서 영국의 해상봉쇄로 무역이 중단된 해) 사이에 에스파냐령 아메리카로 보내는 연평균 수출액은 1778년(에스파냐와 영국이 전쟁으로 치닫기 직전)보다 네 배나 높았다. 특히 1784/85년에 무역은 "대규모로 팽창했다."[282] 이는 부분적으로 밀무역 양을 대폭 줄일 수 있었던 에스파냐의 역량, 즉 1760년 이래 계속 증대했던 그 역량에 기인했다.[283]

그 황금기가 "단명했음"은 분명하다. 1778년 자유무역 선언과 1796년 영국의 해상봉쇄 사이 시기의 에스파냐의 상업팽창은 세계경제의 전체적 성장이라는 맥락에서 놓고 본다면 "훨씬 덜 인상적인" 것으로 보인다.[284] 스테인 부부는 에스파냐(그리고 포르투갈)의 경제적 민족주의를 위한 노력이 "빈약한 수익"을 가져왔을 뿐이라고 언급하기도 한다. 이베리아인들의 식민지 무역은 단순히 "'고딕 건물'을 떠받쳤을 뿐이었다. 즉 이는 큰 위기에 대비하는 정확한 방식이 아니었다."[285] 에스파냐령 아메리카의 지방 수공업 생산과 제조업 생산은 에스파냐의 무역자유화로 "위태롭게"[286] 되었다. 그러나 이것으

"참호를 구축한 구엘리트들"은 "이미 누리고 있는 소유권을 지키고 현상을 유지하기 위해서……보루"를 쌓으려고 계속 애를 썼다. Bruchey(1987, 309).
281) "평화가 달성되는 데에 실패했다면 이때의 평화란 1783년의 평화를 말한다.……왜냐하면 어떤 조약도 아메리카의 옛 제국과 새 제국, 즉 에스파냐와 미국의 관계를 규정하지 않았고 경쟁을 규제하지도 않았기 때문이다." Whitaker(1962a, 1).
282) Fisher(1981, 32). Navarro Garcia(1975, 173)는 이 시기 동안 신에스파냐가 "이제껏 경험해보지 못한 수준의 번영"에 도달했다고 말한다.
283) "1792-95년 밀무역은 식민지와 본국 간 공식 무역의 3분의 1 미만이 되었다. 이는 초기(16세기는 예외)와 비교해서 상황이 전체적으로 역전된 것이었다." Bousquet(1974, 21).
284) Brading(1984,1, 413, 418).
285) Stein & Stein(1970, 104). Whitaker(1962a, 16)는 "아메리카의 환자"라는 용어를 사용한다.
286) Bousquet(1974, 42). 이 시기 멕시코 직물제조업장의 쇠퇴에 대해서는 Greenleaf(1967,

로 식민 본국 에스파냐가 이득을 본 것도 잠시뿐이었다. 왜냐하면 에스파냐는 상품생산자이자 자본수출자로서 영국과 경쟁할 만한 능력이 없었기 때문이다. 그리하여 외국의 침투가 가장 심했던 바로 그곳, 즉 카라카 플라타의 일부 식민지인들은 "자신들이 에스파냐의 굴레를 벗어버리기만 하면 황금빛 전망이 그들에게 펼쳐질 것"이라고 생각하기 시작했다.[287] 그러는 사이 카디스(그리고 리스본)에 자리잡고 있던 영국 상인들은 특히 다행스럽고 운이 좋은 듯이 보였다. 왜냐하면 그들은 독점의 폐지로부터 직접 이익을 얻을 수 있었기 때문이다.[288] 더욱이 무허가 상인들에 반대하여 이룩한 에스파냐인들의 상대적 성공조차도 그 자체로는 에스파냐에게 정치적으로 부정적일 수 있었다. 왜냐하면 앞서 이 영국인 무허가 상인들은 "에스파냐령 아메리카 식민지들에 필수품을 제공함으로써 그들이 에스파냐 지배에 반대하여 반란을 일으키는 것을 막아주었기" 때문이다.[289]

하지만 1780년대의 이 짧은 막간기 동안 에스파냐령 아메리카는 평온한 상태였고 미국은 그 자신의 어려운 문제들에 골몰해 있었다. 1789년 프랑스 혁명 발발은 안정을 뒤흔드는 것이었다. 그러나 훨씬 더 큰 혼란을 가져왔던 것은 프랑스의 혁명 발발이 생-도맹그의 사건을 작동시켜서 근대 세계체제에서 최초의 흑인 공화국이 탄생하도록 했다는 사실이다. 아이티(Haiti)의 폭력적 출현은 아메리카의 역사에서 일반적으로 이야기되는 것보다 더 중요한 요소였다. 다른 모든 곳에서 일어난 이주민 독립의 유형을 촉진시키면서 그것을 명료하게 해준 일은 아이티에 그 공이 돌려져야 한다. 왜냐하면 학문적 인종주의자 스토더드가 지적하듯이, 아이티 혁명은 실제로 "백인우월주의의 이상과 인종평등의 이상들 간의 최초의 대규모 충돌"이었기 때문이다.[290]

---

240)와 Salvucci(1981, 1989) 참조.
287) Whitaker(1928, 202).
288) Christelow(1947, 8).
289) Pantaleão(1946, 275). 이것이 의미하는 바는 보기와는 달리 이 시기 에스파냐와 에스파냐령 아메리카와의 무역이 "굉장한 규모였다"고 말할 수는 없다는 것이다. Villalobos (1965, 10).
290) Stoddard(1914, vii). 스토더드의 책은 비록 편향적이지만 아이티 혁명의 전반적인 정치사에 대해서 이것저것 세세히 명확하게 보여주었다.

곤경은 경제적 투쟁무대에서 시작되었다. 생-도맹그는 아메리카의 주요 설탕 수출국으로서 프랑스 왕에게는 보석 같은 존재였고 그 모든 것이 프랑스에 이익이 되는 곳이었다. 1786년 이든 조약과 1789년 프랑스-아메리카 협정은 식민지 협정(Pacte Colonial)을 "크게 위반하는 것이었다."[291] 그 결과 이제 프랑스인 농장주들은 자신들의 경제적 이해관계를 정치적 투쟁무대에서 적극적으로 돌보아야 할 필요가 있음을 알게 되었다. 그래서 루이 16세가 1787년 삼부회를 소집했을 때 즉각 생-도맹그도 대표권을 주장할 수 있는지에 대해서 논쟁이 일어났다. 대표권 옹호자들이 이겼고 이로써 생-도맹그는 파리에서 일어나는 사건의 소용돌이로 빠져들어갔다.[292]

백인 이주민들은 완전히 다른 두 가지 이유에서 프랑스 국민의회에 자신들의 이익에 반대하는 저항이 존재한다는 것을 거의 즉각 알게 되었다. 식민지 자치라는 이념에 대한 반대가 그 하나이고, 개인의 권리들(그리고 그 결과로 발생하는 잠재적 자치의 통제권의 일부)을 이른바 "자유 유색인"(법적 범주)에게 허용하고자 했고 심지어 노예해방까지 생각했던 사람들에 의한 저항이 다른 하나이다.[293] 반응은 재빨랐다. 1790년 4월 15일 생-마르크에서 생-도맹그 지부 프랑스인 총회가 개최되었고 그들은 식민지라는 명칭을 거부했다. 의장 바콩 드 라 슈발르리는 다음과 같은 질문을 던졌다. "자유롭고 독립적인 정복자들을 그 가장 놀랄 만한 전제적 구속하에 내던져놓는 상황에 이르게 된 것은 어떠한 교묘한 논법에 의한 것인가?"[294](1776년을 떠올리게 하는

---

291) Stoddard(1914, 18). Debien(1953, 52)은 1786년 백인 주민의 태도를, 이제 더 이상 잡역부 역할을 하지 않기로 결심한 것으로 설명한다. "그들은 자신들의 업무, 특히 상업 업무 처리에서의 식민 본국의 무능력과 자신들의 능력을 동시에 인식했다."
292) 이 식민지 대표권에 대한 권리 주장은 루이 16세가 예상했던 것이 아니었다. 그렇기에 그것은 "혁명적 행위"의 하나가 되었다. Césaire(1961, 37).
293) 1788년 공식적인 인구 센서스는 백인 주민이 2만8,000명이고, 자유 유색인이 2만2,000명, 노예가 40만5,000명이라는 것을 알려준다. 1789년 지사의 산정에 따르면 앞의 두 집단은 약간 더 많은 수였다. 그리고 아마도 이것이 더 정확할 것이다. 그러나 그 차이는 크지 않았다. Stoddard(1914, 8-9) 참조.
294) Debien(1953, 215)에 재인용. 1786년 이전의 백인 주민들 사이의 "아메리카 애국주의" 감정의 배경에 대해서는 Debien(1954) 참조. 1769년 커피 재배업자의 초기 백인 봉기에

것). 그는 곧 "유색" 주민에게 그들은 자신들의 경계선 뒤로 물러나 있게 될 것이라고 선언했다(1787년을 떠올리게 하는 것).

차이점은 다음과 같은 것이었다. 프랑스에서 혁명은 법적 특권의 종식이라는 목표를 선언했던 반면, 생-도맹그의 백인 이주민들은 "여타 자유민들의 정치적 비존재와……노예들의 정치적 시민적 비존재"를 기초로 하는 자율적 권력을 요구했다. 간단히 말해서 그들은 법적 특권을 종식시키기는 대신 "지배 카스트"에게 영구적인 법적 지위를 보장해주고자 했다.[295] 그들은 이 목적에 성공하지 못했다.

1790년 프랑스 제헌의회는 생-도맹그의 물라토 유산자들에게 투표권을 부여했다. 하지만 이는 모호한 성격의 것이었다. 물라토의 한 정치 지도자가 생-도맹그로 돌아와 반란을 통해서 이 권리를 강행하려고 했을 때 그는 체포되어 고문받고 처형되었다. 당황한 국민의회는 그보다는 조금 더 분명한 다른 법령을 통과시켰다. 백인 이주민들은 프랑스인과 물라토들에 대항하는 폭동을 일으켰다. 그리고 이 와중에 갑자기 최초의 흑인 노예 봉기가 일어났다. 프랑스 섬이나 부르봉 섬 등 여타 프랑스 식민지들에서 나타난 것과 같은 가난한 백인, 물라토, 흑인 노예들에 대항하는 정부, 농장주, 부유한 물라토들 사이의 "계급동맹"이 이루어지는 대신, "인종전쟁"이 개시되었다.[296]

백인 이주민들이 인종적으로 순수한 자치를 추구할 때 인종전쟁을 원했던 것은 아니다. 또 파리의 프랑스 혁명가들이 그것을 원했던 것도 아니었다. 왜냐하면 그들에게 "영토보존"의 원칙은 여전히 강력했기 때문이다.[297] 또한 인종전쟁은 "자유 유색인" —— 종종 부유하고 노예를 소유한 물라토들 —— 이 평등한 권리를 주장할 때 원했던 것도 아니었다. 하지만 그것은 흑인 노예 자

대해서는 Trouillot(1981) 참조. 1789년 이전의 "탈식민화" 경향에 대한 프랑스인들의 인식과 양면성에 대해서는 See(1929)와 Lokke(1932) 참조.
295) Saintoyant(1930, 11, 73-76, 423).
296) Stoddard(1914, 97-99) 참조.
297) Saintoyant(1930, I, 376). 그는 또 국민공회가 아이티 혁명이 방데 반란을 포함한 모든 다양한 형태의 본국 내 반란보다도 "새로운 체제뿐 아니라 프랑스 자체의 존립에도 더 위협적인 것"으로 간주할 수 있었을 뿐이라고 주장한다(I, 233).

신들에 의해서 추구된 것이었고 이는 자본주의 세계경제의 역사에서 가장 성공적인 노예반란으로 간주될 수 있다. 세 가지 연속적인 봉기 —— 백인 중심 세력들의 프롱드 난, 물라토 반란 그리고 흑인 혁명[298] —— 의 결과물인 생-도맹그의 "삼방내전(three-way civil war)"[299]의 시기가 이제 시작되었다.

이 상황은 지역의 네 열강 —— 프랑스, 영국, 미국, 에스파냐 —— 모두를 경악케 했고 섬뜩하게 했으며 불만을 품게 만들었다. 국민의회 그리고 후에는 국민공회에서 나온 견해들은 복잡했고 아마도 혼란스러웠을 것이다. 그러나 전체적으로 보면 국민공회는 문명화된 이행의 수호자로서 물라토들 편으로 기울어져 있었다. 세제르가 지적했듯이, 그 유명한 파리의 흑인의 벗 협회는 "무엇보다 물라토들의 협회였다."[300]

영국인들에 대해서 말한다면, 1793년 2월 영국과 프랑스 간 전쟁이 발발하자마자 백인 이주민들은 영국의 지원을 요청했고 영국과 비밀협정을 체결했다.[301] 영국인들은 이를 프랑스 상업을 파괴할 호기로 생각했다. 영국인들은 원정군을 보냈다. 하지만 그들의 생-도맹그 점령은 실패로 끝났고, 이는 "영국군 역사상 최악의 재앙"으로 평가될 만한 것이었다.[302] 사실상 그들의 개입은 프랑스, 에스파냐, 영국 군대 사이에 노예들의 지지를 얻기 위한 경쟁을 유발함으로써 "당시 사그라들고 있던 [노예]봉기의 규모를 극적으로 확대시

---

298) Césaire(1961).
299) Ott(1973, 51).
300) Cesaire(1961, 85). "프랑스 혁명의 한계"라는 제목의 장에서 그는 다음과 같이 말한다 : "자, 보자. 프랑스 의회들은 흑인들에 대해서 많은 것을 이야기하지만 그들을 위해서는 아무것도 하지 않았다."(p. 159). Sala-Molins(1987, 262)가 지적하듯이, "국민공회가 흑인들을 위해서 [1794년 2월 4일] 노예제를 폐지한 것은 그들에 대한 동정 때문이 아니라 반란자들이 그렇게 하도록 강제한 때문이었다. 또 공화국의 통일성과 분리 불가능성을 멀리 윈드워드 제도에서 침해하려고 위협하는 당시의 영국과 에스파냐의 정책 때문이기도 했다."
301) Debien(1954, 53-54).
302) Geggus(1981, 285). "어떤 연대 깃발도 '생-도맹그'라는 단어를 달고 있지 않았다. 어떤 장관이나 장군도 자신의 회고록에 그 점령의 역사를 보존하려고 하지 않았다. 그것은 가장 잘 망각된 하나의 에피소드였고 19세기에서 기억될 필요가 전혀 없는 것이었다." (1982, 387)

켜서 소멸의 상황으로부터 그 봉기를 구제했다."303)

미국은 "자유라는 바이러스"가 자신들의 속령에서 노예들을 감염시킬 것이라고 영국만큼이나 두려워했지만, 무역 파트너인 생-도맹그를 "항해법 체제라는 장애물 뒤로" 내몰 위험이 있던 영국의 개입을 "결코 열렬히 환영하지" 않았다.304) 그래서 미국은 모든 정치관계를 회피하면서도 생-도맹그에 대한 식량 공급자로서의 역할은 유지하고 확대하기 위하여 매우 애썼다.305)

물론 에스파냐인들도 조심스럽기는 마찬가지였다. 그 섬의 동쪽 반은 산토도밍고라는 그들의 식민지였다(히스파니올라 섬의 동부는 1795년 프랑스에 양도될 때까지 에스파냐의 지배를 받았으며 그후에도 1808년 에스파냐로의 통합 시도가 있었음. 1821년 에스파냐로부터 분리독립을 선언했고 1822-44년에는 아이티의 지배를 받기도 했으나 1844년 9월 페드로 산타나 장군에 의해서 도미니카 공화국이 건설되면서 그 수도 이름이 산토 도밍고가 됨/옮긴

---

303) Geggus(1981, 285). 일시적으로나마 이것은 모두 영국령 서인도의 번영을 위해서 매우 유리한 것이었다. 생-도맹그의 내전과 1796년 네덜란드 식민지들의 획득 사이 기간에 "영국은 순식간에 유럽에 대해서 거의 유일한 (설탕) 공급국이 되었다." Checkland (1958, 461). 이러한 번영의 "최종 국면"은 1799년까지만 지속되었다.

    영국인들은 또 그들 자신의 서인도 제도 흑인 속령을 위해서 생-도맹그로부터 교훈을 얻었다. 그들은 1796년 초부터 서인도 제도의 연대에서 흑인들을 무장시켰다. 그것으로 그들은 백인 이주민과 흑인 노예들에 대한 통제권을 확보했다. 왜냐하면 이제 영국인들은 "카리브 해의 거대한 노예제국의 치안을 유지할 노예들을 거느리게 된 셈이기 때문이다." Buckley(1979, 140).

304) Perkins(1955, 106). Jardan(1968, 380-386)은 미국에게 생-도맹그는 폭력의 무시무시한 화산 같은 성격을 의미하는 것이며 노예제라는 "닫힌 문제"를 다시 여는 위협적인 것이었다고 지적한다. 더욱이 아이티에서 온 이주 난민들은 미국에 노예들을 데리고 왔는데 이들은 폭동이라는 전염병 보균자들이었다. 그는 이것이 "처음부터……미국의 안전을 위협하는 것"으로 간주되었다고 지적한다.

    그러나 Ott(1973, 53-54)의 말대로, 이것은 남부 노예제 사회를 옹호하는 노선과 "때로 충돌하는" 두번째 노선에 의해서 균형을 이루게 되었다. 뉴잉글랜드 상인들에게 이익이 되는 이 두번째 노선은 "생-도맹그를 무역거점으로 유지하는 것"으로서 "일반적으로 집권정부의 지지를 의미했다." 1798-1800년 시기, 즉 미국이 프랑스와 "준(準)전쟁"을 벌이고 있을 때 존 애덤스는 심지어 영국과 투생 루베르튀르 둘 모두와 "준동맹"을 맺었다. 투생에게는 "준승인"으로 확대되었다. Logan(1941, 68)

305) Trendley(1961) 참조.

이). 흑인혁명은, 정복에 의한 것을 제외하면, 실제로 그곳으로 파급되지 않았다. 경제가 달랐고(설탕 플랜테이션 대신 목축과 자급농업) 아울러 인구구성도 달랐다. 백인, 리베르토(liberto, 대부분은 물라토이지만 흑인도 일부 있었다) 그리고 흑인 노예는 같은 비율이었다. 마지막으로 사회구조도 달랐다. 리베르토는 생-도맹그의 물라토들과 마찬가지로 경제적으로 중요한 세력이 아니었고 에스파냐 행정당국은 이들을 더 엄격하게 통제할 수 있었다.[306] 생-도맹그에 대한 에스파냐의 초기 개입은 당시의 영국과 마찬가지로 성공적이지 못했다.

투생 루베르튀르(1743-1803, 아이티 독립운동 지도자. 1801년 히스파니올라 섬 서부, 즉 생-도맹그에 총독으로 취임한 흑인. 동부의 산토 도밍고도 점령하여 그 섬 전체의 통치자가 되었으나 나폴레옹의 개입으로 축출된 후 1803년 사망함/옮긴이)는 영불전쟁을 이용하여 행정을 공고히 하고 단련된 군대를 만들 수 있었다. 그는 흑인 노동자들에게 산출액의 4분의 1을 주고 그들을 플랜테이션에 한정시켜놓음으로써 플랜테이션을 존속시켰다. 그러나 유럽인들 상호간의 분쟁이 일시적으로 중단되자 유럽인들은 흑인 공화국에 대한 불안을 그것을 해체하려는 새로운 시도로 전환시켰다. 1802년 나폴레옹 군대가 투생을 체포했다. 그리고 에스파냐, 미국, 영국은 모두 이 재식민화 시도에서 프랑스와 암묵적으로 협력했다.[307] 잠시 동안 두 개의 정부가 존재

---

306) Franco(1968) 참조. 그럼에도 불구하고 에스파냐 당국은 우려하고 있었다. 1791년 플로리다블랑카 백작은 멕시코와 산타 페의 총독과 푸에리토 리코, 산토 도밍고 트리니다드, 카르타헤나, 아바나 등의 통치관들에게 "폭동이 에스파냐 속령으로 전염되어 퍼지지 않도록 하라, 특히 이 목적을 수행할 때 산토 도밍고 정부는 전선에 군대로 차단선을 설치하라"라고 지시했다. Verna(1984, 747)에 재인용. 생-도맹그의 혁명이 산토 도밍고에 미친 영향에 대해서는 Dilla Alfonso(1982, 83-90) 참조. 에스파냐 정부는 1795년 루이지애나, 1794년 마르티니크와 과들루프, 1795년 티에라 피르마, 1797년 과테말라의 노예제 반대 음모를 진압했다.

307) Lokke(1928) 참조. 당시 토머스 제퍼슨 대통령은 "투생을 아사시키는 것"에 대해서 언급했고 아이티를 "또 하나의 알제(Alger : 알제리의 수도/옮긴이)"(p. 324)라고 불렀다.
　　투생의 죽음에도 불구하고 보나파르트의 원정은 하나의 재앙이었다. 가장 큰 수혜자는 프랑스가 아니라 미국이었다. 이 경험으로 나폴레옹은 루이지애나를 미국에 양도했다고 일반적으로 인정된다. Leger(1934, 17)와 Sloane(1904, 514), Logan & Whitaker

하는 형태로 그 섬은 이후 계속 독립을 유지했지만, 4대 열강의 편에서 승인이란 상당 기간 동안 "생각할 수도 없는" 것이었다.[308]

돌이켜보건대 아이티의 두 계승국가 중 하나인 물라토 지배하의 남부의 대통령인 알렉상드르 페티옹과 시몬 볼리바르 사이에 우호적이면서도 양면적인 성격의 연계가 있었음에도 불구하고, 우리는 아마도 생-도맹그의 흑인혁명이 에스파냐령 아메리카의 독립을 위한 추진력을 둔화시켰다고 말할 수 있다. 생-도맹그의 영향으로 유럽 열강뿐 아니라 무엇보다 아메리카 대륙의 백인 이주민들이 상당히 신중해졌던 것이다.[309]

(1962, 234-236) 참조. 루이지애나와 생-도맹그 간의 이전의 폭넓은 사회적 연결에 대해서는 Bauer(1970, 401-404) 참조. 그러므로 제퍼슨이 나폴레옹의 승리의 결과로 루이지애나의 위험을 두려워한 이유에 대해서는 p. 411-412 참조. 하지만 Jordan(1968, 377)이 지적했듯이 "미국은 그때나 그후에나 모두 아이티의 지원에 대한 고마움을 표현하지 않았다. 왜냐하면 1804년 아메리카인들은 아이티의 신생 공화국을 단지 니그로 통치의 한 예로만 보았기 때문이다."

308) Logan(1941, 152). Liévano Aguirre(1968, 954)는 "아이티를 고립시켰던 안전경계선"에 대해서 언급했다. 프랑스는 1825년이 되어서야 아이티를 승인했고 영국은 1833년(노예해방 시기), 미국은 훨씬 늦은 1862년에 가서야 승인했다. Logan(1941, 76-77)과 Jordan(1968, 378, 주 2) 참조. 심지어 에스파냐령 아메리카 공화국들마저도 아이티에 일정한 거리를 유지하고자 했다. 콜롬비아는 1824년 아이티를 파나마 회의에서 배제하는 데에 앞장섰다. Verna(1969, 477-495)와 Baur(1970, 410) 참조. 1865년 브라질이 아이티를 승인할 때까지 어떠한 라틴 아메리카 국가들도 아이티를 승인하지 않았다. 멕시코는 1934년에야 아이티를 승인했다.

아이티의 "흑인성(Blackness)"은 투생이 죽고 난 후 더욱 강조된 것처럼 보인다. 그의 직속 계승자인 데살린은 비흑인의 재산소유를 금지했다. 독립을 지지했던 프랑스인과 아이티 운동에 가담한 독일인 및 폴란드인 이탈자들은 예외였다. Verna(1969, 64) ; Nicholls(1978, 179). 폴란드인에 대해서는 Pachoński & Wilson(1986) 참조. 데살린의 암살 이후 아이티는 앙리 크리스토프 치하의 북부 흑인지배 왕국과 나중에 볼리바르의 친구가 된 알렉상드르 페티옹 치하의 남서부 물라토 공화국으로 분할되었다. 이 둘은 1811년 재결합했다. 이 시기에 대해서, 특히 아이티의 토지개혁에 대해서는 Lacerte(1975) 참조. Trouillot(1971)는 자신이 흑인 크리오요라고 부른 이들의 승리를 그 과정의 끝이라고 간주한다. 이와 유사한 견해에 대해서는 Joachim(1970) 참조.

309) Mandariaga(1948, 324-325)와 Sheridan(1976b, 237) 참조. 그것은 쿠바에 특별한 충격을 주었다. 이제 쿠바는 아이티를 대신해서 설탕 공급국이 될 수 있었다. 생-도맹그의 노예폭동은 쿠바의 에스파냐인들과 크리오요들 모두에게 "끔찍한 경고"로 작용했다.

처음에는 영국령 북아메리카를 휩쓸었던 것과 같은 흐름에 의해서 수행된 것처럼 보였으나 곧 사회혁명의 형태를 띠기 시작했던 아일랜드 혁명의 전망이 사그라들었던 것도 바로 이와 같은 시기였다. 아일랜드는 우선 1760년대의 대영제국의 위기를 촉진시키는 데에 일정한 역할을 수행했다. 북아메리카에서, 영국은 아일랜드의 상황에 대비해서 미리 만들어놓았던 정책과 태도를 일정한 방식으로 그대로 반복 수행했다.[310] 아일랜드 자체는 실로 많은 점에서 영국령 북아메리카보다 더 열악한 상태였다. 영국령 개신교도 이주민들이 지배하고 있는 것은 조밀한 인구분포를 보이는 아일랜드인 가톨릭 교도 농민들이었지 대부분 사냥에 의존한 채 산재해 있는 종족집단들이 아니었다. 아일랜드는 13개 식민지들보다는 페루나 중부 멕시코와 구조적으로 더 비슷한 상황이었다.[311]

하지만 (1691년처럼) 가톨릭 교도들은 모든 정치적 권리로부터 배제되어 있었기에 "영국인들의 상업적 질서의 거대한 효과"를 감지했던 이들은 바로 개신교도 이주민들이었다. 그러므로 이 "신뢰받는 '수비대들'"이 [바로] 상업적 위협세력으로 간주되[고 있]었다.[312] 개신교도 이주민들은 심지어 해운업을 할 수도 없었고(뉴잉글랜드 이주민들은 해운업을 하고 있었다) 아일랜

Humphreys & Lynch(1965, 19). Thomas(1971, 77)는 그것은 "쿠바의 농장주들이 근 100년 동안 노예들에게 한 치의 양보도 하지 못하게 할"만큼 강력한 경고였다고 덧붙인다. 또 Knight(1970, 25)와 Corwin(1967, 22) 참조. 그들은 또 "1791년 11월 아이티의 대규모 노예폭동의 소식이 전해졌을 때 [쿠바 설탕업자의 대변인인 프란시스코 데] 아랑가[이 파레노]는 이를 아직 노예들이 상대적으로 적은 수였던 쿠바에 대한 한 위협의 예가 아니라 오히려 프랑스령 아이티의 희생을 대가로 해서 생긴 쿠바의 황금기회로 보았다"(pp. 13-14)고 지적한다.

310) 예를 들면 1766년 인지법의 철회 후에 로킹엄의 포고법이 채택되었다. 북아메리카인들을 격분시켰던 그 법은 1720년 아일랜드 법을 그대로 본뜬 것이다. 그리고 영국인들과 식민지 지도자들 모두 이 법을 잘 알고 있었다. James(1973, 296).
311) 이와 관련된 구체적인 대조에 대해서는 Harlow(1952, 503) 참조. 그는 16세기에 "아일랜드와 아일랜드인들은 튜튼 기사단이 비수아 강과 오르 강 사이에 거주했던 야만적인 원주민들에 대해서 생각했던 것과 같은 관점으로 다루어졌다"고 지적한다. 또한 James (1973, 289-290) 참조.
312) Harlow(1952, 505-506).

드는 아메리카와 유럽 사이의 화물집산지도 될 수 없었다. 사실 당시 북아메리카인들이 명시적으로 가지고 있던 두려움들 중 하나는 자신들이 "북아일랜드같이 불행한 상태"로 전락하면 어쩌나 하는 것이었다.[313]

그 결과 7년전쟁에서 프랑스가 패배함과 동시에 "앵글로-아일랜드인들의 식민지 민족주의"[314]가 발전했다. 북아메리카에서와 똑같은 이유들 때문이다. 아일랜드 의회에서는 애국파라고 알려진 한 개혁집단이 등장했다. 영국령 북아메리카에 인지법을 부과하려고 했던 바로 그 순간에 찰스 타운센드는 아일랜드에 자기 형 조지를 총독으로 보내 "영국의 직접통제를 강화하고 아일랜드인들에게도 또한 제국 방어에 보다 큰 몫을 분담케 했다."[315] 북아메리카인들과 아일랜드 이주민들이 헌정적 불만과 목적을 서로 공유하고 있다고 생각한 이유는 명확하다. 그래서 많은 아일랜드인들은 1775년 북아메리카인들에게 "당연히 공감했다."——많은 개신교도 아일랜드인들이 그랬다는 것이다. 왜냐하면 가톨릭 교도들은 영국의 아메리카 정책을 지지하는 경향이 있었기 때문이다.[316]

사실 미국 혁명은 아일랜드의 경제상황을 악화시켰다. 영국의 패배는 아일랜드인들의 권리 요구에 박차를 가했고 1782년 영국인들은 아일랜드에 더 큰 정치적 자치를 부여하려고 했다. 피트는 경제적 양보조차 제안했다. 물론 아일랜드인들이 제국의 방어비용을 분담한다는 조건하에서였다.[317] 1783년 프랑스와 강화조약이 체결되자마자 곧 영국의 노선은 더욱 경화되었다.[318] 그럼에도 불구하고 아일랜드 애국파들은 독립을 요구할 준비가 되어 있지 못했다. 왜냐하면 그들은 "모든 것을 포괄할 하나의 당파"를 만들 준비도 되어 있지 못했고 "완전히 민족적인 운동"도 아니었기 때문이다.[319] (20세기 때처럼 그

---
313) Savelle(1953, 207).
314) Palmer(1959, 1, 165).
315) Doyle(1981, 152).
316) Mcdowell(1979, 241). 영국인들이 북아메리카로 파병할 군인들을 가톨릭 교도에서 충원한 것에 대해서는 Kraus(1939, 343-344) 참조.
317) Kraus(1939, 346)와 Harlow(1952, 495) 참조.
318) Godechot(1965, 145) 참조.
319) Doyle(1981, 157). 그래서 그들은 자신들이 획득했던 제한적 자치로는 이득을 얻어낼 수

때도) 내부의 사회혁명에 대한 두려움이 그들의 발목을 잡았다.

프랑스 혁명은 새로운 가능성을 열어제낌으로써 아일랜드에 큰 충격을 주었다. 가톨릭 교도들과 장로파 국교반대자들이 저항적인 공화주의적 내용으로 결속하기 시작했다. 가톨릭 교도들은 해방을 요구하고 있었다. 가톨릭 차지인들은 또한 (개신교도였던) 지주들의 억압에 반항하기 시작했다. 가톨릭의 요구들에 대항하기 위한 비밀 개신교도 협회인 오렌지 협회(Orange Society : 가톨릭 교도인 제임스 2세를 물리친 윌리엄 3세의 별명에서 따온 개신교도 협회 /옮긴이)가 조직된 것도 바로 1795년 이 시기였다. 민족주의 운동체인 아일랜드 연맹(United Irishmen)의 지도자 울프 토운은 1796년 아일랜드 원정계획을 도와주기 위해서 미국에서 파리로 건너왔다. 그는 총재정부에게 아일랜드는 "혁명이 무르익었다"고 설득했다.[320] 그는 가톨릭 교도들뿐 아니라 오랫동안 공화주의적 전통을 가지고 있었던 얼스터 지방의 장로파의 지지도 기대하고 있었다. 그 장로파 지도자들은 1688년의 전례를 따라서 프랑스인들의 지원에 대한 그들의 호소를 정당화했다.[321]

침공은 실패했다. 날씨가 나빴다. 운항기술도 나빴다. 프랑스인들은 상륙지역을 밴트리 만(灣)으로 선택했는데 이것도 나빴다. 그 지역은 아일랜드 연맹에 대한 지지가 가장 적었던 곳이었다. 그럼에도 그들은 거의 성공할 뻔했다. 이 시점에서 영국의 아일랜드 지배는 "극히 불안정한 상태"에 놓여 있었던 것이다.[322] 하지만 밴트리 만은 전환점이었다. 그리고 세계체제에서 그 영향은

가 없었다. 1770년에서 1790년 사이에 포르투갈과 상업조약을 맺으려는 성과 없는 시도에서 잘 나타난 바 있듯이, 자신의 상업활동을 장악하지 못하는 아일랜드의 무능력에 대해서는 Lammey(1986, 40) 참조.

　개신교도들은 가톨릭 교도들의 지지를 얻기 위해서 노력했다. 하지만 개신교도들은 그들에게 아일랜드 의회의 대표권을 승인하려고 하지 않았다. "가톨릭 교도들은 '사실상의' 대표를 두고자 했다. 아일랜드 혁명이 부족했던 것은 바로 이 점이었다." Harlow(1952, 511).

320) Lecky(1972, 309).
321) Lecky(1972, 388).
322) Lecky(1972, 313). 얼스터의 주요 지휘관인 레이크 장군은 1797년 봄, 캠던 총독에게 다음과 같이 말했다 : "하층 민중과 대다수 중간계급은 투철한 공화주의자들로, 프랑스의

컸다. 톰슨이 말한 것처럼, 프랑스가 유럽을 잃은 것은 모스크바 앞에서가 아니라 1797년 즉 반란 전야의 아일랜드와 그들 사이에 폭동을 일으킨 해군만이 있었던 그때였다고 주장할 수 있다.[323]

1798년, 아일랜드 연맹의 반란이 계속되었다. 당시 프랑스 혁명에 대한 얼스터 장로파들의 믿음은 냉각되어 있었고 오렌지 협회의 지부는 더 강력해졌다. 영국은 반란자들에게 자비를 베풀지 않았다. 나폴레옹은 제2차 침입을 하지 않기로 결정했고 이집트 정복으로 군대를 돌렸다. 후에 그가 후회했다고 하는 그 결정이었다. 혁명가들의 실패는 아서 그래튼 같은 아일랜드 의회의 온건 개혁가들의 입장에도 악영향을 미쳤다. 영국인들은 1782년 개혁들의 폐기를 강제하기로 결정했다. 피트는 1800년 통합법(Act of Union)을 통과시켰다. 아일랜드 의회는 더 이상 존재하지 않게 되었다. 개신교도 이주민들은 사실상 자치에 대한 모든 전망들을 포기했다(포기하도록 강요받았다). 왜냐하면 자치는 너무나 민주적인 것이 되어 자신들이 그것을 통제할 수 없을 것이라고 우려했기 때문이다.[324]

그리하여 1790년대는 백인 이주민들이 두 번의 중요한 패배 —— 생-도맹그와 아일랜드에서 —— 를 경험한 때였다. 물론 역사적 상황들은 달랐다. 최종적 결과들도 달랐다. 아이티에서는 배척받는 흑인 공화국으로, 아일랜드에서는 식민 본국과의 재통합으로. 그러나 두 경우 모두, 이주민 공화국으로의 길이 위험으로 가득 찬 어려운 도정이고 13개 식민지들의 예를 원한다고 해서 그와 같은 바람직한 결과가 쉽게 달성되지는 않는다는 것을 아메리카 백인 이주민들에게 경고해주는 한 신호로 작용했다. 그리고 1790년대의 아이티

원칙을 받아들였고 혁명말고는 어떤 것에도 만족하려고 들지 않을 것이다."(p. 315) 그는 "가장 강력한 강압조치들"을 권고했다.
323) Thompson(1968, 470).
324) "주도세력들[아일랜드의 개신교도 상층부들]은 당시 1782년의 성과를 소멸시키도록 부추겨졌고 올려졌고 현혹되었고 설득되었다 —— 일부는 매수되었다. 1800년 통합법은 아일랜드와 영국은 하나의 왕국이 되고 런던에 의회가 있게 된다고 결정했다. 어떤 의미에서 보면, 1782년 이후 시기에 주도세력들은 자신의 승리의 의미, 즉 민족체가 정치형태가 되어야 한다는 것을 이해하지 못한 무능력을 보여주었다." Doyle(1981, 179).

와 아일랜드는 1780년대의 투팍 아마루와 코무네로들을 뒤따랐다. 확실히 독립은 모험적인 사건이었다.

이주민 혁명을 주창했던 볼리바르와 미란다(1750-1816, 베네수엘라의 혁명가. 유럽의 지원을 받아 에스파냐령 아메리카 식민지의 해방을 꾀했음/옮긴이) 같은 이들이 대부분 신중하게 받아들여졌음은 당연하다. 그때 한 사건이 세계정세를 변화시켰다 : 1808년 나폴레옹의 에스파냐 침입이 그것이다. 하지만 이 사건이 어떻게 아메리카 대륙의 이주민 독립이라는 대의를 구현하고 그것에 새로운 생기를 불어넣어줄 수 있었는지를 논의하기 전에 우리는 그때까지 유일하게 현존하고 있는 한 이주민 공화국에서 어떤 일들이 일어나고 있었는지를 살펴보지 않을 수 없다.

신생 미국에 1793-1807년의 시기는 "비상한 번영기"였다. 돌이켜보건대, 미국 경제성장의 장기 유형이라는 측면에서 보면 이 시기는 미국이 대서양 횡단 무역의 중요한 몫을 확보함으로써 영불전쟁에서 "중립적" 위치를 이용할 수 있었던 특별한 "팽창기"였다.[325]

이를 가능하게 한 것은 1794년 미국의 전략적 결정, 즉 "중립"을 변화시켜 최후의 승자이자 헤게모니를 장악하고 있는 열강이면서 과거의 식민 주인인 영국으로 기울어가려는 결정이었다. 1794년 제이 조약이라는 형식을 띤 그 결정을 재촉한 것은 사실 1793년의 전쟁 발발이었다. 영국은 프랑스령 서인도 제도와의 전시무역에 대한 완전한 권리들을 미국에 인정해주지 않았다. 미국은 서부 거점의 반환(드디어! 그 거점들은 1783년 이후부터 법적으로 미국의 소유지였다)과 영국령 서인도에서의 일정한 새 무역권리들을 대가로 받고 그 문제를 묵시적으로 양보했다.[326] 그 조약은 기본적으로 미국에 불리했다.

---

325) North(1971, 69, 73). 또한 Nettels(1962) 참조. Goldin & Lewis(1980, 22)는 중립에서 유래한 미국의 해운업과 수출산업에 대한 상당한 자극이 일인당 성장률을 실제로 얼마나 올렸는지에 대해서 유보적이다. 유사한 견해에 대해서는 David(1967, 154, 188-194)와 Adams(1980, 74, 734) 참조. 하지만 Cuenca(1984, 540)는 노스에게 상당한 지지를 보였다. 그는 "대외부채가 채무불이행의 지경까지 올라갈……시점에 적절히 나온 뜻밖의 횡재이자 중요한 보상"인 에스파냐령 지역과의 교역의 중요성을 특별히 강조했다. 또 George Rogers Taylor(1964, 437) 참조.

326) Nettels(1962, 324-325) 참조. 이는 프랑스와의 "준전쟁"으로 귀결되었다.

하지만 미국은 영국보다도 더 상호간의 전쟁을 두려워했다. 본질적으로 제이 조약은 1812년, 즉 상황이 미국에 더 유리했을 때까지 "교전을 미루는 데에 기여했다."[327] 한편 영국은 그 조약을 영국의 산업에 득이 될 미국과의 교역 자유를 보장하는 것으로 보았다.[328]

미국이 이와 같은 전략적 선택을 한 배경에는 두 가지 큰 경제적 압력이 있었던 것으로 보인다. 수송의 경제적 비용 때문에 미국은 여전히 소득의 대부분을 대외무역에서 벌어들여야 했다. 이런 상황이 1820년 이후에 변하기는 하지만 말이다.[329] 두번째 요소는 1793년 조면기(繰綿機)의 발명으로 미국 남부에 부여된 농업부활의 기회였다. 혁명전쟁은 남부의 농업에 아주 파괴적이었고 인디고와 쌀 같은 주요 산물의 시장을 확대시킬 것 같지도 않았다.[330] 1790년대에 남부는 "시급히 새로운 작물을 필요로 했다."[331] 면화가 그것이었다. 그리고 면화는 고객으로서 영국을 필요로 했다.[332]

분명히 미국과 영국의 이 지정학적-경제적 거래는 약자 편에 부정적이었다. 그 거래는 미국 제조업의 발전을 더디게 만들었다. 1793년 이후 시기에 대외교역에서 얻을 수 있는 높은 이윤을 놓고 보면 미국 제조업은 투자대상으로서 경쟁력이 없었다.[333] 1808년 미국의 저술가 제임스 치텀은 미국이 "마

---

327) Bemis(1923, 270). Beard(1915, 274-275)는 1794년 영국과의 무역관계 단절은 "아메리카 상인들에게 회복할 수 없는 손실"과 공적, 사적 신용의 손상을 의미했다고 주장한다. 다른 한편으로 평화는 "최소한 남부 채권자에게는 일시적인 구제를" 수반하는 것이었고 어떤 곳의 농부들에게건 결코 심각한 어려움을 의미하지 않는 것이었다. Williams(1972, 274-275) 참조.
328) Graham(1941, 91) 참조.
329) "미국 혁명 당시 1톤의 물품이 유럽에서 미국까지 배로 3,000마일 이동해올 수 있는 비용은 신생국가에서 육지로 30마일에 해당되는 것이었다." North(1965, 213). 미국의 국내수송 비용은 1816년 증기선의 도입과 1825년부터 전개된 운하체계의 건설로 크게 낮아졌다. Cochran(1981, 44-48) 참조.
330) Bjork(1964, 557) 참조.
331) Nettels(1962, 184).
332) 1787년 영국의 면화 수입의 절반 이상이 (모두 유럽 열강 치하에 있는) 서인도 제도로부터 온 것이고 4분의 1은 오스만 제국으로부터 온 것이었다. 1807년 미국은 28만2,000 곤포 중 17만1,000곤포를 제공했다. North(1966, 41) 참조.
333) Bruchey(1965, 90-91). 세계시장에서 경쟁력을 가질 만한 섬유산업을 미국에서 형성하

술에 의한 것처럼 지구상에서 가장 큰 상업국가의 성공적인 경쟁국이 되었다"[334]고 자랑했다. 유럽에서의 교전 재개가 이런 순진하고 허무맹랑한 소리를 날려버린 일은 아마도 미국에 다행한 일이었다. 1807년 11월 11일 영국은 나폴레옹 치하의 유럽 항구와 미국 사이의 무역을 전면 금지했다. 제퍼슨 대통령은 영국과 프랑스 양국 모두에 통상금지(embargo)를 선언함으로써 압력을 행사하려고 노력했다. 1808년의 통상금지법은 단지 1년간만 지속되었고 미국 자신에게 손해가 되는 것으로 드러났다.[335] 그러나 그것은 결국 1812년 영국과의 갈등을 재촉발시켰는데, 우리는 이 문제로 다시 돌아갈 것이다. 그 법의 성과는 아메리카 대륙의 탈식민화에서 미국에게 영국의 협력자일 뿐 아니라 경쟁자로서의 역할을 재생시킨 것이었다.[336]

에스파냐령 아메리카의 크리오요들의 사고에 미국 혁명 그리고 특히 프랑스 혁명이 미친 이데올로기적 감화에 대해서는 많이 언급되었다. 분명히 이는 최소한 일부 계층에는 들어맞는다. 하지만 최종 정치적 결과가 그 사상의 확산의 중요성을 그럴듯하게 만든 경우에는 소급해서 그런 확산의 중요성을 과장하기가 너무 쉽다. 에이사기레가 칠레에 대해서 내린 다음과 같은 결론은 사실 더 광범위하게 적용될 수 있다 : "프랑스 혁명이 분리주의 이념의 촉진제라고 주장될 수 없다. 정반대로 심지어 그것은 크리오요가 왕에 대한 자신들의 충성을 재긍정하는 계기였을지도 모른다."[337]

는 데서 부딪친 경제적 장애물에 대해서는 Jeremy(1981, 34-035) 참조. 1786-92년 무역불황으로 야기된 제조업의 급증은 1793년 이후의 무역 붐으로 가라앉았다. Nettels (1962, 125) 참조.
334) 치팀은 *Peace or War*(p. 20)라는 책에서 이와 같이 언급했다. Clauder(1932, 134)에 재인용.
335) "통상금지법은 그 법 자체의 엄격함 때문에 실패했다." Fitton(1958, 313). 그것은 미국보다는 영국에 경제적으로 피해를 주는 것이었지만 미국 내부에 첨예한 정치적 분열을 초래했다. Frankel(1982, 309) 참조. 그는 그 법이 상당히 "잘 시행되었고" "효력이 있었다"고 주장한다.
336) Rippy(1929, vi-vii) 참조.
337) Eyzaguirre(1957, 79). 에스파냐령 아메리카 독립에 대한 두 가지 견해, 즉 대서양 혁명의 세번째 행위로 보는 견해와 1808년에 의해서 촉진된 것으로 보는 견해에 대해서는 Brading(1983) 참조.

에스파냐는 1793년부터 1796년까지 혁명 프랑스와 전쟁중이었다. 그러나 1796년 에스파냐의 재상 마누엘 데 고도이는 산 일데폰소 조약에서 프랑스와 동맹을 체결했다. 영국은 아메리카 대륙과 에스파냐의 해상 연결을 단절시키는 것으로 이에 응수했다.[338] 그러나 이 시기 영국은 발아하고 있는 이주민 독립운동에 진지하게 지지를 보내는 것에는 주저했다.[339]

어쨌든 카를로스 3세의 경제개혁의 전체적인 경제적 영향, 즉 에스파냐의 번영을 재생시킨 제국 내 자유주의와 결합된 신보호무역주의는 1797년에서 1814년 사이에 "완전히 전복되었다."[340] 그 영향은 에스파냐령 아메리카의 일정 지역에서는 동일한 정도로 강력했다. 특히 베네수엘라는 1797년 현재 경제적 어려움에 빠져들었다. 하나의 대응은 밀무역의 합법화였다.[341] 멕시코의 급격한 가격 인플레이션은 경제적 양극화를 심화시켰고 비특권계급들 사이에

---

338) Chaunu(1964, 193, 205) 참조.
339) "영국은 마치 이전에 에스파냐령 아메리카 식민지를 약탈하는 것과 그곳과 무역을 하는 것 사이에서 방황했듯이 이제는[1796-1808년] 그것의 정복과 해방 사이에서 주저하고 있었다." Humphrey(1952, 225). 사실 어떤 것도 필연적이지는 않았다. 왜냐하면 쇼뉘가 지적했듯이, 1797년에서 1810년 사이에 "이베리아인들의 아메리카는……영국의 식민지 가운데 가장 아름다운 곳이 되었다." Chaunu(1964, 210). 분명히 토머스 포넬과 같은 영국의 명사들도 일부 있었다. 그는 영국과 연결된 아메리카 국가들이라는 한 독립집단을 대서양 연맹으로 형성할 것을 주창했다. Schultz(1946, 264) 참조. 그리고 이미 1785년에 주 에스파냐 프랑스 대사는 에스파냐 외무장관 플로리다블랑카가 영국이 13개 식민지들의 상실을 보상하려고 에스파냐에도 똑같은 상실을 요구하지 않을까 하는 두려움을 드러냈다고 적었다. Ségur-Depepeyron(1873, 376) 참조. 그러나 사실 영국은 대단히 신중하게 움직였다.
340) Bousquet(1974, 14). "에스파냐의 재정붕괴 경향은 1789년 프랑스 혁명 이후 가속화되었다." Rodriguez(1976, 23). 이는 큰 내적 결과를 초래했다. 에스파냐가 처음에(1793-95년) 프랑스와 충돌하고 뒤이어(1796-1808년) 영국과 충돌한 것은 값비싼 대가를 치렀다. 파산을 모면하고 재정을 충분히 확보하기 위해서 에스파냐는 1801년 중립국 선박에 자신의 항구들을 개방했다. Barbier(1980, 37). 이는 "1778년의 규약(reglamento)에 깔려 있는 민족주의적 원칙의 포기"를 의미하는 것이었다. Fisher(1985, 63). "그 과정에서 부르봉 왕가가 만들기 위해서 노력했던 단일경제는 포기되어야 했다. 이리하여 왕의 후견하에 시작된 것은 해체였고 이는 독립에 의해서 승인될 것이었다." Barbier (1980, 21-22).
341) Izard(1979, 27-41) 참조.

불만을 가중시켰다.[342] 그러나 이러한 어려움은 주기적으로 재출현하는 것이었고 다른 지정학적 조건에서였다면 중요한 정치적 결과들을 거의 낳지 못했을 것이다.

1806년, 한 영국 원정군들이 독단적으로 부에노스아이레스를 점령했다. 그러나 그 지방 주민은 에스파냐에 충성하는 것으로 드러났고 원정군을 물리치는 데에 성공했다 : 그들은 "제국의 주인을 다른 국가로 바꾸고자 하지 않았음"을 드러냈다.[343] 같은 해에 베네수엘라를 해방시키려고 한 미란다의 소규모 원정은 실패했다. 최소한 부분적으로는 아이티의 지지라는 외관을 지닌 것이었기에 실패했다.[344] 심지어 베네수엘라와 아르헨티나(곧 속도 조정자가 되는)조차도 독립 열정의 결여가 명백했다.

이러한 모든 것이 순식간에 변하게 된다. 1807년, 나폴레옹은 에스파냐를 포르투갈 정복에 참여하도록 끌어들였다. 동 주앙(포르투갈 여왕 도나 마리아 1세의 아들로 1792년부터 섭정직을 맡다가 1816년에 주앙 6세로 등극함/옮긴이)은 브라질로 도주했다. 고도이는 프랑스 군대가 포르투갈로 가는 길에 에스파냐로 진입하는 것을 허락했는데, 이는 에스파냐의 민족주의적 대응과 고도이의 사퇴를 초래했다. 카를로스 4세는 자신의 아들 페르난도 7세에 의해서 퇴위되었다. 나폴레옹에 의해서 바욘으로 소환된 페르난도는 다시 왕위를 카를로스에게 되돌려주었고 카를로스는 즉각 조제프 보나파르트에게 왕위를 넘겼다. 페르난도 또한 자신의 권리를 포기했다. 갑자기 에스파냐 제국에 합법적인 정부가 존재하지 않게 되었다. 중앙평의회(junta)가 세비야에서 정부 역할을 떠맡았고 영국과 동맹을 체결했다. 그것은 아메리카 지역들이 식민지가 아니라고 선언했으며 그 지역들을 의회(corté)에 참여하도록 초청했다. 그러나 프랑스인들 때문에 평의회는 카디스로 도피하지 않으면 안 되었다. 그 후 그것은 해산되었다. 에스파냐령 아메리카의 모든 곳에서 혼란이 확산되었다. 광역 및 지역 평의회가 페르난도 7세의 이름으로 등장했고 많은 경우에

---

342) Garner(1972)와 Florescano(1969, 188-194) 참조.
343) Lynch(1985, 25).
344) Lubin(1968, 304-305)과 Lynch(1985, 48-49) 참조.

스파냐 당국을 몰아냈다. 크리오요들은 이제 충성을 명분으로 사실상의 자치정부를 작동시키고 있었다.345) 1810년 카라카스에서 그 지역 평의회는 한걸음 더 나아갔다. 페르난도 7세에 대한 충성의 이름으로 그 평의회는 새로운 에스파냐 섭정위원회(카디스 평의회의 계승체)의 권위를 단호히 부정했다. 이를 뒤따라 아르헨티나, 칠레, 멕시코에서 반란이 일어났다. 그들은 모두 자신들의 항구를 자유무역을 위해서 개방하겠다고 선언했다. 볼리바르는 1810년 런던으로 가서 외무상 웰즐리 경의 응접을 받았다. 웰즐리 경은 볼리바르에게 영국의 지원을 받기 위한 가장 현명한 방법으로 에스파냐에 대한 지속적인 충성을 권고했다.346)

멕시코 혁명은 사회적으로 가장 급진적이었음을 드러냈다. 1810년, 지방교구 신부 미겔 이달고 이 코스티야가 자신의 「고통의 호소(*Grito de Dolores*)」(「진정서[*Cahiers de doléance*]」에서 그 이름을 따오지 않았을까?)에서 부왕령의 영원한 종말을 요구했을 때 그는 에스파냐 당국뿐 아니라 모든 크리오요 지배층들을 자신에 반대하도록 결집시켰다. 이달고의 봉기는 "공포와 충격을 확산시키면서" 멕시코 중부를 휩쓸었다. "사실상 비무장 상태였던" 인디오들은 수도에 그럭저럭 도착했고 그 과정에서 2만 명의 병사들을 얻었으며 1만5,000명으로 추산되는 전체 주민 중 약 2,000명의 에스파냐 사람들을 처형했다. 이달고는 신에스파냐의 막강한 크리오요 부대에 의해서 진압되었다. 사제이자 이달고의 부관 중 한 사람인 호세 마리아 모렐로스가 그 투쟁을 떠맡았고 이번에는 "훌륭하게 조직된 효율적인 군대"와 급진적 사회개혁을 포함하는 명확한 정치강령을 만들었다. 이 두 번째 단계의 봉기는 인디오보

---

345) 이러한 새로운 평의회들은 평화적이었고 스스로 정통성에 기반을 두고 있다고 주장했다. "그 혁명가들의 이런 자기 이미지가 얼마나 참된 것인가?"라고 Halperin-Donghi(1972, 129)는 묻는다. 그는, 우리는 그들이 "[1810년에] 자신들을 반란자들이 아니라 붕괴된 권력의 상속자로, 아마도 영원히, 간주했음"을 망각해서는 안 된다고 말한다. "자신들의 것이라고 간주하면서 자신들의 목적을 위해서 사용하려고 했던 정치-행정적 세습재산과의 차이를 보여줄 이유는 전혀 없었다."

346) Kaufmann(1951, 50-51). 한편 영국은 에스파냐의 몇몇 주요 식민지 항구들과 "확고한 상업적 관계"를 확립하기 위해서 에스파냐가 허약해진 이 순간을 이용했다. Cuenca (1981, 419). 또한 Rippy(1959, 18-19) 참조.

다는 메스티소로부터 더 많은 지지를 받았다. 모렐로스는 쉽게 분쇄되지 않았다. 그러나 1813년 크리오요 회의가 독립선언을 통해서 그의 강령을 선취하자 그의 군사력은 급속히 쇠퇴했다.[347]

이제 에스파냐령 아메리카 이주민 독립의 마지막 국면을 위한 무대로 세 가지 요소가 등장한다 : 미국과 영국 간의 1812년(실제로는 1812-14년) 전쟁, 1813년 페르난도 7세의 에스파냐 왕위 복귀 그리고 1815년 빈 회의.

1812년 전쟁은 아무래도 미국의 이주민 탈식민화의 마지막 장이었다. 미국은 1783년 이후 영국과 까다로운 관계를 유지해왔지만 진실로 관계를 끊은 적은 없었다. 영국은 미국을 경쟁자가 아니라 시장으로서 원했다. 미국은 세계경제에서 자신의 지위를 개선시키고자 했다. 영불전쟁은 미국에게 하나의 기회이자 분통 터지는 일이기도 했다. 영국의 해상지위에 경쟁상대가 없어지자 자신들의 무역에 대한 영국의 속박에 미국인들의 분노가 점차 커져갔다. 대륙에서 전쟁이 재발했을 때 미국이 영국을 압박할 기회 그리고 아마도 캐나다를 정복할 수 있는 기회가 생겼다.[348] 어떤 의미에서 미국은 전쟁에서 신통치 못했다. 영어 사용자이든 불어 사용자이든 간에 캐나다인들 사이에는 미국으로의 합병에 대한 열정이 당시 거의 존재하지 않았다.[349] 캐나다는 영국령으로 남았다. 모피 무역의 중요성은 쇠퇴했다.[350] 영국인들은 해운업에 대한 항해법의 구속에 대해서 어떠한 실질적 양보도 하지 않았다.[351] 헨트 조약에

---

347) Anna(1978a, 64, 76과 제3장 여러 곳)와 Anna(1985, 67-68) 참조. Chaunu(1964, 207)는 멕시코가 "30년 늦게 자신의 투팍 아마루 봉기"를 경험하게 되었다고 말한다.
348) "영국과 프랑스가 평화를 유지했다면……1812년 영국과 아메리카 간에는 전쟁이 있을 것 같지 않았다." Horsmann(1962, 264). 또한 Gibbs(1969, 88-89) 참조 : "J. A. 애덤스에 따르면, 1812-14년 전쟁의 주요 원인이었던 것은 (중립국 선박의) 조사권에 대한 영국의 고집이었다. 비록 문제의 뿌리는 아마도 캐나다 장악에 대한 요구이지만."
349) "캐나다의 연해주들은 미국 연방정부의 반영정책에 저항한다는 점에서 뉴잉글랜드와 제휴했다." Clark(1959, 240). 불어 사용자들의 경우 프랑스 혁명에 대한 동조와 혁명적 열정이 냉각되었기에 미국과 프랑스 간의 이 새로운 동맹으로 새롭게 각성할 일은 없었다(p. 244). 후자에 대해서는 Ouellet(1971, 230) 참조.
350) Ouellet(1971, 230) 참조.
351) Graham(1941, 197, 218) 참조 : "미국 혁명 후의 오락가락 했던 모든 영국 정책에서 수송의 독점 —— 항해법의 본질적 원칙 —— 은 결코 포기되지 않았다.……영국이 오랜

서 영국이 양보한 것은 서부와 남부 지역으로의 팽창에 대한 미국의 권리의 막연한 재승인352) 그리고 다가올 아메리카 대륙 탈식민지화의 전개시 인정될 발언권(최소한 하급 발언권)이 전부였다. 그러나 물론 이것은 결정적이었다.353)

영미간의 전쟁은 에스파냐로서는 결정적인 시기에 일어난 것이다. 나폴레옹의 패배로 페르난도 7세는 1814년 왕좌에 복귀했다. 그는 1812년의 자유주의적 헌법을 폐지했고 에스파냐령 아메리카도 포함해서 구질서를 회복하려고 애썼다. 1년 내에 에스파냐령 아메리카의 대다수 봉기들은 그의 군대에 진압되었다. 볼리바르 자신도 1812년 전쟁이 없었다면, "베네수엘라는 자력으로 승리했을 것이며 남아메리카는 잔인한 에스파냐인들에게 황폐화되지도 않았을 것이고 혁명적 무정부 상태에 의해서 파괴되지도 않았을 것이다"354)라고 말했다.

볼리바르는 바로 단기 추세에 대해서는 옳았는지 모른다. 하지만 사실 에스파냐의 복고는 에스파냐령 아메리카의 독립을 단지 약간 연기시키는 것을 보장해주었을 뿐이다. 페르난도 7세의 복귀로 영국과 미국은 둘 다 이주민 운동들을 지지하는 성향을 계속 발현할 수 있게 되었다.355) 그리고 헨트 조약

나폴레옹 전쟁에서 승자로 나타났을 때 식민지 독점의 원칙은 본질적으로 손상되지 않은 채 유지되었다."

352) 영국인들은 실제로 플로리다에서 에스파냐에 대한 지지를 철회했다. 1811년경 미국 의회는 비(非)양도 결의안을 통과시키며 서플로리다의 병합을 기대했고(1813년에 달성) 에스파냐로부터 동플로리다를 재장악하려는 영국의 시도를 경고했다. Bemis(1943, 28-30)와 Nettels(1962, 322-324) 참조. 1819년경 미국은 에스파냐로 하여금 서플로리다(텍사스는 아니지만)를 양보하게 하고 "태평양 연안에 이르는 영토까지 미국이 보유한 분명한 권리"를 인정하게 하는 "외교상의 큰 승리"를 달성했다. Bemis(1943, 37-38).
353) 헨트 조약에서 누가 무엇을 얻었는지에 대한 분석은 Perkin(1964, 137-138) 참조.
354) Liss(1983, 209)에 재인용.
355) Halperin-Donghi(1972, 144) 참조 : "[에스파냐의 왕정복고시]까지 조심스런 양면적 태도를 유지했던 영국 정부는, 혁명적 대의를 위해서 나서지는 않을 것이지만, [에스파냐인들에] 대항해서 싸우는 군인들에 대한 지원병들의 [그리고 더 중요하게는 무기들의] 유출에 대해서 거의 경계하지 않았다. 미국은 이 점에서 애국파들에 대하여 더 호의적인 태도를 보였다. 즉 결국 거기서 무기를 사고 해적선을 충원하는 일은 매우 쉬워졌다." 실제로 에스파냐령 아메리카의 독립운동에 대한 미국의 이 마지막 지원, 즉 해적선의 충

은 미, 영 양국에 대하여 이 독립들이 상대편에게 유리하지 않을까 서로 우려할 필요를 줄여주었다.

마지막으로 빈 회의는 정통성과 절대주의에 대한 지지를 기반으로 유럽에 평화를 확립하고자 함으로써, 즉 뒤틀린 방식으로 에스파냐령 아메리카에 대한 에스파냐의 권리 주장을 약화시켰다. 유럽 주요 열강들은 에스파냐의 압제 조치가 "효과적이지 못할 것"이고 에스파냐령 아메리카에서 독립을 낳는 혁명들은 유럽에서 "자유주의 혁명을 부채질할" 것이라고 우려했다. 그래서 그들은 에스파냐가 식민지들에 "양보하기"를 강력히 원했다.[356] 나아가 이는 영국으로 하여금 라틴 아메리카에서 자신의 상업적 이익을 챙기도록 해주었다. 특별히 그곳은 영국에게 면직물 판매의 주요 팽창 지역권이었기 때문이다.[357]

이주민들에게 남아 있는 것은 이제 거기에 어떤 주요한 장애물도 없는 독립이 다른 집단들이 아니라 진정 자신들의 손에 떨어지리라는 것을 확신하는 것이었다. 투쟁의 제2라운드가 시작되었다. 여러 식민지들의 투쟁형식 사이의 많은 차이는 크리오요, 흑인, 인디오와 메스티소-파르도(pardo : 물라토) 집단들 사이의 다양한 세력관계의 결과였다. 실제로 즉각적인 독립이라는 문제를 둘러싼 크리오요들의 찬성, 반대 또는 양면적 태도의 정도가 상당한 정도로 "대중의 실제적 또는 잠재적 저항성을 억누르는 데 필요한 조건들"에 대한 평가내용이었다.[358] 일단 에스파냐 제국의 해체과정이 시작되자 이전에는 독

원을 용이하게 한 것은 미국 자신에게 해가 되어 돌아오는 일이었다. 1810년에서 1823년 사이에 결국 서인도 제도에 광범위한 해적행위가 있었고, 이는 미국과 서인도 제도 사이의 "무역에 대한 주요 방해물"이 되었다. Chandler(1924, 482).

356) Waddell(1985, 205).
357) Bousquet(1978, 57) 참조. 19세기 초반 25년간에는 단지 라틴 아메리카와 서부 유럽에서만 영국산 섬유 수출이 현저하게 팽창했다.
358) Andrews(1985, 128). Fisher(1979, 257) 참조. "1814-15년 사이의 쿠스코(Cuzco : 페루 남부의 안데스 산맥 도시 /옮긴이) 반란은 페루 남부의 백인과 인디오에게 광범위한 지지를 받았던, 독립을 위한 혁명이었다. 리마와 연안지역의 주민들로부터 지지를 받았더라면 그것은 거의 확실히 성공했을 것이다. 그들이 그렇게 하지 않았던 이유로는 그들의 뿌리 깊은 보수주의와 인디오에 대한 두려움을 들 수 있을 것이다." 1821년 크리오요가 주도한 페루의 독립운동에 민중이 참여했다는 증거는 거의 없다. Bonilla & Spalding (1972, 108). 또 멕시코에 대해서는 Ladd(1976, 89) 참조. "대중에 대한 두려움이 엘리

립에 회의적이었던 많은 크리오요들은 시류에 편승하지 않을 수 없다고 생각했다. 이는 일차적으로 에스파냐인들로부터 권력을 인수하는 데에 목적이 있었던 것이 아니라 "무엇보다 파르도의 권력 장악을 저지코자 하는 것이었다."[359] 이를 입증하기 위해서 우리는 페루와 멕시코의 주저하고 뒤처진, 다소 보수적인 독립운동을 살펴볼 필요까지는 없다. 라 플라타와 베네수엘라의 급진적인 전위적 독립운동에서도 어느 정도 명확하게 이를 알 수 있다.

라 플라타는 크리오요가 유달리 높은 비율을 차지하고 있는 식민지였다. 아마도 인구의 반이 될 것이다. 라 플라타는 크리오요에 기반을 둔 혁명을 쉽게 지탱할 수 있었고 그것은 또 인디오, 흑인, 메스티소 그리고 파르도들에 대한 태도에서도 "관대했다." 이전에 영국령 북아메리카에서처럼 라 플라타에서도 식민지 지배자와 이주민 혁명가들은 모두 "처음에는 망설였지만" 흑인과 파르도 군인들에게 궁극적인 해방을 약속하면서 자신들의 군대로 충원하려고 노력했다.[360] 그리고 영국령 북아메리카에서처럼 흑인들은 그로부터 약간의 작은 이익을 얻었다. 하지만 많은 사상자를 대가로 한 것이었다. 인디오들은 엥코미엔다(encomienda)로부터 해방되었다. 그러나 설탕 플랜테이션의 날품팔이꾼(peon)으로 충원되는 결과를 낳았을 뿐이다. 메스티소 가우초(gaucho)는 길들여져 에스탄시아(estancia : 라 플라타 강 유역에 존재하던 사유지로서 주로 방목지로 활용됨. 에스탄시에로라는 지주는 소작농과 하인들에게 강력한 권력을 행사했음/옮긴이)에서 일하게 되었다.

라티푼디아가 있던 베네수엘라에서는 노예제와 날품팔이 문제가 라 플라타에서보다 훨씬 더 큰 문제였다. 백인들은 단지 인구의 20퍼센트에 불과했고

트의 불만을 무마하는 데에 결정적으로 중요한 요소였다."
  물론 이것이 유일한 요소는 아니었다. 독립운동에 대한 크리오요 엘리트들의 지지의 차이를 설명해주는 경제적 요소들(특화된 농업수출 지역권의 존재, 팽창 역량, 경쟁의 성격)의 결합에 대한 주의 깊은 분석에 대해서는 Bousquet(1974) 참조.
359) Humphreys & Lynch(1965a, 24).
360) Rout(1976, 165). 크리오요 지도자들의 태도는 환영하는 것이 결코 아니었다. 페루 내지에 대한 제2차 아르헨티나 원정군의 지휘자인 벨그라노 장군은 "니그로와 물라토는 피에 굶주린 만큼 또 비겁하기도 한 오합지졸들이다……;유일한 위안은 백인 장교들이 일정 수준이 된다는 사실이었다"라고 언급했다. Lynch(1973, 85)에 재인용.

이들 중 많은 이들은 카나리아 섬 출신의 가난한 백인들(blancos de orilla)이었다. 1816년, 볼리바르가 투쟁을 재개했을 때 그는 아이티에서 돌아와 크리오요와 파르도 그리고 노예들의 반란을 하나의 거대한 운동으로 융합시킬 필요가 있음을 알게 되었다.[361] 볼리바르는 베네수엘라와 그외의 지역에서 노예들을 해방할 것을 약속했다.[362] 그러나 그는 자기 동료들인 아센다도들에게 노예제 폐지를 부과할 수가 없었다. 흑인 노예들은 독립에 별로 열광적이지 않았고 중립으로 물러섰다.[363] 노예제의 완전폐지는 나중에, 즉 1854년에 이루어졌다.[364] 그리고 볼리바르 자신은 1826년 아이티를 인정하기를 거부하고 파나마 회의로 초대하기를 거부함으로써 초기에 아이티를 지지한 입장을 되갚았다. 사실상 "또 하나의 아이티가 건설되지 않을까 하는 두려움이……쿠바를 침략하지 않겠다는 결정에 영향을 주었다."[365]

에스파냐령 아메리카 국가들은 이제 차례차례로 모호한, 폭력적인, 또는 보수적인[366] 혁명들로 독립을 향해 나아갔다. 그 국가들은 하나씩 하나씩 전진해갔다. 13개 식민지들이 달성했던 단결의 형식을 재현하려던 볼리바르의 꿈은 실현되지 못했다. 관련 지역이 너무 많이 분산되어 있었다. 그리하여 미국 탄생의 주요 요인이었던 군사적 투쟁의 통일 가능성은 전혀 없었다. 1826년

---

361) Lynch(1973, 210).
362) Bierck(1953, 365) 참조. 에스파냐인들은 그에 반대하며 이 약속을 이용했다. 아이티의 군사적 지원의 정도를 과장했다. Verna(1983, 146) 참조.
363) 1953년 베네수엘라의 역사가 멘도사는 메스티소(그리고 흑인들)의 독립적인 역할을 경시했다. 그는 독립운동을 개시한 사람들은 상층계급, 즉 크리오요들이라고 말했다. 그는 분명히 옳았다. 그러나 왜 그런가? Congresso Hispánoamericano(1953, 51). 왜 크리오요가 대중적 지지를 받지 못했는지에 대해서는 Liévano Aguirre(1968, 947-948) 참조. 대지주인 만투아노(mantuano)의 역할에 대해서는 Izard(1979, 50-51) 참조. "내전"으로서의 독립투쟁에 대해서는 Bagú(1979, 13) 참조. 모든 라티푼디아는 아니지만 라티푼디아의 잔존에 대해서는 Brito(1966, 1, 219-220)와 Izard(1979,163) 참조.
364) Lombardi(1971, 46).
365) Ott(1973, 194). 미국은 쿠바를 매우 우려했다. 존 칼훈은 1822년의 영토합병을 옹호했다. 미국이 지니고 있던 두 가지 두려움은 쿠바가 영국의 손에 떨어지지 않을까 하는 것과 흑인들에 의해서 혁명화되지 않을까 하는 것이었다. Rippy(1929, 80-81).
366) 이것은 페루, 베네수엘라 그리고 멕시코를 각기 묘사하기 위해서 Lynch(1973)가 사용한 형용사이다.

7월, 볼리바르의 파나마 회의는 완전실패였다.

1823년이 그 문제를 결정지었다. 영국의 국무상 조지 캐닝과 미국 대통령 제임스 먼로는 에스파냐령 아메리카의 독립에 대한 결정적 공헌을 누가 했는 지를 놓고 경쟁을 벌일 만한 인물들이었다.[367] 한편 에스파냐에서는 1823년 4월 프랑스의 침략으로 페르난도 7세가 "헌정주의자"라는 허울을 벗어던지고 "변함없는 반동" 정책을 추진했다. 1823년에서 1833년 사이의 시기는 "불길한 10년"으로 알려지게 되었다.[368] 하지만 페르난도에게 국내에서의 이 승리는 결국 아메리카 대륙에서 에스파냐의 모든 희망이 이제 사라지고 있음을 의미했다.[369]

브라질에 대한 이야기는 기본적으로 에스파냐령 아메리카와 유사했다. 그것은 동시대의 탈식민화(1789-1831)와 영국의 경제침투(1810-27)에 대한 이야기였다.[370] 브라질에서 폼발 이후 시대에는 두 "음모", 즉 소위 1788-89년 미나스제라이스 지역의 인콘피덴시아 미네이라(Inconfidência mineira : 브라질의 치과의사 하비에르, 일명 티라덴티스['이 뽑는 사람']의 지휘하에 포르투갈의 경제적 속박으로부터 벗어나기 위해서 일어난 크리오요들의 저항운동/옮긴이)와 1798년 콘주라캉 바이아(Conjuracão Bahia : 바이아에서 일어난 하층계급 주도의 사회혁명 운동/옮긴이)가 발생했다.[371] 둘 모두 초창기 독립 시도였다. 세금에 저항했던 크리오요 엘리트들이 주도한 전자는 "선구

---

367) Rippy(1929, 112-124)와 Temperley(1925, 5) 참조. 독립에 대한 미국의 승인에 관해서는 Robertson(1918, 261) 참조.
368) Carr(1969, 452).
369) "페르난도 체제는……아메리카의 상실에서 중요한 역할을 수행했다." Anna(1978, 357). Halperin-Donghi(1972, 146)는 에스파냐에서 일어난 사건들과 캐닝-먼로의 입장 사이의 관계를 명확히 밝혔다 : "[1823년] 에스파냐의 절대주의 복귀 때문에 영국의 중립은 에스파냐령 아메리카 혁명의 편으로 단호히 기울어갔다.……동시에 1822년 에스파냐령 플로리다를 구입한[그 조약은 1819년에 서명되었으나 에스파냐는 1822년에야 비준했다] 미국은 이제 페르난도의 에스파냐를 침해하지 않으려던 마지막 이유를 상실했기 때문에 떠들썩하게 영국의 정책과 보조를 맞추어갔다." 또 Waddel(1985, 213-223) 참조.
370) Mota(1973, 76) 참조. 브라질에서 보인 영국인들의 우월성에 대해서는 Manchester (1933, 제9-10장) 참조.
371) 다른 둘 —— 1794년 리우 데 자네이루와 1801년의 페르남부쿠 —— 은 즉각 붕괴되었다.

적인 것"³⁷²⁾이었고 후자는 도시풍의 것이자 더 급진적이었으며 "물라토와 흑인 자유민들 그리고 노예들의 무장봉기를 목표로 삼았다."³⁷³⁾ 그것은 특히 프랑스 혁명의 자극을 받아 백인들, 흑인들(프레타[preta]) 그리고 물라토(파르다[parda]) 사이에 차별이 없는 사회를 만들기 위해서 "완전한 혁명"³⁷⁴⁾을 추구했다.

브라질에서는 또한 나폴레옹이 섭정왕자 동 주앙을 브라질로 쫓아보냄으로써 상황을 진척시켰다. 물론 이것은 에스파냐의 폐위와는 다른 상황을 만들었다. 포르투갈 왕은 궁극적인 독립에 합법적인 이행을 부여할 수 있었다. 1815년 동 주앙은 포르투갈로 귀환하기는커녕 브라질을 하나의 동등한 왕국으로, 즉 이중 왕국의 중심으로 그 지위를 끌어올렸다. 그 결과 포르투갈은 실제로 리스본의 섭정위원회에 의해서 통치되었다(그리고 그 위원회는 베리스퍼드라는 한 영국인 사령관에 의해서 주재되었다. 그는 그 국가를 점령하고 있던 포르투갈 군대의 총사령관이었다. 그뒤에도 위원회는 유지되었다).

1820-21년에 자유주의적 반란이 일어났고 새로운 헌법이 채택되었다. 반란은 브라질로 퍼졌다. 그곳에는 크리오요 엘리트들을 대표하는 "브라질당"이 "지배권을 장악했고" 반면 민중계급은 "자신들의 요구를 달성할" 수 없었다.³⁷⁵⁾ 이 과정에서 포르투갈인들은 브라질 크리오요들을 도와주었다. 조제 주아킹 페레이라 데 모우라라는 포르투갈의 한 대리인은 1821년 다음과 같은 주장을 펴며 바이아에 군대를 파견했다. "니그로, 물라토, 백인 크리오요 그리고 다양한 종류의 유럽인들로 구성된" 브라질 민중은 "끓어오르는 열정"에 사로잡혀 있으므로 질서회복의 도움을 받을 필요가 있다는 것이다.³⁷⁶⁾

---

372) Luz(1960, 1, 제2부, 405). 이 음모에서 노예제 문제는 "있을 수 있는 장애물"로 여겨졌다. 그에 대한 해결책은 물라토를 해방하는 것이었다(p. 399). Novias(1979, 170)는 "선구적인 것"이라는 단어를 사용한다.
373) Berthell(1985, 166). 또 두 봉기의 차이에 대해서는 Mota(1967, 103-194) 참조. Maxwell(1973, 238)은 "인종적 전복에 대한 크리오요들의 두려움이……영국 정부와의 견해 일치를 초래했다"고 지적한다.
374) Novais(1979, 171)에 의해서 인용된 어법.
375) Prado(1957, 48).
376) Tavares(1977, 57)에 재인용.

동 주앙은 포르투갈로 돌아갔고 이제 브라질인들은 불완전한 평등에 직면할 것을 우려했다. 브라질인들은 충성의 대상을 주앙 6세에서 섭정왕자 동 페드루에게로 옮겼다. 그는 계속 남아 있도록 설득되었다. 그후 1822년, 동 페드루 1세는 영국의 보호와 축복 속에서 브라질의 황제가 되었다.[377]

그리하여 50년간에 걸쳐 서서히 백인 이주민들은 서반구 전역에서 국가간 체제의 일부가 된 여러 국가들을 건설했다. 그 국가들은 모두 이런저런 방식으로 새로운 헤게모니 열강인 영국의 정치경제적 후견하에 들어왔다. 비록 미국이 영국의 부관 그래서 또한 잠재적이고 궁극적인 경쟁자의 역할로 자신을 부각시킬 수는 있었지만 말이다.

유일한 예외는 아이티였고, 아이티는 배척당했다. 프랑스, 에스파냐, 포르투갈은 어떤 역할로부터도 사실상 배제되었다. 그리고 흑인들과 인디오들도 그러했다. 유럽의 헌법이론에 기초를 두고 있으나, "고대 아스텍을 국민(nation)의 진정한 기원으로" 주장하며 하나의 공화국을 건설하고자 했던 모렐로스의 꿈은 허망한 꿈에 그쳤다.[378] 그 새로운 민족주의는 "거의 전적으로 사회적 내용을 결여했다."[379]

18세기 말의 대혁명들 —— 이른바 산업혁명, 프랑스 혁명, 아메리카 대륙의 이주민 독립 —— 중 그 어느 것도 세계 자본주의 체제에 대한 근본적인 도전을 보여주지 못했다. 그것들은 그 체제의 계속적인 공고화와 견고화를 보여주었다. 민중세력은 억압당했고 그들의 잠재력은 사실상 정치적 변화들에 의해서 억제되었다. 19세기에 이 세력들은 (아니 오히려 그들의 계승자들은) 자신들의 실패들을 성찰하면서, 훨씬 더 조직화되고 체계적이고 자기의식적인, 전체적으로 새로운 투쟁전략을 만들게 될 것이다.

---

377) Mota(1972, 71-72) 참조.
378) Phelan(1960, 768). Griffin(1962, 20) 참조.
379) Lynch(1973, 340).

참고 문헌

Abel, Wilhelm. (1973). *Crises agraires en Europe (XIIIe–XXe siècle)*. Paris: Flammarion.
Aberdam, Serge. (1975). "La Révolution et la lutte des métayers," *Etudes rurales*, No. 59, 73–91.
Abir, M. (1977). "Modernisation, Reaction and Muhammad Ali's 'Empire,'" *Middle Eastern Studies*, **XIII**, 3, 295–313.
Abou-el-Haj, Rifa'at Ali. (1967). "Ottoman Diplomacy at Karlowitz," *Journal of the American Oriental Society*, **LXXXVII**, 4, 498–512.
Abou-el-Haj, Rifa'at Ali. (1969). "The Formal Closure of the Ottoman Frontier in Europe: 1699–1703," *Journal of the American Oriental Society*, **LXXXIX**, 3, 467–475.
Abou-el-Haj, Rifa'at Ali. (1974). "Ottoman Attitudes toward Peace Making: The Karlowitz Case," *Der Islam*, **LI**, 1, 131–137.
Abray, Jane. (1975). "Feminism in the French Revolution," *American Historical Review*, **LXXX**, 1, 43–62.
Accarias de Sérionne, Jacques. (1766). *Intérêts des nations de l'Europe développés relativement au commerce*, **I**. Paris: Desain.
Acomb, Frances. (1939). "Unemployment and Relief in Champagne, 1788." *Journal of Modern History*, **XI**, 1, 41–48.
Adams, Donald R., Jr. (1970). "Some Evidence on English and American Wage Rates," *Journal of Economic History*, **XXX**, 3, 499–520.
Adams, Donald R., Jr. (1980). "American Neutrality and Prosperity, 1793–1808: A Reconsideration," *Journal of Economic History*, **XL**, 4, 713–737.
Adamu, Mahdi. (1979). "The Delivery of Slaves from the Central Sudan to the Bight of Benin in the Eighteenth and Nineteenth Centuries," in H. A. Gemery & J. S. Hogendorn, eds., *The Uncommon Market*. New York: Academic Press, 163–180.
Ado, A. (1977). "Le mouvement paysan et le problème de l'égalité (1789–1794)," in A. Soboul, dir., *Contribution à l'histoire paysanne de la Révolution française*. Paris: Ed. Sociales, 119–138.
Aguessy, Honorat. (1970). "Le Dan-Homê du XIXe siècle était-il une société esclavagiste?" *Revue française d'études politiques africaines*, No. 50, 71–91.
Agulhon, Maurice. (1980). "1830 dans l'histoire du XIXe siècle français," *Romantisme*, **X**, 28/29, 15–27.
Ahlström, G. (1983). "Aspects of the Commercial Shipping between St. Petersburg and Western Europe, 1750–1790," in W. J. Weringa *et al.*, eds., *The Interactions of Amsterdam and Antwerp with the Baltic Region, 1400–1800*. Leiden: Martinus Nijhoff, 153–160.
Aiton, Arthur S. (1932). "Spanish Colonial Reorganization under the Family Compact." *Hispanic American Historical Review*, **XII**, 3, 269–280.
Ajayi, J. F. Ade. (1965). "West African States at the Beginning of the Nineteenth Century," in J. F. Ade Ajayi & I. Espie, eds., *A Thousand Years of West African History*. London: Nelson, 248–261.
Ajayi, J. F. Ade & Oloruntimehin, B. O. (1976). "West Africa in the Anti-Slave Trade Era," in *Cambridge History of Africa*, **V**: John. E. Flint, ed., *From c. 1790 to c. 1870*. Cambridge, Engl.: Cambridge University Press, 200–221.
Akinjogbin, I. A. (1967). *Dahomey and Its Neighbours, 1708–1818*. Cambridge, Engl.: At the University Press.
Albion, Robert Greenhalgh. (1926). *Forest and Sea Power: The Timber Problem of The Royal Navy, 1652–1852*, Harvard Economic Studies, Vol. XXIX. Cambridge, MA: Harvard University Press.
Alden, Dauril. (1961a). "The Undeclared War of 1773–1777: Climax of Luso-Spanish Platine Rivalry," *Hispanic American Historical Review*, **XLI**, 1, 55–74.
Alden, Dauril. (1961b). "The Marquis of Pombal and the American Revolution," *The Americas*, **XVII**, 4, 369–382.
Alden, Dauril. (1976). "The Significance of Cacao Production in the Amazon Region During the Late Colonial Period: An Essay in Comparative Economic History," *Proceedings of the American Philosophical Society*, **CXX**, 2, 103–135.

Aldrich, Robert. (1987). "Late-Comer or Early Starter? New Views on French Economic History," *Journal of European Economic History*, **XVI**, 1, 89–100.
Alexander, John T. (1970). "Recent Soviet Historiography on the Pugachev Revolt: A Review Article," *Canadian–American Slavic Studies*, **IV**, 3, 602–617.
Almeida Wright, Antoñia Fernanda P. de. (1973). "Os Estados Unidos e a independencia do Brasil (revendo a posiçao norte-americana," *Revista de Historia*, **XLVI**, 94, 369–382.
Almquist, Eric L. (1929). "Pre-famine Ireland and the Theory of European Proto-industrialization: Evidence from the 1841 Census," *Journal of Economic History*, **XXXIX**, 3, 699–718.
Ambrose, Gwilym. (1931). "English Traders at Aleppo (1658–1756)," *Economic History Review*, **III**, 2, 246–266.
Amin, Samir. (1971). "La politique coloniale française à l'égard de la bourgeoisie commerçante sénégalaise (1820–1960)," in C. Meillassoux, ed., *The Development of Indigenous Trade and Markets in West Africa*. London: Oxford University Press, 361–376.
Amin, Samir. (1972a). "Préface" to B. Barry, *Le Royaume de Waalo*. Paris: Maspéro, 7–54.
Amin, Samir. (1972b). "Underdevelopment and Dependence in Black Africa—Origins and Contemporary Forms," *Journal of Modern African Studies*, **X**, 4, 503–524.
Anderson, B. L. & Richardson, David. (1983). "Market Structure and Profits of the British African Trade in the Late Eighteenth Century: A Comment," *Journal of Economic History*, **XLIII**, 3, 713–721.
Anderson, B. L. & Richardson, David. (1985). "Market Structure and the Profits of the British Africa Trade in the Late Eighteenth Century: A Rejoinder Rebutted," *Journal of Economic History*, **XLV**, 3, 705–707.
Anderson, J. L. (1972). "Aspects of the Effects on the British Economy of the War Against France, 1793–1815," *Australian Economic History Review*, **XII**, 1, 1–20.
Anderson, J. L. (1974). "A Measure of the Effect of British Public Finance, 1793–1815," *Economic History Review*, 2nd ser., **XXVII**, 4, 610–619.
Anderson, M. S. (1952). "Great Britain and the Russian Fleet, 1769–70," *Slavonic and East European Review*, **XXXI**, No. 16, 148–163.
Anderson, M. S. (1954). "Great Britain and the Russo-Turkish War of 1768–74," *English Historical Review*, **LXIX**, No. 270, 39–58.
Anderson, M. S. (1965). "European Diplomatic Relations, 1763–1790," in *New Cambridge Modern History*, **VIII**: A. Goodwin, ed., *The American and French Revolutions, 1763–93*. Cambridge, Engl.: At the University Press, 252–278.
Anderson, M. S. (1967). "The Continental System and Russo-British Relations During the Napoleonic Wars," in K. Bourne & D. C. Watt; eds., *Studies in International History*. London: Longmans, 68–80.
Anderson, M. S., ed. (1970). *The Great Powers and the Near East, 1774–1923*. London: Edward Arnold.
Anderson, M. S. (1978). *Peter the Great*. London: Thames & Hudson.
Anderson, M. S. (1979). *Historians and Eighteenth-Century Europe, 1715–1789*. Oxford: Clarendon Press.
Anderson, M. S. (1984). "Preface" to A. I. Bağiş, *Britain and the Struggle for the Integrity of the Ottoman Empire*. Istanbul: Isis.
Anderson, Perry. (1964). "Origins of the Present Crisis," *New Left Review*, No. 23, 26–54.
Anderson, Perry. (1980). *Arguments Within English Marxism*. London: New Left Books.
Anderson, R. L. & Richardson, David. (1983). "Market Structure and Profits of the British African Trade in the Late Eighteenth Century: A Comment," *Journal of Economic History*, **XLIII**, 3, 713–721.
Anderson, Terry L. (1979). "Economic Growth in Colonial New England: 'Statistical Renaissance,'" *Journal of Economic History*, **XXXIX**, 1, 243–257.
Andrews, Charles M. (1924). *The Colonial Background of the American Revolution: Four Essays in American Colonial History*. New Haven, CT: Yale University Press.

Andrews, Charles M. (1926). "The American Revolution: An Interpretation," *American Historical Review*, **XXXI**, 2, 219–232.
Andrews, George Reid. (1985). "Spanish American Independence: A Structural Analysis," *Latin American Perspectives*, **XII**, 1, 105–132.
Anisson-Dupéron, Etienne-Alexandre-Jacques. (1847). "Essai sur les traités de commerce de Methuen et de 1786 dans leur rapports avec la liberté commerciale," *Journal des économistes*, 6e année, **XVII**, 1–17.
Anna, Timothy E. (1974). "Economic Causes of San Martin's Failure at Lima," *Hispanic American Historical Review*, **LIV**, 4, 657–681.
Anna, Timothy E. (1975). "The Peruvian Declaration of Independence: Freedom by Coercion," *Journal of Latin American Studies*, **VII**, 2, 221–248.
Anna, Timothy E. (1978a). *The Fall of the Royal Government in Mexico City*. Lincoln, NE: University of Nebraska Press.
Anna, Timothy E. (1978b). "The Buenos Aires Expedition and Spain's Secret Plan to Conquer Portugal, 1814–1820," *The Americas*, **XXXIV**, 3, 356–379.
Anna, Timothy E. (1983). *Spain and the Loss of America*. Lincoln, NE: University of Nebraska Press.
Anna, Timothy E. (1985). "The Independence of Mexico and Central America," in *Cambridge History of Latin America*, **III**: L. Bethell, ed., *From Independence to c. 1870*. Cambridge, Engl.: Cambridge University Press, 51–94.
Anon. (1810). "Cotton," *Encyclopedia Britannica*, 4th ed., Edinburgh.
Anstey, Roger. (1968) "Capitalism and Slavery: A Critique," *Economic History Review*, 2nd ser., **XXI**, 2, 307–320.
Anstey, Roger. (1974). "The Volume and Profitability of the British Slave Trade, 1761–1807," in S. L. Engerman & E. D. Genovese, eds., *Race and Slavery in the Western Hemisphere: Quantitative Studies*. Princeton, NJ: Princeton University Press, 3–31.
Anstey, Roger. (1975). *The Atlantic Slave Trade and British Abolition, 1760–1810*. London: Macmillan.
Anstey, Roger. (1976a). "The Historical Debate on the Abolition of the British Slave Trade," in R. Anstey & P. E. H. Hair, eds., *Liverpool, The Slave Trade, and Abolition*. Bristol, Engl.: Western Printing Service, 157–166.
Anstey, Roger. (1976b). "The British Slave Trade, 1751–1807: A Comment," *Journal of African History*, **XVII**, 4, 606–607.
Anstey, Roger. (1977). "The Slave Trade of the Continental Powers, 1760–1810," *Economic History Review*, 2nd ser., **XXX**, 2, 259–268.
Appleby, Joyce. (1984). *Capitalism and a New Social Order: The Republican Vision of the 1790s*. New York: New York University Press.
Aptheker, Herbert. (1960). *The American Revolution, 1763–1783*. New York: International Publ.
Arasaratnam, S. (1978). "Indian Commercial Groups and European Traders, 1600–1800: Changing Relationships in Southeastern India," *South Asia*, n.s., **I**, 2, 42–53.
Arasaratnam, S. (1979). "Trade and Political Dominion in South India, 1750–1790. Changing British–Indian Relationships," *Modern Asian Studies*, **XIII**, 1, 19–40.
Arasaratnam, S. (1980). "Weavers, Merchants and Company: The Handloom Industry in South-eastern India, 1750–1790," *Indian Economic and Social History Review*, **XVII**, 3, 257–281.
Arbellot, Guy. (1973). "La grande mutation des routes en France au milieu du XVIIIe siècle," *Annales E.S.C.*, **XXVIII**, 2, 764–791.
Archer, Christon I. (1974). "Pardos, Indians and the Army of the New Spain: Inter-relationships and Conflicts, 1780–1810," *Journal of Latin American Studies*, **VI**, 2, 231–255.
Archer, Christon I. (1977). *The Army in Bourbon Mexico, 1760–1810*. Albuquerque, NM: University of New Mexico Press.

Archer, Christon I. (1981). "The Royalist Army in New Spain: Civil–Military Relationships, 1810–1821," *Journal of Latin American Studies*, **XIII**, 1, 57–82.
Archer, Christon I. (1982). "The Officer Corps in New Spain: The Martial Career, 1759–1821," *Jahrbuch für Geschichte von Staat, Wirtschaft und Gesellschaft Lateinamerikas*, **XIX**, 137–158.
Archives de la Ministère des Affaires Etrangères (France). (1788–1789, 1797). *Mémoires et Documents, Angleterre*, No. 46: *Mémoires sur le Commerce, le Finance, etc., 1713 à 1811* (Arch. A.E. 46): 21. f°239–243 [ca. 1788–1789], 3e mémoire, Recherche sur ce qui est relatif aux étoffes de laines; 29. f°287–297, may 1797, Remarques sur le traité de commerce entre la France et l'Angleterre de l'an 1786, par Theremin; 37. f°326–328, Brumaire an VIII, Moyens d'attaquer l'Angleterre dans la source de sa prospérité; 38. f°329–334, Paris, 29 nivose an 8, Arnould, membre du tribunal au ler consul Bonaparte, sur la Paix: De la Paix avec l'Angleterre sous les rapports de la marine et du commerce de la France.
Arcila Farias, Eduardo. (1955). *El siglo ilustrado en América. Reformas economicas del siglo XVIII en Nueva España*. Caracas: Ed. del Ministerio de Educación.
Arciniegas, Germán. (1973). *Los Comuneros*. Medellín: Ed. Bedout.
Ardant, Gabriel. (1975). "Financial Policy and Economic Infrastructure of Modern States and Nations," in Charles Tilly, ed., *The Formation of National States in Western Europe*. Princeton, NJ: Princeton University Press, 164–242.
Argyle, W. J. (1966). *The Fon of Dohomey: A History and Ethnography of the Old Kingdom*. Oxford: Clarendon Press.
Armengaud, André. (1973). "Population in Europe, 1700–1914," in C. M. Cipolla, ed., *Fontana Economic History of Europe*, **III**: *The Industrial Revolution*. London: Collins/Fontana, 22–76.
Armstrong, Maurice W. (1946). "Neutrality and Religion in Revolutionary Nova Scotia," *New England Quarterly*, **XIX**, 1, 50–62.
Armytage, Frances. (1953). *The Free Port System in the British West Indies: A Study in Commercial Policy, 1766–1822*, Imperial Studies Series, Vol. XX. London: Longmans, Green.
Arnold, Rosemary. (1957a). A Port of Trade: Whydah of the Guinea Coast," in K. Polanyi *et al.*, eds., *Trade and Market in the Early Empires*. New York: Free Press, 154–176.
Arnold, Rosemary. (1957b). "Separation of Trade and Market: Great Market of Whydah," in K. Polanyi *et al.*, eds., *Trade and Market in the Early Empires*. New York: Free Press, 177–187.
Arnould, Ambroise-Marie. (1791). *De la balance du commerce et les relations commerciales extérieures de la France dans toutes les parties du globe, particulierement à la fin du règne de Louis XIV et au moment de la Révolution*, 2 vols. Paris: Buisson.
Artola, Miguel. (1952). "Campillo y las reformas de Carlos III," *Revista de Indias*, **XII**, 50, 685–714.
Ascherson, Neal, ed. (1975). *The French Revolution: Extracts from The Times, 1789–1794*. London: Times Books.
Asdrubal Silva, Hernán. (1978). "The United States and the River Plate: Interrelationships and Influences Between Two Revolutions," in S. Tulchin, ed., *Hemispheric Prospectives on the United States*. Westport, CT: Greenwood Press, 22–36.
Ashton, T. S. (1924). *Iron and Steel in the Industrial Revolution*. Manchester, Engl.: Manchester University Press.
Ashton, T. S. (1948). *The Industrial Revolution, 1760–1830*. London: Oxford University Press.
Ashton, T. S. (1949). "The Standard of Life of the Workers in England, 1790–1830," *Journal of Economic History*, Suppl. IX, 19–38.
Ashton, T. S. (1959). *Economic Fluctuations in England 1700–1800*. Oxford: Clarendon Press.
Asiegbu, Johnson U. J. (1969). *Slavery and the Politics of Liberation, 1787–1861*. London: Longmans.
Athar Ali, M. (1975). "The Passing of Empire: The Mughal Case," *Modern Asian Studies*, **IX**, 3, 385–396.

참고 문헌 395

Auckland, William. (1861–1862). *The Journal and Correspondence of William, Lord Auckland*, 4 vols. London: Richard Bentley.
Auffray, Danièle, Baudouin, Thierry, Collin, Michèle & Guillerm, Alain. (1980). *Feux et lieux: Histoire d'une famille et d'un pays face à la société industrielle*. Paris: Galilée.
Aufhauser, R. Keith. (1974). "Profitability of Slavery in the British Caribbean," *Journal of Interdisciplinary History*, **V**, 1, 45–67.
Augé, Marc. (1971). "L'organisation du commerce pré-colonial en Basse Côte d'Ivoire et ses effets sur l'organisation sociale des populations côtières," in C. Meillassoux, ed., *The Development of Indigenous Trade and Markets in West Africa*. London: Oxford University Press, 153–167.
Aulard, A. (1913). "La nuit du 4 août," *La Révolution française*, **XLIV**, 200–215.
Austen, Ralph A. (1970). "The Abolition of the Overseas Slave Trade: A Distorted Theme in West African History," *Journal of the Historical Society of Nigeria*, **V**, 2, 257–274.
Austen, Ralph A. (1979). "The Trans-Saharan Slave Trade: A Tentative Census," in H. A. Gemery & J. S. Hogendorn, eds., *The Uncommon Market*. New York: Academic Press, 23–76.
Avelino, Ivone Días. (1978). "Instituição do 'comercio livre' na mudança estrutural do sistema colonial espanhol," *Revista de historia do América*, No. 85, 59–83.
Avrich, Paul. (1973). *Russian Rebels, 1600–1800*. London: Allen Lane.
Ayandele, E. A. (1967). "Observations in Some Social and Economic Aspects of Slavery in Pre-colonial Northern Nigeria," *Nigerian Journal of Economic and Social Studies*, **IX**, 3, 329–338.
Azevedo, João Lucio d' (1922). *O Marques de Pombal e a sua época*, 2a ed. con emendas. Rio de Janeiro: Anuario do Brasil.
Bā, Amadou Hampaté & Daget, Jacques. (1962). *L'empire peul de Macina*, **I**: *(1818–1853)*. Paris & La Haye: Mouton. (Originally published in *Etudes Soudanaises*, **III**, 1955.)
Baer, Gabriel. (1983). "Landlord, Peasant and the Government in the Arab Provinces of the Ottoman Empire in the 19th and Early 20th Century," in J. L. Bacqué-Grammont & P. Dumont, dirs., *Economie et sociétés dans l'Empire ottomane (fin du XVIIIe–début du XXe siècle)*, Colloques Internationaux du CNRS, No. 601. Paris: Ed. du CNRS, 261–274.
Bagchi, Amiya Kumar. (1976a). "De-Industrialization in India in the Nineteenth Century: Some Theoretical Implications," *Journal of Development Studies*, **XII**, 2, 135–164.
Bagchi, Amiya Kumar. (1976b). "De-Industrialization in Gangetic Bihar, 1809–1901," in *Essays in Honour of Professor Susobhan Chandra Sarkar*. New Delhi: People's Publ. House, 499–522.
Bagchi, Amiya Kumar. (1976c). "Reflections in Patterns of Regional Growth in India During the Period of British Rule," *Bengal Past and Present*, **XCV**, Part 1, No. 180, 247–289.
Bagchi, Amiya Kumar. (1979). "A Reply," *Indian Economic and Social History Review*, **XVI**, 2, 147–161.
Bağış, A. I. (1984). *Britain and the Struggle for the Integrity of the Ottoman Empire: Sir Robert Ainslie's Embassy to Istanbul, 1776–1794*. Istanbul: Isis.
Bagú, Sergio. (1979). "Prólogo," in M. Izard, *El miedo a la revolución*. Madrid: Ed. Tecnos, 13–17.
Bagwell, Philip S. (1974). *The Transport Revolution from 1770*. London: B. T. Batsford.
Baillargeon, Georges E. (1968). *La survivance du régime seigneurial à Montréal. Un régime qui ne veut pas mourir*. Ottawa: Le Cercle du Livre de France.
Bailyn, Bernard. (1962). "Political Experience and Enlightenment Ideas in Eighteenth-Century America," *American Historical Review*, **LXVII**, 2, 339–351.
Bailyn, Bernard. (1967). *Ideological Origins of the American Revolution*. Cambridge, MA: Belknap Press of Harvard University Press.
Bailyn, Bernard. (1969). "A Comment," *American Historical Review*, **LXXV**, 2, 361–363.
Bailyn, Bernard. (1973). "The Central Themes of the American Revolution: An Interpretation," in S. G. Kurtz & J. H. Hutson, eds., *Essays on the American Revolution*. Chapel Hill, NC: University of North Carolina Press, 3–31.

Bailyn, Bernard. (1986a). *The Peopling of British North America: An Introduction*. New York: Knopf.
Bailyn, Bernard. (1986b). *Voyagers to the West: A Passage in the Peopling of America on the Eve of the Revolution*. New York: Knopf.
Bairoch, Paul. (1973a). "Agriculture and the Industrial Revolution, 1700–1914," in C. M. Cipolla, ed., *Fontana Economic History of Europe*, **III**: *The Industrial Revolution*. London: Collins/Fontana, 452–506.
Bairoch, Paul. (1973b). "Commerce international et genèse de la révolution industrielle anglaise," *Annales E.S.C.*, **XXVIII**, 2, 545–553.
Bairoch, Paul. (1974). *Révolution industrielle et sous-développement*, 4e ed. Paris & La Haye: Mouton.
Bairoch, Paul. (1983). "La place de l'énergie hydraulique dans les sociétés traditionelles et au cours des XIXe et XXe siècles," paper delivered at XV Settimana di Studio, Ist. Int. di Storia Economica "Francesco Datini," Prato, 15–20 apr., mimeo.
Ballot, Charles. (1923). *L'introduction du machinisme dans l'industrie française*. Paris: Comité des travaux historiques, section d'histoire moderne (depuis 1715) et d'histoire contemporaine, fasc. IX. Lille: O. Marquant.
Bamford, Paul Walden. (1952). "France and the American Market in Naval Timber and Masts, 1776–1786," *Journal of Economic History*, **XII**, 1, 21–34.
Barber, Elinor. (1955). *The Bourgeoisie in Eighteenth-Century France*. Princeton, NJ: Princeton University Press.
Barbier, Jacques A. (1972). "Elites and Cadres in Bourbon Chile," *Hispanic American Historical Review*, **LII**, 3, 416–435.
Barbier, Jacques A. (1977). "The Culmination of the Bourbon Reforms, 1787–1792," *Hispanic American Historical Review*, **LVII**, 1, 51–68.
Barbier, Jacques A. (1980). "Peninsular France and Colonial Trade: The Dilemma of Charles IV's Spain," *Journal of Latin American Studies*, **XII**, 1, 21–37.
Barel, Yves. (1968). *Le développement de la Russie tsariste*. Paris & La Haye: Mouton.
Barkan, Ömer Lütfi. (1954). "La 'Méditerranée' de F. Braudel vue d'Istamboul," *Annales E.S.C.*, **IX**, 2, 189–200.
Barkan, Ömer Lütfi. (1956). "Le Servage existait-t-il en Turquie?" *Annales E.S.C.*, **XI**, 1, 54–60.
Barker, Charles Albro. (1940). *The Background of the Revolution in Maryland*. New Haven, CT: Yale University Press.
Barnave, Antoine. (1960). *Introduction à la Révolution française, Cahiers des Annales*, No. 15. Texte établi sur la manuscrit original et présenté par Fernand Rude. Paris: Armand Colin.
Baron, Samuel H. (1972). "The Transition from Feudalism to Capitalism in Russia: A Major Soviet Historical Controversy," *American Historical Review*, **LXXVII**, 3, 715–729.
Baron, Samuel H. (1973). "The Fate of the *gosti* in the Reign of Peter the Great," *Cahiers du monde russe et soviétique*, **XIV**, 4, 488–512.
Baron, Samuel H. (1974). "Who were the *Gosti*?" *California Soviet Studies*, **VII**, 1–40.
Barr, Stringfellow. (1949). *The Pilgrimage of Western Man*. New York: Harcourt, Brace.
Barrow, Thomas C. (1968). "The American Revolution as a Colonial War for Independence," *William and Mary Quarterly*, 3rd ser., **XXV**, 3, 452–464.
Barry, Boubacar. (1972). *Le royaume de Waalo: Le Sénégal avant la conquête*. Paris: Maspéro.
Barthélemy, Edouard. (1848). *Notice historique sur les établissements des Côtes occidentales d'Afrique*. Paris: Arthus Bertrand.
Bartlett, Roger P. (1979). *Human Capital: The Settlement of Foreigners in Russia, 1792–1804*. Cambridge, Engl.: Cambridge University Press.
Bathily, Abdoulaye. (1986). "La traite atlantique des esclaves et ses effets économiques et sociaux en Afrique: Le cas de Galam, royaume de l'hinterland sénégambien au dix-huitième siècle," *Journal of African History*. **XXVII**, 2, 269–293.

Bauer, Arnold J. (1971). "The Church and Spanish American Agrarian Structure, 1765–1865," *The Americas,* **XXVIII,** 1, 78–98.
Bauer, Arnold J. (1983). "The Church in the Economy of Spanish America: *Censos* and *Depósitas* in the Eighteenth and Nineteenth Centuries," *Hispanic American Historical Review,* **LXIII,** 4, 707–734.
Bauer, John E. (1970). "International Repercussions of the Haitian Revolution," *The Americas,* **XXVI,** 4, 394–418.
Baykov, Alexander. (1974). "The Economic Development of Russia," in W. Blakewell, ed., *Russian Economic Development from Peter the Great to Stalin.* New York: New Viewpoints, 5–20. (Originally published in *Economic History Review,* n.s., **VII,** 1954.)
Bayly, C. A. (1975). "Town Building in North India, 1740–1830," *Modern Asian Studies,* **IX,** 4, 483–504.
Bayly, C. A. (1985). "State and Economy in India Over Seven Hundred Years," *Economic History Review,* 2nd ser., **XXXVIII,** 4, 583–596.
Bayly, C. A. (1986). "The Middle East and Asia during the Age of Revolutions, 1760–1830," *Itinerario,* **X,** 2, 69–84.
Bazant, Jan. (1964). "Evolución de la industria textil poblana (1544–1845)," *Historia Mexicana,* **XII,** 4, 473–516.
Beales, H. S. (1929). "Historical Revisions: The 'Industrial Revolution,' " *History,* n.s., **XIV,** No. 54, 125–129.
Bean, Richard. (1974). "A Note on the Relative Importance of Slaves and Gold in West African Exports," *Journal of African History,* **XV,** 3, 351–356.
Beard, Charles A. (1913). *An Economic Interpretation of the Constitution of the United States,* New York: Macmillan.
Beard, Charles A. (1915). *Economic Origins of Jeffersonian Democracy.* New York: Macmillan.
Béaur, Gérard. (1984). *Le marché foncier à la veille de la révolution.* Paris: Ed. de l'E.H.E.S.S.
Beck, Thomas. (1981). "The French Revolution and Nobility: A Reconsideration," *Journal of Social History,* **XV,** 2, 219–233.
Becker, Charles & Martin, Victor. (1975). "Kayor et Baol, royaumes sénégalais et traite des esclaves au XVIIIe siècle," *Revue française d'histoire d'Outre-Mer,* **LXII,** 226/227, 270–300.
Beckett, J. V. (1977). "English Landownership in the Later Seventeenth and Eighteenth Centuries: The Debate and the Problems," *Economic History Review,* 2nd ser., **XXX,** 4, 567–581.
Beer, George Louis. (1907). *British Colonial Policy, 1754–1765.* New York: Macmillan.
Behrens, Betty. (1965). " 'Straight History' and 'History in Depth': The Experience of Writers on Eighteenth-Century France," *Historical Journal,* **VIII,** 1, 117–126.
Behrens, Betty (C. B. A.). (1967). *The Ancien Regime.* New York: Harcourt, Brace, Jovanovich.
Behrens-Abouseif, Doris. (1982). "The Political Situation of the Copts, 1798–1923," in B. Braude & B. Lewis, eds., *Christians and Jews in the Ottoman Empire,* **II:** *The Arabic-Speaking Lands.* New York: Holmes & Meier, 185–205.
Belaunde, Victor Andrés. (1938). *Bolivar and the Political Thought of the Spanish American Revolution.* Baltimore, MD: Johns Hopkins University Press.
Bell, Herbert C. (1916). "British Commercial Policy in the West Indies, 1785–93, *English Historical Review,* **XXXI,** No. 123, 429–441.
Bemis, Samuel Flagg. (1916). "Relations Between the Vermont Separatists and Great Britain, 1789–1791," *American Historical Review,* **XXI,** 3, 547–560.
Bemis, Samuel Flagg. (1923). *Jay's Treaty: A Study in Commerce and Diplomacy.* New York: Macmillan.
Bemis, Samuel Flagg. (1935). *The Diplomacy of the American Revolution.* New York: Appleton-Century.
Bemis, Samuel Flagg. (1943). *The Latin American Policy of the United States: An Historical Interpretation.* New York: Harcourt, Brace.

Bemis, Samuel Flagg. (1949). *John Quincy Adams and the Foundations of American Foreign Policy.* New York: Knopf.
Bemis, Samuel Flagg. (1956). *John Quincy Adams and the Union.* New York: Knopf.
Bendjebbar, André. (1987). "Les problèmes des alliances politiques, sociales et économiques dans la Contre-Révolution angevine (1787–1799)," in F. Lebrun & R. Dupuy, eds., *Les résistances à la Révolution.* Paris: Imago, 87–96.
Benians, E. A. (1940). "The Beginnings of the New Empire, 1783–1793," in J. H. Rose *et al.*, eds., *The Cambridge History of the British Empire,* **II:** *The Growth of the New Empire, 1783–1870.* Cambridge, Engl.: At the University Press, 1–35.
Ben-Shachar, Ari Y. (1984). "Demand versus Supply in the Industrial Revolution: A Comment," *Journal of Economic History,* **XLIV,** 3, 801–805.
Bent, J. Theodore. (1890). "The English in the Levant," *English Historical Review,* **V,** No. 20, 654–664.
Berend, Iván T. & Rańki, György. (1982). *The European Periphery and Industrialization, 1780–1914.* Cambridge, Engl.: Cambridge University Press.
Bergeron, Louis. (1970). "Problèmes économiques de la France napoléonienne," *Revue d'histoire moderne et contemporaine,* **XVII,** 3, 469–505 ("Discussion," 630–638).
Bergeron, Louis. (1978a). "Introduction," in Pierre Léon, dir., *Histoire économique et sociale du monde,* **III:** Louis Bergeron, dir., *Inerties et révolutions, 1730–1840.* Paris: Lib. Armand Colin, 7–9.
Bergeron, Louis. (1978b). "Les réseaux de la finance internationale," in Pierre Léon, dir., *Histoire économique et sociale du monde,* **III:** Louis Bergeron, dir., *Inerties et révolutions, 1730–1840.* Paris: Lib. Armand Colin, 119–135.
Bergeron, Louis. (1978c). "La révolution agricole en Angleterre," in Pierre Léon, dir., *Histoire économique et sociale du monde,* **III:** Louis Bergeron, dir., *Inerties et révolutions, 1730–1840.* Paris: Lib. Armand Colin, 226–232.
Bergeron, Louis. (1978d). "La révolution industrielle anglaise," in Pierre Léon, dir., *Histoire économique et sociale du monde,* **III:** Louis Bergeron, dir., *Inerties et révolutions, 1730–1840.* Paris: Lib. Armand Colin, 317–345.
Bergeron, Louis. (1978e). "L'économie française sous le feu de la révolution politique et sociale," in Pierre Léon, dir., *Histoire économique et sociale du monde,* **III:** Louis Bergeron, dir., *Inerties et révolutions, 1730–1840.* Paris: Lib. Armand Colin, 347–369.
Bergeron, Louis. (1978f). *Banquiers, négociants et manufacturiers parisiens du Directoire à l'Empire.* Paris & La Haye: Mouton.
Bergier, J. F. (1973). "The Industrial Bourgeoisie and the Rise of the Working Class, 1700–1914," in C. M. Cipolla, ed., *Fontana Economic History of Europe,* **III:** *The Industrial Revolution.* London: Collins/Fontana, 397–451.
Berkes, Niyazi. (1964). *The Development of Secularism in Turkey.* Montreal: McGill University Press.
Berlin, Ira. (1976). "The Revolution in Black Life," in A. F. Young, ed., *The American Revolution: Explanations in the History of American Radicalism.* DeKalb, IL: Northern Illinois University Press, 349–382.
Bernstein, Harry. (1945). *Origins of Inter-American Interest, 1700–1812.* Philadelphia, PA: University of Pennsylvania Press.
Berov, Ljuben. (1974). "Changes in Price Conditions in Trade Between Turkey and Europe in the 16th–19th Centuries," *Etudes balkaniques,* **II,** 2/3, 168–178.
Berrill, K. E. (1960). "International Trade and the Rate of Economic Growth," *Economic History Review,* 2nd ser., **XII,** 3, 351–359.
Bertaud, Jean-Paul. (1975). "Voies nouvelles pour l'histoire militaire de la révolution, *Annales historiques de la Révolution française,* **XXVII,** No. 219, 66–94.
Berthoff, Rowland & Murrin, John M. (1973). "Feudalism, Communalism, and the Yeoman Freeholder: The American Revolution Considered as a Social Accident," in S. G. Kurtz & J. H. Hutson, eds., *Essays on the American Revolution.* Chapel Hill, NC: University of North Carolina Press, 256–288.

참고 문헌 399

Besset, Giliane. (1982). "Les relations commerciales entre Bordeaux et la Russie au XVIIIe siècle," *Cahiers du monde russe et soviétique*, **XXIII**, 2, 197–219.
Bethell, Leslie. (1969). "The Independence of Brazil and the Abolition of the Brazilian Slave Trade: Anglo-Brazilian Relations, 1822–1826," *Journal of Latin American Studies*, **I**, 2, 115–147.
Bethell, Leslie. (1985). "The Independence of Brazil," in *Cambridge History of Latin America*, **III**: L. Bethell, ed., *From Independence to c. 1870*. Cambridge, Engl.: Cambridge University Press, 157–196.
Bezanson, Anna. (1922). "The Early Use of the Term Industrial Revolution," *Quarterly Journal of Economics*, **XXXVI**, 2, 343–349.
Bhattacharya, Neeladri. (1986). "Colonial State and Agrarian Society," in S. Bhattacharya & R. Thapar, eds., *Situating Indian History*. Delhi: Oxford University Press, 106–145.
Bhattacharya, Sabyasachi. (1983). "Regional Economy: Eastern India," in D. Kumar, ed., *Cambridge Economic History of India*, **II**: *c. 1757–c. 1970*. Cambridge, Engl.: Cambridge University Press, 270–332.
Bhattacharya, Sukumar. (1954). *The East India Company and the Economy of Bengal from 1704 to 1740*. London: Luzac.
Bien, David D. (1974). "La réaction aristocratique avant 1789: l'example de l'armée," *Annales E. S. C.*, **XXIX**, 1. 23–48; **XXIX**, 2, 505–534.
Bierck, Harold C., Jr. (1953). "The Struggle for Abolition in Gran Colombia," *Hispanic American Historical Review*, **XXXIII**, 3, 365–386.
Bils, Mark. (1984). "Tariff Protection and Production in the Early U. S. Cotton Textile Industry," *Journal of Economic History*, **XLIV**, 4, 1033–1045.
Birch, Alan. (1967). *The Economic History of the British Iron and Steel Industry, 1784–1879*. London: Frank Cass.
Birmingham, David. (1966). *Trade and Conflict in Angola: The Mbundu and their Neighbours under the Influence of the Portuguese*. Oxford: Clarendon Press.
Birmingham, David. (1970). "Early African Trade in Angola and Its Hinterland," in R. Gray & D. Birmingham, eds., *Pre-Colonial African Trade*. London: Oxford University Press, 163–173.
Bjork, Gordon C. (1964). "The Weaning of the American Economy: Independence, Market Changes, and Economic Development," *Journal of Economic History*, **XXIV**, 4, 541–560.
Blanc, Simone. (1964). "Aux origines de la bourgeoisie russe," *Cahiers du monde russe et soviétique*, **X**, 3, 294–301.
Blanc, Simone. (1969). "Tatiščev et la pratique du mercantilisme," *Cahiers du monde russe et soviétique*, **X**, 3/4, 353–370.
Blanc, Simone. (1974). "The Economic Policy of Peter the Great," in W. Blakewell, ed., *Russian Economic Development from Peter the Great to Stalin*. New York: New Viewpoints, 23–49. (Transl. from *Cahiers du monde russe et soviétique*, **III**, 1962.)
Blaug, Mark. (1963). "The Myth of the Old Poor Law and the Making of the New," *Journal of Economic History*, **XXIII**, 2, 151–184.
Blaug, Mark. (1964). "The Poor Law Report Reexamined," *Journal of Economic History*, **XXIV**, 2, 229–245.
Bloch, Camille. (1900). "Le traité de commerce de 1786 entre la France et l'Angleterre," in *Etudes sur l'histoire économique de la France (1760–89)*. Paris: Alphonse Picard et fils, 239–269.
Bloch, Camille. (1901). *Memoire sur le Traité de Commerce de 1786 entre la France et l'Angleterre, d'après la correspondance du plenipotentiaire anglais*. Paris: Imprimerie Nationale. (Extract from *Bulletin des sciences économiques et sociaux du Comité des Travaux historiques et scientifiques*, 1900, 257–269.)
Bloch, Marc. (1930). "La lutte pour l'individualisme agraire dans la France du dix-huitième siècle," *Annales d'histoire économique et sociale*, **II**. 329–383; 511–556.
Bloch, Marc. (1952, 1956). *Les caractères originaux de l'histoire rurale française*, 2 vols. Paris: A. Colin.

Bloch, Marc. (1966). *French Rural History.* Berkeley & Los Angeles: University of California Press.
Bloch, Raymond (1970). "Préface," in Albert Soboul, ed., *La civilisation et la Révolution française,* **I:** *Crise de l'Ancien Régime.* Paris: Arthaud, 11–13.
Blum, Jerome, (1960). "Russian Agriculture in the Last 150 Years of Serfdom," *Agricultural History,* **XXXIV,** 1, 3–12.
Blum, Jerome. (1961). *Lord and Peasant in Russia from the Ninth to the Nineteenth Century.* Princeton, NJ: Princeton University Press.
Boahen, A. Adu. (1964). *Britain, the Sahara, and the Western Sudan, 1788–1861.* Oxford: Clarendon Press.
Bois, Paul. (1971). *Paysans de l'Ouest.* Paris: Flammarion.
Bolton, G. C. (1966). "The Founding of the Second British Empire," *Economic History Review,* 2nd ser., **XIX,** 1, 195–200.
Bondois, Paul-M. (1933). "L'organisation industrielle et commerciale sous l'Ancien Régime: Le privilège exclusif au XVIIIe siècle," *Revue d'histoire économique et sociale,* **XXI,** 2/3, 140–189.
Bonilla, Heraclio. (1972). "Clases populares y Estado en el contexto de la crisis colonial," in *La Independencia en el Perú,* Perú Problema, No. 7. Lima: Institute de Estudios Peruanos, 13–69.
Bonilla, Heraclio & Spalding, Karen. (1972). "La Independencia en el Perú: las palabras y los hechos," in *La Independencia en el Perú,* Perú Problema, No. 7. Lima: Instituto de Estudios Peruanos, 70–114.
Bosher, J. F. (1965). "French Administration and Public Finance in Their European Setting," in *New Cambridge Modern History,* **VIII:** A. Goodwin, ed., *The American and French Revolutions, 1763–93.* Cambridge, Engl.: At the University Press, 565–591.
Bosher, J. F. (1970). *French Finances 1770–1795: From Business to Bureaucracy.* Cambridge, Engl.: Cambridge University Press.
Boulègue, Jean. (1972). *Les Luso-africains de Sénégambie, XVIe–XIXe siècles.* Dakar: Université de Dakar, Faculté des Lettres et Sciences Humaines, Département d'Histoire.
Boulle, Pierre H. (1972). "Slave Trade, Commercial Organization and Industrial Growth in Eighteenth-Century Nantes," *Revue française d'histoire d'outre-mer,* **LIX,** 1er trimestre, No. 214, 70–112.
Boulle, Pierre H. (1975). "Marchandises de traite et développement industriel dans la France et l'Angleterre du XVIIIe siècle," *Revue française d'histoire d'outre-mer,* **LXII,** 1e et 2e trimestres, Nos. 226/227, 309–330.
Bouloiseau, Marc. (1956). "Aspects sociaux de la crise cotonnière dans les campagnes rouennaises en 1788–1789," in *Actes du 81ᵉ Congrès national des Sociétés savantes Rouen–Caen: Section d'histoire moderne et contemporaine.* Paris: Imprimerie Nationale, 403–428.
Bouloiseau, Marc. (1957). *Cahiers de doléances du Tiers Etat du Baillage de Rouen pour les Etats généraux de 1789.* **I:** *La Ville.* Paris: Presses Universitaires de France.
Bouloiseau, Marc. (1960). *Cahiers de doléances du Tiers Etats du Baillage de Rouen pour les Etats généraux de 1789.* **II:** *La baillage principal.* Rouen: Imprimerie administrative de la Seine-Maritime.
Bouloiseau, Marc. (1983). *The Jacobin Republic, 1792–94.* Cambridge, Engl.: Cambridge University Press.
Bourde, André J. (1953). *The Influence of England on the French Agronomes, 1750–1789.* Cambridge, Engl.: At the University Press.
Bourde, André J. (1967). *Agronomie et agronomes en France au XVIIIe siècle,* 3 vols. Paris: S. E. V. P. E. N.
Bourgin, Georges. (1908). "Les communaux et la Révolution française," *Nouvelle revue historique de droit français et étranger,* 3e sér., **XXXII,** 6, 690–751.
Bourgin, Georges. (1911). "L'agriculture, la classe paysanne et la Révolution française (1789–an IV)," *Revue d'histoire économique et social,* **IV,** 155–228.

Bourgin, Hubert. (1904–1905). "L'histoire économique de la France de 1800 à 1830," *Revue d'histoire moderne et contemporaine*, **VI**, 22–37.
Bousquet, Nicole. (1974). "La dissolution de l'empire espagnol au XIXe siècle et son contexte économique," unpublished M. A. thesis, McGill University.
Bousquet, Nicole, (1978). "La carrière hégémonique de l'Angleterre au sein de l'économie-monde et le démantèlement des empires espagnol et portugais en Amérique au début du XIXe siècle," unpublished Ph.D. thesis, McGill University.
Boutier, Jean. (1979). "Jacquerie en pays croquant: les Révoltes paysannes en Aquitaine (décembre 1789–mars 1790)," *Annales E. S. C.*, **XXXIV**, 4, 760–786.
Bouvier, Jean. (1970). "A propos de la crise dite de 1805. Les crises économiques sous l'Empire," *Revue d'histoire moderne et contemporaine*, **XVII**, juil.–sept. 506–513.
Bowden, Witt. (1919). "The English Manufacturers and the Commercial Treaty with France," *American Historical Review*, **XXV**, 1, 18–35.
Boxer, C. R. (1969). *The Portuguese Seaborne Empire, 1415–1825*. New York: Knopf.
Boyetet, M. (1789). *Receuil de divers memoires relatifs au traité de commerce avec l'Angleterre, faits avant, pendant et après les négotiations*. Versailles: Baudouin.
Brading, David A. (1970). "Mexican Silver-Mining in the Eighteenth Century: The Revival of Zacatecas," *Hispanic American Historical Review*, **L**, 4, 665–681.
Brading, David A. (1971). *Miners and Merchants in Bourban Mexico, 1763–1810*. Cambridge, Engl.: At the University Press.
Brading, David A. (1973a). "La estructura de la producción agricola en el Bajío de 1700 a 1850," *Historia Mexicana*, **XXIII**, 2, 197–237.
Brading, David A. (1973b). "Government and Elites in Late Colonial Mexico," *Hispanic American Historical Review*, **LIII**, 3, 389–414.
Brading, David A. (1983). *Classical Republicanism and Creole Patriotism: Simon Bolivar (1783–1830) and the Spanish American Revolution*. Cambridge, Engl.: Centre of Latin American Studies, Cambridge University.
Brading, David A. (1984). "Bourbon Spain and its American Empire," in *Cambridge History of Latin America*, **I**: Leslie Bethell, ed., *Colonial Latin America*. Cambridge, Engl.: Cambridge University Press, 389–439.
Brading, David A. & Wu, Celia. (1973). "Population Growth and Crisis: León, 1720–1860," *Journal of Latin American Studies*, **V**, 1, 1–36.
Brathwaite, Edward, (1971). *The Development of Creole Society in Jamaica, 1770–1820*. Oxford: Clarendon Press.
Braude, Benjamin. (1979). "International Competition and Domestic Cloth in the Ottoman Empire, 1500–1650: A Study in Underdevelopment," *Review*, **II**, 3, 437–451.
Braude, Benjamin & Lewis, Bernard. (1982). "Introduction," in B. Braude & B. Lewis, eds., *Christians and Jews in the Ottoman Empire*, **I**: *The Central Lands*. New York: Holmes & Meier, 1–34.
Braudel, Fernand. (1958). "Histoire et sciences sociales: La longue durée," *Annales E. S. C.*, **XIII**, 4, 725–753.
Braudel, Fernand. (1979). *Civilisation matérielle, économie et capitalisme, XVe–XVIIIe siècle*, **I**: *Les structures du quotidien*, **II**: *Les jeux de l'échange*, **III**: *Le temps du monde*. Paris: Lib. Armand Colin.
Braudel, Fernand. (1980). "L'empire turc est-il une économie-monde?," in *Memorial Ömer Lütfi Barkan*, Bibliothèque de l'Institut Françqis d'Etudes Anatoliennes d'Istanbul, Vol. XXVIII. Paris: Lib. d'Amérique et d'Orient A. Maisonneuve, 39–51.
Braudel, Fernand. (1982). *Civilization and Capitalism, 15th–18th Century*, **II**: *The Wheels of Commerce*. New York: Harper & Row.
Braudel, Fernand. (1984). *Civilization and Capitalism, 15th–18th Century*, **III**: *The Perspective of the World*. New York: Harper & Row.
Brebner, John Bartlett. (1937). *The Neutral Yankees of Nova Scotia: A Marginal Colony During the Revolutionary Years*. New York: Columbia University Press.

Brebner, John Bartlett. (1966a). "Laissez-faire and State Intervention in Nineteenth-Century Britain," in E. M. Carus-Wilson, ed., *Essays in Economic History*, Vol. III. New York: St. Martin's Press, 252–262. (Originally published in *Journal of Economic History*, 1948.)
Brebner, John Bartlett. (1966b). *North Atlantic Triangle: The Interplay of Canada, the United States and Great Britain*. Toronto: McClelland & Stewart.
Briavoinne, Natalis. (1838). "Sur les inventions et perfectionnemens dans l'industrie, depuis la fin du XVIIIe siècle jusqu'à nos jours," Mémoire couronné le 8 mai 1837. *Mémoires couronnés par l'academie royale des Sciences et Belles-Lettres de Bruxelles*, **XIII**, 5–187.
Briavoinne, Natalis. (1839). *De l'industrie en Belgique, causes de décadence et de prospérité, sa situation actuelle*, Vol. I. Bruxelles: Eugene Dubois.
Bridenbaugh, Carl. (1955). *Cities in Revolt: Urban Life in America, 1743–1776*. New York: Oxford University Press.
Briggs, Asa. (1960). "The Language of 'Class' in Early Nineteenth-Century England," in A. Briggs & J. Saville, eds., *Essays in Labour History*. London: Macmillan, 43–73.
British Parliamentary Papers (BPP), Reports from Committees. (1832). X, Parts I & II. *Minutes of Evidence taken before the Select Committee on the Affairs of the East India Company, II: Finance and Accounts–Trade*, ordered by the House of Commons to be printed on August 16.
British Parliamentary Papers (BPP), Reports from Committees. (1840a). VII. *Report from the Select Committee on East India Produce*, ordered by the House of Commons to be printed on July 21.
British Parliamentary Papers (BPP), Reports from Committees. (1840b). VII. *Report from the Select Committee of the House of Lords appointed to consider the petition of the East India Company for Relief*, ordered by the House of Commons to be printed on June 4.
British Parliamentary Papers (BPP), Reports from Committees. (1848a). IX. *Report from the Select Committee on the Growth of Cotton in India*, ordered by the House of Commons to be printed on July 17.
British Parliamentary Papers (BPP), Reports from Committees. (1848b). XXIII, Part IV. *Supplement No. 1 to the Eighth Report from the Select Committee on Sugar and Coffee Planting*, ordered by the House of Commons to be printed on May 29 (361—II—Suppl. No. 1).
British Parliamentary Papers (BPP), Accounts and Papers. (1861). XLIV. *Report of the Indigo Commission*, ordered by the House of Commons to be printed on March 4.
Brito Figueroa, Federico. (1966). *Historia económica y social de Venezuela*, 2 vols. Caracas: Universidad Central de Venezuela.
Broder, Albert. (1976). "Le commerce extérieur: L'échec de la conquête d'une position internationale," in Fernand Braudel & Ernest Labrousse, dirs., *Histoire économique et social de la France*, **III**: *L'avènement de l'ère industriel (1789-années 1880)*. Paris: Presses Universitaires de France, 305–346.
Broeze, Frank J. A. (1973). "The New Economic History, the Navigation Acts, and the Continental Tobacco Market, 1770–90," *Economic History Review*, 2nd ser., **XXVI**, 4, 668–678.
Brooks, George E. (1975). "Peanuts and Colonialism: Consequences of the Commercialization of Peanuts in West Africa, 1830–70," *Journal of African History*, **XVI**, 1, 29–54.
Brooks, Philip Coolidge. (1936). "Spanish Royalists in the United States, 1809–1821," in A. C. Wilgus, ed., *Colonial Hispanic America*. Washington, DC: George Washington University Press, 559–572.
Brown, Jonathon C. (1979). *A Socioeconomic History of Argentina, 1776–1860*. Cambridge, Engl.: Cambridge University Press.
Brown, Murray. (1965). "Towards an Endogenous Explanation of Industrialization," *Social Research*, **XXXIII**, 2, 295–313.
Brown, Robert E. (1955a). "Economic Democracy Before the Constitution," *American Quarterly*, **VII**, 3, 257–274.

Brown, Robert E. (1955b). *Middle-Class Democracy and the Revolution in Massachusetts, 1691– 1780*. Ithaca, NY: Cornell University Press.
Brown, Vera Lee. (1922). "Anglo-Spanish Relations in America in the Closing Years of the Colonial Era," *Hispanic American Historical Review*, **V**, 3, 325–483.
Brown, Vera Lee. (1928). "Contraband Trade: A Factor in the Decline of Spain's Empire in America," *Hispanic American Historical Review*, **VIII**, 2, 178–189.
Brown, Vera Lee. (1929–1930). "Studies in the History of Spain in the Second Half of the Eighteenth Century," *Smith College Studies in History*, **XV**, 1/2, 3–92.
Brown, Wallace. (1974). "The American Colonies and the West Indies," *American History Illustrated*, **IX**, 2, 12–23.
Browning, Oscar. (1885). "The Treaty of Commerce between England and France in 1786," *Transactions of the Royal Historical Society*, n.s., **II**, 349–364.
Browning, Oscar, ed. (1909, 1910). *Despatches from Paris, 1784–1790*, **I**: *(1784–1787)*, Camden Third Series, XVI, 1909; **II**: *(1788–1790)*, Camden Third Series, XIX, 1910. London: Offices of the Royal Historical Society.
Bruchey, Stuart. (1958). "Success and Failure Factors: American Merchants in Foreign Trade in the Eighteenth and Early Nineteenth Centuries," *Business History Review*, **XXXII**, 3, 272–292.
Bruchey, Stuart. (1965). *The Roots of American Economic Growth, 1607–1861: An Essay in Social Causation*. New York: Harper & Row.
Bruchey, Stuart. (1987). "Economy and Society in an Earlier America," *Journal of Economic History*, **XLVII**, 2, 299–319.
Brugière, Michel. (1986). *Gestionnaires et profiteurs de la Révolution: L'administration des finances françaises de Louis XVI à Bonaparte*. Paris: Olivier Orban.
Brunet, Michel. (1959). "The British Conquest: Canadian Social Scientists and the Fate of the Canadiens," *Canadian Historical Review*, **XL**, 2, 93–107.
Buckley, Roger Norman. (1979). *Slaves in Red Coats: The British West India Regiments, 1795–1815*. New Haven, CT: Yale University Press.
Buda, Aleks. (1972). "Problèmes de l'histoire de l'Albanie des VIIIe–XVIIIe siècles dans les recherches de la nouvelle historiographie albanaise," in *Actes du IIe Congrès International des Etudes du Sud-Est Européen*, Athènes, 7–13 mai 1970, **I**: *Chronique du Congrès, Rapports*. Athènes: Comité Hellénique d'Organisation, 87–103.
Bullion, John L. (1983). *A Great and Necessary Measure: George Greenville and the Genesis of the Stamp Act, 1763–1765*. Columbia, MO: University of Missouri Press.
Burckhardt, Jacob. (1965). *Fragments historiques*. Genève: Lib. Droz.
Burkholder, Mark A. (1972). "From Creole to *Peninsular*: The Transformation of the Audiencia de Lima," *Hispanic American Historical Review*, **LII**, 3, 395–415.
Burkholder, Mark A. (1976). "The Council of the Indies in the Late Eighteenth Century: A New Perspective," *Hispanic American Historical Review*, **LVI**, 3, 404–423:
Burstin, Haim. (1986). "I sanculotti: un dossier da riaprire," *Passato e presente*, No. 10, genn.–apr., 23–52.
Burt, A. L. (1931). "A New Approach to the Problem of the Western Posts," *Report of Annual Meeting of Canadian Historical Association*, Ottawa, May 26–27. Ottawa: Department of Public Archives, 61–75.
Busch-Zantner, R. (1938). *Agrarverfassung, Gesellschaft und Siedlung in Südosteuropas in besonderer Berücksichtigung der Türkenzeit*. Leipzig: Otto Harrasowitz.
Bushnell, David. (1985). "The Independence of Spanish South America," in *Cambridge History of Latin America*, **III**: L. Bethell, eds., *From Independence to c. 1870*. Cambridge, Engl.: Cambridge University Press, 95–156.
Butel, Paul. (1970). "Crise et mutation de l'activite économique à Bordeaux sous le Consulat et l'Empire," *Revue d'histoire moderne et contemporaine*, **XVII**, juil.–sept., 540–558.
Butel, Paul. (1978a). "Les Amériques et l'Europe," in Pierre Léon, dir., *Histoire économique et*

sociale du monde, **III**: *Louis Bergeron, dir., Inerties et révolutions, 1730–1840*. Paris: Lib. Armand Colin, 53–92.
Butel, Paul. (1978b). "La richesse des Indes," in Pierre Léon, dir., *Histoire économique et sociale du monde*, **III**: *Louis Bergeron, dir., Inerties et révolutions, 1730–1840*. Paris: Lib. Armand Colin, 93–109.
Butel, Paul. (1978c). "Marchés europeens, traditions et renouvellements," in Pierre Léon, dir., *Histoire économique et sociale du monde*, **III**: *Louis Bergeron, dir., Inerties et révolutions, 1730–1840*. Paris: Lib. Armand Colin, 109–119.
Cadot, Michel & Van Regemorter, Jean-Louis. (1969). "Le commerce extérieur de la Russie en 1784, d'après le journal de voyage de Baert du Hollant," *Cahiers du monde russe et soviétique*, **X**, 3/4, 371–391.
Cahen, Léon. (1939). "Une nouvelle interpretation du traité franco-anglais de 1786–1787," *Revue historique*, 64 année, **CLXXXV**, 2, 257–285.
Cain, P. J. & Hopkins, A. J. (1980). "The Political Economy of British Expansion Overseas, 1750–1914," *Economic History Review*, 2nd ser., **XXXIII**, 4, 463–491.
Cain, P. J. & Hopkins, A. G. (1986). "Gentlemanly Capitalism and British Expansion Overseas. I. The Old Colonial System, 1688–1850," *Economic History Review*, 2nd ser., **XXXIX**, 4, 501–525.
Calhoun, Craig. (1982). *The Question of Class Struggle: Social Foundations of Popular Radicalism during the Industrial Revolution*. Chicago, IL: University of Chicago Press.
Callahan, William J. (1968). "A Note on the Real y General Junta de Comercio, 1679–1814," *Economic History Review*, 2nd ser., **XXI**, 3, 519–528.
Callender, Guy S. (1902). "The Early Transportation and Banking Enterprises of the States in Relation to the Growth of the Corporation," *Quarterly Journal of Economics*, **XVII**, 1, 111–162.
Cameron, Rondo E. (1956). "Some French Contributions to the Industrial Development of Germany, 1840–1870," *Journal of Economic History*, **XVI**, 3, 281–321.
Cameron, Rondo E. (1958). "Economic Growth and Stagnation in France, 1815–1914," *Journal of Modern History*, **XXX**, 1, 1–13.
Cameron, Rondo. (1982). "The Industrial Revolution: A Misnomer," *The History Teacher*, **XV**, 3, 377–384.
Cameron, Rondo. (1985). "A New View of European Industrialization," *Economic History Review*, 2nd ser., **XXXVIII**, 1, 1–23.
Cameron, Rondo. (1986). "Was England Really Superior to France?" *Journal of Economic History*, **XLVI**, 4, 1031–1039.
Cameron, Rondo & Freedeman, Charles E. (1983). "French Economic Growth: A Radical Revision," *Social Science History*, **VII**, 1, 3–30.
Campbell, Leon G. (1972a). "A Colonial Establishment: Creole Domination of the Audiencia of Lima During the Late Eighteenth Century," *Hispanic American Historical Review*, **LII**, 1, 1–25.
Campbell, Leon G. (1972b). "Black Power in Colonial Peru: The 1779 Tax Rebellion of Lambayeque," *Phylon*, **XXXIII**, 2, 140–152.
Campbell, Leon G. (1976). "The Army of Peru and the Túpac Amaru Revolt, 1780–1783," *Hispanic American Historical Review*, **LVI**, 1, 31–57.
Campbell, Leon G. (1979). "Recent Research on Andean Peasant Revolts, 1750–1820," *Latin America Research Review*, **XIV**, 1, 3–49.
Campbell, Leon G. (1981). "Social Structure of the Túpac Amaru Army in 1780–81," *Hispanic American Historical Review*, **LXI**, 4, 675–693.
Campbell, R. H. (1967). "The Industrial Revolution in Scotland: A Revision Article," *Scottish Historical Review*, **XLVI**, 1, 141, 37–55.
Cannadine, David. (1984). "The Past and the Present in the English Industrial Revolution, 1880–1980," *Past and Present*, No. 103, May, 131–172.

참고 문헌 405

Cárdenas Acosta, Pablo E. (1960). *El movimiento comunal de 1781 en el Nuevo Reino de Granada (Reivindicaciones históricas)*, 2 vols. Bogotá: Ed. Kelly.
Carr, Raymond. (1969). "Spain and Portugal, 1793 to c.1840," in *New Cambridge Modern History*, **IX:** C. W. Crawley, ed., *War and Peace in an Age of Upheaval, 1793–1830*. Cambridge, Engl.: At the University Press, 439–461.
Carrera Damas, Germán. (1963). "A propósito de los hipótesis de Charles C. Griffin: Cuestiones económicos–sociales de la emancipación," *Crítica contemporanea*, No. 10, marzo–abril, 13–21.
Carrière, Charles. (1973). *Négociants marseillais au XVIIIe siècle*. Marseilles: Institut Historique de Provence.
Carus-Wilson, E. M. (1954). "An Industrial Revolution of the Thirteenth Century," in E. M. Carus-Wilson, ed., *Essays in Economic History*, Vol. I. London: Edward Arnold, 41–60. (Originally published in *Economic History Review*, 1941.)
Castañeda, C. E. (1929). "The Corregidor in Spanish Colonial Administration," *Hispanic American Historical Review*, **IX,** 4, 446–470.
Catchpole, Brian & Akinjogbin, I. A. (1984). *A History of West Africa in Maps and Diagrams*. London: Collins Educational.
Cavanaugh, Gerald J. (1972). "The Present State of French Revolutionary Historiography: Alfred Cobban and Beyond," *French Historical Studies*, **VII,** 4, 587–606.
Cazals, Rémy. (1983). *Les révolutions industrielles à Mazamet, 1750–1900*. Paris & Toulouse: La Découverte-Maspéro, Privat.
Césaire, Aimé. (1961). *Toussaint Louverture: La Révolution française et le problème colonial*. Paris: Présence africaine.
Céspedes del Castillo, Guillermo. (1946). "Lima y Buenos Aires: repercusiones económicos y políticas de la creación del Virreinato del Rio de la Plata," *Anuario de Estudios Americanos*, **III,** 667–874.
Chabert, Alexandre. (1945). *Essai sur les mouvement des prix et des revenus en France de 1798 à 1820*. Paris: Lib. de Médicis.
Chabert, Alexandre. (1949). *Essai sur le mouvement des revenus et de l'activité économique en France de 1798 à 1820*. Paris: Lib. de Médicis.
Chalmin, Pierre. (1968). "La querelle des Bleus et des Rouges dans l'Artillerie française à la fin du XVIIIe siècle," *Revue d'histoire économique et sociale*, **XLVI,** 4, 465–505.
Chaloner, W. H. (1957). "The Agriculture Activities of John Wilkinson, Ironmaster," *Agriculture History Review*, **V,** 1, 48–51.
Chaloner, W. H. (1964). "Hazards of Trade with France in Time of War, 1776–1783," *Business History*, **VI,** 2, 79–92.
Chamberlin, Christopher. (1979). "Bulk Exports, Trade Tiers, Regulation, and Development: An Economic Approach to the Study of West Africa's 'Legitimate Trade,'" *Journal of Economic History*, **XXXIX,** 2, 419–438.
Chambers, J. D. (1940). "Enclosure and the Small Landowner," *Economic History Review*, **X,** 2, 118–127.
Chambers, J. D. (1953). "Enclosure and Labour Supply in the Industrial Revolution," *Economic History Review*, 2nd ser., **V,** 3, 319–343.
Chambers, J. D. (1957). "The Vale of Trent, 1670–1800, a Regional Study of Economic Change," *Economic History Review*, Suppl. No. 3. London: Cambridge University Press.
Chambers, J. D. (1972). *Population, Economy, and Society in Pre-Industrial England*. London: Oxford University Press.
Chambers, J. D. & Mingay, G. E. (1966). *The Agricultural Revolution, 1750–1880*. London: B. T. Batsford.
Chambre, Henri. (1964). "Pososhkov et le mercantilisme," *Cahiers du monde russe et soviétique*, **IV,** 4, 335–365.
Champion, Edne. (1897). *La France d'après les cahiers de 1789*. Paris: Armand Colin.

Chandler, Charles Lyon. (1924). "United States Commerce with Latin America at the Promulgation of the Monroe Doctrine," *Quarterly Journal of Economics*, **XXXVIII**, 3, 466–486.
Chandra, Bipan. (1968). "Reinterpretation of Nineteenth Century Indian Economic History," *Indian Economic and Social History Review*, **V**, 1, 35–75.
Chandra, Satish. (1966). "Some Aspects of the Growth of a Money Economy in India during the Seventeenth Century," *Indian Economic and Social History Review*, **III**, 4, 321–331.
Chandra, Satish. (1972). *Parties and Politics at the Mughal Court, 1707–1740*, 2nd ed. New Delhi: People's Publishing House.
Chandra, Satish. (1974). "Some Aspects of Indian Village Society in Northern India during the 18th Century—The Position and Role of the *Khud-kásht* and *páhi-kásht*," *Indian Historical Review*, **I**, 1, 51–64.
Chapman, Stanley D. (1965). "The Transition to the Factory System in the Midlands Cotton-Spinning Industry," *Economic History Review*, 2nd ser., **XVIII**, 3, 526–543.
Chapman, Stanley D. (1970). "Fixed Capital Formation in the British Cotton Industry, 1770–1815," *Economic History Review*, 2nd ser., **XXIII**, 2, 235–266.
Chapman, Stanley D. (1971). "Fixed Capital Formation in the British Cotton Manufacturing Industry," in J. P. P. Higgins & S. Pollard, eds., *Aspects of Capital Investment in Great Britain, 1750–1850: A Preliminary Survey*. London: Methuen, 57–107.
Chapman, Stanley D. (1972). *The Cotton Industry in the Industrial Revolution*. London: Macmillan.
Chapman, Stanley D. (1979). "Financial Restraints on the Growth of Firms in the Cotton Industry, 1790–1850," *Economic History Review*, 2nd ser., **XXXII**, 1, 50–69.
Chaptal, Jean-Antoine. (1819). *De l'industrie françoise*, 2 vols. Paris: A. A. Renouard.
Chaptal, Jean-Antoine-Claude (1893). "Un projet de traité de commerce avec l'Angleterre sous le Consulat," *Revue d'économie politique*, **VII**, 2, 83–98.
Charles, Eunice A. (1977). *Precolonial Senegal: The Jolof Kingdom, 1800–1890*. Boston, MA: African Studies Center, Boston University.
Chassagne, Serge. (1978). "L'industrie lainière en France à l'époque révolutionnaire et impériale (1790–1810)," in A. Soboul, dir., *Voies nouvelles pour l'histoire de la Révolution française*, Commission d'histoire économique et sociale de la Révolution française, Mémoires et Documents, Vol. XXXV. Paris: Bibliothèque Nationale, 143–167.
Chassagne, Serge. (1979). "La diffusion rurale de l'industrie cotonnière en France (1750–1850)," *Revue du Nord*, **LXI**, No. 240, 97–114.
Chassagne, Serge. (1980). *Oberkampf: Un entrepreneur capitaliste au Siècle des Lumières*. Paris: Aubier Montaigne.
Chassagne, Serge. (1981). "Aspects des phénomènes d'industrialisation et de désindustrialisation dans les campagnes françaises au XIXe siècle," *Revue du Nord*, **LXIII**, No. 248, 35–58.
Chaudhuri, Binoy Bhushan. (1976). "Agricultural Growth in Bengal and Bihar, 1770–1860. Growth of Cultivation since the Famine of 1770," *Bengal Past and Present*, **XCV**, 1, No. 180, 290–340.
Chaudhuri, K. N. (1966). "India's Foreign Trade and the Cessation of the East India Company's Trading Activities, 1828–1840," *Economic History Review*, 2nd ser., **XIX**, 2, 345–363.
Chaudhuri, K. N. (1968). "India's International Economy in the Nineteenth Century: A Historical Survey," *Modern Asian Studies*, **II**, 1, 31–50.
Chaudhuri, K. N. (1971). "Introduction," in K. N. Chaudhuri, ed., *the Economic Development of India under the East India Country, 1814–58. A Selection of Contemporary Writings*. Cambridge, Engl.: At the University Press, 1–50.
Chaudhuri, K. N. (1974). "The Structure of the Indian Textile Industry in the Seventeenth and Eighteenth Centuries," *Indian Economic and Social History Review*, **XI**, 2/3, 127–182.

참고 문헌 407

Chaudhuri, K. N. (1978). *The Trading World of Asia and the English East India Company, 1660-1760.* Cambridge, Engl.: Cambridge University Press.
Chaudhuri, K. N. (1979). "Markets and Traders in India during the Seventeenth and Eighteenth Centuries," in K. N. Chaudhuri & Clive J. Dewey, eds., *Economy and Society: Essays in Indian Economic and Social History.* Delhi: Oxford University Press, 143-162.
Chaudhuri, K. N. (1981). "The World-System East of Longitude 20°: The European Role in Asia, 1500-1750," *Review*, **V**, 2, 219-245.
Chaudhuri, K. N. (1982). "Foreign Trade: European Trade in the India," in T. Raychaudhuri & I. Habib, eds., *Cambridge Economic History of India*, **I**. *c.1200-c.1700.* Cambridge, Engl.: Cambridge University Press, 382-407.
Chaudhuri, K. N. (1983a). "Foreign Trade and Balance of Payments (1757-1947)," in D. Kumar, ed., *Cambridge Economic History of India*, **II**: *c.1757-c.1970.* Cambridge, Engl.: Cambridge University Press, 804-877.
Chaudhuri, K. N. (1983b). "The Trading World of Asia and the English East India Company, 1660-1760: A Review of Reviews," *South Asia Research*, **III**, 1, 10-17.
Chaunu, Pierre. (1954). "Pour une histoire sociale de l'Amérique espagnole coloniale," *Revue historique.* 78ᵉ année, **CCXI**, 2, 309-316.
Chaunu, Pierre. (1963). "Interprétation de l'indépendance de l'Amérique latine," *Bulletin de la Faculté des Lettres de Strasbourg*, **LXI**, 8, TILAS III, 403-421.
Chaunu, Pierre. (1964). *L'Amérique et les Amériques.* Paris: Lib. Armand Colin.
Chaunu, Pierre. (1966). *La civilisation de l'Europe classique.* Paris: Arthaud.
Chaunu, Pierre. (1972a). "Les enquêtes du Centre de Recherches d'Histoire Quantitative de Caen: Réflexions sur l'échec industriel de la Normandie," in Pierre Léon *et al.*, dirs., *L'industrialisation en Europe au XIXe siècle*, Colloques Internationaux du CNRS, No. 540. Paris: Ed. du CNRS, 285-299 (with "Discussion," 300-304).
Chaunu, Pierre. (1972b). "Interpretación de la independencia de América," in *La Independencia en el Perú*, Perú Problema, No. 7. Lima: Instituto de Estudios Peruanos, 167-194.
Chaussinand-Nogaret, Guy. (1970). *Les financiers du Languedoc au XVIIIe siècle*, Paris: S.E.V.P.E.N.
Chaussinand-Nogaret, Guy. (1975). "Aux origines de la Révolution: noblesse et bourgeoisie," *Annales E.S.C.*, **XXX**, 2/3, 265-278.
Chaussinand-Nogaret, Guy. (1981). "La ville jacobine et balzacienne," in G. Duby, dir., *Histoire de la France urbaine*, **III**: E. Le Roy Ladurie, dir., *La ville classique de la Renaissance aux Révolutions.* Paris: Seuil, 537-621.
Chaussinand-Nogaret, Guy. (1985). "L'identité nationale et le problème des élites: la France du XVIIIe siècle," *Commentaire*, No. 31, aut., 856-863.
Checkland, S. G. (1958). "Finance for the West Indies, 1780-1815," *Economic History Review*, 2nd ser., **X**, 3, 461-469.
Chesnutt, David R. (1978). "South Carolina's Impact Upon East Florida, 1763-1776," in S. Proctor, ed., *Eighteenth-Century Florida and the Revolutionary South.* Gainesville, FL: University Presses of Florida, 5-14.
Chevallier, Dominique. (1968). "Western Development and Eastern Crisis in the Mid-Nineteenth Century: Syria Confronted with the European Economy," in W. R. Polk & R. L. Chambers, eds., *Beginnings of Modernization in the Middle East.* Chicago, IL: University of Chicago Press, 205-222.
Chicherov, A. I. (1971). *India, Economic Development in the 16th-18th Centuries.* Moscow: Nauka.
Choulgine, Alexandre. (1922). "L'organisation capitaliste de l'industrie éxistait-elle en France à la veille de la Révolution?," *Revue d'histoire économique et social*, **X**, 2, 184-218.
Christelow, Allan. (1942). "Contraband Trade Between Panama and the Spanish Main, and the Free Port Act of 1766," *Hispanic American Historical Review*, **XXII**, 2, 309-343.
Christelow, Allan. (1947). "Great Britain and the Trades from Cadiz and Lisbon to Spanish America and Brazil, 1759-1783," *Hispanic American Historical Review*, **XXVII**, 1, 2-29.

Christie, Ian R. & Labaree, Benjamin W. (1976). *Empire or Independence, 1760–1776*. New York: W. W. Norton.
Chung, Tan. (1974). "The British–China–India Trade Triangle (1771–1840)," *Indian Economic and Social History Review*, **XI**, 4, 411–431.
Cipolla, Carlo. (1961). "Sources d'énergie et histoire de la humanité," *Annales E.S.C.*, **XVI**, 3, 521–534.
Cipolla, Carlo M. (1973). "Introduction," in C. M. Cipolla, ed., *Fontana Economic History of Europe*, **III**: *The Industrial Revolution*. London: Collins/Fontana, 7–21.
Clapham, J. H. (1917). "Loans and Subsidies in Time of War, 1793–1914," *Economic Journal*, **XXVII**, No. 108, 495–501.
Clapham, J. H. (1920). "Europe After the Great Wars, 1816 and 1920," *Economic Journal*, **XXX**, No. 120, 423–435.
Clapham, J. H. (1923). "The Growth of an Agrarian Proletariat, 1688–1832: A Statistical Note," *Cambridge Historical Journal*, **I**, 1, 92–95.
Clapham, J. H. (1940). "Industrial Revolution and the Colonies, 1783–1822," in J. Holland Rose, A. P. Newton & E. A. Benians, eds., *The Cambridge History of the British Empire*, **II**: *The Growth of the New Empire, 1783–1870*. Cambridge, Engl.: At the University Press, 217–240.
Clapham, J. H. (Sir John). (1944). *The Bank of England: A History*. Cambridge, Engl.: At the University Press.
Clapham, J. H. (1966). "The Last Years of the Navigation Acts," in E. M. Carus-Wilson, ed., *Essays in Economic History*, Vol. III. New York: St. Martin's Press, 144–178. (Originally published in *English Historical Review*, 1910.)
Clark, Edward C. (1974). "The Ottoman Industrial Revolution," *International Journal of Middle East Studies*, **V**, 1, 65–76.
Clark, G. N. (1953). *The Idea of the Industrial Revolution*. Glasgow: Jackson, Son & Co., 1953.
Clark, J. C. D. (1985). *English Society, 1688–1832: Ideology, Social Structure, and Political Practice during the Ancien Regime*. Cambridge, Engl.: Cambridge University Press.
Clark, J. C. D. (1986). *Revolution and Rebellion: State and Society in England in the Seventeenth and Eighteenth Centuries*. Cambridge, Engl.: Cambridge University Press.
Clark, John G. (1970). *New Orleans, 1718–1812: An Economic History*. Baton Rouge, LA: Louisiana State University Press.
Clark, John G. (1981). *La Rochelle and the Atlantic Economy during the Eighteenth Century*. Baltimore & London: Johns Hopkins University Press.
Clark, S. D. (1959). *Movements of Political Protest in Canada, 1640–1840*. Toronto: University of Toronto Press.
Clark, Victor S. (1916). *History of Manufactures in the United States, 1607–1800*. Washington, DC: Carnegie Institution.
Clarkson, Jesse Dunsmore. (1970). "Some Notes on Bureaucracy, Aristocracy, and Autocracy in Russia, 1500–1800," in G. A. Ritter, hrsg., *Entstehung und Wandel der modernen Gesellschaft*. Berlin: Walter de Gruyter, 187–220.
Clauder, Anna C. (1932). *American Commerce as Affected by the Wars of the French Revolution and Napoleon, 1793–1812*. Philadelphia: University of Pennsylvania Thesis.
Clendenning, P. H. (1972). "Eighteenth Century Russian Translation of Western Economic Works," *Journal of European Economic History*, **I**, 3, 745–753.
Clendenning, P. H. (1979). "The Background and Negotiations for the Anglo-Russian Commercial Treaty of 1766," in A. G. Cross, ed., *Great Britain and Russia in the Eighteenth Century: Contrasts and Comparisons*. Newton, MA: Oriental Research Partners, 145–163.
Clère, Jean-Jacques. (1982). "La vaine pâture au XIXe siècle: un anachronisme?" *Annales historiques de la Révolution française*, LIV année, No. 244, 113–128.
Clogg, Richard. (1973). "Aspects of the Movement for Greek Independence," in R. Clogg, ed., *The Struggle for Greek Independence*. London: Macmillan, 1–40.
Clough, Shepard B. (1957). "The Diffusion of Industry in the Last Century and a Half," in *Studi in onore di Armando Sapori*, Vol. II. Milano: Istituto Ed. Cisalpino, 1341–1357.

참고 문헌 409

Coale, A. J. & Hoover, E. M. (1969). "The Effects of Economic Development on Population Growth," in Michael Drake, ed., *Population in Industrialization*. London: Methuen, 11-20. (Originally published 1958.)
Coats, A. W. (1958). "Changing Attitudes of Labour in Mid-Eighteenth Century," *Economic History Review*, 2nd ser., **XI**, 1, 35-51.
Cobb, Richard. (1959). "The People in the French Revolution," *Past and Present*, No. 15, 60-72.
Cobb, Richard & Rudé, George. (1955). "Le dernier mouvement populaire de la Révolution à Paris: Les journées de germinal et de prairial, an III," *Revue historique*, **LXXIX**, No. 219, 250-281.
Cobban, Alfred. (1954). "British Secret Service in France, 1784-1792," *English Historical Review*, **LXIX**, No. 271, 226-261.
Cobban, Alfred. (1956). "The Vocabulary of Social History," *Political Science Quarterly*, **LXXI**, 1, 1-17.
Cobban, Alfred. (1958). *Historians and the Causes of the French Revolution*, Historical Association, Pamphlet No. 2. London: Routledge & Kegan Paul.
Cobban, Alfred. (1963). *A History of Modern France*, I: *Old Regime and Revolution, 1715-1799*, 3rd ed. Hammondsworth, Engl.: Penguin.
Cobban, Alfred. (1964). *The Social Interpretation of the French Revolution*. Cambridge Engl.: Cambridge University Press.
Cobban, Alfred. (1965). *A History of Modern France*, II: *From the First Empire to the Second Empire, 1799-1871*, 2nd ed. Hammondsworth, Engl.: Penguin.
Cobban, Albert. (1967). "The French Revolution, Orthodox & Unorthodox: A Review of Reviews," *History*, **LII**, No. 175, 149-159.
Cobban, Alfred. (1968a). "The Enlightenment and the French Revolution," in *Aspects of the French Revolution*. New York: George Braziller, 18-28. (Originally published 1965.)
Cobban, Alfred. (1968b). "Historians and the Causes of the French Revolution," in *Aspects of the French Revolution*. New York: George Braziller, 29-67. (Originally published 1958.)
Cobban, Alfred. (1968c). "The *Parlements* of France in the Eighteenth Century," in *Aspects of the French Revolution*. New York: George Braziller, 68-82. (Originally published in *History*, 1950.)
Cobban, Alfred. (1968d). "The Myth of the French Revolution," in *Aspects of the French Revolution*. New York: George Braziller, 90-111. (Originally published 1955.)
Cobbett, William, ed. (1816). *The Parliamentary History of England from the Earliest Period to the Year 1803*, **XXVI**: *15 May 1786 to 8 Feb. 1788*. London: T. C. Hansard.
Cochran, Thomas C. (1981). *Frontiers of Change: Early Industrialism in America*. New York: Oxford University Press.
Coelho, Philip R. P. (1973). "The Profitability of Imperialism: The British Experience in the West Indies, 1768-1772," *Explorations in Economic History*, **X**, 3, 253-280.
Cohen, Felix. (1949). Appendix XIV to United Kingdom, Colonial Office, Gold Coast: *Report to His Excellency the Governor by the Committee on Constitutional Reform*, Colonial No. 250. London: HMSO, 100-104.
Cohen, Jon S. & Weitzman, Martin L. (1975). "A Marxian Model of Enclosures," *Journal of Development Economics*, **I**, 4, 287-336.
Cohn, Bernard S. (1961). "From Indian Status to British Contract," *Journal of Economic History*, **XXI**, 4, 613-628.
Cole, Arthur H. (1959). "The Tempo of Mercantile Life in Colonial America," *Business History Review*, **XXXIII**, 3, 277-299.
Cole, G. D. H. (1952). *Introduction to Economic History, 1750-1950*. London: Macmillan.
Cole, W. A. (1969). "Trends in Eighteenth-Century Smuggling," in W. E. Minchinton, ed., *The Growth of English Overseas Trade in the Seventeenth and Eighteenth Centuries*. London: Methuen, 1969, 121-143. (Originally published in *Economic History Review*, 1958.)

Cole, W. A. (1973). "Eighteenth-Century Economic Growth Revisited," *Explorations in Economic History,* **X,** 4, 327–348.
Cole, W. A. (1981). "Factors in Demand, 1700–80," in R. Floud & D. N. McCloskey, eds., *The Economic History of Britain Since 1700,* I. *1700–1860.* Cambridge, Engl.: Cambridge University Press, 36–65.
Cole, W. A. & Deane, Phyllis. (1966). "The Growth of National Incomes," in H. J. Habakkuk & M. Postan, eds., *Cambridge Economic History of Europe,* **VI:** *The Industrial Revolutions and After: Incomes, Population and Technological Change.* Cambridge, Engl.: Cambridge University Press, 1–55.
Coleman, D. C. (1956). "Industrial Growth and Industrial Revolutions," *Economica,* n.s., **XXIII,** No. 89, 1–22.
Coleman, D. C. (1964). "Industrial Revolution," in Julius Gould & William L. Kolb, eds., *A Dictionary of the Social Sciences.* London: Tavistock, 326–327.
Coleman, D. C. (1966). "Industrial Growth and Industrial Revolutions," in E. M. Carus-Wilson, eds., *Essays in Economic History,* Vol. III. New York: St. Martin's Press, 334–352. (Originally published in *Economica,* 1956.)
Coleman, D. C. (1983). "Proto-Industrialization: A Concept Too Many," *Economic History Review,* 2nd ser., **XXXVI,** 3, 435–448.
Colley, Linda. (1984). "The Apotheosis of George III: Loyalty, Royalty and the British Nation, 1760–1820," *Past and Present,* No. 102, 94–129.
Colley, Linda. (1986). "Whose Nation? Class and National Consciousness in Britain, 1750–1830," *Past and Present,* No. 113, 97–117.
Collier, Simon. (1963). *Ideas and Politics of Chilean Independence, 1808–1833.* Cambridge, Engl.: At the University Press.
Collins, E. J. T. (1975). "Dietary Change and Cereal Consumption in Britain in the Nineteenth Century," *Agricultural History Review,* **XXIII,** Part II, 97–115.
Colvin, Lucie G. (1971). "The Commerce of Hausaland, 1780–1833," in D. McCall & N. Bennett, eds., *Aspects of West African Islam,* Boston University Papers on Africa, Vol. V. Boston, MA: Boston University African Studies Center, 101–135.
Comadrán Ruiz, Jorge. (1955). "En torno al problema del indio en el Rio de la Plata," *Anuario de Estudios Americanos,* **XII,** 39–74.
Comninel, George C. (1985). "The Political Context of the Popular Movement in the French Revolution," in F. Krantz, ed., *History From Below: Studies in Popular Protest and Popular Ideology in Honour of George Rudé.* Montreal: Concordia University, 143–162.
Comninel, George C. (1987). *Rethinking the French Revolution.* London: Verso.
Confino, Michael. (1960a). "Maîtres de forge et ouvriers dans les usines métallurgiques de l'Oural aux XVIIIe–XIXe siècles," *Cahiers du monde russe et soviétique,* **I,** 2, 239–284.
Confino, Michael. (1960b). "La politique de tutelle des seigneurs russes envers leurs paysans vers la fin du XVIIIe siècle," *Revue des études slaves,* **XXXVII,** fasc. 1-4, 39–69.
Confino, Michael. (1961a). "La compatabilité des domaines privés en Russie dans la seconde moitié du 18 siècle (d'après les 'Travaux de Société Libre d'Economie' de St. Petersbourg)," *Revue d'histoire moderne et contemporaine,* **VIII,** 1, 5–34.
Confino, Michael. (1961b). "Problèmes agraires, le système des redevances mixtes: Dans les domaines privés en Russie (XVIIIe–XIXe siècles)" *Annales E.S.C.,* **XVI,** 6, 1066–1095.
Confino, Michael. (1963). *Domaines et seigneurs en Russie vers la fin du XVIIIe siècle: Etude de structure agraires et de mentalités économiques.* Paris: Institut d'Etudes Slaves de l'Université de Paris.
Confino, Michael. (1969). *Systèmes agraires et progrès agricole: L'assolement triennal en Russie aux XVIIIe-XIXe siècles.* Paris & La Haye: Mouton.
Confino, Michael. (1986). "The Limits of Autocracy: Russia's Economy and Society in the Age of Enlightenment," *Peasant Studies,* **XIII,** 3, 149–170.
Congreso Hispánoamericano de Historia. (1953). *Causas y caracteres de la independencia hispanoamericano.* Madrid: Ed. Cult. Hispánica.

참고 문헌 411

Connell, K. H. (1950). "The Colonization of Waste Land in Ireland, 1780–1845," *Economic History Review*, 2nd ser., **III**, 1, 44–71.
Connell, K. H. (1969). "Some Unsettled Problems in English and Irish Population History, 1750–1845," in Michael Drake, ed., *Population in Industrialization*. London: Methuen, 30–39. (Originally published in *Irish Historical Studies*, 1951.)
Conrotte, Manuel. (1920). *La intervención de España en la Independencia de los Estados Unidos de la America del Norte*. Madrid: Lib. General de Victoriano Suarez.
Cooper, Frederick. (1979). "The Problem of Slavery in African Studies," *Journal of African History*, **XX**, 1, 103–125.
Coquery-Vidrovitch, Catherine. (1971). "De la traite des esclaves à l'exportation de l'huile de palme et des palmistes au Dahomey: XIXe siècle," in C. Meillassoux, ed., *The Development of Indigenous Trade and Markets in West Africa*. London: Oxford University Press, 107–123.
Coquery-Vidrovitch, Catherine & Moniot, Henri. (1974). *L'Afrique noire de 1800 à nos jours*, Nouvelle Clio, No. 46. Paris: Presses Universitaires de France.
Coquin, François-Xavier (1978). "En Russie: l'initiative étatique et seigneuriale," in Pierre Léon, dir., *Histoire économique et sociale du monde*, **III**: Louis Bergeron, dir., *Inerties et révolutions, 1730–1840*. Paris: Lib. Armand Colin, 39–50.
Cornblit, Oscar. (1970). "Levantimiento de masas en Perú y Bolivia durante el siglo dieciocho," *Revista latinoamericana de sociología*, **VI**, 1, 100–141.
Corwin, Arthur F. (1967). *Spain and the Abolition of Slavery in Cuba, 1817–1886*. Austin, TX: University of Texas Press.
Corwin, Edward S. (1915). "The French Objective in the American Revolution," *American Historical Review*, **XXI**, 1, 33–61.
Corwin, Edward S. (1916). *French Policy and the American Alliance of 1778*. Princeton, NJ: Princeton University Press.
Costeloe, Michael P. (1981). "Spain and the Latin American Wars of Independence: The Free Trade Controversy, 1810–1820," *Hispanic American Historical Review*, **LXI**, 2, 209–234.
Cottret, Monique. (1986). *La Bastille à prendre: Histoire et mythe de la forteresse royale*. Paris: Presses Universitaires de France.
Coughtry, Jay. (1981). *The Notorious Triangle: Rhode Island and the African Slave Trade, 1700–1807*. Philadelphia, PA: Temple University Press.
Countryman, Edward. (1976a). " 'Out of the Bounds of the Law': Northern Land Rioters in the Eighteenth Century," in A. F. Young, ed., *The American Revolution: Explorations in the History of American Radicalism*. DeKalb, IL: Northern Illinois University Press, 36–69.
Countryman, Edward. (1976b). "Consolidating Power in Revolutionary America: The Case of New York, 1775–1783," *Journal of Interdisciplinary History*, **VI**, 4, 645–677.
Coupland, (Sir) Reginald. (1964). *The British Anti-Slavery Movement*. London: Frank Cass. (Original edition 1933.)
Cracraft, James. (1980). "More 'Peter the Great,' " *Canadian–American Slavic Studies*, **XIV**, 4, 535–544.
Craeybeckx, Jan. (1968). "Les débuts de la révolution industrielle en Belgique et les statistiques de la fin de l'Empire," in *Mélanges offerts à G. Jacquemyns*. Bruxelles: Université Libre de Bruxelles, Ed. de l'Institut de Sociologie, 115–144.
Crafts, N. F. R. (1976). "English Economic Growth in the Eighteenth Century: A Re-Examination of Deane and Cole's Estimates," *Economic History Review*, 2nd ser., **XXIX**, 2, 226–235.
Crafts, N. F. R. (1977). "Industrial Revolution in England and France: Some Thoughts on the Question, 'Why was England First?' " *Economic History Review*, 2nd ser., **XXX**, 3, 429–441.
Crafts, N. F. R. (1978). "Entrepreneurship and a Probabilistic View of the British Industrial Revolution," *Economic History Review*, 2nd ser., **XXXI**, 4, 613–614.
Crafts, N. F. R. (1981). "The Eighteenth Century: A Survey," in R. Floud & D. N. McCloskey, eds., *The Economic History of Britain Since 1700*, **I**. *1700–1860*. Cambridge, Engl.: Cambridge University Press, 1–16.

Crafts, N. F. R. (1983). "British Economic Growth, 1700–1831: A Review of the Evidence," *Economic History Review,* 2nd ser., **XXXVI,** 2, 177–199.

Crafts, N. F. R. (1984). "Economic Growth in France and Britain, 1830–1910: A Review of the Evidence," *Journal of Economic History,* **XLIV,** 1, 49–67.

Crafts, N. F. R. (1985). "English Workers' Real Wages During the Industrial Revolution: Some Remaining Problems," *Journal of Economic History,* **XLV,** 1, 139–144.

Craton, Michael. (1974). *Sinews of the Empire: A Short History of British Slavery.* New York: Anchor Press.

Creighton, Donald. (1937). *The Commercial Empire of the St. Lawrence, 1760–1850.* Toronto: Ryerson Press.

Crosby, Alfred W. (1965). *America, Russia, Hemp., and Napoleon: American Trade with Russia and the Baltic, 1783–1812.* Columbus: Ohio State University Press.

Crouzet, François. (1958). *L'économie britannique et le blocus continental (1806–1813),* 2 vols. Paris: Presses Universitaires de France.

Crouzet, François. (1959). "Las origines du sous-développement économique du Sud-Ouest," *Annales du Midi,* **LXXI,** No. 45, 71–79.

Crouzet, François. (1962). "Les conséquences économiques de la Révolution: A propos d'un inédit de Sir Francis d'Ivernois," *Annales historiques de la Révolution française,* **XXXIV,** 2, 168, 182–217; No. 169, 336–362.

Crouzet, François. (1964). "Wars, Blockade, and Economic Change in Europe, 1792–1815," *Journal of Economic History,* **XXIV,** 4, 567–590.

Crouzet, François. (1965). "Bilan de l'économie britannique pendant les guerres de la Révolution et de l'Empire," *Revue historique,* 92ᵉ année, **CCXXXIV,** 1, No. 234, 71–110.

Crouzet, François. (1966). "Le charbon anglais en France au XIXe siècle," in L. Trenard, dir., *Charbon et Sciences humaines, Actes du colloque,* Lille, mai 1963. Paris & La Haye: Mouton, 173–206.

Crouzet, François. (1967a). "Agriculture et Révolution industrielle: quelques réflexions," *Cahiers d'histoire,* **XII,** 1/2, 67–85.

Crouzet, François. (1967b). "England and France in the Eighteenth Century: A Comparative Analysis of Two Economic Growth," in R. M. Hartwell, ed., *The Causes of the Industrial Revolution in England.* London: Methuen, 139–174. (Translated from *Annales E.S.C.,* 1966.)

Crouzet, François. (1970). "Essai de construction d'un indice annuel de la production industrielle française au XIXe siècle," *Annales E.S.C.,* **XXV,** 1, 56–99.

Crouzet, François. (1971). "Discussion" of paper by Albert Soboul, in *L'abolition de la "feoaalité" dans le monde occidental,* Colloque de Toulouse, 12–16 nov. 1968, 2 vols. Paris: Ed. du CNRS, **II,** 556–558.

Crouzet, François. (1972a). "Introduction," in F. Crouzet, ed., *Capital Formation in the Industrial Revolution.* London: Methuen, 1–69.

Crouzet, François. (1972b). "Capital Formation in Great Britain during the Industrial Revolution," in F. Crouzet, ed., *Capital Formation in the Industrial Revolution.* London: Methuen, 162–222. (Originally published in *Second International Conference of Economic History,* **II,** 1965.)

Crouzet, François (1972c). "Encore la croissance économique française au XIXe siècle," *Revue du Nord,* **LIV,** No. 214, 271–288.

Crouzet, François. (1980). "Toward an Export Economy: British Exports During the Industrial Revolution," *Explorations in Economic History,* **XVII,** 1, 48–93.

Crouzet, François. (1981). "The Sources of England's Wealth: Some French Views in the Eighteenth Century," in P. L. Cottrell & D. H. Aldcroft, eds., *Shipping, Trade and Commerce: Essays in memory of Ralph Davis.* Leicester, Engl.: Leicester University Press, 61–79.

Crouzet, François. (1985). *De la supériorité de l'Angleterre sur la France—L'économique et l'imaginaire, XVIIe–XXe siècles.* Paris: Lib. Académique Perrin.

Crummey, Robert O. (1977). "Russian Absolutism and the Nobility," *Journal of Modern History,* **XLIX,** 3, 456–468.

Cuenca Esteban, Javier. (1981). "Statistics of Spain's Colonial Trade, 1792–1820: Consular Duties, Cargo Inventories, and Balances of Trade," *Hispanic American Historical Review,* **LXI**, 3, 381–428.
Cuenca Esteban, Javier. (1984). "Trends and Cycles in U. S. Trade with Spain and the Spanish Empire," *Journal of Economic History,* **XLIV**, 2, 521–543.
Cunningham, Audrey. (1910). *British Credit in the Last Napoleonic War.* Cambridge, Engl.: At the University Press.
Cuno, Kenneth M. (1984). "Egypt's Wealthy Peasantry, 1740–1820: A Study of the Region of al-Mansūra," in T. Khalidi, ed., *Land Tenure and Social Transformation in the Middle East.* Beirut: American University of Beirut, 303–332.
Currie, R. & Hartwell, R. M. (1965). "The Making of an English Working Class?" *Economic History Review,* 2nd ser., **XVIII**, 3, 633–643.
Curtin, Philip D. (1950). "The Declaration of the Rights of Man in Saint-Domingue, 1788–1791," *Hispanic American Historical Review,* **XXX**, 2, 157–175.
Curtin, Philip D. (1969). *The Atlantic Slave Trade: A Census.* Madison, WI: University of Wisconsin Press.
Curtin, Philip D. (1974). "Measuring the Atlantic Slave Trade," in S. L. Engerman & E. D. Genovese, eds., *Race and Slavery in the Western Hemisphere: Quantitative Studies.* Princeton, NJ: Princeton University Press, 104–128.
Curtin, Philip D. (1975a). *Economic Change in Precolonial Africa: Senegambia in the Era of the Slave Trade.* Madison, WI: University of Wisconsin Press.
Curtin, Philip D. (1975b). *Economic Change in Precolonial Africa: Supplementary Evidence.* Madison, WI: University of Wisconsin Press.
Curtin, Philip D. (1976). "Measuring the Atlantic Slave Trade Once Again: A Comment," *Journal of African History,* **XVII**, 4, 595–605.
Curtin, Philip & Vansina, Jan. (1964). "Sources of the Nineteenth-Century Atlantic Slave Trade," *Journal of African History,* **V**, 2, 185–208.
Cvetkova, Bistra A. (1960). "L'évolution du régime féodal turc de la fin du XVIe jusqu'au milieu du XVIIIe siècle," in *Etudes historiques,* à l'occasion du XIe Congrès International des Sciences Historiques—Stockholm, août. Sofia: Académie des Sciences de Bulgarie, 171–206.
Cvetkova, Bistra. (1969). "Quelques problèmes du féodalisme ottomane à l'époque du XVIe–XVIIIe siècles," in *Actes du Premier Congrès International des Etudes Balkaniques et Sud-est Européennes,* Sofia, 26 août-1 septembre 1966, **III**: *Histórie (Ve–XVe ss.; XVe–XVIIe ss.).* Sofia: Ed. de l'Académie Bulgare des Sciences, 709–721.
Cvetkova, Bistra. (1970). "Les *celep* et leur rôle dans la vie économique des Balkans à l'époque ottomane (XVe–XVIIIe siècles)," in M. A. Cook, ed., *Studies in the Economic History of the Middle East.* London: Oxford University Press, 172–192.
Daget, Serge. (1971). "L'abolition de la traite des noirs en France de 1814 à 1831," *Cahiers d'études africaines,* **XI**, 1, 14–58.
Daget, Serge. (1975). "Long cours et négriers nantais du trafic illégal (1814–1833)," *Revue française d'histoire d'outre-mer,* **LXII**, 1ᵉ et 2ᵉ trimestres, Nos. 226/227, 90–134.
Daget, Serge. (1979). "British Repression of the Illegal French Slave Trade: Some Considerations," in H. A. Gemery & J. S. Hogendorn, eds., *The Uncommon Market.* New York: Academic Press, 419–442.
Dahlman, Carl J. (1980). *The Open Field System and Beyond.* Cambridge, Engl.: Cambridge University Press.
Dakin, Douglas. (1973). "The Formation of the Greek State, 1821–33," in R. Clogg, ed., *The Struggle for Greek Independence.* London: Macmillan, 156–181.
Daniel, Norman. (1966). *Islam, Europe and Empire.* Edinburgh: Edinburgh University Press.
Daniels, George W. (1915–1916). "The Cotton Trade During the Revolutionary and Napoleonic Wars," *Transactions of the Manchester Statistical Society,* 53–84.

Daniels, George W. (1917–1918). "The Cotton Trade at the Close of the Napoleonic War," *Transactions of the Manchester Statistical Society*, 1–29.
Danière, Andre. (1958a). "Feudal Incomes and Demand Elasticity for Bread in Late Eighteenth-Century France," *Journal of Economic History*, **XVIII**, 3, 317–331.
Danière, Andre. (1958b). "Rejoinder," *Journal of Economic History*, **XVIII**, 3, 339–341.
Darby, H. C. & Fullard, Harold. (1970). *New Cambridge Modern History*, **XIV**: *Atlas*. Cambridge, Engl.: At the University Press.
Dardel, Pierre. (1948). "Crises et faillites à Rouen et dans la Haute-Normandie de 1740 à l'an V," *Revue d'histoire économique et sociale*, **XXVII**, 1, 53–71.
Dardel, Pierre. (1963). *Navires et marchandises dans les ports de Rouen et du Havre au XVIIIe siècle.* Paris: S.E.V.P.E.N.
Darity, William, Jr. (1985). "The Numbers Game and the Profitibility of the British Trade in Slaves," *Journal of Economic History*, **XLV**, 3, 693–703.
Das Gupta, Ashin. (1967). *Malabar in Asian Trade, 1740–1800*. Cambridge, Engl.: At the University Press.
Das Gupta, Ashin. (1970). "Trade and Politics in 18th-Century India," in D. S. Richards, ed., *Islam and the Trade of Asia: A Colloquium*. Oxford, Engl.: Bruno Cassirer & Philadelphia, PA: University of Pennsylvania Press, 181–214.
Das Gupta, Ashin. (1974). "Presidential Address" ("The Maritime Merchant, 1500–1800"), *Proceedings of the Indian History Congress*, Thirty-Fifth Session, Jadavpur (Calcutta), 99–111.
Das Gupta, Ashin. (1979). *Indian Merchants and the Decline of Surat c. 1700–1750*. Wiesbaden: Franz Steiner Verlag.
Datta, K. K. (1959). "India's Trade in the Europe and America in the Eighteenth Century," *Journal of the Economic and Social History of the Orient*, **II**, Part 3, 313–323.
Daumard, Adeline. (1976). "L'état libéral et le libéralisme économique," in F. Braudel & E. Labrousse, dirs., *Histoire économique et social de la France*, **III**: *L'avènement de l'ère industriel (1789–années 1880)*. Paris: Presses Universitaires de France, 137–159.
Daumard, Adeline & Furet, François. (1961). *Structures et relations sociales à Paris au milieu du XVIIIe siècle*, Cahier des Annales, No. 18. Paris: Armand Colin.
Daumas, Maurice (1963). "Le mythe de la révolution technique," *Revue d'histoire des sciences et de leurs applications*, **XVI**, 4, 291–302.
Daumas, Maurice. (1965). "Introduction," in M. Daumas, dir., *Histoire générale des techniques*, **II**: *Les premières étapes du machinisme*. Paris: Presses Universitaries de France, v-xix.
Daumas, Maurice & Garanger, André. (1965). "Le machinisme industriel," in M. Daumas, dir., *Histoire générale des techniques*, **II**: *Les premières étapes du machinisme*. Paris: Presses Universitaires de France, 251–288.
David, Paul A. (1967). "The Growth of Real Product in the United States Before 1840: New Evidence, Controlled Conjectures," *Journal of Economic History*, **XXVII**, 2, 151–197.
Davidson, Basil. (1961). *Black Mother: The Years of the African Slave Trade*. London: Victor Gollancz.
Davidson, Basil. (1971). "Slaves or Captives? Some Notes on Fantasy and Fact," in D. I. Huggins *et al.*, eds., *Key Issues in the Afro-American Experience*, Vol. I. New York: Harcourt, Brace, Jovanovich, 54–73.
Davies, Alan. (1958). "The New Agriculture in Lower Normandy, 1750–1789," *Transactions of the Royal Historical Society*, 5th ser., **VIII**, 129–146.
Davies, K. G. (1957). *The Royal African Company*. London: Longmans, Green.
Davis, David Brion. (1975). *The Problem of Slavery in the Age of Revolution, 1770–1823*. Ithaca, NY: Cornell University Press.
Davis, David Brion. (1983). "American Slavery and the American Revolution," in I. Berlin & R. Hoffman, eds., *Slavery and Freedom in the Age of the American Revolution*. Charlottesville, VA: University of Virginia Press, 262–280.
Davis, Ralph. (1969). "English Foreign Trade, 1700–1774," in W. E. Minchinton, ed., *The*

Growth of English Overseas Trade in the Seventeenth and Eighteenth Centuries. London: Methuen, 99–120. (Originally published in *Economic History Review*, 1962.)
Davis, Ralph. (1970). "English Imports from the Middle East, 1580–1780," in M. A. Cook, ed., *Studies in the Economic History of the Middle East.* London: Oxford University Press, 193–206.
Davis, Ralph. (1973). *The Rise of the Atlantic Economies.* London: Weidenfeld & Nicolsen.
Davis, Ralph. (1979). *The Industrial Revolution and British Overseas Trade.* Leicester, Engl.: Leicester University Press.
Davison, Roderic H. (1976). " 'Russian Skill and Turkish Imbecility': The Treaty of Kuchuk Kainardji Reconsidered," *Slavic Review*, **XXXV**, 3, 463–483.
De, Barun. (1964). "Some Implications and Political and Social Trends in 18th Century India," in O. P. Bhatnagar, ed., *Studies in Social History (Modern India).* Allahabad, India: St. Paul's Press Training School, 203–271.
Deane, Phyllis. (1957). "The Output of the British Woolen Industry in the Eighteenth Century," *Journal of Economic History*, **XVII**, 2, 207–223.
Deane, Phyllis. (1972). "Capital Formation in Britain before the Railway Age," in F. Crouzet, ed., *Capital Formation in the Industrial Revolution.* London: Methuen, 94–118. (Originally published in *Economic Development and Cultural Change*, 1961.)
Deane, Phyllis. (1973a). "Great Britain," in Carlo Cipolla, ed., *Fontana Economic History of Europe*, **IV**: *The Emergence of Industrial Societies.* London: Collins/Fontana, Part One, 161–227.
Deane, Phyllis. (1973b). "The Role of Capital in the Industrial Revolution," *Explorations in Economic History*, **X**, 3, 349–364.
Deane, Phyllis. (1979). *The First Industrial Revolution*, 2nd ed. Cambridge, Engl.: Cambridge University Press.
Deane, Phyllis & Cole, W. A. (1967). *British Economic Growth, 1688–1959*, 2nd ed. Cambridge, Engl.: At the University Press.
Deane, Phyllis & Hubakkuk, H. J. (1963). "The Take-Off in Britain," in W. W. Rostow, ed., *The Economics of Take-Off into Sustained Growth.* London: Macmillan, 63–82.
Debbasch, Yvan. (1961). "Poésie et traite, l'opinion française sur le commerce négrier au début du XIXe siècle," *Revue française d'histoire d'outre-mer*, **XLVIII**, Nos. 172/173, 3ᵉ et 4ᵉ trimestres, 311–352.
Debien, Gabriel. (1953). *La Société coloniale aux XVIIe et XVIIIe siècles.* II: *Les colons de Saint-Domingue et la Révolution. Essai sur le club Massia (Août 1789–Août 1792).* Paris: Lib. Armand Colin.
Debien, Gabriel. (1954). *Esprit colon et esprit d'autonomie à Saint-Domingue an XVIIIe siècle*, 2e éd., Notes d'histoire coloniale, XXV. Paris: Larose.
DeClercq, Jules. (1864). *Receuil des Traités de la France*, I: *1713–1802.* Paris: Aymot.
De Gregori, Thomas R. (1969). *Technology and the Economic Development of the Tropical African Frontier.* Cleveland, OH: Press of Case Western Reserve University.
Dehio, Ludwig. (1962). *The Precarious Balance.* New York: Knopf.
Delcourt, André. (1952). *La France et les établissements françaises au Sénégal entre 1713–1763: La compagnie des Indes et de Sénégal.* Dakar: Institut français d'Afrique noire.
Delgado, José Maria. (1979). "Comerç colonial i reformisme borbònic: els decrets de lliure comerç," *L'Avenç*, No. 15, 24–28.
Desai, Ashok V. (1972). "Population and Standards of Living in Akbar's Time," *Indian Economic and Social History Review*, **IX**, 1, 42–62.
Desai, Ashok V. (1978). "Population and Standards Living in Akbar's Time. A Second Look," *Indian Economic and Social History Review*, **XV**, 1, 53–79.
Devine, T. M. (1976). "The Colonial Trades and Industrial Investment in Scotland, c. 1700–1815." *Economic History Review*, 2nd ser., **XXIX**, 1, 1–13.
Devlashouwer, Robert. (1970). "Le Consulat et l'Empire, période de 'take off' pour l'economie belge?" *Revue d'histoire moderne et contemporaine*, **XVII**, 610–619.

Deyon, Pierre & Guignet, Phillippe. (1980). "The Royal Manufactures and Economic Progress in France before the Industrial Revolution," *Journal of European Economic History*, **IX**, 3, 611–632.

Dhondt, Jean. (1955). "L'industrie cotonnière gantoise à l'époque française," *Revue d'histoire moderne et contemporaine*, **II**, 4, 233–279.

Dhondt, Jean & Bruwier, Marinette. (1973). "The Industrial Revolution in the Low Countries, 1700–1914," in C. Cipolla, ed., *The Fontana Economic History of Europe*, **IV**: *The Emergence of Industrial Societies*, Part 1. London: Collins, 329–366.

Dickerson, Oliver M. (1942). "Discussion of Professor Harper's and Professor Root's Papers," *Canadian Historical Review*, **XXIII**, 1, 29–34.

Dickerson, Oliver M. (1951). *The Navigation Acts and the American Revolution*. Philadelphia: University of Pennsylvania Press.

Diffie, Bailey W. (1945). *Latin American Civilization: Colonial Period*. Harrisburg, PA: Stackpole Sons.

Digby, Simon. (1982). "The Maritime Trade of India," in T. Raychaudhuri & I. Habib, eds., *Cambridge Economic History of India*, **I**. *c. 1200–c. 1700*. Cambridge, Engl.: Cambridge University Press, 125–159.

Dike, K. Onwika. (1956). *Trade and Politics in the Niger Delta, 1830–1885*. Oxford: Clarendon Press.

Dilla Alfonso, Haroldo. (1982). "La evolución histórica dominicana y sus relaciones con Haiti, 1492–1844," *Santiago*, No. 48, 65–119.

Dipper, Christof. (1971). "Die Bauern in der Französischen Revolution: Zu einer aktuellen Kontroverse," *Geschichte und Gesellschaft*, **VII**, 1, 119–133.

Disney, Anthony. (1978). "Commentary on the Papers by S. Arasaratnam and I. Bruce Watson," *South Asia*, n.s., **I**, 2, 65–66.

Dmytryshyn, Basil. (1960). "The Economic Content of the 1767 *Nakaz* of Catherine II," *American Slavonic & East European Review*, **XIX**, 1, 1–9.

Dobb, Maurice, (1946). *Studies in the Development of Capitalism*. London: Routledge & Kegan Paul.

Dobb, Maurice. (1961). "Alcune considerazioni sulla rivoluzione industriale," *Studi Storici*, **II**, 3/4, 457–464.

Dodgshon, Robert A. (1976). "The Economics of Sheep Farming in the Southern Uplands during the Age of Improvement, 1750–1833," *Economic History Review*, 2nd ser., **XXIX**, 4, 551–569.

Doerflinger, Thomas M. (1976). "The Antilles Trade of the Old Regime: A Statistical Overview," *Journal of Interdisciplinary History*, **VI**, 3, 397–415.

Dojnov, Stefan. (1984). "La Russie et le Mouvement de Libération Nationale Bulgare au XVIIIe siècle," in *Etudes historiques*, **XII**, à l'occasion du Vème Congrès International des Etudes Balkaniques du Sud-Est Européennes—Belgrade. Sofia: Ed. de l'Académie Bulgare des Sciences, 37–67.

Dominguez, Jorge F. (1980). *Insurrection or Loyalty, the Breakdown of the Spanish American Empire*. Cambridge, MA: Harvard University Press.

Doniol, Henri. (1886–1899). *Histoire de la participation de la France à l'établissement des Etats-Unis d'Amérique*, 6 vols. Paris: Imprimerie Nationale.

Doubout, Jean-Jacques. (1974). "Problèmes d'une période de transition. De Saint-Domingue à Haiti—1793–1806," *La Pensée*, No. 174, 67–80.

Dovring, Folke. (1966). "The Transformation of European Agriculture," in H. J. Habakkuk & M. Postan, eds., *Cambridge Economic History of Europe*, **VI**: *The Industrial Revolutions and After: Incomes, Population and Technological Change*. Cambridge, Engl.: At the University Press, 604–672.

Dovring, Folke. (1969). "Eighteenth-Century Changes in European Agriculture: A Comment," *Agricultural History*, **XLIII**, 1, 181–186.

Doyle, David Noel. (1981). *Ireland, Irishmen and Revolutionary America, 1760–1820.* Dublin: Mercier Press.
Doyle, William. (1972). "Was There an Aristocratic Reaction in Pre-Revolutionary France?," *Past and Present,* No. 57, 97–122.
Doyle, William. (1980). *Origins of the French Revolution.* London: Oxford University Press.
Drake, B. K. (1976). "The Liverpool–African Voyage c. 1790–1807: Commercial Problems," in R. Anstey & P. E. H. Hair, eds., *Liverpool, The Slave Trade, and Abolition.* Bristol, Engl.: Western Printing Service, 126–156.
Drake, Michael. (1963). "Marriage and Population Growth in Ireland, 1750–1845," *Economic History Review,* 2nd ser., **XVI,** 2, 301–313.
Drake, Michael. (1969). "Introduction," in Michael Drake, ed., *Population in Industrialization.* London: Methuen, 1–10.
Drescher, Seymour D. (1976a). "Capitalism and Abolition: Values and Forces in Britain, 1783–1814," in R. Anstey & P. E. H. Hair, eds., *Liverpool, The Slave Trade, and Abolition,* Bristol, Engl.: Western Printing Service, 167–195.
Drescher, Seymour. (1976b). "Le 'declin' du système esclavagiste britannique et l'abolition de la traite," *Annales E.S.C.,* **XXXI,** 2, 414–435.
Drew, Ronald F. (1959). "The Emergence of an Agricultural Policy for Siberia in the XVII and XVIII Centuries," *Agricultural History,* **XXXIII,** 1, 29–39.
Dreyfus, François-G. (1978). "Le nouveau démarrage industriel des Allemagnes," in Pierre Léon, dir., *Histoire économique et sociale du monde,* III: Louis Bergeron, dir., *Inerties et révolutions, 1730–1840.* Paris: Lib. Armand Colin, 36–39.
Druzhinin (Družinin), Michail Nikolaevic. (1973). "Besonderheiten der Genesis des Kapitalismus in Russland," in P. Hoffmann & H. Lemke, hrsg., *Genesis und Entwicklung des Kapitalismus in Russland.* Berlin: Akademie Verlag, 26–62.
Druzhinina (Droujinina), E. I. (1975). "Les rapports agraires en Russie aux XVIIe et XVIIIe siècles," in *Le Village en France et en URSS: des origines à nos jours,* Colloque franco-soviétique organisé à Toulouse du 24 au 29 mai 1971. Toulouse: Université de Toulouse-Le Mirail, Service des Publications, 209–221.
Dubinovsky de Bueno, Adela. (1985). "Los orígenes de la República en Chile," *Cuadernos Hispanoamericanos,* No. 418, 111–120.
Dubois, Marcel & Terrier, Auguste. (1902). *Un siècle d'expansion coloniale, 1800–1900,* Collection, les Colonies français, Tome I. Paris: Augustin Challamel.
Dubuc, Alfred. (1967). "Les classes sociales au Canada," *Annales E. S. C.,* **XXII,** 4, 829–844.
Duckham, Baron F. (1969). "Serfdom in Eighteenth-Century Scotland," *History,* **LIV,** No. 181, 178–197.
Duignan, Peter & Clendennen, Clarence. (1963). *The United States and the African Slave Trade, 1619–1862.* Stanford, CA: Hoover Institution on War, Revolution, and Peace, Stanford University.
Dukes, Paul. (1967). *Catherine the Great and the Russian Nobility.* Cambridge, Engl.: At the University Press.
Dukes, Paul. (1971). "Russia and the Eighteenth Century Revolution," *History,* **LVI,** No. 188 371–386.
Dukes, Paul. (1977). "Catherine II's Enlightened Absolutism and the Problem of Serfdom," in W. E. Butler, ed., *Russian Law: Historical and Political Perspectives.* Leiden: A. W. Sijthoff, 93–115.
Dukes, Paul. (1984). *The Making of Russian Absolutism, 1613–1800,* 2nd impr. London & New York: Longman.
Dull, Jonathan R. (1983). "France and the American Revolution Seen as Tragedy," in N. L. Roelker & C. K. Warner, eds., *Two Hundred Years of Franco-American Relations.* Worcester, MA: Heffernan Press, 1–22.

Dull, Jonathan R. (1985). *A Diplomatic History of the American Revolution*. New Haven, CT: Yale University Press.
Dumas, François. (1904). *Etude sur le Traité de Commerce de 1786 entre la France et l'Angleterre*. Toulouse: E. Privat.
Dumbell, Stanley. (1923). "Early Liverpool Cotton Imports and the Organization of the Cotton Market in the Eighteenth Century," *Economic Journal*, **XXXIII**, No. 131, 362–373.
Dunham, Arthur Louis. (1955). *The Industrial Revolution in France, 1815–1848*. New York: Exposition Press.
Dupâquier, Jacques. (1970). "Problèmes démographiques de la France napoléonienne," *Revue d'histoire moderne et contemporaine*, **XVII**, 339–358.
Dupâquier, Jacques. (1972). "La non-révolution agricole du XVIIIe siècle," *Annales E.S.C.*, **XXVII**, 1, 80–84.
Dupin, Baron Charles. (1858, 1859, 1860). *Force productive des nations, depuis 1800 jusqu'à 1851*, Introduction aux rapports de la commission française instituée par la jury international de l'exposition universelle à Londres, en 1851. 4 vols. Paris: Imprimerie Impériale, I : 1 : 1–2, 1858; I : 2, 1859; I : 3, 1860.
Dupont de Nemours. (1786). "Observations sur la Note concernant la Base du Traité de Commerce, communiqué par Monsieur le Comte de Vergennes à Monsieur le controlleur Général," in *Archives des Affaires Etrangères (Paris): Angleterre*, No. 65: *1786: Mémoires sur le projet de traité de Commerce. Dix pièces*, 34–234.
Dupont de Nemours. (1788). *Lettre à la Chambre de Commerce de Normandie sur le Mémoire qu'elle a publié relativement au traité de commerce avec l'Angleterre*. Rouen & Paris: Moutard.
Dutt, Romesh Chunder. (1956). *The Economic History of India under the Early British Rule*, 8th impr. London: Routledge & Kegan Paul. (Originally published 1901.)
Dyck, Harvey L. (1980). "Pondering the Russian Fact: Kaunitz and the Catherinian Empire in the 1770s," *Canadian Slavonic Papers*, **XXII**, 4, 451–469.
Eagly, Robert V. & Smith, V. Kerry. (1976). "Domestic and International Integration of the London Money Market, 1731–1789," *Journal of Economic History*, **XXXVI**, 1, 198–212.
Earle, Edward Meade. (1927). "American Interest in the Greek Cause, 1821–1827," *American Historical Review*, **XXXIII**, 1, 44–63.
East, Robert A. (1946). "The Business Entrepreneur in a Changing Colonial Economy, 1763–1795," *Journal of Economic History*, Suppl. VI, 16–27.
Eça, Raul d'. (1936). "Colonial Brazil as an Element in the Early Diplomatic Negotiations Between the United States and Portugal, 1776–1808," in A. A. Wilgus, ed., *Colonial Hispanic America*. Washington, DC: George Washington University Press, 551–558.
Eccles, W. J. (1971). "The Social, Economic, and Political Significance of the Military Establishment in New France," *Canadian Historical Review*, **LII**, 1, 1–22.
Edwards, Michael M. (1967). *The Growth of the British Cotton Trade, 1780–1815*. Manchester, Engl.: Manchester University Press.
Eeckante, Denise. (1965). "Les brigands en Russie du XVIIe au XIXe siècle: mythe et réalité," *Revue d'histoire moderne et contemporaine*, **XII**, 3, 161–202.
Egnal, Mark. (1975). "The Economic Development of the Thirteen Continental Colonies, 1720–1775," *William and Mary Quarterly*, 3d ser., **XXXII**, 2, 191–222.
Egnal, Mark & Ernest, Joseph A. (1972). "An Economic Interpretation of the American Revolution," *William and Mary Quarterly*, 3d ser., **XXIX**, 1, 3–32.
Egret, Jean. (1962). *La pré-Révolution française (1787–1788)*. Paris: Presses Universitaires de France.
Ehrman, John. (1962). *The British Government and Commercial Negotiations with Europe, 1783–1793*. Cambridge, Engl.: At the University Press.
Eisenstein, Elizabeth L. (1965). "Who Intervened in 1788? A Commentary on *The Coming of the French Revolution*," *American Historical Review*, **LXXI**, 1, 77–103.
Eisenstein, Elizabeth L. (1967). "A Reply," *American Historical Review*, **LXXII**, 2, 514–522.

참고 문헌 419

Ellis, Geoffrey. (1978). "Review Article: The 'Marxist Interpretation' of the French Revolution," *English Historical Review*, **XCIII**, No. 367, 353–376.
Ellis, Geoffrey. (1981). *Napoleon's Continental Blockade: The Case of Alsace*. Oxford: Clarendon Press.
Ellison, Thomas. (1862, 1863). "The Great Crises in the History of the Cotton Trade: A Retrospect of Prices and Supply, 1790 to 1862," *Exchange, a home and colonial review of commerce, manufactures, and general politics* (London), **I**, 306–315 (1862); **II**, 45–54 (1863).
Eltis, David. (1977). "The Export of Slaves from Africa, 1821–1843," *Journal of Economic History*, **XXXVII**, 2, 409–433.
Elwert, Georg. (1973). *Wirtschaft und Herrschaft von 'Dāxome' (Dahomey) im 18. Jahrhundert: Ökonomie des Sklavenraubs und Gesellschaftsstruktur, 1724 bis 1818*. München: Kommissionsverlag Klaus Renner.
Embree, Ainslee T. (1962). *Charles Grant and British Rule in India*. New York: Columbia University Press.
Embree, Ainslee T. (1964). "Landholding in India and British Institutions," in R. E. Frykenberg, ed., *Land Control and Social Structure in Indian History*. Madison, WI: University of Wisconsin Press, 33–52.
Emsley, Clive. (1981). "An Aspect of Pitt's 'Terror': Prosecutions for Sedition During the 1790s," *Social History*, **VI**, 2, 155–184.
Endrei, Walter. (1983). "Energie hydraulique et révolution industrielle," paper delivered at XV Settimana di Studio, Ist. Int. di Storia Economica "Francesco Datini," Prato, 15–20 apr., mimeo.
Engels, Frederick. (1971). "The Position of England: The Eighteenth Century," in Karl Marx & Frederick Engels, *Articles on Britain*. Moscow: Progress Publishers, 9–31. (Originally published 1844.)
Engerman, Stanely L. (1972). "The Slave Trade and British Capital Formation in the Eighteenth Century: A Comment on the Williams Thesis," *Business History Review*, **XLVI**, 4, 430–443.
Engerman, Stanley L. (1975). "Comments on Richardson and Boulle and the 'Williams Thesis,'" *Revue française d'histoire d'outre-mer*, **LXII**, 1ᵉ et 2ᵉ trimestres, Nos. 226/227, 331–336.
Engerman, Stanley L. (1976). "Some Economic and Demographic Comparisons of Slavery in the United States and the British West Indies," *Economic History Review*, 2nd ser., **XXIX**, 2, 258–275.
Engerman, Stanley L. (1981). "Notes on the Patterns of Economic Growth in the British North American Colonies in the Seventeenth, Eighteenth and Nineteenth Centuries," in P. Bairoch & M. Lévy-Leboyer, eds., *Disparities in Economic Development since the Industrial Revolution*. New York: St. Martin's Press, 46–57.
Engerman, Stanley L. (1986). "Slavery and Emancipation in Comparative Perspective: A Look at Some Recent Debates," *Journal of Economic History*, **XLVI**, 2, 317–339.
Ernst, Joseph Albert. (1973a). *Money and Politics in America, 1755–1775: A Study in the Currency Act of 1764 and the Political Economy of Revolution*. Chapel Hill, NC: University of North Carolina Press.
Ernst, Joseph Albert. (1973b). "Ideology and the Political Economy of Revolution," *Canadian Review of American Studies*, **IV**, 2, 137–148.
Ernst, Joseph Albert. (1976). "'Ideology' and an Economic Interpretation of the Revolution," in A. F. Young, ed., *The American Revolution: Explorations in the History of American Radicalism*. DeKalb, IL: Northern Illinois University Press, 159–185.
Escoffier, Maurice. (1907). "La Restauration, l'Angleterre et les colonies," *Revue d'histoire diplomatique*, **XXI**, 40–56.
Evans, Laurence. (1983). "Gulliver Bound: Civil Logistics and the Destiny of France," *Historical Reflections*, **X**, 1, 19–44.

Eversley, D. E. C. (1967). "The Home Market and Economic Growth in England, 1750–80," in E. L. Jones & G. E. Mingay, eds., *Land, Labour and Population in the Industrial Revolution*. London: Edward Arnold, 206–259.
Eyzaguirre, Jaime. (1957). *Ideario y ruta de la emancipación Chilena*. Santiago, Chile: Editorial Universitaria.
Fage, J. D. (1969). "Slavery and the Slave Trade in the Context of West African History," *Journal of African History*, **X**, 3, 393–404.
Fage, J. D. (1975). "The Effect of the Export Slave Trade on African Populations," in R. P. Moss & J. A. R. Rathbone, eds., *The Population Factor in African Studies*, 15–23.
Fage, J. D. (1980). "Slaves and Society in Western Africa, c. 1445–c. 1700," *Journal of African History*, **XXI**, 3, 289–310.
Falkner, S. A. (1919). *Bumazhnia djengi frantzuzkoj revoljucii (1789–1797)*. Moscow: Redakcionno-Izdatelskogo Otdjela V.S.N.H.
Falkus, M. E. (1972). *The Industrialisation of Russia, 1700–1914*. London: Macmillan.
Fanfani, Amintore. (1963). "Osservazione sul significato del '700 nella storia economica," *Economia e storia*, **X**, 1, 9–20.
Farley, J. Lewis. (1862). *The Resources of Turkey Considered with Especial Reference to the Profitable Investment of Capital in the Ottoman Empire*. London: Longman, Green, Longman, & Roberts.
Farley, J. Lewis. (1872). *Modern Turkey*. London: Hurst & Blackett.
Faucheux, Marcel. (1964). *L'insurrection vendéenne de 1793: Aspects économiques et sociaux*, Commission d'histoire économique et sociale de la Révolution, Mémoires et Documents, XVII. Paris: Imprimerie Nationale.
Fay, C. R. (1940). "The Movement Towards Free Trade, 1820–1853," in J. Holland Rose, A. P. Newton, & E. A. Benians, eds., *The Cambridge History of the British Empire*, **II**: *The Growth of the New Empire, 1783–1870*. Cambridge, Engl.: Cambridge University Press, 388–414.
Feavearyear, A. E. (1931). *The Pound Sterling: A History of English Money*. Oxford: Clarendon Press.
Febvre, Lucien. (1962). "Civilisation: Evolution d'un mot et d'un groupe d'idées," in *Pour une Histoire à part entière*. Paris: S.E.V.P.E.N., 481–528. (Originally published 1930.)
Fedorov, A. S. (1979). "Russia and Britain in the Eighteenth Century: A Survey of Economic and Scientific Links," in A. G. Cross, ed., *Great Britain and Russia in the Eighteenth Century: Contrasts and Comparison*. Newton, MA: Oriental Research Partners, 137–144.
Fehér, Ferenc. (1987). *The Frozen Revolution: An Essay on Jacobinism*. Cambridge, Engl.: Cambridge University Press.
Feinstein, C. H. (1981). "Capital Accumulation and the Industrial Revolution," in R. Floud & D. N. McCloskey, eds., *The Economic History of Britain Since 1700*. **I**: *1700–1860*. Cambridge, Engl.: Cambridge University Press, 128–142.
Felix, David. (1956). "Profit Inflation and Industrial Growth: The Historic Record and Contemporary Analogies," *Quarterly Journal of Economics*, **LXX**, 3, 441–463.
Ferguson, E. James. (1953). "Currency Finance: An Interpretation of Colonial Monetary Practices," *William and Mary Quarterly*, 3rd ser., **X**, 2, 153–180.
Ferguson, E. James. (1954). "Speculation in the Revolutionary Debt: The Ownership of Public Securities in Maryland, 1790," *Journal of Economic History*, **XIV**, 1, 35–45.
Fernández de Avila, Rafael Camón. (1975). "La emancipación y el comercio catalán con América," *Revista de Indias*, **XXXV**, Nos. 139/142, 229–260.
Ferro, Marc. (1981). "Tentation et peur de l'histoire," *Le monde diplomatique*, 28e année, No. 323, 32.
Findley, Carter V. (1970). "The Legacy of Tradition to Reform: Origins of the Ottoman Foreign Ministry," *International Journal of Middle East Studies*, **I**, 4, 334–357.
Findley, Carter V. (1972). "The Foundation of the Ottoman Foreign Ministry: The Beginnings of Bureaucratic Reform under Selîm III & Mahmûd II," *International Journal of Middle East Studies*, **III**, 4, 388–416.

참고 문헌 421

Findley, Carter V. (1980). *Bureaucratic Reform in the Ottoman Empire: The Sublime Porte, 1789–1922*. Princeton, NJ: Princeton University Press.
Finer, Samuel E. (1975). "State- and Nation-Building in Europe: The Role of the Military," in Charles Tilly, ed., *The Formation of National States in Western Europe*. Princeton, NJ: Princeton University Press, 84–163.
Firminger, W. K. (1962). *Historical Introduction to the Bengal Portion of the Fifth Report*. Calcutta: Indian Studies, Past and Present. (Originally published 1917.)
Fisher, Alan W. (1970). *The Russian Annexation of the Crimea, 1772–1783*. Cambridge, Engl.: At the University Press.
Fisher, Colin M. (1978). "Planters and Peasants: The Ecological Context of Agrarian Unrest on the Indigo Plantations of North Bihar, 1820–1920," in C. Dewey & A. G. Hopkins, eds., *The Imperial Impact: Studies in the Economic History of Africa and India*. London: Athlone, 114–131.
Fisher, H. E. S. (1969). "Anglo-Portuguese Trade, 1700–1770," in W. E. Minchinton, ed., *The Growth of English Overseas Trade in the Seventeenth and Eighteenth Centuries*. London: Methuen, 144–164. (Originally published in *Economic History Review*, 1963.)
Fisher, J. R. (1971). "La rebelión de Túpac Amaru y el programa de la Reforma Imperial de Carlos III," *Anuario de estudios americanos*, **XXVIII**, 405–421.
Fisher, John. (1979). "Royalism, Regionalism, and Rebellion in Colonial Peru, 1808–1815," *Hispanic American Historical Review*, **LIX**, 2, 232–257.
Fisher, John. (1981). "Imperial 'Free Trade' and the Hispanic Economy, 1778–1796," *Journal of Latin American Studies*, **XIII**, 1, 21–56.
Fisher, John. (1985). "The Imperial Response to 'Free Trade': Spanish Imports from Spanish America, 1778–1796," *Journal of Latin American Studies*, **XVII**, 1, 33–78.
Fisher, Lillian Estelle. (1966). *The Last Inca Revolt, 1780–1783*. Norman, OK: University of Oklahoma Press.
Fitton, R. S. & Wadsworth, A. P. (1958). *The Strutts and the Arkwrights, 1758–1830*. Manchester, Engl.: Manchester University Press. (Part Two by R. S. Fitton alone.)
Flinn, M. W. (1958). "The Growth of the English Iron Industry, 1660–1760," *Economic History Review*, 2nd ser., **XI**, 1, 144–153.
Flinn, M. W. (1961). "The Poor Employment Act of 1817," *Economic History Review*, 2nd ser., **XIV**, 1, 82–92.
Flinn, M. W. (1970). *British Population Growth, 1700–1850*. London: Macmillan.
Flinn, M. W. (1974). "Trends in Real Wages, 1750–1850," *Economic History Review*, 2nd ser., **XXVII**, 3, 395–413.
Flinn, M. W. (1978). "Technical Change as an Escape from Resource Scarcity: England in the Seventeenth and Eighteenth Centuries," in A. Mączak & W. N. Parker, eds., *Natural Resources in European History*, Research Paper R-13. Washington, DC: Resources for the Future, 139–159.
Flinn, M. W. (1981). *The European Demographic System, 1500–1820*. Baltimore, MD: Johns Hopkins University Press.
Flint, J. E. (1974). "Economic Change in West Africa in the Nineteenth Century," in J. F. A. Ajayi & M. Crowder, eds., *History of West Africa*, Vol. II. London: Longman, 380–401.
Florescano, Enrique. (1969). *Precios del maíz y crisis agrícolas en México (1708–1810)*. México: El Colegio de México.
Floyd, Troy S. (1961). "The Guatemalan Merchants, the Government, and the *Provincianos*, 1750–1800," *Hispanic American Historical Review*, **XLI**, 1, 90–110.
Foblen, Claude. (1973). "France, 1700–1914," in C. M. Cipolla, ed., *Fontana Economic History of Europe*, **IV**: *The Emergence of Industrial Societies*, Part 1. London: Collins/Fontana, 7–75.
Fohlen, Claude. (1979). "The Commercial Failure of France in America," in N. L. Roelker & C. K. Warner, eds., *Two Hundred Years of Franco-American Relations*. Worcester, MA: Hefferman Press, 93–119.

Foner, Laura. (1970). "The Free People of Color in Louisiana and St. Domingue," *Journal of Social History*, **III**, 4, 406–430.
Forbes, R. J. (1958). "Power to 1850," in C. Singer et al., *A History of Technology*, **IV**: *The Industrial Revolution, c. 1750 to c. 1850*. Oxford: Clarendon Press, 148–167.
Ford, Franklin L. (1953). *Robe and Sword: The Regrouping of the French Aristocracy after Louis XIV*. Cambridge, MA: Harvard University Press.
Ford, Franklin L. (1963). "The Revolutionary Napoleonic Era: How Much of a Watershed?," *American Historical Review*, **LXIX**, 1, 18–29.
Ford, Lacy K. (1985). "Self-Sufficiency, Cotton, and Economic Development in the South Carolina Upcountry, 1800–1860," *Journal of Economic History*, **XLV**, 2, 261–275.
Forrest, Alan. (1981). *The French Revolution and the Poor*. Oxford: Basil Blackwell.
Forster, Robert. (1957). "The Noble as Landlord in the Region of Toulouse at the End of the Old Regime," *Journal of Economic History*, **XVII**, 2, 224–244.
Forster, Robert. (1960). *The Nobility of Toulouse in the Eighteenth Century: A Social and Economic Study*, Johns Hopkins University, Studies in the Historical and Political Sciences, **LXXVIII**.
Forster, Robert. (1961). "The Noble Wine Producers of the Bordelais in the Eighteenth Century," *Economic History Review*, 2nd ser., **XIV**, 1, 18–33.
Forster, Robert. (1963). "The Provincial Noble: A Reappraisal," *American Historical Review*, **LXVIII**, 3, 681–691.
Forster, Robert. (1967). "The Survival of the Nobility during the French Revolution," *Past and Present*, No. 37, 71–86.
Forster, Robert. (1970). "Obstacles to Agricultural Growth in Eighteenth-Century France," *American Historical Review*, **LXXV**, 6, 1600–1615.
Foster, John. (1974). *Class Struggle and the Industrial Revolution: Early Industrial Capitalism in Three English Towns*. London: Weidenfeld & Nicolson.
Foust, Clifford M. (1961). "Russian Expansion to the East Through the Eighteenth Century," *Journal of Economic History*, **XXI**, 4, 469–482.
Foust, Clifford M. (1969). *Muscovite and Mandarin: Russia's Trade with China and Its Setting, 1727–1805*. Chapel Hill, NC: University of North Carolina Press.
Franco, Franklin J. (1968). "Gérmenes de una burguesía colonial en Santo Domingo, siglos XVI al XVIII," *Revista de ciencias sociales*, **XII**, 4, 527–539.
Frangakis, Helen. (1985). "The Commerce of Izmir in the Eighteenth Century (1695–1820)," unpublished Ph.D. dissertation, King's College, London University.
Frank, André Gunder. (1978). *World Accumulation, 1492–1789*. New York: Monthly Review Press.
Frankel, Jeffrey A. (1982). "The 1807–1809 Embargo Against Great Britain," *Journal of Economic History*, **XLII**, 2, 291–308.
Freehling, William W. (1972). "The Founding Fathers and Slavery," *American Historical Review*, **LXXVII**, 1, 81–93.
Frégault, Guy & Trudel, Marcel. (1963). *Histoire du Canada par les textes*, **I**: *1534–1854*, ed. revue et augmentée. Ottawa: Ed. Fides.
Freudenberg, Herman & Redlich, Fritz. (1964). "The Industrial Development of Europe: Reality, Symbols, Images," *Kyklos*, **XVII**, 3, 372–403.
Froidevaux, Henri. (1918). "Désintéressement de la France à l'égard du Canada entre 1775 et 1782," *Revue de l'histoire des colonies françaises*, **VI**, 4ᵉ trimestre, 485–491.
Frykenberg, Robert Eric. (1965). *Guntur District, 1788–1848: A History of Local Influence and Central Authority in South India*. Oxford: Clarendon Press.
Fugier, André. (1954). *La Révolution française et l'empire napoléonien*, Vol. IV of Pierre Renourin, dir., *Histoire des relations internationales*. Paris: Hachette.
Furber, Holden. (1938). "The Beginnings of American Trade with India, 1784–1812," *New England Quarterly*, **XI**, 235–265.
Furber, Holden. (1951). *John Company at Work: A Study of European Expansion in India in the Late Eighteenth Century*. Cambridge, MA: Harvard University Press.

참고 문헌 423

Furber, Holden. (1965). *Bombay Presidency in the Mid-Eighteenth Century*. London: Asia Publ. House.
Furber, Holden. (1976). *Rival Empires of Trade in the Orient, 1600–1800*. Minneapolis, MN: University of Minnesota Press.
Furet, François. (1963). "Pour une définition des classes inférieures à l'epoque moderne," *Annales E.S.C.*, **XVIII**, 3, 459–474.
Furet, François. (1978). *Penser la Révolution française*. Paris: Gallimard. (Includes, pp. 113–172, expanded version of "Le catéchisme révolutionnaire," originally in *Annales E.S.C.*, 1971.)
Furet, François. (1983). "Entretien: Faut-il célébrer le bicentenaire de la Révolution française?" *L'Histoire*, No. 52, 71–77.
Furet, François. (1986a). *La gauche et la Révolution française au milieu du XIXe siècle: Edgar Quinet et la question du Jacobinisme (1865–1870)*. Paris: Hachette.
Furet, François. (1986b). *Marx et la Révolution française*, Textes de Marx présentés, réunis, traduits par Lucien Calvié. Paris: Flammarion.
Furet, François & Ozouf, Jacques. (1977). *Lire et écrire: L'alphabétisation des français*. Paris: Minuit.
Furet, François & Richet, Denis. (1973). *La Révolution française*, nouv. éd. Paris: Fayard.
Fussell, G. E. (1958). "Agriculture: Techniques of Farming," in C. Singer *et al.*, *A History of Technology, c. 1750 to c. 1850*. Oxford: Clarendon Press, 13–43.
Fussell, G. E. & Compton, M. (1939). "Agricultural Adjustments After the Napoleonic Wars," *Economic History Review*, **X**, No. 14, 184–204.
Fyfe, Christopher. (1976). "Freed Slave Colonies in West Africa," in *Cambridge History of Africa*, **V**: J. E. Flint, ed., *From c. 1790 to c. 1870*. Cambridge, Engl.: Cambridge University, Press, 170–199.
Fynn, J. K. (1971). "Ghana-Asante (Ashanti)," in M. Crowder, ed., *West African Resistance*. London: Hutchison, 19–52.
Gaillardon, Charles. (1908, 1909). "L'industrie et les industriels en Normandie, au moment de la convocation des Etats-Généraux de 1789," *Revue d'études normandes*, 3e année, 1, 22–33 (1908); 3e année, 3/4, 138–153 (1909); 3e année, 7, 258–269 (1909).
Gaissinovitch, A. (1938). *La révolte de Pougatchev*. Paris: Payot.
Galenson, David W. (1981a). "White Servitude and the Growth of Black Slavery in Colonial America," *Journal of Economic History*, **XLI**, 1, 39–48.
Galenson, David W. (1981b). *White Servitude in Colonial America: An Economic Analysis*. Cambridge, Engl.: Cambridge University Press.
Galenson, David W. & Menard, Russell R. (1980). "Approaches to the Analysis of Economic Growth in Colonial British America," *Historical Methods*, **XIII**, 1, 3–18.
Gallagher, John & Robinson, Ronald. (1953). "The Imperialism of Free Trade," *Economic History Review*, 2nd ser., **VI**, 1, 1–15.
Gandev, Christo. (1960). "L'apparition des rapports capitalistes dans l'économie rurale de la Bulgarie du nord-ouest au cours du XVIIIe siècle," in *Etudes historiques*, à l'occasion du XIe Congrès International des Sciences Historiques—Stockholm, août, 1960. Sofia: Académie des Sciences de Bulgarie, 207–220.
Gandia, Enrique de. (1970). "Genesis y descubrimiento de la conciencia nacional en América," in *Dos Ensayos de Enrique de Gandia*. Carcas: Tip. Vargas, 3–59.
Ganguli, B. N. (1965). *Dadabhai Naoroji and the Drain Theory*. Bombay: Asia Publ. House.
Garavaglia, Juan Carlos. (1985). "Economic Growth and Regional Differentiation: The River Plate Region at the End of the Eighteenth Century." *Hispanic American Historical Review*, **LXV**, 1, 51–89.
García-Baquero González, Antonio. (1972). *Comercio colonial y guerras revolucionarias. La decadencia económica de Cádiz a raíz de la emancipación americana*. Sevilla: Publ. de la Escuela de Estudios Hispano-Americanos de Sevilla.
Garden, Maurice. (1970). *Lyon et les Lyonnais au XVIIIe siècle*. Paris: Société d'Edition "Les Belles Lettres."

Garden, Maurice. (1978a). "Rappel du système économique pré-industriel," in Pierre Léon, dir., *Histoire économique et sociale du monde*, **III**: Louis Bergeron, dir., *Inerties et révolutions, 1730–1840*. Paris: Lib. Armand Colin, 13–20.
Garden, Maurice. (1978b). "Un exemple régional: l'industrie textile des Pays-Bas autrichiens," in Pierre Léon, dir., *Histoire économique et sociale du monde*, **III**: Louis Bergeron, dir., *Inerties et révolutions, 1730–1840*. Paris: Lib. Armand Colin, 20–27.
Garden, Maurice. (1978c). "Images industrielles dans l'Europe occidentale," in Pierre Léon, dir., *Histoire économique et sociale du monde*, **III**: Louis Bergeron, dir., *Inerties et révolutions, 1730–1840*. Paris: Lib. Armand Colin, 28–36.
Garden, Maurice. (1978d). "L'évolution démographique," in Pierre Léon, dir., *Histoire économique et sociale du monde*, **III**: Louis Bergeron, dir., *Inerties et révolutions, 1730–1840*. Paris: Lib. Armand Colin, 137–171.
Garner, Richard L. (1972). "Problemes d'une ville minière mexicaine à la fin de l'époque coloniale: Prix et salaires à Zacatecas (1760–1821)," *Cahiers des Amériques Latines*, No. 6, 75–112.
Garner, Richard L. (1985). "Price Trends in Eighteenth-Century Mexico," *Hispanic American Historical Review*, **LXV**, 2, 279–325.
Garrett, Mitchell Bennett. (1918). "The French Colonial Question, 1789–1791," Ph.D. dissertation, University of Michigan.
Gaski, John F. (1982). "The Cause of the Industrial Revolution: A Brief 'Single-Factor' Argument," *Journal of European Economic History*, **XI**, 1, 227–233.
Gauthier, Florence. (1977). *La voie paysanne dans la Révolution française: L'exemple de la Picardie*. Paris: Maspéro.
Gayer, Arthur D., Rostow, W. W. & Schwartz, Anna Jacobson. (1975). *The Growth and Fluctuation of the British Economy, 1790–1850*, 2 vols., new ed. New York: Barnes & Noble.
Geary, Frank. (1984). "The Cause of the Industrial Revolution and 'Single-Factor' Arguments: an Assessment," *Journal of European Economic History*, **XIII**, 1, 167–173.
Geggus, David. (1981). "The British Government and the Saint Domingue Slave Revolt, 1791–1793," *English Historical Review*, **XCVI**, No. 379, 285–305.
Geggus, David. (1982). *Slavery, War, and Revolution: The British Occupation of Saint Domingue, 1793–1798*. Oxford: Clarendon Press.
Geggus, David. (1987). "The Enigma of Jamaica in the 1790s: New Light on the Causes of Slave Rebellions," *William and Mary Quarterly*, 3rd ser., **XLIV**, 2, 274–299.
Gemery, Henry A. & Hogendorn, Jan S. (1974). "The Atlantic Slave Trade: A Tentative Economic Model," *Journal of African History*, **XV**, 2, 223–246.
Gemery, Henry & Hogendorn, Jan S. (1978). "Technological Change, Slavery and the Slave Trade," in C. Dewey & A. G. Hopkins, eds., *The Imperial Impact: Studies in the Economic History of Africa and India*. London: Athlone, 243–258.
Gemery, Henry A. & Hogendorn, Jan S. (1979). "The Economic Costs of West African Participation in the Atlantic Slave Trade: A Preliminary Sampling for the Eighteenth Century," in H. A. Gemery & J. S. Hogendorn, eds., *The Uncommon Market*. New York: Academic Press, 143–161.
Genç, Mehmet. (1976). "A Comparative Study of the Life Term Tax Farming Data and the Volume of Commercial and Industrial Activities in the Ottoman Empire during the Second Half of the 18th Century," in N. Todorov *et al.*, dirs., *La révolution industrielle dans le Sud-est Europe—XIXe siècle*. Sofia: Institut d'Etudes Balkaniques, 243–280.
Georgescu, Valentin. (1976). "La terminologie: modernisation et européanisation de l'Empire ottoman et du sud-est de l'Europe, à la lumière de l'experience roumaine," in N. Todorov *et al.*, dirs., *La révolution industrielle dans le Sud-est Europe—XIXe siècle*. Sofia: Institut d'Etudes Balkaniques, 113–139.
Georgiades, Dimitrios. (1885). *Smyrne et l'Asie Mineure au point de vue économique et commerciale*. Paris: Impr. Chaix.

참고 문헌 425

Gerschenkron, Alexander. (1952). "An Economic History of Russia," *Journal of Economic History*, **XII**, 2, 146–159.
Gerschenkron, Alexander. (1955). "Comment" in National Bureau of Economic Research, *Capital Formation and Economic Growth*. Princeton, NJ: Princeton University Press, 373–378.
Gerschenkron, Alexander. (1962). *Economic Backwardness in Historical Perspective*. Cambridge, MA: Harvard University Press.
Gerschenkron, Alexander. (1970). *Europe in the Russian Mirror: Four Lectures in Economic History*. Cambridge, Engl.: At the University Press.
Gerschenkron, Alexander. (1971). "Soviet Marxism and Absolutism," *Slavic Review*, **XXX**, 4, 853–869.
Gibb, H. A. R. & Bowen, Harold. (1950, 1957). *Islamic Society and the West*, Vol. I, 2 Parts. London: Oxford University Press.
Gibbs, N. H. (1969). "Armed Forces and the Art of War, A: Armies," in *New Cambridge Modern History*, **IX**: C. W. Crawley, ed., *War and Peace in an Age of Upheaval, 1793–1830*. Cambridge, Engl.: At the University Press, 60–76.
Gilboy, Elizabeth Waterman. (1930). "Wages in Eighteenth-Century England," *Journal of Economic and Business History*, **II**, 4, 603–629.
Gilboy, Elizabeth Waterman. (1932). "Demand as a Factor in the Industrial Revolution," in A. H. Cole et al., *Facts and Factors in Economic History*. Cambridge, MA: Harvard University Press, 620–639.
Gilboy, Elizabeth Waterman (1975). "The Cost of Living and Real Wages in Eighteenth-Century England," in Arthur J. Taylor, ed., *The Standard of Living in Britain in the Industrial Revolution*. London: Methuen, 1–20. (Originally published in *Review of Economic Statistics*, 1936.)
Gill, Conrad. (1961). *Merchants and Marines of the Eighteenth Century*. London: Edward Arnold.
Gille, Bertrand. (1947). *Les origines de la grande industrie métallurgique en France*. Paris: Ed. Domat Montchrestien.
Gille, Bertrand. (1949). *Histoire économique et sociale de la Russie du moyen age au XXe siècle*. Paris: Payot.
Gille, Bertrand. (1959). *Recherches sur la formation de la grande enterprise capitaliste (1815–1848)*. Paris: S.E.V.P.E.N.
Gille, Bertrand. (1961). "Recherches sur le problème de l'innovation. Perspectives historiques dans le cas français," *Cahiers de l'I.S.E.A.*, Suppl. No. 111 (Série AD, No. 1), 134–168.
Gille, Bertrand. (1973). "Banking and Industrialisation in Europe, 1730–1914," in C. M. Cipolla, ed., *Fontana Economic History of Europe*, **III**: *The Industrial Revolution*. London: Collins/Fontana, 255–300.
Gillespie, Charles C. (1972). "The Natural History of Industry," in A. E. Musson, ed., *Science, Technology, and Economic Growth in the Eighteenth Century*. London: Methuen, 121–135. (Originally published in *Isis*, 1957.)
Gipson, Lawrence Henry. (1950). "The American Revolution as an Aftermath of the Great War for the Empire, 1754–1763," *Political Science Quarterly*, **LXV**, 1, 86–104.
Girard, L. (1966). "Transport," in *Cambridge Economic History of Europe*, **VI**: H. J. Habakkuk & M. Postan, eds., *The Industrial Revolution and After: Incomes, Population and Technological Change*. Cambridge, Engl.: At the University Press, 212–273.
Gleave, M. B. & Prothero, R. M. (1971). "Population Density and 'Slave Raiding'—A Comment," *Journal of African History*, **XII**, 2, 319–324.
Godechot, Jacques. (1956). *La grande nation: L'expansion révolutionnaire de la France dans le monde, 1789–1799*, 2 vols. Paris: Aubier.
Godechot, Jacques. (1958a). "The Business Classes and the Revolution Outside France," *American Historical Review*, **LXIV**, 1, 1–13.
Godechot, Jacques. (1958b). "Les relations économiques entre la France et les Etats-Unis de 1778 à 1789," *French Historical Studies*, **I**, 1, 26–39.

Godechot, Jacques. (1959). "Mes souvenirs d'Albert Mathiez," *Annales historiques de la Révolution française*, **XXI**, No. 156, 97–109.
Godechot, Jacques. (1965). *Les révolutions (1770–1799)*, Nouvelle Clio, No. 36. Paris: Presses Universitaires de France.
Godechot, Jacques. (1967a). *L'Europe et l'Amerique à l'epoque napoléonienne*, Nouvelle Clio, No. 37. Paris: Presses Universitaires de France.
Godechot, Jacques. (1967b). "L'historiographie française de Robespierre," in *Actes du Colloque Robespierre*, XIIe Congrès International des Sciences Historiques, Vienne, 3 sept. 1965. Paris: Société des Etudes Robespierristes, 167–189.
Godechot, Jacques. (1970). "Sens et importance de la transformation des institutions révolutionnaires à l'époque napoléonienne," *Revue d'histoire moderne et contemporaine*, **XVII**, 795–813.
Godechot, Jacques. (1972). "L'industrialisation en Europe à l'époque révolutionnaire," in Pierre Léon et al., dirs., *L'industrialisation en Europe au XIXe siècle*, Colloques Internationaux du CNRS, No. 540, Lyon, 7–10 oct. 1970. Paris: Ed. du CNRS, 359–371 (with "Discussion," 371–377).
Godechot, Jacques. (1974). *Un jury pour la Révolution*. Paris: Ed. Robert Laffont.
Godechot, Jacques. (1980a). "La France et les problèmes de l'Atlantique à la veille de la Révolution," in *Regards sur l'epoque révolutionnaire*. Paris: Privat, 69–83. (Originally published in *Revue du Nord*, 1954.)
Godechot, Jacques. (1980b). "Sens et importance de la transformation des institutions revolutionnaires à l'epoque napoléonienne," in *Regards sur l'époque révolutionnaire*. Paris: Privat, 182–196. (Originally published in *Annales historiques de la Révolution française*, 1970.)
Godechot, Jacques. (1980c). "Révolution 'française' ou Révolution occidentale?," in *Regards sur l'époque révolutionnaire*. Paris: Privat, 199–217. (Originally published in *Information historique*, 1960.)
Godechot, Jacques. (1980d). "Les relations économiques entre la France et les Etats-Unis de 1778 à 1789," in *Regards sur l'époque révolutionnaire*. Paris: Privat, 409–418. (Originally published in *French Historical Studies*, 1958.)
Godechot, Jacques & Palmer, R. R. (1955). "Le problème de l'Atlantique du XVIIIe au XXe siècles," in *X Congresso Internazionale di Scienze Storiche*, Roma, 4–11 sett., 1955. *Relazioni*, **V**: *Storia contemporanea*. Firenze: G. G. Sansoni, 173–239.
Goebel, Dorothy Burne. (1938). "British Trade to the Spanish Colonies, 1796–1823," *American Historical Review*, **XLIII**, 2, 288–320.
Goetzmann, William H. (1978). "The United States: Revolution, Independence and Interdependence," in T. S. Tolchin, ed., *Hemispheric Perspectives in the United States*. Westport, CT: Greenwood Press, 3–13.
Gokhale, B. G. (1964–1965). "Capital Accumulation in XVIII Century Western India," *Journal of the Asiatic Society of Bombay*, n.s., **XXXIX/XL**, 51–60.
Goldin, Claudia D. & Lewis, Frank D. (1980). "The Role of Exports in American Economic Growth during the Napoleonic Wars, 1793–1807," *Explorations in Economic History*, **XVII**, 1, 6–25.
Goldman, Marshall. (1956). "The Relocation and Growth of the Pre-Revolutionary Russian Ferrous Metal Industry," *Explorations in Entrepreneurial History*, **IX**, 1, 19–36.
Goldstone, J. A. (1986). "The Demographic Revolution in England: A Re-examination," *Population Studies*, **XLIX**, 1, 5–33.
Golte, Jürgen. (1980). *Repartos y rebeliones: Túpac Amaru y las contradicciones de la economía colonial*. Lima: Instituto de Estudios Peruanos.
Gongora, Mario. (1975). *Studies in the Colonial History of Spanish America*. Cambridge, Engl.: Cambridge University Press.
Goodwin, Albert. (1965a). "The Social Structure and Economic and Political Attitudes of the French Nobility in the Eighteenth Century," in *XIIe Congrès International des Sciences*

참고 문헌   427

Historiques, Vienne, 29 août–5 sept., 1965. *Rapports*, I: *Grands thèmes*. Horn/Wien: Verlag Ferdinand Berger & Sohne, 356–368.
Goodwin, Albert. (1965b). "The Landed Aristocracy as a Governing Class in XIX Century Britain," in *XIIe Congrès International des Sciences Historiques*, Vienne, 29 août–5 sept. 1965, *Rapports*, I: *Grands thèmes*. Horn/Wien: Ferdinand Berger & Sohne, 368–374.
Goodwin, Albert. (1979). *The Friends of Liberty: The English Democratic Movement in the Age of the French Revolution*. Cambridge, MA: Harvard University Press.
Gottschalk, Louis. (1948). *The Place of the American Revolution in the Causal Pattern of the French Revolution*, Easton, PA: The American Friends of Lafayette.
Goubert, Pierre. (1969, 1973). *L'Ancien Régime*, I: *La société*. Paris: Lib. Armand Colin, 1969; II: *Les pouvoirs*. Paris: Lib. Armand Colin, 1973.
Goubert, Pierre. (1974). "Sociétés rurales françaises du XVIIIe siècle: vingt paysanneries contrastées, quelques problèmes," in *Conjoncture économique, structures sociales*. Paris & La Haye: Mouton, 378–387.
Gough, Kathleen. (1978). "Agrarian Relations in Southeast India, 1750–1976," *Review*, II, 1, 25–53.
Gourvish, T. R. (1972). "The Cost of Living in Glasgow in the Early Nineteenth Century," *Economic History Review*, 2nd ser., **XXV**, 1, 65–80.
Goy, Joseph & Head-König, Anne-Lise. (1969). "Une expérience: les revenus décimaux en France méditerranéenne, XVIe–XVIIIe siècles," in J. Goy & E. LeRoy Ladurie, dirs., *Les fluctuations du produit de la dîme*. Paris & La Haye: Mouton, 255–272.
Graham, Gerald S. (1941). *Sea Power and British North America, 1783–1820: A Study in British Colonial Policy*. Cambridge, MA: Harvard University Press.
Graham, Gerald S. (1966). "The British Empire in Relation to the European Balance of Power at the End of the Napoleonic Wars," in *Bilan du Monde en 1815: Rapports Conjoints*, XIIe Congrès International des Sciences Historiques, Vienne, 29 août–5 sept. 1965. Paris: Ed. du CNRS, 5–13.
Gran, Peter. (1979). *Islamic Roots of Capitalism: Egypt, 1760–1840*. Austin, TX: University of Texas Press.
Grange, Henri. (1957). "Turgot et Necker devant le problème des salaires," *Annales historiques de la Révolution française*, **XXIX**, No. 146, 19–33.
Grant, William L. (1912). "Canada versus Guadeloupe: An Episode of the Seven Years' War," *American Historical Review*, **XVII**, 4, 735–743.
Grantham, George W. (1978). "The Diffusion of the New Husbandry in Northern France, 1815–1840," *Journal of Economic History*, **XXXVIII**, 2, 311–337.
Grantham, George W. (1980). "The Persistence of Open-Field Farming in Nineteenth Century France," *Journal of Economic History*, **XL**, 3, 515–531.
Gray, Ralph & Wood, Betty. (1976). "The Transition from Indentured to Involuntary Servitude in Colonial Georgia," *Explorations in Entrepreneurial History*, **XIII**, 4, 353–370.
Green, W. A. (1973). "The Planter Class and Production, Before and After Emancipation," *Economic History Review*, 2nd ser., **XXVI**, 448–463.
Greenberg, Michael. (1951). *British Trade and the Opening of China, 1800–42*. Cambridge, Engl.: At the University Press.
Greene, Evarts B. (1943). *The Revolutionary Generation, 1763–1790*. New York: Macmillan.
Greene, Jack P. (1962). "The Flight from Determinism: A Review of Recent Literature on the Coming of the American Revolution," *South Atlantic Quarterly*, **LXI**, 2, 235–259.
Greene, Jack P. (1968a). "The Plunge of Lemmings: A Consideration of Recent Writings on British Policies and the American Revolution," *South Atlantic Quarterly*, **LXVII**, 1, 141–175.
Greene, Jack P. (1968b). "The Reappraisal of the American Revolution in Recent Historical Literature," in J. P. Greene, ed., *The Reinterpretation of the American Revolution, 1763–1789*. New York: Harper & Row, 2–74.
Green, Jack P. (1969a). "Political Nemesis: A Consideration of the Historical and Cultural

Roots of Legislative Relations in the British Colonies in the Eighteenth Century," *American Historical Review*, **LXXV**, 2, 337–360.

Greene, Jack P. (1969b). "Reply," *American Historical Review*, **LXXV**, 2, 364–367.

Greene, Jack P. (1973a). "An Uneasy Connection: An Analysis of the Preconditions of the American Revolution," in S. G. Kurtz & J. H. Hutson, eds., *Essays on the American Revolution*. Chapel Hill, NC: University of North Carolina Press, 32–80.

Greene, Jack P. (1973b). "The Social Origins of the American Revolution: An Interpretation," *Political Science Quarterly*, **LXXXVIII**, 1, 1–22.

Greene, Jack P. & Jellison, Richard M. (1961). "The Currency Act of 1764 in Imperial-Colonial Relations, 1764–1766," *William and Mary Quarterly*, 3rd ser., **XVIII**, 4, 485–518.

Greenleaf, Richard E. (1967). "The Obraje in the Late Mexican Colony," *The Americas*, **XXIII**, 3, 227–250.

Green-Pedersen, Svend E. (1979). "The Economic Considerations behind the Danish Abolition of the Negro Slave Trade," in H. A. Gemery & J. S. Hogendorn, eds., *The Uncommon Market*. New York: Academic Press, 399–418.

Grenon, Michel & Robin, Regine. (1976). "A propos de la polémique sur l'Ancien Régime et la Révolution: pour une problématique de la transition," *La Pensée*, No. 187, 5–30.

Griffin, Charles C. (1937). *The United States and the Disruption of the Spanish Empire, 1810–1822*. New York: Columbia University Press.

Griffin, Charles C. (1949). "Economic and Social Aspects of the Era of Spanish–American Independence," *Hispanic American Historical Review*, **XXIX**, 2, 170–187.

Griffin, Charles C. (1962). *Las temas sociales y económicos en la época de la Independencia*. Caracas: Publicación de la Fundación John Boulton y la Fundación Eugenio Mendoza.

Griffiths, David M. (1979). "Eighteenth-Century Perceptions of Backwardness: Projects for the Creation of a Third Estate in Catherinean Russia," *Canadian–American Slavic Studies*, **XIII**, 4, 452–472.

Grochulska, Barbara. (1980). "Programme de modernisation de la République dans le seconde moitié du XVIIIe siècle," paper delivered at 1er Colloque Franco-Polonais, Antibes, 6–9 novembre.

Grubb, Farley. (1985a). "The Market For Indentured Immigrants: Evidence on the Efficiency of Forward Labor Contracting in Philadelphia, 1745–1773," *Journal of Economic History*, **XLV**, 4, 855–868.

Grubb, Farley. (1985b). "The Incidence of Servitude in Trans-Atlantic Migration, 1771–1804," *Explorations in Economic History*, **XXII**, 3, 316–339.

Gruder, Vivian R. (1968). *The Royal Provincial Intendants. A Governing Elite in Eighteenth-Century France*. Ithaca, NY: Cornell University Press.

Gruder, Vivian R. (1984). "A Mutation in Elite Political Culture: The French Notables and the Defense of Property and Participation, 1787," *Journal of Modern History*, **LVI**, 4, 598–634.

Guerci, Luciano. (1980). "Furet e la Rivoluzione francese," *Studi storici*, **XXI**, 2, 227–240.

Guérin, Daniel. (1958). "Bataille autour de notre mère," *La nouvelle réforme*, **I**, 2, 195–217.

Guérin, Daniel. (1968). *La lutte de classes sous la Première République: Bourgeois et "bras nus" (1793–1797)*, nouv. ed. revue et augmentée, 2 vols. Paris: Gallimard.

Guéry, Alain. (1978). "Les finances de la monarchie française sous l'Ancien Régime," *Annales E.S.C.*, **XXXIII**, 2, 216–239.

Guha, Amalendu. (1972). "Raw Cotton of Western India: Output, Transport, and Marketing, 1750–1850," *Indian Economic and Social History Review*, **IX**, 1, 1–42.

Guha, Amalendu. (1976). "Imperialism of Opium: Its Ugly Face in Assam (1773–1921)," in *Proceedings of the Indian History Congress*, Thirty-Seventh Session, Calicut, 338–346.

Guibert-Sledziewski, E. (1977). "Du féodalisme au capitalisme. Transition révolutionnaire ou système transitoire?," in A. Soboul, dir., *Contribution à l'histoire paysanne de la Révolution française*. Paris: Ed. Sociales, 47–71.

Guilhaumou, Jacques. (1980). "Les discours jacobins (1792–1794)," *Mots*, No. 1, 219–225.

참고 문헌 429

Guillerm, Alain. (1981). "L'Etat et l'espace de la guerre: Fortifications et marine," 2 vols., unpublished Ph.D. dissertation, Université de Paris-VIII.
Gupta, Sulekh Chandra. (1963). *Agrarian Relations and Early British Rule in India*. Bombay: Asia Publ. House.
Guttridge, G. H. (1933). "Adam Smith on the American Revolution: An Unpublished Memorial [Feb., 1778]," *American Historical Review*, **XXXVIII**, 4, 714–720.
Guy, Camille. (1900). *La mise en valeur de notre domaine colonial*. Collection, les Colonies françaises, Tome III. Paris: Augustin Challamel.
Habakkuk, H. J. (1953). "English Population in the Eighteenth Century," *Economic History Review*, 2nd ser., **VI**, 2, 117–133.
Habakkuk, H. J. (1955). "The Historical Experience of the Basic Conditions of Economic Progress," in L. H. Dupriez, ed., *Economic Progress: Papers and Proceedings of a Round Table held by the International Economic Association*. Louvain: Institut de Recherches Economiques.
Habakkuk, H. J. (1958). "The Economic History of Modern Britain," *Journal of Economic History*, **XVIII**, 4, 486–501.
Habakkuk, H. J. (1965). "Population, Commerce and Economic Ideas," in *New Cambridge Modern History*, **VIII**: A. Goodwin, ed., *The American and French Revolutions, 1763–93*. Cambridge, Engl.: At the University Press, 25–54.
Habakkuk, H. J. (1971). *Population Growth and Economic Development Since 1750*. Leicester, Engl.: Leicester University Press.
Habib, Irfan. (1963). *The Agrarian System of Mughal India (1556–1702)*. New York: Asia Publ. House.
Habib, Irfan. (1969). "Potentialities of Capitalistic Development in the Economy of Mughal India," *Journal of Economic History*, **XXIX**, 1, 32–78.
Habib, Irfan. (1985). "Studying a Colonial Economy—Without Perceiving Colonialism," *Modern Asian Studies*, **XIX**, 3, 355–381.
Hacker, Louis M. (1935). "The First American Revolution," *Columbia University Quarterly*, Part I, 259–295.
Hague, D. C. (1963). "Summary Record of the Debate," in W. W. Rostow, ed., *The Economics of Take-Off into Sustained Growth*. London: Macmillan, 301–476.
Hair, J. E. H. (1965). "The Enslavement of Koelle's Informants," *Journal of African History*, **VI**, 2, 193–203.
Hajnal, J. (1965). "European Marriage Patterns in Perspective," in D. V. Glass & D. C. E. Eversley, eds., *Population in History*. London: Edward Arnold, 101–143.
Hall, Gwendolyn M. (1971). *Social Control in Plantation Societies: A Comparison of St. Domingue and Cuba*. Baltimore, MD: Johns Hopkins University Press.
Halperín-Donghi, Tulio. (1972). "La crisis de Independencia," in *La independencia en el Perú*, Perú Problema, No. 7. Lima: Instituto de Estudios Peruanos, 115–166.
Halperín-Donghi, Tulio. (1975). *Politics, Economics, and Society in Argentina in the Revolutionary Period, 1776–1860*. Cambridge, Engl.: Cambridge University Press.
Hamill, Hugh M., Jr. (1966). *The Hidalgo Revolt: Prelude to Mexican Independence*. Gainesville, FL: University of Florida Press.
Hamilton, Earl J. (1940). "Growth of Rigidity in Business during the Eighteenth Century," *American Economic Review, Supplement*, **XXX**, 1, 298–305.
Hamilton, Earl J. (1944). "Monetary Problems in Spain and Spanish America, 1751–1800," *Journal of Economic History*, **IV**, 1, 21–48.
Hamilton, Earl J. (1953). "Profit Inflation and the Industrial Revolution, 1751–1800" in Frederic C. Lane & Jelle C. Riemersma, eds., *Enterprise and Secular Change*. Homewood, IL: Richard D. Irwin, 322–336. (Originally published in *Quarterly Journal of Economics*, 1942.)
Hamnett, Brian R. (1971). *Politics and Trade in Southern Mexico, 1750–1821*. Cambridge, Engl.: At the University Press.
Hamnett, Brian R. (1980) "Mexico's Royalist Coalition: The Response to Revolution, 1808–1821," *Journal of Latin American Studies*, **XII**, 1, 55–86.

Hampson, Norman. (1963). *A Social History of the French Revolution*. Toronto: Toronto University Press.
Hancock, W. K. (1942). *Survey of British Commonwealth Affairs*, **II:** *Problems of Economic Policy, 1918–1939*, Part 2. London: Oxford University Press.
Hardy, Georges. (1921). *La mise en valeur du Sénégal de 1817 à 1854*. Paris: Emile Larose.
Haring, Clarence H. (1947). *The Spanish Empire in America*. New York: Harcourt, Brace & World.
Harley, C. Knick. (1982). "British Industrialization before 1841: Evidence of Slower Growth during the Industrial Revolution," *Journal of Economic History*, **XLII**, 2, 267–289.
Harlow, Vincent T. (1940). "The New Imperial System, 1783–1815," in J. Holland Rose, A. P. Newton & E. A. Benians, eds., *The Cambridge History of the British Empire*, **II:** *The Growth of the New Empire, 1783–1870*. Cambridge, Engl.: At the University Press, 129–187.
Harlow, Vincent T. (1952). *The Founding of the Second British Empire, 1763–1793*, **I:** *Discovery and Revolution*. London: Longmans, Green.
Harlow, Vincent T. (1964). *The Founding of the Second British Empire, 1763–1793*, **II:** *New Continents and Changing Values*. London: Longmans, Green.
Harper, Lawrence A. (1939). "The Effects of the Navigation Acts on the Thirteen Colonies," in R. B. Morris, ed., *The Era of the American Revolution*. New York: Columbia University Press, 3–39.
Harper, Lawrence A. (1942). "Mercantilism and the American Revolution," *Canadian Historical Review*, **XXIII**, 1, 1–15.
Harris, Charles H., III. (1975). *A Mexican Family Empire: The Latifundo of the Sánchez Navarros, 1765–1867*. Austin, TX: University of Texas Press.
Harris, J. R. (1976a). "Skills, Coal and British Industry in the Eighteenth Century," *History*, **LXI**, No. 202, 167–182.
Harris, J. R. (1976b). "Technological Divergence and Industrial Development in Britain and France Before 1800," in *Fifth International Conference of Economic History*, Leningrad, 1970. The Hague: Mouton, **VII**, 31–41.
Harris, Robert D. (1976). "French Finances and the American War, 1777–1783," *Journal of Modern History*, **XLVIII**, 2, 233–258.
Harsin, Paul. (1930). "De quand date le mot industrie?" *Annales d'histoire économique et sociale*, **II**, 6, 235–242.
Harsin, Paul. (1954). *La révolution liégeoise de 1789*. Bruxelles: La Renaissance du Livre.
Hartmann, Peter Clause. (1978). "Die Steuersysteme in Frankreich und England am Vorabend der Französischen Revolution," in E. Hinrichs *et al.*, hrsg., *Vom Ancien Regime zur Französischen Revolution*. Göttingen: Vanderhoeck & Ruprecht, 43–65.
Hartwell, R. M. (1961). "The Rising Standard of Living in England, 1800–1850," *Economic History Review*, 2nd ser., **XIII**, 3, 397–416.
Hartwell, R. M. (1963). "The Standard of Living," *Economic History Review*, 2nd ser., **XVI**, 1, 135–146.
Hartwell, R. M. (1967a). "Introduction," in R.M. Hartwell, ed., *The Causes of the Industrial Revolution in England*. London: Methuen, 1–30.
Hartwell, R. M. (1967b). "The Causes of the Industrial Revolution: An Essay in Methodology," in R. M. Hartwell, ed., *The Causes of the Industrial Revolution in England*. London: Methuen, 53–79. (Originally published in *Economic History Review*, 1965.)
Hartwell, R. M., ed. (1968). *The Industrial Revolution in England*, rev. ed. London: The Historical Association.
Hartwell, R. M. (1970a). "The Standard of Living Controversy: A Summary," in R. M. Hartwell, ed., *The Industrial Revolution*. Oxford: Basil Blackwell, 167–179.
Hartwell, R. M. (1970b). "The Great Discontinuity: Interpretations of the Industrial Revolution," *Historical Journal* (New South Wales), **I**, 3–16.
Hartwell, R. M. (1972). "Discussion of J. Godechot, 'L'industrialisation en Europe à l'époque révolutionnaire,' " in Pierre León, *et al.*, dirs., *L'industrialisation en Europe du XIXe siècle*,

참고 문헌 431

Colloques Internationaux du CNRS, No. 540, Lyon, 7-10 oct. 1970. Paris: Ed. du CNRS, 372-373.
Hartwell, R. M. & Engerman, S. (1975). "Modes of Immiseration: the Theoretical Basis of Pessimism," in Arthur J. Taylor, ed., *The Standard of Living in Britain in the Industrial Revolution.* London: Methuen, 189-213.
Hartwell, R. M. & Higgs, Robert. (1971). "Good Old Economic History," *American Historical Review,* **LXXVI**, 2, 467-474.
Haskett, Richard C. (1954). "Prosecuting the Revolution," *American Historical Review,* **LIX**, 3, 578-587.
Hasquin, Hervé. (1971). *Une mutation: le "Pays de Charleroi" aux XVIIe et XVIIIe siècles: Aux origines de la Révolution industrielle en Belgique.* Bruxelles: Ed. de l'Institut de Sociologie.
Hauser, Henri. (1923). "Avant-propos" to Charles Ballot, *L'introduction du machinisme dans l'industrie française.* Lille: O. Marquant, v-ix.
Hawke, G. R. & Higgins, J. P. P. (1981). "Social Overhead Capital," in R. Floud & D. N. McCloskey, eds., *The Economic History of Britain Since 1700,* **I**: *1700-1860.* Cambridge, Engl.: Cambridge University Press, 227-252.
Heaton, Herbert. (1932). "Industrial Revolution," *Encyclopedia of the Social Sciences,* Vol. VIII. New York: Macmillan, 3-13.
Heaton, Herbert. (1941). "Non-Importation, 1806-1812," *Journal of Economic History,* **I**, 2, 178-198.
Heaton, Herbert. (1972). "Financing the Industrial Revolution," in F. Crouzet, ed., *Capital Formation in the Industrial Revolution.* London: Methuen, 84-93. (Originally published in *Bulletin of Business History Society,* 1937.)
Heavner, Robert O. (1978). "Indentured Servitude: The Philadelphia Market, 1771-1773," *Journal of Economic History,* **XXXVIII**, 3, 701-713.
Heckscher, Eli P. (1922). *The Continental System: An Economic Interpretation.* Oxford: Clarendon Press.
Heckscher, Eli F. (1934). *Mercantilism,* 2 vols. London: George Allen & Unwin.
Helleiner, Karl F. (1965). "The Vital Revolution Reconsidered," in D. V. Glass & D. C. E. Eversley, eds., *Population in History.* London: Edward Arnold, 79-86. (Originally published in *Canadian Journal of Economical and Political Science,* 1957.)
Hellie, Richard. (1967). "The Foundations of Russian Capitalism," *Slavic Review,* **XXVI**, 1, 148-154.
Hellie, Richard. (1971). *Enserfment and Military Change in Muscovy.* Chicago, IL: University of Chicago Press.
Henderson, Archibald. (1914). "The Creative Forces in Westward Expansion: Henderson and Boone," *American Historical Review,* **XX**, 1, 86-107.
Henderson, H. James. (1973). "The Structure of Politics in the Continental Congress," in S. G. Kurtz & J. H. Hutson, eds., *Essays on the American Revolution.* Chapel Hill, NC: University of North Carolina Press, 157-196.
Henderson, W. O. (1957). "The Anglo-French Commercial Treaty of 1786," *Economic History Review,* 2nd ser., **X**, 1, 104-112.
Henderson, W. O. (1961). *The Industrial Revolution on the Continent.* London: Frank Cass. (Also entitled *The Industrial Revolution in Europe.*)
Henderson, W. O. (1972). *Britain and Industrial Europe, 1750-1870,* 3rd ed. Leicester, Engl.: Leicester University Press.
Henderson, W. O. (1976). "The Labour Force in the Textile Industries," *Archiv für Sozialgeschichte,* **XVI**, No. 76, 283-324.
Herr, Richard. (1958). *The Eighteenth-Century Revolution in Spain.* Princeton, NJ: Princeton University Press.
Hertzberg, Arthur. (1968). *The French Enlightenment and the Jews. The Origins of Modern Anti-Semitism.* New York: Columbia University Press & Philadelphia, PA: Jewish Publ. Society of America.

Hess, Andrew C. (1970). "The Evolution of the Ottoman Seaborne Empire in the Age of the Oceanic Discoveries, 1453–1525," *American Historical Review*, **LXXV**, 7, 1892–1919.
Heston, Alan W. (1977). "The Standard of Living in Akbar's Time: A Comment," *Indian Economic and Social History Review*, **XIV**, 3, 391–396.
Heuvel, Gerd van den. (1982). *Grundprobleme der französischen Bauernschaft, 1730–1794*. München & Wien: Oldenbourg.
Heyd, Uriel, (1961). "The Ottoman 'Ulemâ and Westernization in the Time of Selîm III and Mahmûd II," *Scripta Hierosolymitana*, **IX**: U. Heyd, ed., *Studies in Islamic History and Civilization*, 63–96.
Heyd, Uriel. (1970). "The Later Ottoman Empire in Rumelia and Anatolia," in P. M. Holt *et al.*, *The Cambridge History of Islam*, **I**: *The Central Islamic Lands*. Cambridge, Engl.: At the University Press, 354–373.
Heywood, Colin. (1981). "The Launching of an 'Infant Industry'? The Cotton Industry of Troyes Under Protectionism, 1793–1860," *Journal of European Economic History*, **X**, 3, 553–581.
Higonnet, Patrice. (1979). "Babeuf: Communist or Proto-Communist?" *Journal of Modern History*, **LI**, 4, 773–781.
Higonnet, Patrice. (1980). "The Politics of Linguistic Terrorism and Grammatical Hegemony During the French Revolution," *Social History*, **V**, 1, 41–69.
Higonnet, Patrice. (1981). *Class, Ideology, and the Rights of Nobles during the French Revolution*. Oxford: Clarendon Press.
Higonnet, Patrice. (1986). "Le sens de la Terreur dans la Révolution française," *Commentaire*, No. 35, 436–445.
Hill, Christopher. (1967). *Reformation to Industrial Revolution*, Pelican Economic History of Britain, Vol. II. London: Penguin.
Hill, Christopher. (1980). "A Bourgeois Revolution?," in J. G. A. Pocock, ed., *Three British Revolutions: 1641, 1688, 1776*. Princeton, NJ: Princeton University Press, 109–139.
Hirsch, Jean-Pierre, ed., (1978). *La nuit du 4 août*, Collection Archives. Paris: Gallimard-Juilliard.
Hirsch, Jean-Pierre. (1979). "Un fil rompu? A propos du crédit à Lille sous la Révolution et l'Empire," *Revue du Nord*, **LXI**, No. 240, 181–192.
Hirsch, Jean-Pierre. (1980). "Note critique: Pensons la Révolution française," *Annales E.S.C.*, **XXXV**, 2, 320–333.
Hirschman, Albert. (1957). "Investment Policies and 'Dualism' in Underdeveloped Countries," *American Economic Review*, **XLVII**, 5, 550–570.
His de Butenval, Charles Adrien (Comte). (1869). *Précis historique et économique du traité du commerce entre la France et la Grande-Bretagne signé à Versailles, le 26 septembre 1786*. Paris: Dentu.
Hiskett, Mervyn. (1962). "An Islamic Tradition of Reform in the Western Sudan from the Sixteenth to the Eighteenth Century," *Bulletin of SOAS*, **XXV**, 3, 577–596.
Hiskett, Mervyn. (1976). "The Nineteenth-Century Jihads in West Africa," in J. E. Flint, ed., *Cambridge History of Africa*, **V**: *From c. 1790 to c. 1870*. Cambridge, Engl.: Cambridge University Press, 125–169.
Hobsbawm, E. J. (1952). "The Machine-Breakers," *Past and Present*, No. 1, Feb., 57–70.
Hobsbawm, E. J. (1957). "The British Standard of Living, 1790–1850," *Economic History Review*, 2nd ser., **X**, 1, 46–68.
Hobsbawm, E. J. (1962). *The Age of Revolution, 1789–1848*. New York: Mentor.
Hobsbawm, E. J. (1963). "The Standard of Living during the Industrial Revolution: A Discussion," *Economic History Review*, 2nd ser., **XVI**, 1, 120–134.
Hobsbawm, E. J. (1968). *Industry and Empire*, The Pelican Economic History of Britain, Volume III. Harmondsworth, Engl.: Penguin.
Hobsbawm, E. J. (1975). "Essays in Postscript: The Standard of Living Debate," in Arthur J.

참고 문헌 433

Taylor, ed., *The Standard of Living in Britain in the Industrial Revolution*. London: Methuen, 179–188.
Hodgkin, Thomas. (1960). "Uthman dan Fodio," *Nigeria Magazine*, A Special Independence Issue, Oct., 75–82.
Hodgson, Marshall. (1974). *The Venture of Islam: Conscience and History in a World Civilization*, 3 vols. Chicago: IL: University of Chicago Press.
Hoerder, Dirk. (1976). "Boston Leaders and Boston Crowds, 1765–1776," in A. F. Young, ed., *The American Revolution: Explorations in the History of American Radicalism*. DeKalb, IL: Northern Illinois University Press, 233–271.
Hoffman, Ronald. (1976). "The 'Disaffected' in the Revolutionary South," in A. F. Young, ed., *The American Revolution: Explorations in the History of American Radicalism*. DeKalb, IL: Northern Illinois University Press, 273–316.
Hoffmann, Peter. (1973). "Zur Problematik der sogenannten ursprünglichen Akkumulation in Russland," in P. Hoffman & H. Lemke, hrsg., *Genesis and Entwicklung des Kapitalismus in Russland*, Berlin: Akademie-Verlag, 154–177.
Hoffmann, Walther G. (1955). *British Industry, 1700–1950*. Oxford: Basil Blackwell.
Hoffmann, Walther G. (1958). *The Growth of Industrial Economies*. Manchester, Engl.: Manchester University Press.
Hogendorn, Jan S. (1977). "The Economics of Slave Use on Two 'Plantations' in the Zaria Emirate of the Sokoto Caliphate," *International Journal of African Historical Studies*, **X**, 3, 369–383.
Hogendorn, Jan S. (1980). "Slave Acquisition and Delivery in Precolonial Hausaland," in B. K. Schwartz, Jr. & R. Dumett, eds., *West African Culture Dynamics: Archaeological and Historical Perspectives*. The Hague: Mouton, 477–494.
Holderness, B. A. (1971). "Capital Formation in Agriculture," in J. P. P. Higgins & S. Pollard, eds., *Aspects of Capital Investment in Great Britain, 1750–1850: A Preliminary Survey*. London: Methuen, 159–183.
Holderness, B. A. (1974). "The English Land Market in the Eighteenth Century: The Case of Lincolnshire," *Economic History Review*, 2nd ser., **XXVII**, 4, 557–576.
Hone, J. Ann (1982). *For the Cause of Truth: Radicalism in London 1796–1821*. Oxford: Clarendon Press.
Hopkins, A. G. (1973). *An Economic History of West Africa*. London: Longmans.
Hoppit, Julian. (1986). "Financial Crises in Eighteenth-Century England," *Economic History Review*, 2nd ser., **XXXIX**, 1, 39–58.
Horsman, Reginald. (1962). *The Cause of the War of 1812*. Philadelphia, PA: University of Pennsylvania Press.
Horton, W. R. G. (1954). "The Ohu System of Slavery in a Northern Ibo Village-Group," *Africa*, **XXIV**, 4, 311–336.
Hoselitz, Bert F. (1955a). "Entrepreneurship and Capital Formation in France and Britain since 1700," in National Bureau of Economic Research, *Capital Formation and Economic Growth*. Princeton, NJ: Princeton University Press, 291–337.
Hoselitz, Bert F. (1955b). "Reply" in National Bureau of Economic Research, *Capital Formation and Economic Growth*. Princeton, NJ: Princeton University Press, 385–393.
Hossain, Hameeda. (1979). "The Alienation of Weavers: Impact of the Conflict Between the Revenue and Commercial Interests of the East India Company, 1750–1800," *Indian Economic and Social History Review*, **XVI**, 3, 323–345.
Hourani, Albert. (1957). "The Changing Face of the Fertile Crescent in the XVIIIth Century," *Studia Islamica*, **VIII**, 89–122.
Hourani, Albert. (1968). "Ottoman Reform and the Politics of Notables," in W. R. Polk & R. L. Chambers, eds., *Beginnings of Modernization in the Middle East*. Chicago, IL: University of Chicago Press, 41–68.
Houtte, François-Xavier van. (1949). *L'évolution de l'industrie textile en Belgique et dans le monde de*

1800 à 1939, Université de Louvain, Collection de l'Ecole des Sciences Politiques et Sociales, No. 141. Louvain: E. Nauwelaerts.

Hueckel, Glenn. (1973). "War and the British Economy, 1793–1815: A General Equilibrium Analysis," *Explorations in Economic History,* **X,** 4, 365–396.

Hueckel, Glenn. (1976a). "English Farming Profits during the Napoleonic Wars, 1793–1815," *Explorations in Economic History,* **XIII,** 3, 331–345.

Hueckel, Glenn. (1976b). "Relative Prices and Supply Response in English Agriculture during the Napoleonic Wars," *Economic History Review,* 2nd ser., **XXIX,** 3, 401–414.

Hueckel, Glenn. (1981). "Agriculture During Industrialisation," in R. Floud & D. N. McCloskey, eds., *The Economic History of Britain Since 1700,* **I.** *1700–1860.* Cambridge, Engl.: Cambridge University Press, 182–203.

Hufton, Olwen. (1980). *Europe: Privilege and Protest, 1730–1789,* Vol. X of Fontana History of Europe. London: Harvester.

Hufton, Olwen. (1983). "Social Conflict and the Grain Supply in Eighteenth-Century France," *Journal of Interdisciplinary History,* **XIV,** 2, 303–331.

Hughes, H. B. L. (1944). "British Policy Towards Haiti, 1801–1805," *Canadian Historical Review,* **XXV,** 4, 397–408.

Hughes, J. R. T. (1968). "Industrialization: I. Economic Aspects," *International Encyclopedia of the Social Sciences,* Vol. VII. New York: Macmillan & Free Press, 252–263.

Hughes, J. R. T. (1969). "Discussion," *American Economic Review,* **LIX,** 2, Papers and Proceedings, 382–384.

Humboldt, Alexander von. (1972). *Political Essay on the Kingdom of New Spain,* the John Black translation (abridged). New York: Knopf.

Humphreys, R. A. (1952). "The Fall of the Spanish American Empire," *History,* n.s., **XXXVII,** 213–227.

Humphreys, R. A. (1965). *Tradition and Revolt in Latin America, and other essays.* London: Weidenfeld & Nicolson.

Humphreys, R. A. & Lynch, John. (1965a). *The Origins of the Latin American Revolutions, 1808–1826.* New York: Alfred A. Knopf, 3–27.

Humphreys, R. A. & Lynch, John. (1965b). "The Emancipation of Latin America," in *XIIe Congrès International des Sciences Historiques, Rapports,* **III:** *Commissions,* Vienne, 29 août–5 sept., 1965. Wien: Ferdinand Berger & Sohne, 39–56.

Hunecke, Volker. (1978). "Antikapitalistische Strömungen in der Französischen Revolution. Neuere Kontroversen der Forschung," *Geschichte und Gesellschaft,* **IV,** 3, 291–323.

Hunt, David. (1979). "The People and Pierre Dolivier: Popular Uprisings in the Seine-et-Oise Department (1791–1792), *French Historical Studies,* **XI,** 2, 184–214.

Hunt, David, (1983). "Theda Skocpol and the Peasant Route," *Socialist Review,* **XIII,** 4, 121–144.

Hunt, David. (1984). "Peasant Politics in the French Revolution," *Social History,* **IX,** 3, 277–299.

Hunt, E. W. & Bothan, E. W. (1987). "Wages in Britain during the Industrial Revolution," *Economic History Review,* 2nd ser., **XL,** 3, 380–399.

Hunt, H. G. (1959). "Landownership and Enclosure, 1750–1850," *Economic History Review,* 2nd ser., **XI,** 3, 497–505.

Hunt, Lynn. (1984). *Politics, Culture, and Class in the French Revolution.* Berkeley, CA: University of California Press.

Hurewitz, J. C. (1956). *Diplomacy in the Near and Middle East,* **I:** *A Documentary Record, 1535–1914.* Princeton, NJ: Van Nostrand.

Hurewitz, J. C. (1961a). "The Europeanization of Ottoman Diplomacy: The Conversion from Unilateralism to Reciprocity in the Nineteenth Century," *Türk Tarih Kurumu Belleten,* **XXV,** No. 99, 455–466.

Hurewitz, J. C. (1961b). "Ottoman Diplomacy and the European State System," *Middle East Journal,* **XV,** 2, 141–152.

참고 문헌 435

Huttenback, R. A. (1961). "The French Threat to India and British Relations with Sind, 1799-1809," *English Historical Review,* **LXXVI,** No. 301, 590-599.
Hyam, Ronald. (1967). "British Imperial Expansion in the Late 18th Century," *Historical Journal,* **X,** 1, 113-124.
Hyde, Charles K. (1973). "The Adoption of Coke-Smelting by the British Iron Industry, 1709-1790," *Explorations in Economic History,* **X,** 3, 397-418.
Hyde, Francis E., Parkinson, Bradbury B. & Marriner, Sheila. (1953). "The Nature and Profitability of the Liverpool Slave Trade. *Economic History Review,* 2nd ser., **V,** 3, 368-377.
Hyslop, Beatrice Fry. (1934). *French Nationalism in 1789 According to the General Cahiers.* New York: Columbia University Press.
Imbart de la Tour, J., Dorvault, F., & Lecomte, H. (1900). *Régime de la propriété; Régime de la main d'oeuvre; L'agriculture aux colonies,* Collection, les Colonies françaises, Tome V. Paris: Augustin Challamel.
Imlah, Albert H. (1958). *Economic Elements in the Pax Britannica.* Cambridge, MA: Harvard University Press.
İnalcık, Halil. (1955). "Land Problems in Turkish History," *The Muslim World,* **XLV,** 3, 221-228.
İnalcık, Halil. (1969). "Capital Formation in the Ottoman Empire," *Journal of Economic History,* **XXIX,** 1, 97-140.
İnalcık, Halil. (1971). "İmtiyāzāt, ii-The Ottoman Empire," in B. Lewis *et al.,* eds., *The Encyclopaedia of Islam,* new ed., Vol. III. Leiden: E. J. Brill, 1179-1189.
İnalcık, Halil. (1980). "Military and Fiscal Transformations in the Ottoman Empire, 1600-1700," *Archivum Ottomanicum,* **VI,** 283-337.
İnalcık, Halil. (1983). "The Emergence of Big Farms, *Çiftlik*s: State Landlords and Tenants," in J. L. Bacqué-Grammont & P. Dumont, eds., *Contribution à l'histoire économique et sociale de l'Empire ottoman,* Collection Turcica, Vol. III. Leuven: Ed. Peeters, 104-126.
Indova, E. I. (1964). "Les activités commerciales de la paysannerie dans les villages de la région de Moscou (première moitié du XVIIIe siècle)," *Cahiers du monde russe et soviétique,* **V,** 2, 206-228.
Inikori, J. E. (1976a). "Measuring the Atlantic Slave Trade: An Assessment of Curtin and Anstey," *Journal of African History,* **XVII,** 2, 197-223.
Inikori, J. E. (1976b). "Measuring the Atlantic Slave Trade: A Rejoinder," *Journal of African History,* **XVII,** 4, 607-627.
Inikori, J. E. (1977). "The Import of Firearms into West Africa, 1750-1807: A Quantitative Analysis," *Journal of African History,* **XVIII,** 3, 339-368.
Inikori, J. E. (1981). "Market Structures and the Profits of the British African Trade in the Late Eighteenth Century," *Journal of Economic History,* **XLI,** 4, 745-776.
Inikori, J. E. (1983). "Market Structure and the Profits of the British African Trade in the Late Eighteenth Century: A Rejoinder," *Journal of Economic History,* **XLIII,** 3, 723-728.
Inikori, J. E. (1985). Market Structure and Profits: A Further Rejoinder," *Journal of Economic History,* **XLV,** 3, 708-711.
Innis, Harold A. (1943). "Decentralization and Democracy," *Canadian Journal of Economics and Political Science,* **IX,** 3, 317-330.
Innis, Harold A. (1956). *The Fur Trade in Canada: An Introduction to Canadian Economic History,* rev. ed. Toronto: University of Toronto Press.
Ippolito, Richard A. (1975). "The Effect of the 'Agricultural Depression' on Industrial Demand in England: 1730-1750," *Economica,* n.s., **XLII,** No. 167, 298-312.
Issawi, Charles. (1961). "Egypt Since 1800: A Study in Lopsided Development," *Journal of Economic History,* **XXI,** 1, 1-25.
Issawi, Charles. (1966). *The Economic History of the Middle East, 1800-1914: A Book of Readings,* edited and with introductions. Chicago, IL: University of Chicago Press.

Issawi, Charles. (1980a). *The Economic History of Turkey, 1800–1914*. Chicago, IL: University of Chicago Press.
Issawi, Charles. (1980b). "Notes on the Negotiations Leading to the Anglo-Turkish Commercial Convention of 1828," In *Mémorial Ömer Lûtfi Barkan*, Bibliothèque de l'Institut Français des Etudes Anatoliennes d'Istanbul, Vol. XXVIII. Paris: Lib d'Amérique et d'Orient A. Maisonneuve, 119–134.
Issawi, Charles. (1982). "The Transformation of the Economic Position of the *Millets* in the Nineteenth Century," in B. Braude & B. Lewis, eds., *Christians and Jews in the Ottoman Empire*, I: *The Central Lands*. New York: Holmes & Meier, 261–285.
Itzkowitz, Norman. (1962). "Eighteenth Century Ottoman Realities," *Studia Islamica*, **XVI**, 73–94.
Izard, Miguel. (1979). *El miedo a la revolución. La lucha para la libertad en Venezuela (1777–1830)*. Madrid: Ed. Tecnos.
James, C. L. R. (1963). *The Black Jacobins; Toussaint L'Ouverture and the San Domingo Revolution*. New York: Vintage Books.
James, Francis Goodwin. (1973). *Ireland in the Empire, 1688–1770*. Cambridge, MA: Harvard University Press.
James, James Alton. (1917). "Spanish Influence in the West During the American Revolution," *Mississippi Valley Historical Review*, **IV**, 2, 193–208.
Jameson, J. Franklin. (1926). *The American Revolution Considered as a Social Movement*. Princeton, NJ: Princeton Univ. Press.
Jeannin, Pierre. (1980). "La protoindustrialisation: développement ou impasse? (Note critique)," *Annales E.S.C.*, **XXXV**, 1, 52–65.
Jelavich, Charles & Jelavich, Barbara. (1977). *The Establishment of the Balkan National States, 1804–1920*. Seattle, WA: University of Washington Press.
Jennings, Francis. (1975). *The Invasions of America: Indians, Colonization, and the Cant of Conquest*. Chapel Hill, NC: University of North Carolina Press.
Jennings, Francis. (1976). "The Indians' Revolution," in A. F. Young, ed.; *The American Revolution: Explorations in the History of American Radicalism*. DeKalb, IL: Northern Illinois University Press, 319–348.
Jensen, Merrill. (1936). "The Cession of the Old Northwest," *Mississippi Valley Historical Review*, **XXIII**, 1, 27–48.
Jensen, Merrill. (1939). "The Creation of the National Domain, 1781–1784," *Mississippi Valley Historical Review*, **XXVI**, 3, 323–342.
Jensen, Merrill. (1957). "Democracy and the American Revolution," *Huntington Library Quarterly*, **XX**, 4, 321–341.
Jensen, Merrill. (1974). *The American Revolution Within America*. New York: New York University Press.
Jeremy, David J. (1977). "Damming the Flood: British Efforts to Check the Outflow of Technicians and Machinery, 1780–1843," *Business History Review*, **LI**, 1, 1–34.
Jeremy, David J. (1981). *Transatlantic Industrial Revolution: The Diffusion of Textile Technologies Between Britain and America, 1790–1830s*. Cambridge, MA: M.I.T. Press.
Joachim, Bénoît. (1970). "La structure sociale en Haïti et le mouvement d'indépendance au dix-neuvième siècle," *Cahiers d'histoire mondiale*, **XII**, 3, 452–465.
Joachim, Bénoît. (1971). "Le néo-colonialisme à l'essai: La France et l'indépendance d'Haïti," *La Pensée*, No. 156, 35–51.
John, A. H. (1967). "Farming in Wartime: 1793–1815," in E. L. Jones & G. E. Mingay, eds., *Land, Labour, and Population in the Industrial Revolution*. London: Edward Arnold, 28–47.
Johnson, Christopher H. (1983). "Response to J. Rancière, 'The Myth of the Artisan,'" *International Labor and Working Class History*, No. 24, 21–25.
Johnson, Marion. (1970). "The Cowrie Currencies of West Africa," *Journal of African History*, **XI**, 1, 17–49; **XI**, 3, 331–353.

Johnson, Marion. (1976). "The Atlantic Slave Trade and the Economy of West Africa," in R. Anstey & P. E. H. Hair, eds., *Liverpool, The Slave Trade, and Abolition*. Bristol: Western Printing Service, 14–38.
Johnson, Marion. (1978). "Technology Competition and African Crafts," in C. Dewey & A. G. Hopkins, eds., *The Imperial Impact: Studies in the Economic History of Africa and India*. London: Athlone, 259–270.
Johnson, Marion. (1980). "Polanyi, Peukert and the Political Economy of Dahomey," *Journal of African History*, **XXI**, 3, 395–398.
Jones, Alice Hanson. (1980). *Wealth of a Nation to Be: The American Colonies on the Eve of the Revolution*. New York: Columbia University Press.
Jones, E. H. Stuart. (1950). *The Invasion that Failed: The French Expedition to Ireland, 1796*. Oxford: Basil Blackwell.
Jones, E. L. (1967). "Industrial Capital and Landed Investment: The Arkwrights in Herefordshire, 1809–43," in E. L. Jones & G. E. Mingay, eds., *Land, Labour, and Population in the Industrial Revolution*. London: Edward Arnold, 48–71.
Jones, E. L. (1968a). *The Development of English Agriculture, 1815–1873*. London: Macmillan.
Jones, E. L. (1968b). "Agricultural Origins of Industry," *Past and Present*, No. 40, 58–71.
Jones, E. L. (1970). "English and European Agricultural Development, 1650–1750," in R. M. Hartwell, ed., *The Industrial Revolution*. Oxford: Basil Blackwell, 42–76.
Jones, E. L. (1974a). "Agriculture and Economic Growth in England, 1660–1750: Agricultural Change," in *Agriculture and the Industrial Revolution*. Oxford: Basil Blackwell, 67–84. (Originally published in *Journal of Economic History*, 1965.)
Jones, E. L. (1974b). "Agriculture and Economic Growth in England, 1750–1815," in *Agriculture and the Industrial Revolution*. Oxford: Basil Blackwell, 85–127. (Originally published in 1967.)
Jones, E. L. (1974c). "The Agricultural Labour Market in England, 1793–1872," in *Agriculture and the Industrial Revolution*. Oxford: Basil Blackwell, 211–233. (Originally published in *Economic History Review*, 1964.)
Jones, E. L. (1974d). "The Constraints on Economic Growth in Southern England, 1650–1850," *Third International Conference of Economic History*, Munich, 1965. Paris & La Haye: Mouton, **V**, 423–430.
Jones, E. L. (1977). "Environment, Agriculture, and Industrialization in Europe," *Agricultural History*, **LI**, 3, 491–502.
Jones, E. L. (1981). "Agriculture, 1700–80," in R. Floud & D. N. McCloskey, eds., *The Economic History of Britain Since 1700*, **I**: *1700–1860*, Cambridge, Engl.: Cambridge University Press, 66–86.
Jones, G. I. (1963). *The Trading States of the Oil Rivers: A Study of Political Development in Eastern Nigeria*. London: Oxford University Press.
Jones, Gareth Stedman. (1974). "Working-Class Culture and Working-Class Politics in London, 1870–1890: Notes on the Remaking of a Working Class," *Journal of Social History*, **VIII**, 4, 460–508.
Jones, Gareth Stedman. (1975). "Class Struggle and the Industrial Revolution," *New Left Review*, No. 90, 35–69.
Jones, J. R. (1980). *Britain and the World, 1649–1815*. Glasgow: Fontana.
Jones, M. A. (1965). "American Independence in its Imperial, Strategic and Diplomatic Aspects," in A. Goodwin, ed., *New Cambridge Modern History*, **VIII**: *The American and French Revolutions, 1763–93*. Cambridge, Engl.: At the University Press, 480–508.
Jones, Robert Leslie. (1946). "Agriculture in Lower Canada, 1792–1815," *Canadian Historical Review*, **XXVII**, 1, 33–51.
Jones, Stuart. (1981). "The First Currency Revolution," *Journal of European Economic History*, **X**, 3, 583–618.
Jordan, Winthrop D. (1968). *White Over Black: American Attitudes Toward the Negro, 1550–1812*. Chapel Hill, NC: Univ. of North Carolina Press.

Jouvenel, Bertrand de. (1942). *Napoléon et l'économie dirigée. Le Blocus Continental.* Bruxelles & Paris: La Toison d'Or.
Juglar, Clément. (1891). *Des crises commerciales et de leur retour périodique en France, en Angleterre, et aux Etats-Unis.* Paris: A. Picard.
Kahan, Arcadius. (1962). "Entreprenenship in the Early Development of Iron Manufacturing in Russia," *Economic Development and Cultural Change,* **X,** 4, 395–422.
Kahan, Arcadius. (1966). "The Costs of 'Westernization' in Russia: The Gentry and the Economy in the Eighteenth Century," *Slavic Review,* **XXV,** 1, 40–66.
Kahan, Arcadius. (1974a). "Continuity in Economic Activity & Policy During the Post-Petrine Period in Russia," in W. Blakewell, ed., *Russian Economic Development from Peter the Great to Stalin.* New York: New Viewpoints, 53–70. (Originally in *Journal of Economic History,* **XXV,** 1965.)
Kahan, Arcadius. (1974b). "Observations on Petrine Foreign Trade," *Canadian-American Slavic Studies,* **VIII,** 2, 222–236.
Kahan, Arcadius. (1979). "Eighteenth-Century Russian-British Trade: Russia's Contribution to the Industrial Revolution in Great Britain," in A. G. Cross, ed., *Great Britain and Russia in the Eighteenth Century: Contrasts and Comparisons.* Newton, MA: Oriental Research Partners, 181–189.
Kahan, Arcadius, with the editorial assistance of Richard Hellie. (1985). *The Plow, the Hammer, and the Knout—An Economic History of Eighteenth-Century Russia.* Chicago, IL: University of Chicago Press.
Kamendrowsky, Victor & Griffiths, David M. (1978). "The Fall of the Trading Nobility Controversy in Russia: A Chapter in the Relationship between Catherine II and the Russian Revolution," *Jahrbücher für Geschichte Osteuropas,* **XXVI,** 2, 198–221.
Kammen, Michael. (1970). *Empire and Interest: The American Colonies and the Politics of Mercantilism.* Philadelphia, PA: J.P. Lippincott.
Kançal, Salgur. (1983). "La conquête du marché interne ottoman par le capitalisme industriel concurrentiel (1838–1881), in J. L. Bacqué-Grammont & P. Dumont, dirs., *Economie et Sociétés dans l'Empire Ottoman (fin du XVIIIe–Début du XXe siècle),* Colloques Internationaux du CNRS, No. 601. Paris: Ed. du CNRS, 355–409.
Kaplan, Lawrence S. (1972). *Colonies into Nation: American Diplomacy, 1763–1801.* New York: Macmillan.
Kaplan, Lawrence S. (1977). "Towards Isolationism: The Rise and Fall of the Franco-American Alliance, 1775–1801," in L. S. Kaplan, ed., *The American Revolutions and "A Candid World."* Kent, OH: Kent State University Press, 134–160.
Kaplan, Steven L. (1976). *Bread, Politics, and Political Economy in the Reign of Louis XV,* 2 vols. The Hague: Martinus Nijhoff.
Kaplan, Steven L. (1979). "Réflexions sur la police du monde du travail, 1700–1815," *Revue historique,* **CCLXI,** 1, No. 529, 17–77.
Kaplan, Steven L. (1982). "The Famine Plot Persuasion in Eighteenth-Century France," *Transactions of the American Philosophical Society,* **LXXII,** 3.
Kaplow, Jeffry. (1967). "On 'Who Intervened in 1788?'," *American Historical Review,* **LXXII,** 2, 497–502.
Kaplow, Jeffry. (1972). *The Names of Kings.* New York: Basic Books.
Karpat, Kemal H. (1972). "The Transformation of the Ottoman State, 1789–1908," *International Journal of Middle East Studies,* **III,** 3, 243–281.
Karpat, Kemal H. (1974). "The Social and Economic Transformation of Istanbul in the Nineteenth Century. Part I: Istanbul During the First Half of the Century," *Bulletin de l'Association International d'Etudes du Sud-Est Européen,* **XII,** 2, 269–308.
Kaufmann, William W. (1951). *British Policy and the Independence of Latin America, 1804–1828.* New Haven, CT: Yale University Press.
Kay, Marvin L. Michael. (1965). "An Analysis of a British Colony in Late Eighteenth Century America in the Light of Current American Historiographical Controversy," *Australian Journal of Politics and History,* **XI,** 2, 170–184.

참고 문헌 439

Kay, Marvin L. Michael. (1976). "The North Carolina Regulation, 1766–1776: A Class Conflict," in A.F. Young, ed., *The American Revolution: Explorations in the History of American Redicalism.* DeKalb, IL: Northern Illinois University Press, 71–123.
Keene, Charles A. (1978). "American Shipping and Trade, 1798–1820: The Evidence from Leghorn," *Journal of Economic History,* **XXXVIII**, 3, 681–700.
Keep, John. (1972). "Light and Shade in the History of the Russian Administration," *Canadian-American Slavic Studies,* **VI**, 1, 1–9.
Kellenbenz, Hermann. (1970, 1971). "Marchands en Russie aux XVIIe et XVIIIe siècles," *Cahiers du monde russe et soviétique,* **XI**, 4, 516–620 (1970); **XII**, 1/2, 76–109 (1971).
Kellenbenz, Hermann. (1973). "The Economic Significance of the Archangel Route (from the late 16th to the late 18th Century)," *Journal of European Economic History,* **II**, 3, 541–581.
Kemp, Tom. (1962). "Structural Factors in the Retardation of French Economic Growth," *Kyklos,* **XV**, 2, 325–352.
Kennedy, Michael L. (1984). "The Best and the Worst of Times: The Jacobin Club Network from October 1791 to June 2, 1793," *Journal of Modern History,* **LVI**, 4, 635–666.
Kenyon, Cecelia M. (1962). "Republicanism and Radicalism in the American Revolution: An Old-Fashioned Interpretation," *William and Mary Quarterly,* **XIX**, 2, 153–182.
Kenyon, Gordon. (1961). "Mexican Influence in Central America, 1821–1823," *Hispanic American Historical Review,* **XLI**, 1, 175–205.
Kerr, Wilfred Brenton. (1932a). "The Merchants of Nova Scotia and the American Revolution," *Canadian Historical Review,* **XIII**, 1, 20–36.
Kerr, Wilfred Brenton. (1932b). "Nova Scotia in the Critical Years, 1775–6," *Dalhousie Review,* **XII**, 97–107.
Kerr, Wilfred Brenton. (1936). *Bermuda and the American Revolution: 1760–1783.* Princeton, NJ: Princeton University Press.
Kerridge, Eric. (1967). *The Agricultural Revolution.* London: George Allen & Unwin.
Kerridge, Eric. (1969). "The Agricultural Revolution Reconsidered," *Agricultural History,* **XLIII**, 4, 463–475.
Kessel, Patrick. (1969). *La nuit du 4 août 1789.* Paris: Arthaud.
Kessinger, Tom G. (1983). "Regional Economy: North India," in D. Kumar, ed., *Cambridge Economic History of India,* **II**: *c. 1757–c. 1970.* Cambridge, Engl.: Cambridge University Press, 242–270.
Keyder, Çağlar. (1976). The Dissolution of the Asiatic Mode of Production," *Economy and Society,*V, 2, 178–196.
Keyder, Çağlar & İslamoğlu, Huri. (1977). "Agenda for Ottoman History," *Review,* **I**, 1, 31–55.
Kicza, John E. (1982). "The Great Families of Mexico: Elite Maintenance and Business Practices in Late Colonial Mexico City," *Hispanic American Historical Review,* **LXII**, 3, 429–457.
Kiernan, Victor. (1952). "Evangelicism and the French Revolution," *Past and Present,* No. 1, Feb., 44–56.
Kilson, Marion Dusser de Barenne. (1971). "West African Society and the Atlantic Slave Trade, 1441–1865," in N.I. Huggins *et al.,* eds., *Key Issues in the Afro-American Experience,* Vol. I. New York: Harcourt, Brace, Jovanovich, 39–53.
Kindleberger, Charles. (1975). "Commercial Expansion and the Industrial Revolution," *Journal of European Economic History,* **IV**, 3, 613–654.
Kirchner, Walther. (1966). *Commercial Relations Between Russia and Europe, 1400–1800: Collected Essays.* Bloomington, IN: Indiana University Press.
Kisch, Herbert. (1959). "The Textile Industries in Silesia and the Rhineland: A Comparative Study in Industrialization," *Journal of Ecnomic History,* **XIX**, 4, 541–564.
Kisch, Herbert. (1962). "The Impact of the French Revolution on the Lower Rhine Textile Districts—Some Comments on Economic Development and Social Change," *Economic History Review,* 2nd ser., **XV**, 2, 304–327.
Kizevetter, M. (1932). "Paul Ier et l'état intérieur de la Russie à la fin du XVIIIe siècle," in Paul

Milioukov, dir., *Histoire de la Russie*, **II:** *Les successeurs de Pierre le Grand: de l'autocratie appuyée sur la noblessa à l'autocratie bureaucratique*. Paris: E. Leroux, 629–655.
Klein, A. Norman. (1968). "Karl Polanyi's Dahomey: To Be or Not to Be a State? A Review Article," *Canadian Journal of African Studies*, **II**, 2, 210–223.
Klein, Herbert S. (1978). "The English Slave Trade to Jamaica, 1782–1808," *Economic History Review*, 2nd ser., **XXXI**, 1, 25–45.
Klein, Martin A. (1968). *Islam and Imperialism in Senegal: Sine-Saloum, 1847–1914*. Stanford, CA: Stanford University Press.
Klein, Martin A. (1972). "Social and Economic Factors in the Muslim Revolution in Senegambia," *Journal of African History*, **XIII**, 3, 419–441.
Klein, Martin & Lovejoy, Paul E. (1979). "Slavery in West Africa," in H.A. Gemery & J.S. Hogendorn, eds., *The Uncommon Market*. New York: Academic Press, 181–212.
Klingaman, David. (1969). "The Significance of Grain in the Development of the Tobacco Colonies," *Journal of Economic History*, **XXIX**, 2, 268–278.
Knight, Franklin W. (1970). *Slave Society in Cuba During the Nineteenth Century*. Madison, WI: University of Wisconsin Press.
Knight, Franklin W. (1977). "Origins of Wealth and the Sugar Revolution in Cuba, 1750–1850," *Hispanic American Historical Review*, **LVII**, 2, 231–253.
Knight, Franklin W. (1983). "The American Revolution and the Caribbean," in I. Berlin & R. Hoffman, eds., *Slavery and Freedom in the Age of the American Revolution:* Charlottesville, VA: University of Virginia Press, 237–261.
Knollenberg, Bernhard. (1960). *Origin of the American Revolution: 1759–1766*. New York: Macmillan.
Knollenberg, Bernhard. (1975). *Growth of the American Revolution, 1766–1775*. New York: Free Press.
Kochanowicz, Jacek. (1980). "Le paysan et la modernisation: Le Royaume de Pologne dans la première moitié du XIXe siècle," paper delivered at Ier Colloque Franco-Polonais, Antibes, 6-9 novembre.
Konetzke, Richard. (1946). "El mestizaje y su importancia en el desarollo de la población hispano-americana durante la época colonial," *Revista de Indias*, **VII**, No. 23, 7–44; **VII**, No. 24, 216–237.
Konetzke, Richard. (1950). "La condición legal de los criollos y las causes de la Independencia," *Estudios americanos*, **II**, 5, 31–54.
Kopytoff, Igor. (1979). "Commentary One [on Lovejoy]," in M. Craton, ed., *Roots and Branches: Current Directions in Slave Studies*. Toronto: Pergamon, 62–77.
Kopytoff, Igor & Miers, Suzanne. (1977). "African 'Slavery' as an Institution of Marginality," in S. Miers & I. Kopytoff, eds., *Slavery in Africa: Historical and Anthropological Perspectives*. Madison, WI: University of Wisconsin Press, 3–81.
Koulischer, Joseph. (1931). "La grande industrie aux XVIIe et XVIIIe siècles: France, Allemagne, Russie," *Annales d'historie économique et sociale*, **III**, No. 9, 11–46.
Koutaissoff, E. (1951). "The Ural Metal Industry in the Eighteenth Century," *Economic History Review*, 2nd ser., **IV**, 2, 252–255.
Köymen, Oya. (1971). "The Advent and Consequences of Free Trade in the Ottoman Empire," *Etudes balkaniques*, **VII**, 2, 47–55.
Kranzberg, Melvin. (1969). "Industrial Revolution," *Encyclopedia Britannica*, Vol. XII. Chicago & London: Encyclopedia Britannica, 210–215.
Kraus, Michael. (1939). "America and the Irish Revolutionary Movement in the Eighteenth Century," in R.B. Morris, ed., *The Era of the American Revolution*. New York: Columbia University Press, 332–348.
Krause, John T. (1958). "Changes in English Fertility and Mortality, 1781–1850," *Economic History Review*, 2nd ser., **XI**, 1, 52–70.
Krause, John T. (1967). "Some Aspects of Population Change, 1690–1770," in E.C. Jones & G.E. Mingay, eds., *Land, Labour and Population in the Industrial Revolution*. London: Edward Arnold, 187–205.

Krause, John T. (1969). "Some Neglected Factors in the English Industrial Revolution," in Michael Drake, ed., *Population in Industrialization*. London: Methuen, 103–117. (Originally published in *Journal of Economic History*, 1959.)
Kriedte, Peter. (1983). *Peasants, Landlords and Merchant Capitalists: Europe and the World Economy, 1500–1800*. Cambridge, Engl.: Cambridge University Press.
Kriedte, Peter, Medick, Hans & Schlumbohm, Jürgen. (1977). *Industrialisierung vor der Industrialisierung*. Göttingen: Vanderhoeck & Ruprecht.
Kroeber, Clifton B. (1957). *The Growth of the Shipping Industry in the Rio de la Plata Region, 1794–1860*. Madison, WI: University of Wisconsin Press.
Krooss, Herman E. (1969). "Discussion," *American Economic Review*, **LIX**, 2, Papers and Proceedings, 384–385.
Kulikoff, Allan. (1971). "The Progress of Neutrality in Revolutionary Boston," *William and Mary Quarterly*, 3rd ser., **XXVIII**, 3, 375–412.
Kulshreshtha, S.S. (1964). *The Development of Trade and Industry under the Mughals (1526 to 1707 A.D.)*. Allahabad, India: Kitab Mahal.
Kumar, Dharma. (1965). *Law and Caste in South India*. Cambridge, Engl.: At the University Press.
Kumar, Dharma. (1985). "The Dangers of Manichaeism," *Modern Asian Studies*, **XIX**, 3, 383–386.
Kurmuş, Orhan. (1983). "The 1838 Treaty of Commerce Reexamined," in J.-L. Bacqué-Grammont & P. Dumont, dirs., *Economie et Sociétés dans l'Empire Ottoman (fin du XVIIIe–Début du XXe siècle)*, Colloques Internationaux du CNRS, No. 601. Paris: Ed. du CNRS, 411–417.
Labrousse, C.-E. (1933). *Esquisse de mouvement des prix et des revenus en France au XVIIIe siècle*, 2 vols. Paris: Lib. Dalloz.
Labrousse, C.-E. (1944). *La crise de l'économie française à la fin de l'Ancien Régime et au début de la révolution*, Vol. I. Paris: Presses Universitaires de France.
Labrousse, C.-E. (1945). "Préface," in A. Chabert, *Essai sur les mouvements des prix et des revenus en France 1798 à 1820*. Paris: Lib. des Médicis, i–ix.
Labrousse, C.-E. (1948). "Comment naissent les revolutions," in *Actes du Congres historique du Centenaire de la Révolution de 1848*. Paris: Presses Universitaires de France, 1–29.
Labrousse, C.-E. [Ernest]. (1954). "Préface" to Pierre Léon, *La naissance de la grande industrie en Dauphiné (fin du XVIIe siècle–1869)*. Paris: Presses Universitaires de France, v–xiv.
Labrousse, C.-E. [Ernest]. (1955). "Voies nouvelles vers une histoire de la bourgeoisie occidentale aux XVIIIe et XIXe siècles (1700–1850)," in X Congresso Internazionale di Scienze Storiche, Roma, 4–11 settembre, 1955. *Relazioni*, IV: *Storia moderna*. Firenze: G.C. Sansoni, 365–396.
Labrousse, C.-E. (1965). "Eléments d'un bilan économique: La croissance dans la guerre," in XIIe Congrès International des Sciences Historiques, Vienne, 29 août–5 sept. *Rapports*, I: *Grands thèmes*. Horn/Wein: Ferdinand Berger & Sohne, 473–497.
Labrousse, C.-E. [Ernest]. (1966). "The Evolution of Peasant Society in France from the Eighteenth Century to the Present," in E.M. Acomb & M.L. Brown, Jr., eds., *French Society and Culture Since the Old Regime*. New York: Holt, Rinehart & Winston, 44–64.
Labrousse, C.-E. (1970). "Dynamismes économiques, dynamismes sociaux, dynamismes mentaux," in Fernand Braudel & Ernest Labrousse, dirs., *Histoire économique et social de la France*, **II**: *Des derniers temps de l'age seigneurial aux préludes de l'age industriel (1660–1789)*. Paris: Presses Universitaires de France, 691–740.
Lacerte, Robert K. (1975). "The First Land Reform in Latin America: The Reforms of Alexandre Pétion, 1809–1814," *Inter-American Economic Affairs*, **XXVIII**, 4, 77–85.
Lacy, Michael G. (1985). "The United States and American Indians: Political Relations," in V. Deloria, Jr., ed., *American Indian Policy in the Twentieth Century*. Norman, OK: University of Oklahoma Press, 83–104.
Ladd, Doris M. (1976). *The Mexican Nobility at Independence, 1780–1826*. Austin, TX: University of Texas Press.
Lamb, D.P. (1976). "Volume and Tonnage of the Liverpool Slave Trade, 1772–1807," in R.

Anstey & P.E.H. Hair, eds., *Liverpool, The Slave Trade, and Abolition*. Bristol, Engl.: Western Printing Service, 91–112.

Lammey, David. (1986). "The Irish–Portuguese Trade Dispute, 1770–90," *Irish Historical Studies*, **XXV**, No. 97, 29–45.

Lanctot, Gustave. (1965). *Le Canada et la Révolution américaine*. Montréal: Lib. Beauchemin.

Landes, David S. (1949). "French Entrepreneurship and Industrial Growth in the Nineteenth Century," *Journal of Economic History*, **IX**, 1, 45–61.

Landes, David S. (1950). "The Statistical Study of French Crises," *Journal of Economic History*, **X**, 2, 195–211.

Landes, David S. (1958a). "Reply to Mr. Danière and Some Reflections on the Significance of the Debate," *Journal of Economic History*, **XVIII**, 3, 331–338.

Landes, David S. (1958b). "Second Reply," *Journal of Economic History*, **XVIII**, 3, 342–344.

Landes, David S. (1969). *The Unbound Prometheus: Technological Change and Industrial Development in Western Europe from 1750*. Cambridge, Engl.: At the University Press.

Langer, W.L. (1975). "American Foods and Europe's Population Growth, 1750–1850," *Journal of Social History*, **VIII**, 2, 51–66.

Lanning, John Tate. (1930). "Great Britain and Spanish Recognition of the Hispanic American States," *Hispanic American Historical Review*, **X**, 4, 429–456.

Laran, Michael. (1966). "Nobles et paysans en Russie, de 'l'âge d'or' du servage à son abolition (1762–1861)," *Annales E.S.C.*, **XXI**, 1, 111–140.

Laslett, Peter. (1965). *The World We Have Lost*. London: Methuen.

Last, Murray. (1974). "Reform in West Africa: The Jihad Movements of the Nineteenth Century," in J.F.A. Ajayi & M. Crowder, eds., *History of West Africa*, Vol. II. London: Longman, 1–29.

Latham, A.J.H. (1971). "Currency, Credit and Capitalism on the Cross River in the Pre-Colonial Era," *Journal of African History*, **XII**, 4, 599–605.

Latham, A.J.H. (1973). *Old Calabar, 1600–1891: The Impact of the International Economy Upon a Traditional Economy*. Oxford: Clarendon Press.

Latham, A.J.H. (1978). "Price Fluctuations in the Early Palm Oil Trade," *Journal of African History*, **XIX**, 2, 213–218.

Laufenberger, Henri. (1925). "L'industrie cotonnière du Haut Rhin et la France," *Revue politique et parlementaire*, **CXXV**, 387–415.

Laurent, Robert. (1976a). "Les cadres de la production agricole: propriété et modes de production," in Fernand Braudel & Ernest Labrousse, dirs., *Histoire économique et social de la France*, **III**: *L'avènement de l'ère industrielle (1789–années 1880)*. Paris: Presses Universitaires de France, 629–661.

Laurent, Robert. (1976b). "L'utilisation du sol: La rénovation des methodes de culture," in Fernand Braudel & Ernest Labrousse, dirs., *Histoire économique et social de la France*, **III**: *L'avènement de l'ère industriel (1789–années 1880)*. Paris: Presses Universitaires de France, 663–684.

Law, Robin. (1977). "Royal Monopoly and Private Enterprise in the Atlantic Trade: The Case of Dahomey," *Journal of African History*, **XVIII**, 4, 555–577.

Law, Robin. (1986). "Dahomey and the Slave Trade: Reflections on the Historiography of the Rise of Dahomey," *Journal of African History*, **XXVII**, 2, 237–267.

Lazonick, William. (1974). "Karl Marx and Enclosures in England," *Review of Radical Political Economics*, **VI**, 2, 1–59.

Lebrun, Pierre. (1948). *L'industrie de la laine à Verviers pendant le XVIIIe et le début du XIXe siècles: Contribution à l'étude des origines de la révolution industrielle*. Liège: Faculté de Philosophie et Lettres, fasc. CXIV.

Lebrun, Pierre. (1960). "Croissance et industrialisation: L'Expérience de l'industrie drapière verviétoise, 1750–1850," in *First International Conference of Economic History: Contributions and Communications*, Stockholm, August. Paris & La Haye: Mouton, 531–568.

Lebrun, Pierre. (1961). "La rivoluzione industriale in Belgio: Strutturazione e destrutturazione delle economie regionali," *Studi storici*, **II**, 3/4, 548–658.
Lecky, W.E.H. (1972). *A History of Ireland in the Eighteenth Century*. Chicago, IL: University of Chicago Press, 1972. (Originally published 1892.)
Le Donne, John P. (1982, 1983). "The Territorial Reform of the Russian Empire, 1775–1796. I: Central Russia, 1775–1784," *Cahiers du monde russe et soviétique*, **XXIII**, 2, 147–185 (1982); "II: The Borderlands, 1777–1796," **XXIV**, 4, 411–457 (1983).
Lee, R.D. & Schofield, R.S. (1981). "British Population in the Eighteenth Century," in R. Floud & D.N. McCloskey, eds., *The Economic History of Britain Since 1700*, **I**. *1700–1860*. Cambridge, Engl.: Cambridge University Press, 17–35.
Leet, Don R. & Shaw, John A. (1978). "French Economic Stagnation, 1700–1960: Old Economic History Revisited," *Journal of Interdisciplinary History*, **VIII**, 3, 531–544.
Lefebvre, Georges. (1929). "La place de la Révolution dans l'histoire agraire de la France," *Annales d'histoire économique et sociale*, **I**, 4, 506–523.
Lefebvre, Georges. (1932). *La grande peur de 1789*. Paris: Lib. Armand Colin.
Lefebvre, Georges. (1937). "Le mouvement des prix et les origines de la Révolution française," *Annales historiques de la Révolution française*, **XIV**, No. 82, 288–329.
Lefebvre, Georges. (1939). *Quatre-vingt-neuf*. Paris: Maison du Livre Français.
Lefebvre, Georges. (1947a). "Review of Daniel Guérin, *La lutte de classes sous la première République*," in *Annales historiques de la Révolution française*, **XIX**, No. 106, 173–179.
Lefebvre, Georges. (1947b). *The Coming of the French Revolution*. Princeton, NJ: Princeton University Press.
Lefebvre, Georges. (1956). "Le mythe de la Révolution française," *Annales historiques de la Révolution française*, **XXVIII**, No. 145, 337–345.
Lefebvre, Georges. (1963). "La Révolution française et les paysans," in *Etudes sur la Revolution française*, 2e ed. revue. Paris: Presses Universitaires de France, 338–367. (Originally published in *Cahiers de la Révolution française*, 1933.)
Lefebvre, Georges. (1968). *La Révolution française*, Vol. XIII of *Peuples et civilisations*, 6th ed. Paris: Presses Universitaires de France.
Lefebvre, Georges. (1969). *Napoleon from 18 Brumaire to Tilsit, 1799–1807*. New York: Columbia University Press.
Lefebvre, Georges. (1972). *Les paysans du nord pendant la Révolution française*, nouv. éd. Paris: Lib. Armand Colin.
Lefebvre, Georges. (1973). *The Great Fear of 1789*. New York: Pantheon.
Lefebvre, Georges. (1978). "Les historiens de la Révolution française," in *Réflexions sur l'histoire*. Paris: Maspéro, 223–243. (Originally in *Bulletin de la faculté des lettres de Strasbourg*, 1929–1930.)
Lefebvre, Henri. (1975). "What is the Historical Past?" *New Left Review*, No. 90, 27–34.
Lefort, Claude. (1980). "Penser la Révolution dans la Révolution française," *Annales E.S.C.*, **XXXV**, 2, 334–352.
Léger, Jacques. (1934). "Le rôle de Toussaint Louverture dans la cession de la Louisiane aux Etats-Unis," *La Relève*, **II**, 16–18.
LeGoff, T. J. A. (1981). *Vannes and its Region: A Study of Town and Country in Eighteenth-Century France*. Oxford: Clarendon Press.
LeGoff, T. J. A. & Sutherland, D. M. G. (1974). "The Revolution and the Rural Community in Eighteenth-Century Brittany," *Past and Present*, No. 62, 96–119.
LeGoff, T. J. A. & Sutherland, D. M. G. (1983). "The Social Origins of Counter-Revolution in Western France," *Past and Present*, No. 99, 65–87.
Leleux, Fernand. (1969). *A l'aube du capitalisme et de la révolution industrielle: Liévin Bauwens, industriel Gaulois*, Paris: S.E.V.P.E.N.
Léon, Pierre. (1954). *La naissance de la grande industrie en Dauphiné fin du XVII siècle–1869*, 2 vols. Paris: Presses Universitaires de France.
Léon, Pierre. (1960). "L'industrialisation en France, en tant que facteur de croissance

économique du début de XVIIIe siècle à nos jours," in *First International Conference of Economic History*, Stockholm, August. Paris & La Haye: Mouton, 163–205.

Léon, Pierre. (1966). "Introduction générale: Les structures rurales de la France du Sud-Est, problèmes et premières interprètations," in P. Léon, dir., *Structures économiques et problèmes sociaux du Sud-Est (fin du XVIIe siècle–1835)*. Paris: Soc. d'Ed. "Les Belles Lettres," 7–32.

Léon, Pierre. (1974). "Structure du commerce extérieur et évolution industrielle de la France à la fin du XVIIIe siècle," in *Conjoncture économique, structures sociales: Hommage à Ernest Labrousse*. Paris & La Haye: Mouton, 407–432.

Léon, Pierre. (1976a). "L'impulsion technique," in Fernand Braudel & Ernest Labrousse, dirs., *Histoire économique et social de la France*, **III:** *L'avènement de l'ère industriel (1789–années 1880)*. Paris: Presses Universitaires de France, 475–501.

Léon, Pierre. (1976b). "Les nouvelles repartitions," in Fernand Braudel & Ernest Labrousse, dirs., *Histoire économique et social de la France*, **III:** *L'avènement de l'ère industriel (1789–années 1880)*. Paris: Presses Universitaires de France, 543–580.

Léon, Pierre. (1976c). "La dynamisme industriel," in Fernand Braudel & Ernest Labrousse, dirs., *Histoire économique et social de la France*, **III:** *L'avènement de l'ère industriel (1789–années 1880)*. Paris: Presses Universitaires de France, 581–616.

Le Roy Ladurie, Emmanuel. (1969). "L'Aménorrhée de famine (XVIIe–XXe siècles)," *Annales E.S.C.*, **XXIV,** 6, 1589–1601.

Le Roy Ladurie, Emmanuel. (1974). "Révoltes et contestations rurales en France de 1675 à 1788," *Annales E.S.C.*, **XXIX,** 1, 6–22.

Le Roy Ladurie, Emmanuel. (1975). "De la crise ultime à la vraie croissance, 1660–1789," in Georges Duby, dir., *Histoire de la France rurale*, **II:** E. LeRoy Ladurie, dir., *L'Age classique des paysans, 1340–1789*. Paris: Seuil, 355–599.

Le Roy Ladurie, Emmanuel. (1976). "La crise et l'historien," *Communications*, No. 24, 19–33.

Le Roy Ladurie, Emmanuel. (1978). "L'histoire immobile," in *Le territoire de l'historien*, Vol. II. Paris: Gallimard, 7–34. (Originally published in *Annales E.S.C.*, 1974.)

Le Roy Ladurie, Emmanuel. (1983–1984). "Sur la Révolution française: Les 'fevisions' d'Alfred Cobban," *Commentaire*, **VI,** No. 24, 834–837.

Le Roy Ladurie, Emmanuel & Goy, Joseph. (1969a). "Présentation" in J. Goy & E. Le Roy Ladurie, eds., *Les fluctuations du produit de la dîme*. Paris & La Haye: Mouton, 9–24.

Le Roy Ladurie, Emmanuel, with Goy, Joseph. (1969b). "Première esquisse d'une conjoncture du produit décimal et domanial, fin du Moyen Age–XVIIIe siècle," in J. Goy & E. Le Roy Ladurie, eds., *Les fluctuations de la dîme*. Paris & La Haye: Mouton, 334–374.

Le Roy Ladurie & Goy, Joseph. (1982). *Tithe and Agrarian History from the Fourteenth to the Nineteenth Centuries*. Cambridge, Engl.: Cambridge University Press & Paris: Ed. de la Maison des Sciences de l'Homme.

Le Roy Ladurie, Emmanuel, with Quilliet, Bernard. (1981). "Baroque et lumières," in G. Duby, dir., *Histoire de la France urbaine*, **III:** E. Le Roy Ladurie, dir., *La ville classique de la Renaissance aux Révolutions*. Paris: Seuil, 287–535.

Letaconnoux, J. (1908, 1909). "Les transports intérieurs en France au XVIIIe siècle," *Revue d'histoire moderne et contemporaine*, **XI,** 97–114 (1908); 269–292 (1909).

LeVeen, E. Phillip. (1974). "A Quantiative Analysis of the Impact of British Suppression Policies on the Volume of the Nineteenth Century Atlantic Slave Trade," in S. L. Engerman & E. D. Genovese, eds., *Race and Slavery in the Western Hemisphere: Quantitative Studies*. Princeton, NJ: Princeton University Press, 51–81.

Levene, Ricardo, ed. (1941). *Historia de la Nación Argentina*, 2a ed., **V:** *La Revolución de Mayo hasta la Asamblea General Constitugente*, 2 secciones. Buenos Aires: Lib. y Ed. "El Ateneo."

Levy, Avigdor. (1971). "The Officer Corp in Sultan Mahmud's New Army, 1826–39," *International Journal of Middle East Studies*, **II,** 1, 21–39.

Lévy-Bruhl, Henri. (1933). "La Noblesse de France et le commerce à la fin de l'ancien régime," *Revue d'histoire moderne*, n.s., **II,** No. 8, 209–235.

참고 문헌 445

Lévy-Leboyer, Maurice. (1964). *Les banques européennes et l'industrialisation internationale, dans la première moitié du XIXe siècle.* Paris: Presses Universitaires de France.
Lévy-Leboyer, Maurice. (1968). "Les processus d'industrialisation: Le cas de l'Angleterre et de la France," *Revue historique,* 92e année, **CCXXXIX,** 2, 281–298.
Lewin, Boleslao. (1957). *La rebelion de Túpac Amaru y los origenes de la emancipación americana.* Buenos Aires: Lib. Hachette.
Lewis, Bernard. (1953). "The Impact of the French Revolution in Turkey: Some Notes on the Transmission of Ideas," *Cahiers d'histoire mondiale,* **I,** 1, 105–125.
Lewitter, L. R. (1973). "Ivan Tikhonovich Pososhkov (1652–1726) and 'The Spirit of Capitalism,'" *Slavonic and East European Review,* **II,** No. 125, 524–553.
Liévano Aguirre, Indalecio. (1968). *Los grandes conflictos sociales y económicos de nuestro historia,* 3a ed. Bolivia: Ed. Tercer Mundo.
Lilley, Samuel. (1973). "Technological Progress and the Industrial Revolution, 1700–1914," in C. M. Cipolla, ed., *Fontana Economic History of Europe,* **III:** *The Industrial Revolution.* London: Collins/Fontana, 187–254.
Lindert, Peter H. & Williamson, Jeffrey G. (1983). "English Workers' Living Standards during the Industrial Revolution: A New Look," *The Economic History Review,* **XXXVI,** 1, 1–25.
Lindert, Peter H. & Williamson, Jeffrey G. (1985). "English Workers' Real Wages: Reply to Crafts," *Journal of Economic History,* **XLV,** 1, 145–153.
Lingelbach, W. E. (1914). "Historical Investigation and the Commercial History of the Napoleonic Era," *American Historical Review,* **XIX,** 2, 257–281.
Lipski, Alexander. (1959). "Some Aspects of Russia's Westernization during the Reign of Anna Ioannova, 1730–1740," *American Slavonic and East European Review,* **XVIII,** 1, 1–11.
Lis, C. & Soly, H. (1977). "Food Consumption in Antwerp between 1807 and 1859: A Contribution to the Standard of Living Debate," *Economic History Review,* 2nd ser., **XXX,** 3, 460–486.
Liss, Peggy K. (1983). *Atlantic Empires: The Network of Trade and Revolution, 1713–1826.* Baltimore, MD: Johns Hopkins University Press.
Little, Anthony. (1976). *Deceleration in the Eighteenth-Century British Economy.* London: Croom Helm.
Littlefield, Daniel C. (1981). "Plantations, Paternalism, and Profitability: Factors Affecting African Demography in the Old British Empire," *Journal of Southern History,* **XLVIII,** 2, 167–182.
Litwack, Leon F. (1961). *North of Slavery: The Negro in the Free States, 1790–1860.* Chicago, IL: University of Chicago Press.
Litwack, Leon F. (1987). "Trouble in Mind: The Bicentennial and the Afro-American Experience," *Journal of American History,* **LXXIV,** 2, 315–337.
Lloyd, Christopher. (1965). "Armed Forces and the Art of War, 1: Navies," in *New Cambridge Modern History,* **VIII:** A. Goodwin, ed., *The American and French Revolutions, 1763–93.* Cambridge, Engl.: Cambridge University Press, 174–190.
Lloyd, Peter C. (1971). *The Political Development of Yoruba Kingdoms in the Eighteenth and Nineteenth Centuries.* London: Royal Anthropological Institute of Great Britain and Ireland, Occasional Paper, No. 31.
Locke, Robert R. (1981). "French Industrialization: The Roehl Thesis Reconsidered," *Explorations in Economic History,* **XVIII,** 4, 415–433.
Lockridge, Kenneth A. (1973). "Social Change and the Meaning of the American Revolution," *Journal of Social History,* **VI,** 4, 403–449.
Logan, Rayford W. (1941). *The Diplomatic Relations of the United States with Haiti, 1776–1891.* Chapel Hill, NC: University of North Carolina Press.
Logan, Rayford W. (1968). *Haiti and the Dominican Republic.* New York: Oxford University Press.

Lokke, Carl Ludwig. (1928). "Jefferson and the Leclerc Expedition," *American Historical Review*, **XXXIII**, 2, 322–328.
Lokke, Carl Ludwig. (1930). "French Dreams of Colonial Empire under Directory and Consulate," *Journal of Modern History*, **II**, 2, 237–250.
Lokke, Carl Ludwig. (1932). *France and the Colonial Question: A Study of Contemporary French Opinion, 1763–1801*. New York: Columbia University Press.
Lombardi, John V. (1971). *The Decline and Abolition of Negro Slavery in Venezuela, 1820–1854*. Westport, CT: Greenwood.
Longworth, Philip. (1969). *The Cossacks*. New York: Holt, Rinehart & Winston.
Longworth, Philip. (1973). "The Last Great Cossack Peasant Rising," *Journal of European Studies*, **III**, 1, 1–35.
Longworth, Philip. (1974). "The Pugachev Revolt. The Last Great Cossack Peasant Rising," in H. A. Landsberger, ed., *Rural Protest: Peasant Movements and Social Change*. London: Macmillan, 194–256.
Longworth, Philip. (1975a). "The Pretender Phenomenon in Eighteenth-Century Russia," *Past and Present*, No. 66, 61–83.
Longworth, Philip (1975b). "Peasant Leadership and the Pugachev Revolt," *Journal of Peasant Studies*, **II**, 2, 183–205.
Longworth, Philip. (1979). "Popular Protest in England and Russia: Some Comparisons and Suggestions," in A. G. Cross, ed., *Great Britain and Russia in the Eighteenth Century: Contrasts and Comparisons*. Newton, MA: Oriental Research Partners, 263–278.
Loschky, David J. (1973). "Studies of the Navigation Acts: New Economic Non-History?" *Economic History Review*, 2nd ser., **XXVI**, 4, 689–691.
Lotté, Sophie A. (1962). "A propos de l'article de George Rudé," *Critica storica*, **I**, 4, 387–391.
Lough, John. (1987). *France on the Eve of Revolution: British Travellers' Observations, 1763–1788*. Chicago, IL: Dorsey Press.
Lovejoy, Paul E. (1978). "Plantations in the Economy of the Sokoto Caliphate," *Journal of African History*, **XIX**, 3, 341–368.
Lovejoy, Paul E. (1979). "Indigenous African Slavery," in M. Craton, ed., *Roots and Branches: Current Directions in Slave Studies*. Toronto: Pergamon, 19–61.
Lovejoy, Paul E. (1982). "The Volume of the Atlantic Slave Trade: A Synthesis," *Journal of African History*, **XXIII**, 4, 473–501.
Lovejoy, Paul E. & Hogendorn, Jan S. (1979). "Slave Marketing in West Africa," in H. A. Gemery & J. S. Hogendorn, eds., *The Uncommon Market*. New York: Academic Press, 213–235.
Lowenthal, David. (1952). "Colonial Experiments in French Guiana, 1760–1800," *Hispanic American Historical Review*, **XXXII**, 1, 22–43.
Loy, Jane M. (1981). "Forgotten Comuneros: The 1781 Revolt in the Llanos of Casanare," *Hispanic American Historical Review*, **LXI**, 2, 235–257.
Lubin, Maurice A. (1968). "Les premiers rapports de la nation haïtienne avec l'étranger," *Journal of Interamerican Studies*, **X**, 2, 277–305.
Lucas, Colin. (1973). "Nobles, Bourgeois and the Origins of the French Revolution," *Past and Present*, No. 60, Aug., 84–126.
Lucas, Colin. (1979). "Violence thermidorienne et société traditionnelle," *Cahiers d'histoire*, **XXXIV**, 4, 3–43.
Ludden, David. (1985). *Peasant History in South India*. Princeton, NJ: Princeton University Press.
Lundhal, Mats. (1984). "Defense and Distribution: Agricultural Policy in Haiti During the Reign of Jean-Jacques Dessalines, 1804–1806," *Scandinavian Economic History Review*, **XXXII**, 2, 77–103.
Lutfalla, Michel. (1966). "Saint-Just, analyste de l'inflation révolutionnaire," *Revue d'histoire économique et sociale*, **XLIV**, 2, 242–255.
Lüthy, Herbert. (1960). "Necker et la Compagnie des Indes," *Annales E.S.C.*, **XV**, 5, 852–881.

참고 문헌 447

Lüthy, Herbert. (1961). *La banque protestante en France de la Révocation de l'Edit de Nantes à la Révolution,* **II:** *De la banque aux finances (1730–1794).* Paris: S.E.V.P.E.N.
Luz, Nicia Vitela. (1960). "Inquietações revolucionarias no sul: conjuração mineira," in S. Buarque de Holanda, dir., *Historia Geral da Civilização Brasieira,* Tomo I, 2° Vol. São Paulo: Difusão Européia do Livro, 394–405.
Lyashchenko, Peter I. (1970). *History of the National Economy of Russia to the 1917 Revolution.* New York: Octagon.
Lynch, John. (1969). "British Policy and Spanish America, 1783–1808," *Journal of Latin American Studies,* **I,** 1, 1–30.
Lynch, John. (1973). *The Spanish American Revolutions, 1808–1826.* New York: W. W. Norton.
Lynch, John. (1985). "The Origins of Spanish American Independence," in *Cambridge History of Latin America,* **III.** L. Bethell, ed. *From Independence to c. 1870.* Cambridge, Engl.: Cambridge University Press, 3–50.
Lynd, Staughton. (1961). "Who Shall Rule at Home? Dutchess County, New York, in the American Revolution," *William and Mary Quarterly,* 3d ser., **XVIII,** 3, 330–359.
Lynd, Staughton. (1967). *Class Conflict, Slavery, and the United States Constitution: Ten Essays.* Indianapolis, IN: Bobbs-Merrill.
McAlister, L. N. (1963). "Social Structure and Social Change in New Spain," *Hispanic American Historical Review,* **XLIII,** 3, 349–379.
McCallum, John. (1980). *Unequal Beginnings: Agriculture and Economic Development in Quebec and Ontario until 1870.* Toronto: University of Toronto Press.
McCary, B. D. (1928). *The Causes of the French Intervention in the American Revolution.* Toulouse: Edward Privat.
McClelland, Peter D. (1969). "The Cost to America of British Imperial Policy," *American Economic Review,* **LIX,** 2, Papers & Proceedings, 370–381.
McClelland, Peter D. (1970). "On Navigating the Navigation Acts with Peter McClelland: Reply," *American Economic Review,* **LX,** 5, 956–958.
McClelland, Peter D. (1973). "The New Economic History and the Burdens of the Navigation Acts: A Comment," *Economic History Review,* 2nd ser., **XXVI,** 4, 679–686.
McCloskey, Donald N. (1972). "The Enclosure of Open Fields: Preface to a Study of Its Impact on the Efficiency of English Agriculture in the Eighteenth Century," *Journal of Economic History,* **XXXII,** 1, 15–35.
McCloskey, Donald N. (1981). "The Industrial Revolution, 1780–1860: A Survey," in R. Floud & D. N. McCloskey, eds., *The Economic History of Britain Since 1700,* **I:** *1700–1860.* Cambridge, Engl.: Cambridge University Press, 103–127.
McCloy, Shelby T. (1952). *French Inventions of the Eighteenth Century.* Lexington, KY: University of Kentucky Press.
McCoy, Drew R. (1974). "Republicanism and American Foreign Policy: James Madison and the Political Economy of Commercial Discrimination, 1789–1794." *William and Mary Quarterly,* 3rd ser., **XXXI,** 4, 633–646.
McCoy, Drew R. (1980). *The Elusive Republic: Political Economy in Jeffersonian America.* Chapel Hill, NC: University of North Carolina Press.
McCulloch, J. R. (1827). "Rise, Progress, Present State, and Prospects of the Cotton Manufacture," *Edinburgh Review,* **XLVI,** No. 91, 1–39.
McDonald, Forrest. (1960). "Rebuttal," *William and Mary Quarterly,* 3rd ser., **XVII,** 1, 102–110.
Macdonald, Stuart. (1980). "Agricultural Response to a Changing Market during the Napoleonic Wars," *Economic History Review,* 2nd ser., **XXXIII,** 1, 59–71.
McDowell, R. B. (1979). *Ireland in the Age of Imperialism and Revolution, 1760–1801.* Oxford: Clarendon Press.
Macedo, Jorge de. (1954). Portugal e a economia 'pombalina': temas e hipóteses," *Revista de Historia,* **IX,** 81–99.
McEvedy, Colin. (1972). *The Penguin Atlas of Modern History (to 1815).* London: Penguin.

McGowan, Bruce. (1981a). *Economic Life in Ottoman Europe.* Cambridge, Engl.: Cambridge University Press.
McGowan, Bruce. (1981b). "The Study of Land and Agriculture in the Ottoman Provinces Within the Context of an Expanding World Economy in the 17th and 18th Centuries," *International Journal of Turkish Studies,* **II,** 1, 57–63.
McGuire, Robert A. & Ohsfeldt, Robert L. (1984). "Economic Interests and the American Constitution: A Qualitative Rehabilitation of Charles A. Beard," *Journal of Economic History,* **XLIV,** 2, 509–519.
Mackay, D. L. (1974). "Direction and Purpose in British Imperial Policy, 1793–1801," *Historical Journal,* **XVII,** 3, 487–501.
McKeown, Thomas. (1976). *The Modern Rise of Population.* New York: Academic Press.
McKeown, Thomas C. & Brown, R. G. (1969). "Medical Evidence Related to English Population Changes in the Eighteenth Century," in M. Drake, ed., *Population in Industrialization.* London: Methuen, 40–72. (Originally published in *Population Studies,* 1955.)
McKeown, T., Brown, R. G. & Record, R. G. (1972). "An Interpretation of the Modern Rise of Population in Europe," *Population Studies,* **XXVI,** Part 3, 345–382.
McKeown, T. & Record, R. G. (1962). "Reasons for the Decline of Mortality in England and Wales During the Nineteenth Century," *Population Studies,* **XVI,** Part 2, 94–122.
Mackesy, Piers. (1964). *The War for America, 1775–1783.* Cambridge, MA: Harvard University Press.
Mackrell, J. Q. C. (1973). *The Attack on 'Feudalism' in Eighteenth-Century France.* London: Routledge & Kegan Paul.
Macmillan, David S. (1970). "The Scottish–Russian Trade: Its Development, Fluctuations, and Difficulties, 1750–1796," *Canadian–American Slavic Studies,* **IV,** 3, 426–442.
Macmillan, David S. (1973). "Paul's 'Retributive Measures' of 1800 Against Britain: The Final Turning-Point in British Commercial Attitudes towards Russia," *Canandian-American Slavic Studies,* **VII,** 1, 68–77.
Macmillan, David S. (1979). "Problems in the Scottish Trade with Russia in the Eighteenth Century: A Study in Mercantile Frustration," in A. G. Cross, ed., *Great Britain and Russia in the Eighteenth Century: Contrasts and Comparisons.* Newton, MA: Oriental Research Partners, 164–180.
McNeill, William H. (1964). *Europe's Steppe Frontier, 1500–1800.* Chicago, IL: University of Chicago Press.
McNeill, William H. (1976). *Plagues and Peoples.* Garden City, NY: Anchor Press.
McNeill, William H. (1982). *The Pursuit of Power.* Chicago, IL: University of Chicago Press.
McNickle, D'Arcy (1957). "Indian and European: Indian–White Relations from Discovery to 1887," *Annals of the A.A.P.S.S.,* **CCCXI,** May, 1–11.
McPhee, Allan. (1926). *The Economic Revolution in British West Africa.* London: Geo. Routledge & Sons.
Madariaga, Isabel de. (1962). *Britain, Russia, and the Armed Neutrality of 1780.* New Haven, CT: Yale University Press.
Madariaga, Isabel de. (1974). "Catherine II and the Serfs: A Reconsideration of Some Problems," *Slavonic and East European Review,* **LII,** No. 126, 34–62.
Madariaga, Salvador de. (1948). *The Fall of the Spanish American Empire.* New York: Macmillan.
Mahan, Capt. Alfred T. (1893). *The Influence of Sea Power upon the French Revolution and Empire, 1793–1812,* 2 vols. London: Sampson Low, Marston.
Maier, Pauline. (1971). "Revolutionary Violence and the Relevance of History," *Journal of Interdisciplinary History,* **II,** 1, 119–136.
Maier, Pauline. (1972). *From Resistance to Revolution: Colonial Radicals and the Development of American Opposition to Great Britain, 1765–1776.* New York: Alfred A. Knopf.
Main, Gloria L. (1983). "The Standard of Living in Colonial Massachusetts," *Journal of Economic History,* **XLIII,** 1, 101–108.
Main, Jackson Turner. (1960). "Charles A. Beard and the Constitution: A Critical Review

of Forrest McDonald's We the People," *William and Mary Quarterly*, 3rd ser., **XVIII**, 1, 86–102.
Main, Jackson Turner. (1961). *The Antifederalists: Critics of the Constitution, 1781–1788*. Chapel Hill, NC: University of North Carolina Press.
Main, Jackson Turner. (1965). *The Social Structure of Revolutionary America*. Princeton, NJ: Princeton University Press.
Manchester, Alan K. (1931). "The Rise of the Brazilian Aristocracy," *Hispanic American Historical Review*, **XI**, 2, 145–168.
Manchester, Alan K. (1933). *British Preëminence in Brazil: Its Rise and Decline*. Chapel Hill, NC: University of North Carolina Press.
Manchester, Alan K. (1957). "The Recognition of Brazilian Independence," *Hispanic American Historical Review*, **XXXI**, 1, 80–96.
Manfred, Alfred Z. (1961). *La Grande Révolution française du XVIIIe siècle*. Moscow: Ed. en langues étrangères.
Mann, Julia de Lacy. (1958). "The Textile Industry: Machinery for Cotton, Flax, Wool, 1760–1850," in C. Singer *et al.*, *A History of Technology*, **IV**: *The Industrial Revolution, c. 1750 to c. 1850*. Oxford: Clarendon Press, 277–307.
Manning, Patrick. (1969). "Slaves, Palm-Oil, and Political Power on the West African Coast," *African Historical Studies*, **II**, 2, 279–288.
Manning, Patrick. (1979). "The Slave Trade in the Bight of Benin, 1640–1890," in H. A. Gemery & J. S. Hogendorn, eds., *The Uncommon Market*. New York: Academic Press, 107–141.
Manning, Patrick. (1981). "The Enslavement of Africans: A Demographic Model," *Canadian Journal of African Studies*, **XV**, 3, 499–526.
Manning, Patrick. (1982). *Slavery, Colonialism and Economic Growth in Dahomey, 1640–1960*. Cambridge, Engl.: Cambridge University Press.
Mansuy, Andie. (1974). "L'impérialisme britannique et les relations coloniales entre le Portugal et le Brésil: un rapport de l'Amiral Campbell au Foreign Office (14 août 1804)," *Cahiers des Amériques Latines*, Nos. 9/10, 131–191.
Mantoux, P. (1928). *The Industrial Revolution in the Eighteenth Century*, 2nd rev. ed. London: Jonathan Cape.
Mantran, Robert. (1959). "L'évolution des relations entre la Tunisie et l'empire ottoman du XVIe du XIXe siècle," *Cahiers de Tunisie*, **VII**, 2e–3e trimestres, Nos. 26/27, 319–333.
Mantran, Robert. (1962). *Istanbul dans la seconde moitié du XVIIe siècle*, Bibliothèque Archéologique et Historique de l'Institut Français d'Archéologie d'Istanbul. Paris: Lib. A. Maisonneuve.
Mantran, Robert. (1984). *L'empire ottoman du XVIe au XVIIIe siècle. Administration, économie, société*. London: Variorum Reprints.
Manuel, Frank E. (1938). "The Luddite Movement in France," *Journal of Modern History*, **X**, 2, 180–211.
Marczewski, Jean. (1961a). "Y a-t-il eu un "take off" en France?," *Cahiers de l'I.S.E.A.*, Suppl. au No. 111, (Série A-D, No. 1), 69–94.
Marczewski, Jean. (1961b). "Some Aspects of the Economic Growth of France, 1660–1958," *Economic Development and Cultural Change*, **IX**, 2, 369–386.
Marczewski, Jean. (1963). "The Take-Off Hypothesis and French Experience," in W. W. Rostow, ed., *The Economics of Take-Off into Sustained Growth*. London: Macmillan, 119–138.
Marczewski, Jean. (1965). "Le produit physique de l'économie française de 1789 à 1913 (comparaison avec l'Angleterre)," *Cahiers de l'I.S.E.A.*, AF (4), No. 163, vii-cliv.
Mardin, Şerif. (1969). "Power, Civil Society and Culture in the Ottoman Empire," *Comparative Studies in Society and History*, **XI**, 3, 258–281.
Margadant, Ted W. (1983). "Local Elites and the Revolutionary Reconstruction of the French State," paper delivered at Fourth International Conference of Europeanists, Washington, DC, Oct. 13–15, mimeo.

Markov, Walter. (1960). "Les 'Jacquesroutins'," *Annales historique de la Révolution française*, **XXXII**, avr.–juin, 163–182.
Markovitch, Tihomir J. (1965, 1966a–c). "L'industrie francaise de 1789 à 1964," *Cahiers de l'I.S.E.A.*, AF, 4, No. 163, juil. (1965); AF, 5, No. 171, mars (1966a); AF, 6, No. 174, juin (1966b); AF, 7, No. 179, nov. (1966c).
Markovitch, Tihomir J. (1968). "L'industrie française au XVIIIe siècle: L'industrie lainiere à la fin du règne de Louis XIV et sous la Régence," *Economies et sociétés*, **II**, 8, 1517–1697.
Markovitch, Timohir J. (1974). "La révolution industrielle: le cas de la France," *Revue d'histoire économique et sociale*, **LII**, 1, 115–125.
Markovitch, Timohir J. (1976a). "La croissance industrielle sous l'Ancien Régime," *Annales E.S.C.*, **XXXI**, 3, 644–655.
Markovitch, Tihomir J. (1976b). *Histoire des industries françaises, I: Les industries lainières de Colbert à la Révolution*, Travaux de Droit, d'Economie, de Sociologie et de Sciences Politiques, No. 104. Genève: Lib. Droz.
Marshall, J. D. (1968). *The Old Poor Law, 1795–1834*. London: Macmillan.
Marshall, Peter J. (1962). "Radicals, Conservatives, and the American Revolution," *Past and Present*, No. 23, 44–56.
Marshall, Peter J. (1964a). "The First and Second British Empires: A Question of Demarcation," *History*, **XLIX**, No. 165, 13–23.
Marshall, Peter J. (1964b). "The British Empire and the American Revolution," *Huntington Library Quarterly*. **XXVII**, 2, 135–145.
Marshall, Peter, J., ed. (1968). *Problems of Empire: Britain and India, 1757–1813*. London: George Allen & Unwin.
Marshall, Peter J. (1975a). "Economic and Political Expansion: The Case of Oudh," *Modern Asian Studies*, **IX**, 4, 465–482.
Marshall, Peter J. (1975b). "British Expansion in India in the Eighteenth Century: A Historical Revision," *History*, **LX**, No. 198, 28–43.
Marshall, Peter J. (1976). *East Indian Failures: The British in Bengal in Eighteenth Century*. Oxford: Clarendon Press.
Marshall, Peter J. (1980). "Western Arms in Maritime Asia in the Early Phases of Expansion," *Modern Asian Studies*, **XIV**, 1, 13–28.
Martin, Bradford G. (1976). *Muslim Brotherhoods in Nineteenth-Century Africa*. Cambridge, Engl.: Cambridge University Press.
Martin, Gaston. (1930). "Capital et travail à Nantes au cours du XVIIIe siècles," *Revue d'histoire économique et social*, **XVIII**, 1, 52–85.
Martin, Gaston. (1931). *Nantes au XVIIIe siècle: L'ère des négriers (1714–1774)*. Paris: Lib. Felix Alcan.
Martin, Gaston. (1948). *Histoire de l'esclavage dans les colonies françaises*. Paris: Presses Universitaires de France.
Martin, Phyllis M. (1972). *The External Trade of the Loango Coast, 1576–1870: The Effects of Changing Commercial Relations on the Vili Kingdom of Loango*. Oxford: Clarendon Press.
Marwick, W. H. (1924). "The Cotton Industry and the Industrial Revolution in Scotland," *Scottish Historical Review*, **XXI**, 207–218.
Marx, Karl (1967). *Capital*, 3 vol. New York: International Publishers. (Originally published 1894).
Marzahl, Peter. (1974). "Creoles and Government: The Cabildo of Popayán," *Hispanic American Historical Review*, **LIV**, 4, 636–656.
Mason, Michael. (1969). "Population Density and 'Slave Raiding'—The Case of the Middle Belt of Nigeria," *Journal of African History*, **X**, 4, 551–564.
Mason, Michael. (1971). "Population Density and 'Slave Raiding'—A Reply," *Journal of African History*, **XII**, 2, 324–327.
Masson, Paul. (1911). *Histoire du commerce français dans le Levant au XVIIIe siècle*. Paris: Lib. Hachette.

참고 문헌 451

Mathias, Peter. (1969). *The First Industrial Nation.* London: Methuen.
Mathias, Peter. (1973). "Capital, Credit and Enterprise in the Industrial Revolution," *Journal of European Economic History,* **II**, 1, 121-143.
Mathias, Peter. (1979a). "British Industrialization: "Unique or Not?," in *The Transformation of England.* London: Methuen, 3-20. (Originally published in *Annales E.S.C.,* 1972.)
Mathias, Peter. (1979b). "Skills and the Diffusion of Innovations from Britain in the Eighteenth Century," in *The Transformation of England.* London: Methuen, 21-44. (Originally published in *Transactions of the Royal Historical Society,* 1975.)
Mathias, Peter. (1979c). "Who Unbound Prometheus? Science and Technical Change, 1600-1800," in *The Transformation of England.* London: Methuen, 45-71. (Originally published 1972.)
Mathias, Peter. (1979d). "The Social Structure in the Eighteenth Century: A Calculation by Joseph Massie," in *The Transformation of England.* London: Methuen, 171-189. (Originally published 1957.)
Mathias, Peter. (1986). "British Trade and Industry, 1786-1986," in S. Foreman, ed., *Striking a Balance . . . The Board of Trade, 1786-1986,* London: HMSO, 1-21.
Mathias, Peter & O'Brien, Patrick. (1976). "Taxation in Britain and France, 1715-1810," *Journal of European Economic History,* **V**, 3, 601-650.
Mathiez, Albert. (1923-1924). *La Révolution française.* Paris: Armand Colin.
Mathiez, Albert. (1931). "Les corporations ont-elles été supprimés en principe dans la nuit du 4 août 1989?" *Annales historiques de la Révolution française,* **VIII**, No. 45, 252-257.
Matsui, Toru. (1968). "On the Nineteenth-Century Indian Economic History—A Review of a 'Reinterpretation,' " *Indian Economic and Social History Review,* **I**, 1, 17-33.
Matthewson, Timothy M. (1979). "George Washington's Policy Toward the Haitian Revolution," *Diplomatic History,* **III**, 3, 321-336.
Mattoso, Katia M. de Queiros. (1970). "Conjoncture et société au Brésil à la fin du XVIIIe siècle," *Cahiers des Amériques Latines,* Série "Sciences de l'Homme," No. 5, janv.–juin, 33-53.
Mauro, Frédéric. (1972). "A conjuntura atlántica e a Indepêndencia do Brasil," in C. G. Mota, org., *1822: Dimensões,* São Paulo: Ed. Perspectiva, 38-47.
Maxwell, Kenneth R. (1968). "Pombal and the Nationalization of the Luso-Brazilian Economy," *Hispanic American Historical Review,* **XLVIII**, 4, 608-631.
Maxwell, Kenneth R. (1973). *Conflicts and Conspiracies: Brazil and Portugal, 1750-1808.* Cambridge, Engl.: At the University Press.
Mayer, Margit & Fay, Margaret A. (1977). "The Formation of the American Nation-State," *Kapitalistate,* No. 6, Fall, 39-90.
Mazauric, Claude. (1965). "Vendée et chouannerie," *La Penseé,* n.s., No. 124, 54-85.
Mazauric, Claude. (1967). "Réflexions sur une nouvelle conception de la Révolution française," *Annales historiques de la Révolution française,* **XXXIX**, No. 189, 339-368.
Mazauric, Claude. (1969). "Bilan et perspectives de recherches: L'histoire du XVIIIe siècle et de la Révolution française," *Annales historiques de la Révolution française,* **XLI**, 4, No. 198, 667-685.
Mazauric, Claude. (1970). *Sur la Révolution française. Contributions à la révolution bourgeoise.* Paris: Ed. Sociales.
Mazauric, Claude. (1975). "Quelques voies nouvelles pour l'histoire politique de la Révolution française," *Annales historiques de la Révolution française,* **XLVII**, No. 219, 134-173.
Mazauric, Claude. (1985). "Autopsie d'un échec: La résistance à l'anti-Révolution et la défaite de la Contre-Révolution," in F. Lebrun & R. Dupuy, eds., *Les résistances à la Révolution.* Paris: Imago, 237-244.
M'Bokolo, Elikia. (1980). *De l'abolition de la traite à la conquête continentale, 1800-1870.* Paris: Centre d'études africaines, mimeo.
Meillassoux, Claude. (1971a). "Introduction," in *The Development of Indigenous Trade and Markets in West Africa.* London: Oxford University Press, 3-86.

Meillassoux, Claude. (1971b). "Le commerce pré-colonial et le développement de l'esclavage à Gūbu du Sahel (Mali)," in C. Meillassoux, ed., *The Development of Indigenous Trade and Markets in West Africa*. London: Oxford University Press, 182–195.
Meinig, D. W. (1986). *The Shaping of America: A Geographical Perspective on 500 Years of History, I: Atlantic America, 1492–1800*. New Haven, CT: Yale University Press.
Mendels, Franklin. (1972). "Proto-industrialization: The First Phase of the Industrialization Process," *Journal of Economic History*. **XXXII**, 1, 241–261.
Metcalf, George. (1987). "A Microcosm of Why Africans Sold Slaves: Akan Consumption Patterns in the 1770s," *Journal of African History*, **XXVIII**, 3, 377–394.
Metcalfe, G. E. (1962). *MacLean of the Gold Coast: The Life and Times of George MacLean, 1801–1847*. London: Oxford University Press.
Mettas, Jean. (1975). "La traite portugaise en Haute Guinée, 1758–1797: Problèmes et méthodes," *Journal of African History*, **XVI**, 3, 343–363.
Meuvret, Jean. (1971a). "Les oscillations das prix des céréales aux XVIIe et XVIIIe siècles en Angleterre et dans les pays du bassin parisien," in *Etudes d'histoire économique*. Paris: Lib. Armand Colin, 113–124. (Originally published in *Revue d'histoire moderne et contemporaine*, 1969.)
Meuvret, Jean. (1971b). "L'agriculture en Europe aux XVIIe et XVIIIe siècles," in *Etudes d'histoire économique*. Paris: Lib. Armand Colin, 163–181. (Originally published in *Relazioni del X Congresso Internazionale di Scienze Storiche*, 1955.)
Meuvret, Jean. (1971c). "Domaines ou ensembles territoriaux?" in *Etudes d'histoire économique*. Paris: Lib. Armand Colin, 183–191. (Originally published in *Première conférence internationale d'histoire économique*, 1960.)
Meuvret, Jean. (1971d). "La vaine pâture et le progrès agronomique avant la Révolution," in *Etudes d'histoire économique*. Paris: Lib. Armand Colin, 193–196. (Originally published in *Revue d'histoire moderne et contemporaine*, 1969.)
Meuvret, Jean. (1971e). "Les crises de subsistance et la démographie de la France d'Ancien Régime," in *Etudes d'histoire économique*. Paris: Lib. Armand Colin, 271–278. (Originally published in *Population*, 1946.)
Meyer, Jean. (1960). "Le commerce négrier nantais (1774–1792)," *Annales E.S.C.*, **XV**, 1, 120–129.
Meyer, Jean. (1966). *La noblesse bretonne au XVIIIe siècle*, 2 vols. Paris: S.E.V.P.E.N.
Meyer, Jean. (1969). *L'armement nantais dans la deuxième moitié du XVIIIe siècle*. Paris: S.E.V.P.E.N.
Meyer, Jean. (1979a). "La guerre d'indépendence américaine et les problèmes navals européens. Rapports de force et influence sur le conflit," in *la Révolution américaine et l'Europe*, Colloques Internationaux du CNRS, No. 577. Paris: Ed. du CNRS, 187–217.
Meyer, Jean. (1979b). "Les difficultés de commerce franco-américain vues de Nantes (1776–1790)," *French Historical Studies*, **XI**, 2, 159–183.
Meyers, Allan. (1971). "Slavery in the Hausa-Fulani Emirates," in D. McCall & W. Bennett, eds., *Aspects of West African Islam*, Boston University Papers on Africa, Vol. V. Boston, MA: Boston University African Studies Center, 173–184.
Michalet, Charles-Albert. (1968). "Economie et politique chez Saint-Just. L'exemple de l'inflation," *Annales historiques de la Révolution française*, **LV**, No. 191, 60–110.
Michoff, Nicolas V. (1970). *Contribution à l'histoire du commerce de la Turquie et de la Bulgarie, VI: Auteurs français, allemands et anglais*. Sofia: Bulg. Akad. na nauike.
Middlekauff, Robert, ed. (1964). *Bacon's Rebellion*, Berkeley Series in American History. Chicago, IL: Rand McNally.
Miller, Alexandre. (1926). *Essai sur l'histoire des institutions agraires de la Russie centrale du XVIe au XVIIIe siècles*. Paris: Marcel Giard.
Milward, Alan S. & Saul, S.B. (1973). *The Economic Development of Continental Europe, 1780–1870*. London: George Allen & Unwin.

Minchinton, Walter, E. (1969). "Introduction," in Walter E. Minchinton, ed., *The Growth of English Overseas Trade in the Seventeenth and Eighteenth Centuries.* London: Methuen, 1–63.
Minchinton, Walter, E. (1973). "Patterns of Demand, 1750–1914," in C.M. Cipolla, ed., *Fontana Economic History of Europe,* **III:** *The Industrial Revolution.* London: Collins/Fontana, 77–186.
Minchinton, Walter, E. (1979). "The Trangular Trade Revisted," in H.A. Gemery & J.S. Hogendorn, eds., *The Uncommon Market.* New York: Academic Press, 331–352.
Mingay, G. E. (1956). "The Agricultural Depression, 1730–1750," *Economic History Review,* 2nd ser., **VIII,** 3, 323–338.
Mingay, G. E. (1960). "The Large Estate in Eighteenth-Century England," in *First International Conference of Economic History,* Stockholm. Paris & La Haye: Mouton, 367–383.
Mingay, G. E. (1963). "The 'Agricultural Revolution' in English History: A Reconsideration," *Agricultural History* **XXXVII,** 3, 123–133.
Mingay, G. E. (1969). "Dr. Kerridge's 'Agricultural Revolution': A Comment," *Agricultural History,* **XLIII,** 4, 477–481.
Mingay, G. E., ed. (1977). *The Agricultural Revolution: Changes in Agriculture, 1650–1880.* London: Adam & Charles Black.
Misra, B. B. (1959). *The Central Administration at the East India Company, 1773–1834.* Manchester, Engl.: Manchester University Press.
Mitchell, Harvey. (1968). "The Vendée and Counter-Revolution: A Review Essay," *French Historical Studies,* **V,** 4, 405–429.
Mitchell, Harvey. (1974). "Resistance to the Revolution in Western France," *Past and Present,* No. 63, 94–131.
Mitchison, Rosalind. (1959). "The Old Board of Agriculture (1793–1822)," *English Historical Review,* **LXXIV,** No. 290, 41–69.
Mokyr, Joel. (1974). "The Industrial Revolution in the Low Countries in the First Half of the Nineteenth Century: A Comparative Case Study," *Journal of Economic History,* **XXXIV,** 2, 365–391.
Mokyr, Joel. (1977). "Demand vs. Supply in the Industrial Revolution," *Journal of Economic History,* **XXXVII,** 4, 981–1008.
Mokyr, Joel. (1984). "Demand versus Supply in the Industrial Revolution: A Reply," *Journal of Economic History,* **XLIV,** 3, 806–809.
Mokyr, Joel & Savin, N. Eugene. (1976). "Stagflation in Historical Perspective: The Napoleonic Wars Revisited," in P. Uselding, ed., *Research in Economic History,* Vol. I. Greenwich, CT: Greenwood Press, 198–259.
Montgolfier, Bernard de. (1980). *Il y a cent cinquante ans . . . Juillet 1830.* Paris: Musée Carnavalet.
Moore, Barrington, Jr. (1966). *Social Origins of Dictatorship and Democracy.* Boston: Beacon Press.
Moosvi, Shireen. (1973). "Production, Consumption, and Population in Akbar's Time," *Indian Economic and Social History Review,* **X,** 2, 181–195.
Moosvi, Shireen. (1977). "Note on Professor Alan Heston's 'The Standard of Living in Akbar's Time: A Comment,' " *Indian Economic and Social History Reveiw,* **XIV,** 3, 359–374.
Morgan, Edmund S. (1967). "The Puritan Ethic and the American Revolution," *William and Mary Quarterly,* 3rd ser., **XXIV,** 1, 3–43.
Morgan, Edmund S. (1973). "Conflict and Consensus in the American Revolution," in S. G. Kurtz & J. H. Hutson, eds., *Essays on the American Revolution.* Chapel Hill, NC: University of North Carolina Press, 289–309.
Morgan, Edmund S. (1977). *The Birth of the Republic, 1763–1789,* rev. ed. Chicago, IL: University of Chicago Press.
Morgan, Edmund S. & Helen M. (1953). *The Stamp Act Crisis: Prelude to Revolution.* Chapel Hill, NC: University of North Carolina Press.

Morgan, Valerie. (1971). "Agricultural Wage Rates in Late Eighteenth-Century Scotland," *Economic History Review*, 2nd ser., **XXIV**, 2, 181–201.
Morin, Victor. (1949). "La 'république canadienne' de 1838," *Revue d'histoire de l'Amérique française*, **II**, 4, 483–512.
Morineau, Michel. (1965). "Le balance du commerce franco-néerlandais et le resserrement économique des Provinces-Unies au XVIIIe siècle," *Economisch–Historisch Jaarboek*, **XXX**, 170–233.
Morineau, Michel. (1969a). "Histoire sans frontière: Prix et 'révolution agricole,' " *Annales E.S.C.*, **XXIV**, 2, 403–423.
Morineau, Michel. (1969b). "Réflexions tardives et conclusions prospectives," in J. Goy & E. LeRoy Ladurie, eds., *Les fluctuations de la dîme*. Paris & La Haye: Mouton, 320–333.
Morineau, Michel. (1971). *Les faux-semblants d'un démarrage économique: agriculture et démographie en France au XVIIIe siècle*. Paris: Lib. Armand Colin.
Morineau, Michel. (1972a). "L'ankylose de l'économie méditerranéenne au XVIIIe et au début de XIXe siècles: le rôle de l'agriculture," in *Cahiers de la Méditerranée*, sér. spéc., No. 1, journées d'études des 12 et 13 mai, Nice, 95–105.
Morineau, Michel. (1972b). "Budgets popularies en France au XVIIIe siècle," *Revue de'histoire économique et sociale*, **L**, 2, 203–237; **L**, 4, 449–481.
Morineau, Michel. (1974a). "A la Halle de Charleville: Fourniture et prix des grains ou les mécanismes du marché (1647–1821)," in *Actes du 95e Congrès National des Sociétés Savantes, Reims, 1970, Section d'histoire moderne et contemporaine*. Paris: Bibliothèque Nationale, II, 159–222.
Morineau, Michel. (1974b). "Révolution agricole, Révolution alimentaire, Révolution démographique," *Annales de démographie historique*, 335–371.
Morineau, Michel. (1976a). "Le rose et le vert," *Annales E.S.C.*, **XXXI**, 2, 467–510.
Morineau, Michel. (1976b). "Les problèmes de la modernisation des structures économiques et sociales dans une économie multisectorielle," in *Fifth International Conference of Economic History*, Leningrad, 1970. The Hague: Mouton, VII, 42–72.
Morineau, Michel. (1978). "Trois contributions au colloque de Göttingen," in E. Hinrichs *et al.*, eds., *Von Ancien Regime zur Französischen Revolution*. Göttingen: Vandenhoeck & Ruprecht, 374–419.
Morineau, Michel. (1980a). "La dîme et l'enjeu," *Annales historiques de la Révolution française*, **LII**, 2, No. 240, 161–180.
Morineau, Michel. (1980b). "Budgets de l'Etat et gestion des finances royales en France au dix-huitième siècle," *Revue historique*, **CCLXIV**, 2, No. 536, 289–336.
Morineau, Michel. (1985). "Raison, Révolution et Contre-Révolution," in F. Lebrun & R. Dupuy, eds., *Les résistances à la Révolution*. Paris: Imago, 284–291.
Morris, Morris David. (1968). "Towards a Re-interpretation of the 19th Century Indian Economic History," *Indian Economic and Social History Review*, **V.**, 1, 1–16.
Morris, Morris David & Stein, Burton. (1961). "The Economic History of India: A Bibliographic Essay," *Journal of Economic History*, **XXI**, 2, 179–207.
Morris, Richard B. (1946). *Government and Labor in Early America*. New York: Columbia University Press.
Morris, R. J. (1979). *Class and Class Consciousness in the Industrial Revolution, 1780–1850*. London: Macmillan.
Mota, Carlos Guilherme. (1967). *Idéia de revolução no Brasil no final do século XVIII*. São Paulo: Universidade de São Paulo.
Mota, Carlos Guilherme. (1972). "Europeus no Brasil à Epoca da Independência: Um Estudo," in C.G. Mota, ed., *1822: Dimensões*. São Paulo: Ed. Perspectiva, 56–73.
Mota, Carlos Guilherme. (1973). "Efectos dos movimentos sociais brasileiros no política metropolitana: a 'revolução' nordestina de 1817," *Luso-Brazilian Review*, **X**, 1, 76–85.
Moreaux, Philippe. (1968). "Truck-System et revendications sociales dans la sidérurgie

참고 문헌 455

luxembourgeoise du XVIIIe siècle," *Mélanges offerts à G. Jacquemyns*. Bruxelles: Université Libre de Bruxelles, 527–530.
Mourlot, F. (1911). "La Crise de l'industrie drapière à Sedan, en 1788," *Revue historique ardennaise*, **XVIII**, mai–juin, 104–106.
Mouser, Bruce L. (1973). "Trade, Coasters, and Conflict in the Rio Pongo from 1790–1808," *Journal of African History*, **XIV**, 1, 45–64.
Mouyabi, Jean. (1976). "La Piste des Esclaves et des Portages," Mémoire de D.E.A., Dép. d'Histoire, Université de Brazzaville.
Mouyabi, Jean. (1979). "Essai sur le commerce précolonial et protocolonial au Congo méridional (XVIIe–début XXe siècle)," Thèse 3e cycle, E.H.E.S.S., Paris.
Mui & Mui, Lorna H. (1963). "The Commutation Act and the Tea Trade in Britain, 1784–1793," *Economic History Review*, 2nd ser., **XVI**, 2, 234–253.
Mui & Mui, Lorna H. (1975). "'Trends in Eighteenth Century Smuggling' Reconsidered," *Economic History Review*, 2nd ser., **XXVIII**, 1, 28–43.
Mukherjee, Nolmani. (1962). *The Ryotwari System in Madras, 1792–1827*. Calcutta: Firma K. L. Mukhopadhyay.
Mukherjee, Nolmani & Frykenberg, Robert Eric. (1969). "The Ryotwari System and Social Organization in the Madras Presidency," in R.E. Frykenberg, ed., *Land Control and Social Structure in Indian History*. Madison, WI: University of Wisconsin Press, 217–226.
Mukherjee Ramkrishna. (1955). *The Rise and Fall of the East India Company*. Berlin: VEB Deutscher Verlag der Wissenschaften.
Mukherjee, Rudrangshu. (1982). "Trade and Empire in Awadh, 1765–1804," *Past and Present*, No. 94, 85–102.
Müller, Birgit. (1985). "Commodities as Currencies: The Integration of Overseas Trade into the Internal Trading Structure of the Igbo of South-East Nigeria," *Cahiers d'études africaines*, **XXV**, 1, No. 97, 57–77.
Mullet, Ch. F. (1946). "The Cattle Distemper in Mid-Eighteenth Century England," *Agricultural History*, **XX**, 3, 144–165.
Munger, Frank. (1981). "Contentious Gatherings in Lancashire, England, 1750–1830," in Louise A. Tilly & Charles Tilly, eds., *Class Conflict and Collective Action*. Beverly Hills, CA: Sage, 73–109.
Muñoz Oraá, Carlos E. (1960). "Pronóstico de la independencia de América, y un proyecto de Monarquías en 1781," *Revista de historia de América*, No. 50, 439–473.
Munro, J. Forbes. (1976). *Africa and the International Economy, 1800–1960*. London: J. M. Dent & Sons.
Murphy, James & Higonnet, Patrice. (1973). "Les députés de la noblesse aux Etats généraux de 1789," *Revue d'histoire moderne et contemporaine*, **XX**, 2, 230–247.
Murphy, Orville T. (1966). "DuPont de Nemours and the Anglo-French Commcerial Treaty of 1786," *Economic History Review*, 2nd ser., **XIX**, 3, 569–580.
Musson, A. E. (1972). Introduction," in A.E. Musson, ed., *Science, Technology and Economic Growth in the Eighteenth Century*. London: Methuen, 1–68.
Musson, A. E. (1976). "Industrial Motive Power in the United Kingdom, 1800–70," *Economic History Review*, 2nd ser., **XXIX**, 3, 415–439.
n.a. (1960). "Conference Report: The Origins of the Industrial Revolution," *Past and Present*, No. 17, 71–81.
Naff, Thomas. (1963). "Reform and the Conduct of Ottoman Diplomacy in the Reign of Selim III, 1789–1807," *Journal of the American Oriental Society*, **LXXXIII**, 3, 295–315.
Nairn, Tom. (1964). "The English Working Class," *New Left Review*, No. 24, 43–57.
Namier, Lewis B. (1930). *England in the Age of the American Revolution*. London: Macmillan.
Namier, Lewis B. (1957). *The Structure of Politics at the Accession of George III*, 2nd ed., London: Macmillan.
Naqui, H. K. (1968). *Urban Centres and Industries in Upper India, 1556–1803*. New York: Asia Publ. House.

Nash, Gary B. (1976a). "Social Change and the Growth of Prerevolutionary Urban Radicalism," in A. F. Young, ed., *The American Revolution: Explorations in the History of American Radicalism.* DeKalb, IL: Northern Illinois University Press, 3–36.
Nash, Gary B. (1976b). "Urban Wealth and Poverty in Pre-Revolutionary America," *Journal of Interdisciplinary History,* **VI**, 4, 545–584.
Nash, Gary B. (1979). *The Urban Crucible: Social Change, Political Consciousness, and the Origins of the American Revolution.* Cambridge, MA: Harvard University Press.
Nash, Gary B. (1984). "Social Development," in Jack P. Greene & J.R. Pole, eds., *Colonial British America: Essays in the New History of the Early Modern Era.* Baltimore, MD: Johns Hopkins University Press, 233–261.
Nash, Gary B. (1986). *Race, Class, and Politics: Essays on American Colonial Revolutionary Society.* Urbana, IL: University of Illinois Press.
Nash, R. C. (1985). "Irish Atlantic Trade in the Seventeenth and Eighteenth Centuries," *William and Mary Quarterly,* 3rd ser., **XLII**, 3, 329–356.
Nathan, James A., (1980). "The Heyday of the Balance of Power: Frederick the Great and the Decline of the Old Regime," *Naval War College Review,* **XXXIII**, 4, Seq. 280, 53–67.
Navarro García, Luis. (1975). *Hispanoamérica en el siglo XVIII.* Sevilla: Publ. de la Universidad de Sevilla.
Neale, R. S. (1966). "The Standard of Living, 1780–1844: A Regional and Class Study," *Economic History Review,* 2nd ser., **XIX**, 3, 590–606.
Neale, Walter, C. (1962). *Economic Change in Rural India: Land and Tenure and Reform, 1800–1955.* New Haven, CT: Yale University Press.
Neatby, Hilda. (1966). *Quebec: The Revolutionary Age, 1760–1791.* Toronto: McClelland & Stewart.
Nef, John U. (1943). "The Industrial Revolution Reconsidered," *Journal of Economic History,* **III**, 1, 1–31.
Nef, John U. (1954). "The Progress of Technology and the Growth of Large-Scale Industry in Great Britain, 1540–1640," in E.M. Carus-Wilson, ed., *Essays in Economic History,* Vol. I. London: Edward Arnold, 88–107. (Originally published in *Economic History Review,* 1934.)
Nef, John U. (1957). "'Coal Mining and Utilization," in C. Singer *et al., A History of Technology.* **III:** *From the Renaissance to the Industrial Revolution, c. 1500–c. 1750.* Oxford: Clarendon Press, 72–88.
Nef, John U. (1968). "Industrie: l. la civilisation industrielle," *Encyclopedia Universalis,* Vol. VIII. Paris: Encyclopedia Universalis France, 966–972.
Nelson, William H. (1961). *The American Tory.* Oxford: Clarendon Press.
Nelson, William H. (1965). "The Revolutionary Character of the American Revolution," *American Historical Review,* **LXX**, 4, 998–1014.
Nettels, Curtis P. (1952). "British Mercantilism and the Economic Development of the Thirteen Colonies," *Journal of Economic History,* **XII**, 2, 105–114.
Nettels, Curtis P. (1962). *The Emergence of a National Economy 1775–1815,* Vol. 11 of *The Economic History of the United States.* New York: Holt, Rinehart, & Winston.
Neumann, William L. (1947). "United States Aid to the Chilean Wars of Independence," *Hispanic American Historical Review,* **XXVII**, 2, 204–219.
Newbury, Colin W. (1961). *The Western Slave Coast and Its Rulers: European Trade and Administration Among the Yoruba and Adja-speaking peoples of South-Western Nigeria, Southern Dahomey and Togo.* Oxford: Clarendon Press.
Newbury, Colin, W. (1966). "North African and Western Sudan Trade in the Nineteenth Century: A Re-evaluation," *Journal of African History,* **VII**, 2, 233–246.
Newbury, Colin, W. (1969). "Trade and Authority in West Africa From 1850 to 1880," in L.H. Gann & P. Duignan, eds., *Colonialism in Africa,* **I:** *The History and Politics of Colonialism, 1870–1914.* Cambridge, Engl.: At the University Press, 66–99.
Newbury, Colin W. (1971). "Price and Profitability in Early 19th Century West African

참고 문헌 457

Trade," in C. Meillassoux, ed., *The Development of Indigenous Trade and Markets in West Africa*. London: Oxford University Press, 91–106.
Newbury, Colin W. (1972). "Credit in Early Nineteenth Century West African Trade," *Journal of African History*, **XIII**, 1, 81–95.
Newman, K. (1983). "Anglo-Dutch Commercial Co-operation and the Russian Trade in the Eighteenth Century," in W. T. Wieringa et al., *The Interactions of Amsterdam and Antwerp with the Baltic Region, 1400–1800*. Leiden: Martinus Nijhoff, 95–104.
Nicholls, David. (1978). "Race, couleur et indépendance en Haïti (1804–1825)," *Revue d'histoire moderne et contemporaine*, **XXV**, 2, 177–212.
Nicholas, Maurice. (1967). "A propos du traité de Paris, 1763: Arpents de neige ou îles à sucre?" *Revue Historique de l'Armée*, **XXIII**, 3, 73–77.
Nightingale, Pamela. (1970). *Trade and Empire in Western India, 1784–1806*. Cambridge: Engl. At the University Press.
Nolde, Boris. (1952–1953). *La formation de l'empire Russe; études, notes et documents*, Collection historique de l'institut d'études slaves, XV, 2 vols. Paris: Institut d'Etudes Slaves.
Nolte, Hans–Heinrich. (1981). *Der Aufsteig Russlands zur europäischen Grossmacht*. Stuttgart: Ernst Klett.
Nolte, Hans-Heinrich. (1982). "The Position of Eastern Europe in the International System in Early Modern Times," *Review*, **IV**, 1, 25–84.
Nørregård, Georg. (1966). *Danish Settlements in West Africa, 1658–1850*. Boston, MA: Boston University Press.
North, Douglass C. (1960). "The United States Balance of Payments, 1790–1860," in National Bureau of Economic Research, *Trends in the American Economy in the Nineteenth Century: Studies in Income and Wealth*, Vol. XXIV of the Conference on Research in Income and Wealth. Princeton, NJ: Princeton University Press, 573–627.
North, Douglass C. (1965). "The Role of Transportation in the Economic Development of North America," in *Les grandes voies maritimes dans le monde, XVe–XIXe siècles*. Paris: S.E.V.P.E.N., 209–246.
North, Douglass C. (1966). *The Economic Growth of the United States, 1790–1860*. New York: W. W. Norton.
North, Douglass, C. (1968). "Sources of Productivity Changes in Ocean Shipping, 1600–1850," *Journal of Political Economy*, **LXXVI**, 5, 953–970.
North, Douglass C. (1974). *Growth and Welfare in the American Past: A New Economic History*, 2nd ed. Englewood Cliffs, NJ: Prentice-Hall.
North, Douglass C. (1985). "Transaction Costs in History," *Journal of European Economic History*, **XIV**, 3, 557–576.
Northrup, David. (1972). "The Growth of Trade Among the Igbo Before 1800," *Journal of African History*, **XIII**, 2, 217–236.
Northrup, David. (1976). "The Compatibility of the Slave and Palm Oil Trades in the Bight of Biafra," *Journal of African History*, **XVII**, 3, 353–364.
Northrup, David. (1978). *Trade Without Rulers: Pre-colonial Economic Development in South-Eastern Nigeria*. Oxford: Clarendon Press.
Novais, Fernando A. (1979). *Portugal e Brasil na Crise do Antigo Sistema Colonial (1777–1808)*. São Paulo: Ed. Hucitec.
Nussbaum, Frederick L. (1925). "American Tobacco and French Politics, 1783–89," *Political Science Quarterly*, **XL**, 4, 497–516.
Nussbaum, Frederick L. (1933). "The Formation of the New East India Company of Calonne," *American Historical Review*, **XXXVII**, 3, 475–497.
O'Brien, Bickford. (1955). "Ivan Pososhkov: Russian Critic of Mercantilist Principles," *American Slavonic and East European Review*, **XIV**, 4, 503–511.
O'Brien, Patrick K. (1959). "British Incomes and Property in the Early Nineteenth Century," *Economic History Review*, 2nd ser., **XII**, 2, 255–267.

O'Brien, Patrick K. (1977). "Agriculture and Industrial Revolution," *Economic History Review*, 2nd ser., **XXX**, 1, 166–1811.
O'Brien, Patrick K. (1983). "The Impact of the Revolutionary and Napoleonic Wars, 1793–1815, on the Long Run Growth of the British Economy," Princeton University, Davis Center Seminar, mimeo.
O'Brien, Patrick K. (1988). "The Political Economy of British Taxation: 1660 to 1815," *Economic History Review*, 2nd ser., **XLI**, 1, 1–32.
O'Brien, Patrick K. & Engerman, S. L. (1981). "Changes in Income and Its Distribution During the Industrial Revolution," in R. Floud & D. N. McCloskey, eds., *The Economic History of Britain Since 1700*, **I**: *1700–1860*. Cambridge, Engl.: Cambridge University Press, 164–181.
O'Brien, Patrick K. & Keyder, Caglar. (1978). *Economic Growth in Britain and France, 1780–1914*. London: George Allen & Unwin.
O'Brien, Patrick K. & Keyder, Caglar. (1979). "Les voies de passage vers la société industrielle en Grande-Bretagne et en France (1780–1914)," *Annales E. S. C.*, **XXXIV**, 6, 1284–1303.
Okoye, F. Nwabueze. (1980). "Chattel Slavery as the Nightmare of the American Revolutionaries," *William and Mary Quarterly*, 3rd ser., **XXXVII**, 1, 3–28.
Okyar, Osman. (1987). "A New Look at the Problem of Economic Growth in the Ottoman Empire," *Journal of European Economic History*, **XVI**, 1, 7–49.
Oliver, Roland & Atmore, Anthony. (1981). *The African Middle Ages, 1400–1800*. Cambridge, Engl.: Cambridge University Press.
Olivier, Pierre. (1936). *Les antécédents d'une révolution: Etudes sur le développement de la Société française de 1715 à 1789*. Paris: Lib. Marcel Rivière.
Oloruntimehin, B. Olatunji. (1971–1972). "The Impact of the Abolition Movement on the Social and Political Development of West Africa in the Nineteenth and Twentieth Centuries," *African Notes*, **VII**, 1, Third Term, 33–58.
Oloruntimehin, B. Olatunji. (1974). "The Western Sudan and the Coming of the French, 1800–1893," in J. F. A. Ajayi & M. Crowder, eds., *History of West Africa*, Vol. II. London, Longman, 344–379.
Osler, Pierre, dir. (1978). *Dictionnaire de citations français*. Paris: Usuels de Robert.
Ospina Vasquez, Luis. (1955). *Industría y protección en Colombia, 1810–1930*. Medellín: Bibl. Colombiana de Ciencias Sociales FAES.
Ott, Thomas O. (1973). *The Haitian Revolution, 1789–1804*. Knoxville, TN: University of Tennessee Press.
Ouellet, Fernand. (1971). *Histoire économique et sociale du Québec, 1760–1850: Structures et conjoncture*, 2 vols. Montréal: Ed. Fides.
Ouellet, Fernand & Hamelin, Jean. (1962). "La crise agricole dans le Bas-Canada (1802–1837)," *Etudes rurales*, No. 7, 36–57.
Owen, David Edward. (1934). *British Opium Policy in China and India*. New Haven, CT: Yale University Press.
Owen, Roger. (1981). *The Middle East in the World Economy, 1800–1914*. London: Methuen.
Ozouf, Mona. (1984). "War and Terror in French Revolutionary Discourse (1792–1794)," *Journal of Modern History*, **LVI**, 4, 579–597.
Pachoński, Jan & Wilson, Reuel K. (1986). *Poland's Caribbean Tragedy: A Study of Polish Legions in the Haitian War of Independence, 1802–1803*. Boulder, CO: East European Monographs.
Palmer, R. R. (1954). "The World Revolution of the West, 1763–1801," *Political Science Quarterly*, **LXIX**, 1, 1–14.
Palmer, R. R. (1959, 1964). *The Age of the Democratic Revolution: A Political History of Europe and America, 1760–1800*, 2 vols. Princeton, NJ: Princeton University Press.
Palmer, R. R. (1967). "Polémique américaine sur le rôle de la bourgeoisie dans la Révolution française," *Annales historiques de la Révolution française*, **XXXIX**, No. 189, 369–380.
Palmer, R. R. (1971). *The World of the French Revolution*. New York: Harper & Row.

참고 문헌 459

Pandey, Gyan. (1981). *Economic Dislocation in Nineteenth Century Eastern U.P.: Some Implications of the Decline of Artisanal Industry in Colonial India,* Occasional Paper No. 37. Calcutta: Centre for Studies in Social Sciences.
Panikkar, Kavalam Madhava. (1953). *Asia and Western Dominance: A Survey of the Vasco da Gama Epoch of Asian History, 1498–1945.* London: George Allen & Unwin.
Pantaleão, Olga. (1946). *A penetração commercial da Inglaterra na América Espanhola de 1773–1783,* Boletim LXII. Univ. de São Paulo, Faculdade de Filosofia, Ciencias e Letras.
Pares, Richard. (1953). Review of V. T. Harlow, *The Founding of the Second British Empire, 1763–1793,* Vol. I, in *English Historical Review,* **LXVIII**, No. 266, 282–285.
Pares, Richard. (1960). *Merchants and Planters,* Economic History Review, Suppl. 4. Cambridge, Engl.: At the University Press.
Paret, Peter. (1964). "Colonial Experience and European Military Reform at the End of the Eighteenth Century," *Bulletin of the Institute of Historical Research,* **XXXVII**, No. 95, 47–59.
Paris, Robert. (1957). *Le Levant de 1660 à 1789,* Vol. V of G. Rambert, dir., *Histoire du Commerce de Marseille.* Paris: Plon.
Parker, Harold T. (1979). *The Bureau of Commerce in 1781 and Its Policies with Respect to French Industry.* Durham, NC: Carolina Academic Press.
Parker, R. A. C. (1955). "Coke of Norfolk and the Agrarian Revolution," *Economic History Review,* 2nd ser., **VII**, 2, 156–166.
Parker, W. H. (1959). "A New Look at Unrest in Lower Canada in the 1830's," *Canadian Historical Review,* **XL**, 3, 209–218.
Parkinson, C. Northcote. (1937). *Trade in the Eastern Seas, 1793–1813.* Cambridge, Engl.: At the University Press.
Paskaleva, Virginia. (1965). "Einige Probleme auf der Geschichte der Orientfrage in der Ersten Halfte des 19. Jahrhunderts," in *Etudes historiques,* à l'occasion du XIIe Congrès International de Sciences Historiques—Vienne, août–septembre. Sofia: Académie des Sciences de Bulgarie, II, 185–205.
Paskaleva, Virginia. (1968). "Contribution aux relations commerciales des provinces balkaniques de l'Empire ottoman avec les états européens au cours du XVIIIe et la première moitié du XIXe s.," in *Etudes historiques,* à l'occasion du VIe Congrès International des Etudes Slaves—Prague. Sofia: Académie des Sciences de Bulgarie, IV, 265–292.
Patch, Robert W. (1985). "Agrarian Change in Eighteenth-Century Yucatan," *Hispanic American Historical Review,* **LXV**, 1, 21–49.
Patterson, R. (1957). "Spinning and Weaving," in C. Singer *et al.,* eds., *A History of Technology,* **III:** *From the Renaissance to the Industrial Revolution, c. 1500–c. 1750.* Oxford: Clarendon Press, 151–180.
Payen, Jacques. (1969). *Capital et machine à vapeur au XVIIIe siècle: Les frères Périer et l'introduction en France de la machine à vapeur de Watt.* Paris & La Haye: Mouton.
Pearson, M. N. (1972). "Political Participation in Mughal India," *Indian Economic and Social History Review,* **IX**, 2, 113–131.
Pereira, Miriam Halpern. (1986). "Portugal and the Structure of the World Market in the XVIIIth & XIXth Centuries," in W. Fischer *et al.,* eds., *The Emergence of a World Economy, 1500–1914, Part I: 1500–1850.* Wiesbaden: Franz Steiner Verlag, 279–300.
Pereira Sales, Eugenio. (1971). *Los primeros contactos entre Chile y los Estados Unidos, 1778–1809.* Santiago: Ed. Andres Bello.
Pérez Rojas, Reyes Antonio. (1978). "The Impact of the American Revolution on the Independence of Guatemala," in J. S. Tulchin, ed., *Hemispheric Perspectives on the United States.* Westport, CT: Greenwood Press, 14–21.
Perkin, H. J. (1968). "The Social Causes of the British Industrial Revolution," *Transactions of the Royal Historical Society,* 5th ser., **XVIII**, 123–143.
Perkin, H. J. (1969). *The Origins of Modern English Society, 1780–1880.* London: Routledge & Kegan Paul.

Perkins, Bradford. (1955). *The First Rapprochement: England and the United States, 1795–1805*. Philadelphia, PA: University of Pennsylvania Press.
Perkins, Bradford. (1963). *Prologue to War: England and the United States, 1805–1812*. Berkeley, CA: University of California Press.
Perkins, Bradford. (1964). *Castlereagh and Adams: England and the United States, 1812–1823*. Berkeley, CA: University of California Press.
Perkins, Dexter. (1927). *The Monroe Doctrine, 1823–1826*. Cambridge, MA: Harvard University Press.
Perlin, Frank. (1974). "Society in Crisis: Early 19th Century Western India in Demographic and Institutional Perspective," paper delivered at IVth European Conference on Modern South Asian Studies, Sussex, England, 173–193.
Perlin, Frank. (1978). "Of White Whale and Countrymen in the Eighteenth Century Maratha Deccan: Extended Class Relations, Rights, and the Problem of Rural Autonomy Under the Old Regime," *Journal of Peasant Studies*, V, 2, 172–237.
Perlin, Frank. (1979). "To Identify Change in an Old Regime Polity: Agrarian Transaction and Institutional Mutation in 17th to Early 19th Century Maharashtra," in *Asie du Sud: Traditions et changements*, Sèvres, 8–13 juillet 1978, Colloques Internationaux du CNRS, No. 582. Paris: Ed. du CNRS, 197–204.
Perlin, Frank. (1980a). "Precolonial South Asia and Western Penetraton in the Seventeenth to Nineteenth Centuries: A Problem of Epistemological Status," *Review*, IV, 2, 267–306.
Perlin, Frank. (1980b). "A History of Money in Asian Perspective," *Journal of Peasant Studies*, VII, 2, 235–244.
Perlin, Frank. (1981). "The Precolonial State in History and Epistemology: A Reconstruction of Societal Formation in the Western Deccan from the Fifteenth to the Early Nineteenth Centuries," in H. Claessen & P. Skonik, eds., *The Study of the State*. The Hague: Mouton, 275–302.
Perlin, Frank. (1983). "Proto-industrialization and Pre-colonial South Asia," *Past and Present*, No. 98, 30–95.
Perlin, Frank. (1984). "Growth of Money Economy and Some Questions of Transition in Late Pre-colonial India," *Journal of Peasant Studies*, VI, 3, 96–107.
Pérotin-Dumon, Anne. (1986). "Ambiguous Revolution in the Caribbean: The White Jacobins, 1789–1800," *Historical Reflections*, XIII, 2/3, 499–516.
Perrot, Jean-Claude. (1975a). "Voies nouvelles pour l'histoire économique de la Révolution," *Annales historiques de la Révolution française*, XLVII; No. 219, 30–65.
Perrot, Jean-Claude. (1975b). *Genèse d'une ville moderne. Caen au XVIIIe siècle*, 2 vols. Paris & La Haye: Mouton.
Perrot, Jean-Claude. (1976). "L'âge d'or de la statistique régionale (an IV-1804)," *Annales historiques de la Révolution française*, XLVII, No. 224, 215–276.
Perrot, Jean-Claude. (1981). "Le présent et la durée dans l'oeuvre de F. Braudel," *Annales E.S.C.*, XXXVI, 1, 3–15.
Petrosian, Juri. (1976). "Die Ideen 'Der Europäisierung' in dem sozialpolitischen Leben des Osmanischen Reiches in der Neuzeit (ende des 18. Anfang des 20. Jh.)," in N. Todorov, *et al.*, réd., *La révolution industrielle dans le sud-est Europe XIXe siècle*. Sofia: Institut d'Etudes Balkaniques, 61–75.
Peukert, Werner. (1978). *Der atlantische Slavenhandel von Dahomey, 1740–1797*. Wiesbaden: Franz Steiner Verlag.
Phelan, John Leddy. (1960). "Neo-Aztecism in the Eighteenth Century and the Genesis of Mexican Nationalism," in S. Diamond, ed., *Culture in History: Essays in Honor of Paul Radin*. New York: Columbia University Press, 760–770.
Phelan, John Leddy. (1978). *The People and the King: The Comunero Revolution in Colombia, 1781*. Madison, WI: University of Wisconsin Press.
Philips, C. H. (1961). *The East India Company, 1784–1834*, 2nd ed., reprinted with minor corrections. Manchester, Engl.: Manchester University Press.

참고 문헌 461

Piault, Marc-Henri. (1975). "Captifs de pouvoir et pouvoir des captifs," in C. Meillassoux, ed., *L'esclavage en Afrique précoloniale*. Paris: Maspéro, 321–350.
Picard, Roger. (1910). *Les Cahiers de 1789 au point de vue industriel et commercial*. Paris: Marcel Rivière.
Piel, Jean. (1970). "The Place of the Peasantry in the National Life of Peru in the Nineteenth Century," *Past and Present*, No. 46, 108–133.
Piel, Jean. (1975). *Capitalisme agraire au Pérou, I: Originalité de la société agraire péruvienne au XIX siècle*. Paris: Ed. Anthropos.
Pietraszek, Bernardine. (1955). "British and Direct Spanish American Trade, 1815–1825," *Mid-America*, **XXXVII** (n.s. XXVI), 2, 67–100.
Pinchbeck, Ivy. (1930). *Women Workers and the Industrial Revolution, 1750–1850*. London: Routledge. (Reprinted Frank Cass, 1977).
Pinkney, David. (1950). "Paris, capitale du coton sous la Premier Empire," *Annales E.S.C.*, **V**, 1, 56–60.
Pinter, Walter McKenzie. (1967). *Russian Economic Policy under Nicholas I*. Ithaca, NY: Cornell University Press.
Pinter, Walter McKenzie. (1980). "The Evolution of Civil Officialdom, 1755–1855," in W. M. Pinter & D. K. Rowney, eds., *Russian Officialdom from the 17th to 20th Century: The Bureaucratization of Russian Society*. Chapel Hill, NC: University of North Carolina Press, 190–226.
Pluchon, Pierre. (1979). *Toussaint Louverture de l'esclavage au pouvoir*. Paris: Ed. de l'Ecole.
Plumb, J. H. (1950). *England in the Eighteenth Century*, Pelican History of England, Vol. 7. Harmondsworth, Engl.: Penguin.
Plumb, J. H. (1956). *The First Four Georges*. London: Fontana/Collins.
Plumb, J. H. (1982). "Commercialization and Society," in N. McKendrick, J. Brewer, & J. H. Plumb, *The Birth of a Consumer Society*. London: Europa Publications Ltd., 265–335.
Pocock, J. G. A. (1972). "Virtue and Commerce in the Eighteenth Century," *Journal of Interdisciplinary History*, **III**, 1, 119–134.
Polanyi, Karl. (1957). *The Great Transformation*. Boston, MA: Beacon Press. (Originally published 1944.)
Polanyi, Karl, in collaboration with Abraham Rotstein. (1966). *Dahomey and the Slave Trade*. Seattle, WA: University of Washington Press.
Polk, William R. (1963). *The Opening of South Lebanon, 1788–1840*. Cambridge, MA: Harvard University Press.
Pollard, Sidney. (1963). "Factory Discipline in the Industrial Revolution," *Economic History Review*, 2nd ser., **XVI**, 2, 254–271.
Pollard, Sidney. (1964). "The Factory Village in the Industrial Revolution," *English Historical Review*, **LXXIX**, No. 312, 513–531.
Pollard, Sidney. (1965). *The Genesis of Modern Management. A Study of the Industrial Revolution in Great Britain*. Cambridge, MA: Harvard University Press.
Pollard, Sidney. (1972a). "Capital Accounting in the Industrial Revolution," in F. Crouzet, ed., *Capital Formation in the Industrial Revolution*. London: Methuen, 119–144. (Originally published in the *Yorkshire Bulletin of Social and Economic Research*, 1962.)
Pollard, Sidney. (1972b). "Fixed Capital in the Industrial Revolution in Britain," in F. Crouzet, ed., *Capital Formation in the Industrial Revolution*. London: Methuen, 145–161. (Originally published in *Journal of Economic History*, 1964.)
Pollard, Sidney. (1973). "Industrialization and the European Economy," *Economic History Review*, 2nd ser., **XXVI**, 4, 636–648.
Pollard, Sidney. (1981). *The Integration of the European Economy since 1815*. London: George Allen & Unwin.
Portal, Roger. (1949). "Manufactures et classes sociales en Russie au XVIIIe siècle," *Revue historique*, 73ᵉ année, **CCI**, avr.–juin, 161–185; **CCII**, juil.–sept., 1–23.
Portal, Roger. (1950). *L'Oural au XVIIIe siècle: Etude d'histoire économique et sociale*, Collection historique de l'institut d'etudes slaves, Vol. XIV. Paris: Inst. d'Etudes Slaves.

Portal, Roger. (1961). "Aux origines d'une bourgeoisie industrielle en Russie," *Revue d'historie moderne et contemporaine*, **VIII**, 1, 35–60.
Portal, Roger. (1963). "Préface," in M. Confino, *Domaines et seigneurs en Russie vers la fin du XVIIIe siècle*. Paris: Inst. d'Etudes Slaves, 9–13.
Portal, Roger. (1966). *L'Empire russe de 1762 à 1855*. Paris: Centre du Documentation Universitaire.
Post, John D. (1976). "Famines, Mortality, and Epidemic Disease in the Process of Modernization," *Economic History Review*, 2nd ser., **XXIX**, 1, 14–37.
Postan, M. (1972). "The Accumulation of Capital," in F. Crouzet, ed., *Capital Formation in the Industrial Revolution*. London: Methuen, 70–83. (Originally published in *Economic History Review*, 1935.)
Postma, Johannes. (1972). "The Dimension of the Dutch Slave Trade from Western Africa," *Journal of African History*, **XIII**, 2, 237–248.
Poulantzas, Nicos. (1971). *Pouvoir politique et classes sociales*, 2 vols. Paris: Maspéro (Petite Collection 77).
Poulantzas, Nicos. (1973). *Political Power and Social Classes*. London: New Left Books.
Prado, Caio, Jr. (1957). *Evolução política do Brasil e outros estudos*, 2a ed. São Paulo: Ed. Brasilense.
Prakash, Om. (1964). "The European Trading Companies and Merchants of Bengal, 1650–1725," *Indian Economic and Social History Review*, **I**, 3, 37–63.
Pratt, E. J. (1931). "Anglo-American Commercial and Political Rivalry on the Plata, 1820–1830," *Hispanic American Historical Review*, **XI**, 3, 302–335.
Pratt, Julius W. (1935). "Fur Trade Strategy and the American Left Flank in the War of 1812," *American Historical Review*, **XL**, 2, 246–273.
Pressnell, L. S. (1953). "Public Monies and the Development of English Banking," *Economic History Review*, 2nd ser., **V**, 3, 378–397.
Pressnell, L. S. (1960). "The Rate of Interest in the Eighteenth Century," in L. S. Pressnell, ed., *Studies in the Industrial Revolution: Presented to T. S. Ashton*. London: University of London, Athlone Press, 178–214.
Price, Jacob M. (1965). "Discussion," *Journal of Economic History*, **XXV**, 4, 655–659.
Price, Jacob M. (1973). *France and the Chesapeake: A History of the French Tobacco Monopoly, 1674–1791, and of its Relationship to the British and American Tobacco Trades*, 2 vols. Ann Arbor, MI: University of Michigan Press.
Price, Jacob M. (1976). "Quantifying Colonial America: A Comment on Nash and Warden," *Journal of Interdisciplinary History*, **VI**, 4, 701–709.
Priestly, Herbert Ingram. (1916). *José de Galvez, Visitor-General of New Spain (1765–1771)*. Berkeley, CA: University of California Press.
Priestley, Margaret. (1969). *West African Trade and Coast Society: A Family Study*. London: Oxford University Press.
Prothero, I. J. (1979). *Artisans and Politics in Early Nineteenth Century London: John Gast and His Times*. Folkestone, Engl.: Dawson.
Prucha, Francis Paul. (1970). *American Indian Policy in the Formative Years: The Indian Trade and Intercourse Acts, 1790–1834*. Lincoln, NE: University of Nebraska Press.
Pugh, Wilma J. (1939). "Calonne's 'New Deal,'" *Journal of Modern History*, **XI**, 3, 289–312.
Puryear, Vernon J. (1935). *International Economics and Diplomacy in the Near East*. Stanford, CA: Stanford University Press.
Quarles, Benjamin. (1961). *The Negro in the American Revolution*. Chapel Hill, NC: University of North Carolina Press.
Quimby, Robert S. (1957). *The Background of Napoleonic Warfare: The Theory of Military Tactics in Eighteenth-Century France*, Columbia Studies in the Social Sciences, No. 596. New York: Columbia University Press.
Quinney, Valerie. (1972). "The Problem of Civil Rights for Free Men of Color in the Early French Revolution," *French Historical Studies*, **VII**, 4, 544–557.

Rae, J. (1883). "Why Have the Yeomanry Perished?" *Contemporary Review*, **XXXIV**, 2, 546–556.
Raeff, Marc. (1966). *Origins of the Russian Intelligentsia: The Eighteenth-Century Nobility*. New York: Harcourt, Brace & World.
Raeff, Marc. (1971a). *Imperial Russia, 1682–1825: The Coming of Age of Modern Russia*. New York: Knopf.
Raeff, Marc. (1971b). "Pugachev's Rebellion," in R. Forster & J. P. Greene, eds., *Preconditions of Revolution in Early Modern Europe*. Baltimore, MD: Johns Hopkins University Press, 161–202.
Raeff, Marc. (1975). "The Well-Ordered Police State and the Development of Modernity in Seventeenth- and Eighteenth-Century Europe: An Attempt at a Comparative Approach," *American Historical Review*, **LXXX**, 5, 1221–1244.
Raeff, Marc. (1979). "The Bureaucratic Phenomena of Imperial Russia, 1700–1905," *American Historical Review*, **LXXXIV**, 2, 399–411.
Ragatz, Lowell J. (1928). *The Fall of the Planter Class in the British Caribbean, 1763–1833*. New York: Century.
Ragatz, Lowell J. (1935). "The West Indian Approach to the Study of American Colonial History," *American Historical Association*, pamphlet series. London: Arthur Thomas.
Ragsdale, Hugh. (1970). "A Continental System in 1801: Paul I and Bonaparte," *Journal of Modern History*, **XLII**, 1, 70–89.
Ram, N. (1972). "Impact of Early Colonisation on Economy of South India," *Social Scientist*, **I**, 4, 47–65.
Ramsey, John Fraser. (1939). *Anglo-French Relations, 1763–1770: A Study of Choiseul's Foreign Policy*, University of California Publications in History, Vol. XVII, No. 3. Berkeley, CA: University of California Press, i-x & 143–264.
Rancière, Jacques. (1983). "The Myth of the Artisan: Critical Reflections on a Category of Social History," *International Labor and Working Class History*, No. 24, Fall, 1–16.
Ransom, Roger L. (1968). "British Policy and Colonial Growth: Some Implications of the Burden from the Navigation Acts," *Journal of Economic History*, **XXVIII**, 3, 427–435.
Rao, G. N. (1977). "Agrarian Relations in Coastal Andhra under Early British Rule," *Social Scientist*, **VI**, 1, No. 61, 19–29.
Rasch, Aage. (1965). "American Trade in the Baltic, 1783–1807," *Scandinavian Economic History Review*, **XIII**, 1, 31–64.
Rawley, James A. (1980). "The Port of London and the Eighteenth Century Slave Trade: Historians, Sources, and a Reappraisal," *African Economic History*, No. 9, 85–100.
Rawley, James A. (1981). *The Transatlantic Slave Trade: A History*. New York: W. W. Norton.
Rawlyk, George A. (1963). "The American Revolution and Nova Scotia Reconsidered," *Dalhousie Review*, **XLIII**, 3, 379–394.
Rawlyk, George A. (1968). *Revolution Rejected, 1774–1775*. Scarborough, Ont.: Prentice-Hall of Canada.
Rawlyk, George A. (1973). *Nova Scotia's Massachusetts: A Study of Massachusetts–Nova Scotia Relations, 1630–1784*. Montreal: McGill–Queen's University Press.
Ray, Indrani. (1980). *The Multiple Faces of the Early 18th Century Indian Merchants*, Occasional Paper No. 29, Calcutta: Centre for Studies in Social Sciences.
Ray, Ratnalekha. (1979). *Change in Bengal Agrarian Society, 1760–1850*. New Delhi: Manohar.
Raychaudhuri, Tapan. (1962). *Jan Company in Coromandel, 1605–1690*, Verhandelingen van het Koninklijk Instituut voor Taal-, Land-, en Volkenkunde, Vol. XXXVIII. 'S-Gravenhage: Martinus Nijhoff.
Raychaudhuri, Tapan. (1965). "Some Patterns of Economic Organization and Activity in Seventeenth Century India: A Comparative Study," in *Second International Conference of Economic History*, Aix-en-Provence, 1962, **II**: *Middle Ages and Modern Times*. Paris: Mouton, 751–760.

Raychaudhuri, Tapan. (1968). "A Re-interpretation of Nineteenth Century Indian Economic History?" *Indian Economic and Social History Review*, **V**, 1, 77–100.
Raychaudhuri, Tapan. (1969). "Permanent Settlement in Operation: Bakarkanj District, East Bengal," in R. E. Frykenberg, ed., *Land Control and Social Structure in Indian History*. Madison, WI: University of Wisconsin Press, 163–174.
Raychaudhuri, Tapan. (1982a). "Non-Agricultural Production: Mughal India," in T. Raychaudhuri & I. Habib, eds., *Cambridge Economic History of India*, **I**: *c. 1200–c. 1700*. Cambridge, Engl.: Cambridge University Press, 261–307.
Raychaudhuri, Tapan. (1982b). "Inland Trade," in T. Raychaudhuri & I. Habib, eds., *Cambridge Economic History of India*, **I**, *c. 1200–c. 1700*. Cambridge, Engl.: Cambridge University Press, 325–359.
Rayneval, Gérard de. (1784). "Aperçu sur le Traité de Commerce à conclûre avec la Cour de Londres," Envoyé copie à M. de Calonne le 29 avril 1784, in *Archives des Affaires Etrangères (Paris): Angleterre*, No. 46: *Mémoires sur le Commerce, le Finance, etc. 1713 à 1811*, 202–220.
Razzell, P. E. (1969). "Population Change in Eighteenth Century England: A Re-Appraisal," in M. Drake, ed., *Population in Industrialization*. London: Methuen, 128–156. (Originally published in *Economic History Review*, 1965.)
Razzell, P. E. (1974). "An Interpretation of the Modern Rise of Population in Europe—a Critique," *Population Studies*, **XXVIII**, Part I, 5–17.
Rebérioux, Madeline. (1965). "Jaurès et Robespierre," in *Actes du Colloque Robespierre*, XIIe Congrès international des Sciences historiques, Vienne, 3 septembre. Paris: Société des Robespierristes, 191–204.
Recht, Pierre. (1950). *Les biens communaux du Namurois et leur partage à la fin du XVIIIe siècle*. Bruxelles: E. Bruylant.
Regemorter, J.L. Van. (1963). "Commerce et politique: préparation et négociation du traité franco-russe de 1787," *Cahiers du monde russe et soviétique*, **IV**, 3, 230–257.
Regemorter, Jean-Louis Van. (1971). *Le déclin du servage, 1796–1855*, Vol. I of R. Portal, dir., *Histoire de la Russie*. Paris: Hatier.
Reid, Joseph D., Jr. (1970). "On Navigating the Navigation Acts with Peter D. McClelland: Comment," *American Economic Review*, **LX**, 5, 949–955.
Reid, Marjorie G. (1925). "The Quebec Fur Traders and Western Policy, 1763–1774," *Canadian Historical Review*, **VI**, 1, 15–32.
Reinhard, Marcel. (1946). "La Révolution française et le problème de la population," *Population*, **I**, 3, 419–427.
Reinhard, Marcel. (1965). "Bilan démographique de l'Europe: 1789–1815," in *XIIe Congrès International des Sciences Historiques*, Vienne, 29 août–5 sept., *Rapports*, **I**: *Grands thèmes*. Horn/Wein: Ferdinand Berger & Sohne, 451–471.
Rémond, André. (1957). "Trois bilans de l'économie française au temps des théories physiocratiques," *Revue d'histoire économique et sociale*, **XXXV**, 4, 416–456.
Reis, Arthur Cézar Ferreira. (1960). "O Comércio colonial e as companhias privilegiadas," in S. Buarque de Holanda, dir., *Historia Geral da Civilização Brasileira*, Tomo I, 2 vols. São Paulo: Difusão Européia do Livro, 311–339.
Resnick, Daniel P. (1972). "The Société des Amis des Noirs and the Abolition of Slavery," *French Historical Studies*, **VII**, 4, 558–569.
Reubens, E. P. (1955). "Comment," in National Bureau of Economic Research, *Capital Formation and Economic Growth*. Princeton, NJ: Princeton University Press, 378–380.
Reynolds, Edward. (1973). "Agricultural Adjustments on the Gold Coast after the End of the Slave Trade, 1807–1874," *Agricultural History*, **XLVII**, 4, 308–318.
Rich, E. E. (1955). "Russia and the Colonial Fur trade," *Economic History Review*, 2nd ser., **VII**, 3, 307–328.
Rich, E. E. (1960). *Hudson's Bay Company, 1670–1870*, 3 vols. Toronto: McClelland & Stewart.
Richards, Alan. (1977). "Primitive Accumulation in Egypt, 1798–1882," *Review*, **I**, 2, 3–49.

Richards, E. S. (1973). "Structural Change in a Regional Economy: Sutherland and the Industrial Revolution, 1780–1830," *Economic History Review*, 2nd ser., **XXVI**, 1, 63–76.
Richards, J. F. (1981). "The Indian Empire and Peasant Production of Opium in the Nineteenth Century," *Modern Asian Studies*, **XV**, 1, 59–82.
Richards, W. A. (1980). "The Import of Firearms into West Africa in the Eighteenth Century," *Journal of African History*, **XXI**, 1, 43–59.
Richardson, David. (1975). "Profitability in the Bristol–Liverpool Slave Trade," *Revue française d'histoire d'outre-mer*, **LXII**, 1^e et 2^e trimestres, Nos. 226/227, 301–308.
Richardson, David. (1979). "West African Consumption Patterns and Their Influence on the Eighteenth-Century English Slave Trade," in H. A. Gemery & J. S. Hogendorn, eds., *The Uncommon Market*, New York: Academic Press, 303–330.
Richardson, Thomas L. (1969). Review of W. E. Tate, *The Enclosure Movement*, in *Agricultural History*, **XLIII**, 1, 187–188.
Richet, Denis. (1968). "Croissance et blocages en France du XVe au XVIIIe siècles," *Annales E.S.C.*, **XXIII**, 4, 759–787.
Richet, Denis. (1969). "Autour des origines idéologiques lointaines de la Révolution française: Elites et despotisme," *Annales E.S.C.*, **XXIV**, 1, 1–23.
Richet, Denis. (1973). *La France moderne: L'esprit des institutions*. Paris: Flammarion.
Ridings, Eugene W. (1985). "Foreign Predominance among Overseas Traders in Nineteenth-Century Latin America," *Latin America Research Review*, **XX**, 2, 3–27.
Riley, James C. (1973). "Dutch Investment in France, 1781–1787," *Journal of Economic History*, **XXXIII**, 4, 732–760.
Riley, James C. (1986). *The Seven Years' War and the Old Regime in France: The Economic and Financial Toll*. Princeton, NJ: Princeton University Press.
Riley, James C. (1987). "French Finances, 1727–1768," *Journal of Modern History*, **LIX**, 2, 209–243.
Rippy, J. Fred. (1929). *United States and Great Britain over Latin America (1808–1830)*. Baltimore, MD: Johns Hopkins Press.
Rippy, J. Fred. (1959). *British Investments in Latin America, 1822–1949*. Minneapolis, MN: University of Minnesota Press.
Rippy, J. Fred & Debo, Angie. (1924). "The Historical Background of the American Policy of Isolation," *Smith College Studies in History*, **IX**, 3/4, 69–165.
Roberts, J. M. (1978). *The French Revolution*. Oxford: Oxford University Press.
Roberts, M. W. (1966). "Indian Estate Labour in Ceylon during the Coffee Period (1830–1880)," *Indian Economic and Social History Review*, **III**, 1, 1–52; **III**, 2, 101–136.
Roberts, P. E. (1968). "The East India Company and the State, 1772–86," in *Cambridge History of India*, **V**: H. H. Dodwell, ed., *British India, 1497–1858*, third Indian reprint. Delhi: S. Chand, 181–204.
Roberts, Richard. (1980). "Long Distance Trade and Production: Sinsani in the Nineteenth Century," *Journal of African History*, **XXI**, 2, 169–188.
Robertson, M. L. (1956). "Scottish Commerce and the American War of Independence," *Economic History Review*, 2nd ser., **IX**, 1, 123–131.
Robertson, William Spence. (1915). "South America and the Monroe Doctrine, 1824–1828," *Political Science Quarterly*, **XXX**, 1, 82–105.
Robertson, William Spence. (1918a). "The Recognition of the Spanish Colonies by the Motherland," *Hispanic American Historical Review*, **I**, 1, 70–91.
Robertson, William Spence. (1918b). "The Recognition of the Hispanic American Nations by the United States," *Hispanic American Historical Review*, **I**, 3, 239–269.
Robertson, William Spence. (1926). "The Policy of Spain Toward Its Revolted Colonies, 1820–1823," *Hispanic American Historical Review*, **VI**, 1/3, 21–46.
Robertson, William Spence. (1939). *France and Latin–American Independence*. Baltimore, MD: Johns Hopkins Press.

Robertson, William Spence. (1941). "Russia and the Emancipation of Spanish America, 1816–1826," *Hispanic American Historical Review*, **XXI**, 2, 196–221.
Robin, Régine. (1970). *La société française en 1789: Semur-en-Auxois*. Paris: Plon.
Robin, Régine. (1971). "Fief et seigneurie dans le droit et l'idéologie juridique à la fin du XVIIIe siècle," *Annales historiques de la Révolution française*, **LIII**, 4, No. 206, 554–602.
Robin, Régine. (1973). "La nature de l'Etat à la fin de l'Ancien Régime: Formation sociale, Etat et Transition," *Dialectiques*, Nos. 1/2, 31–54.
Robinson, Cedric J. (1987). "Capitalism, Slavery and Bourgeois Historiography," *History Workshop*, No. 23, Spring, 122–140.
Robinson, Donald L. (1971). *Slavery in the Structure of American Policies, 1768–1820*. New York: Harcourt, Brace, Jovanovich.
Robinson, Eric H. (1974). "The Early Diffusion of Steam Power," *Journal of Economic History*, **XXXIV**, 1, 91–107.
Roche, Max. (1985). "La présence française en Turquie (1764–1866)," *Annales du Levant*, No. 1, 83–95.
Roche, Patrick A. (1975). "Caste and the British Merchant Government in Madras, 1639–1748," *Indian Economic and Social History Review*, **XIII**, 4, 381–407.
Rodney, Walter. (1966). "African Slavery and Other Forms of Social Oppression on the Upper Guinea Coast in the Context of the Atlantic Slave Trade," *Journal of African History*, **VII**, 3, 431–443.
Rodney, Walter. (1967). *West Africa and the Atlantic Slave-Trade*, Historical Assn. of Tanzania, Paper No. 2. Nairobi: East African Publ. House.
Rodney, Walter. (1968). "Jihad and Social Revolution in Futa Djalon in the Eighteenth Century," *Journal of the Historical Society of Nigeria*, **IV**, 2, 269–284.
Rodney, Walter. (1970). *A History of the Upper Guinea Coast, 1545–1800*. London: Oxford University Press.
Rodney, Walter. (1975a). "The Guinea Coast," in *Cambridge History of Africa*, **IV**: Richard Gray, ed., *From c. 1600 to c. 1790*. Cambridge, Engl.: Cambridge University Press, 223–324.
Rodney, Walter. (1975b). "Africa in Europe and the Americas," in *Cambridge History of Africa*, **IV**: Richard Gray, ed., *From c. 1600 to c. 1790*. Cambridge, Engl.: Cambridge University Press, 578–622.
Rodrigues, José Honório. (1977). "A revolução americana e a revolução brasileira da independência (1776–1822)," *Revista de história de America*, No. 83, enero–junio, 69–91.
Rodríguez, Mario. (1976). *La revolución americana de 1,776 y el mundo hispánico: Ensayos y documentos*. Madrid: Ed. Tecnos.
Roehl, Richard. (1976). "French Industrialization: A Reconsideration," *Explorations in Economic History*, **XIII**, 3, 233–281.
Roehl, Richard. (1981). "French Industrialization: A Reply," *Explorations in Economic History*, **XVIII**, 4, 434–435.
Rogers, James E. Thorold. (1884). *Six Centuries of Work and Wages*, with a new preface by G. D. H. Cole in 1949. London: George Allen & Unwin.
Rogger, Hans. (1960). *National Consciousness in Eighteenth-Century Russia*. Cambridge, MA: Harvard University Press.
Romano, Ruggiero. (1960). "Movements des prix et développement économique. L'Amérique du sud au XVIIIe siècle," *Annales E.S.C.*, **XVIII**, 1, 63–74.
Root, Hilton Lewis. (1985). "Challenging the Seigneurie: Community and Contention on the Eve of the French Revolution," *Journal of Modern History*, **LVII**, 4, 652–681.
Root, Hilton Lewis. (1987). *Peasants and King in Burgundy: Agrarian Foundations of French Absolutism*. Berkeley, CA: University of California Press.
Root, Winfred Trexler. (1942). "The American Revolution Reconsidered," *Canadian Historical Review*, **XXIII**, 1, 16–29.
Roover, Raymond de. (1968). "Un contraste: La structure de la banque anglaise et celle de la

참고 문헌 467

banque continentale au XVIIIe siècle," in *Third International Congress of Economic History*, Munich, 1965. Paris & La Haye: Mouton, **V**, 623–627.
Rose, J. Holland. (1893). "Napoleon and English Commerce," *English Historical Review*, **VIII**, No. 32, 704–725.
Rose, J. Holland. (1908). "The Franco-British Commercial Treaty of 1786," *English Historical Review*, **XXIII**, No. 92, 709–724.
Rose, J. Holland. (1929a). "The Political Reactions of Bonaparte's Eastern Expedition," *English Historical Review*, **XLIV**, No. 173, 48–58.
Rose, J. Holland. (1929b). "British West India Commerce as a Factor in the Napoleonic War," *Cambridge Historical Journal*, **III**, 1, 34–46.
Rose, M. E. (1981). "Social Change and the Industrial Revolution," in R. Floud & D. N. McCloskey, eds., *The Economic History of Britain Since 1700*, **I**: *1700–1860*. Cambridge, Engl.: Cambridge University Press, 253–275.
Rose, R. B. (1956). "The French Revolution and the Grain Supply: Nationalization Pamphlets in the John Rylands Library," *Bulletin of The John Rylands Library*, **XXXIX**, 1, 171–187.
Rose, R. B. (1959). "18th-century Price-riots, the French Revolution, and the Jacobin Maximum," *International Review of Social History*, **IV**, 3, 432–445.
Rose, R. B. (1961). "Eighteenth Century Price Riots and Public Policy in England," *International Review of Social History*, **VI**, 2, 277–292.
Rose, R. B. (1965). *The Enragés: Socialists of the French Revolution?* Melbourne: Melbourne University Press.
Rose, R. B. (1972). "Babeuf, Dictatorship and Democracy," *Historical Studies*, **XV**, No. 58, 223–236.
Rose, R. B. (1978). *Gracchus Babeuf, the First Revolutionary Communist*. Stanford, CA: Stanford University Press.
Rose, R. B. (1984). "The 'Red Scare' of the 1790s: The French Revolution and the 'Agrarian Law,'" *Past and Present*, No. 103, 113–130.
Rosen, Howard. (1975). "Le système Gribauval et la guerre moderne," *Revue historique des armées*, **II**, 1/2, 29–36.
Rosenberg, Nathan. (1967). "Anglo-American Wage Differences in the 1820's," *Journal of Economic History*, **XXVII**, 2, 221–229.
Rostow, W. W. (1941). "Business Cycles, Harvests, and Politics, 1790–1850," *Journal of Economic History*, **I**, 2, 206–221.
Rostow, W. W. (1971). *The Stages of Economic Growth*, 2nd ed. Cambridge, Engl.: At the University Press.
Rostow, W. W. (1973). "The Beginnings of Modern Growth in Europe: An Essay in Synthesis," *Journal of Economic History*, **XXXIII**, 3, 547–580.
Rostow, W. W. (1978). "No Random Walk: A Comment on 'Why was England First?'" *Economic History Review*, 2nd ser., **XXXI**, 4, 610–612.
Rothenberg, Winifred B. (1979). "A Price Index For Rural Massachusetts, 1750–1855," *Journal of Economic History*, **XXXIX**, 4, 975–1001.
Rothenberg, Winifred B. (1981). "The Market and Massachusetts Farmers, 1750–1855," *Journal of Economic History*, **XLI**, 2, 283–314.
Rothenberg, Winifred B. (1985). "The Emergence of a Capital Market in Rural Massachusetts, 1730–1838," *Journal of Economic History*, **XLV**, 4, 781–808.
Rothermund, Dietmar. (1981). *Asian Trade in the Age of Mercantilism*. New Delhi: Manohar.
Rousseau, Jean-Jacques. (1947). *The Social Contract*. New York: Hafner. (Originally published 1762.)
Rousseaux, Paul. (1938). *Les mouvements de fond de l'économie anglaise, 1800–1913*. Bruxelles: Ed. Universelle & Paris: Desclée, De Brouwer & Cie.
Rout, Leslie B., Jr. (1976). *The American Experience in Spanish America: 1502 to the Present Day*. Cambridge, Engl.: Cambridge University Press.

Roux, René. (1951). "La Révolution française et l'idée de lutte de classes," *Revue d'histoire économique et sociale*, **XXIX**, 3, 252–279.
Rozman, Gilbert. (1976). *Urban Networks in Russia 1750–1800, and Pre-Modern Periodization*. Princeton, NJ: Princeton University Press.
Rudé, George. (1954). "The French Revolution," *Marxist Quarterly*, **I**, 1, 242–251.
Rudé, George. (1956). "La taxation populaire de mai 1775 à Paris et dans la région parisienne," *Annales historiques de la Révolution française*, **XXVIII**, No. 143, 139–179.
Rudé, George. (1961a). *Interpretations of the French Revolution*. London: The Historical Association.
Rudé, George. (1961b). "La taxation populaire de mai 1775 en Picardie, en Normandie, et dans le Beauvaisis," *Annales historique de la Révolution française*, **XXXIII**, No. 165, 305–326.
Rudé, George. (1962). "Quelques réflexions sur la composition, le rôle, les idées et les formes d'action des sans-culottes dans la Révolution française," *Critica storica*, **I**, 4, 369–383.
Rudé, George. (1964). *Revolutionary Europe, 1783–1815*. New York: Harper & Row.
Rudé, George. (1967). *The Crowd in the French Revolution*. Oxford: Oxford University Press.
Russell-Wood, A. J. R. (1974). "Local Government in Portugese America: A Study in Cultural Divergence," *Comparative Studies in Society and History*, **XVI**, 2, 187–231.
Russell-Wood, A. J. R. (1975). "Preconditions and Precipitants of the Independence Movement in Portuguese America," in A. J. R. Russell-Wood, ed., *From Colony to Nation: Essays on the Independence of Brazil*. Baltimore, MD: Johns Hopkins University Press, 3–40.
Rustow, Dankwart A. (1970). "The Political Impact of the West," in P. M. Holt *et al.*, eds., *The Cambridge History of Islam*, **I**: *The Central Islamic Lands*. Cambridge, Engl.: At the University Press, 673–697.
Ruwet, Joseph. (1967). *Avant les révolutions: Le XVIIIe siècle*, Etudes d'histoire wallonne, Vol. IX. Bruxelles: Fondation Charles Plisnier.
Ryan, A. N. (1959). "The Defense of British Trade with the Baltic, 1808–1813," *English Historical Review*, **LXXIV**, No. 292, 443–466.
Ryan, A. N. (1958). "Trade with the Economy in the Scandinavian and Baltic Ports during the Napoleonic War: For and Against," *Transactions of the Royal Historical Society*, 5th ser., **XII**, 123–140.
Rydjord, John. (1941). "British Mediation Between Spain and Her Colonies: 1811–1813," *Hispanic American Historical Review*, **XXI**, 1, 29–50.
Ryerson, Stanley B. (1960). *The Founding of Canada: Beginnings to 1815*. Toronto: Progress Books.
Ryerson, Stanley B. (1973). *Unequal Union: Roots of Crisis in the Canadas, 1815–1873*, 2nd ed. Toronto: Progress Books.
Sachs, William A. (1953). "Agricultural Conditions in the Northern Colonies before the Revolution," *Journal of Economic History*, **XIII**, 3, 274–290.
Saint-Jacob, Pierre de. (1960). *Les paysans de la Bourgogne du Nord au dernier siècle de l'Ancien Régime*. Paris: Les Belles-Lettres.
Saint Lu, André. (1970). *Condition coloniale et conscience créole au Guatémala (1524–1821)*. Paris: Presses Universitaires de France.
Saintoyant, J. (1929). "La représentation coloniale pendant la Révolution," *Revue de l'histoire des colonies françaises*, **XVII**, 4, 353–380.
Saintoyant, J. (1930). *La colonisation française pendant la Révolution (1789–1799)*, 2 vols. Paris: La Renaissance du Livre.
Salaman, Redcliffe N. (1949). *The History and Social Influence of the Potato*. Cambridge, Engl.: At the University Press.
Sala-Molins, Louis. (1987). *Le Code noir, ou le calvaire de Canaan*. Paris: Presses Universitaires de France.
Salvucci, Richard J. (1981). "Enterprise and Economic Development in Colonial Mexico: the Case of the Obrajes," *Journal of Economic History*, **XLI**, 1, 197–199.

Samuel, Raphael. (1977). "Workshop of the World: Steam Power and Hand Technology in Mid-Victorian Britain," *History Workshop*, No. 3, Spring, 6–72.
Savelle, Max. (1939). "The American Balance of Power and European Diplomacy, 1713–78," in R. B. Morris, ed., *The Era of the American Revolution*. New York: Columbia University Press, 140–169.
Savelle, Max. (1953). *United States: Colonial Period*. Instituto Panamericano de Geografía e Historia, Publ. No. 159. Mexico: Ed. Cultura S.A.
Savelle, Max. (1962). "Nationalism and Other Loyalties in the American Revolution," *American Historical Review*, **LXVII**, 4, 901–923.
Savelle, Max. (1974). *Empires to Nations: Expansionism in America, 1713–1824*. Minneapolis, MN: University of Minnesota Press.
Saville, John. (1969). "Primitive Accumulation and Early Industrialization in Britain," in *The Socialist Register, 1969*. London: Merlin Press, 247–271.
Schellenberg, T. R. (1934). "Jeffersonian Origins of the Monroe Doctrine," *Hispanic American Historical Review*, **XIV**, 1, 1–32.
Schlebecker, John T. (1976). "Agricultural Marketing and Markets in the North, 1774–1777," *Agricultural History*, **L**, 1, 21–36.
Schlesinger, Arthur M., Sr. (1917). *The Colonial Merchants and the American Revolution, 1763–1776*. New York: Columbia University Press.
Schlesinger, Arthur M., Sr. (1919). "The American Revolution Reconsidered," *Political Science Quarterly*, **XXXIV**, 1, 61–78.
Schlote, Werner. (1952). *British Overseas Trade from 1700 to the 1930's*. Oxford: Basil Blackwell.
Schmidt, Charles. (1908). "La crise industrielle de 1788 en France," *Revue historique*, 33e année, **XCVII**, 1, fasc. 192, 78–94.
Schmidt, Charles. (1913, 1914). "Les debuts de l'industrie cotonnière en France, 1706–1806," *Revue d'histoire économique et sociale*, **VI**, 3, 261–298; **VII**, 1, 26–55.
Schmidt, S. O. (1966). "La politique intérieure du tsarisme au milieu du XVIIIe siècle," *Annales E.S.C.*, **XXI**, 1, 95–110.
Schmitt, Eberhard. (1976). *Einführung in die Geschiechte der Französischen Revolution*. München: Verlag C. H. Beck.
Schnapper, Bernard. (1959). "La fin du régime de l'Exclusif: Le commerce étranger dans les possessions français d'Afrique tropicale (1817–1870)," *Annales africaines*, **VI**, 149–200.
Schnapper, Bernard. (1961). *La politique et le commerce français dans le Golfe de Guinée de 1838 à 1871*. Paris & La Haye: Mouton.
Schremmer, Eckart. (1981). "Proto-Industrialization: A Step Towards Industrialization?" *Journal of European Economic History*, **X**, 3, 653–670.
Schumpeter, Elizabeth Brody. (1938). "English Prices and Public Finance, 1660–1822," *Review of Economic Statistics*, **XX**, 1, 21–37.
Schumpeter, Joseph. (1939). *Business Cycles*, 2 vols. New York: McGraw-Hill.
Schutz, John A. (1946). "Thomas Pownall's Proposed Atlantic Federation," *Hispanic American Historical Review*, **XXVI**, 2, 263–268.
Schuyler, Robert L. (1945). *The Fall of the Old Colonial System: A Study in British Free Trade, 1770–1870*. New York: Oxford University Press.
Schwartz, Stuart D. (1970). "Magistracy and Society in Colonial Brazil," *Hispanic American Historical Review*, **L**, 4, 715–730.
Scott, James Brown. (1928). "Introduction," in G. Chinard, ed., *The Treaties of 1778 and Allied Documents*. Baltimore, MD: Johns Hopkins Press, x–xxv.
Scott, Samuel F. (1970). "The Regeneration of the Line Army during the French Revolution," *Journal of Modern History*, **XLII**, 3, 307–330.
Scott, Samuel F. (1978). *The Response of the Royal Army to the French Revolution: The Role and Development of the Line Army, 1787–93*. Oxford: Clarendon Press.
Seckinger, Ron L. (1976). "South American Power Politics During the 1820's," *Hispanic American Historical Review*, **LVI**, 2, 241–267.

Sédillot, Rene. (1987). *Le coût de la Révolution française*. Paris: Lib. Académique Perrin.
Sée, Henri. (1908). "La portée du régime seigneurial au XVIIIe siècle," *Revue d'histoire moderne et contemporaine*, **X**, 171–191.
Sée, Henri. (1913). "Une enquête sur la vaine pâture et le droit de parcours à la fin du règne de Louis XV," *Revue du dix-huitième siècle*, **I**, 3, 265–278.
Sée, Henri. (1923a). "Les origines de l'industrie capitaliste en France à la fin de l'Ancien Régime," *Revue historique*, 48e année, **CXLVIII**, No. 287, 187–200.
Sée, Henri. (1923b). "Le partage des biens communaux à la fin de l'Ancien Régime," *Nouvelle revue historique du droit française et étranger*, 4e sér., **II**, l, 47–81.
Sée, Henri. (1923c). "La mise en valeur des terres incultes à la fin de l'Ancien Régime," *Revue d'histoire économique et sociale*, **XI**, 1, 62–81.
Sée, Henri. (1926). "Commerce between France and the United States," *American Historical Review*, **XXXI**, 1, 732–737.
Sée, Henri. (1929). "Les économistes et la questions coloniale an XVIIIe siècle," *Revue de l'histoire des colonies françaises*, **XVII**, 4, 381–392.
Sée, Henri. (1930). "The Normandy Chamber of Commerce and the Commercial Treaty of 1786," *Economic History Review*, **II**, 2, 308–313.
Sée, Henri. (1931a). "Introduction et notes," in Arthur Young, *Voyages en 1787–1788–1789*, 3 vols. Paris: Armand Colin.
Sée, Henri. (1931b). "The Economic Origins of the French Revolution," *Economic History Review*, **III**, 1, 1–15.
Sée, Henri. (1933). "Préface," to C.-E. Labrousse, *Esquisse du mouvement des prix et des revenus en France au XVIIIe siècle*. Paris: Lib. Dalloz, vii–xi.
Ségur-Dupeyron, P. de. (1873). *Histoire des négotiations commerciales et maritimes de la France aux XVIIe et XVIIIe siècles*, **III**: *Fragments historiques: Negotiation du traité de commerce conclu en 1786 entre la France et l'Angleterre*. Paris: Ernest Thorin.
Semmel, Bernard. (1973). *The Methodist Revolution*. New York: Basic Books.
Serajuddin, A. M. (1978). "The Salt Monopoly of the East India Company's Government in Bengal," *Journal of the Economic and Social History of the Orient*, **XXI**, Part 3, 304–322.
Seton-Watson, Hugh. (1967). *The Russian Empire, 1801–1917*. Oxford: Clarendon Press.
Sewell, William H., Jr. (1980). *Work and Revolution in France: The Language of Labor from the Old Regime to 1848*. Cambridge, Engl.: Cambridge University Press.
Sewell, William H., Jr. (1983). "Response to J. Rancière, 'The Myth of the Artisan,'" *International Labor and Working Class History*, No. 24, Fall, 17–20.
Sewell, William H., Jr. (1985). "Ideologies and Social Revolutions: Reflections on the French Case," *Journal of Modern History*, **LVII**, 1, 57–85.
Shalhope, Robert E. (1972). "Toward a Republican Synthesis: The Emergence of an Understanding of Republicanism in American Historiography," *William and Mary Quarterly*, 3d ser., **XXIX**, 1, 49–50.
Shapiro, Gilbert. (1967). "The Many Lives of Georges Lefebvre," *American Historical Review*, **LXXII**, 2, 502–514.
Shapiro, Seymour. (1974). "The Structure of English Banking and the Industrial Revolution," in *Third International Conference of Economic History*, Munich, 1965. Paris & La Haye: Mouton, V, 229–235.
Shaw, A. G. L. (1970). "Introduction," in A.G.L. Shaw, ed., *Great Britain and the Colonies, 1815–1868*. London: Methuen, 1–26.
Shaw, Stanford J. (1962). *The Financial and Administrative Organization and Development of Ottoman Egypt, 1517–1798*. Princeton, NJ: Princeton University Press.
Shaw, Stanford J. (1963). "The Ottoman View of the Balkans," in Charles Jelavich & Barbara Jelavich, eds., *The Balkans in Transition*. Berkeley, CA: University of California Press, 56–80.
Shaw, Stanford J. (1971). *Between Old and New: The Ottoman Empire under Sultan Selim III, 1789–1807*. Cambridge, MA: Harvard University Press.

참고 문헌 471

Shelton, Walter J. (1973). *English Hunger and Industrial Disorders.* Toronto: University of Toronto Press.
Shepherd, James F. & Walton, Gary M. (1969). "Estimates of 'Invisible' Earnings in the Balance of Payments of the British North American Colonies, 1768–1772," *Journal of Economic History,* **XXIX**, 2, 230–263.
Shepherd, James F. & Walton, Gary M. (1972) *Shipping, Maritime Trade, and the Economic Develoment of Colonial North America.* Cambridge, Engl.: At the University Press.
Sheridan, Richard B. (1958). "The Commercial and Financial Organization of the British Slave Trade, 1750–1807," *Economic History Review,* 2nd ser., **XI**, 2, 249–263.
Sheridan, Richard B. (1960). "The British Credit Crisis of 1772 and the American Colonies," *Journal of Economic History,* **XX**, 2, 155–186.
Sheridan, Richard B. (1965). "The Wealth of Jamaica in the Eighteenth Century," *Economic History Review,* 2nd ser., **XVIII**, 2, 292–311.
Sheridan, Richard B. (1968). "The Wealth of Jamaica in the Eighteenth Century: A Rejoinder," *Economic History Review,* 2nd ser., **XXI**, 1, 46–61.
Sheridan, Richard B. (1976a). "The Crisis of Slave Subsistence in the British West Indies during and after the American Revolution," *William and Mary Quarterly,* 3d ser., **XXXIII**, 4, 615–664.
Sheridan, Richard B. (1976b). "'Sweet Malefactor': The Social Costs of Slavery and Sugar in Jamaica and Cuba, 1807–54," *Economic History Review,* 2nd ser., **XXIX**, 2, 236–257.
Sherwig, John M. (1969). *Guineas and Gunpowder: British Foreign Aid in the War with France, 1793–1815.* Cambridge, MA: Harvard University Press.
Shy, John. (1973). "The American Revolution: The Military Conflict Considered as a Revolutionary War," in S. G. Kurtz & J. H. Hutson, eds., *Essays on the American Revolution.* Chapel Hill, NC: University of North Carolina Press, 121–156.
Siddiqi, Asiya. (1973). *Agrarian Change in a North Indian State: Uttar Pradesh, 1819–1833.* Oxford: Clarendon Press.
Siddiqi, Asiya. (1981). "Money and Prices in the Earlier Stages of Europe: India and Britain, 1760–1840," *Indian Economic and Social History Review,* **XVIII**, 3/4, 231–262.
Silberling, Norman J. (1923). "British Prices and Business Cycles, 1779–1850," *Review of Economic Statistics,* **V**, Suppl. 2, 219–261.
Silberling, Norman J. (1924). "Financial and Monetary Policy in Great Britain During the Napoleonic Wars," *Quarterly Journal of Economics,* **XXXVII**, 2, 214–233; 3, 397–439.
Silva, Andrée Mansuy-Diniz. (1984). "Portugal and Brazil: Imperial Re-organization, 1750–1808," in *Cambridge History of Latin America,* **I**: Leslie Bethell, ed., *Colonial Latin America.* Cambridge, Engl.: Cambridge University Press, 469–508.
Singh, N. P. (1974). "The Deplorable Conditions of Saltpetre Manufacturers of Bihar (1773–1833)," *Proceedings of the Indian History Congress,* Thirty-Fifth Session, Jadavpur (Calcutta), 280–285.
Sinha, Narendra Krishna. (1956, 1962a). *The Economic History of Bengal from Plassey to the Permanent Settlement,* 2 vols. Calcutta: Firma K. L. Mukhopadhyay.
Sinha, Narendra Krishna. (1962b). "Foreword," in N. Mukerjee, *The Ryotwari System in Madras, 1792–1827.* Calcutta: Firma K. L. Mukhopadhyay, iii–iv.
Sinha, Narendra Krishna. (1970). *The Economic History of Bengal,* **III**: *1793–1848.* Calcutta: Firma K. L. Mukhopadhyay.
Sinzheimer, G. P. G. (1967). "Les industries '*kustar*': un chapitre de la révolution industrielle en Russie," *Cashiers du monde russe et soviétique,* **VII**, 2, 205–222.
Sirotkin, V. G. (1970). "Le renouvellement en 1802 du traité de commerce franco-russe de 1787," in *La Russie et l'Europe, XVIe-XXe siècles.* Paris: S.E.V.P.E.N., 69–101.
Sivakumar, S.S. (1978). "Transformation of the Agrarian Economy in Tandaimandalam, 1760–1900," *Social Scientist,* **VI**, 10, No. 70, 18–39.
Six, G. (1929). "Fallait-il quatre quartiers de noblesse pour être officier à la fin de l'ancien régime?" *Revue d'histoire moderne,* **IV**, No. 19, 47–56.

Skempton, A. W. (1957). "Canals and River Navigation Before 1750," in C. Singer et al., eds., *A History of Technology*, **III:** *From the Renaissance to the Industrial Revolution, c. 1500–c. 1750.* Oxford: Clarendon Press, 438–470.
Skiotis, Dennis. (1971). "From Bandit to Pasha: First Steps in the Rise to Power of Ali of Tepelen, 1750–1784," *International Journal of Middle East Studies*, **II**, 3, 219–244.
Skocpol, Theda. (1979). *States and Social Revolutions.* Cambridge, Engl.: Cambridge University Press.
Skocpol, Theda. (1985). "Cultural Idioms and Political Ideologies in the Reconstruction of State Power: A Rejoinder to Sewell," *Journal of Modern History*, **LVII**, 1, 86–96.
Slavin, Morris. (1984). *The French Revolution in Miniature: Section Droits-de-l'Homme, 1789–1795.* Princeton, NJ: Princeton University Press.
Slicher van Bath, B. H. (1963). *The Agrarian History of West Europe, A.D. 500–1850.* London: Edward Arnold.
Slicher van Bath, B. H. (1969). "Eighteenth-Century Agriculture on the Continent of Europe: Evolution or Revolution, *Agricultural History*, **XLIII**, 1, 169–179.
Sloane, William M. (1904). "The World Aspects of the Louisiana Purchase," *American Historical Review*, **IX**, 3, 507–521.
Smelser, Neil. (1959). *Social Change and the Industrial Revolution.* Chicago, IL: University of Chicago Press.
Smith, H. F. C. (1961). "A Neglected Theme of West African History: The Islamic Revolutions of the 19th Century," *Journal of the Historical Society of Nigeria*, **II**, 1, 169–185.
Smith, Paul H. (1964). *Loyalists and Redcoats: A Study in British Revolutionary Policy.* Chapel Hill, NC: University of North Carolina Press.
Smith, Robert S. (1959). "Indigo Production and Trade in Colonial Guatemala," *Hispanic American Historical Review*, **XXXIX**, 2, 181–211.
Smith, Walter B. & Cole, Arthur. (1935). *Fluctuations in American Business, 1790–1860.* Cambridge, MA: Harvard University Press.
Soboul, Albert. (1954). "Classes et luttes de classes sous la Révolution française," *La Pensée*, No. 53, janv.–févr., 39–62.
Soboul, Albert. (1956). "The French Rural Community in the Eighteenth and Nineteenth Centuries," *Past and Present*, No. 10, 78–95.
Soboul, Albert. (1958a). *Les sans-culottes parisiens en l'An II.* La Roche-sur-Yon, Fr.: Imp. Henri Potier.
Soboul, Albert. (1958b). "Classi e lotte delle classi durante la Rivoluzione francese," in A. Saitta, a cura di, *Sanculotti e contadini nella Rivoluzione francese.* Bari: Laterza. (Originally published in *Movimento Operaio*, 1953.)
Soboul, Albert. (1962). "A propos des réflexions de George Rudé sur la sans-culotterie," *Critica storica*, **I**, 4, 391–395.
Soboul, Albert. (1963). "Personnel sectionnaire et personnel babouviste," in *Babeuf et les problèmes de babouvisme*, Colloque International de Stockholm. Paris: Ed. Sociales, 107–131.
Soboul, Albert. (1965). "Esquisse d'un bilan social en 1815," in *XIIe Congrès International des Sciences Historiques*, Vienne, 29 août–5 sept., *Rapports*, **I:** *Grands thèmes.* Horn/Wien: Verlag Ferdinand Berger & Sohne, 517–545.
Soboul, Albert. (1968). "Aux origines de la classe ouvrière industrielle française (fin XVIIIe–début XIXe siècle)," *Third International Conference of Economic History*, Munich, 1965. Paris & La Haye: Mouton, 187–192.
Soboul, Albert. (1970a). "Le héros et l'histoire," *Revue d'histoire moderne et contemporaine*, **XVII**, 333–338.
Soboul, Albert. (1970b). *La Civilisation de la Révolution française*, **I:** *La crise de l'Ancien Régime.* Paris: Arthaud.
Soboul, Albert. (1973). "Sur le mouvement paysan dans la Révolution française," *Annales historiques de la Révolution française*, **XLV**, 1, No. 211, 85–101.

참고 문헌 473

Soboul, Albert. (1974). "L'historiographie classique de la Révolution française. Sur des controverses récentes," *La Pensée,* No. 177, oct., 40–58.
Soboul, Albert. (1976a). "Le choc revolutionnaire, 1789–1797," in Fernand Braudel & Ernest Labrousse, dirs., *Histoire économique et social de la France,* **III:** *L'avènement de l'ère industrielle (1789–années 1880).* Paris: Presses Universitaires de France, 3–64.
Soboul, Albert. (1976b). "La reprise économique et la stabilisation sociale, 1797–1815," in Fernand Braudel & Ernest Labrousse, dirs., *Histoire économique et social de la France,* **III:** *L'avènement de l'ère industrielle (1789–années 1880).* Paris: Presses Universitaires de France, 65–133.
Soboul, Albert. (1976c). "Sur l'article de Michel Grenon et Robin," *La Pensée,* No. 187, juin, 31–35.
Soboul, Albert. (1976d). *Problèmes paysans de la Révolution (1789–1848). Etudes d'histoire révolutionnaire.* Paris: Maspéro.
Soboul, Albert. (1977a). *A Short History of the French Revolution, 1789–1799.* Berkeley & Los Angeles, CA: University of California Press. (Original publication in French, 1965.)
Soboul, Albert. (1977b). "Problèmes agraires de la Révolution française," in A. Soboul, dir., *Contributions à l'histoire paysanne de la Révolution française.* Paris: Ed. Sociales, 9–43.
Soboul, Albert. (1979). "Alla luce della Rivoluzione: problema contadino e rivoluzione borghese," in A. Groppi *et al., La Rivoluzione francese.* Milano: Franco Angeli Ed., 99–128.
Soboul, Albert. (1981a). "Le maximum des salaires parisiens et le 9 thermidor," in *Comprendre la Révolution.* Paris: Maspéro, 127–145. (Originally published in *Annales historiques de la Révolution française,* 1954.)
Soboul, Albert. (1981b). "La Révolution française dans l'histoire du monde contemporain," in *Comprendre la Révolution.* Paris: Maspéro, 349–380. (Originally in *Studien über die Revolution,* 1969.)
Soboul, Albert. (1981c). "Trois notes pour l'histoire de l'aristocratie (Ancien Régime–Révolution)," in B. Köpeczi & E. H. Balázs, eds., *Noblesse française, noblesse hongroise, XVIe–XIXe siècles.* Budapest: Akadémiai Kiadó & Paris: Ed. du C.N.R.S., 77–92.
Socolow, Susan Migden. (1978). *The Merchants of Buenos Aires, 1778–1810: Family and Commerce.* Cambridge, Engl.: Cambridge University Press.
Sonenscher, Michael. (1984). "The *sans-culottes* of the Year II: Rethinking the Language of Labour in Pre-revolutionary France," *Social History,* **IX,** 3, 301–328.
Sorel, Albert. (1885–1904). *L'Europe et la Révolution française,* 8 vols. Paris: Plon.
Sovani, N. V. (1954). "British Import in India before 1850–57," *Cahiers d'histoire mondiale,* **I,** 4, 857–882.
Spear, Percival. (1965). *History of India,* Vol. II. Harmondsworth, Engl.: Penguin.
Spodek, Howard. (1974). "Rulers, Merchants, and Other Groups in the City-States of Saurashtra, India, around 1800," *Comparative Studies in Society and History,* **XVI,** 4, 448–470.
Stagg, J. C. A. (1981). "James Madison and the Coercion of Great Britain: Canada, the West Indies, and the War of 1812," *William and Mary Quarterly,* 3d ser., **XXXVIII,** 1, 3–34.
Stanley, George F. G. (1968). *New France: The Last Phase, 1744–1760.* Toronto: McClelland & Stewart.
Stavrianos, L. S. (1952). "Antecedents to the Balkan Revolutions of the Nineteenth Century," *Journal of Modern History,* **XXIX,** 4, 335–348.
Stearns, Peter. (1965). "British Industry Through the Eyes of French Industrialists (1820–1848)," *Journal of Modern History,* **XXXVII,** 1, 50–61.
Stein, Robert Louis. (1978). "Measuring the French Slave Trade, 1713–1792/3," *Journal of African History,* **XIX,** 4, 515–521.
Stein, Robert Louis. (1979). *The French Slave Trade in the Eighteenth Century: An Old Regime Business.* Madison, WI: University of Wisconsin Press.
Stein, Robert Louis. (1983). "The State of French Colonial Commerce on the Eve of the Revolution," *Journal of European Economic History,* **XII,** 1, 105–117.

Stein, Stanley J. (1981). "Bureaucracy and Business in the Spanish Empire, 1759–1804: Failure of a Bourbon Reform in Mexico and Peru," *Hispanic American Historical Review*, **LXI**, 1, 2–28.
Stein, Stanley J. & Stein, Barbara H. (1970). *The Colonial Heritage of Latin America: Essays on Economic Dependence in Perspective*. New York: Oxford University Press.
Stern, Walter M. (1964). "The Bread Crisis in Britain, 1795–96," *Economica*, n.s., **XXXI**, No. 122, 168–187.
Stevens, Wayne Edson. (1926). *The Northwest Fur Trade, 1763–1800*. University of Illinois Studies in the Social Sciences, Vol. XIV, No. 3. Urbana, IL: University of Illinois Press.
Stevenson, John. (1971) "The London 'Crimp' Riots of 1794," *International Review of Social History*, **XVI**, 40–58.
Stevenson, John. (1974). "Food Riots in England, 1792–1818," in J. Stevenson & R. Quinault, eds., *Popular Protest and Public Order*, London: George Allen & Unwin, 33–74.
Stevenson, Robert F. (1968). *Population and Political Systems in Tropical Africa*. New York: Columbia University Press.
Stewart, John Hall, ed. (1967). *The French Revolution: Some Trends in Historical Writing, 1945–1965*. Washington, DC: American Historical Association.
Stewart, Watt. (1930). "Argentina and the Monroe Doctrine, 1824–1828," *Hispanic American Historical Review*, **X**, 1, 26–32.
Stoddard, T. Lothrop. (1914). *The French Revolution in San Domingo*. Boston, MA: Houghton-Mifflin.
Stoianovich, Traian. (1953). "Land Tenure and Related Sectors of the Balkan Economy, 1600–1800," *Journal of Economic History*, **XIII**, 4, 398–411.
Stoianovich, Traian. (1960). "The Conquering Balkan Orthodox Merchant," *Journal of Economic History*, **XX**, 2, 234–313.
Stoianovich, Traian. (1962). "Factors in the Decline of Ottoman Society in the Balkans," *Slavic Review*, **XXI**, 4, 623–632.
Stoianovich, Traian. (1963). "The Social Foundations of Balkan Politics, 1750–1941," in C. Jelavich & B. Jelavich, eds., *The Balkans in Transition*. Berkeley, CA: University of California Press, 297–345.
Stoianovich, Traian. (1976). "Balkan Peasants and Landlords and the Ottoman State: Familial Economy, Market Economy and Modernization," in N. Todorov *et al.*, eds., *La Révolution industrielle dans le Sud-Est Européen—XIXe siècle*. Sofia: Institut d'Etudes Balkaniques, Musée National Polytechnique, 164–204.
Stoianovich, Traian. (1983). "Commerce et industrie ottomans et maghrébins: pôles de diffusion, aires d'expansion," in J. L. Bacqué-Grammont & P. Dumont, eds., *Contributions à l'histoire économique et sociale de l'Empire ottoman*, Collection Turcica, Vol. III. Leuven: Ed. Peeters, 329–352.
Stoianovich, Traian & Haupt, Georges C. (1962). "Le maïs arrive dans les Balkans," *Annales E.S.C.*, **XVII**, 1, 84–93.
Stokes, Eric. (1975). "Agrarian Society and the Pax Britannica in Northern India in the Early Nineteenth Century," *Modern Asian Studies*, **IX**, 4, 505–528.
Stourm, Rene. (1885). *Les Finances de l'ancien régime et de la Révolution*, Vol. II. Paris: Guillaumin.
Stover, John F. (1958). "French-American Trade during the Confederation, 1781–1789," *North Carolina Historical Review*, **XXXV**, 4, 399–414.
Sućeska, Avdo. (1966). "Bedeutung und Entwicklung des Begriffes A'yân in Osmanischen Reich," *Südost-Forschungen*, **XXV**, 3–26.
Sugar, Peter F. (1977). *Southeastern Europe under Ottoman Rule, 1354–1804*. Seattle, WA: University of Washington Press.
Sumner, B. H. (1949). *Peter the Great and the Ottoman Empire*. Oxford: Basil Blackwell.
Sumner, B. H. (1951). *Peter the Great and the Emergence of Russia*. London: English Universities Press.

Sundström, Lars. (1974). *The Exchange Economy of Pre-Colonial Tropical Africa.* London: C. Hurst. (Previously published as *The Trade of Guinea,* 1965).
Supple, Barry. (1973). "The State and the Industrial Revolution, 1700–1914," in C. M. Cipolla, ed., *Fontana Economic History of Europe,* **III:** *The Industrial Revolution.* London: Collins/Fontana, 301–357.
Suret-Canale, Jean. (1961). *Afrique noire occidentale et centrale,* 2ᵉ éd. revue et mise à jour, I: *Géographie, Civilisations, Histoire.* Paris: Ed. Sociales.
Suret-Canale, Jean. (1980a). "Contexte et conséquences sociales de la traite africaine," in *Essais d'histoire africaine (de la traite des Noirs au néo-colonialisme).* Paris: Ed. Sociales, 73–96. (Originally in *Présence africaine,* 1964).
Suret-Canale Jean. (1980b). "La Sénégambie à l'ère de la traite," in *Essais d'histoire africaine (de la traite des Noirs au néo-colonialisme).* Paris: Ed. Sociales, 97–112. (Originally in *Canadian Journal of African Studies,* 1977).
Sutherland, Donald. (1982). *The Chouans: The Social Origins of Popular Counter-Revolution in Upper Brittany, 1770–1796.* Oxford: Clarendon Press.
Sutton, Keith. (1977). "Reclamations of Wasteland During the Eighteenth and Nineteenth Centuries," in H. D. Clout, ed., *Themes in the Historical Geography of France.* New York: Academic Press, 247–300.
Svoronos, Nicolas G. (1956). *Le commerce de Salonique au XVIIIe siècle.* Paris: Presses Universitaires de France.
Swai, Bonawenture. (1979). "East India Company and Moplah Merchants of Tellichery: 1694–1800," *Social Scientist,* **VIII,** 1, No. 85, 58–70.
Sweezy, Paul M. (1938). *Monopoly and Competition in the English Coal Trade, 1550–1850,* Harvard Economic Studies, Vol. LXVII. Cambridge, MA: Harvard University Press.
Szatmary, David P. (1980). *Shay's Rebellion: The Making of an Agrarian Insurrection.* Amherst, MA: University of Massachusetts Press.
Szeftel, Mark. (1975). "La monarchie absolue dans l'Etat Moscovite et l'Empire russe (fin XVe s.–1905)," in *Russian Institutions and Culture up to Peter the Great.* London: Variorum Reprints, 737–757. (Originally in *Recueils de la Société Jean Bodin,* **XXII,** 1969.)
Szeftel, Mark. (1980). "Two Negative Appraisals of Russian Pre-Revolutionary Development," *Canadian–American Slavic Studies,* **XIV,** 1, 74–87.
Tambo, David C. (1976). "The Sokoto Caliphate Slave Trade in the Nineteenth Century," *International Journal of African Historical Studies,* **IX,** 2, 187–217.
Tandeter, Enrique. (1901). "Trabajo forzado y trabajo libre en el Potosí colonial tardío," *Desarrollo Económico,* **XX,** No. 80, 511–548.
Tandeter, Enrique & Watchel, Nathan. (1983). "Precios y producción agraria. Potosí y Charcas en el siglo XVIII," *Desarrollo Económico,* **XXIII,** No. 90, 197–232.
Tanguy de La Boissière, C.-C. (1796). *Mémoire sur la situation commerciale de la France avec les Etats-Unis d'Amérique depuis l'année 1775 jusques et y compris 1795. Suivi d'un sommaire d'observations sur les Etats-Unis de l'Amérique.* Paris.
Tann, Jennifer. (1978). "Marketing Methods in the International Steam Engine Market: The Case of Boulton and Watt," *Journal of Economic History,* **XXXVIII,** 2, 363–391.
Tansill, Charles Callan. (1938). *The United States and Santo Domingo, 1798–1873: A Chapter in Caribbean Diplomacy.* Baltimore, MD: Johns Hopkins Press.
Tarle, Eugne. (1926). "Napoleon 1ᵉʳ et les intérêts économiques de la France," *Napoléon: La revue du XIXe siècle,* 15ᵉ année, **XXVI,** 1/2, 117–137.
Tarrade, J. (1972). *Le commerce colonial de la France à la fin de l'Ancien Régime. L'évolution du régime de "L'Exclusif" de 1763 à 1789.* 2 vols. Paris: Presses Universitaires de France.
Tate, W. E. (1945). "Opposition to Parliamentary Enclosure in Eighteenth-Century England," *Agriculture History,* **XIX,** 3, 137–142.
Tavares, Luís Henrique Dias. (1973). "A Independencia como decisão da Unidade do Brasil," *Revista brasileira de cultura,* **V,** No. 17, 89–96.

Tavares, Luís Henrique Dias. (1977). *A Independencia do Brasil na Bahia.* São Paulo: Civilização Brasileira.
Taylor, Arthur J. (1960). "Progress and Poverty in Britain, 1780–1850: A Reappraisal," *History,* **XLV,** No. 153, 16–31.
Taylor, Arthur J. (1972). *Laissez-faire and State Intervention in Nineteenth-century Britain.* London: Macmillan.
Taylor, George Rogers. (1964). "American Economic Growth before 1840: An Exploratory Essay," *Journal of Economic History,* **XXIV,** 4, 427–444.
Taylor, George V. (1961). "The Paris Bourse on the Eve of the Revolution, 1781–1789," *American Historical Review,* **LXVII,** 4, 951–977.
Taylor, George V. (1963). "Some Business Partnerships at Lyon, 1785–1793," *Journal of Economic History,* **XXIII,** 1, 46–70.
Taylor, George V. (1964). "Types of Capitalism in Eighteenth-Century France," *English Historical Review,* **LXXIX,** No. 312, 478–497.
Taylor, George V. (1967). "Noncapitalist Wealth and the Origins of the French Revolution," *American Historical Review,* **LXXII,** 2, 469–496.
Taylor, George V. (1972). "Revolutionary and Nonrevolutionary Content in the *Cahiers* of 1789: An Interim Report," *French Historical Studies,* **VII,** 4, 479–502.
Temperley, Harold. (1925a). "French Designs on Spanish America in 1820–5," *English Historical Review,* **XL,** No. 157, 34–53.
Temperley, Harold. (1925b). *The Foreign Policy of Canning, 1822–1827.* London: G. Bell & Sons.
Thomas, Hugh. (1971). *Cuba: The Pursuit of Freedom.* New York: Harper & Row.
Thomas, Robert Paul. (1965). "A Quantitative Approach to the Study of the Effects of British Imperial Policy upon Colonial Welfare: Some Preliminary Findings," *Journal of Economic History,* **XXV,** 4, 615–638.
Thomas, Robert Paul. (1968a). "British Imperial Policy and the Economic Interpretation of the American Revolution," *Journal of Economic History,* **XXVIII,** 3, 436–440.
Thomas, Robert Paul. (1968b). "The Sugar Colonies of the Old Empire: Profit or Loss for Great Britain?" *Economic History Review,* 2nd ser., **XXI,** 1, 30–45.
Thomas, Robert Paul & Bean, Richard Nelson. (1974). "The Fishers of Men: The Profits of the Slave Trade," *Journal of Economic History,* **XXXIV,** 4, 885–914.
Thomas, Robert Paul & McCloskey, D. N. (1982). "Overseas Trade and Empire, 1700–1860," in R. Floud & D. N. McCloskey, eds., *The Economic History of Britain Since 1700,* **I:** 1700–1860. Cambridge, Engl.: Cambridge University Press, 87–102.
Thomas, William I., & Thomas, Dorothy Swaine. (1928). *The Child in America.* New York: Knopf.
Thomis, Malcolm I. (1972). *The Luddites: Machine-Breaking in Regency England.* New York: Schocken.
Thompson, Edward P. (1968). *The Making of the English Working Class,* rev. ed. Harmondsworth, Engl.: Pelican.
Thompson, Edward P. (1971). "The Moral Economy of the English Crowd in the Eighteenth Century," *Past and Present,* No. 50, 76–136.
Thompson, Edward P. (1978a). "Eighteenth-Century English Society: Class Struggle without Class?" *Social History,* **III,** 2, 133–165.
Thompson, Edward P. (1978b). "The Peculiarities of the English," in *The Poverty of Theory and Other Essays.* London: Merlin Press, 35–91. (Originally published in *The Socialist Register,* 1965.)
Thuillier, Guy. (1967). "Pour une histoire monétaire du XIXe siècle: la crise monétaire de l'automne 1810," *Revue historique,* 91ᵉ année, **CCXXXVIII,** juil.–sept., 51–84.
Tilly, Charles. (1968). *The Vendée,* 2nd printing with preface. Cambridge, MA: Harvard University Press.

Tilly, Charles. (1982). "Proletarianization and Rural Collective Action in East Anglia and Elsewhere, 1500–1900," *Peasant Studies*, **X**, 1, 5–34.
Tilly, Charles. (1983). "Flows of Capital and Forms of Industry in Europe, 1500–1900," *Theory and Society*, **XII**, 2, 123–142.
Tilly, Charles & Tilly, Richard. (1971). "Agenda for European Economic History in the 1970s," *Journal of Economic History*, **XXXI**, 1, 184–198.
Tilly, Louise A. (1971). "The Food Riot as a Form of Political Conflict in France," *Journal of Interdisciplinary History*, **II**, 1, 23–57.
Timmer, C. Peter. (1969). "The Turnip, the New Husbandry, and the English Agricultural Revolution," *Quarterly Journal of Economics*, **LXXXIII**, 3, 375–395.
Tinker, Hugh. (1978). *A New System of Slavery. The Export of Indian Labour Overseas, 1830–1920*. London: Oxford University Press.
Tocqueville, Alexis de. (1953). *L'Ancien Régime et la Révolution: Fragments et notes inédites sur la Révolution*, texte établi et annoté par Andre Jardin. Paris: Gallimard.
Tocqueville, Alexis de. (1955). *The Old Regime and the French Revolution*. Garden City, NY: Doubleday Anchor.
Todorov, Nikolai. (1963). "Sur quelques aspects du passage du féodalisme au capitalisme dans les territoires balkaniques de l'Empire ottoman," *Revue des études sud-est européennes*, Nos. 1/2, 103–136.
Todorov, Nikolai. (1965). "La coopération interbalkanique dans de mouvement grec de libération nationale à la fin du XVIIIe au début du XIXe siècle—Son idéologie et son action," *Etudes historiques*, à l'occasion du XIIe Congrès International des Sciences Historiques—Vienne, août–sept. Sofia: Académie des Sciences de Bulgarie, II, 171–184.
Todorov, Nikolai. (1977). *La ville balkanique sous les Ottomans (IX–XIXe s.)*. London: Variorum Reprints.
Todorova, Maria. (1976). "The Europeanization of the Ruling Elite of the Ottoman Empire during the Period of Reforms," in N. Todorov et al., réds., *La révolution industrielle dans le sud-est Europe—XIXe siècle*, Sofia: Institut d'Etudes Balkaniques, 103–112.
Tolles, Frederick B. (1954). "The American Revolution Considered as a Social Movement: A Re-Evaluation," *American Historical Review*, **LX**, 1, 1–12.
Tønnesson, Kåre D. (1959). *La défaite des sans-culottes: Mouvement populaire et réaction bourgeoise en l'an III*. Oslo: Presses Universitaires & Paris: Lib. R. Clavreuil.
Torke, Hans J. (1971). "Continuity and Change in the Relations Between Bureaucracy and Society in Russia, 1613–1861," *Canadian Slavic Studies*, **V**, 4, 457–476.
Torke, Hans J. (1972). "More Shade than Light," *Canadian–American Slavic Studies*, **VI**, 1, 10–12.
Toutain, J.-C. (1961). "Le produit de l'agriculture française de 1700 à 1958. I. Estimation du produit au XVIIIe siècle," *Cahiers de l'I.S.E.A.*, sér. AF, no. 1, No. 115, 1–216; "II. La Croissance," sér. AF, no. 2, Suppl. No. 115.
Toutain, J.-C. (1963). "La population de la France de 1700 à 1959," *Cahiers de l'I.S.E.A.* sér. AF, 3, no. Suppl. No. 133.
Toynbee, Arnold. (1956). *The Industrial Revolution*. Boston: Beacon Press. (Originally published 1884.)
Tranter, N.L. (1981). "The Labour Supply, 1780–1860," in R. Floud & D.N. McCloskey, eds., *The Economic History of Britain Since 1700*, **I**: *1700–1860*. Cambridge, Engl.: Cambridge University Press, 204–226.
Trendley, Mary. (1916). "The United States and Santo Domingo, 1789–1866," *Journal of Race Development*, **VII**, 1, 83–145; 2, 220–274.
Tribe, Keith. (1981). *Genealogies of Capitalism*. London: Macmillan.
Tripathi, Amales. (1956). *Trade and Finance in the Bengal Presidency, 1793–1833*. Calcutta: Orient Longmans.

Tripathi, Dwijendra. (1967). "Opportunism of Free Trade: Lancashire Cotton Famine and Indian Cotton Cultivation," *Indian Economic and Social History Review*, **IV**, 3, 255–263.

Trouillot, Hénock. (1971). "La guerre de l'indépendance d'Haïti: Les grandes prêtres du Vodou contre l'armée française," *Revista de Historia de América*, No. 72, julio–dic., 259–327.

Trouillot, Hénock. (1972). "La guerre de l'indépendance d'Haïti: II. Les hommes des troupes coloniales contre les grands prêtres de Vodou," *Revista de Historia de América*, Nos. 73/74, enero–dic., 75–130.

Trouillot, Michel-Rolph. (1981). "Peripheral Vibrations: The Case of Saint-Domingue's Coffee Revolution," in R. Robinson, ed., *Dynamics of World Development*, Political Economy of the World-System Annuals, Vol. 4. Beverly Hills, CA: Sage, 27–41.

Trouillot, Michel-Rolph. (1982). "Motion in the System: Coffee, Color, and Slavery in Eighteenth-Century Saint-Domingue," *Review*, **V**, 3, 331–388.

Trudel, Marcel. (1949a). "Le traité de 1783 laisse le Canada à l'Angleterre," *Revue d'histoire de l'Amérique française*, **III**, 2, 179–199.

Trudel, Marcel. (1949b). *Louis XIV, le Congrès Américain et le Canada, 1774–1789*. Québec: Publ. de l'Université Laval.

Tscherkassowa, A.S. (1986). "Quellen der Arbeitskraftebildung des Urals im XVIII. Jahrhundert. Grossmetallurgie," paper delivered at XVIIIa Settimana di Studio, Ist. Int. di Storia Economica "Francesco Datini," Prato, mimeo.

Tucker, G.S.L. (1963). "English Pre-Industrial Population Trends," *Economic History Review*, 2nd ser., **XVI**, 2, 205–218.

Tucker, R.S. (1975). "Real Wages of Artisans in London, 1729–1935," in Arthur J. Taylor, ed., *The Standard of Living in Britain in the Industrial Revolution*. London: Methuen, 21–35. (Originally published in *Journal of the American Statistical Association*, 1936.)

Tulard, Jean. (1970). "Problèms sociaux de la France napoléonienne," *Revue d'histoire moderne et contemporaine*, **XVII**, juil.–sept., 639–663.

Turgay, A. Üner. (1983). "Ottoman–British Trade Through Southeastern Black Sea Ports During the Nineteenth Century," in J.L. Bacqué-Grammont & P. Dumont, réds., *Economie et Sociétés dans l'Empire Ottomane (fin du XVIIIe–Début du XXe siècle)*, Colloques Internationaux du CNRS, No. 601. Paris: Ed. du C.N.R.S. 297–315.

Turner, Frederick J. (1895, 1896). "Western State-Making in the American Revolutionary Era," *American Historial Review*, **I**, 1, 70–87 (1895); **I**, 2, 251–269 (1896).

Turner, Michael. (1982). "Agricultural Productivity in England in the Eighteenth Century: Evidence from Crop Yields," *Economic History Review*, 2nd ser., **XXXV**, 4, 489–510.

Unwin, G. (1922). "Transition to the Factory System," *English Historical Review*, **XXXVI**, No. 146, 206–218; **XXXVI**, No. 147, 383–397.

Uzoigwe, G.N. (1973). "The Slave Trade and African Societies," *Transactions of the Historical Society of Ghana*, **XIV**, 2, 187–212.

Valcárcel, Carlos Daniel. (1957). "Túpac Amaru, fidelista y precursor," *Revista de Indias*, **XVII**, 68, 241–253.

Valcárcel, Carlos Daniel. (1960). "Perú Borbónico y emancipación," *Revista de Historia de América*, No. 50, dic., 315–438.

Valensi, Lucette. (1969). *Le Maghreb avant la prise d'Alger (1790–1830)*. Paris: Flammarion.

Van Alstyne, Richard W. (1960). *The Rising American Empire*. Oxford: Basil Blackwell.

Van Dantzig, Albert. (1975). "Effects of the Atlantic Slave Trade on Some West African Societies," in *Revue française d'histoire d'outre-mer*, **LXII**, 1^e et 2^e trimestres, Nos. 226/227, 252–269.

Vandenbroeke, C. & Vanderpijpen, W. (1978). "The Problem of the 'Agricultural Revolution' in Flanders and in Belgium: Myth or Reality?" in H. van der Wee & E. van Cauwenberghe, eds., *Productivity of Land and Agricultural Innovation in the Low Countries (1250–1800)*. Leuven: Leuven University Press, 163–170.

Van Tyne, Claude H. (1916). "Influences Which Determined the French Government to

참고 문헌 479

Make the Treaty with America, 1778," *American Historical Review*, **XXI**, 3, 528–541.
Van Tyne, Claude H. (1925). "French Aid Before the Alliance of 1778," *American Historical Review*, **XXXI**, 1, 20–40.
Vargas Ugarte, Rubén. (1971). *Historia General del Perú*, 2a ed., **V**: *Postrimerías del poder español (1776–1815);* **VI**: *Emancipación (1816–1825).* Lima: Ed. Carlos Milla Batrès.
Vázquez de Prada, Valentín. (1968). "Las rutas comerciales entre España y América en el siglo XVIII," *Anuario de estudios americanos*, **XXV**, 197–241.
Venturi, Franco. (1979). "From Scotland to Russia: An Eighteenth Century Debate in Feudalism," in A.G. Cross, ed., *Great Britain and Russia in the Eighteenth-Century: Contrasts and Comparisons.* Newton, MA: Oriental Research Partners, 2–24.
Verhaegen, Paul. (1922–1929). *La Belgique sous la domination française, 1792–1814*, 5 vols. Bruxelles: Goemaere & Paris: Plon.
Verna, Paul. (1969). *Pétion y Bolívar*. Caracas: Oficina Central de Información.
Verna, Paul. (1983). "Bolívar 'El Haitiano': Revolucionario integral y libertador social," *Revista nacional de cultura*, **XLIV**, No. 250, 145–159.
Verna, Paul. (1984). "La revolución haitiana y sus manifestaciones socio-juridicas en el Caribe y Venezuela," *Boletín de la Academia Nacional de la Historia*, **LXVII**, No. 268, 741–752.
Vernadsky, George. (1945). "On Some Parallel Trends in Russian and Turkish History," *Transactions of the Connecticut Academy of Arts and Sciences*, **XXXVI**, July, 25–36.
Ver Steeg, Clarence L. (1957). "The American Revolution Considered as an Economic Movement," *Huntington Library Quarterly*, **XX**, 4, 361–372.
Vicziany, Marika. (1979). "The Deindustrialization of India in the Nineteenth Century: A Methodological Critique of Amiya Kumar Bagchi," *Indian Economic and Social Hsitory Review*, **XVI**, 2, 105–146.
Vidalenc, Jean. (1969). "La traite négrière en France, 1814–1830," *Actes du 91ᵉ Congrès National des Sociétés Savantes*, Rennes, 1966, Section d'histoire moderne et contemporaine, Tome I: *Histoire maritime et coloniale.* Paris: Bibliothèque Nationale, 197–229.
Vidotto, Vittorio. (1979). "Il recente dibattito storiografico sulla Rivoluzione francese," in A. Groppi *et al., La Rivoluzione francese: problemi storici e metodologici.* Milano: Franco Angeli Ed., 11–68.
Viennet, Odette. (1947). *Napoléon et l'industrie française; la crise de 1810–1811.* Paris: Plon.
Vignols, Léon. (1928a). "Etudes négrières de 1774 à 1928. Introduction. Pourquoi la date de 1774," *Revue d'histoire économique et sociale*, **XVI**, 1, 5–11.
Vignols, Léon. (1928b). "La mise en valeur du Canada à l'epoque française," *Revue d'histoire économique et sociale*, **XVI**, 4, 720–795.
Vilar, Pierre. (1974). "Réflexions sur la 'crise de l'ancien type': 'inégalité des récoltes' et 'sous-développement,'" in *Conjoncture économique, structure sociales.* Paris & La Haye: Mouton, 37–58.
Viles, Perry. (1972). "The Slaving Interest of the Atlantic Ports, 1763–1792," *French Historical Studies*, **VII**, 4, 529–543.
Villalobos R., Sergio. (1962). "El comercio extranjero a fines de la dominación española," *Journal of Inter-American Studies*, **IV**, 4, 517–544.
Villalobos R., Sergio. (1965). *Comercio y contrabando en el Río de la Plata y Chile.* Buenos Aires: Eudeba.
von Tunzelmann, G.N. (1978). *Steam Power and British Industrialization to 1860.* Oxford: Clarendon Press.
von Tunzelmann, G.N. (1979). "Trends in Real Wages, 1750–1850, Revisited," *Economic History Review*, 2nd ser., **XXXII**, 1, 33–49.
von Tunzelmann, G.N. (1981). "Technical Progress During the Industrial Revolution," in R. Floud & D.N. McCloskey, eds., *The Economic History of Britain Since 1700*, **I**: *1700–1860.* Cambridge, Engl.: Cambridge University Press, 143–163.
Vovelle, Michel. (1972). *La chute de la monarchie, 1787–1792.* Paris: Seuil.

Vovelle, Michel. (1980). *Ville et campagne au 18e siècle (Chartres et la Beauce).* Paris: Ed. Sociales.
Vovelle, Michel. (1984). *The Fall of the French Monarchy, 1787–1792.* Cambridge, Engl.: Cambridge University Press.
Vovelle, Michel & Roche, David. (1965). "Bourgeois, Rentiers, and Property Owners," in Jeffry Kaplan, ed., *New Perspectives on the French Revolution.* New York: Wiley, 25–46. (Translated from *Actes du Quatre-Vingt-Quatrième Congrès National des Sociétés Savantes,* 1959.)
Waddell, D.A.G. (1985). "International Politics and Latin American Independence," in L. Bethell, ed., *Cambridge History of Latin America,* **III:** *From Independence to c. 1870.* Cambridge, Engl.: Cambridge University Press, 197–228.
Wadsworth, Alfred P. & Mann, Julia de Lacy. (1931). *The Cotton Trade and Industrial Lancashire, 1600–1780.* Manchester, Engl.: Manchester University Press.
Waldman, Marilyn Robinson. (1965). "The Fulani *Jihad*: A Reassessment," *Journal of African History,* **VI,** 3, 333–355.
Walker, James W. St. G. (1975). "Blacks as American Loyalists: The Slaves' War for Independence," *Historical Reflections,* **II,** 1, 51–67.
Wallerstein, Immanuel. (1974). *The Modern World-System,* **I:** *Capitalist Agriculture and the Origins of the European World-Economy in the Sixteenth Century.* New York: Academic Press.
Wallerstein, Immanuel. (1980). *The Modern World-System,* **II:** *Mercantilism and the Consolidation of the European World-Economy, 1600–1750.* New York: Academic Press.
Wallerstein, Immanuel & Kasaba,Reşat. (1983). "Incorporation into the World-Economy: Changes in the Structure of the Ottoman Empire, 1750–1839," in J. L. Bacqué-Grammont & P. Dumont, eds., *Economie et société dans l'empire ottoman.* Paris: Ed. du C.N.R.S., 335–354.
Walsh, Lorena S. (1983). "Urban Amenities and Rural Sufficiency: Living Standards and Consumer Behavior in the Colonial Chesapeake, 1643–1777," *Journal of Economic History,* **XLIII,** 1, 109–117.
Walton, Gary M. (1967). "Sources of Productivity Change in American Colonial Shipping, 1675–1775," *Economic History Review,* 2nd ser., **XX,** 1, 67–78.
Walton, Gary M. (1971). "The New Economic History and the Burdens of the Navigation Acts," *Economic History Review,* 2nd ser., **XXIV,** 4, 533–542.
Walton, Gary M. (1973). "The Burdens of the Navigation Acts: A Reply," *Economic History Review,* 2nd ser., **XXVI,** 4, 687–688.
Walton, Gary M. & Shepherd, James F. (1979). *The Economic Rise of Early America.* Cambridge, Engl.: Cambridge University Press.
Ward, J.R. (1978). "The Profitability of Sugar Planting in the British West Indies, 1650–1834," *Economic History Review,* 2nd ser., **XXXI,** 2, 197–213.
Ward, W.R. (1965). "The Beginning of Reform in Great Britain: Imperial Problems: Politics and Administration, Econonic Growth," in *New Cambridge Modern History,* **VIII:** A. Goodwin, ed., *The American and French Revolutions,* 1762–1793. Cambridge, Engl.: At the University Press, 537–564.
Warden, G. B. (1976). "Inequality and Instability in Eighteenth-Century Boston: A Reappraisal," *Journal of Interdisciplinary History,* **VI,** 4, 585–620.
Warner, Charles K. (1975). "Soboul and the Peasants," *Peasant Studies Newsletter,* **IV,** 1, 1–5.
Watson, Ian Bruce. (1978). "Between the Devil and the Deep Blue Sea: Commercial Alternatives in India, 1707–1760," *South Asia,* n.s., **I,** 2, 54–64.
Watson, Ian Bruce. (1980a). *Foundation for Empire: English Private Trade in India, 1659–1760.* New Delhi: Vikas.
Watson, Ian Bruce. (1980b). "Fortifications and the 'Idea' of Force in Early English East India Company Relations with India," *Past and Present,* No. 88, 70–88.
Weaver, Emily P. (1904). "Nova Scotia and New England during the Revolution," *American Historical Review,* **X,** 1, 52–71.
Webster, C. K. (1912). "Castlereagh and the Spanish Colonies. I. 1815–1818," *English Historical Review,* **XXVII,** No. 105, 78–95.

Wee, Herman van der. (1980). "La dette publique aux XVIIIe et XIXe siècles," in *Actes du 9e Colloque International*, Spa, 12–16 Sept. 1978. Bruxelles: Credit Commercial de Belgique, 13–21.
Weiss, Roger W. (1970). "The Issue of Paper Money in the American Colonies, 1720–1774," *Journal of Economic History*, **XXX**, 4, 770–784.
Weiss, Roger W. (1974). "The Colonial Monetary Standard of Massachusetts," *Economic History Review*, 2nd ser., **XXVII**, 4, 577–592.
Western, J. R. (1956). "The Volunteer Movement as an Anti-Revolutionary Force, 1793–1801," *English Historical Review*, **LXXI**, No. 281, 603–614.
Western, J. R. (1965). "Armed Forces and the Art of War. 2: Armies," in *New Cambridge Modern History*, **VIII**: A. Goodwin, ed., *The American and French Revolutions, 1763–93*. Cambridge, Engl.: Cambridge University Press, 190–217.
Weulersse, Georges. (1985). *La Physiocratie à l'aube de la Révolution, 1781–1792*. Paris: Ed. de l'E.H.E.S.S.
Whitaker, Arthur P. (1928). "The Commerce of Louisiana and the Floridas at the End of the Eighteenth Century," *Hispanic American Historical Review*, **VIII**, 2, 190–203.
Whitaker, Arthur P. (1941). *The United States and the Independence of Latin America, 1800–1830*. Baltimore, MD: Johns Hopkins Press.
Whitaker, Arthur P. (1960). "Causes of Spanish American Wars of Independence: Economic Factors," *Journal of Inter-American Studies*, **II**, 2, 132–139.
Whitaker, Arthur P. (1962a). *The Spanish-American Frontier: 1783–1795. The Westward Movement and the Spanish Retreat in the Mississippi Valley*. Gloucester, MA: Peter Smith. (Originally published 1927.)
Whitaker, Arthur P. (1962b). *The Mississippi Question, 1795–1803: A Study in Trade, Politics, and Diplomacy*. Gloucester, MA: Peter Smith. (Originally published 1932.)
Whitehead, Donald. (1964). "History to Scale? The British Economy in the Eighteenth Century," *Business Archives and History*, **IV**, 1, 72–83.
Whitehead, Donald. (1970). "The English Industrial Revolution as an Example of Growth," in R. M. Hartwell, ed., *The Industrial Revolution*. Oxford: Basil Blackwell, 3–27.
Whitson, Agnes M. (1930). "The Outlook of the Continental American Colonies on the British West Indies, 1760–1775," *Political Science Quarterly*, **XLV**, 1, 56–86.
Wicker, Elmus. (1985). "Colonial Monetary Standards Contrasted: Evidence from the Seven Years War," *Journal of Economic History*, **XLV**, 4, 869–884.
Wilks, Ivor. (1971). "Asante Policy Towards the Hausa Trade in the Nineteenth Century," in C. Meillassoux, ed., *The Development of Indigenous Trade and Markets in West Africa*. London: Oxford University Press, 124–141.
Wilks, Ivor. (1975). *Asante in the Nineteenth Century: The Structure and Evolution of a Political Order*. London: Cambridge University Press.
Williams, Eric. (1944). *Capitalism and Slavery*. London: André Deutsch. (1966 reprint.)
Williams, Gwyn A. (1968). *Artisans and Sans-culottes: Popular Movements in France and Britain During the French Revolution*. London: Edward Arnold.
Williams, J. E. (1966). "The British Standard of Living, 1750–1850," *Economic History Review*, 2nd ser., **XIX**, 3, 581–589.
Williams, Judith Blow. (1934). "The Establishment of British Commerce with Argentine," *Hispanic American Historical Review*, **XV**, 1, 43–64.
Williams, Judith Blow. (1972). *British Commercial Policy and Trade Expansion, 1750–1850*. Oxford: Clarendon Press.
Williams, Raymond. (1976). *Keywords*. New York: Oxford University Press.
Williams, William Appleman. (1962). "Fire in the Ashes of Scientific History," *William and Mary Quarterly*, 3d ser., **XIX**, 2, 274–287.
Williamson, Jeffrey G. (1984). "Why Was British Growth So Slow During the Industrial Revolution?" *Journal of Economic History*, **XLIV**, 3, 687–712.

Wilson, Charles. (1977). "The British Isles," in C. Wilson & G. Parker, eds., *An Introduction to the Sources of European Economic History, 1500–1800*, **I**: *Western Europe*. London: Weidenfeld & Nicolson, 115–154.

Wilson, R. G. (1966). "Transport Dues as Indices of Economic Growth, 1775–1820," *Economic History Review*, 2nd ser., **XIX**, 1, 110–123.

Winsor, Justin. (1896). "Virginia and the Quebec Bill," *American Historical Review*, **I**, 3, 436–443.

Wood, A. C. (1925). "The English Embassy at Constantinople, 1660–1762," *English Historical Review*, **XL**, No. 160, 533–561.

Wood, Gordon S. (1966). "Rhetoric and Reality in the American Revolution," *William and Mary Quarterly*, 3d ser., **XXIII**, 1, 3–32.

Woodruff, Philip. (1953). *The Men Who Ruled India*, **I**: *The Founders*. London: Jonathan Cape.

Woodward, Margaret L. (1968). "The Spanish Army and the Loss of America, 1810–1824," *Hispanic American Historical Review*, **XLVIII**, 4, 586–607.

Woodward, Ralph Lee, Jr. (1968). "The Merchants and Economic Development in the Americas, 1750–1850: A Preliminary Study," *Journal of Inter-American Studies*, **X**, 1, 134–153.

Woodward, Robert Lee, Jr. (1965). "Economic and Social Origins of the Guatemalan Political Parties (1773–1823)," *Hispanic American Historical Review*, **XLV**, 4, 544–566.

Wordie, J. R. (1974). "Social Change on the Leveson–Gower Estates, 1714–1832," *Economic History Review*, 2nd ser., **XXVII**, 4, 593–606.

Woronoff, Denis. (1984a). *L'industrie sidérurgique en France pendant la Révolution et l'Empire*. Paris: Ed. de l'E.H.E.S.S.

Woronoff, Denis. (1984b). *The Thermidorean Regime and the Directory, 1794–1799*. Cambridge, Engl.: Cambridge University Press.

Wright, H. R. C. (1954). "Some Aspects of the Permanent Settlement in Bengal," *Economic History Review*, 2nd ser., **VII**, 2, 204–215.

Wright, H. R. C. (1955). *Free Trade and Protection in the Netherlands, 1816–30: A Study of the First Benelux*. Cambridge, Engl.: At the University Press.

Wright, H. R. C. (1959). "The Abolition by Cornwallis of the Forced Cultivation of Opium in Bihar," *Economic History Review*, 2nd ser., **XII**, 1, 112–119.

Wright, J. F. (1965). "British Economic Growth, 1688–1959," *Economic History Review*, 2nd ser., **XVIII**, 2, 397–412.

Wright, J. Leitch, Jr. (1975). *Florida in the American Revolution*. Gainesville, FL: University of Florida Press.

Wrigley, C. C. (1971). "Historicism in Africa: Slavery and State Formation," *African Affairs*, **LXX**, No. 279, 113–124.

Wrigley, E. A. (1967). "The Supply of Raw Materials in the Industrial Revolution," in R. M. Hartwell, ed., *The Causes of the Industrial Revolution in England*. London: Methuen, 97–120. (Originally published in *Economic History Review*, 1962.)

Wrigley, E. A. (1969). "Family Limitation in Pre-Industrial England," in M. Drake, ed., *Population in Industrialization*. London: Methuen, 157–194. (Originally published in *Economic History Review*, 1966.)

Wrigley, E. A. (1972). "The Process of Modernization and the Industrial Revolution in England," *Journal of Interdisciplinary History*, **III**, 2, 225–259.

Wrigley, E. A. & Schofield, R. S. (1981). *The Population History of England, 1541–1871: A Reconstruction*. Cambridge, MA: Harvard University Press.

Wyczański, Andrzej & Topolski, Jerzy. (1974). "Peasant Economy Before and During the First State of Industrialization: General Report," in *Sixth International Congress of Economic History, Copenhagen, 19–23 August, Five Themes*. Copenhagen: Institute of Economic History, University of Copenhagen, 11–31.

Yaney, George L. (1973). *The Systematization of Russian Government: Social Evolution in the*

참고 문헌 483

Domestic Administration of Imperial Russia, 1711–1905. Urbana, IL: University of Illinois Press.
Yanov, Alexander. (1978). "The Drama of the Time of Troubles, 1725–30," *Canadian–American Slavic Studies*, **XII**, 1, 1–59. (Corrigenda: **XII**, 4, 593.)
Yaresh, Leo. (1956). "The Problem of Periodization," in C. E. Black, ed., *Rewriting Russian History*. New York: Vintage Books, 32–77.
Yelling, J. A. (1977). *Common Field and Enclosure in England, 1450–1850*. London: Macmillan.
Yoder, John C. (1974). "Fly and Elephant Parties: Political Polarization in Dahomey," *Journal of African History*, **XV**, 3, 417–432.
Youngson, A. J. (1966). "The Opening Up of New Territories," in H. J. Habakkuk & M. Postan, eds., *Cambridge Economic History of Europe*, **VI**: *The Industrial Revolutions and After: Incomes, Population and Technological Change*. Cambridge, Engl.: At the University Press, 139–211.
Zacker, Jacques. (1962). "Quelques mots sur les sans-culottes de la Révolution française à propos de l'article de George Rudé)," *Critica storica*, **I**, 4, 384–387.
Zaozerskaja, E. I. (1965). "Le salariat dans les manufactures textiles russes au XVIIIe siècle," *Cahiers du monde russe et soviétique*, **VI**, 2, 188–222.
Zapperi, Roberto. (1972). "Siéyès et l'abolition de la féodalité en 1789," *Annales historiques de la Révolution française*, **XLIV**, No. 209, 321–351.
Zapperi, Roberto. (1974). *Per la critica del concetto di rivoluzione borghese*. Bari: De Donato.
Závala, Silvio. (1967). *El mundo americano en la época colonial*, 2 vols. Mexico: Ed. Porrua.
Zeller, Gaston. (1955). *Les temps modernes*, **II**: *De Louis XIV à 1789*, Vol. III of Pierre Renouvin, dir., *Histoire des relations internationales*. Paris: Hachette.
Zilversmit, Arthur. (1967). *The First Emancipation: The Abolition of Slavery in the North*. Chicago, IL: University of Chicago Press.
Zimmerman, A. F. (1931). "Spain and its Colonies, 1808–1820," *Hispanic American Historical Review*, **XI**, 4, 439–463.
Zuccarelli, François. (1959). "L'entrepôt fictif de Gorée entre 1822 et 1852: Une exception au régime de l'Exclusif," *Annales africaines*, **VI**, 261–282.

역자 후기

"세계화(globalisation)"라는 구호가 우리 사회의 으뜸가는 길잡이로 떠오른 것은 불과 10년도 안 되었지만, 사실상 우리가 몸담고 살아가는 자본주의 체제는 500여 년 전부터 오늘에 이르기까지 줄곧 하나의 세계적인 체제로서 존속해왔다고 할 수 있다. 이매뉴얼 월러스틴의 「근대세계체제(*Modern World-System*)」(New York : Academic Press, 제I권 1974년, 제II권 1980년, 제III권 1989년)가 기술하고 분석하는 대상 역시 바로 이 체제의 세계사인 것이다. 제I권의 "서론"에서 자세히 밝히고 있듯이, 저자는 독립 전후 시기 아프리카 국가들의 정치에 대한 연구를 진행하면서 사회의 올바른 분석단위라는 문제에 대해서 고심하게 되었고, 그 결과 진정한 사회체제는 주권국가나 민족사회들 따위가 아니라 하나의 전체로서의 세계체제(world-system)이며, 따라서 그 자신의 과업 또한 "하나의 근대세계"의 역사를 쓰는 일이어야 한다는 확신을 품게 되었다고 술회한다. 이렇듯이 이 저작은 저자 스스로가 사회과학자로서의 자신의 이론적 입지를 정립하려는 노력 속에서 태어났을 뿐만 아니라 또 이제껏 그가 세상에 내놓은 일련의 분석과 학문적 실천의 밑그림이자 든든한 밑천으로서 구실해왔다는 점에서 그의 가장 중요한 업적이라고 평가할 수 있다.

흔히 "세계체제론"이라는 이름으로 소개되어온 월러스틴의 학문적 성과들은 그 스스로도 누누이 강조하거니와 마르크스와 페르낭 브로델에게서 빚진 바가 크다. 그가 본받으려고 하는 이 두 스승은 한편으로 근대 자본주의를 문제삼고 그 분석에 평생을 바친 인물들이자 다른 한편으로 그 당시 사회과학의 지배적인 패러다임을 혁신하고자 했던 위대한 선구자들이었다. 사회현실의 총체성을 추구하는 정신, 학문들의 벽을 허무는 종합적인 사고, 시공간의 범주에 대한 진지한 통찰, 장기지속과 구조에 대한 관심, 그 거장들이 남긴 이러한 지적 유산들을 우리는 「근대세계체제」 내에서 역사에 대한 저자의 분석을 통하여 뚜렷이 확인할 수 있다.

이 책은 자본주의가 독자적인 개성을 지닌 역사적 산물이자 실체인 만큼 이를 서술하고 분석하기 위해서는 어떤 이론적 모델에서 연역할 것이 아니라 역사적으로 분석함으로써 그 구체적이고 독특한 실체를 온전히 파악하는 것이 중요하다는 저자 나름의 소신을 충실하게 반영하고 있다. 다시 말해서, 역사상 한번도 현실에 존재한 적이 없는 완성된 이념형으로서의 자본주의에 대한 본질적 정의로부터 출발하거나 자본주의 자체의 어떤 내적 논리를 이론적으로 가정하고 나서 그런 잣대에 경험적 현실들을 비추어보는 논리-연역적인 분석방법을 아예 거부한다는 것이다. 그 대신 저자는 자본주의를 하나의 역사적인 사회체제로 정의하고, 이 체제의 역사적 궤적을 기술하며, 그 전체 역사를 통하여 늘 변화해온 것과 그렇지 않은 것을 정확히 가려내고 그것들에 똑같이 관심을 기울임으로써 이 역사적 체제의 실상을 구체적이고도 총체적으로 드러내고자 한다.

먼저 "자본주의적 농업과 16세기 유럽 세계경제의 기원"이라는 부제를 달고 있는 제I권은 대략 1450년에서 1640년경에 이르는 이른바 "장기의 16세기"를 다루고 있다. 주로 중세 말 유럽 봉건제의 위기와 그에 뒤따른 유럽의 팽창, 세계제국의 흥망 그리고 핵심부/반주변부/주변부로 구별되는 세 지역들에서의 상이한 분업구조와 상이한 계급 및 국가구조의 성립, 한마디로 유럽 세계경제가 탄생하고 성장하는 과정을 분석한다.

"중상주의와 유럽 세계경제의 공고화"라는 부제를 달고 있는 제II권은 1600년에서 1750년에 이르는 기간을 다루고 있다. 흔히 침체 또는 "위기"의 시대로 인식되기도 하는 이 기간을 저자는 자본주의 세계체제의 팽창에 뒤따른 수축국면이자 공고화의 시기로 파악함으로써 "장기의 16세기"와의 본질적인 연속성을 강조하고 있다. 네덜란드라는 "헤게모니 국가"의 등장과 핵심부/반주변부/주변부 지역들의 변화를 추적하는 과정에서 저자는 절대주의 국가의 성격, "부르주아 혁명"의 실재 가능성 등 근대사의 주요 쟁점들에 대해서 새로운 해석을 제시한다.

1730-1840년대를 다룬 제III권은 세계경제의 두번째의 대팽창이 핵심부와 주변부에 가져온 변화들을 추적한다. 그리하여 영국의 산업혁명은 당시 영국이 세계경제 팽창의 거의 모든 이점을 누릴 수 있었기 때문에, 그리고 프랑스 혁명은 프랑스가 헤게모니 쟁탈전에서 영국에 패배했기 때문에 일어날 수 있었던 사건으로 새롭게 해석된다. 저자는 여기서 이 두 혁명 이전과 이후의 역사를 커다란 단절로

보는 종래의 일국사적인 역사해석을 거부하면서 산업혁명과 프랑스 혁명을 세계체제의 특정 시기의 특정 지역의 현상으로 규정하는 한편, 이 시기에 세계체제 안으로 병합된 오스만 투르크, 인도, 서아프리카, 러시아 등 주변부 지역의 변화도 상세히 추적한다.

「근대세계체제」는 애당초 네 권으로 기획되었으나 이제 다섯 권으로 계획이 바뀌었으며 아직 두 권은 출간되지 않았다. 따라서 이 책에 대한 전체적인 평가는 IV, V권이 출간된 후에 해도 늦지 않을 것 같다. 다만 이 책에서 저자가 설정한 커다란 목표 중의 하나가 역사적 세계체제로서의 자본주의의 극복방안 모색이라는 점은 일단 강조될 필요가 있다. 이 책은 시간적으로나 공간적으로나 꽤 넓은 범위에 걸쳐 있는 역사학상의 다양한 주제들을 망라하고 있으며, 그런 만큼 저자는 많은 역사학자와 사회과학자들의 연구성과를 폭넓게 검토하고 활용하면서 자신의 논지를 치밀하게 펼쳐나간다. 그러나 이 책의 까다로운 용어와 문장, 수많은 인용문 등으로 해서 우리말로 옮기는 과정에서 역자들은 적지 않은 어려움과 고민을 겪을 수밖에 없었다. 이 번역본이 저자의 원대한 기획과 그가 들인 정성에 값할 수 있을는지 우려된다.

끝으로, 이 책의 책임번역자는 제I권은 나종일, 제II권은 유재건, 제III권은 김인중으로 되어 있으나, 그밖에 여러 사람들이 번역에 참여했다. 이제 각 권에 참여한 실제 번역자들의 이름을 밝혀두고자 한다. 제I권의 서론, 제1장, 제7장은 나종일, 제2-3장은 박상익, 제4장은 김명환, 제5-6장은 김대륜이 번역했고, 제I권 번역원고 전체의 최종 검토는 성백용이 맡았다. 많은 시간을 들여서 원고 전체를 꼼꼼히 원문과 대조하고 번역 문장을 절차탁마한 그의 노고에 깊은 고마움의 뜻을 전한다. 제II권의 서론과 제1-2장은 유재건, 제3-4장은 서영건, 제5-6장은 현재열 그리고 제III권 제1-2장은 김인중, 제3-4장은 이동기가 번역을 맡았다.

이 책이 출간될 수 있도록 저자와의 까다로운 출판교섭을 맡아준 까치글방의 박종만 사장님 그리고 원고를 꼼꼼히 읽고 챙겨준 편집부의 서혜정 씨에게도 이 자리를 빌려서 감사의 뜻을 표하고 싶다.

1999년 10월
역자 일동

인명 색인

ㄱ
가든 Garden, Maurice 54
간데프 Gandev, Christo 235
간디아 Gandia, Enrique de 342
갈베스 Gálvez, Don José de 327-328, 342
거프 Gough, Kathleen 226
게랭 Guérin, Daniel 75-77, 167, 169-170
게이어 Gayer, Arthur D. 175
고도이 Godoy, Manuel de 377-378
고드쇼 Godechot, Jacques 63
골테 Golte, Jürgen 334
공고라 → 카바예로 이 공고라
구베르 Goubert, Pierre 68
구티에레스 데 피네데스 Gutierrez de Pinedes, Juan Francisco 336
굽타 Gupta, Selekh Chandra 272
그래튼 Grattan, Arthur 373
그렌빌 Grenville, George 320
그린 Greene, Jack P. 297, 307
기번스 Gibbons, Edward 201

ㄴ
나나 Nana 239
나폴레옹 Napoléon Bonaparte 82, 136, 152, 170, 176, 178-183, 214, 267, 284, 331, 344, 368, 373-374, 376-378, 381, 386
내시 Nash, Gary B. 301
네이미어 Namier, L. B. 304
네케르 Necker, Jacques 126, 132
네프 Nef, John U. 55
노스 North, Frederick 128
노스럽 Northrup, David 201, 224, 232
놀테 Nolte, Hans-Heinrich 205, 208
뉴베리 Newbury, Colin W. 227, 238, 253
뉴캐슬 공작 Newcastle, Thomas Pelham-Holles, Duke of 292
니콜라이 1세 Nikolai I 231
니트바이 Neatby, Hilda 312

ㄷ
다비 Darby, Abraham 42, 46
다타 Datta, K. K. 211
달만 Dahlman, Carl J. 102
데사이 Desai, Ashok V. 240
데이비스 Davis, Ralph 45, 131
데히오 Dehio, Ludwig 279, 315
도브 Dobb, Maurice 32
도브링 Dovring, Folke 35, 40
동 주앙 → 주앙 6세
동 페드루 → 페드루 1세
딕비 Digby, Simon 206
딘 Deane, Phyllis 41, 102

ㄹ
라바리 Labaree, Benjamin W. 310
라브루스 Labrousse, C.-E. 89-90, 92, 116-117
라이프니츠 Leibniz, Wilhelm Gottfried 280
래텀 Latham, A. J. H. 227, 253

랜디스 Landes, David S. 14, 17, 41, 44, 46-47, 49, 54, 59
랜섬 Ransom, Roger, L. 298
램퍼트 Lampert, George G. de H. 229
레나르 Reinhard, Marcel 189
레날 Raynal, Guillaume 346
레닌 Lenin, Vladimir I. 170
레비-르부아예 Lévy-Leboyer, Maurice 123-124
레옹 Léon, Pierre 122
렌발 Rayneval, Gérard de 137
로 Law, Robin 238
로드니 Rodney, Walter 217, 223, 226, 232
로뱅 Robin, Régine 73, 76
로버츠 Roberts, Richard 42
로베스피에르 Robespierre, Maximilien 61, 72, 77, 154, 167, 169-170
로슈 Roche, Max 156
로스토 Rostow, W. W. 17
로저스 Rogers, Thorold 184
로킹엄 Rockingham, Charles 320
로터문트 Rothermund, Dietmar 234
루 Roux, Jacques 182
루베르튀르 → 투생 루베르튀르
루소 Rousseau, Jean-Jacques 152
루이 15세 Louis XV 96
루이 16세 Louis XVI 96, 124, 132, 364
뤼데 Rudé, George 57, 77, 169
뤼티 Lüthy, Herbert 20, 127, 152
르 돈 Le Donne, John P. 247
르 루아 라뒤리 Le Roy Ladurie, Emmanuel 78, 98, 114, 188
르윈 Lewin, Boleslão 335
르페브르 Lefebvre, Georges 57-58, 79 124, 148, 154-155, 160
리글리 Wrigley, E. A. 23, 25
리셰 Richet, Denis 72-73, 76, 167-168
리처즈 Richards, W. A. 285
리트윅 Litwack, Leon 358
린치 Lynch, John 341
릴리 Lilley, Samuel 48

ㅁ

마라 Marat, Jean-Paul 167
마레로 발렌수엘라 Marrero Valenzuela, Marcos 343
마르크스 Marx, Karl 60, 75, 81-82
마리-앙투아네트 Marie-Antoinette 159
마셜 Marshall, Peter J. 273-275, 303
마조리뱅스 Marjoribanks, Charles 228
마조리크 Mazauric, Claude 162
마티에 Mathiez, Albert 57, 155, 157, 167-168
마흐무드 2세 Mahmud II 264, 268, 280
망투 Mantoux, Paul 36, 50, 123
매닝 Manning, Patrick 203
매헌 Mahan, Alfred T. 179
맥고언 McGowan, Bruce 235, 254
맥닐 McNeill, William 189
맥코이 McCoy, Drew R. 354
머사이어스 Mathias, Peter 37-39
먼로 Monroe, James 385
메스트르 Maistre, Joseph de 171
메야수 Meillassoux, Claude 260
멘델스 Mendels, Franklin 53
모건 Morgan, Edmund S. 360
모렐로스 Morelos, José Maria 379-380, 387
모리노 Morineau, Michel 22, 28, 34, 37-39, 90-91, 118

인명 색인 491

모우라 Moura, José Joaquim Ferreira de 386
몽테스키외 Montesquieu, Charles Secondat de 314
무를로 Mourlot, F. 142
무어 Moore, Barrington 79, 156
무함마드 알리 Muhammad Ali 230, 263, 268, 280
미란다 Miranda, Francisco de 374, 378
미슐레 Michelet, Jules 167
밀워드 Milward, Alan S. 22, 36, 47, 120
밍게이 Mingay, G. E. 30, 34

ㅂ

바이런 Byron, George Gordon Noel 268
바콩 드 라 슈발르리 Bacon de la Chevalerie, Jean-Jacques 364
발렌수엘라 → 마레로 발렌수엘라
버고인 Burgoyne, John 329
버크 Burke, Edmund 128, 171, 303
베드퍼드 공작 Bedford, John Russel, Duke of 292
베로크 Bairoch, Paul 45
베르베오 Berbeo, Juan Francisco 337
베르젠 Vergennes, Charles Gravier de 125, 329
베리스퍼드 Beresford, William Carr 386
베이컨 Bacon de la Chevalerie, Jean-Jacques 360
베일리 Bayly, C. A. 226
베일린 Bailyn, Bernard 308-309
(나폴레옹) 보나파르트 → 나폴레옹
(조제프) 보나파르트 Bonaparte, Joseph 378
보링 Bowring, John 236
보벨 Vovelle, Michel 156

볼리바르 Bolívar, Simon 338, 341, 369, 374, 379, 381, 384-385
부르드 Bourde, André J. 118
부르쟁 Bourgin, Georges 148
부아 Bois, Paul 162
브레브너 Brebner, John Bartlett 36, 317
브로델 Braudel, Fernand 43, 82, 109, 133, 325
브로이즈 Broeze, Frank J. A. 299
브리아부안 Briavoinne, Natalis 56
블라우 Blaug, Mark 184
블럼 Blum, Jerome 236
블로크 Bloch, Marc 30-31, 67, 113, 115, 146
비도토 Vidotto, Vittorio 80
빈 Bean, Richard Nelson 220
빌라르 Vilar, Pierre 91
빌스 Beales, H. S. 52

ㅅ

사모리 Samory Touré 257
생-자코브 Saint-Jacob, Pierre de 158
샤사뉴 Chassagne, Serge 171-172, 176
샤탈 Chaptal, Jean-Antoine-Claude 136, 150, 188
샤토브리앙 Chateaubriand, François René 62, 154
서플 Supple, Barry 36
세 Sée, Henri 50
세제르 Césaire, Aimé 366
셀림 3세 Selim III 230, 267-268
셰이 Shay, Daniel 361
소불 Soboul, Albert 57, 59-60, 65, 73, 75-78, 81, 151, 157, 160, 162, 164-167
솔 Saul, S. B. 22, 36, 47, 120
쇼뉘 Chaunu, Pierre 332, 341

슈거 Sugar, Peter F. 235
슈미드 Schmidt, Charles 176
슈발르리 → 바콩 드 라 슈발르리
슈아쥘 공작 Choiseul, Etienne François de, Duke 109-110, 125, 127, 329
슐레징어 Schlesinger, Arthur M. Sr. 299, 309, 315
슘페터 Schumpeter, Jeseph 54
스라파 Sraffa, Piero 208
스멜서 Smelser, Neil 228
스미스 Smith, Adam 116
스코치폴 Skocpol, Theda 79
스코필드 Schofield, R. S. 23, 25
(바바라) 스테인 Stein, Barbara H. 362
(스탠리) 스테인 Stein, Stanley J. 362
스토더드 Stoddard, T. Lothrop 363
스토먼트 Stormont, David Murray 277
스토야노비치 Stoianovich, Traian 235, 253
스피어 Spear, Percival 240, 272, 277
슬리허 반 바트 Slicher van Bath, B. H. 27
시에예스 Siéyès, Emmanuel Jeseph 75

ㅇ
아가일 Argyle, W. J. 203
아널드 Arnold, Rosemary 202-204
아데마르 Adhemar, Jean Balthazar d' 137
아르누 Arnould, Ambroise-Marie 140
아메드 3세 Ahmed III 206
아민 Amin, Samir 202
아벨 Abel, Wilhelm 97
아브뒬메시드 1세 Abdülmecid I 269
아이사위 Issawi, Charles 254
아자 Aja 285
아자이 Ajayi, J. F. Ade 252
아카리아 드 세리온 Accarias de Sérionne, Jacques 109, 353
아크라이트 Arkwright, Sir Richard 42
아타르 알리 Athar Ali, M. 271
알리 파샤 Ali Pasha 263
애슈턴 Ashton, T. S. 19, 189
애킨조그빈 Akinjogbin, I. A. 285
앤더슨 Anderson, Perry 83
앤스티 Anstey, Roger 220
에버슬리 Eversley, D. F. 18
에이사기레 Eyzaguirre, Jaime 339, 376
엘리자베타 여제 Elizaveta 231
영 Young, Arthur 346
예카테리나 2세 Ekaterina II 231, 246-247, 281-283
오브라이언 O'Brien, Patrick 30, 37-39, 51
오스틴 Austen, Ralph A. 203
우마르 Umar, Al Hajj 257
우스만 단 포디오 Uthman dan Fodio 257
월폴 Walpole, Robert 294, 304
웨지우드 Wedgwood, Josiah 128
웰즐리 Wellesley, Richard 275, 379
윌리엄스 Williams, Eric 219, 221, 223
윌크스 Wilkes, John 308
이날치크 Inalçik, Halil 235
이달고 이 코스티야 Hidalgo y Costilla, Miguel 379
이사르드 Izard, Miguel 342

ㅈ
자자 JaJa 239
자페리 Zapperi, Roberto 75-76
제퍼슨 Jefferson, Thomas 356, 376
젠슨 Jensen, Merrill 315
젱츠 Genç, Mehmet 230

조레스 Jaurès, Jean 57, 167
조지 2세 George II 110
조지 3세 George III 123, 128, 304, 311, 352, 356
주앙 6세 João VI 378, 386-387

ㅊ
찬드라 Chandra, Satish 270-271
채프먼 Chapman, Stanley 174
체임버스 Chambers, J. D. 30, 107
초두리 Chaudhuri, K. N. 208, 211, 227
출코프 Chulkov, M. D. 283
치텀 Cheetham, James 375

ㅋ
카를로스 3세 Carlos III 322-323, 325-328, 333, 342-343, 377
카를로스 4세 Carlos IV 378
카머든 후작 Carmarthen, Marquess of 138
카바예로 이 공고라 Caballero y Góngora, Antonio 337
카플란 Kaplan, Steven L. 117
카한 Kahan, Arcadius 245
칼론 Calonne, Charles-Alexandre de 125
칼턴 Carleton, Guy, Baron of Dochester 311, 314
캄포마네스 백작 Campomanes, Pedro Rodríguez de, Count of 331
캐닝 Canning, George 385
케리지 Kerridge, Eric T. 13, 34
케이 Kay, John 42
케이더 Keyder, Çağlar 51
케인 Cain P. J. 276
켐프 Kemp, Tom 50
코반 Cobban, Albert 63, 65-66, 79-80
코브 Cobb, Richard 77, 42

코스티야 → 이달고 이 코스티야
코트 Cort, Henry 42
코피토프 Kopytoff, Igor 251
(호세 가브리엘) 콘도르칸키 → 투팍 아마루
콘윌리스 Cornwallis, Charles Cornwallis 211, 277, 279
콘피노 Confino, Michael 244-245
콜 Cole, W. 108
콜먼 Coleman, D. C. 13
콜베르 Colbert, Jean-Baptiste 151
쿠마르 Kumar, Dharma 244
쿠플랜드 Coupland, Sir Reginald 219
쿨쉬레스트라 Kulshresthra, S. S. 201
크놀렌버그 Knollenberg, Bernhard 307
크러크래프트 Cracraft, James 281
크로스비 Crosby, Alfred W. 216
크롬프턴 Crompton, Samuel 42
크루아 Croix, Carlos Francisco de 327
크루제 Crouzet, François 19, 104, 181-182
크리스티 Christie, Ian R. 310
클라이브 Clive, Robert 272
클래펌 Clapham, J. H. 234
클레망소 Clemenceau, Georges Benjamin 79

ㅌ
타를레 Tarle, Eugene 231
(조지) 타운센드 Townshend, George 371
(찰스) 타운센드 Townshend, Charles 371
탕기 드 라 부아시에르 Tanguy de la Boissière, C. C. 128
터너 Turner, R. S. 243
터커 Tucker, G. S. L. 21
테일러 Taylor, Arthur J. 190
토니 Taney, Roger 357

토르케 Torke, Hans J. 281
(도로시 스웨인) 토머스 Thomas, Dorothy Swaine 200
(로버트 폴) 토머스 Thomas, Robert Paul 220, 297-298
(윌리엄) 토머스 Thomas, William I. 200
토운 Tone, Wolfe 372
토인비 Toynbee, Arnold 14
토크빌 Tocqueville, Alexis de 65, 70-71, 83, 153, 167-168
톰슨 Tompson, Edward P. 373
투생 루베르튀르 Toussaint L'Ouverture 368
투팍 아마루 Túpac Amaru 332-336, 338, 374
툴 Tull, Jethro 42
튀르고 Turgot, Anne-Robert-Jacques 117, 125, 132, 329
틸리 Tilly, Charles 120, 162

ㅍ

파머 Palmer, R. R. 63, 360
파머스턴 Palmerston, Henry John Temple 269
파벨 1세 Pavel I 283-284
파스바노글루 오스만 파샤 Pasvanoğlu Osman Pasha 263
팔리 Farley, J. Lewis 269
펄린 Perlin, Frank 208
페드루 1세 Pedro I 387
페르난도 7세 Fernando VII 378, 380-381, 385
페에르 Fehér, Ferenc 164, 167-168
페티옹 Pétion, Alexandre 369
펠란 Phelan, John Leddy 324
포스터 Forster, Robert 98, 101
폭스 Fox, Charles James 138

폰티악 Pontiac 305
폴라니 Polanyi, Karl 202-204, 285
폼발 Pomball, Sebastião José de Carvalho e Mello 324-325, 385
표트르 1세 (대제) Pyotre I Veliky 280-281
푸가초프 Pugachov, Yemelyan Ivanovich 249, 283, 334
푸펜도르프 Pufendorf, Samuel 321
퓌레 Furet, François 63, 66, 72-73, 75-76, 78, 81, 167-169
프라이스 Price, Jacob M. 298
프랜시스 Francis, Sir Phillip 274
프레스넬 Pressnell, L. S. 37
프리도 Prideaux, F. W. 234
플럼 Plumb, J. H. 21, 185
플뢰리 Fleury, André-Hercule de 125
플린 Flinn, J. E. 94
피네데스 → 구티에레스 데 피네데스
(小) 피트 Pitt, William, the Younger 137-138, 277, 371, 373
(大) 피트 Pitt, William, the Elder 110
필 Piel, Jean 334

ㅎ

하그리브스 Hargreaves, James 42
하본 Harborne, William 265
하비브 Habib, Irfan 226, 240, 270-271
하이드 Hyde, Charles K. 47
하트웰 Hartwell, R. M. 14, 103-104, 108, 190
하퍼 Harper, Lawrence A. 297-298, 316
할로 Harlow, Vincent T. 274, 277, 302
해밀턴 Hamilton, Earl J. 19
해즈널 Hajnal, J. 25
허배컥 Habakkuk, H. J. 22, 104, 112

헤이스팅스 Hastings, Warren 274
헥셔 Heckscher, Eli F. 151
호지슨 Hodgson, Marshall 206
홉스봄 Hobsbawm, Eric J. 14, 16, 18, 48, 54, 61, 63, 108, 156, 190

홉킨스 Hopkins, A. G. 276
후네케 Hunecke, Volker 78
히고넷 Higonnet, Patrice 167, 169-170
히튼 Heaton, Herbert 53